dtv

»Jeder Mensch kennt Eifersucht. Wer über Eifersucht schreibt, muß immer auch über sich selbst nachdenken. Denn wer sich nicht an seine eigenen Erfahrungen und Bedürfnisse hält, der kommt bei diesem Thema ins Uferlose.

Meine Grundlage war die Arbeit mit Eheberatungsklienten, an denen ich gesehen habe, was ich auch aus meinem eigenen Leben kannte: wie belastend Eifersucht ist sowohl für den Eifersüchtigen wie für dessen Partner, aber auch, welche Chance sie enthält, wenn es gelingt, die innere Erstarrung zu lösen, die regelmäßig mit ihr verbunden ist.

Die Bedingungen von Liebe und Ehe ändern sich schneller als die im Unbewußten verankerten Gefühlstraditionen. Die von Eifersucht Betroffenen geraten in eine beängstigende Klemme zwischen ›Besitz‹ und ›Freilassen‹, ›Ausbeutung‹ (nicht nur der Frauen!) und ›Selbstverwirklichung‹, ›Pflicht‹ und ›Lebendigkeit‹.

Der einzige Ausweg, den ich sehe, ist schwierig, aber produktiv: Eifersucht ist das gute Recht jedes einzelnen – und wer hätte, wenn er sich ernsthaft prüft, gern einen Partner, der unter keinen Umständen eifersüchtig ist! –, aber dieses Recht erfordert vom Eifersüchtigen einen beweglichen Umgang mit sich selbst, mit dem andern und auch mit der dritten Person. Deren Rolle und Bedeutung hat mich besonders beschäftigt und damit immer wieder die Ambivalenz der Eifersucht, die nach psychoanalytischer Auffassung ihr Urbild hat in der von Haßliebe erfüllten Beziehung zu zwei wichtigen und geliebten Personen: zu Vater und Mutter. Denn die im Beziehungsdreieck verbundenen Personen wiederholen, unterschiedlich intensiv, ihre frühe ödipale Liebes- und Leidensgeschichte.

Mein Buch wendet sich nicht an Fachleute, die ich allerdings beim Schreiben manchmal über meine Schulter schauen fühlte, sondern an Betroffene, die sich und den andern besser verstehen möchten, und auch an Paare, die überlegen, ob sie wegen ihres Problems die Anstrengung einer Beratung auf sich nehmen sollen.«

Hildegard Baumgart ist promovierte Romanistin und übersetzte aus dem Spanischen. Sie war lange Jahre als Eheberaterin in München tätig. Neben journalistischen Arbeiten zum Thema Ehe und Familie veröffentlichte sie zuletzt ›Bettine Brentano und Achim von Arnim. Lehrjahre einer Liebe‹.

Hildegard Baumgart

Formen der Eifersucht

Erfahrungen
und Lösungsversuche
im Beziehungsdreieck

Deutscher Taschenbuch Verlag

Für zwei, an die ich oft gedacht habe.

Ungekürzte Ausgabe
August 2006
© Deutscher Taschenbuch Verlag GmbH & Co. KG,
München
www.dtv.de
Alle Rechte vorbehalten.
Der Band erschien erstmals 1985 unter dem Titel ›Eifersucht‹
im Rowohlt Verlag, Reinbek
Umschlagkonzept: Balk & Brumshagen
Umschlagfoto: gettyimages/Tim Platt
Gesamtherstellung: Druckerei C. H. Beck, Nördlingen
Gedruckt auf säurefreiem, chlorfrei gebleichtem Papier
Printed in Germany
ISBN-13: 978-3-423-34329-9
ISBN-10: 3-423-34329-X

Inhalt

Unter einem »populären Buch« verstand man zu Zeiten der Aufklärung ein Buch, das erzieherische Wirkung hatte. Solche zu schreiben galt als eine äußerst wichtige Aufgabe für Philosophen. Der aufklärerische Geist verlangte es, daß man nicht im Elfenbeinturm »unter sich« blieb, sondern auch dem interessierten Laien Einblick gab in Erkenntnisse der Wissenschaft. Leider ist das Adjektiv »populär« mit der Zeit abgesunken zu einem Ausdruck für leichte Lektüre, etwas eher flott Dahingeschriebenes und eben nicht unbedingt behaftet mit dem Flair der Wissenschaftlichkeit.

Daß ein »populäres« Buch nach zwanzig Jahren (und zwei vorhergehenden Auflagen) nochmals verlegt wird, ist eher ungewöhnlich. Liest man das Buch von Hildegard Baumgart aber nochmals durch, dann versteht man sehr gut, warum ein Verlag Interesse daran hat. Dieses Buch ist in keiner Weise überholt, es ist nach wie vor eine Fundgrube für das Thema – mit einem Wort: es ist offenbar ebenso dauerhaft wie das Phänomen, das darin beschrieben wird. Eifersucht, ein bekanntes und altes Gefühl, ist aber nicht – und auch das spricht den heutigen Leser natürlich an – zu denken ohne Reflexionen über die Phänomene Liebe, Treue und Partnerschaft.

Hildegard Baumgart hat alle diese Themen bedacht, sie hat diese Phänomene als Praktikerin (sie war viele Jahre in der Eheberatung tätig), als psychoanalytisch versierte Frau und als Literaturhistorikerin bearbeitet – und diese Mischung gibt dem Buch eine ganz besondere Note. Hildegard Baumgart weiß sehr genau, wie man als Wissenschaftlerin vorgeht (ihr später erschienenes Buch über Bettine und Achim von Arnim legt Zeugnis davon ab), und sie kann so schreiben, daß auch der gebildete Laie ihr gut folgen kann und das Buch gerne liest – also genau das, was ehemals die Aufklärer von einem Buch verlangt haben.

Sie nähert sich dem Phänomen ihres Interesses auf verschiedene Weise: als passiv und aktiv betroffene Ehefrau – sehr mutig ! –, als Beraterin, als Theoretikerin und eben auch durch die Belletristik.

Ihre Einführung, in der sie diskret, aber doch auch sehr klar, ihre sehr persönliche Beschäftigung mit dem Thema darlegt, nimmt sofort ein – man vertraut ihr, man weiß gleich, daß einem hier keine weltfremden Theorien oder Idealismen serviert werden. Jemand weiß Bescheid und ist in keiner Weise besserwisserisch, sie will kein Vorbild sein, sie erklärt nur, wie sie persönlich sich mit dem Problem der Eifersucht in einer langen und in den meisten Teilen glücklichen Ehe auseinandergesetzt hat. Daß diese

Auseinandersetzung für jeden Menschen eine immer wieder andere sein muß, daß sie keinem eine Lösung aufdrängen kann, das wird schon durch dieses erste Kapitel klar. Es zieht sich diese Einstellung auch durch die immer wieder auftauchenden Fallbeispiele aus ihrer Beratung: sie versucht, auch »schlecht« gelungene Lösungen zu verstehen und ihnen Sinn zu verleihen, ohne daß sie schönfärberisch alles zu einer Erfolgsstory verklärt.

Das ist sowieso ein durchgehender Zug dieses Buches und der Form von Beratung, die sie beschreibt: den »Sinn« des Phänomens Eifersucht für jeden einzelnen Fall herauszuarbeiten, klarzulegen, wie diese meist sehr schmerzenden Gefühle eingebaut sind in eine Biographie, in ein System der Partnerschaft, in dem die beiden Betroffenen in einer ganz bestimmten Weise systembezogen reagieren. Daß öfters auch die Trennung einer Partnerschaft einen erfolgreichen Beratungsverlauf anzeigt, ist zwar heutzutage für viele Berater selbstverständlich, war aber vor 20 Jahren noch längst nicht Allgemeingut.

Daß Gefühle abhängig sind von gesellschaftlichen Umständen, daß ihre Ausformung durch die historischen Gegebenheiten (zum Beispiel durch besondere Ehrencodices) sich zeittypisch verändern – auch dies ist in diesem Buch durch viele Literaturbeispiele dokumentiert.

Die profunde Kenntnis der Autorin über psychoanalytische Literatur sollte hervorgehoben werden: sehr klar, mit Betonung der Freudschen Ansätze versteht sie es, ihre vielen Beratungsbeispiele auch theoretisch einsichtig zu untermauern. Eine kleine Falldokumentation zeigt, wie sorgfältig gearbeitet dieses Buch ist.

All dies gibt dem Buch eine Fülle und Eindringlichkeit, die das Phänomen »Eifersucht« und die damit verbundenen Probleme von Partnerschaft vielschichtig und facettenreich beleuchten. Hildegard Baumgarts Buch erfüllt somit auch – ohne daß dies direkt intendiert war – eine der in den letzten Jahren immer stärker werdenden Forderungen der Forschung, wenn sie qualitativ orientiert ist: die nuancenreiche Auswertung von Narrationen, die Verknüpfung mit der theoretischen Literatur und womöglich eine Einbettung in historische Zusammenhänge. Wenn all dies auch noch durch Beispiele aus der Belletristik gestützt wird, dann erfüllen solche Bücher – »populär« genannt oder »wissenschaftlich« – ihre aufklärerische Funktion in ganz besonderer Weise.

Es wird eben durch dieses Buch auch klar, daß die Einteilung der Literatur im Bereich der Sozialwissenschaften in »Fachbücher« und »Sachbücher« überholt ist. Das vorliegende Buch beweist dies auf beispielhafte Weise. In diesem Sinn wünsche ich ihm auch nach 20 Jahren noch viele Leser – seien es aufgeschlossene »Laien« oder als solche ausgewiesene »Wissenschaftler«.

Eva Jaeggi

Vorwort zur Taschenbuchausgabe

Dieses Buch erschien erstmals 1985. Ich arbeitete damals seit gut zehn Jahren in München als Paarberaterin an einer ökumenischen Ehe- und Lebensberatungsstelle und hatte auf eine längere Rundfunksendung über Eifersucht ein erstaunlich großes Echo erhalten. 300 Menschen wandten sich an den Bayerischen Rundfunk, um das Manuskript lesen zu können. Mein eigenes Interesse traf also auf einen großen Bedarf beim Publikum. So begann ich an einer größeren Arbeit zu schreiben, ohne zu ahnen, daß fünf Jahre vergehen sollten, bevor ich damit fertig war. Es war das erste deutsche Buch außerhalb des wissenschaftlichen Bereiches über das unerschöpfliche Thema. Als die Taschenbuchausgabe von 1988 vergriffen war, wurde ich oft gefragt, ob es keine Neuauflage gäbe. Jetzt, im Jahre 2006, gab mir der Deutsche Taschenbuch Verlag die Gelegenheit dazu. Natürlich hat mich das sehr gefreut.

Ich war aber nicht ohne Bedenken. Ich hatte mich in den Jahren dazwischen gar nicht mehr mit Eifersucht beschäftigt, weil ich mich auf einem weniger problematischen Gebiet bewegen wollte – nämlich dem einer »richtigen« romantischen Liebe, der zwischen Bettine Brentano und Achim von Arnim*. Nach so langer Zeit, dachte ich mir, könnte das Eifersuchtsbuch abgestanden wirken oder überholt.

Ich habe mein eigenes Buch aus dem großen Abstand heraus also fast wie ein fremdes gelesen und erinnerte mich an viel Vergessenes. Ich wollte 1985 zweierlei zeigen: wie die Arbeit eines Paar- und Lebensberaters aussieht, und daß die Psychoanalyse als Grundlage für das Verständnis von Eifersucht unerläßlich ist, auch in der Beratung, von der damals in breiten Kreisen unklare Vorstellungen herrschten. (War sie eine Art Fürsorge oder eine nicht ganz seriöse Art von Therapie?) Ich sah dann aber, daß mir meine Grundausbildung als Sprach- und Literaturwissenschaftlerin in die Quere kam und ich ohne ausgreifendes Nachdenken über Literatur, Geschichte, Religion und psychologische Theorien ein solches Buch nicht schreiben konnte. Es geriet daher ungewöhnlich breitgefächert, und manche von Eifersucht Gequälte waren sicher weit davon entfernt, es ganz zu lesen. Das macht aber nichts. Sachbücher sind nicht unbedingt zum Durchlesen da. Doch sind die großen Abschnitte gut einzeln zu benutzen.

---

* Bettine Brentano und Achim von Arnim. Lehrjahre einer Liebe, Berlin 1999

Die dargestellten Fälle waren meine Hauptsorge. Hatte sich nicht viel in dieser langen Zeit verändert? Würden sie so fremd wirken wie viele Patientenberichte in der älteren Literatur? Darüber bin ich inzwischen ganz beruhigt. Das Gefühl Eifersucht verändert sich wahrscheinlich nie, nur die Anlässe sind unterschiedlich.

Mein Buch enthält viel Persönliches. Ich wollte vor zwanzig Jahren den Lesern zeigen, wie wichtig es ist, daß die helfenden Personen über sich selbst einigermaßen Bescheid wissen, um sich und die Ratsuchenden nicht zu »verwechseln«. Daher habe ich als Einleitung die lange Erzählung eines Erstgespräches aufgenommen und anschließend meinen eigenen »Fall« geschildert. Zuerst, als ich diesen alten Text las, war ich mir unsicher: Gab es noch Leser dafür? Würden sie sonderbar finden, daß ich soviel von mir selbst erzählte? Und ich kam schon auf den Gedanken, die ganze Einleitung zu streichen. Aber dann fand ich weiterhin, wie damals, daß man bei einem Thema, das soviel Ehrlichkeit und Selbsterkenntnis von den Klienten erfordert, sich nicht selber verstecken darf. Zu ändern fand ich nichts.

Was nach 1985 geschah, gehört nicht mehr in dieses Buch. Nur so viel: In die großen Dreiecke meines Lebens hat der Tod eingegriffen. Meine Eltern sind gestorben, und eine kurze plötzliche Krankheit nahm mir meinen Mann. Die Erinnerungen an Glück und Scherben der Vergangenheit sind nicht unbedingt sanft, aber es ist wunderbar, wie sie sich zu einem reichen Geschichtenschatz formen, der sich nicht mehr sehr verändert. Denn das erscheint mir nach wie vor als eine große Chance von Eifersuchtserlebnissen – daß sie eines Tages zu Geschichten werden, die man sich selbst, aber auch andern erzählen kann. Ob sie »wahr« sind, spielt keine allzu große Rolle.

Dieses Buch enthält viele Geschichten und kann auch daraufhin gelesen werden. Weitere Bücher zum Thema sind seit 1985 natürlich veröffentlicht worden, und das gehört sehr wohl hierher. Eine Auswahl davon habe ich an meine früheren Literaturangaben angefügt.

Als Eifersüchtiger leide ich vierfach: weil ich eifersüchtig bin, weil ich mir meine Eifersucht zum Vorwurf mache, weil ich fürchte, daß meine Eifersucht den andern verletzt, weil ich mich von einer Banalität knechten lasse: ich leide darunter, ausgeschlossen zu sein, aggressiv zu sein, verrückt zu sein und gewöhnlich zu sein.
Roland Barthes

Eifersucht ist die Ahndung fremder Wahlverwandtschaft.
Johann Wolfgang von Goethe

Einleitung

Meine Fälle und mein eigener Fall

Wer mit Paaren psychotherapeutisch arbeitet, hat oft mit Eifersucht zu tun – das scheint sich von selbst zu verstehen. Als ich aber mit meinen Kollegen nach Fällen aus früheren Jahren suchte, mußten wir lange überlegen, in alten Akten blättern und uns manchmal recht mühsam erinnern. Eifersucht als Zentralthema ist demnach in der Paarberatung nicht so häufig, wie es besonders die Eifersüchtigen selbst annehmen, und Berater scheinen sie eher in größere Zusammenhänge eingeordnet zu sehen, nicht so sehr als isolierte Erscheinung. Dennoch soll es in meinem Buch vor allem um dieses Gefühl gehen, von dem wir nicht einmal sagen können, daß es nur ein Gefühl ist. Ohne Vereinfachungen, die mir gelegentlich schwergefallen sind, ging es dabei nicht ab.

Die Erfahrungen, die ich verarbeite, hätten sich, wie sich aus dem obenerwähnten Kollegengespräch schließen läßt, nicht einfach aus dem Alltag einer Beratungsstelle ausfiltern lassen, sondern sind zu einem wesentlichen Teil schon hervorgerufen durch meine Beschäftigung mit dem Thema. So haben sich die meisten Katamnesen (Nachgespräche mit früheren Klienten), die ich benutzen konnte, aus meiner eigenen Arbeit ergeben, und zwar, weil verhältnismäßig viele Menschen sich nach Rundfunksendungen und einem Aufsatz in der »Süddeutschen Zeitung« direkt an mich wandten. Merkwürdigerweise gerieten außerdem in den vier Jahren, die ich an diesem Buch gearbeitet habe, besonders viele Eifersuchtskonflikte »zufällig« ausgerechnet an mich, und das in einer Beratungsstelle, in der die Anmeldung über das Sekretariat so gehandhabt wird, daß vor dem ersten direkten Kontakt zwischen Berater und Klient fast keine Möglichkeit besteht, eine Auswahl nach Gesichtspunkten der Problematik zu treffen. Außer meinen engsten Freunden und Kollegen wußte niemand etwas von meinem Projekt, so daß keiner dieser neuen Klienten sich auf eine zusätzliche Information berufen konnte (etwa: in Neuperlach beschäftigt man sich besonders mit Eifersucht).

Wenn ich darüber nachdenke, wie ich dazu gekommen bin, mich intensiver mit diesem faszinierenden Thema zu beschäftigen, so finde ich eine Mischung aus persönlichen und beruflichen Motiven. Ich hatte mit einem besonderen Paar zu arbeiten, bei dem ich vieles wiederfand, was mich in einer Dreierkonstellation meiner eigenen Vergangenheit gequält und beglückt hatte, und ich merkte dabei, daß ich einiges von meiner eigenen, Jahrzehnte zurückliegenden Eifersucht noch immer nicht verstanden und daher auch nicht verarbeitet hatte. Solche Zusammenfälle eigener und fremder Erfahrungen, die häufig vorkommen, enthalten für den Therapeuten die Gefahr fehlender Abgrenzung. Es ist sehr einfach, die Macht, die dem außenstehenden Helfer in einer Krise oft nur zu bereitwillig angetragen wird, zu mißbrauchen. *Eine* Art des Mißbrauchs besteht darin, daß der Berater den Klienten ausprobieren läßt, was er selbst nicht konnte, durfte oder wagte. Er wird damit – bewußt oder unbewußt – zum Regisseur einer vor allem für ihn selbst spannenden Inszenierung, in der die Klienten nicht ihre eigene Lösung leben, sondern diejenige, die der Berater sich für sie wünscht. Seine eigentliche Aufgabe aber, so sehe ich es jedenfalls, liegt darin, die Lebendigkeit der Klienten zu fördern, indem er mit ihnen gemeinsam Erstarrungen löst, damit sie sich neu bewegen lernen, und zwar in ihrer eigenen Gangart und nicht in der des Beraters. Seine Mithilfe dabei ist kaum anders denkbar, als daß er seine eigenen Erstarrungen sieht und auch für sich selbst deren Auflösung in neue Beweglichkeit versucht.

Die Falle, in die man statt dessen oft gerät, ist eine Variante des Wiederholungszwanges, der alle seelischen Störungen charakterisiert. Auch der Berater, der, wie oben angedeutet, das Delegationsspiel probiert, wird ja dabei selbst kaum aus dem Gefängnis der eigenen ungelebten Möglichkeiten herauskommen. Er sieht bestenfalls den farbigen Abglanz dessen, was in seinem Leben hätte geschehen können, und zwar aller Wahrscheinlichkeit nach als kurzfristiges Schauspiel und nicht als echte Lösung eines Problems, das bei aller Ähnlichkeit nicht sein eigenes ist.

So also wollte ich mit meiner Eifersucht und der meiner Klienten nicht umgehen, sondern lieber durch Nach-, Zurück- und Vorausdenken für mich selber klarer sehen und spüren: Hier bin ich – und das dort sind die Klienten.

Es läge nun nahe, daß ich meine eigenen Erlebnisse, ihre Vor- und Nachgeschichte und den Ablauf der damit zusammenhängenden Beratung erzählte. Ich stoße dabei aber auf ein sperriges Hindernis, das sich einem Buch über Eifersucht unweigerlich in den Weg stellt: auf die Frage der Diskretion, die bei diesem Thema noch schwieriger zu handhaben ist als bei anderen Falldarstellungen. Über Depressionen, Phobien, Zwänge, ja über Schizophrenie zu berichten, ist heute vergleichsweise einfach geworden; manche Klienten stimmen leicht zu, manche finden es sogar interessant oder nützlich, wenn ihre Geschichte irgendwo veröffentlicht wird. Über Dreiecksbeziehungen, Verrat, wirkliche oder phantasierte Untreue, selbst über Versöhnung und Überwindung zu schreiben, bleibt in unserer angeblich so freizügigen Zeit problematisch, wenn die Beteiligten erkennbar sind. Meine eigene Geschichte ist nicht nur meine, sondern die mehrerer anderer Personen, und ich halte mich nicht für berechtigt, von ihren Erlebnissen und Gefühlen, die vor allem mit meinen Augen gesehen wären, zu erzählen. Ohne Fallberichte jedoch ist ein Buch über Eifersucht nicht denkbar. Ich war also gezwungen, meine eigenen Erlebnisse wie auch meine Fälle so weit zu verändern, daß eine Identifizierung der Personen unmöglich ist. Wahrscheinlich wird das dazu führen, daß sich einige Klienten gemeint fühlen, wo es gar nicht um sie geht. So leid mir das täte, so befriedigend wäre es andererseits – da ja meine Absicht ist, das öfter Vorkommende, nicht nur sonderbare Einzelfälle Betreffende, herauszuarbeiten. In diesem Sinne kann ich sogar sagen, daß eines meiner Ziele erreicht wäre, wenn sich möglichst viele Menschen in den Beispielen wiederfänden. Einige wahre weggelassene Details würden übrigens daneben wie schlecht erfunden wirken; Eifersüchtige haben oft Einfälle, die sich kein Dramatiker oder Romancier leisten dürfte.

Als Ausweg aus dem Dilemma der Identifizierbarkeit bot sich neben der bei psychologischen Berichten üblichen Veränderung der äußeren Umstände die Verwendung von literarischen Beispielen an, wobei hier das Eifersuchtsthema gegenüber andern stark im Vorteil ist; denn kein Beziehungskonflikt hat schreibende, erzählende und staunend zuhörende Menschen so konstant beschäftigt wie das ewige Dreieck. Schriftsteller ziehen dabei oft Linien zu Ende, die sich in der Realität verwischen, ihre Geschichten sind daher, weil »nur fiktiv«, nicht etwa schlechter, sondern manchmal sogar besser zu verwenden als authentische heutige Fälle. Ein großartiges Beispiel dafür ist die Novelle »Die Kreutzersonate«, in der Tolstoi – dieser russische Graf, von dem Lenin gesagt hat, er sei der einzige Bauer in der russischen Literatur – sein ganzes Leiden an der verdorbenen bürgerlich-adligen Kultur des 19. Jahrhunderts, seine ganze Sehnsucht nach einer reinen Liebe, wie auch das Volk sie ihm nicht mehr vorleben konnte, zusammenzog zu einer gewaltigen Chiffre der Eifersuchtsleidenschaft – so hart, so einseitig, so scharfsichtig und in der Übertreibung so wahr, wie es die Wirklichkeit, auch Tolstois eigene, niemals sein konnte.

Eine weitere Möglichkeit, zu »ungefährlichem« Material zu kommen, sind bereits veröffentlichte Fälle von Ärzten, Beratern, Analytikern und Familientherapeuten, auf die ich öfter zurückgegriffen habe. Dagegen erscheinen mir die so häufigen Berichte über das, was in der Presse Eifersuchtsdramen genannt wird – die vielen Morde, Verletzungen, Brandstiftungen, Unfälle, Selbstmorde, die mit Eifersucht zusammenhängen –, kaum ergiebig, weil sie außer dem rein Anekdotischen keine Information enthalten und man in bezug auf die Hintergründe auf Spekulationen angewiesen ist. Zwar bestätigt das wenige, das man über die

Lebensgeschichten, die soziale Situation und die familiäre Umgebung der Eifersüchtigen erfährt, meist sehr augenfällig die Hypothesen der Eifersuchtsforscher, aber da ich schon bei meinen eigenen Fällen oft darunter gelitten habe, daß ich aus den erwähnten Gründen nicht genauer berichten konnte, wollte ich nicht zur Dokumentation obendrein Zusammenhänge benutzen, bei denen unüberprüfbar bleiben mußte, ob sie nicht nur in meiner Phantasie bestünden.

Im folgenden möchte ich, ausgehend von konkreten Beratungssituationen, einige von den Fragen skizzieren, mit denen ich mich öfter konfrontiert sah. Daß bei genauerer Beschäftigung mit dem Thema noch weitere Probleme hinzukamen, daß viele von ihnen mir schwer oder nur im jeweiligen Einzelfall lösbar erscheinen, sei immerhin am Rande erwähnt. Der Bezug zu meiner eigenen Person und Geschichte wird sich hier ohne unvertretbare Indiskretionen herstellen lassen.

Im Vorzimmer unserer Beratungsstelle wartet ein Paar auf mich, das über einen Kollegen zu mir kam. Er hatte nur Zeit für ein Anmeldegespräch und hielt den Zusammenfall von Eifersucht und Selbstmordphantasien der Frau für zu bedrohlich, als daß er die Klienten hätte auf seine Warteliste setzen wollen. Der Kollege hatte nur die Frau gesehen, die »von ihrem Mann geschickt« wurde. Bei der telefonischen Verabredung versuche ich, die Notwendigkeit eines Paargespräches verständlich zu machen. Die Frau meint, der Mann würde nicht mitkommen, er wolle nicht reden. Ich insistiere, lasse aber die Möglichkeit offen, daß die Frau den Termin auch allein wahrnehmen könnte. Ich würde die Stunde für das Paar offenhalten, auch wenn er nicht mitkommen wolle.

Meine Erwartungen sind unklar, wie meistens in solchen Fällen. Die Angst vor schmerzlichen Konfrontationen läßt oft den anrufenden Partner seine eigene Neigung zur Ablehnung einer gemeinsamen Beratung in den andern hineinprojizieren. Da ich selbst aber überzeugt davon bin, daß es, besonders für die erste Stunde, sehr günstig ist, wenn das Paar kommt und nicht nur einer der Partner allein, kann ich offenbar auch überzeugend sein. Zu meiner Freude kommen beide.

Ich habe einige Vorinformationen, die mir angenehm sind: Der Beruf des Mannes gefällt mir – er ist Schreiner und beschäftigt sich in Abendkursen mit Kunstgeschichte. Von der Frau berichtet der Kollege, daß sie offenbar schwankt zwischen dem Gefühl, daß ihre Kinder sie jetzt noch ganz brauchen, und dem Wunsch, den Anschluß an ihren Beruf als Krankengymnastin nicht zu verpassen. Beide Eheleute sind Anfang Dreißig. Die drei Kinder sind noch klein, der Abstand ist wie bei meinen eigenen. Da ich immer das Gefühl habe, es sei heute schwerer, Kinder aufzuziehen, als zu meiner Zeit, andererseits mich aber kaum damit abspeisen lassen mag, wenn jemand über das dritte oder gar weitere

Kinder sagt, »es ist uns eben passiert« (im Zeitalter von Pille, Spirale und erleichterter Abtreibung!), so nehme ich bei Paaren mit mehreren Kindern zunächst an, daß sie, ganz global ausgedrückt, ein Bedürfnis nach mehr Leben realisieren. Und weil ich selber meine Zeit mit den kleinen Kindern als sehr schön, wenn auch keineswegs immer leicht erlebt habe und ihr immer noch ein bißchen nachtrauere, treffen solche Familien bei mir auf etwas Vorschußsympathie.

Daß die Frau daran denkt, sich umzubringen, ist natürlich ein Alarmzeichen, aber es macht mir nicht automatisch angst. Ich habe zu oft erlebt, daß solche Wünsche nach Nicht-mehr-Dasein eigentlich bedeuten, irgend etwas solle endlich aufhören. Es kommt dann darauf an herauszufinden, was da »aufhören« soll. Ich weiß aus eigener Erfahrung, wie weit man Suizidphantasien hinter sich lassen kann, und bin fest überzeugt, daß sich im Grunde niemand, wirklich niemand, tatsächlich ans Leben will. Allerdings erscheint es mir – fast möchte ich sagen: fremd, wenn Menschen behaupten, sie hätten noch nie daran gedacht. Ich finde das unglaubwürdig oder vielleicht ein Zeichen von Phantasielosigkeit, einfach weil es so leicht zu machen ist (und weil es in der Bundesrepublik jährlich etwa soviel Selbstmorde gibt wie Verkehrstote).

Daß der Mann eine Liebe neben der Ehe haben könnte – mein Kollege war sich nicht sicher, ob das nur eine Phantasie der Frau sei –, erscheint mir natürlich keineswegs erstaunlich, aber auch nicht beängstigend. Die Realität der Partnervielfalt, der Scheidungen und des sexuellen Leistungsdrucks ist für einen Eheberater ebenso unübersehbar wie die weniger spektakuläre, aber immer noch sehr oft gelebte Wirklichkeit durchgehaltener Treue, die allerdings leider oft nicht gerade in glücklichen Ehen zu finden ist. Sowohl mein Mann wie ich haben uns im Laufe unserer Ehe mehrmals heftig verliebt und leben nach wie vor gut und gern zusammen, so daß sich für mich mit einem solchen Ereignis nicht automatisch die Angst vor Alleinbleiben, Scheidung, unwiderruflichen Auswirkungen auf die Kinder usw. verbindet. Freilich, die Schmerzen ...

Ich kehre zu meinem Klientenpaar zurück: Während sie über den langen Flur zu meinem Zimmer vor mir hergehen, habe ich das Gefühl, daß sie gut zusammenpassen. Für eine Eifersuchtsberatung empfinde ich es als prognostisch günstig, wenn sich die Partner entschließen können, zusammen zu kommen. Sie zeigen damit, daß sie noch miteinander reden, vielleicht miteinander leben wollen, und daß vermutlich nicht allzuviele Geheimnisse zwischen ihnen stehen. Diese beiden erzählen sogar gemeinsam, abwechselnd – ganz gegen die Erwartungen, die die Frau am Telefon vermittelt hatte: Der Frau ist aufgefallen, daß ihr Mann sich sexuell anders verhielt. Wie »anders«? Eben anders. Dann: mal distanzierter, mal leidenschaftlicher als sonst; einmal hat er auch nachts geweint. Die Frau wurde daraufhin unruhig – so war er noch nie gewesen. Sie versuchte, mit ihm zu reden, er wurde immer stiller. Auch im Dreiergespräch mit mir wirkt er zurückhaltender als sie, gemessen, bekümmert. Sie dagegen ist lebhaft, geschickt in der Wortwahl, redet anmutig mit den Händen.

Und so ist die Geschichte weitergegangen: Ihr Fragen wurde eine Art Obsession, sie konnte nicht mehr aufhören. Sag mir doch, was los ist – ich spür's doch – ist es eine andere Frau? »Aber das war's zuerst noch gar nicht«, sagt die Klientin, »ich war ja ein solches Schaf! Sie können sich nicht vorstellen, wie lange ich gebraucht habe, um überhaupt auf die Idee zu kommen! Mein Mann und ich – das war eine solche Einheit ...« Hat der Mann seine Ehe auch so erlebt? Doch, sagt er, eigentlich schon, bis jetzt schon; er hat auch beim Kennenlernen gleich gewußt: »Die ist es!« Und obwohl sie ihn sexuell sehr anzog, hat er ihre Empfindlichkeit respektiert (eine Fast-Vergewaltigung durch einen Freund ihrer geschiedenen Mutter war einer der Gründe dafür), und erst nach einigen Monaten hat er es mit Küssen versucht. Sie hat ihm das hoch angerechnet – endlich wurde sie als Person und »nicht nur als Körper« gewollt, und gerade seine Geduld und Zurückhaltung – das, was sie jetzt »zur Weißglut treibt« – hat ihr Herz gewonnen.

Er dagegen war fasziniert von ihrer Wärme, Lebhaftigkeit und Lebendigkeit. Seine Jugend war überschattet gewesen von der langen Krankheit einer kühlen und disziplinierten Mutter, die wegen eben dieser Krankheit von ihrem Mann verlassen worden war und den Sohn zu früh in die Rolle eines verständigen, mitleidigen, das äußere Leben organisierenden »Haushaltsvorstandes« gedrängt hatte. Während seiner Lehrzeit war die Mutter gestorben. Sie hatte sehr darunter gelitten, daß sie ihrem Sohn nur eine Handwerkerausbildung und kein Studium finanzieren konnte.

Die ersten zehn Ehejahre hat der Mann als sehr glücklich empfunden. Endlich Wärme, endlich Leben – die drei Kinder! –, endlich eine Frau, von der er etwas bekam, wenn er etwas gab. »Wir brauchten nicht viel zu reden, wir wußten auch so alles voneinander.« Und jetzt diese Veränderung ...

Die Frau, durch eine streng moralische Erziehung gewöhnt, die Schuld an unangenehmen Veränderungen zunächst bei sich zu suchen, wollte von ihrem Mann wissen, was sie denn anders machen solle. Nichts – nein, wirklich nichts – ich weiß nicht – laß mich doch mal in Ruhe! Als ihr der Gedanke kam, es könnte eine andere Frau dahinterstehen, leugnete er das so heftig, daß sie wieder nicht anders konnte als denken, »sie spinne«. Aber dann holte sie ihn einmal unerwartet von einer kunsthistorischen Vorlesung ab, die er besucht, weil er sich für Antiquitäten und deren Restaurierung interessiert, und traf ihn dort in lebhaftem Gespräch mit einem Mädchen. »Ich wußte sofort – das ist sie!« Sie lief weg, ohne daß ihr Mann sie überhaupt gesehen hatte, setzte sich ins Auto, fuhr verzweifelt und natürlich zu schnell in die Nacht hinaus – und brach erst in Tränen aus, als sie mit quietschenden Bremsen vor dem Brückenpfeiler hielt, gegen den sie hatte fahren wollen. Was hat sie zurückgehalten? »Ich weiß nicht – an die Kinder hab ich erst später gedacht ...« Der Mann hatte inzwischen schon die Polizei alarmiert. Als sie erschöpft nach Hause kommt, brüllt er sie an, schüttelt sie, wobei sie von seinem krampfhaften Zugriff blaue Flecken an den Oberarmen davonträgt – und dann schlafen sie zusammen, und etwas verlegen sagen beide, es sei besonders schön gewesen.

Also haben sie gerade an dieser gefährlichen Konfliktsituation gemerkt, wie sehr sie zusammengehören? Ja, natürlich, sagt der Mann. Die Frau zögert. Irgendwie, sagt sie, fühlte sie sich zum erstenmal von ihrem Mann »nur als Körper« geliebt – so wie mit »dem Mädchen« hat er damals mit ihr geredet, als er sie liebte, aber höchstens mal ihr Augenlid küßte. Aber wenn ich richtig gehört habe, war es – trotz dieses Gefühls – sehr schön, in der Schreckensnacht mit ihm zu schlafen? Ja, sagt die Frau, das schon; und das bringe sie nun erst recht durcheinander.

An dieser Stelle fühle ich selbst mich gespannt und unsicher. Gelungene Sexualität in einer solchen Extremsituation ist kein Gradmesser für die Zuverlässigkeit der Beziehung, um die es geht. Zu sehr hat auch die Sexualität der sogenannten Normalen mit Risiko, Gefahr, ja Feindseligkeit zu tun, nicht nur mit Liebe, Zärtlichkeit und glücklicher Regression. Freilich zeigt das Erlebnis die Fähigkeit beider Partner, das Fallenlassen zu riskieren. Eifersucht führt ja beim Eifersüchtigen nicht immer zur Verweigerung, sondern manchmal geradezu zu Exzessen von Hingabe. Meine Hauptunsicherheit liegt aber zunächst nicht darin, daß ich nicht weiß, wie die beiden zueinander stehen, sondern ganz konkret in der Frage: Hatte die Frau mit ihrer Intuition recht? Oder hat sie »das Mädchen« unbewußt als Kristallisationsfigur benutzt, in der sich die gestörte Beziehung gleichsam verkörpert: wenn die nicht da wäre, wäre alles wieder gut? Eifersüchtige spüren *immer* etwas Richtiges, nur bewerten sie es oft übertrieben; und ich habe Sorge, daß sich die Frau an einer Projektion festbeißen könnte, die wahrscheinlich schwer aufzulösen wäre.

Aber der Mann sagt leise: »Das Mädchen bedeutet mir sehr viel, da hat meine Frau mich wieder einmal richtig verstanden.« Die Frau bricht in verzweifeltes Weinen aus. Seit vierzehn Tagen – seit sie »es« weiß – dringt sie, buchstäblich Tag und Nacht, darauf zu erfahren, was »wirklich« zwischen ihrem Mann und der jungen Frau aus dem Seminar ist. Er sagt, nichts Sexuelles. Was dann? Eben Gespräche. Worüber? Doch wohl über ihn und das Mädchen ... Auch, sagt der Mann, aber nicht nur. Worüber also? Das kann er nicht so genau sagen. Haben sie nicht doch etwas Sexuelles zusammen? Nein ... Und so weiter. Oder eine andere Litanei: Sie hat soviel für ihn getan; er hat ihr doch versprochen, ihr treu zu bleiben, vor dem Altar. Er sagt: »Ich bin dir nicht untreu.« Wieso denn nicht? Weil er bei ihr bleiben will ... Oder noch eine Gesprächslinie: Liegt es an ihr? Wo war er unzufrieden? Gar nicht, nirgends, sagt er, auch im Bett nicht. Es ist ihm eben passiert ... Und warum hat er immer gesagt, es sei keine Frau im Spiel? Weil ihm ihre Fragerei auf die Nerven ging. Und weil von Sexualität nichts dabei war. Man wird doch noch andere Personen mögen dürfen!

Wie stehe nun ich selbst zwischen zwei solchen Partnern? Als wir mit

Erzählen und Verstehen so weit gekommen sind, erlebe ich mit ihnen zusammen sehr stark das Festgefahrene, fast Ausweglose der Situation. Zunächst war ich auf seiten der Frau – ich konnte sehr gut ihre Verzweiflung verstehen, auch das Durchdrehen, das Nichtglaubenwollen, das Aufbegehren gegen eine solche nie erwartete Verletzung; es fällt mir aber schwer, die von ihr gesehene »Schuld« ihres Mannes ebenso einzuordnen wie sie. Hätte mich die Frau, wie es oft in Beratungen geschieht, gefragt: »Würden Sie an meiner Stelle vielleicht anders empfinden?«, hätte ich sicher das Bedürfnis verspürt, ganz ehrlich, ganz »ich selbst« zu sein und also zu antworten: Wahrscheinlich heute ziemlich anders, früher mal ähnlich; heute kann ich ohne allzu große Unruhe, oft sogar mit Verständnis und Zustimmung ertragen, wenn ich sehe oder auch nur weiß, daß mein Mann sich intensiv mit anderen Frauen beschäftigt oder etwa sagt, daß sie ihm wichtig sind. Die Gefahr ist sehr groß, mich damit als Vorbild und Maßstab aufzuspielen und außerdem in eine Situation zu geraten, in der darüber diskutiert wird, ob das richtig oder nicht richtig sei, oder auch, wie ich es geschafft hätte oder ob es überhaupt wünschenswert sei, so etwas zu schaffen; oder etwa: wie es denn für mich wäre, falls wirklich Sexualität ... und was dergleichen persönliche Fragen mehr sind. Um also diese Abweichung vom therapeutischen Weg zu vermeiden, auf dem es, jedenfalls was die Wirklichkeit »draußen« angeht, vor allem um die Klienten gehen soll, wäre die einzige Antwort darauf, die mir möglich erscheint: »Ich weiß nicht, wie ich mich in Ihrer Situation verhalten würde – es ist doch *Ihre,* und *die* möchte ich gern verstehen; und ich hoffe, daß ich das kann.«

Ich habe auch verstehen können, daß eine Frau, wenn so etwas passiert ist, *wenigstens* beansprucht, über die Sache zu reden, und habe den Mann anfangs als allzu unwillig, wenn nicht verstockt seiner Frau gegenüber erlebt. Allerdings konnte ich *ihn* dann fast nicht mehr verstehen, als ich begriff, daß er sich zwei Wochen lang den dauernden Verhören immer wieder gestellt hat und offenbar dabei nur selten ungeduldig wurde, während sie immer wieder »ausgeflippt« ist, d. h. geschrien, Geschirr zerschlagen, auch mit Freundinnen telefoniert und den Kindern erzählt hat, der Papi habe die Mami nicht mehr lieb. Hat er ein so schlechtes Gewissen, daß er meint, das alles aushalten zu müssen? Stimmt es vielleicht doch nicht, daß er nicht mit der Freundin geschlafen hat? Selbstmordversuche machen begreiflicherweise sehr viel Angst – vielleicht will der Mann seine Frau schonen, indem er ihr die ganze Wahrheit nicht zumutet? Auch mir selbst erscheint es, abgesehen davon, daß ich dem Mann von meinem Gefühl her glauben kann, nach all den Anstrengungen, die die Darstellung des schlimmen Zustandes für die Klienten bedeutet, nicht richtig, an der Tatsachenfrage herumzubohren – u. a. deshalb, weil ich dadurch unweigerlich in Parallele zur Frau geriete, mich mit ihr verbünden und versuchen würde, den Mann in die Sündenrolle zu drängen.

Wo bleibe ich selbst in dieser Pattsituation? Ich komme mir vor, als hätte jeder von ihnen eine meiner Hände gepackt und versuche, mich in seine Richtung zu zerren, was zweifellos zu nichts anderem als Bewegungslosigkeit führen kann. Kein schönes Gefühl, aber eines, das in Paarberatungen häufig ist. Ich merke, daß ich etwas wissen möchte, und das hilft mir, die symbolischen Hände loszulassen und einen Schritt zurückzutreten: War die Ehe, von der die beiden berichten, wirklich so glücklich, wie sie sie mir und sich hier darstellen? Ich mache einen einigermaßen kühnen Sprung und frage die Frau, ob sie sich erinnere, wie es ist, verliebt zu sein, und ob sie nicht vielleicht während ihrer Ehe auch einmal einen anderen Mann attraktiv oder vielleicht sogar wichtig gefunden hat. Mir erscheint diese Frage nicht unzumutbar, weil ich vorher vermittelt habe, wie sehr ich ihr Leiden nachempfinden kann. Ich möchte auch sehen, ob sie eine solche Frage verträgt. Wenn einer von den beiden Partnern zu empfindlich ist und den Berater überhaupt nicht mit seinem Partner »teilen« kann, wenn also die Eifersucht der Frau sich in diesem Fall auch auf die anwesende »Andere« (mich nämlich) erstrecken würde, sind die Aussichten für eine gemeinsame Beratung nicht besonders gut. Die Angst und das Mißtrauen müßten dann vielleicht zunächst in Einzelgesprächen näher angeschaut und bearbeitet werden.

Aber auf meine Frage hin verändert sich die Szene vollkommen: die Tränen der Frau versiegen erstaunlich schnell, der Mann richtet sich auf, sie schauen sich eine Weile stumm an. Dann sagt der Mann, wieder leise, aber etwas scharf: »Also das erzähl mal lieber selbst!« Die Frau antwortet, so wichtig sei das nun auch wieder nicht, und außerdem sei es ganz was anderes, ihr Flirten und seine ernste Beziehung. »Und wenn du dich vor meinen Augen andern Männern auf den Schoß setzt und sogar mit ihnen herumknutschst?« Das sei im Fasching gewesen, sagt sie – er dagegen: seiner Ansicht nach im Sommer!, darauf die Frau: na ja, es war aber eine faschingsähnliche Atmosphäre. Der Mann: das sei auch keine Entschuldigung dafür, ihn so vor aller Augen zu blamieren. Die Antwort der Frau lautet, nicht eben logisch: »Mein Gott, immer dies ewige An-andere-Denken! Den ganzen Tag die Kinder, und abends auch noch du!«

Hier verlasse ich den Verlauf dieser Beratungsstunde und bringe einige weitere Informationen: Der Mann hat *nie* geflirtet und wurde in der offenbar recht lustigen Freundesgruppe deswegen manchmal gehänselt. Er hat – und das ist neu für die Frau – sich sehr verletzt gefühlt, daß sie bei den Neckereien mitgemacht hat. Warum hat er das nie gesagt? Es hätte ja doch nichts genutzt, sagt er, sie hätte es weggewischt, nicht ernstgenommen, und im Grunde habe sie ja recht, es sei ja doch alles nicht so schlimm. Aber wenn ich das gewußt hätte, sagt die Frau, hätte ich doch die Flirts gelassen! Wirklich? Ich empfinde die Frau jetzt als sehr lebhaft, fast lebenshungrig, und kann ihr das nicht ganz abnehmen. Wo kommt *sie* in dieser als glücklich geschilderten und zweifellos in vieler Hinsicht wirklich guten Ehe zu kurz? Für was, mit andern Worten, ist ihre

Eifersucht ein Zeichen? Was will ihr Mann innerhalb des Ehesystems unbewußt mit der Beziehung zu der andern Frau zeigen?

Am Ende der Stunde bin ich erleichtert, daß die Erstarrung gewichen ist, von ihnen und von mir, daß die Auseinandersetzung sich eingependelt hat in ein direktes Gespräch zwischen beiden Partnern, daß die Verzweiflung der Frau sich gelöst hat in den Beginn des Nachdenkens über ihre wirklichen eigenen Anteile und daß der Hinweis auf das, was sie alles für die gemeinsame Sache getan hat, seinen Vorwurfscharakter verliert. Der Mann kommt aus seiner depressiven Rückzugs- und Hartnäckigkeitsverschanzung heraus und äußert selbst Kränkung und Unzufriedenheit. Am Ende der ersten Stunde kann ich dem Paar sagen, daß ich zu sehen glaube, es gehe nicht nur um das Mädchen und die insistierende Eifersucht der Frau, sondern um etwas, das zwischen ihnen beiden zu bearbeiten sein wird. Was das ist, kann ich noch nicht sagen, und ihnen deshalb auch keinen Rat geben, was sie verändern könnten. Überhaupt möchte ich Veränderungswünsche mit ihnen gemeinsam erarbeiten und glaube hoffen zu dürfen, daß sie selbst auf solche kommen.

Darüber wie auch über das Ausfallen des so sehr gewünschten Rechtbekommens, auf das fast jeder hofft, der sich zu einer Beratung entschließt, sind sie etwas enttäuscht. Wer einmal in einer Krisensituation war, wird das nachempfinden können – man wünscht sich etwas wie einen Zaubertrick; die Qual und das Unglück sollen abfallen wie ein zu enges Kleidungsstück, damit man wieder frei atmen kann. Die Bitte um Medikamente, die gelegentlich geäußert wird und die ich sowieso nicht befriedigen könnte, da ich keine Ärztin bin, hat sicher ihren Ursprung in diesem magischen Befreiungswunsch. Manchmal äußern Klienten auch den Wunsch nach Hypnose. Eheberater können nicht anders, als solche Wünsche zu frustrieren, wohl aber versuchen, die Hoffnung zu vermitteln, daß Krisen überhaupt überwindbar sind, und bereits in der ersten Stunde helfen, daß, global ausgedrückt, »etwas Neues passiert«. Man kann versuchen, den Beziehungsdruck in eine andere Richtung zu verschieben, den eingeschliffenen Lauf quälender Rituale wenigstens zu unterbrechen (da dieser ja sicher nicht in kurzer Zeit zu verändern ist) und Nachdenklichkeit an die Stelle der kalten oder heißen Verzweiflung zu rücken. Klienten, die ein solches Erlebnis von Neuheit und vielleicht auch von wiedererwachter Neugier aufeinander aus der ersten Stunde mit heimnehmen, werden weniger dazu neigen, die Beratung abzubrechen, als solche, die einfach nur spiegelnd verstanden worden sind oder die eine Veränderungsdirektive in einer einseitigen Richtung bekommen haben. Hätte ich in meinem Beispiel etwa dem Mann geraten, die Beziehung mit dem Mädchen auf der Stelle aufzugeben, sonst sei es um seine Ehe geschehen, oder die Frau bedrängt, ihre Fragerei einzustellen, sich »zusammenzureißen«, so wäre damit nichts gewonnen gewesen. Das alles hatten beide ja schon voneinander und von Freunden oft gehört, und es hatte nichts genützt.

Ich muß sogar sagen, daß mir plötzliche Abbrüche einer Außenbeziehung, die manchmal kurz nach Beratungsbeginn geschehen, und das trotz meiner ausgesprochenen Ermutigung, *nichts* zu ändern und zuerst einmal zu sehen, was sich bei genauerem und neuem Hinsehen in der Ehe abspielt, gar nicht so angenehm sind. Oft sehen sie mir nach Dressurakten und nicht nach Abschied und Verzicht aus. Ich kann nie davon absehen, daß auch eine Liebe neben der Ehe ein schönes Erlebnis ist und die Trennung von ihr ein Schmerz, der verarbeitet werden muß. Es ist so oft von Gewalt, auch von Vergewaltigung in der Ehe die Rede, wobei fast immer physische Machtausübung gegen Frauen gemeint ist. Schlimm genug, daß es so etwas gibt, und über alle Maßen wichtig, sich in solchen Fällen nicht in Thesen von hysterischer Übertreibung oder feministischer Kampfhaltung zu retten. Nur sollte über der physischen Gewalt die psychische nicht vergessen werden, und die üben auch Frauen aus. Gewalt aber, das ist meine feste Überzeugung, schlägt zurück, wenn sie nicht aufgegriffen, verstanden und umgeformt wird. Wer weiß, wie viele Männer ihren Frauen unbewußt-bewußt nicht verzeihen, daß sie eine Liebe in sich abtöten mußten – zu früh, zu unmenschlich, zu plötzlich? Wer kann sagen, wie viele Frauen die sublime Macht, die jede intime Beziehung verleiht, in unbewußter Rachsucht zum Schaden ihrer Männer und Kinder schärfer und bedrückender ausüben, weil sie nicht selbst entscheiden konnten, ob sie eine Außenbeziehung durchleben wollten (was fast immer zugleich heißt: durchleiden!), sondern alternativelos gezwungen wurden, nicht rechts und nicht links zu schauen, sondern das zu tun, was »ihre Pflicht« genannt wird?

Hier bin ich bereits bei den Fragen, die mich bewegt haben, dieses Buch zu schreiben. Einiges davon ist schon aufgetaucht in der Fallskizze, die sich so nicht zugetragen hat, sondern Elemente von verschiedenen Fällen, aber keinen einzigen erfundenen Zusammenhang enthält. Steht Eifersucht für sich selbst oder ist sie ein Zeichen für etwas anderes? Wie hängt sie mit der Rollenverteilung von Mann und Frau zusammen? Die Frau in meinem Beispiel hat ihren Beruf zugunsten von Ehe und Familie zurückgestellt. Ist sie vielleicht nicht nur auf das Mädchen, sondern auf die andere Art der Selbstverwirklichung, auf die größere Bewegungsfreiheit ihres Mannes eifersüchtig? Welchen Rechtsanspruch leitet sie aus ihrer Erziehung ab? Wie ist der Zusammenhang zwischen Eifersucht und Religion?

Meine Arbeit zeigt mir immer wieder überdeutlich, wie die Haltungen Erwachsener sich aus den familiären Einflüssen ihrer Kindheit ergeben. Die Psychoanalyse hat eine Reihe von theoretischen Aufsätzen und Falldarstellungen hervorgebracht, in denen es hauptsächlich um die Ableitung der Eifersucht aus sehr frühen Erlebnissen der Patienten geht. Haben diese Arbeiten einem breiteren Publikum heute noch etwas zu sagen? Wie steht es mit der unleugbaren Tatsache, daß die Psychoanalyse sich ausschließlich mit einzelnen beschäftigt, Eifersucht aber in der Regel eine Erscheinung ist, die mindestens drei Personen betrifft? Ist Eifersucht gleich Eifersucht? In meiner Skizze ist ja offensichtlich auch der Mann durch die Flirts seiner Frau gekränkt. Wie kommt es aber, daß er darüber wenig gesprochen hat, während die Frau nach der Entdeckung wie besessen davon ist, zu ihrer eigenen Qual dauernd davon zu reden, nachzufragen, auszuforschen?

Als Andeutung für den weiteren Verlauf der Beratung sei nur erwähnt, daß die Frau als kleines Mädchen nach der Einwanderung aus der DDR durch einen überlasteten Vater, der oft damit drohte wegzulaufen, weil ihm die Familie zuviel wurde, und durch den sehr intensiv miterlebten Tod einer heißgeliebten Großmutter von sehr verständlichen, bis dahin aber nie richtig betrauerten Verlustängsten geplagt wurde. Sie hatte buchstäblich damals keine Zeit und keine Erlaubnis für Tränen gehabt. Nach dem Tod der Großmutter hatte ihr nie mehr jemand gezeigt, daß er sie liebte, ohne daß sie Leistungen erbrachte, »einfach so«, um ihrer selbst willen. Sie meinte also Liebe nur durch Aufopferung verdienen, sie allerdings dann – als Frau und Mutter – auch beanspruchen zu können. Daher brach ihr eine Welt zusammen, als sie bemerkte, daß ihr Mann sich für »das Mädchen« begeisterte, das für alles zu stehen schien, was sie selbst nicht oder nicht mehr war. Eine weitere sehr wichtige Frage: Wie sind die Beziehungen zwischen dem Eifersüchtigen und seinem Rivalen?

Der Mann mit seiner belastenden Muttererfahrung erfüllte, wie sich bald herausstellte, einen Auftrag seiner toten Mutter, indem er sich zunächst an der Volkshochschule für das Fach Kunstgeschichte einschrieb, also seinen für die Erwartungen der Mutter sozial zu niedrig stehenden Beruf aufwertete. Während der Beratung begann er mit der Vorbereitung für das Abitur auf dem zweiten Bildungsweg und hat es inzwischen bestanden. Ich traue ihm zu, daß er, wie er es vorhat, tatsächlich Architektur studiert. Er meint, es wird eben lange dauern, weil er ja daneben seine Familie ernähren muß, aber jetzt sei ihm klar: das wollte er schon immer. Seine Mutter, sagt er, hätte sich sehr darüber gefreut. Und die Mutter seiner Kinder? Die macht mit; er wußte immer, daß er sich im Grunde auf sie verlassen konnte. Dieser Mann ist durch die neue Entwicklung seines Lebens mit sich selbst in Übereinstimmung, er konnte, vielleicht deshalb, nach einigen Monaten ohne allzu zerreißende Schmerzen die romantische Beziehung zu der jungen Studienkollegin aufgeben. Im Freundeskreis wird er nicht mehr gehänselt, denn allzu deutlich hat seine Frau allen vermittelt, daß er sich sehr wohl außerhalb der Ehe für Frauen interessieren kann.

Eine neue Frage: Was wird nach der Lösung einer solchen Beziehung aus der dritten Person? Ist sie auch eifersüchtig? Und weiter: Ist etwa eine solche Außenbeziehung manchmal alles andere als nur eine Katastrophe, ist sie vielleicht geradezu eine Chance, um nicht, etwas blasphemisch, zu sagen: ein Segen?

Denn selbstverständlich ist auch für die Frau, auf die sich jetzt das Hauptgewicht der therapeutischen Arbeit verlagert hat, vieles in Bewegung gekommen. Sie versucht zu klären, welche Bedeutung das Flirten und das Sichlustigmachen über ihren Mann für sie hatten. *Einmal* zeigen, daß sie »ihm auch was antun kann«, daß er nicht immer der Unerreichbare, Überlegene, Ruhige ist – so meint sie jetzt. Daß der Mann seinerseits in die Schwärmerei für das Mädchen gefallen ist, weil er ihre natürliche Überlegenheit als Frau, die Kinder gebären kann, und ihre Opferbereitschaft als manchmal kaum erträglichen Druck empfand, begriffen beide erst langsam. Die Schuldgefühle wegen der Erleichterung, die er als junger Mann beim Tod der Mutter empfand, hatte er auf die Frau übertragen, und hierzu paßte es wie der Schlüssel zum Schloß, daß sie sich Liebe nur als Gegengabe für Aufopferung vorstellen konnte und ihr ganzes Selbstbewußtsein ausschließlich aus ihrer Funktion für Mann und Kinder bezog.

Ihre Sucht zu fragen und zu erfahren, was zwischen ihrem Mann und seiner Freundin geschah, hätte die klassische Psychoanalyse als Neugier auf die »Urszene«, also den Geschlechtsverkehr der Eltern, gedeutet. Mir scheint eine solche Vermutung nicht so absurd, wie sie für manchen Leser klingen mag, weil es tatsächlich häufig vorkommt – noch immer, noch in unserer »aufgeklärten« Zeit –, daß nach ganz wenigen Beratungsstunden, oft schon in der ersten, die Klienten über eine tiefe Beunruhigung durch sehr früh erlebte und nicht verstandene Sexualität berichten. Immer mischen sich dabei Angst und Sehnsucht, also negative und positive Faszination, selbst in Fällen schrecklichster Ausbeutung durch übermächtige Erwachsene.

In der Arbeit mit Paaren ist es meistens nicht möglich, so tief in den »Brunnen der Vergangenheit« (Thomas Mann) hinabzusteigen. Ich hatte also keine Gelegenheit, mit meiner Klientin zusammen zu überprüfen, ob die psychoanalytische These sich bei ihr bestätigen ließe. Etwas anderes aber wurde sehr deutlich: ihre eigenen unterdrückten Wünsche nach echter und vollständiger Untreue, nicht nur nach Flirts, aus denen nie etwas Ernstes geworden war. Ihr Ehemann war ihr erster und einziger Sexualpartner, und es erfordert schon eine bemerkenswerte Enge und Phantasielosigkeit, wenn eine solche Frau heutzutage niemals die Frage, den Wunsch, die Vorstellung in sich hochkommen läßt, wie »es« wohl mit andern Männern wäre. Meine Klientin war alles andere als eng und phantasielos, aber sie war durch vielerlei Bande gehalten: durch ihre Erziehung, durch die Schrecken der Weglaufdrohung ihres Vaters (sollte etwa sie ihren Kindern so etwas zumuten?), auch und vor allem durch die Liebe zu ihrem Mann, den sie nicht kränken und verletzen wollte. Die Seele geht verschlungene Wege: ihr brennendes Interesse an »anderer« Sexualität und »anderer« Liebe konnte sie unter dem Deckmantel ihres Rechtsanspruches auf das Miterleben der Intimität ihres Mannes wenigstens indirekt zeigen.

Mir ging bei solchen Überlegungen auf, wie gut das Deutsche diesen Zustand mit dem Wort Eifer-»Sucht« bezeichnet. Daraus entstand eine weitere Frage: die nach dem Ausdruck, den andere Sprachen für die gleiche Erscheinung gefunden haben. Und weiter: wie wurde Eifersucht früher gesehen und erlebt, wie spiegelt sie sich in Religion und Literatur, oder: wie spiegeln sich möglicherweise diese in der jeweils zeitgemäßen Form von Eifersucht? Wurde sie im Prozeß der Zivilisation, der verfeinerten Bedürfnisbefriedigung, verstärkt oder abgemindert?

Auf alle skizzierten Fragen – und viele weitere, die sich daraus ergaben – habe ich natürlich keine erschöpfende Antwort gefunden. Die Frage des kulturellen Hintergrundes etwa konnte in einem Buch, in dem es hauptsächlich um die innerseelischen und zwischenmenschlichen Auswirkungen von Eifersucht gehen sollte, nur andeutend bearbeitet werden.

Zusammenfassend läßt sich die Richtung meiner Arbeit durch zwei Sätze beschreiben: *Wie kann man Eifersucht verstehen?* Und daraus folgend: *Wie kann man mit Eifersucht leben, mit eigener und mit fremder?* An dieser Stelle schrieb ich zunächst das Wort »fertig werden«. Mit dem Verstehen bin ich weitergekommen, mit dem Fertigwerden kaum. Eifersucht ist ein so universelles Problem, daß es, glaube ich, eher darauf ankommt, sich mit ihr zu arrangieren, als sich Illusionen darüber zu machen, daß sie sich besiegen oder gar ausrotten ließe. Nicht nur mein eigenes Nachdenken, sondern auch die nachträgliche Überprüfung unserer Beratungsfälle haben mich, was meine eigenen Hoffnungen angeht, sehr bescheiden gemacht. Glücklicherweise kam ich aber trotzdem nicht zu dem Ergebnis, daß es etwa gar keine Hilfe, gar keinen humaneren Umgang mit diesem in seinen Grundlagen sehr archaischen Gefühl gibt. Eine gewisse Zuversicht wird man daher, neben großer Vorsicht und Skepsis, immer wieder in diesem Buch spüren.

Was die professionelle Therapie angeht, so kann ich nichts weiter als eine Art Zwischenbescheid geben. Erstaunlich war für mich, daß es vor allem Fallschilderungen und theoretische Überlegungen von psychoanalytischer Seite gibt, jedoch kaum von Familientherapeuten und Systemtheoretikern. So habe ich keinen einzigen Fallbericht über die Behandlung einer *ganzen* Familie wegen einer Eifersuchtspsychose finden können, wohl aber mehrere über die Heilung wahnhafter Eifersucht durch psychoanalytische Einzelarbeit. Die Auswirkungen des Verschwindens der Eifersucht auf die Familien der Patienten werden nur nebenbei erwähnt, scheinen aber durchweg entlastend für das ganze System, zu dem der Patient gehörte, gewesen zu sein.

Als Eheberater steht man unweigerlich im Spannungsfeld zwischen der traditionellen, sich schwerfällig modernisierenden Psychoanalyse und den Methoden der Mehrpersonentherapie, die sich sprunghaft und außerordentlich unübersichtlich entwickelt. Das Ganze sähe einfacher aus, wenn man Kriterien und Arbeitsweise der tiefenpsychologischen Schule einfach auf das Familiengefüge ausdehnen und statt einer Person mehrere gleichzeitig behandeln würde. Das tun aber die wenigsten maßgebenden Familientherapeuten, sondern sie verstehen ihre Arbeit als etwas völlig Neues, als das Ergebnis eines Paradigmenwechsels in der Psychotherapie. Ich werde darauf an entsprechender Stelle eingehen. Für diese Einleitung erscheint mir nur wichtig, daß die neue Richtung nie oder selten aufdeckend arbeitet – also nicht nach der Freudschen Grundabsicht Unbewußtes bewußt machen möchte –, sondern direktiv, womit gemeint ist, daß die Therapeuten direkte Ratschläge bis hin zu den sogenannten paradoxen Verschreibungen geben. Diese sind eine besondere Form von Handlungsanweisungen, die den Patienten zunächst verblüffen und verwirren, weil sie gerade das empfehlen oder loben, was er loswerden will – so wird etwa in einer Familie mit einer zehnjährigen Tochter mit Angstsymptomen diese Angst umgedeutet als Sorge um die psychosomatisch kranken Eltern und die Anweisung gegeben, ja nichts zu ändern, die Angst also bewußt zu behalten, weil die Tochter damit den Eltern »sehr hilft« (Wirsching/Stierlin 1983, S. 240). Von dem für die Psychoanalyse zentralen Durcharbeiten der Beziehung zwischen Therapeut und Patient (Übertragung, Arbeitsbündnis, Hilfs-Ich usw.) ist nicht mehr die Rede. Der Therapeut erwartet und braucht für seinen Erfolg die vertrauensvolle Befolgung seiner Direktive. Wegbringen will er die Angst natürlich auch, nur darf er das nicht sagen, sonst »sitzt« die Verschreibung nicht.

Meiner Ansicht nach gibt es einen gemeinsamen Nenner für beide Richtungen: Hilfesuchenden den Weg zur *eigenen* Veränderung freizugeben. Beide werfen sich gegenseitig vor, genau das nicht zu tun, sondern die Patienten zu manipulieren, indem sie die Macht, die sie über sie haben, einsetzen, um zu erreichen, was sie schon vorher als Ziel im eigenen Kopf hatten. Der Kampf wird sehr hart geführt, von seiten der Psychoanalyse oft mit großer Arroganz und dem Anspruch, die wahre Lehre und Theorie in der Hand zu haben, von seiten der Systemiker mit dem

Sendungsbewußtsein eines neuen Aufbruchs, aber oft, jedenfalls für mein Gefühl, ohne die Kultur und Tradition des Denkens, die die Psychoanalytiker, wenigstens die besten unter ihnen, auszeichnen. Was bis jetzt fehlt, sind die dringend nötigen Darstellungen von Gemeinsamkeiten, die nichtpolemischen Analysen der gegensätzlichen Methode mit den eigenen Kriterien. Bis dahin: wo bleibt ein Eheberater mit seinen Klienten auf diesem Schlachtfeld?

Ich kann hier nur für mich selbst antworten. Ich sehe, daß beide Seiten Erfolge haben. Es wäre borniert, das zu leugnen. Ich glaube auch den Erfolgsberichten über die Interventionen bei Eifersucht verschiedener Schweregrade nach kommunikationstheoretischen und systemischen Gesichtspunkten bis hin zur paradoxen Verschreibung (vgl. S. 275 ff). Erfahrungen in meinem eigenen Leben habe ich aber nur mit der Psychoanalyse, sowohl was Einzel-, Gruppen- als auch Ehetherapie angeht. Es mag mit meiner Elternerfahrung zusammenhängen – jedenfalls ist es mir unvorstellbar, einem Therapeuten so bedingungslos zu vertrauen, daß ich nicht empört oder enttäuscht wäre, wenn er mir gerade das, was ich loswerden will, als nützlich, ja unentbehrlich für mein Leben beschreiben würde und noch dazu keine Diskussion über diese Maßnahme zuließe. Über den *Sinn* von Symptomen zu sprechen, ihre Auswirkung auf die nächsten Bezugspersonen zu verstehen und erlebbar zu machen, ist mir dagegen vertraut. Meiner Ansicht nach ist das auch an einer normalen Beratungsstelle oder in einer Einzelpraxis, wo kein Team von mehreren Personen hinter der Einwegscheibe zur Verfügung steht, um eine wirksame Verschreibung zu geben, leichter möglich als die Anwendung der neuen Methoden; von diesen sagen noch dazu die Kenner, sie würden nicht helfen, wenn der sie anwendende Therapeut nicht überzeugt ist, seinen Klienten damit wirklich das Beste zu geben, was er hat. Hier kommt also die unbewußte Beziehung in der Therapie hinterrücks wieder sehr stark ins Spiel.

Obwohl die Eleganz, die Schnelligkeit und im besten Falle auch der geringe Arbeitsaufwand direktiv-systemischer Interventionen mich stark anziehen, fühle ich mich also, und das wird man diesem Buch anmerken, nach wie vor der Psychoanalyse am meisten verpflichtet. Der Blick auf *mehrere* Personen allerdings, vor allem auf das Paar, ist mein spezielles Arbeitsgebiet, und in diesem Sinne denke und arbeite ich auch systemisch.

Einige Stichworte über das, was die psychoanalytische Selbsterfahrung mir persönlich in bezug auf die Eifersucht gebracht hat: Ich bin das älteste Kind in einer Familie, deren zentrale Figur ein mächtiger, äußerst dynamischer Vater ist. Es mag sein, daß wegen dieser ausgesprochen patriarchalischen Familienstruktur das Freudsche Modell, das ja ganz und gar auf die Welt des Großen Vaters bezogen ist, mir besonders eingeleuchtet hat und daher auch therapeutisch hilfreich war. Manche mögen das altmodisch finden – hoffen wir, daß es das eines Tages tatsächlich sein wird. Bis jetzt jedoch leben wir in einer Männergesellschaft, von der man höchstens sagen kann, daß in ihr die Chancen der Frauen zunehmen. In meiner täglichen Arbeit sehe ich immer wieder, wie trotz aller Emanzipationsversuche sämtliche Muster des vaterzentrierten Freudschen Weltbildes wie Kletten im Unbewußten haften, was sich bis in die Flucht- und Veränderungsbewegungen hinein spiegelt. Mir muß es schon als Kind nicht sehr wünschenswert erschienen sein, eine Frau zu sein. Die Eifersucht auf das Männliche, die Freud unter der Chiffre Penisneid abgehandelt hat, ist eine der Leiterfahrungen meines Lebens. Ich habe mir oft gewünscht, ein Mann zu sein, und in depressiven Zuständen als Erwachsene (glücklicherweise immer nur kurze Zeit) sogar bedauert, nicht nur Söhne zu haben.

Wenn man schon kein Mann war, mußte man aber wenigstens von einem solchen geliebt werden oder ihn lieben können. Das war aber nun in unserer Familie auch nicht so einfach. Mein Vater hat uns immer das Gefühl von Beschütztsein durch seine Macht vermitteln können – ich erinnere mich etwa, daß er bei Gewitter und strömendem Regen mit uns in Badesachen in den Garten ging und uns zeigte, wie schön die Blitze sind, so daß ich natürlich niemals eine irrationale Angst vor Gewitter, ja kaum vor den Bomben im Krieg gehabt habe. Sein enormes Temperament entlud sich aber auch manchmal in Zornausbrüchen, die häufig weniger mit dem Anlaß in der Familie als mit aufgestautem Ärger aus seiner beruflichen Sphäre zu tun hatten, auch mit den Empfindlichkeiten einer großen, ihm selbst oft hinderlichen und daher unterdrückten Sensibilität. Für ein Kind war das schwer zu verstehen. Aufbegehren und Auseinandersetzungen, auch Entschuldigungen von seiner Seite, wie ich selbst sie später gegenüber meinen eigenen Kindern immer wieder nötig hatte, waren unvorstellbar. Meine Mutter konnte nichts tun, als zu ihm zu stehen und zugleich uns aufzufangen – ein fast unmögliches Unternehmen. Zudem hat mein Vater eine große Liebe zur Gerechtigkeit, und ich bin mit dem Mythos aufgewachsen, daß meinen Eltern alle ihre vier Kinder gleich viel und dasselbe bedeuteten. Noch am Beginn meiner Analyse konnte ich beim besten Willen nicht sagen, welche Unterschiede es gab. Die waren aber beträchtlich; denn die Eltern liebten zwar alle Kinder und setzten sich für sie ein, aber nicht mit gleicher, sondern mit höchst verschiedener Liebe. Daraus ergaben sich sehr unterschiedliche Erfahrungen und eine sehr unterschiedliche Behandlung jedes der einzelnen Geschwister, wie es ja auch natürlich und angemessen ist.

Der Anspruch auf Gerechtigkeit muß mir außerdem nur als die zweitbeste Lösung erschienen sein, da ich die Welt einmal als »ein und alles« meiner Eltern, ganz ohne Geschwister, erlebt hatte – die schwierige Situation aller ersten Kinder, die es mit der Entthronung eben schwer haben. Ich nehme an, daß sich als Folge dieser Stellung in der Geschwisterreihe in mir die Erwartung bildete, die von meinem Vater so hoch gepriesene Allversorgung und Gleichbehandlung müsse sich, da er mich ja so liebte, auch für mich angenehm anfühlen. Aber zwischen mir und der mir nächsten Schwester entstand ein Klima von Rivalität, das ich mit meinem verinnerlichten Gerechtigkeitsideal nicht wahrhaben durfte.

Diese Schwester gehört zu den liebsten und wichtigsten Personen in meinem Leben. Die ihr geltenden negativen Gefühle klar anzuschauen, sie gar als Neid und Haß zu bezeichnen und dann zu begreifen, daß dadurch die Liebe und Bewunderung nicht ungültig, ja nicht einmal entwertet wurde, lernte ich erst in der Analyse. Mein Analytiker hat mir in diesem Zusammenhang gezeigt, wie weise es von Goethe war, Ottilie in den »Wahlverwandtschaften« sagen zu lassen, gegen große Vorzüge eines andern gäbe es kein *Rettungs*mittel als die Liebe. Die Nähe zu dieser Schwester hat mich fähig gemacht, neben Wut und Ärger auf andere Frauen auch Freundschaft, Bewunderung, Toleranz und Einfühlung angesichts des Andersseins späterer »Schwestern« zu empfinden, im persönlichen Leben sowohl wie in der Beratungsarbeit. Daß übrigens meine Schwester auch mit mir rivalisierte, hätte ich spätestens merken können, als ich sie, die schon fünf Jahre kinderlos verheiratet war, sich aber sehr Kinder wünschte, anrief, um ihr zu sagen, daß ich schwanger war. Sie wollte mir die gleiche Mitteilung auch gerade machen. Der errechnete Geburtstermin fiel auf denselben Tag. Sie wurde dann vier Wochen früher entbunden als ich – von Zwillingen. Da hatte sie mich wieder überholt ...

Bei meiner zweiten, sehr viel jüngeren Schwester konnte ich schon von den Erlebnissen mit der andern profitieren. Die Rivalität mit ihr war wegen des großen Altersunterschiedes weniger bedrohlich, und ich hatte die Erfahrung des erlaubten Nebeneinanders schon gemacht.

Merkwürdigerweise bin ich, auch mit dem Vergrößerungsglas der Analyse gesehen, auf meinen Bruder nie ernsthaft eifersüchtig oder neidisch gewesen. Meine Eltern haben ihn vollkommen anders behandelt als uns Mädchen; sie haben auf dem Gebiet der Leistung teils viel mehr, teils viel weniger von ihm verlangt als von uns; er wurde anders geliebt und anders gestraft – er war eigentlich »unvergleichlich«. Und irgendeine Vergleichbarkeit muß ja vorhanden sein, wenn man eifersüchtig ist. Außerdem ist er sieben Jahre jünger als ich, war also der »kleine Bruder«, und zur Zeit seiner Geburt war mir wohl eine gewisse

Verinnerlichung des Mutterbildes schon gelungen. Je älter ich wurde, desto klarer begriff ich auch, daß sein Schicksal, der Sohn eines so starken und mächtigen Vaters zu sein, nicht gerade einfach ist. Er ist inzwischen der »große Bruder« geworden, der uns Schwestern den Arm um die Schultern legt und den wir um Rat fragen können. Aber »anders« ist er geblieben.

Zu meiner Analyse wurde ich durch eine sehr beschwerliche Angstsymptomatik gezwungen. Sie hat für mich eine ungeheure Anstrengung bedeutet und nicht nur angenehme Folgen gehabt: Wer lernt, was mit ihm selber los ist, sucht nach neuen Verarbeitungsformen in der Realität, weil die alten ihn unglücklich gemacht haben – er verändert damit, um es modern auszudrücken, das System. Wenn einer allein so etwas wagt, ist es gefährlich. Als ich lernte, zu Eifersucht, Neid und Rivalität zu stehen, sah es in meiner unter dem Anspruch eines Gerechtigkeits- und Harmonieideals lebenden Familie so aus, als hätte nur *ich* solche Gefühle, und eine Zeitlang sogar, als hätte ich *nur* diese und gar keine freundlichen mehr. Die Auseinandersetzung mit meinem Vater und mit seinen Normen in mir haben mich unendlich viel Mut und Kraft gekostet. Wahrscheinlich hätte ich die trotz meiner Analyse nicht aufgebracht, wenn ich von seiner grundsätzlichen Loyalität nicht überzeugt gewesen wäre. Er hat oft sehr unter mir gelitten und meine Beweggründe wohl bis heute nicht verstanden. Hat ihm das Leiden genützt, so wie meins mir? Ich weiß es nicht. Er ist abgeklärter und ruhiger geworden, und unser Verhältnis ist sehr liebevoll. Seine Möglichkeit bewußter Liebe (da er den Umgang mit seinem Unbewußten nicht gelernt hat und nie hat lernen wollen) ist die Gerechtigkeit geblieben, und daß er begriffen hat, daß diese höchstens annäherungsweise zu erreichen ist, mag eine der tiefen Enttäuschungen seines Lebens sein. Aber selbst das kann ich nur ahnen.

Was Männer angeht, so habe ich bewußt einen »ganz anderen« Mann als meinen Vater geheiratet; und tatsächlich sind diese beiden wichtigsten Männer in meinem Leben sehr verschieden (obwohl sie sich jetzt sehr gut verstehen – vielleicht gerade deshalb). Dennoch hatte ich unbewußt die größten Schwierigkeiten, meinen Mann und meinen Vater auseinanderzuhalten und dem ersteren nicht Eigenschaften des zweiten zuzuschreiben. Die patriarchalische Zentralstellung, die meinem Vater von seiner Herkunft, seiner schichtmäßigen Eingebundenheit und individuellen Lebensgeschichte her selbstverständlich war, wollte mein Mann nie beanspruchen. Obwohl eine Generation jünger als mein Vater, ist er – als Flüchtling – in viel entscheidenderer Weise durch den Zusammenbruch Deutschlands geprägt worden. Es gibt für ihn kaum etwas »Sicheres«, an dem er nicht auch zweifeln könnte. Das betrifft besonders

Besitz, Tradition, soziale Strukturen. Hinzu kommt, daß wir natürlich die historischen Bewegungen unserer eigenen Lebenszeit mitgemacht haben. Es ist also nicht spurlos an uns vorübergegangen, daß in den Jahrzehnten unserer Ehe die Gleichberechtigung deutlich zugenommen hat und Hierarchien abgebaut wurden. Für mich hat das zur Folge, daß ich weniger unselbständig, aber auch weniger geschützt lebe als meine Mutter.

Ich bin in meiner Ehe eifersüchtig gewesen und wäre froh, wenn ich es nie mehr sein müßte. Mein Mann ist, wenigstens was mich angeht, sehr wenig eifersüchtig. Er ist darin durchaus realitätsbezogen und »gesund«, denn er hatte nie einen ernsthaften Grund, um meine grundsätzliche Entscheidung für ihn zu fürchten. Jemand, der weniger »vernünftig« wäre als er, hätte allerdings die Möglichkeit gehabt, sich zu ängstigen, weil mir ein paarmal andere Männer sehr gefallen haben. Ich bin da in neue Dreiecke hineingeraten, in denen ich die Eifersucht anderer Frauen erregt habe und klassischerweise nicht einsehen konnte, wieso, da ich ja wußte, wie sehr ich in meiner Ehe gebunden war; und ich war auch obendrein gelegentlich eifersüchtig auf die, für die sich die betreffenden Männer »nach mir« entschieden. Die in der Analyse erworbene Einsicht in eigene und Einempfindung in fremde Gefühle macht einem da das Leben wieder einmal nicht leichter, sondern nur klarer. Die Schmerzen der Bewältigung eigener und fremder Realitäten und Konflikte werden dadurch nicht aufgehoben. Auch Verzichten wird nicht leichter, wenn man es bewußt tut – eher vielleicht der neue Anfang, die Rückkehr.

Irrationale Rivalität mit anderen Frauen hoffe ich nach dem Durcharbeiten meiner Eltern- und Schwesterbeziehung nicht mehr nötig zu haben, und sie ist tatsächlich seit Jahrzehnten höchstens noch andeutungsweise vorgekommen. Von der ganz schlimmen, der besessenen, der ausspionierenden und besitzergreifenden Eifersucht bin ich verschont geblieben. Als die ersten »Anlässe« dazu nach einigen Jahren einer sehr intensiven Ausschließlichkeit in mein und meines Mannes Leben traten, hatte ich durch eben diese Jahre bereits eine zuverlässige lange Erfahrung von Zusammengehörigkeit hinter mir, zwei von unseren Kindern waren schon geboren, und ich begann dazu gerade meine Analyse, so daß ich immer mehr lernte, mich als unabhängiges Wesen zu begreifen, aber auch Abhängigkeiten anzuerkennen. Es ist mir heute kaum noch einfühlbar, wenn auch aus der Rekonstruktion meiner Frühgeschichte nur zu verständlich, daß ich in den ersten Ehejahren einfach immerfort überglücklich war, einen so wunderbaren Mann mit dem Versprechen lebenslanger Treue zu »haben«, während es mir gar nicht in den Sinn kam, daß auch er aus verschiedenen Gründen mehr als froh sein konnte, mich gefunden zu haben und mit mir zu leben. Die Auflösung dieser irrealen Polarisierung – hier der Herrlichste von allen, dort das graue Gänschen – war ein schwieriger, wenn auch natürlich unentbehrlicher Prozeß. Wäre unsere Ehe nicht wenigstens mit dem bewußten Vorsatz nicht gerade der »Offenheit«, aber doch des Rechtes auf wichtige Beziehungen zu anderen Menschen geschlossen worden, so hätten meine unbewußten Besitzansprüche ebenso wie meine eigenen Wünsche nach Kontakten außerhalb der Ehe, die ich dann vollends verdrängt hätte, zu sehr heftiger Eifersucht führen können. (Wir hatten beide nie daran gedacht, unsere wichtigsten Jugendlieben völlig aus den Augen zu verlieren, sondern hofften auf eine spätere Freundschaft; aber in beiden Fällen wurde von der anderen Seite der Kontakt abgebrochen, auch aus Eifersucht.)

Wer sein Leben ganz bewußt auf die Grundlage der Beziehung zu einer einzigen Person stellt – und das hatte ich getan –, der muß sich mit Recht in höchstem Maße gefährdet sehen, wenn diese Lebenssonne sich von ihm abzuwenden scheint. Meine Erfahrung ist, daß ich um so toleranter und realistischer sein konnte, je weniger ich mich vor allem als meines Mannes Frau und Mutter seiner (!) Kinder definierte. Freilich wäre ich heute auch entschlossener als früher, im Falle wirklicher Gefahr um ihn zu kämpfen, und hätte weniger das alte (Vater-)Gefühl: Wenn er wirklich etwas will, kann ich ja doch nichts machen.

Mein eigener freierer Umgang mit Eifersucht wurde also ermöglicht durch eine ganze Reihe von Erfahrungen: durch das Zulassen dieses Gefühls, dessen ich mich vorher sehr geschämt hatte: durch das Erlebnis, daß Ambivalenz gegenüber geliebten Personen unvermeidlich ist und die Beziehung zu ihnen nicht grundsätzlich in Frage stellt; durch das Bewußtsein, dasein zu dürfen mit und neben andern; durch das Aufgeben der Erwartung einer utopischen Gerechtigkeit, die ich so verstanden hatte, daß derjenige, der mich liebt, dann gerecht ist, wenn er, allmächtig und allwissend, meine Wünsche so erfüllt, wie ich sie mir vorstelle; durch die intellektuell sehr einfache, emotional aber überaus schwer erreichte Erkenntnis, daß die Normen meiner Eltern nicht die ganze Welt bedeuten; und damit schließlich und grundsätzlich durch das Wagnis und das Ausprobieren eines eigenen Standpunktes – immer noch und immer wieder mit Rückfällen und Angst verbunden –, wodurch das Vertrauen zu mir selbst und anderen zunahm, ich aber zugleich unabhängiger wurde.

Vielleicht bin ich damit an einer Stelle angekommen, wo andere schon lange sind. Die brauchen mein Buch nicht zu lesen. Aber um mich herum, besonders bei meiner Arbeit, sehe ich viele Menschen, die ähnliche Probleme haben. Ihnen hoffe ich mit meinen Erfahrungen helfen zu können. Es stecken etwa zwanzig Jahre schwieriger Entwicklung dahinter, die übrigens immer wieder von großen Glückserlebnissen begleitet waren.

Der Leser wird, auch wo ich das nicht ausdrücklich betone, das Buch durchzogen finden von meinen eigenen Erfahrungen, als Betroffene wie als Helferin. Und wenn er das *ganze* Buch liest, wird er meinem Nachdenken und Nachlesen zum Thema Eifersucht auch von Stufe zu Stufe folgen können. Einige Teile aber, denke ich, können gut einzeln gelesen werden. Ich selbst lese Sachbücher schließlich auch so, daß ich mir zunächst aus dem Inhaltsverzeichnis das heraussuche, was mich am meisten interessiert.

Obwohl ich Eheberaterin bin, fühle ich mich weder fähig noch berechtigt, Berufskollegen eine Anleitung zum therapeutischen Umgang mit Eifersucht zu geben. Vielleicht kann ihnen aber die Bestandsaufnahme, als die ich mein Buch verstehe, weiterhelfen, wenn sie ihre eigenen Wege gehen.

Da die Beratungsarbeit die Grundlage und auch der wichtigste Anstoß zum Schreiben war, können Eifersüchtige oder ihre Partner sich gewiß nach der Lektüre genauer vorstellen, was in einer Eheberatung vorgeht und was man von ihr erwarten kann. Lesen allein tut's freilich nicht.

Erster Teil
Die gelebte Eifersucht

Der Eifersüchtige

Wie fühlt sich Eifersucht an, von innen und von außen? Im folgenden soll versucht werden, den Zustand zu beschreiben, sein Schwanken zwischen Haß und Liebe, zwischen Realität und Projektion. Fangen wir an mit der Hauptperson.

Es kann nicht genug betont werden, daß Eifersucht in jedem Leben vorkommt. Die Beeinträchtigung einer intensiven Liebesbeziehung zwischen zwei Partnern durch Ansprüche, Reize und Versuchungen von außen, die zur Entstehung der Eifersuchts-Grundfigur, des Dreiecks, führen, kann nicht ausbleiben. »Der andere bezieht sich allein schon durch sein Dasein in der Zeit, in der Welt, notwendig auch auf die übrige Welt, nicht nur auf den Geliebten.« Mit dieser »fundamentalen psychischen Realität des Rivalen« (Lehmann, 1982), vielleicht noch klarer: der rivalisierenden Welt, als deren Sonderfall ein Mensch erscheint, muß sich der Eifersüchtige auseinandersetzen.

Beginnen wir so klar wie möglich. Doch wird sich sofort erweisen, wie vielschichtig, wie mehrfach gerichtet Eifersucht ist. In jedem Fall ist Eifersucht ein Beziehungskonflikt zwischen drei Menschen, meistens zwischen zwei gleichgeschlechtlichen und einem gegengeschlechtlichen. Am eifersüchtigsten ist in der Regel der, in dessen Dauerbeziehung eingebrochen wird, also – verkürzt – der Ehemann oder die Ehefrau. Er fühlt sich bedroht, beraubt, betrogen, hintergangen. Aber auch der neue Partner ist gelegentlich (nicht immer) neidisch auf die Rechte, die der Dauerpartner beansprucht, ist wütend und traurig, daß er verzichten, kämpfen, warten oder verbergen muß. Der Dauerpartner wird, wenn nicht sein Feind, so doch auf jeden Fall sein Gegner, jemand, der ihm im Weg ist. Von Eifersucht verschont ist die Person, die zwischen den beiden konkurrierenden Personen steht – wenigstens innerhalb der so entstandenen Dreierbeziehung. Aber auch auf ihr lastet, jedenfalls bei mehr als spielerischen Konflikten, ein heftiger Druck von Sorge, Unruhe, oft Schuldgefühlen. *Außerhalb* des Dreiecks ist Eifersucht nicht nur möglich, sondern kommt bei der umworbenen Person häufig vor, etwa wenn die Ehefrau, die soviel unattraktiver erschien als die neue Liebe, sich ihrerseits unabhängiger macht und möglicherweise beginnt, andere Männer zu bemerken, oder wenn die Freundin aus der neuen Dyade zum erstenmal die Fühler in die rivalisierende Welt hineinstreckt. Oder es bleibt wie gehabt die Eifersucht auf Mutter, Kinder, Arbeit.

Eifersucht als solche ist jedoch überall gleich. Heftigkeit und Bedeutung im Leben des einzelnen variieren, aber nicht das, was das Gefühl charakterisiert. Die häufig gestellte Frage nach den Unterschieden zwischen männlicher und weiblicher Eifersucht läßt sich nur hinsichtlich der Psycho- und Soziogenese beantworten, aber nicht, was den Affekt an sich angeht. Es gibt unter den Gefühlen, die im menschlichen Leben zu erwarten sind, nichts Quälenderes. Denn Trauer ist »größer« und moralisch einwandfrei, Angst situationsbezogener und »berechtigter«, Neid eindeutiger, Haß klarer ausgerichtet. An diesem Vergleich mit andern starken und negativen Gefühlen wird das Hauptcharakteristikum der Eifersucht deutlich: ihre mörderische Ambivalenz, das Hin- und Hergerissensein zwischen Liebe und Haß, die sich – und auch das ist entscheidend – nur auf die allerwichtigsten und allernächsten Personen beziehen. Was diesen letzten Zug angeht, so kann sie im Vergleich mit den obengenannten Gefühlen nur der Trauer zur Seite gestellt werden, mit der Freud sie in Parallele sah.

Der enge Zusammenhang mit dem Selbstwertgefühl einerseits und der Wertschätzung der geliebten Personen andererseits ist sicher einer der Hauptgründe dafür, weshalb es so häufig vorkommt, daß selbst mißtrauische Menschen die Situation, die in unserer Kultur zur Eifersucht berechtigt, also die Liebesbeziehung der Ehefrau oder des Ehemannes zu einem anderen Partner, lange nicht bemerken. Sie wollen nicht hinschauen, weil sie unbewußt fürchten, dauernd hinschauen zu müssen; und – so die vielfach bestätigte psychoanalytische These – sie wissen im Grunde, wie entsetzlich Eifersucht ist, weil sie sie in ihren eigenen Urzeiten schon erlebt haben. Das kann in Extremfällen so aussehen, daß eine wegen Eifersuchtswahns in ein psychiatrisches Krankenhaus eingelieferte Frau sagt: »Ich bin nicht eifersüchtig ...« (Lagache 1946, S. 6), und in gewissem Sinn damit recht hat. Wenn aus unbewußter Angst die Eifersucht dauernd verdrängt wird, kann es vorkommen, daß sie in einer Psychose, gleichsam wie das Feuer aus einem scheinbar erloschenen Vulkan, ans Licht schießt.

Andere, deren Angst bewußter ist, führen einen dauernden Präventivkrieg gegen mögliche Außenbeziehungen des Partners. Von ihnen heißt es dann seufzend und resigniert: »Mein Mann oder meine Frau ist so schrecklich eifersüchtig ...« Diese Personen spüren, daß die »wirklich begründete« Eifersucht sie überwältigen und zu ihrem einzigen Lebensthema werden könnte. Daß sie damit eine Untreuesituation geradezu heraufbeschwören, gehört zu den Verhängnissen und Geheimnissen einer engen Beziehung zwischen zwei Menschen, auf die die moderne Systemtheorie neues Licht geworfen hat (vgl. S. 249 ff).

Vergegenwärtigen wir uns, wie es aussieht, wenn die Abwehrsperre einmal durchbrochen ist, wie qualvoll, wie lebensvergällend, wie unerträglich schon die »ganz normale« Eifersucht sein kann. Angst und Unruhe, eine unablässige Getriebenheit, über den augenblicklichen Zustand zu grübeln, gefährden, ja verhindern die Fortführung des gewohnten, in einem andern Sinn »normalen« Lebens. Nicht nur der Rivale wird in Gedanken (oft genug auch in Gesprächen, direkt oder telefonisch) mit Vorwürfen überschüttet, sondern ebenso der geliebte (wirklich geliebte?) Partner. Haß verstellt den klaren Blick und strahlt aus auf andere nahestehende Personen, entweder in Nervosität und Aggression oder in übertrieben verschlingender Zuwendung (etwa auf die Kinder, die damit zu Trostspendern und Bundesgenossen werden). Die eigene Person erscheint reizlos, depressiv verzerrt, aber dafür oft moralisch übertrieben makellos. Früher heiter bewältigte und als sinnvoll empfundene Anstrengungen für die gemeinsame Sache verwandeln sich in unzumutbare Belastungen – etwa Hausarbeit bei Frauen, Geldverdienen bei Männern in der klassischen Rollenaufteilung, aber auch sonstige aufgeteilte Aufgaben und Hilfestellungen (»Mitdenken«, freundschaftliches Überprüfen der Arbeit des andern) –: »Ich tu das alles für uns, für die Kinder – und du ...?« Was sonst Spaß gemacht hat, läßt sich nicht mehr in Zusammenhänge einordnen, in denen es Freude auslösen kann. Mechanisch läßt es sich wohl noch tun, aber die Stimmung bleibt gedrückt, die Gedanken kreisen unaufhörlich anderswo, dort, wo möglicherweise die Frau oder Freundin glücklich strahlend diesem schrecklichen andern gegenübersitzt, wo der Mann oder Freund, so denkt es sich jedenfalls die Eifersüchtige, nicht einen einzigen Gedanken an seine unglückliche Dauerpartnerin verschwendet, während er mit »der Neuen«, vielleicht viel Jüngeren, das tut, was er sonst mit der Lebensgefährtin zu tun pflegt: ins Kino gehen, Ausstellungen besuchen oder einfach reden, lachen, Beisammensein.

Daß eine Steigerung all dieser Qualen eintritt, wenn mit sexuellen Kontakten gerechnet werden muß, versteht sich von selbst. Wer sich körperlich mit seinem Partner gut versteht und bisher glücklich fühlte, muß wünschen, daß wenigstens diese intimste, persönlichste und ekstatischste Form der Verbundenheit ausgespart bleibt. Die in aufgeklärteren Kreisen häufig zu hörende Äußerung, es komme auf die Intensität der Beziehung und nicht auf den eigentlichen sexuellen Vollzug an, die Untreue könne sogar größer sein, wenn es sich »nur« um eine intensive emotionale Beziehung handelt, ist mit Vorsicht zu genießen. Im Falle sexueller Schwierigkeiten *in* der Ehe ist die narzißtische Kränkung vielleicht noch größer: Mit mir klappt es nicht, aber draußen, natürlich, da geht es plötzlich ...

Was die drei beteiligten Personen angeht, so sieht der Eifersüchtige keine von ihnen, auch sich selbst nicht, ohne Ambivalenz. Da die besonders Eifersüchtigen oft besonders rechtliche Menschen sind, voll guter Absichten, auch voll echter Freundlichkeit, die die Welt gern klar und geordnet sähen, stößt sie diese Unklarheit, dieses Auf und Ab ihrer Gefühlskurven in tiefes Unbehagen, ja in Unglück und Verzweiflung. Sie verstehen die Welt nicht mehr, weil sie der Welt vorschreiben wollten, wie sie auszusehen hat, und die Welt richtet sich nicht danach. Dennoch scheinen sie diese Mißgefühle geradezu zu suchen. Das Diktum von der »Leidenschaft, die mit Eifer sucht, was Leiden schafft« (vgl. S. 127) ist nur eine der Definitionen, die auf diesen auffallenden Zug der Eifersucht hinweist. Ein Zwang, distanziert betrachtet, höchst unökonomisch, jedenfalls aber gewaltig – einer der großen Beweise für die Machtlosigkeit der Vernunft; und in seiner Verzweiflung wird fast jeder Eifersüchtige, falls er überhaupt zum Nachdenken kommt, Freud recht geben, wenn er das Ich als »dummen August« zwischen Es und Über-Ich bezeichnet, hin- und hergerissen zwischen Trieben und moralischen Geboten, jedenfalls aber hilflos, »unmöglich« (Freud 1914). Gut reden haben alle, die vor Eifersucht warnen:

O hütet euch vor Eifersucht,
dem Ungeheuer mit den grünen Augen, das das Fleisch
verhöhnt, von dem es sich ernährt ... *(Shakespeare, ca. 1604)*

Abgesehen davon, daß Jago mit diesen berühmten Worten Othello nicht eigentlich warnen, sondern gerade eifersüchtig machen will – wie soll man das um alles in der Welt machen, sich vor Eifersucht hüten? Freilich gibt es Möglichkeiten, sich davon freizuhalten (vgl. Marcuse 1950), aber zu haben sind sie nur, wenn man entweder die eigenen Ansprüche reduziert, indem man sich gar nicht erst auf eine risikoreiche »große« Liebe einläßt oder aber die Liebe so unrealistisch, so überirdisch ausweitet, daß man aus lauter Altruismus überhaupt keine Ansprüche mehr macht.

Shakespeare benennt sehr schön auf seine barocke Weise die Paradoxie der Getriebenheit (which mocks the flesh it feeds on), die darin besteht, daß das für den Affekt und dessen Fortbestehen Notwendige, nämlich die Beschäftigung mit der Untreue des Geliebten, schlechtgemacht, verhöhnt werden muß und doch gebraucht wird, ja niemals ausreicht.

Ich hasse und liebe. Warum ich das tu, so fragst du vielleicht.
Ich weiß es nicht, aber ich fühl, es geschieht, und ich spüre die Qual.

So sagt es Catull vor zweitausend Jahren. Ratlosigkeit also, Doppeldeutigkeit, Gequältheit, Nichtlassenkönnen.

Zum Hinstarren, Hinstarrenmüssen, also einem voyeurhaften Zug, kommt, ist der Damm der Abwehr einmal gebrochen, ein exhibitionistischer Zwang (vgl. Bergler 1939): Erzählenmüssen, die eigenen Leiden, die Daumenschrauben, die der andere einem angeblich anlegt, immer wieder vorführen zu müssen. Eifersüchtige sind in der Beratung oft sehr redselig, sie wiederholen sich und kommen bei weitem nicht immer, um ihr Leiden loszuwerden, sondern um sich dessen »Berechtigtheit« bestätigen zu lassen und in ihrer Qual wieder und wieder angehört zu werden. Eifersucht wird auf diese Weise zur Hauptbeschäftigung, sie frißt nicht nur das, was sie zu ihrem Fortbestehen braucht, begierig in sich hinein, sondern verschlingt auch alles andere, was im Leben der davon Befallenen wertvoll war, auch und besonders ihr eigenes Bild von sich selbst.

»So hab ich nie sein wollen«, sagte einmal ein Mann in der Beratung zu mir und brach in Tränen aus. Aber er »konnte nicht anders«, schaffte es zum Beispiel nicht, auf seinen beruflichen langen Autofahrten an etwas anderes zu denken als an die bereits zwei Jahre zurückliegende kurze Untreue seiner Frau, und jedesmal, wenn er durch den kleinen Ort kam (bemerkenswert häufig!), in dem »es« geschehen war, kehrte er im Gasthaus ein und stellte sich vor, wie seine Frau dort mit ihrem Freund gesessen haben mochte.

Die Ähnlichkeit mit dem Verhalten Süchtiger drängt sich auf, die ja im Deutschen auch sprachlich ausgedrückt ist. Auch die Süchtigen brauchen Zufuhr von außen, um sich »richtig« zu fühlen (oder um sich richtig zu *fühlen*), ja viele Süchtige sprechen von ihrem Mittel (Tabletten, Alkohol, Kokain usw.) in liebevollen Tönen wie von einer unentbehrlichen Person. Die Einsicht in die Schädlichkeit der Droge wird lange geleugnet (ein Arzt sagte mir einmal: »*Mir* schaden 70 Zigaretten am Tag überhaupt nicht.«), und ist sie einmal ins Bewußtsein gedrungen, so finden wir dieselbe Mischung von Leiden und Nichtaufhörenkönnen wie bei der Eifersucht. Mord und Selbstmord sind die letzte Konsequenz der Sucht wie im Extremfall der Eifersucht. Wie die Drogensucht im Grunde eine andere verdeckt – die nach der nie genügend oder nie in der zuträglichen Mischung von Versagung und Gewähren erlebten Beziehung zu einer zuverlässigen frühen Bezugsperson, idealtypisch der Mutter –, so tut es auch die Eifersucht: darunter liegt die »Sucht« nach einer Person, deren Liebe unverzichtbar gebraucht wird. Dabei wäre aber Philines Satz in Goethes »Wilhelm Meister«: »Und wenn ich dich liebhabe, was geht's dich an?« für Eifersüchtige unaussprechbar. Es geht ihnen ja nicht vor allem ums Lieben, sondern ums Geliebtwerden, und zwar in der Form, die sie selbst sich vorstellen. Sie sind überhaupt oft erstaunlich subjektiv: erregen sie ihrerseits Eifersucht, so wehren sie das dazugehörige Schuldgefühl häufig ab, das man gerade bei ihnen erwarten würde, und sind oft überzeugt, das sei etwas völlig anderes als beim Partner. Und manchmal, nebenbei gesagt, stimmt das auch ...

Von außen gesehen – durch Freunde, den Partner, auch durch den Berater – ist Eifersucht niemals ein »schönes« Gefühl. Als positiv wird sie höchstens empfunden, wenn endlich jemand reagiert, der bis dahin unengagiert, gleichgültig, kalt oder allzu überlegen erschien. Man könnte sagen: es bleibt ihr immer etwas vom Ungeheuer, mögen auch manche Personen grüne Augen schön finden. Zum Vergleich: Zärtlichkeit, Fürsorge, auch die möglicherweise lächerliche Verliebtheit sind fraglos besser angesehen. Die Reaktionen auf Eifersucht variieren von Mitleid bis Verständnislosigkeit oder Abscheu. Sicher spielt, besonders bei Freunden oder Familienangehörigen, dabei deren eigene narzißtische Kränkung eine Rolle: der Eifersüchtige ist ja so mit seiner Sache beschäftigt, daß wenig Energie für andere Menschen übrigbleibt, schon gar nicht für deren Sorgen oder Freuden. Klassischerweise werden sie benutzt, ja ausgebeutet als Adressaten für die Klagen, die Erfolge, die neuen Fakten. (»*Wieder* stand sein Auto vor dem Haus dieser Person ...«) Oft fällt in Eifersuchtsberatungen der Satz: Das kann schon niemand mehr hören!

Was jemand, den Eifersucht schüttelt, alles anstellt, ist in der Tat nicht gerade sympathiefördernd. Die Herabsetzung des eigenen Selbstwertgefühls zeigt sich gegenüber dem Partner als Niedergestimmtheit, Lustlosigkeit, Pessimismus – Erscheinungen, die einen depressiven Appell ausüben und auf die Dauer schwer zu ertragen sind. Ein Anteil an der Entfernung des Partners wird oft lange Zeit nicht gesehen, dafür aber um so mehr die eigene Liebe, klarer: die Bedürftigkeit, Abhängigkeit und ausschließliche Bezogenheit auf diese einzige wichtigste Person. Die Schuldgefühle, die dadurch im Partner entstehen, sind oft so unangenehm, daß cr gerade deshalb dahin ausweicht, wo es ihm bessergeht: zum neuen Partner. Als Außenstehender kann man meist deutlich (und herzlos) sehen: wäre der Dauerpartner so wie in seinen besten Zeiten, wie damals, als die beiden ineinander verliebt waren, dann bestünde eine gute Chance zum Verzicht auf die neue Liebe. Aber so?

Wandelt sich die Depression in aktive Vorwürfe, in Wut, so verändert das die Lage auch nicht zum Guten. Welche Frau bleibt gern bei einem Mann, der sie aus Eifersucht prügelt, welcher Mann gern bei einer Frau, die ihm ein Glas auf dem Kopf zerschlägt? Und mögen die Freunde oder die Eltern auch sagen: »Du bist eben zu gut gewesen!« und sogar in gewissen Fällen damit recht haben – welcher untreue Ehepartner wird etwas damit anfangen können, wenn der andere auf die Frage, ob nicht vielleicht auch er Fehler gemacht habe, zur Antwort gibt: »Ich bin eben zu gutgläubig, zu freundlich, zu treu gewesen!« – eine Aussage, die in ihrer masochistischen Weinerlichkeit eine große Unzugänglichkeit zeigt. Denn soll die Änderung der Beziehung vielleicht so aussehen, daß in Zukunft der andere mißtrauisch, unfreundlich und untreu wird?

Hinzu kommt, daß ein weiteres Grundverhalten Eifersüchtiger, das Spionieren, Verfolgen, Kontrollieren, grundsätzlich schlecht angesehen ist, noch schlechter als die Heimlichkeit der Untreuen, denen man wenigstens – bei gutem Willen – eine Schonungsabsicht gegenüber dem Dauerpartner unterlegen kann. (Selbst in der Politik hat Geheimhaltung etwas Sinnvolles, ja Edles, während Spionage ein mieses Geschäft ist.) Die Kleinlichkeit, die absurde Kombinatorik (die aber immer einen Rest von vernünftiger Wahrscheinlichkeit behält), die Unbarmherzigkeit gegenüber dem Partner zeigt, wie schlimm es ist, auf etwas bestehen zu müssen, das im Grunde seinen Wert verliert, wenn es nicht freiwillig gegeben wird. Außenstehende haben gut reden, wenn sie sagen: Nun beschäftige dich endlich mal mit etwas anderm! Gerade das ist es ja, was der Eifersüchtige nicht kann und – das wird oft auch von ihm selbst gesehen – gar nicht will.

Langes Leiden anderer macht ungeduldig, besonders wenn dem Leiden der Anschein der Selbstgewähltheit anhaftet. Ein wichtiger Faktor dabei ist sicher die unbewußte Angst der Zuschauer, daß ihnen etwas Ähnliches passieren könnte. Der Hilfeschrei nach Nähe, Wärme, nach Wichtigersein als alle andern, der in der Eifersucht so schrill ausgestoßen wird, das Entsetzen angesichts der Verlassenheit, angesichts des Zusammenbruchs einer bis dahin als zuverlässig angesehenen Ordnung erinnert nämlich, zieht man alle Linien konsequent zu Ende, an den letzten Abschied: den Tod. Solche Qualen eine Zeitlang mitzutragen, ist ein großer Freundschaftsdienst – allzulange kann ihn niemand leisten. Die Freunde ziehen sich zurück, Nachbarn fühlen sich belästigt und befremdet, falls die Streitereien lautstark und die Kontrollen auffällig werden. Der Partner rettet sich halb hilflos, halb aggressiv in den Rat: »Du mußt zum Psychiater!«, worunter sich im allgemeinen niemand etwas vorstellen kann, außer etwa: der macht es wieder gut, und ich muß mich nicht mehr drum kümmern. Damit ist auch der Partner in eine kindliche Position gedrängt, in der er sich nicht mehr auf eigene Entscheidungen verläßt, sondern von jemand, der als allmächtig phantasiert wird, Hilfe und Rettung verlangt – eine Reaktion, die der des Eifersüchtigen ähnlich ist. Denn dieser, so läßt es sich zusammenfassen, behält in seiner Unvernunft, seiner Unklugheit, seiner Unerträglichkeit die absurde Hoffnung, der andere solle ihn weiter lieben und akzeptieren – so, wie es ein normaler Mensch in seinem Leben nur in einer einzigen Beziehung und auch da nur kurze Zeit erwarten kann: als kleines Kind von den Eltern.

Es mag verwunderlich, vielleicht enttäuschend sein, daß hier nicht zwischen begründeter und unbegründeter Eifersucht unterschieden wird. Ich werde später darauf noch eingehen und weise jetzt nur darauf hin, daß nicht *jeder* Mensch auf eine Außenbeziehung so reagiert, wie ich es eben geschildert habe, wenn auch viele diese Reaktion als »natürlich« bezeichnen. Hier ging es mir um den inneren Zustand des Eifersüchtigen und dessen Wirkungen nach außen, vor allem aber um das Paradox des Sichquälenmüssens wegen der Wiedergewinnung des andern in einer Form, die alles andere als gewinnend ist.

Der Partner

Für seine Innenansicht ist, im Gegensatz zu der des Eifersüchtigen, keineswegs von untergeordneter Bedeutung, ob er untreu geworden ist oder nicht. Beginnen wir mit dem »normalsten« Fall: Er hat sich verliebt, »es ist ihm passiert«: er hat eine Freundin, oder sie hat einen Liebhaber, und das ist eine Gelegenheit, ein Glück, eine schmeichelhafte Erhöhung des Selbstwertgefühls, eine neue Erfahrung – jedenfalls eine Tatsache. Jeder, der dies liest, ist schon einmal verliebt gewesen. Möge er sich erinnern, wie schön, wie aufregend, wie unwiderstehlich das ist, wie die ganze Welt strahlend aussieht, wie eine neue glückliche Liebe die eigene Person ungewohnt und interessant erscheinen läßt, welche Kraft sie verleiht, wie erfindungsreich sie machen kann in bezug auf Güte, Freundlichkeit und Nachsicht nicht nur gegen den geliebten Menschen, sondern auch gegen alle anderen. »Wer liebt, der hat auch Talent. Sehen Sie sich die Verliebten an – alle haben sie Talent«, sagte Tolstoi im Gespräch zu Maxim Gorki. Vor allem haben sie das Talent, die ganz normale Person, in die sie verliebt sind, zu verzaubern in ein Märchengeschöpf, das jede Verehrung rechtfertigt.

Es ist nicht nur schwierig, diesen lebendigen und poetischen Zustand aus freien Stücken aufzugeben, sondern sehr häufig enthält er obendrein – fast immer am Anfang, oft noch lange Zeit – die utopische Verblendung, daß er sich erhalten ließe, daß man es irgendwie schaffen würde, ihn ins normale Leben zu integrieren. Den Dauerpartner, so scheint es, liebt man ja auch noch, zwar anders, aber doch auch sehr – das müßte er eigentlich einsehen. Wenn er das nicht tut, erhält der verliebte Enthusiast gewöhnlich seinen ersten Dämpfer.

Ein Wissenschaftler, der um seiner ihm sehr wichtigen Arbeit willen eine Professur in einer fremden Stadt angenommen hat, muß, sehr zu seinem Leidwesen, seine Frau – die große Liebe seines Lebens – wegen der Schulkinder im ständigen Wohnort zurücklassen, wohin auch er, wie geplant, nach Jahren einer gehobenen Pendlerexistenz zurückkehrt. In der fremden Stadt hat er eine Zeitlang eine Affäre mit seiner Sekretärin, die mit ihm beruflich sehr vertraut zusammenarbeitet, ausgelöst durch eine unglückliche Liebe des Mädchens. Der Professor, ein freundlicher, idealistischer Mann, tröstet sie und »findet es ganz normal«, daß daraus auch körperliche Beziehungen werden. Die Bewunderung und Dankbarkeit des Mädchens tut ihm außerordentlich wohl, da er sich ohne seine Frau »immer nur halb« fühlt. Er erlebt sich selbst auf eine neue Weise. Dabei hat er das Gefühl, seine Frau nur um so mehr zu lieben. Über ihren Zusammenbruch, als sie von der Sache erfährt, ist er äußerst verwundert. »Das nimmt doch *dir* nichts weg!« sagt er, und sogar: die Liebe zu seiner Frau, alles, was er durch sie an Wärme und Reichtum in seinem Leben gewonnen habe, hätte ihn überhaupt erst fähig gemacht, das Mädchen zu trösten und in ihr die Hoffnung aufzurichten, eines Tages eine Ehe wie die seine führen zu können.

Dieser Mann hatte in gewisser Weise sogar recht. (Übrigens: Als seine Frau davon erfuhr, hatte er die Beziehung zu der Sekretärin schon aufgegeben und war über deren Reaktion ebenso erstaunt wie über die seiner Eheliebsten: Sie suchte sich nämlich eine andere Stellung.) Von ihm aus stimmte das alles; aber gegenüber den Verhältnissen, in die er eingebunden war, hatte er sich reichlich naiv und gedankenlos, jedenfalls nicht gerade einfühlend verhalten.

Dieser Fall gehört natürlich auf die Sonnenseite der Eifersuchtsberatungen. Er ist abgeschlossen, die Liebe zwischen den Eheleuten war im Grunde nie gefährdet. Die Ehefrau, die mit einer solchen Sache nie gerechnet hätte – worin sie ihrerseits reichlich naiv war –, brauchte zwar längere Zeit, um ihr Vertrauen wiederzufinden und über ihre Gekränktheit hinwegzuleben, aber sie hat es geschafft, allerdings auch durch die Geduld ihres Mannes, der ihre Depression und ihre Vorwürfe ertragen konnte, weil sie wirklich die wichtigste Person seines Lebens war.

Anders sieht es aus, wenn die Dauerbeziehung abgekühlt, vielleicht langweilig oder mürrisch geworden ist. In diesem Fall wird das weltumarmende Verliebtheitsgefühl höchstens mit einer gewissen Herablassung auf den Dauerpartner ausgedehnt; und der Zug dorthin, »wo es einfach besser ist«, wo mehr Verständnis, freiere Sexualität, bessere Laune, vielleicht auch größere Jugend, Schönheit, Eleganz zu erwarten ist, erscheint dem Egoismus viel stärker motiviert. Endlich aufatmen, endlich nicht mehr kämpfen müssen – nach soviel Aushalten, so scheint es oft, wird man sich das einmal leisten dürfen, ja man hat es sich in gewissem Sinne »verdient«. Lange soll es nicht dauern, natürlich; aber »man lebt nur einmal«, so streng wie früher nimmt es sowieso niemand mehr mit der lebenslangen Treue, »Frauen haben sowieso weniger vom Leben« – es gibt viele Formeln, mit denen sich die Berechtigung zu einer Außenbeziehung rationalisieren läßt, auch die, daß man den Dauerpartner ja schonen wird, indem man ihm alles verschweigt und im übrigen das gewohnte, mittelmäßig erfreuliche und etwas müde Leben weiterführt.

Dennoch lassen sich Schuldgefühle nicht vermeiden (obwohl verdrängen!), und sie sind das größte Problem des Partners – je schlimmer, je länger die Beziehung zum Außenpartner dauert, und doppelseitig, wenn die dritte Person sich vom »Mannräuschlein«[*] in einen realen Menschen mit Ansprüchen, Schwächen und vielleicht seinerseits Eifersucht zu verwandeln beginnt. Selbstverständlich können auch »Frauenräuschlein« verlangen, daß die Freundin nun endlich den Ehemann verlassen soll, der würde schon allein fertig werden. Depressionen und Selbstmorddrohungen können ins Spiel kommen, und das eventuell von beiden Seiten.

Aus dem beneidenswerten Glücklichen, der eine neue Liebe erleben darf, wird so in aller Deutlichkeit der Mensch, der im Eifersuchtsdreieck die Last der Entscheidung trägt. Er vor allem erfährt am eigenen Leibe, was es bedeutet, daß aus der Ehe oder einer andern auf Liebe gegründeten langen Beziehung, einem Ort möglicher Utopie, ein Kampfplatz geworden ist: er oder ich, du oder ich, sie oder ich. Das Charakteristikum für die Auflösung von Dreiecks- und Eifersuchtsbeziehungen, daß man *einem* weh tun *muß*, betrifft den Partner am schmerzlichsten, denn er hat ja zu beiden andern Dreieckspunkten eine positive Beziehung (oder hatte wenigstens eine in der Vergangenheit).

Wie steht es mit der anfänglichen Hoffnung des Nebeneinanders von zwei wichtigen dauerhaften Lieben? Mir scheint, daß die heutige Eheauffassung der »großen« Beziehung, die das rein Funktionale eher etwas vernachlässigt, etwas Ähnliches wie die früher geläufigen Verhältnisse von Ehefrau und offizieller Mätresse erschwert, ja im Grunde unmöglich macht. Es gibt zwar Ehen, die Nebenlieben vertragen, aber mir ist keine bekannt, in der nicht eindeutige Präferenzen zugunsten eines der beiden Verhältnisse gesetzt werden. Entweder ist die Ehe nur ein formaler Bund, der seine gefühlsmäßigen, materiellen und gesellschaftlichen Vorteile haben mag (etwa wenn ein Politiker sich bei offiziellen Anlässen mit der Ehefrau präsentiert, aber sich mit seinen Arbeits-, Sexualitäts- und Verständnisbedürfnissen nicht mehr bei ihr, sondern bei einer engen Mitarbeiterin aufgehoben fühlt), oder die Außenbeziehung muß bei jeder Gelegenheit zurückstehen, sich unterordnen, auch: gedemütigt werden. Das letztere ist die Regel in den vielen Fällen, in denen der Dauerpartner die Scheidung verweigert. Frauen haben da oft die längere Geduld und Hoffnung. Männer »machen so was nicht lange mit«, jedenfalls scheint mir, weniger lange als Frauen. Trotzdem ziehen sich solche Verhältnisse manchmal über Jahre hin.

Wenn wir schematisch annehmen, daß die Last der Entscheidung auf dem liegt, den ich hier Partner nenne, so schafft er eben die Entscheidung nicht, meint möglicherweise, daß es ihm dabei ganz gut geht – und die beiden andern finden sich damit ab. Jedenfalls scheint mir mit zwei

---

[*] Goethe: »So nannte man im siebzehnten Jahrhundert gar ausdrucksvoll die Geliebte« (Maximen und Reflexionen).

völlig gleichberechtigten Lieben jeder Mensch überfordert. Ein Dauer-dreieck ist, wenn überhaupt, keinesfalls gleichseitig und mit gleichem Gewicht zweier Eckpunkte denkbar. Die Entscheidung fällt oft aus Überlastung des Umkämpften: er kann nicht mehr und gibt eine der beiden Beziehungen auf.

Nehmen wir an, er kehrt zu seinem alten Partner zurück. Was ihm dabei an Nachgeschmack bleibt, ist meist Trauer, Unbehagen, Schuld-gefühl, das zunächst die Erinnerung an das, was schön an der Außenbe-ziehung war, verdeckt, vergällt, gleichsam ungültig macht. Oft wird ihm die Rückkehr nicht gerade leichtgemacht. Er würde vielleicht gern für seinen Verzicht bedauert, getröstet und gelobt werden, aber gerade das bringt der Eifersüchtige kaum fertig. Entscheidet sich der Partner für die Außenbeziehung, so entstehen ähnliche Probleme in bezug auf den alten Partner, die perpetuiert werden können, wenn Kinder da sind, die die Eltern ja in einem gewissen Sinne unauflöslicher aneinander binden als die Ehe.

Selbstverständlich sieht die Sache ganz anders aus, wenn in einer Eifer-suchtsbeziehung der Partner sich unschuldig weiß, wenn die Vorwürfe der Untreue entweder nie zutrafen oder lange überholt sind. Er muß sich dann dauernd falsch verstanden und entwertet, ja auf einer tieferliegen-den Ebene geradezu für die gefühlsmäßigen (oder auch materiellen) Bedürfnisse des Eifersüchtigen ausgebeutet vorkommen. Ihm wird dau-ernd demonstriert, wie sehr *er* das gemeinsame Leben verdirbt, denn gern und glücklich lebt der Eifersüchtige keinesfalls mehr mit ihm zu-sammen, und die psychologische Interpretation des sadomasochistischen Zusammenspiels, falls er sie überhaupt zur Verfügung hat, nützt ihm nicht viel, wenn er selbst darin gefangen ist. Bis zu einem gewissen Grad wird unbegründete Eifersucht allerdings immer noch als Liebesbeweis akzeptiert. Viele Männer und Frauen lassen sich dadurch in erstaun-licher Weise einschränken. Man kann nicht anders als annehmen, daß sie ein derartiges Bedürfnis nach Beachtetwerden, Wichtigsein und Berüh-rung haben, daß selbst die negative Beschäftigung mit ihrer Existenz ihnen etwas Positives gibt. Wenn es aber so weit geht, daß bei Bettszenen das Fernsehen abgeschaltet werden muß, wenn nur noch einsame Strän-de besucht werden dürfen, damit möglichst wenig leichtbekleidete Per-sonen des andern Geschlechts zu sehen sind, wenn jede Verspätung von fünf Minuten ein Anlaß zu Verhören wird, dann hilft meist auch son-stiges »gutes Verstehen«, auch sexuelle Übereinstimmung nicht mehr – dann wird der Partner endlich sagen müssen: Das hat nichts mehr mit mir zu tun, das ist *dein* Problem. Daß es dennoch ein gemeinsames Problem bleibt, führt solche Paare gelegentlich in die Beratung.

Damit sind wir beim Problem der Beurteilung des Partners durch den

Eifersüchtigen. Auf dessen Schilderung muß die Reaktion des gesunden Menschenverstandes oft sein: Warum um alles in der Welt ist diese abscheuliche Person so begehrenswert, daß der Eifersüchtige sie fast um den Preis seines Lebens nicht entbehren kann? Er empfindet sich ständig von ihr gedemütigt und frustriert.

Anna braucht eine Stütze; aber Dimitri ist ein Schwächling ... Anna braucht Liebe, und sie findet bei ihm nichts als Kälte und Schweigen ... Während eines Besuches im Krankenhaus fragt sie ihn:»Denkst du an mich?« »O ja, abends ein bißchen.« ... »Er hat meinen Brief nur einmal gelesen; er hat ihn unmöglich verstehen können ...« Anna braucht die Möglichkeit, Vertrauen zu haben, und Dimitri ist ein Heuchler ... »Ich bin nichts als sein Dienstmädchen.« Er ist egoistisch, verschwenderisch, vielleicht ein Erbschleicher. Vor langer Zeit hat er ein Mädchen geschwängert, mit dessen Schwester er verlobt war, und hat beide verlassen. Er hat auch Anna dazu gebracht abzutreiben, er möchte lieber einen Hund als ein Kind. Seitdem benutzt er fast immer Präservative. Er ist schmutzig und unhygienisch ...
   (Zusammenfassung von Annas Darstellung ihres Partners in dem zentralen »Fall Anna« bei Lagache 1947, S. 410 ff)

Argument für Argument, fast Wort für Wort wird wiederholt, daß der andere nicht so ist, wie er sein sollte. Die Abwertung kann sich, auch bei »normalen« Eifersüchtigen, in sehr unrealistischer Weise selbst auf das erstrecken, was der Partner eigentlich gut macht, ja was vielleicht ein Grund für die Partnerwahl war: einen Beruf, in dem er erfolgreich ist, braucht er nur, weil er ohne Arbeit nicht leben kann oder weil er ein schwaches Selbstgefühl hat (oft wird an solchen Stellen mit aufgelesenen psychologischen Begriffen hantiert – wie frühgestört, hysterisch oder einfach neurotisch); ihr Charme, ihre Intelligenz und Eleganz dienen nur dazu, die lange Reihe ihrer Verehrer zu vermehren, die sie einen nach dem andern sadistisch wieder fallenläßt; die Kinder benutzt sie, indem sie sie »narzißtisch besetzt«. Ein Hauptpunkt der Kritik ist oft die leichte Verführbarkeit: jeder, der will, kann sie rumkriegen; er kann an keinem Minirock vorbeigehen, ohne sich umzudrehen. Damit werden die Kontrollen, das Aufpassenmüssen motiviert. Denn der Eifersüchtige kennt seinen Partner und »durchschaut«, was jeder andere seiner Ansicht nach falsch interpretieren würde: kocht die Frau das Lieblingsgericht, so ist es, um von ihrem Seitensprung abzulenken, sagt sie, sie habe nie einen andern heiraten wollen, weil der andere Kandidat die und die Fehler hatte, so »weiß« der eifersüchtige Ehemann, daß das nicht stimmt. Monatelange Kontaktintervalle zwischen dem Ehemann und seiner Freundin, die die eifersüchtige Frau selbst zuverlässig beobachtet hat, dienen nur der Verschleierung – diese Hexe wird ihn nie aufgeben, und er ist einfach zu schwach, um ihr zu widerstehen.

Scharf formuliert: die Eifersüchtigen wünschen sich den Partner als Nachfolger eines allmächtigen, alles befriedigenden Elternteiles, der sich ganz in den Dienst des Kindes stellt. Erfüllt er diese Erwartungen nicht, so geschieht etwas ganz Entgegengesetztes – der Eifersüchtige versucht, die Haltung einer Mutter einzunehmen, die ihrem Kind keine eigene Verantwortung überlassen kann, weil es zu dumm, zu ungeschickt, zu unerfahren ist. Dazwischen, wo die gleichberechtigte, sich dauernd neu einpendelnde Gemeinschaft zwischen Erwachsenen mit ihren jeweils anderen Bedürfnissen liegen sollte, ist – nichts. Noch einmal zugespitzt ausgedrückt: Anderssein, Autonomie ist nicht erlaubt.

Für den Berater bringt es nicht viel, höchstens einen besseren eigenen Stand in dem Gefühlsgewitter, dafür aber möglicherweise weniger Möglichkeiten der Einfühlung in den Eifersüchtigen, wenn er sich intensiv mit dem äußeren Realitätsgehalt der beiderseitigen Behauptungen beschäftigt. Ihm geht es um innere Realitäten und damit um die schwierige, mehrseitig gerichtete Parteilichkeit (Boszormenyi-Nagy 1973, Stierlin 1977). Dagegen hat das Einordnen und Beurteilen von gefühlsmäßigen und materiellen Fakten, von Recht und Unrecht, für Freunde und Verwandte, aber auch für Juristen, also für Menschen, die eher Zuschauer oder Ratgeber als therapeutisch Beteiligte sind, eine zentrale Wichtigkeit. Sie nehmen Partei, und die geht von Verständnis, Schadenfreude gegenüber dem Eifersüchtigen, Teilnahme an der »richtigeren« neuen Liebe bis zu Kopfschütteln, Besserwisserei und Verurteilung. Immer spielen dabei die eigenen Ängste und Wünsche der Zuschauer eine Rolle. Allzulang hingezogene Krisenzustände ohne Entscheidung sind gerade aus diesem Grunde (den projektiven Anteilen der Betrachter) so unerträglich, daß sie entweder aus Gespräch und Umgang ausgeklammert, also mehr oder weniger verdrängt werden, oder daß man das Ganze »nicht mehr mit ansehen mag« und sich zurückzieht. Viele Paare in Schwierigkeiten, nicht nur in Eifersuchtskrisen, berichten von ihrer Vereinsamung.

Der Rivale

Darüber, wie sich derjenige fühlt, der eine Dauerbeziehung stört, wissen wir am wenigsten. Eheberatungsstellen werden verhältnismäßig selten – vielleicht wegen des irreführenden Teilwortes »Ehe« in der offiziellen Bezeichnung – von Paaren oder einzelnen aufgesucht, die etwa unter der Entscheidungsunfähigkeit eines gebundenen Partners leiden oder die den Verlust eines erhofften Partners zu verarbeiten haben, der nach langem Zögern in die alte Gemeinschaft zurückgekehrt ist. Es sieht so aus, als gehörten Probleme dieser Art, anders als die Eifersucht dessen, der durch den Ausbruch seines Partners bedroht wird, noch nicht eindeutig zu denen, für die man nach Meinung der Klienten Hilfe von einer Beratungsstelle erwarten kann. Wie es wechselnde Krankheitsstile gibt, so gibt es natürlich auch wechselnde Selbst- und Fremdeinschätzungen von psychischen Problemen. Wahrscheinlich schützt unser aller Unbewußtes, sogar noch das des wieder verlassenen »Dritten« selbst, die dauerhafte Zweierbeziehung. Daher gilt in gewisser Weise noch immer, daß das Nichtzustandekommen einer solchen in den Bereich der »vorehelichen«, d. h. vor der offiziellen Inbesitznahme liegenden Rivalität verwiesen wird, bei der man das Scheitern der eigenen Hoffnungen gleichsam sportlich, »fair« hinzunehmen hat und auch leichter verarbeiten kann. Wettbewerb, Rivalität, die nicht zum erhofften Erfolg führt, wird als etwas Normales angesehen. Der Verzicht auf die ersehnte Person wird, so nimmt man an, nicht ein Leben lang betrauert werden, weil von lebenslanger Beziehung noch gar nicht die Rede war. Daher trauen sich die von einem solchen Hoffnungsverlust Betroffenen wohl eher zu, allein mit ihrer Frustration fertig zu werden.

Dagegen wird das Aufgebenmüssen einer Lebensliebe, hervorgerufen durch den Einbruch eines Dritten in eine Dauerbeziehung, als schlimmer, mitleiderregender, daher auch eher Hilfe verlangend angesehen.[*]

Gelegentlich kommen Personen in die Beratung, die sich immer wieder in gebundene oder sonstwie unpassende Partner verlieben, sich also immer wieder selbst zum Rivalen machen, der zum Verzichten gezwungen wird. An diesen Liebhabern der unmöglichen Liebe zeigt sich besonders

---

[*] Vgl. Davis 1936, der die Begriffe »rivalry«, Rivalität, und »trespassing«, Übertretung, anwendet und die Parallelität zwischen Eifersucht und der Reaktion auf Vergehen gegen das Eigentum betont.

gut die Verschiebbarkeit der Positionen im Beziehungsdreieck: ihre inneren Reaktionen variieren von denen des Partners im Zustand der Verliebtheit und des Schuldgefühls zu denen des Eifersüchtigen, der sich beraubt fühlt. Die Beziehung zum Ödipuskomplex, der nach Freud jeden Menschen zwingt, zugleich betrogener Partner (in der ausschließlichen Liebe zur Mutter) und Rivale (in der Elternehe) zu sein, liegt auf der Hand.

Vor allem wird sich der Rivale in Parallele zu der Person sehen, die ich in meiner Einteilung den Eifersüchtigen genannt habe. Daß er in der Regel vom selben Geschlecht ist, macht ihn erst recht dem andern »verwandt«, und die Geschwisterlichkeit wird auch oft empfunden, dann natürlich meist abgewehrt, herabgesetzt oder, in seltenen Fällen, überzogen positiv erlebt.

Das innerste Problem des Rivalen ist das Unglück des Dauerpartners. Noch mehr als den Partner trifft ja ihn der Vorwurf: Wenn es dich nicht gäbe, wären alle diese Schmerzen nicht aufgetreten. Es erfordert ziemlich viel Kraft (moralisch wertend ausgedrückt: Rücksichtslosigkeit, Egoismus), von Anfang an zu dem Entschluß zu stehen, daß man die geliebte Person, einfach weil man sie selbst haben möchte oder »braucht«, aus ihrer bisherigen Bindung lösen will. Selten ist ein Ausspruch wie dieser, von dem mir eine Ehefrau berichtete (ihr Mann hatte ihn ihr von seiner Freundin referiert):

Ich verstehe ja, daß deine Frau leidet und daß du auch bei ihr nicht unglücklich warst; aber sie hat dich zwanzig Jahre gehabt, und ich bin auch nicht mehr die Jüngste – für den Rest unseres Lebens müssen wir nun die Rollen tauschen.

Die Regel ist Wegschauen (»damit kann ich mich nicht beschäftigen«) oder, noch häufiger, die auf Realitäten oder Wünschen beruhende Projektion, daß die Beziehung, die gefährdet ist, im Grunde nicht mehr bestand oder wenigstens nicht gut war.

Stellen Sie sich vor: sie muß ihrem Mann jeden Tag eine Aufstellung darüber vorlegen, wieviel sie ausgeben will, er schlägt das Baby, zum Orgasmus ist sie auch zum erstenmal im Leben bei mir gekommen – das war doch keine Ehe!

Der Anteil des ausbrechenden Partners bei solchen Vorstellungen ist nicht zu übersehen. Die klarsten Fälle, die aber praktisch nie in der Beratung auftauchen, sind die, in denen tatsächlich vorher schon alles vorbei war. Aber sehr häufig wendet der Partner alles auf, was er an Abwehr mobilisieren kann, um sich davor zu schützen, daß ihm seine Ehe mehr als gerade noch erträglich erscheint. Daß der Rivale dann nicht fragt, ob das auch stimmt, sondern seiner neuen Liebe glaubt, ist nur zu verständlich. Das gilt auch, wenn die Ehe als gut dargestellt, aber die verabredete Freiheit zu Nebenbeziehungen betont wird.

Dennoch kann sich der Rivale der Auseinandersetzung mit dem Leiden des Eifersüchtigen nicht entziehen. Nach dem Muster »Man kann nicht nicht kommunizieren« (Watzlawick 1967) gilt vom Rivalen, daß er nicht nicht reagieren kann. Keine Reaktion ist auch eine. Ich weiß nicht, wie ähnliche Situationen im islamischen oder buddhistischen Kulturkreis bewältigt werden – bei uns hat jedenfalls das Christentum mit seiner Ehrfurcht vor dem Leiden unser aller Verhältnis dazu entscheidend geprägt, so fern wir auch den Kirchen im einzelnen Fall stehen mögen. Der Zwang zur Selbstbestimmung (vgl. S. 84 ff) wird hier im besonderen Sinne zur Qual. In einer Dreiecksbeziehung steht ja nicht Recht gegen Recht, sondern höchstens (subjektive) Berechtigung gegen Berechtigung. Würde für Partner und Rivalen das (objektive) Recht des bisherigen Lebenspartners so unverbrüchlich festliegen wie etwa das Verbot zu töten, so hätten beide wohl kaum ihre Beziehung begonnen.

Es ist offensichtlich, daß in vielen Fällen der Dritte sich am Ende als ausgebeutet und verlassen verstehen muß. Hoffnungen haben sich nicht erfüllt, Versprechungen sind nicht gehalten worden, Enthusiasmus ist der Vernunft gewichen; und die Vernunft rät zur Resignation. Hier wieder berührt sich die Trauerarbeit, die vom abgelegten Rivalen geleistet werden muß, mit der schwierigen Verarbeitung der narzißtischen Kränkung des Eifersüchtigen.

Die Außenansicht des Dritten beschäftigt vor allem und am intensivsten die eifersüchtige Person im Dreieck. Die Geschwisterlichkeit des Rivalen, manchmal die Doppelgängerschaft oder Neuauflage, verhindert ja nicht, sondern befördert wahrscheinlich sogar, daß der Eifersüchtige weitausgreifend vermutet, spekuliert, hineinsieht – selten Gutes, meist äußerst Negatives. Es ist weniger häufig, als man denken mag, daß sich die beiden gleichgeschlechtlichen Personen in der Realität nicht kennen. Der französische Psychoanalytiker Lagache, dessen große Eifersuchtsuntersuchung aus dem Jahre 1947 für meine Arbeit sehr wichtig ist, stellt von seinen Fällen eine Statistik auf, aus der hervorgeht, daß die »Wahl des Rivalen« vor allem in der gemeinsamen sozialen Umgebung (Nachbarschaft, Familie) oder in der Berufssphäre des Partners stattfindet. Von seinen 81 Fällen richtet sich nur in 30 die Eifersucht auf Menschen aus zufälligen Kontakten. Handelt es sich um Familienangehörige, so überwiegt deutlich die geschwisterliche Beziehung in ihren verschiedenen Modalitäten (Bruder, Schwester, Halbschwester, Schwägerin) (Lagache 1947, S. 441 f).

In einer holländischen Untersuchung (Buunk 1982) über 50 Paare mit außerehelichen Beziehungen haben etwa zwei Drittel der Betroffenen

(65%) wenigstens einmal mit dem Rivalen persönlich über die Dreiecks-affäre geredet, und 44% betrachteten die dritte Person als zum Freun-deskreis gehörig oder befreundeten sich später mit ihr. Da die Gruppe, die befragt wurde, Elitecharakteristiken aufwies – mindestens vier Jahre College, hohe Einkommen, auch bei 42% der ebenfalls berufstätigen Frauen –, mag ein solches Verhalten nicht repräsentativ für den Durch-schnitt der Bevölkerung sein. Wahrscheinlich ist besonders die untere Mittelschicht konservativer und vermeidet in »altmodischer« Weise offe-ne Kommunikation – jedenfalls würde das meiner (statistisch nicht be-legten) Erfahrung entsprechen. Dennoch darf man sich diese Auswahl Buunks, dem Alter nach zwischen 27 und 46 Jahren, also mit einer deut-lichen Prägung durch die sechziger Jahre, in ihrer »Modernität« sicher als richtungweisend vorstellen. Mir erscheint dabei wichtig, daß die Brü-derlichkeit des Rivalen, von früheren Untersuchungen bereits vielfach bemerkt, durch die Möglichkeit direkter Kommunikation bestätigt wird.

Im akuten schmerzlichen Stadium der Dreierbeziehung zeigt sich die-se Brüderlichkeit natürlich nicht in freundlicher Weise, sondern vor al-lem darin, daß die Eifersüchtigen in den Rivalen oft Dinge hineinsehen, die jeder Mensch eigentlich nur von sich selbst wissen kann. Das, was die Psychoanalyse Projektionen nennt, zeigt sich hier in allen seinen For-men: »Er hat, was ich nicht habe; er hat genau das, was ich auch habe, er will ja an meinen Platz; er denkt *natürlich* so oder so, alle Männer und Frauen sind so (außer ich selbst; oder, einsichtiger: ich wäre vielleicht auch so); sie ist wie meine Mutter, Schwester, oder wie die Freundin, die mir in der Schule immer den Rang streitig gemacht hat; er hat die schlechten Eigenschaften, die ich in mir bekämpfe und deswegen glückli-cherweise *nicht* habe – und so weiter, und so weiter.« Eifersucht hat es eben in der Regel, mag die dritte Person dem Eifersüchtigen nun be-kannt sein oder nicht, mit der Objektivität, mit dem »Vernünftigsein« schwer. Einem Wust von projektiven Phantasien sind Tür und Tor geöff-net, so daß man oft den Eindruck hat, der Eifersüchtige sei weit mehr mit der dritten Person beschäftigt als der Partner selbst (dem wiederum unter Umständen auch eine Projektion, nämlich die des totalen Erfüllt-seins durch den Rivalen, angehängt wird).

»Ich hatte das Gefühl, daß sie mich suchte«, sagte eine Klientin von ihrer Rivalin, die viele Eigenschaften hatte, die der Klientin fehlten – größere Jugend, Eleganz, freizügigeren Umgang mit Männern. Ohne die Eifersucht hätte es keine Möglich-keit für die Klientin gegeben, sich so intensiv mit der andern Frau zu beschäfti-gen, sie zu beobachten, sie in Gesprächen mit Ehemann und Berater nachzuäffen (das heißt doch: sich wenigstens spielerisch an ihre Stelle zu setzen). Im Grunde suchte, wenigstens innerlich, die Klientin die Rivalin, und nicht umgekehrt.

Daß hierbei auch die Rivalin mitspielte – sie kokettierte mit dem Ehemann, obwohl dieser sie gar nicht mochte, und blies die Eifersucht der Ehefrau zu einer großen Affäre auf – sowie der Ehemann, der auf Kontrollen mit Unterwerfung und Einschränkung reagierte und dadurch das Mißtrauen seiner Frau nur erhöhte, weil sie annahm, das sei immer noch Taktik, zeigt wieder, wie sehr auch überwertige Eifersucht Teil einer Dreierbeziehung ist.

Die sezierende Psychoanalyse vermutet in solchen Fällen eine weit verdrängte homosexuelle Komponente (Freud 1922, Pao 1969, Balint 1972, Seidenberg 1953, Barag 1949). Im Falle männlicher Eifersucht nennt sie die Sache auf eine für Laien gewiß schockierende Weise beim Namen: Das verdrängte utopische Ziel ist die »Vereinigung der Penisse«, wie es öfter heißt, in der von beiden geliebten Frau. Dieses krude Bild mag nun eine Konstruktion sein, eine Zumutung, ein Ärgernis – jedenfalls ist es therapeutisch erfolgreich. Das zeigen die Fallberichte. Die Paradoxie der Psychoanalyse, Phantasien zu entschärfen und bestenfalls aufzulösen, indem sie sie nicht gerade, wie in der Systemtherapie, verschreibt (vgl. S. 270), aber immerhin verstärkt, zuläßt, genau anschaut, jedenfalls nie verbietet, bewährt sich hier wieder einmal.

Bei der Beurteilung der dritten Person durch andre als den Eifersüchtigen spielt natürlich wieder deren eigene Situation eine wichtige Rolle. »Je näher dran, desto weniger objektiv«, ist hier sicher die Regel. Allerdings müssen auch ruhige Stellungnahmen nicht unbedingt objektiv sein, sondern können dem eigenen Schutz dienen.

»Und meine Kinder finden das alles gar nicht so schlimm«, sagte ein Mann verzweifelt und wütend, »sie haben es sogar fertiggebracht, zu mir zu sagen: Laß doch der Mama ihren Spaß, die hängt so an dir, die kommt ganz bestimmt zurück!« Die Kinder waren in der Pubertät und schoben – in für den Vater kränkender, aber letztlich verständlicher Weise – so weit wie möglich alle Bündniszwänge von sich. Sie wollten beide Eltern behalten, damit sie sich in Ruhe ihren eigenen drängenden Problemen widmen konnten. Dafür wählten sie – unbewußt und dann rationalisierend – diesen »lässigen« Standpunkt.

Ein anderer Mann: »Immer hält meine Mutter zu meiner Frau! Könnte sie nicht auch *einmal* sehen, wie mich das ewige Nörgeln und Besserwissen meiner Frau gequält hat, wie mich das dauernde Entwertetwerden fast in den Selbstmord trieb – bis ich eben meine Freundin fand, die immer Zeit für mich hat, mich versteht und bei der ich der King bin! So was braucht ein Mann eben auch einmal!« Dieser Mann war auch bei seiner Mutter nie »der King« gewesen, auch sie hatte an ihm gekrittelt und genörgelt, und nach Art der »selffulfilling prophecy« hatte dieser »eigentlich so liebe und begabte, aber nie disziplinierte«

Sohn jetzt auch noch seine Frau betrogen. Wie sollte die Mutter das gut finden – sie hing ja viel zu sehr an ihrem eigenen Rechthaben. Und das Zulassen des Gedankens, daß eine Ehe auch unhaltbar werden kann, hätte ihre eigene, nicht eben strahlende Beziehung zum Vater dieses Sohnes gefährden können.

Die Stellungnahme zum Rivalen hängt natürlich auch von der ideologischen Ausrichtung des Urteilenden ab sowie von dem Umkreis, in dem die Beteiligten leben. So wird etwa in einem Buch aus dem orthodox katholischen Milieu (Portmann 1952) der Rivale a priori als schlecht (oder wenigstens dumm; oder nicht katholisch) angesehen. In andern Kreisen, die freier leben möchten, ist der Rivale eher die Verkörperung des emanzipativen Prinzips und wird in seinen Rechten und Wünschen oft ernster genommen als der Dauerpartner, dessen Gebundenheit eine unbewußte Bedrohung für den Zuschauer und dessen Freiheitsbedürfnisse ist. Und so variieren auch beim Zerbrechen einer Außenbeziehung die Reaktionen der in wahrstem Sinne des Wortes »Anteilnehmenden« von Schadenfreude bis Mitleid.

Wer über Eifersucht nachdenkt, dem muß die Frage ihrer Begründetheit wichtig sein. Damit ist zunächst gemeint: Hat der Partner eine Beziehung zum Rivalen oder hat er sie nicht? Diese Frage ist, auch für jede Therapie, unbedingt zu klären, sonst können so groteske Mißverständnisse passieren wie das, von dem Melitta Schmideberg berichtet:

Manche Analytiker sind so beschäftigt mit den »intrapsychischen Faktoren«, daß sie die offensichtlicheren übersehen. Ein Kollege behauptete, daß durch die Analyse gewisser Aspekte analytischen Materials ein bestimmter Patient eine »fast wahnhafte« Eifersucht entwickelt habe. Dieser Patient war zufällig der Liebhaber einer Patientin von mir, und ich wußte sehr gut, daß seine Eifersucht nur allzu berechtigt war. Dennoch wurde ein wissenschaftlicher Aufsatz veröffentlicht, der weitgehend auf dieser Analyse beruhte (Schmideberg 1953).

Es kann auf diese Weise ein Zusammenspiel zwischen Therapeut und Klient entstehen, das das Symptom verfestigt statt es zu überwinden, weil der Klient sich durch die falsche Annahme mißverstanden fühlt und dem Therapeuten in der Realität wie in der Therapie immer wieder beweisen muß, wie recht er mit seinem Mißtrauen gegenüber dem Partner hat. Auf der andern Seite ist eine »fast wahnhafte Eifersucht« durchaus nicht immer die Reaktion auf die reale Untreue des Partners; andere würden mit der gleichen Untreue anders umgehen, und die krankhafte Eifersucht bleibt auch im Falle der »Berechtigtheit« überwertig – wenn man so will, nicht »normal«. Warum sträuben sich meine Finger so sehr, dieses Wort »normal« hinzuschreiben, das doch Freud mit größter Unbefangenheit gebraucht?

Freud hatte es gut: Zu ihm, dem »Herrn Professor«, kamen die Leute, ob von andern geschickt oder nicht, weil sie sich »krank« fühlten und ärztlicher Hilfe bedurften. Er konnte ihnen dann, von diesem Ausgangspunkt aus, die innere Logik, die »Normalität« ihrer Krankheit beweisen und sie damit in vielen Fällen heilen. In einer Eheberatungsstelle ist das anders, jedenfalls in der Regel. Das Wort »normal« wird hier oft als Waffe benutzt, mit der ein System an der fälligen Veränderung gehindert werden soll. Was normal ist, braucht nicht in Frage gestellt zu werden, es kann so bleiben. Etwa so: »Ich bin normal, du bist krank, also mußt du gesund werden, oder vielmehr, der Berater soll dich gesund machen.« Dabei wird vorausgesetzt, daß auch der Berater »gesund« ist. Es entsteht ein neues Beziehungsdreieck, in dem zwei Gesunde einem Kranken gegenüberstehen – und die Gefahr ist groß, daß um der eigenen Normalität willen der Abnorme eben abnorm, also krank, hier: eifersüchtig bleiben muß, zum guten Schluß noch eifersüchtig auf den Berater, der ihm das dann »ausredet«. Ein solches Übersehen der Übertragungsvorgänge und der eigenen Zugehörigkeit zum therapeutischen System wird aller Wahrscheinlichkeit nach nicht dazu führen, daß die Eifersucht überhaupt klar angeschaut werden kann. Der Berater hat selbst zuviel Angst davor.

Mir erscheint es besser, allerdings unter Beibehaltung einer möglichst eingehenden Realitätsprüfung, nicht nach der Normalität der Eifersucht zu fragen, sondern nach ihrem *Sinn,* und zwar unter zwei Aspekten: dem inner- oder intrapsychischen und dem beziehungsorientierten oder interpsychischen. Also einerseits: was bedeutet die Eifersucht für den Eifersüchtigen selbst? Und andererseits: welche Auswirkungen hat sie auf Ehe, Familie, den Rivalen und die Umgebung? Es ist sehr auffallend, wie die älteren psychiatrischen Darstellungen (Jaspers 1910, Friedmann 1912, Lagache 1946) zwar auf das Umfeld des Patienten kurz eingehen – auf Erblichkeit, Herkunftsfamilie, Beruf, Haltung des Partners –, aber dann die Eifersucht ausschließlich als eine Angelegenheit des »Pat.« betrachten – als *seine* Krankheit, Verrücktheit, seinen Wahn, oder wie man es nun nennen mag. Von Therapie ist oft überhaupt nicht die Rede, höchstens wird einmal ein Schlafmittel oder ein Medikament gegen eine gleichzeitige körperliche Krankheit erwähnt. Entlassen werden die Eifersüchtigen, wenn sie sich ruhig verhalten oder wenn die Partner, deren Stellung grundsätzlich die eines bemitleidenswerten Opfers ist, die Entlassung wünschen.

Auch die psychoanalytischen Berichte (Mack Brunswick 1928, Balint 1972) über psychiatrische Fälle im engeren Sinne befassen sich nur mit dem Eifersüchtigen, wenn auch die Auswirkung der Reaktionen des Partners mitbedacht und, besonders bei Balint, in geringem Maße einbezogen werden (er läßt es zu, daß die Frau seines Patienten ein paarmal mit in die Stunden kommt; allerdings geht sie in der Regel schnell wieder).

Diese beiden Beispiele für psychoanalytische Arbeit mit Psychotikern beweisen, daß sich auch schwierige Störungen dieser Art bei günstiger Lage des Falles und entsprechender Fähigkeit des Therapeuten entgegen Freuds eigener Auffassung beheben lassen. Die Katamnesen in diesen beiden und auch in einigen weniger schweren Fällen der psychoanalytischen Literatur (Seidenberg 1952, Barag 1949, Pao 1969) enthalten

Hinweise darauf, daß durch die Heilung sich das gesamte Umfeld zum Guten verändert hat, was nicht verwunderlich ist, da ja alle Mitglieder eines Systems miteinander verbunden sind und ununterbrochen Auswirkungen aufeinander haben.

Jedoch besteht bei Einzelbehandlungen die vielfach beschriebene Gefahr der Symptomverschiebung auf eine andere Person des Systems (vgl. Richter 1962, Stierlin 1975, Boszormenyi-Nagy 1971, Bauriedl 1981). Soweit mir bekannt ist, gibt es unter dem speziellen Aspekt der Eifersucht bis jetzt (1988) keine genaue Untersuchung über familiendynamisch ausgerichtete Therapie. Lediglich die sehr genaue und sorgfältige Studie von Vaukhonen (1969) beschäftigt sich überhaupt mit dem Beziehungsumfeld der Patienten, mit ihren Ehen, ihren Herkunftsfamilien und dem Ineinandergreifen der psychischen Strukturen beider Partner. Über die sich daraus ergebende Therapie, eventuell eine gemeinsame, sagt der Autor nichts, die Arbeit ist rein diagnostisch-deskriptiv.

Kommen wir auf die Frage der Normalität zurück: Ich glaube, daß es hilfreich ist, bei Eifersuchtskonflikten das Ganze, besonders die verschiedenen Dreiecke, zu denen der Klient gehört, im Auge zu behalten – mindestens zwei: das frühere und noch wirksame ödipale und die aktuelle Rivalitätsbeziehung. Es muß dann nicht der Klient oder gar »die Eifersucht« nach Art »des Blinddarms« behandelt werden, sondern seine Störung wird als Ausdruck der Störung einer Beziehung gesehen. Von diesem Standpunkt aus verliert das Kriterium der Normalität die abqualifizierende Bedeutung. Verständlich, d. h. »normal« in einem Beziehungskontext wird dann *jede* mögliche Reaktion. Die Berechtigtheit spielt dabei keine sehr große Rolle, denn »eine nicht motivierte Eifersucht kann auf eine (reale) Situation antworten; umgekehrt, wenn eine wahnhafte Struktur auf eine reale Tatsache trifft, so bleibt sie dadurch nicht weniger ein pathologischer Irrtum« (Lagache 1947, S. 25). Und: »Nur die unverständigsten Beurteiler betrachten als Merkmal der normalen Eifersucht ihre objektive Begründetheit, der anomalen die objektive Unbegründetheit« (Marcuse 1950, S. 762).

Es soll hier aber nicht der Eindruck entstehen, als sei eine Eifersucht wie die andere oder als gäbe es keine Unterschiede zwischen den Reaktionen auf Vorwürfe, die auf Tatsachen zurückgehen, und solchen, die auf falschen Interpretationen beruhen. Die Erfahrung, daß »nichts Menschliches« einem Menschen, der genau hinspürt, fremd sein kann – sagen wir, Perversionen, Mordgelüste oder »nur« bewußte intrigante Gemeinheiten –, sollte nicht dazu führen, daß eine Gemeinheit nicht eine Gemeinheit genannt werden kann und daß Mordgedanken einem geplanten und ausgeführten Mord gleichgesetzt werden. Aber der therapeutische Umgang mit solchen Erscheinungen ist anders als der private, wobei selbstverständlich nicht das Ausleben, sondern das Erkennen und das dadurch möglich gemachte Integrieren aggressiver und libidinöser Triebe Humanität und »Gesundheit« ausmacht.

Für die Beurteilung des Eifersuchtsbildes bleiben schließlich eigentlich nur zwei Kriterien: der Leidensdruck der Beteiligten und die Frage des Gefälles auf eine Lösung zu. Wie und wann Eifersucht und ihre weniger manifesten Vorläufer – Kontrolle, Anspruchshaltungen – als unerträglich empfunden werden, ist sehr verschieden. Was in *einer* Ehe und Familie für normal gehalten wird, erscheint in einer andern als Zumutung. Missionarische Ideen in Richtung auf seine eigenen Vorstellungen von Treue und Freiheit wird – und sollte! – sich jeder Berater bald abgewöhnen, wenn er sich auch seiner persönlichen Werte deutlich bewußt sein muß, und zwar gerade um seinen Standort in einer Beratung klar zu behaupten. Solange in Wünschen und Bedürfnissen beider Partner das ineinandergreift, was – mit Vorsicht – meinetwegen auch Neurose genannt werden kann, solange sich beide »wohlfühlen«, solange auch durch Zusammenstöße mit der Umgebung (»auffälliges Verhalten«) keine Schwierigkeiten entstehen, solange ist eine Eifersucht nicht »schlimm«, weil nicht störend, daher auch nicht behandlungsbedürftig.

Wenn aber einer oder beide Partner unter Einschränkung oder Aggressionen leiden, sieht die Sache anders aus. Meistens führt bei genauem Hinsehen ein gemeinsamer Druck das Paar dazu, Hilfe zu suchen, auch wenn es den Anschein hat, der Eifersüchtige werde geschickt, weil es dem Partner zuviel wird. Zwar will am Anfang der Eifersüchtige meist Bestätigung und nicht Infragestellung seiner Eifersucht; aber loswerden will er sie letzten Endes doch, und sei es auch, wie er sich zunächst wünschen mag, nur dadurch, daß der andere anders wird oder sich wenigstens anders verhält. Die Gemeinsamkeit des Ganzen herauszuarbeiten, ist Sache des Therapeuten.

Das Kriterium des Leidensdrucks gilt übrigens ebenso für Eifersucht, die als Charakterzug empfunden wird (»er war schon immer eifersüchtig, auch bei seiner ersten Frau«), wie für solche, die durch ein bestimmtes Ereignis ausgelöst wird. Dabei spielt es keine Rolle, ob dieses Ereignis in unserer Kultur als Erzeuger verständlicher Eifersucht legitimiert ist oder nicht.[*]

---

[*] Die Unterscheidung von Karl Jaspers zwischen selbständigem psychotischem Prozeß und der Entwicklung einer Persönlichkeit (Jaspers 1910) scheint mir, besonders durch die andere Kausalitätsauffassung der Psychoanalyse, ihre Bedeutung verloren zu haben. Das bestätigt auch der Psychiater Shepherd (Shepherd 1969), den sein sehr reichhaltiges Fallmaterial dazu brachte, die Unterscheidung ungenau zu finden.

Für die Einschätzung der Schwere der Störung und damit auch für die Prognose der Therapie scheint mir wichtig, ob der Dreieckszustand als Krise, die gelöst werden muß, empfunden wird oder nicht. Die Frage lautet in bezug auf den Eifersüchtigen, ob er lange und sehr platzgreifend mit seinem Gefühl beschäftigt ist und es »nicht hergeben« will, oder ob er sich eine Entscheidung wünscht, die entweder die Eifersucht oder eventuell die Beziehung zum Partner beendet. Ich kann hier Lagache folgen:

Die *psychologische* Eifersucht empfinden wir als einfühlbar, das Leiden an ihr erscheint ebenfalls als angemessen, obwohl ein Konflikt und folglich Unruhe und Unangepaßtheit entstanden ist. »Was eine solche Eifersucht kennzeichnet, ist ihr ›Werden‹, d. h. die Ausrichtung darauf, daß der Konflikt eine Lösung findet.« Möglich sind: Neueinordnung des Partners und neue »Kristallisation« (nach Stendhal 1822, H. B.), teilweiser Verzicht oder Abbruch. »In diesem Sinn erscheint Eifersucht als ›Arbeit‹, und die Ambivalenz hat einen positiven funktionellen Wert.« Die Haltung des Eifersüchtigen tendiert weniger zu Selbstkontrolle als zur Selbstverteidigung, er leidet, aber beißt die Zähne zusammen, »er geht über den Konflikt psychologisch, moralisch und geistig hinaus«, bevor er ihn »in der Zeit« hinter sich gebracht hat. Er ist dadurch und danach nicht »ein anderer« geworden.

Das, was Lagache *krankhafte* Eifersucht nennt, ist zwar noch einfühlbar und verständlich. Aber der Eifersüchtige *verharrt* im Ambivalenzkonflikt. Die Eifersucht wird zu einem negativen funktionellen Wert, »alles geht so vor sich, als ob der Eifersüchtige nichts weiter sucht als sein Leiden«, die Konzentration auf den Konflikt und die zeitlich-räumliche Einengung lassen seinen Kontakt mit der Welt schrumpfen. Die Eifersucht ist nicht mehr normal, und zwar »gerade weil sie für den Eifersüchtigen zur Norm, zu einer gewohnten Haltung geworden ist«. Wir können ihn zwar noch verstehen, aber uns nicht mehr mit ihm identifizieren. An die Stelle von Sympathie tritt Abneigung, Unbehagen, Reaktionen der Abwehr. Um noch einiges Verständnis aufzubringen (und, wie ich es deuten würde, zu unserem eigenen Schutz, H. B.), greifen wir zur Hypothese der »krankhaften Veranlagung«.

Vom *Wahn* im engeren Sinne spricht Lagache, wenn »die Verbindung zwischen der Situation und der Reaktion nicht mehr rational und objektiv ist«. Die Deutung von materiellen Tatsachen und Äußerungen anderer Personen wird nicht mehr an der Wirklichkeit kontrolliert, sondern weggeschwemmt von der Allmacht der Gedanken. Es kommt zu einer »Perversion der Evidenz«. Der Eifersüchtige verweigert sich der Überzeugungskraft anderer, der Wahn ist unzugänglich für Vernunft und Erfahrung, bleibt aber fixiert an eine, die »geliebte« Person.

Bei der Eifersuchts*paranoia* ist das in den meisten Fällen auch so, nur empfindet der Betrachter eine Akzentverschiebung: Der Eifersüchtige will nicht mehr vor allem seinen unaussprechlich schlimmen Zustand ausdrücken, sondern »er findet sich wieder« in der Eifersucht, d. h. ein zutiefst veränderter, (»verrückter«) geängstigter Mensch »hängt sich, je mehr er sich selbst und die Welt verliert, an das ihm gefühlsmäßig nächste Wesen« (Lagache 1947, S. 361 ff, Hervorhebungen von mir).

So erhalten wir eine Stufenleiter der Eifersucht. Nützt sie uns? Ja und nein. Auch Lagache sieht die Abwehrfunktion von Begriffen wie »krankhafte Veranlagung«; aber natürlich ist nicht jede intellektuelle Anstrengung um Verständnis und Einordnung als Abwehr zu verstehen. In der Eheberatung hat man es fast ausschließlich mit Fällen des ersten und zweiten Typs zu tun. Die Diagnose und Behandlung des dritten und vierten Typs ist eigentlich eine Sache für Psychiater, doch erscheinen gelegentlich Menschen mit derart schweren psychiatrischen Störungen auch in Beratungsstellen, und der Umgang mit ihnen stellt dann ein schwieriges Problem dar. Sie wehren sich gegen die Diagnose, »zum Psychiater« zu müssen. Denn die Auswirkung einer solchen Abstempelung kann verheerend für sie selbst und für das Familiensystem sein, abgesehen davon, daß immer wieder von Fällen berichtet wird, in denen die Klienten beim Psychiater »nicht angekommen« sind, also wohl meistens, weil sie eben nicht verrückt sein wollten, sich dort gar nicht angemeldet haben. Den Kontakt zum Berater, der sie überweisen wollte, verlieren sie dadurch obendrein. Eine der Möglichkeiten, wenn auch nicht die einzige, scheint mir auch in den schweren Fällen in einer Ehe- oder Familientherapie zu liegen, für die aber nicht nur oft die Familie des »Verrückten« schwer zu gewinnen ist, sondern für die auch die meisten Psychiater weder Zeit noch Ausbildung haben. In den letzten Jahren scheint sich die Frontstellung, wenn nicht gar Feindseligkeit zwischen Ärzten einerseits und Beratern und Psychoanalytikern andererseits etwas gelockert zu haben – glücklicherweise. Denn die beste Lösung wäre natürlich ein Zusammenwirken von Psychotherapie und medikamentöser Beeinflussung, auf die man bei gefährlichen Wahnzuständen nicht verzichten kann.

Nützlich ist die obige Einteilung nach Lagache und ihre Anwendung für das Draußenhalten des eigenen Kopfes, wenig dagegen hilft sie therapeutisch. Denn da kommt doch nur etwas in Bewegung, wenn der Kopf bis zu einem gewissen Grad wieder eingetaucht wird, wenn Einfühlung und (multiple) Identifikation als Instrumente gebraucht werden. Dadurch bekommen die Begriffe Normalität und Berechtigung einen andern Sinn. Noch einmal Lagache: Kein begrifflicher und gefühlsmäßiger Inhalt ist (bei der wahnhaften Eifersucht) »so einzigartig, so ›gegen

die Natur‹, daß er nicht auch in Träumen, Phantasien oder freien Assoziationen des Gesunden vorkommen könnte ... Umgekehrt vergegen-
wärtigt uns der Gesunde, derjenige, der den ... Konflikt löst, die
Möglichkeiten, die die Eifersucht erstickt ... Die krankhaften Eifer-
süchte verdeutlichen die Möglichkeiten der normalen Eifersucht, aber
ihre Krankhaftigkeit zeichnet sich nur dann klar ab, wenn wir sie mit
einer idealtypischen Normalität vergleichen« (Lagache 1947, S. 364).
Auch die älteren Psychiater haben immer wieder über die vielfachen
Übergänge zwischen Normalität und Krankheit geredet. Bleuler fand
die Unterscheidung zwischen Gesundheit und Krankheit so unsinnig wie
etwa den Versuch, die Helligkeiten einer Fotografie in schwarze und
weiße einteilen zu wollen: »Die meisten sind eben grau« (zit. nach
Marcuse 1953, S. 762).

Zerstörerische Lösungen

»Eifersucht bis in den Tod« heißt eine grausame Novelle von Lope de Vega (1562–1616).

Sie handelt von einem buckligen, häßlichen, dummen, aber reichen Ehemann und seiner schönen gesitteten jungen Frau. In einer ausgeklügelten Farce, an der sich ein ganzer Fürstenhof beteiligt, wird der Mann gezwungen, eine Erklärung zu unterschreiben, daß er nie mehr eifersüchtig sein will. Andernfalls wird ihn der Maurenkönig, von dem er sich gefangen glaubt, abholen lassen und zum Galeerensklaven machen. Er wird mißhandelt, düpiert und Gegenstand des allgemeinen Gelächters. Die Zuschauer amüsieren sich königlich dabei. Er, von dem gesagt wird, daß er in der Eifersucht »ganz das Bewußtsein seiner selbst verlor«, hält sich danach an sein Versprechen, aber er kann seine eifersüchtige Gemütsart nicht verändern »und verzehrte sich, da er sie nicht zu äußern wagte, dergestalt, daß er in eine gefährliche Krankheit verfiel, die sein Leben beendete«. Seine Frau heiratet, so steht es im letzten Satz, nach einem Jahr einen Mann, der ihr gefällt, »mit dem sie ein zufriedenes und heiteres Leben führte« (nachzulesen in: Spanische Erzähler 1979).

Ohne Zweifel ging es dem großen Dramatiker Lope de Vega vor allem um den Einfall, daß ein ganzer Hof einem seiner Ansicht nach guten Zweck zuliebe und zur eigenen Unterhaltung ein totales Theaterstück aufführt, dessen Illusion für die nolens volens mitspielende Hauptperson bis zum Lebensende nicht mehr aufgehoben wird – eine Ver-rückung der Realität, ein induzierter Wahn. Inhaltlich aber schert er sich – im allerchristlichsten Spanien – in keiner Weise um das Leiden dieses armen Tölpels, sondern stellt sich ganz auf die Seite der jungen, gesunden, anmutigen Ehefrau und damit des lieben normalen Lebens, und das in einem Land, wo aus der Eifersucht geradezu ein Ritual geworden war, das seinerseits als »normal« angesehen wurde, eins der Hauptmotive in Literatur und Leben, Ursache vieler Morde, Rechtshändel und unfreiwilliger Klostereintritte (vgl. S. 138 ff). Für den Eifersüchtigen in Lopes Novelle gibt es keine Rettung, er findet kein Verständnis, und daß seine junge Frau nicht das geringste Mitleid für ihn hat, wird offenbar selbstverständlich gefunden.

Das Gattungsmerkmal der Novelle ist es, »eine unerhörte Begebenheit« zu erzählen. Aber so unerhört ist diese gar nicht. Hier geht es um die Ausstoßung einer Person, die, freilich in karikaturesker Form, eine Empfindung erlebt und erleidet, die alle kennen – »odd man out«: die zu allen Zeiten gegenwärtige projektive Erledigung eigener Mißgefühle an »denen da«, die nur angeblich anders sind als wir selbst. Dem Ton nach hat Lope de Vega diese Novelle der heiteren Muse zugeordnet; menschlich gesehen, ist sie eine Tragödie.

Nach Goethes berühmter Maxime liegt »in jeder großen Trennung ... ein Keim von Wahnsinn« (Maximen und Reflexionen). Analog könnte man sagen, daß in jeder Eifersucht ein Keim von Mord liegt. Das bezieht sich nicht nur auf die Tötung von Personen, sondern auch von Gefühlen: Herzlichkeit, Verstehen, natürlich Liebe, aber auch: Beweglichkeit, Offenheit, Mut zur Auseinandersetzung – viele andere Zeichen von Lebendigkeit können abgetötet werden. Selten wird Goethes Satz zu Ende zitiert: »... man muß sich hüten, ihn (den Keim von Wahnsinn) auszubrüten und zu pflegen.« Goethe wußte, wovon er redete. Er hat viele Trennungen, viel Verzicht überlebt und umgeformt in neues Leben. Daß das auch bei der Eifersucht möglich ist, möglich sein kann, ist eine der Hoffnungen dieses Buches. In diesem Kapitel soll einstweilen nur von den »mörderischen« Lösungen die Rede sein.

Ohne Abgrenzung, ohne Trennungsstrich, also ohne Veränderung ist Eifersucht nicht zu lösen; sie hört nicht einfach auf. Es muß nicht nur im Partner und im Rivalen, sondern vor allem im Eifersüchtigen selbst etwas geschehen. Oft wird erwartet, das Schlußmachen mit dem Außenpartner würde automatisch die Eifersucht des Gekränkten beheben. Das ist aber keineswegs immer der Fall.

Ein Mann hatte ein Verhältnis mit einer entfernten Arbeitskollegin. »Sie kann meiner Frau nicht das Wasser reichen«, sagte er, »ich würde sie nie heiraten; aber sexuell klappt es bei ihr ohne Schwierigkeiten, und bei meiner Frau ...! Außerdem ist sie lieb und tut alles für mich.« Diese Freundin verlangte nicht nur nie, daß der Mann sie heiraten sollte, sondern ging auch für eine gefährliche Operation, der sie sich unterziehen mußte, in eine andere Stadt. Dem Freund erzählte sie, sie mache Urlaub. Erst später sagte sie ihm, sie habe ihm die Sorge und die häufigen heimlichen Besuche im Krankenhaus ersparen wollen.

Die Ehefrau erfuhr davon nie etwas (wohl aber von dem Verhältnis) und hält noch heute die Freundin, die sie nie gesehen hat, für eine verworfene und rücksichtslose Person. Ihre eigenen Lösungsversuche sahen so aus: Zuerst unternahm sie, als sich ihre Vermutungen über die bestehende Liebschaft bestätigten, im ersten Entsetzen einen ziemlich gefährlichen Selbstmordversuch, der ein ganzes Knäuel von Bündnisreaktionen in Gang setzte: die Eltern der Ehefrau standen gegen diese (»Wie konnte sie uns das nur antun!«), ebenso ihre halbwüchsige Tochter; der Mann teils gegen, teils für sie, aber auch gegen die »unverschämte« Tochter; die Mutter des Mannes für die Frau (sie »hätte es genauso gemacht«).

Der Mann beendete sein Verhältnis; die Frau glaubte ihm das lange nicht. Er bemühte sich um sie und wurde von ihr depressiv und gekränkt zurückgewiesen. Schließlich wurden die sexuellen Beziehungen einigermaßen normalisiert, aber die Frau tat alles, um keinen Orgasmus zu bekommen, was sich der Mann sehr gewünscht hätte. Trotz des sich allmählich bessernden Einvernehmens blieb die Frau mißtrauisch und beargwöhnte Telefongespräche, Geschäftsessen und Tischtennisabende. Immer wieder wollte sie Genaues über die Freundin wissen, sie wenigstens einmal von fern sehen, und auch in der Beratung redete sie immer von »der«: was das für eine Schlunze sei, die sich einfach an einen verheirateten Mann mit Frau und Kind ranmache, welche Tricks sie wohl beherrsche usw. Sie glaubte dem Mann nicht, daß es für ihn eine nicht sehr wichtige Sache ohne viel innere Beteiligung gewesen sei (was der Berater hätte bestätigen können, aber wegen der Schweigepflicht nicht durfte). Der Mann verweigerte die Informationen, die seine Frau so dringend wünschte. Mag sein, daß er sich etwas schämte, weil die Freundin so wenig attraktiv war, vor allem aber wollte er sich vor dem Andrängen der Frau einen geschützten Bereich »eigener Angelegenheiten« erhalten.

In der Beratung brachte die Frau viele Phantasien über eigenes Fremdgehen und größere Unabhängigkeit von den häuslichen Pflichten. Dadurch entspannte sich die Situation weiter. Als die Frau aber erfuhr, daß der Mann seine Geliebte wiedergetroffen und noch ein paarmal mit ihr geschlafen hatte, begann das ganze Spiel von neuem. Das Geständnis hatte ihr der Mann selbst in einem Streit hingeschleudert: »Du treibst einen ja geradezu hinein in so was mit deinem ewigen Mißtrauen und deiner Frigidität!«

Diesmal war von Selbstmordgedanken nicht mehr die Rede, wohl aber, so schien es dem Berater, von *innerer* Abtötung der Frau: Mißmutig und vorwurfsvoll vergrub sie sich immer weiter in ihre Hausarbeit und die Verachtung ihres Mannes. Seine gelegentlichen Abendverpflichtungen nahm sie übel, alle Frauen sah sie als potentielle Geliebte, sie selbst aber fand nicht einmal den Weg in den örtlichen Turnverein oder gar in die Fahrschule. In der Beratung spekulierte sie lebhaft und einfallsreich darüber, was ein Führerschein ihr an Freiheit und Gelegenheiten bieten könnte. Als aber der Berater, der spürte und aus Andeutungen wußte, wie sehr ihr Sichquälenmüssen (und das Quälen des Beraters und des Mannes durch Festklammern an der quälenden Situation) mit frühesten Erfahrungen zusammenhing, darauf bestand, intensiver mit ihr zu arbeiten und die Beratungsfrequenz von einer auf zwei Wochenstunden zu erhöhen, brach sie die Beratung ab. »Ich kann nicht so oft von zu Hause weg, und überhaupt brauche ich das alles nicht mehr. Mein Mann ist es nicht wert, daß ich ihn noch mag, und daher bin ich auch nicht mehr eifersüchtig.« Was Satz für Satz nicht stimmte. Sie konnte öfter von zu Hause weg, sie mochte ihren Mann noch, und sie war auch noch eifersüchtig. Aber es war für sie wünschenswerter, »besser« für die Verdrängungsökonomie, in diesem unguten Zustand zu verharren, als sich mit den schlimmen Tatsachen ihrer Kindheit und Pubertät auseinanderzusetzen.

In dieser Weise werden sehr viele Eifersuchtskonflikte gelöst. Das Grundproblem – hier die sexuellen Schwierigkeiten des Paares, das fehlende Sicheinlassen beider aufeinander – wird nicht eigentlich bearbeitet, sondern erlitten und ohne die fällige Trauer überstanden, wobei man den Eindruck hat, daß das viele Durchstehen, die Weigerung, sich fallenzulassen, gleichsam die Gelenke der Seele versteift und die innere (oft genug auch die äußere!) Beweglichkeit einschränkt. In dem geschilderten Fall gibt es keine Sieger, nicht einmal jemanden, der durch eine neue Erfahrung gewachsen ist: Die Ehefrau ist mißmutig, depressiv und sexuell unzufrieden, die Freundin fühlt sich sitzengelassen und allein, der Mann unbarmherzig behandelt, eingeengt und mißverstanden. Das Klima der Ehe ist kühl und unlebendig, die Verzweiflung, die darunterliegt, gleichsam eingeeist. Der Mann bricht manchmal aus in unsinnige Autofahrten ohne Ziel, auch einmal in eine einsam (!) durchtrunkene Nacht, kehrt aber immer zurück.

Die Tendenz der Eifersucht zum Erstarren, zum Ausstoßen, zur Rache, zum Nie-vergessen-Können ist oft unerbittlich und irreversibel; sie kann darin wie ein Negativbild der Treue wirken, wie die schwarze Schwester durchgehaltener Liebe (auf diese beruft sie sich ja). Je größer die inneren Opfer des Eifersüchtigen sind, je eingreifender die dadurch verdeckten (Selbst-)Verletzungen, desto aggressiver wird seine Lösung aussehen, gelegentlich auch trotz bewußter Anstrengungen zu Großzügigkeit und Toleranz.

Zwei junge Leute lernen sich beim Studium kennen. Nach einem sorglosen verliebten Semester ändert sich die bis dahin sehr günstige finanzielle Situation des Mannes durch den Bankrott und darauf folgenden Selbstmord seines Vaters total. Für seine Freundin und heutige Frau ist sowohl die Depression ihres Freundes wie dessen plötzliche Armut eine Herausforderung, die sie gleichsam ärmelaufkrempelnd annimmt. Sie »läßt ihr Literaturstudium sausen«, wird Fremdsprachensekretärin und verdient bald genügend Geld, um dem Mann das Studium zu ermöglichen.

Die folgenden Jahre müssen für das Paar eine Art Aufstiegsrausch gebracht haben. Die Frau macht sich unentbehrlich als rechte Hand des Chefs eines großen internationalen Konzerns, der Mann absolviert ein so glänzendes Physikstudium, daß er anschließend sofort eine hochbezahlte Stellung findet. Sie empfinden sich als »Kampftruppe«, als »Arbeitsgemeinschaft«, vor allem aber als unzertrennlich.

Sie heiraten, eine Tochter wird geboren, die Frau hört auf zu arbeiten. Die finanzielle Einbuße, die das bedeutet, wird wettgemacht durch den weiteren Aufstieg des Mannes, mit dem allerdings auch ein viel größeres Maß an Arbeit, viele Reisen und häufige Abwesenheit bei Besprechungen in der eigenen Stadt verbunden sind. Die Frau muß viel auf ihn warten. »Ich bin mir allmählich vorgekommen wie die Königinnen bei bestimmten ägyptischen Skulpturengruppen – kennen Sie die?« fragte sie mich in der Beratung. »Der König ist gewaltig groß dargestellt, die Königin so klein, daß sie ihm nur bis ans Knie geht. Sie stützt – natürlich in hierarchischer Erstarrung, genau wie der König – von hinten seinen Unterschenkel mit ihrer winzigen Hand und sichert damit sein Standvermögen. So haben sich die Ägypter das offenbar vorgestellt, und ich war auch nah daran.« Eine Königin, geschrumpft auf Puppenformat – wie konnte das gutgehen? »Und wenn mein Mann nach Hause kam, stürzte er sich immer auf seine (!) Tochter. Ich war abgemeldet. Manchmal konnte ich die Turtelei einfach nicht mehr mit ansehen.«

Sie begann, sich abends, wenn sie auf ihn wartete, Cocktails zu mixen, die allmählich stärker wurden, so daß sie am Morgen immer häufiger einen Schnaps gegen den Kater brauchte. Innerhalb kurzer Zeit steckte sie tief im Alkohol und wurde unansehnlich, schlampig und inaktiv.

Eine Katastrophe, so sagte sie, führte zu ihrem Aufwachen: sie entdeckte, daß ihr Mann gar nicht so häufig wie behauptet zu Besprechungen mußte, sondern eine Freundin hatte. Die Szenen zwischen den beiden müssen überaus heftig gewesen sein. Die ganze Kraft dieser Frau, die sich früher so unermüdlich »für uns« eingesetzt hatte, explodierte in die Eifersucht. Der Alkohol war plötzlich keine Gefahr mehr. Dagegen beschäftigte sie sich unausgesetzt mit der Freundin, einer Arbeitskollegin ihres Mannes, und entwickelte einen unglaublichen Erfindungsgeist, diese in der Firma durch Intrigen schlechtzumachen. Sie folgte ihr auf ihren täglichen Wegen, um zu sehen, ob sie sich vielleicht noch mit dem Mann traf, dem nichts anderes übriggeblieben war, als das Verhältnis sofort zu beenden, und quälte sie durch nächtliche Telefonanrufe. Schließlich wurde es der Ex-Freundin zuviel. Sie klagte gegen die Ehefrau wegen Verleumdung und Belästigung und gewann den Prozeß. Zugleich war der Ehemann in der Firma unmöglich geworden. Er mußte die Firma wechseln, was mit einem Umzug in eine andere Stadt verbunden war. Die Frau – zog mit.

Ihre Niederlage und der Verlust aller gewohnten Umstände – Freunde, Haus, Freizeit – brachten wieder einen der für diese Klientin charakteristischen Umschwünge. Sie fing an, über sich selbst nachzudenken, und kam zu dem Schluß, das Leben zu Haus, nur mit dem Kind, nur wartend, habe ihr nicht gutgetan. Sie bot dem Mann, der ein sehr schlechtes Gewissen hatte, eine Versöhnung an: Sie könnten es noch einmal miteinander versuchen, wenn er jetzt das für sie täte, was sie damals für ihn getan hatte, nämlich ihre Ausbildung finanzieren. Sie habe ihr wirkliches Hauptinteresse, ihr Germanistikstudium, für ihn aufgegeben, und das im sechsten Semester. Sie habe sich ihm so angepaßt, daß sie zuletzt nicht einmal mehr gelesen habe. Der Mann war mit dem Vorschlag einverstanden und im Grunde froh, daß seine Frau wieder »die Leitung übernahm«.

Mit der ihr eigenen Energie fädelte sie sich wieder ins Studium ein und machte in kürzester Zeit ein so hervorragendes Staatsexamen, daß sie keine Schwierigkeit hatte, als Lehrerin eine Stellung zu finden.

Das Klima in der Ehe war wechselnd. Die Frau fiel gelegentlich noch ins Kontrollieren zurück und blieb mißtrauisch. Sehr schwierig war das Verhältnis zwischen ihr und der Tochter. Denn diese spürte natürlich die emotionale Abwendung, die bei dieser intensiven Frau mit dem Studium unweigerlich verbunden war, und hängte sich dafür um so mehr an den Vater. Mit dem »Versöhnungskind«, einem Sohn, ging es der Frau besser.

Als ich sie kennenlernte, war sie mit 40 Wochenstunden als Lehrerin tätig, die Tochter war acht und der Sohn drei. Der Mann hatte seine Freundin wiedergetroffen, was er auch gar nicht leugnete. Die Sache liege jetzt Jahre zurück, das Ganze sei damals für ihn sehr wichtig gewesen, und er habe einfach mal sehen wollen, wie es dieser Frau jetzt gehe. Ja, sie gefalle ihm noch, sagte er auf die insistierenden Fragen seiner Frau. Geschlafen habe er nicht mit ihr, denn sie sei inzwischen glücklich verheiratet. Im übrigen habe er endgültig genug von den Ausfragereien seiner Frau.

In den wenigen Beratungsstunden, die ich mit diesem Paar hatte, schwieg der Mann sehr viel. Beide waren nur auf Empfehlung des Familienrichters gekommen. Der Mann war nämlich nach dem neuerlichen Eifersuchtsausbruch seiner Frau ausgezogen, worauf sie die Scheidung beantragt hatte. Er sagte: »Sie ist mir einfach zu tüchtig. Und dann ist sie so gemein zu unserer Tochter. Und sexuell stößt sie mich nur noch zurück.« Die Frau dagegen sagte: »Er hat mich betrogen, damals mit der Freundin, jetzt mit dem Treffen, und dauernd mit seiner Arbeit. Dafür habe ich nicht geschuftet, daß wir uns jetzt nie sehen und ich neben meiner Berufstätigkeit die Kinder allein versorge.«

Die Frau weigerte sich, die Tochter zu behalten, und auch der Familienrichter fand, sie sei wegen der Rivalität zwischen Mutter und Tochter besser beim Vater aufgehoben. Auf die Frage, wie er das finanziell und zeitlich machen solle, sagte sie: »Du hast ja auch dein Staatsexamen – werde doch Lehrer wie ich. Oder hol deine alte Freundin aus ihrer Ehe raus, die kommt bestimmt. Dann hast du endlich die Frau, die du dir immer gewünscht hast.«

Die Motivation zur Beratung war in diesem Fall sehr gering. Nur im Einzelgespräch taute die Frau etwas auf. Mir schien hier der Grund für das, was man ganz unpsychologisch Rachsucht nennen kann, darin zu liegen, daß die Frau zuviel von sich selbst hergegeben, daß sie sozusagen für ihre Verhältnisse zu sehr gegen den Strich gelebt hatte. Weshalb die

Rache in einer Art Verstoßung der Tochter und im Versuch lag, den Mann zur Aufgabe seines sehr geliebten Berufes zu zwingen, kann ich nicht sagen. Ohne genauere Kenntnis der Hintergründe bin ich in einem solchen Fall genauso ratlos und entsetzt, wie es wahrscheinlich derjenige ist, der dies jetzt liest.

Die bisher angeführten Beispiele haben etwas Mörderisches, doch geht es in ihnen nicht im physischen Sinne um Tod und Leben. Wer sich mit den Lösungen von Eifersuchtskonflikten beschäftigt, stößt aber immer wieder auf Mord und Selbstmord. Alle paar Tage tauchen in unseren Zeitungen Berichte davon auf, die übrigens stärker als andere Argumente die Forderung nach mehr Polizei zur Verhinderung von Morden oder gar nach der Todesstrafe zur Abschreckung und Sühne unsinnig erscheinen lassen. Wie käme die Polizei in ein eheliches Schlafzimmer, in dem ein eifersüchtiger Mann seine Frau zuerst vergewaltigt und dann erwürgt? Läßt sich eine Frau, die ihrem Mann ein Brotmesser in den Rücken rammt, weil er nun endgültig mit der zwanzig Jahre jüngeren Freundin zusammenziehen will, durch die Aussicht auf Strafe davon abbringen? Und keine Straßenverkehrsordnung wird einen verzweifelten jungen Mann hindern können, über eine Felsenkante hinunterzufahren oder sein Auto gegen einen Baum zu steuern, weil er es nicht erträgt, daß seine Freundin sich mit jemand anders verbunden hat.

Für den Außenstehenden sind solche Handlungen abnorm, im Hinblick auf die Folgen unzweckmäßig und psychologisch gesehen »krank«. Dennoch sind sie bis zu einem gewissen Grade einfühlbar und werden, Mord wie Selbstmord, mit mehr Verständnis, ja manchmal Sympathie, angesehen als Verbrechen aus Habgier oder gar Triebtaten. Historische Beispiele sind etwa die vielen begeisterten Urteile der Zeitgenossen über Goethes Werther, die sich nicht nur in Gedanken, sondern auch vielfach in der Tat mit dem Selbstmord wegen der Unerreichbarkeit einer Geliebten, die einem andern Mann gehört, identifizierten, oder eine Anekdote Stendhals aus seinem Buch »Über die Liebe« (Stendhal 1822): er berichtet von einem Leipziger Schneider, der in einem Anfall von Eifersucht seinem Nebenbuhler in den Anlagen auflauerte und ihn erdolchte. Das Todesurteil wurde von der Bevölkerung als zu streng empfunden, ließ sich aber nicht abändern. »Am Tage der Vollstreckung vereinigten sich die jungen Mädchen von Leipzig, weiß gekleidet, und begleiteten den Schneider zum Schafott, wobei sie Blumen auf den Weg streuten.«

Die Innenseite eines solchen Falles genau zu verstehen, erfordert einen langen Umgang mit dem Täter. Dergleichen gehört nicht zum Alltag einer Eheberatungsstelle, wohl allerdings Suizidphantasien und Todeswünsche. Ich selbst habe ein einziges Mal einen Klienten gehabt, der ein Jahr nach dem Ende einer langen Beratung einen sehr gefährlichen Mordversuch an seiner Frau unternahm und wenige Stunden später Selbstmord beging. Auf der Beerdigung gaben die Freunde vom Stammtisch des Mannes, alles gestandene bayerische Handwerker, der Frau nicht einmal die Hand.

Ich habe in der Beratung dieses Falles viel über Eifersucht gelernt. In ihrem Verlauf machte die Frau eine unumgängliche Entwicklung zu größerer Selbständigkeit durch (nicht etwa mit anderen Männern!). Der Mann, der schon vorher häufig gewalttätig war, konnte seine Angst vor ihrer Entfernung aus seinen von der Herkunftsfamilie übernommenen Denk- und Lebensmustern nicht überwinden. Die Grenzen beraterischer Arbeit wurden mir hierbei besonders schmerzhaft deutlich. Das Familienleben vorher war unerträglich, sehr schädigend besonders für den Sohn, den der Vater als Rivalen empfand. Eine Bearbeitung des Konfliktes, die von allen gewünscht wurde, mußte auch das Wachstum der Frau einschließen. Durch dieses aber fühlte sich der Mann zentral bedroht. Eine Zeitlang wurde das gemeinsame Leben äußerlich etwas besser, innerlich aber im Grunde immer unmöglicher, und als die Frau auf einer zunächst probeweisen Trennung bestand, geschah die Katastrophe.

Ich wähle als Beispiel für die ausweglose innere Logik einer tödlichen Lösung das kleine Werk eines großen Schriftstellers, »Skizze eines Verunglückten« von Uwe Johnson. Es vermittelt – bei höchster literarischer Qualität – die Innenansicht eines Mannes, der seine Frau umbringt, mit der Rückhaltlosigkeit, die sich ein Psychologe für eine Falldarstellung erst mühsam erarbeiten und rekonstruieren müßte.

Der Inhalt ist leicht zusammenzufassen: Ein Deutscher, Joe Hinterhand, aus politischen Gründen zunächst nach England, dann in die USA emigriert, entdeckt im Jahre 1947 nach zwanzigjähriger Gemeinschaft mit seiner Frau, daß diese vierzehn Jahre lang ein Verhältnis mit einem Faschisten hatte. Er bringt sie daraufhin um; eigene Selbstmordversuche werden verhindert, da er im Gefängnis sitzt. Nach Abbüßung der Strafe lebt er noch etwa zwanzig Jahre erstarrt und einsam dahin. Er hat sich »eine eigene Todesstrafe erfunden, abzuleisten durch Ableben«.

Was die Fakten angeht, so fällt zunächst auf: zwanzig Jahre Zusammenleben, davon vierzehn verheiratet; »carnal knowledge« zwischen Ehefrau und Faschistenfreund bis 1937 (»fleischliche Bekanntschaft« übersetzt der Held, Täter und Erleider der Geschichte bewußt verlegen und ungeschickt); danach offenbar nur noch Briefwechsel (etwas anderes wäre ja auch zwischen Europa und Amerika im Krieg nicht möglich gewesen), bis auf ein zweitägiges Treffen, Abstecher bei einer Europareise des Ehepaares im Jahre 1947. Unklar ausgedrückt: der Sohn scheint nicht vom Ehemann zu sein. Dagegen steht eine »symbiotische Art des Betragens zueinander«, deretwegen das Ehepaar Hinterhand »belächelt« wird, ein durchgehend als zuverlässig empfundenes Glück des Zusammenseins, wenigstens von seiten des Mannes, aus dessen Perspektive das Ganze ausschließlich gesehen wird. Ein paar sparsame Seiten überzeugen von der zentralen Bedeutung, die die Liebe zu seiner Frau für diesen Mann hat, dem sie als Mädchen »auf einmal« gefällt, »mit Gesicht und Stimme, mit Haut und Haar, auf den ersten und auf den letzten Blick«. Man lese nach, wie behutsam und innig die junge Liebe geschildert wird (S. 22 ff), wie ungläubig glücklich Joe Hinterhand die endlich erreichte eheliche Gemeinsamkeit in England erlebt (S. 35 ff) und mit welcher Zärtlichkeit er vom Zusammen-Altwerden träumt (S. 29 ff). Er habe ihr ausgeliefert, so heißt es, »die einzige, unersetzliche und unheilbare Stelle in ihm, wofür man früher das Wort Seele gebraucht habe ... Und es sei ihm diese Mitteilung vorgekommen weder als Opfer noch als Verlust; im Gegenteil, als sichere Bewahrung« (S. 25). Seelentausch also, Hingabe, Verschmelzen.

Und von ihrer Seite? Kann von Tausch, von Gegenseitigkeit, überhaupt die Rede sein? Wir sehen sie nur durch ihn, hören die zögernden Zusagen, seine Deutungen dessen, was sie sagt – spröde, anziehende Einzelheiten. Kein großes Geständnis, aber Einwilligung; kein Wort von Lebensnotwendigkeit, etwa Nicht-ohne-ihn-sein-Können; aber Loyalität, Dasein, Fürsorge, Miteinander.

Wie es zu dem Geständnis gekommen ist, erfahren wir nicht, auch nicht, welchen Stellenwert der unbekannte Rivale in Mrs. Hinterhands eigenem inneren Bezugssystem hatte. Offenbar ist das ihrem Mann gleichgültig. Einige wichtige Dinge, die einen Leser, einen Freund interessieren würden, liegen außerhalb dessen, was ihn berührt: Warum ist sie bei ihm geblieben? Wie steht der Sohn zu ihm? Und gilt das alles nicht mehr – die zwanzig Jahre seines eigenen Erlebens?

Die Antwort lautet: Nein, dieses unsichtbare Stück Eigenleben seiner Frau verwandelt *alles*. Und nach der Entlassung aus dem Gefängnis wird Joe Hinterhand darangehen, durch immer wiederholtes Betrachten der Ehefotos aus den langen Jahren, die er jetzt anders verstehen will oder muß, die Vergangenheit umzudeuten. Ob diese Deutung zutrifft, kann er seine Frau nicht mehr fragen. Für ihn jedenfalls ist alles: »*Unwahr. Falsch. Vergiftet. Entwertet. Ungültig.*« Seine Frau hat sich als jemand herausgestellt, »der ihm nach dem Leben trachtete«. Wieso? fragt sich der entsetzte Leser, war es nicht sie, die umgebracht wurde? Sie erschien ihm plötzlich, so Joe Hinterhand, verwandelt »in ein Prinzip, eine Verkörperung aller Kräfte, die seinem Leben entgegen seien, als die Drohung, die *Gültigkeit der Worte* abzuschaffen« (Hervorhebung von mir). Ein Prinzip also, kein Mensch mehr. Diese Drohung ist für ihn derart stark, daß er »habe nur noch wünschen können, dies möge aus der Welt sein«. Die Zwangsläufigkeit dessen, was damit zu einer »Notwehr« führt, liegt, zutiefst bewegend, auf der Hand – und doch, welche halsbrecherische Umkehr der Normalität, welche Gewalttätigkeit eines Menschen, der sein Leben dem Kampf gegen die faschistische Gewalt verschrieben hat, welche ungeheure Anmaßung eines, der bewußt nichts weiter will, als sich dienend einer als richtig erkannten Sache unterordnen. Jemand, der sich der Wahrheit verschrieben hat, kann auf eine fremde Wahrheit nur antworten: Weil du anders bist, mußt du sterben.

Was hier, obwohl es auf den ersten Blick raunend und unklar erscheint, mit der Genauigkeit eines psychologischen Röntgenbildes dargestellt ist, enthält das Grundprinzip der tödlichen Eifersuchtslösung, die von den Tätern als ein Akt der Gerechtigkeit verstanden wird, als Antwort auf die (individuell, nicht juristisch erfaßbare) Erfahrung erlittenen Unrechts (vgl. Lagache 1947, S. 605 ff). Um in Frieden zu leben, brauchen diese Menschen, die, klinisch-kühl gesehen, »überempfindlich gegen Nachteile« sind, eine fragile Atmosphäre von Sympathie und Bestätigung, die »bewußt still, ruhig, wenig aggressiv, wenig störend für andere« ist. Verändert sich dieser Lebensraum, so wird die Veränderung der feindseligen Absicht der andern (der Nächsten) zugeschrieben, gegen die im Zustand der Krise (Unzurechnungsfähigkeit wird auch Joe Hinterhand bescheinigt) nur mit Gewalt reagiert werden kann.

Das auffallende Ineinander von Subjekt und Objekt, von innerer und äußerer Realität, von Wahrnehmung und Deutung verweist auf die früheste Kindheit, auf die Zeit, in der sich das kleine Kind noch nicht als getrennt von der Mutter erleben kann (vgl. weiter unten, S. 239 ff). Überspitzt läßt sich deshalb sagen, daß Mord und Selbstmord dasselbe sind, sie treffen beide das gemeinsame, untrennbare Eine des Aufeinanderbezogenseins. Auf der Umschlagklappe des kleinen Johnson-Buches steht daher, sehr sinnvoll, dieses Zitat:

> Ist es Ein lebendig Wesen,
> Das sich in sich selbst getrennt,
> Sind es zwei, die sich erlesen,
> Daß man sie als Eines kennt?

Angesichts dieser Verschmolzenheit wirkt ein Urteil wie das von Lagache, wonach der Mord aus Eifersucht eine »Selbstbekräftigung (affirmation de soi) ist, der die Realität des andern entschlossen geopfert wird« (S. 622), moralisierend und einseitig. Es geht ja in diesen schlimmsten

Fällen nicht eigentlich um das Du-oder-Ich, sondern um das Du-und-Ich-und-sonst-gar-nichts. Also: Wenn das Du getötet ist, ist nicht etwa das Ich gerettet, sondern die ganze innere Welt und zugleich das äußere Leben *beider* zerstört. Das zeigen nicht nur die Lebensläufe der alltäglichen Mörder, sondern auch die großen literarischen Beispiele wie Othello, Herodes, Posdnyschew und auch Joe Hinterhand.

Daß wir uns in alle Lösungen, die für dieses Kapitel ausgewählt wurden, weil sie beispielhaft einige Grundzüge zerstörerischer Eifersucht enthalten, trotz allen Entsetzens noch gut hineindenken können, zeigt, wie fragwürdig im Grunde Einteilungen wie »gesund und krank«, »normal und abnorm« sind. Was aber das Betrachten dieser Beziehungsgeschichten so schmerzhaft macht, ist unsere Ratlosigkeit und Ohnmacht, wenn es gilt, hilfreiche Phantasien dagegenzusetzen. Immer wieder bleiben wir in den toten Enden des Labyrinths der Gefühle stecken. Warum geht es nicht anders? Eifersucht ist, wie alle Symptome, ein Zeichen eingeschränkter Lebendigkeit. Woher kommt diese Einschränkung? Einige von den Antworten, die auf diese Frage möglich sind, näher einzukreisen, ist die Absicht dieses Buches.

Nach allen Veränderungen, die die Geschlechts- und Lebensgemeinschaft von Mann und Frau im Laufe der Jahrhunderte durchgemacht hat,
bleibt ihr in unserer Zeit in den modernen Industriegesellschaften im
Grunde ein einziges Hauptcharakteristikum: das der Liebe – also dasjenige, welches zuletzt betont, wenn auch nicht gerade neu hinzugekom-
men ist. Alles, was sonst bestimmend war, kann wegfallen: die staatliche
oder kirchliche Anerkennung, der gemeinsame Besitz, sogar die gemeinsame Versorgung des Haushalts (es gibt viele Ehen, in denen jeder Partner für bestimmte Bereiche ausdrücklich mit seinem eigenen Geld auf-
kommt), der »Zweck der Kinderzeugung«, die Arbeit, für die einer dem
andern unentbehrlich ist, ähnliche Herkunft (Schicht, Rasse, Religion),
verwandte Interessen – all das darf fehlen und fehlt auch oft. Aber Liebe
muß sein. Das gilt so sehr als selbstverständlich, daß in der Beratung auf
die Frage, was denn zur Zeit der Wahl am andern so liebenswert gewesen
sei, hilflos mit etwas veränderten Worten wiederholt wird, was gerade
gesagt worden war: »Ich mochte ihn halt, wir waren einfach verliebt« –
oder es kommen ganz unpersönliche Charakterisierungen: »Sie war so
hübsch. Es war so romantisch. Er war eben nett.« Oft wird sinngemäß
etwas erstaunt hinzugefügt: »Aber das ist doch immer so.« Es gibt in der
Tat kaum ein junges Paar (bei älteren ist es gelegentlich anders), das
ohne die Voraussetzung der großen Liebe sein für länger beschlossenes
Zusammenleben beginnt, ob mit oder ohne Trauschein. Selten kommt es
vor – und läßt entsprechend aufhorchen –, daß jemand sagt: »Es war
mehr eine Vernunftehe« (ohne das einschränkende »mehr« oder ähnliches ist es mir noch nicht vorgekommen). Eine unerwartete Schwangerschaft führt zwar auch heute noch häufiger, als man erwarten sollte, zur
Eheschließung, aber auch dann wird fast immer betont, es sei zwar früher gewesen als geplant, aber geheiratet hätte man sowieso. Andere
Erklärungen erweisen sich oft als rückwärtsgewandte Projektionen der
aktuellen Situation.

Also: »Alles um Liebe«, wie es in Goethes »Stella« heißt, alles auf
Grund einer als zentral wichtig empfundenen Verbindung von Person zu
Person. Angesichts dieser übergroßen emotionalen Belastung ist die
hohe Scheidungsziffer nicht erstaunlich, ja man muß sich eher wundern,
daß überhaupt noch so viele Ehen funktionieren. »Lieben und beten läßt
sich nicht nöten«, sagt ein weises Sprichwort – und wir alle gründen

unsere wichtigste erwachsene Beziehungsentscheidung auf so unsicheren Boden!

Sehr oft wird über weitere Erwartungen gar nicht nachgedacht. Unbewußt sind aber selbstverständlich welche da, auch wenn manche Klienten davon zunächst gar nichts wissen (wollen). Es ist das große Verdienst von Jürg Willi, mit seinem Kollusionskonzept das »gemeinsame Unbewußte« des Paares klar benannt und therapeutisch ernstgenommen zu haben (Willi 1975, vgl. unten, S. 262 ff). Die verschiedenen Spielarten von ineinandergreifenden Erwartungen, d. h. Forderungen, etwas zu bekommen und Bereitschaft, etwas zu geben, werden uns im Zusammenhang mit der Eifersucht noch öfter beschäftigen; hier soll nur ein Aspekt berücksichtigt werden: der der möglichen Beziehung zu andern Personen.

Freud spricht vom »dissozialen Charakter, der allen Sexualbeziehungen unzweifelhaft eignet. Liebende finden aneinander Genüge, und noch die Familie widerstrebt der Aufnahme in umfassendere Verbände« (Freud 1933, S. 144). Liebe tendiert also zur Ausschließlichkeit. Dennoch oder gerade deswegen wird in einer heutigen Umgebung kein Paar darum herumkommen, sich, bewußt oder unbewußt, eine eigene Einstellung zum Problem der Treue zu bilden. Wer wegen einer Dreieckssituation in die Eheberatung kommt, nimmt oft an, es ginge in allen Beratungen nur um wirkliche oder vorgestellte »Untreue«, womit Beziehungen zu Liebesrivalen gemeint sind. Das trifft keinesfalls zu, besonders nicht, wenn man darunter nur die direkteste Konkurrenz, die eines ehegefährdenden Sexualpartners versteht. (Andere häufige Anlässe sind etwa: ungelöste Beziehungen zu den Eltern, Schwierigkeiten mit den Kindern, Streitereien allgemein, sexuelle Unstimmigkeiten, Sich-nichts-mehr-zu-sagen-Haben.) Dennoch spielt in den meisten Beratungen auch Eifersucht irgendwann eine Rolle – außer auf eine direkt konkurrierende Person auch auf vergangene Lieben, auf die (Lebens-)Wichtigkeit von Eltern, Kindern und Geschwistern, auf Tiere, auf die Freundinnen der Ehefrau, die Berufskollegen des Mannes; und weiter auf Bereiche, die soviel Platz im Denken, Fühlen und in der Zeit (!) eines Menschen einnehmen, daß sie von dem andern mit einigem Recht fast wie Personen empfunden werden. Der »Ungetreue« investiert hier ja wirklich sehr viel inneres Engagement (im Freudschen Sinne: sublimierte Libido), und oft drückt sich das entsprechend aus: er geht »leidenschaftlich gern« Segelfliegen oder Tiefseetauchen, sie »braucht einfach« mindestens einmal wöchentlich die Aussprache im Kreis ihrer Kirchengemeinde oder in der Frauengruppe, er könnte ohne seine »geliebte Politik« nicht leben (macht sich aber gleichzeitig damit kaputt) – oder eine Frau mittleren Alters, die dauernd unter Kopfhörern klassische Musik hört, weiß gar nicht, »wie sie ohne das alt werden sollte«.

Wie die Konkurrenz aber auch aussehen mag, ich wiederhole: zum Aufgeben der von der Liebe intendierten Ausschließlichkeit muß jeder, der heute in einer auf Dauer gerichteten Zweierbeziehung lebt, Stellung beziehen. Die Utopie des Verschmelzens, des dauernden Aufeinanderbezogenseins, an die oft wider alle Vernunft, dafür aber mit allen Fasern des Herzens geglaubt wird, läßt sich ja nie halten, sondern höchstens für Augenblicke (allerdings sicher nicht nur orgastische) erreichen. Was also mit der Trennung anfangen, was mit der Eifersucht?

Schauen wir uns einige einfache Beispiele aus der Praxis an:

Ein Mann, jahrelang glücklich verheiratet, gerät jedesmal in Wut, wenn der Name dessen fällt, den seine Frau vor der Ehe geliebt hat. Er unterbindet selbst harmlose Kontakte, die bei einer früher wichtigen, heute abgeklungenen Beziehung natürlich wären: seltene Besuche, Nachrichten von Kindergeburten, Umzugsmeldungen.

Eine Frau, die von einer Jahre zurückliegenden Affäre ihres Mannes mit einem Mädchen weiß, kann es nicht lassen, immer wieder seine Jackentaschen nach Kinobilletts, seine Brieftasche nach Liebeszettelchen, ja sogar seine Socken nach Faserspuren fremder Teppiche zu untersuchen.

Einem andern Mann bricht eine Welt zusammen, er macht sogar Andeutungen über Selbstmordphantasien, als er hört, daß seine Frau während einer dreiwöchigen Reise (des Mannes!) mit einem gemeinsamen Freund ins Kino gegangen ist und anschließend noch eine Stunde mit ihm zusammen in einem Lokal war.

Diese Beispiele haben zwei Aspekte gemeinsam: das Festhalten des eifersüchtigen Partners an der ehelichen Treue und seine qualvolle Sorge um sie. Er selbst scheint sich, so sieht es wenigstens aus, in diesem Bereich nicht in Frage zu stellen. Die Front ist klar, wenn sie auch, so wird wahrscheinlich die Reaktion mancher Leser sein, mit unangemessenen Mitteln verteidigt wird. Oder? Hat nicht vielleicht doch der Mann recht, der seiner Frau den Kontakt mit dem vorehelichen Freund verbietet? Wenn wir an die Dunkelheit und anonyme Intimität des Kinos denken – ist es nicht wirklich besser, den sich möglicherweise entwickelnden Anfängen zwischen der Frau und dem Familienfreund zu wehren? Und die detektivische Frau (»Wer einmal lügt, dem glaubt man nicht!«): hat nicht Grund zu ständigem Mißtrauen, wer einmal betrogen wurde?

Es liegt nahe, diese konservativ anmutende Haltung besonders bei älteren Personen zu erwarten, die sich den Mann im feindlichen Leben (und gelegentlich bei gar nicht feindlichen Frauen) vorstellen und die

Frau als Hüterin des Hauses, der Kinder und der Innerlichkeit. In vielen Fällen trifft das sicher zu. Es lohnt sich in diesem Zusammenhang, an ein tolerantes und offenes Buch von 1957 (Wydler 1957) zu erinnern, um sich klarzumachen, wie anders die Welt aussah, in der damals die Ehen geschlossen wurden: der Kinsey-Report war eben auf englisch erschienen, aber das Titelfoto einer Frau in einem von heute aus gesehen überaus harmlosen Bikini erregte Entrüstungsstürme. In dieser Zeit erklärt der damals fortschrittliche Autor die größere Gefühlskonstanz der Frauen daraus, daß ihre Sinnlichkeit ja auf Dauer von den Kindern gefordert und befriedigt würde, während der Mann nur kurze Momente sinnlicher Befriedigung im Sexualakt fände und »den Augenblick immer neu suchen muß« (S. 144/5). Eine ernsthafte Ehe war selbstverständlich nicht denkbar ohne Treue, wobei eventuell vorhergegangene Lieben endgültig abgetan sein sollten. Ähnlich empfahl auch der Psychoanalytiker Wilhelm Stekel, der eine Zeitlang zum innersten Freud-Kreis gehörte, in seinem Buch »Die moderne Ehe« von 1931 eine Generalbeichte vor der Heirat, die den Entschluß zur Ausschließlichkeit um so ernster und glaubwürdiger erscheinen lassen sollte.

Angesichts der heutigen Zustände erwarten die Eifersüchtigen dieses Typs voller Bitterkeit um sich herum eine völlig andere Haltung zu Sexualität und Treue als die, in der sie aufgewachsen sind (und deren Schädlichkeit und negative Seiten gerade sie neben den positiven oft am eigenen Leib erfahren haben). Eheberater können diese Vermutung nicht bestätigen. Selbstverständlich hat das, was sexuelle Revolution genannt wird, seinen Niederschlag im Partnerschaftsverhalten gefunden, und die empfängnisverhütenden Mittel haben mit dem Wegfallen der Angst vor Schwangerschaft eins der wesentlichen Hindernisse für eine freiere Sexualität aus dem Wege geräumt. Aber das Unbewußte ist stärker als die erlaubten Freiheiten der jeweiligen Zeit, und Familien- und Schichttraditionen können durchaus im Widerspruch zu dem stehen, was »technisch« möglich ist. Für Eheberater gibt es »die« Jugend, die sich alles erlaubt, nicht. Wahrscheinlich stimmen sie darin nicht mit der Statistik überein; sie sehen ja auch nur einen konflikthaften Ausschnitt von Problemen, der den Betroffenen einerseits so schlimm, andererseits aber gerade noch so behandelbar erscheint, daß sie eine Beratungsstelle aufsuchen. Jedenfalls tauchen dort genügend sehr junge Leute auf, deren Eifersucht auf den »konservativen« Vorstellungen einer auf Lebenszeit treuen Ehe beruht. Ein Beispiel:

Ein vierundzwanzigjähriger Mann kennt seine um ein Jahr jüngere Frau seit der Tanzstunde. Sie haben, damals sechzehn und siebzehn, nach vierzehn Tagen gewußt, daß sie zusammengehören, sind jetzt seit drei Jahren verheiratet und

haben eine zweijährige Tochter. Die Frau wird nach einem Skiunfall zur Nachbehandlung in ein Sanatorium geschickt. Sie muß die Behandlung nach einigen
Tagen abbrechen, weil ihr Mann nicht mehr ißt und nicht arbeiten kann, denn
die Vorstellung, daß seine Frau »so weit« (etwa 150 km) von ihm entfernt ist und
(»Man weiß ja, wie es bei solchen Kuren zugeht!«) mit andern Menschen,
besonders Männern, zusammen in einem Haus wohnt, ist ihm unerträglich. Das
Paar hatte sich, außer für die Arbeitszeit (beider bis zur Geburt des Kindes, von
da ab nur noch der des Mannes) und für die Klinikaufenthalte der Frau bei der
Geburt und nach dem Unfall seit der Eheschließung praktisch nicht eine Stunde
getrennt. Die Frau sagt dem kopfschüttelnden Berater, sie habe sich schon
»etwas eingeschränkt« gefühlt, der Kontakt zu ihrer Freundin und zum Sportver-
ein habe ihr gefehlt, und früher seien sie und ihr Mann doch beide so gern tan-
zen gegangen. Aber der Mann besteht darauf, daß er schließlich nicht geheiratet habe, um dann doch wieder einmal in der Woche abends allein dazusitzen.
Dem Berater kommt es vor, als sei hier ein komplizierter Beinbruch das einzige
Mittel für die Frau gewesen, für einige Zeit ihrer – auch von ihr als durchaus
glücklich empfundenen – Ehe zu entfliehen. Zugleich fällt ihm allerdings auch
das grausame spanische Sprichwort ein: La casada, la pierna quebrada y en
casa (etwa: Der Ehefrau gehört das Bein gebrochen, und ab ins Haus!).

Freilich gehen immer häufiger junge Menschen mit ganz andern Vorstellungen an die Ehe heran. Die erstarrte bürgerliche Form der Familie ist
vielfach angegriffen und als Ort der Lieblosigkeit, der Ausbeutung, der
Erziehung von Untertanen dargestellt worden. Wer mit Paaren therapeutisch umgeht, weiß besser als andere, wie berechtigt diese Vorwürfe
sind. Wüßte er allerdings nicht *auch*, daß in der Ehe und ihrer Erweiterung, der Familie, noch immer Geborgenheit durch die Erfahrung von
Streiten und Sichvertragen und das Geltenlassen von Verschiedenhei-
ten möglich ist, aber auch Intimität, Poesie, Humor, und würde er vor
allem nicht glauben und erfahren haben, daß die Familie, jedenfalls in
unserer Gesellschaft, nur unter äußerst seltenen Umständen durch andere Formen des Zusammenlebens befriedigend zu ersetzen ist, so könnte
er kaum seinen Beruf ausüben. Ein Eheberater, der subversiv die Ehe
bekämpft, mag in den Phantasien paranoider Konservativer vorkommen, in der Realität ist er schwer vorstellbar. Das bedeutet allerdings,
daß er, wie seine Klienten auch, im Spannungsfeld zwischen Gültigkeit
und Fragwürdigkeit der rechten wie der linken Normen steht. Er wird
daher der Ambivalenz, dem gegenseitigen Geltenlassen, dem Ausprobieren von Lebensformen der »anderen« Richtung mehr Platz einräumen müssen, als den Vertretern extremer Positionen aller Richtungen
recht ist.
    Wie steht es aber mit den jungen Leuten in den »modernen« Ehen?

Viele von ihnen – und auch eine Reihe von älteren Vor- und Mitläufern – haben zunächst geglaubt, sie könnten, besonders seit der Protestbewegung Ende der sechziger Jahre, ohne das auskommen, was mit Schlagworten wie Patriarchat, Kleinfamilie, Entfremdung, sexuelle Repression ausgedrückt wird. Zu dem, was man abzuschaffen hoffte, gehörte auch die Eifersucht.

»Wir wollten da ehrlicher leben. Wenn es – mindestens in der Phantasie – so was wie Treue nicht gibt, warum dann so tun, als gäbe es sie. Mein Mann hatte ein Bild dafür: es sei mit der Liebe zu verschiedenen Personen wie mit der Beziehung zu verschiedenen Landschaften ... Zu Haus sei man vielleicht nur in einer Landschaft, aber hingezogen fühle man sich auch zu andern ...« (Gambaroff 1984, S. 44)

Die junge Frau, die das sagt, und die zusammen mit ihrem Mann ganz bewußt auch die schmerzliche Seite der beiderseits gestatteten Außenbeziehungen in Kauf zu nehmen bereit ist, beklagt sich bei ihrer Therapeutin nicht über Eifersucht, sondern über ihre Unfähigkeit, mit jemand anders als mit ihrem Mann eine wirkliche sexuelle »Ergriffenheit« zu erleben. Sie wird sozusagen von ihrer eigenen Treue überrascht (wobei diese durchaus nicht als sexuelle Ausschließlichkeit zu verstehen ist). Als ihr klar wird, daß es so etwas geben könnte, »wurde sie sehr nachdenklich und schwieg lange Zeit«.

Eine ziemlich große Gruppe jüngerer Menschen besonders der Mittelschicht könnte sich, so glaube ich, zu einem ähnlichen Programm bekennen wie die junge Frau in Marina Gambaroffs Beispiel. Diese Paare versuchen einen neuen Umgang mit Eifersucht und wünschen sich, daß sie mit Ratschlägen wie diesem weiterkämen: »Es gibt für einen erwachsenen Menschen eigentlich keinen Grund zur Eifersucht, es sei denn, er hat so viele ›Macken‹, daß er kaum noch liebenswert ist. Oder er ist so liebesunfähig, daß er kaum noch genießen kann. Aber diese Macken und Unfähigkeiten lassen sich beheben« (Körner 1979, S. 69). Trotz solcher schönen Hoffnungen tauchen immer häufiger Männer und Frauen in Beratungsstellen und psychotherapeutischen Praxen auf, die genau über das enttäuscht sind, was andere für ihr gutes Recht halten: daß sie eifersüchtig sind oder ein schlechtes Gewissen wegen einer Außenbeziehung haben, daß sie die eigene Untreue und die des Partners nicht vertragen. Sie haben an die schöne, helle, schwierige Freiheit geglaubt, haben oft verbissen gekämpft, um diesen Glauben gegen die eigene Sehnsucht nach Geborgenheit und Dauer zu verteidigen – und sie scheitern. Auch sie haben Angst. Einige Beispiele aus Ehen neuen Typs:

Eine Frau, die unter mürrischer Duldung ihres Mannes zwei Jahre lang eine schwärmerische Beziehung zu einem ebenfalls verheirateten Freund unterhielt, verliert völlig die Fassung, als ihr Mann sich seinerseits verliebt. Das, sagt sie, sei »etwas völlig anderes«. Sie selbst dagegen habe auch während ihrer »Spinnerei auf den andern« immer nur ihren Mann geliebt.

Ein Mann hat jahrelang eine Freundin. Seine Frau leidet sehr darunter, sieht aber ein, daß sie ihm sein neues Leben lassen muß. Sie besteht auf Trennung. Zwei Stunden nach Ausspruch der Scheidung schlafen die früheren Ehepartner wieder miteinander. Dennoch ist von Aufgabe der erreichten Lösung keine Rede. Als die Frau, die sich innerlich mühsam freigekämpft hat, ihrerseits eine Freundschaft mit einem andern Mann beginnt, gibt der Mann von einem Tag auf den andern seine Liebe auf und bedrängt seitdem seine Frau, ihn wieder zu heiraten.

Es sei doch heutzutage selbstverständlich, daß eine Ehe keinen sexuellen Ausschließlichkeitsanspruch bedeute, sagt ein Mann Mitte Dreißig und lebt viele Jahre entsprechend – ein Junggeselle, der viele Liebeleien mit verheirateten Frauen hat, an genußreiche, aber flüchtige Beziehungen gewöhnt ist und Eifersucht einfach lächerlich findet. Er heiratet eine sehr viel jüngere Frau, selbstverständlich unter den Prämissen, die seine Junggesellenzeit bestimmt haben. In dieser Ehe entwickelt sich eine unerwartet enge und befriedigende Beziehung. Als die Frau sich nach einigen Jahren verliebt, brechen alle alten Argumente des Mannes zusammen. Der Schadenfreude und dem Unverständnis der Freunde steht er hilflos gegenüber.

In dieser Reihe von Fallbeispielen wird versucht, bewußt mit Außenbeziehungen zu leben, sie einerseits zu dulden, anderseits zu beanspruchen. Die Hoffnung, auf diese Weise Eifersucht zu vermeiden oder wenigstens menschlicher mit ihr umgehen zu können, erweist sich in diesen Fällen als Fehlschlag. Die Reaktion der Konservativen auf diese Lebens- und Leidensformen ist klar: »So ist es eben!« wird da etwa gesagt. »Die Leute, die so leben, sind selbst schuld. Sie riskieren etwas und halten nicht aus, wenn es tatsächlich gefährlich wird. Etwas Festigkeit und Verzicht hat noch nie geschadet. Dem Menschen ist der Anspruch auf Ausschließlichkeit in der wichtigsten, frei (!) eingegangenen Bindung seines Lebens natürlich. Daher gibt es nur ein Mittel gegen Eifersucht, nicht: Schlaft drauflos, sondern: Wehret den Anfängen!«

Schwierigkeiten mit dem Begriff Besitz

Die Heftigkeit, mit der die eine wie die andere Position verteidigt wird, spricht für sich. Weil keine von beiden mehr durch eindeutige gesellschaftliche Billigung getragen wird, fühlt sich jede von der andern bedroht. Die Konservativen können zwar noch immer den Schutz von Gesetzen und Institutionen verbuchen, aber diese werden oft als fragwürdig, ja hohl empfunden, jedenfalls vielfältig angegriffen; und in der Öffentlichkeit spiegelt eine Flut von Erscheinungen in Medien, Kunst, Literatur Lebensgewohnungen wider, die als unverantwortlich, kommerziell gesteuert oder schamlos abzutun nicht immer möglich ist. Denn eins sind Eifersüchtige ja nicht, wenn sie es auch noch so sehr abwehren: unempfindlich gegen Versuchungen. Die Intensität, mit der sie auf ihren Rechten bestehen, ist sehr häufig ein Zeichen dafür, daß sie sich dieser Rechte höchst unsicher sind.

Eine Ehe, und in vielen Fällen auch das, was als »eheähnliches Zusammenleben« bezeichnet wird, ist ein vertraglich geregelter Zustand und hat wie kein anderer mit persönlichen Verpflichtungen, nämlich Rechten an einer Person zu tun, schärfer ausgedrückt, bis zu einem gewissen Grade mit ihrem »Besitz«. Kants vielzitierte Definition der Ehe als Recht auf den »wechselseitigen Gebrauch der Geschlechtseigenschaften« hat zwar schon Fichte und Hegel abgestoßen (vgl. Duden 1977), aber dieses Recht, und zwar durchaus im kruden genitalen Sinn, bleibt nun einmal das, was die Ehe von allen anderen langdauernden, gesetzlich geregelten menschlichen Verbindungen unterscheidet.

Ich liebe dich,
ich hab dich lieb,
ich hab dich.

Wir gehören zusammen,
du gehörst zu mir,
du gehörst mir.

Du bist mein,
du bist meine Frau,
du bist mein Besitz.

Diese Zusammenstellung (Körner 1979, S. 81) gibt die Haltung eines Teils der jüngeren Generation sehr gut wieder. Bezeichnend ist, daß hier ein *Mann* spricht, denn durch das Aufbegehren der Frauen in der Frauenbewegung wurde auch das Problembewußtsein und das Schuldgefühl der Männer verstärkt. Politische Termini wie Ausbeutung, Vermarktung, Entfremdung, Repression, Konditionierung werden mehr und mehr zur Erklärung seelischer Erscheinungen verwendet. Der Begriff Besitz ist in diesem Zusammenhang besonders diskreditiert. Entsprechend empfindlich reagieren die ohnehin wundgescheuerten Eifersüchtigen, wenn er auftaucht, und zwar Männer *und* Frauen. Denn freilich sind vor allem die Frauen, einwilligend oder nicht, daran gewöhnt, sich als eines Mannes »schönes Eigentum« (Duden 1979) zu empfinden, aber man muß nicht erst in eine so verblüffende wie komische Identifikation mit dem Aggressor verstrickt sein wie Esther Vilar in ihren Thesen über den dressierten Mann (Vilar 1971), um einzusehen, daß auch der Mann – seine Arbeitskraft, sein Ansehen, sein Geld, seine Sexualität – von einer Frau als Besitz empfunden, beansprucht und verteidigt werden kann.

Diesen Besitzanspruch, der den andern vereinnahmen will, wahrzunehmen, ist oft sehr schmerzhaft, und es erfordert manchmal eine lange Arbeit, bis der an Eifersucht Leidende überhaupt fähig wird, wenigstens im Schutz der therapeutischen Situation für sich selbst auszuprobieren, wie das klingt und sich anfühlt: Ja, das wollte ich, ich wollte ihn oder sie *ganz* haben. Dieser Satz muß oft abgemildert werden durch etwas wie eine Rechtfertigung: Ja, schon, aber nur, weil es sich doch so gehört – oder nicht? Oder: Weil wir es so verabredet hatten. Und dann folgt oft: Aber ich hab mich doch auch ganz gegeben! Diese schützende Deckungsgleichheit aufzugeben, bedeutet einen weiteren Schritt vorwärts: Wollte ich das wirklich? Ist es eigentlich wünschenswert, ganz der Besitz eines andern zu sein? Der Doppelsinn des Wortes »besessen« kann da nachdenklich machen.

Umgekehrt ist es undenkbar, daß Liebe nichts mit Besitz zu tun haben sollte. Untersuchungen von Psychoanalytikern und Familientherapeuten an kleinen Kindern zeigen unmißverständlich, wie lebenswichtig es für das »Menschenjunge« ist, bei andern Menschen – den Eltern, vor allem der Mutter – die Schätzung, die Sorge und Fürsorge, die Verlustangst und Besitzfreude hervorzurufen und zu erfahren, die einem wertvollen, am besten, dem allerwertvollsten Eigentum zuteil wird. »Das Bedürfnis, jemandem zu gehören« (Stierlin 1979, 2. Kap.) ist eine menschliche Grundtatsache, und es ist in einer dialektischen Spirale verbunden mit der Möglichkeit, sich selbst in Besitz zu nehmen, sowie mit dem Mut, jemand anders als zugehörig, angehörig und damit bis zu einem gewissen Grade als Besitz zu beanspruchen. Fordernkönnen, Habenwollen, Festhalten gehört zur seelischen Gesundheit. Wer nicht fordert und immer nur gibt, legt dem andern eine Schuldlast auf, die er kaum tragen kann, und dient oft in einem vertrackten Sinn nicht dem andern (oder nur oberflächlich), dafür aber um so mehr den eigenen Wünschen und Ängsten.

Der Psychoanalytiker Max Marcuse sagt klipp und klar: »Wen wir ›lieben‹, den wollen wir ›besitzen‹. Er soll ›unser‹ sein. Und niemand darf Anteil an unserm Besitz haben« (Marcuse 1950). Marcuse hält diese Art von Liebe für normal, auch für zwangsläufig mit Eifersucht verbunden, wenn dieser »innere Besitzanspruch« von Dritten verletzt oder mißachtet wird. Heute wird niemand, der über erotische Beziehungen nachdenkt, eine solche Feststellung unbefragt hinnehmen können, sondern ihre Herkunft aus der patriarchalischen Ordnung bemerken und eher einen solchen Ausschließlichkeitsanspruch für neurotisch halten. (Die vielen Ausnahmen von seinem Axiom kennt Marcuse auch und schildert sie variantenreich und sensibel – aber er ordnet *diese* als Abweichungen ein.)

Dennoch, das Possessivpronomen – »besitzanzeigendes Fürwort« im Deutsch der Deutschlehrer – läßt sich nicht abschaffen, schon gar nicht für das Unbewußte. »Mein« Mann, »meine« Frau – wie soll man das anders sagen? In der bayerischen Volkssprache heißt es »der Mann«, »die Frau« mit Betonung auf dem Substantiv – als ob es für diese Funktion nur eine einzige Person gäbe, oder auch: weil offensichtlich die Person durch die Funktion definiert ist. Das Schriftdeutsche ist da genauer und persönlicher, aber für alle Sprachen unserer Kultur gilt, daß es außer »Vater« und »Mutter« keine andere Bezeichnung als die der Ehepartner für eine menschliche Beziehung gibt, die per definitionem als einmalig gedacht ist, jedenfalls für die gemeinsame Lebensdauer. Der Unterschied liegt darin, daß jedermann voraussetzt, Elternliebe sei teilbar, und auch noch gerecht teilbar. Gattenliebe soll im strengsten Sinne unteilbar sein, unverschiebbar, unantastbar. Wir erleben aber täglich das Gegenteil. Wo bleiben wir zwischen den Extremen?

Zwang zur Freiheit – ein Paradox

Was soll auf unseren Eheringen stehen? Der alte deutsche Verlobungsspruch »Mit Willen dein Eigen«? Etwas Schönes über die Liebe? »Einer trage des andern Last«, ein gern gewählter Trauspruch, der in seinem Kontext absolut nichts mit Ehe und Sexualität zu tun hat? Oder lakonisch ein Name und ein Datum, worunter zu verstehen ist: mit dir, von da an? Die aus dem Japanischen übernommene und dort für die Brautwerbung gebrauchte Formel »Ich möchte mit dir alt werden« scheint sich als Ehedefinition zunehmender Beliebtheit zu erfreuen, sicher wegen ihrer Diskretion und Nüchternheit und wegen des Fehlens moralischer und gefühlsmäßiger Implikationen. Aber: alt werden kann man auch mit Nachbarn, Freunden und Geschwistern – freilich entschließt man sich nicht formell dazu.

All diese schönen Formeln, deren jede einen ganzen Schwall von traditionsgebundenen Assoziationen hervorruft, weil jede einen wichtigen Aspekt langdauernder Zweierbeziehungen benennt, zeigen sehr deutlich: es gibt sie zwar noch, die hilfreichen Leitgedanken, aber wählen muß man sie selber, und das Zutrauen, sie auch befolgen zu können, wird immer mehr zu einem psychologischen Problem. Wo alles erlaubt ist, muß jeder sich allein orientieren, und das ist oft mühsamer als der Rückzug auf Bewährtes und Gewohntes. Unsere Freiheit zwingt uns zur Selbstbestimmung und damit auch zur Selbstbeschränkung. Zwar enthielt die Ehe immer die Utopie des freien Entschlusses (die Kirche konnte zu allen Zeiten nicht anders, als eine frei von allen Konventionen nur nach dem Willen der Partner vollzogene Ehe gegen alle sozialen Zwänge anzuerkennen), aber so frei wie heute waren die Menschen nie zuvor in der Geschichte dieser Institution; nie vorher standen so viele mögliche Arten von Partnern, nie so viele verschiedene Eheformen zur Verfügung. Die Folge davon ist unter anderm – die häufige Frequentierung von Eheberatungsstellen. Denn die ganze Last der Entscheidung ist von außen nach innen verlagert, in die ganz persönliche Gestaltung dessen, was statt Liebe meist »Beziehung« heißt, wobei immer wieder betont wird, wie einmalig und unvergleichbar jeder einzelne dieser Zusammenschlüsse sei.

Parallel zu der ungeheuren Aufwertung der Begegnung von Person zu Person ergibt sich oft geradezu die Forderung, auch zum Außenpartner eine starke gefühlsmäßige Bindung aufzubauen. »Wenn ich mit einem Mann schlafe, dann *muß* es einfach sein, und zwar, weil ich ihm so nahegekommen bin, daß es verlogen wäre, es nicht zu tun«, sagte mir eine verheiratete Frau. Sie redete verächtlich über »Geschäftsreisen-Affären«. Die könnte sie mit ihrer Selbstachtung nicht vereinbaren. »Wenn ich schon untreu bin, dann muß es was Wichtiges sein – ich bin doch keine Nutte!« Ähnliches habe ich auch von Männern gehört, denen man doch traditionellerweise Eine-Nacht-Abenteuer eher zutraut. Eine solche Haltung mag nicht die Regel sein, aber selten ist sie auch nicht.

Die »große« Beziehung also auch außerhalb der Ehe – und daneben der Anspruch, daß es auch im Ehealltag »irgendwie« immer aufregend, ungewöhnlich und liebevoll-lebendig zugehen soll. Es ist eigentlich kein Wunder, daß bei solchen Erwartungen eine Ehe heute viel schneller für radikal und irreparabel gescheitert gehalten wird als in der Vergangenheit. Die Scheidungsziffer steigt, so könnte man pointiert sagen, weil immer der ganze Mensch involviert ist, worunter vor allem der Mensch in seinen seelischen Bezügen verstanden wird. Kommt dieser »ganze Mensch« nicht zu dem Recht, das er sich erträumt und erwartet hat, so nehmen viele Enttäuschte mit der Scheidung lieber sehr große materielle, gesellschaftliche und gefühlsmäßige Opfer auf sich, als daß sie Kompromisse machten.

Welches Durcheinander von Leitvorstellungen, Familientraditionen und »persönlicher Veranlagung« bei Eifersuchtskonflikten und den damit verbundenen Entscheidungszwängen entstehen kann, mag folgender Fall verdeutlichen:

Ein Paar zieht zum Ausprobieren des gemeinsamen Lebens zusammen. Nach fünf Jahren stellt die Frau ein Ultimatum: entweder Heirat und Kind oder Schluß. Der Mann kann sich zur Heirat nicht entschließen, sie trennen sich also. Beide haben einige kurze Abenteuer, beide landen in einer längeren und ernsteren Beziehung mit sehr viel älteren Partnern, mit denen aber weder Heirat noch gemeinsame Elternschaft möglich ist: Nach zwei Jahren finden Mann und Frau wieder zusammen und beschließen zu heiraten. Ihr Programm: sie wollen mindestens ein Kind haben; kurze »unbedeutende« Beziehungen sollen erlaubt sein; man hat zu lange seine Freiheit genossen, um sie völlig aufzugeben.

Mit Hilfe der Eltern des Mannes wird eine große Wohnung angeschafft, eine schöne Hochzeit gefeiert. Von da an schläft der Mann nur noch ganz selten mit seiner Frau. Seine Eltern, die in einer andern Stadt wohnen, kommen sehr oft zu Besuch. Als die Frau einmal (verabredungsgemäß!) nachts allein lange ausbleibt, findet sie morgens um fünf die Tür versperrt. Das wütende Klingeln hören zwar die Nachbarn, aber weder der Mann (»Ich schlafe immer so fest«) noch die Eltern (»In dem Alter hört man halt nicht mehr so gut«). Es kommt zum Krach, die Frau verbietet den Eltern die Wohnung. Der Mann »mischt sich da nicht ein«. Er ist sowieso ungeheuer beschäftigt, weil er sich als Fernsehtechniker selbständig gemacht hat und oft sehr lange, auch nachts noch arbeitet. Seine Frau hat ihren Beruf als Verkäuferin in einer andern Branche aufgegeben und arbeitet bei ihm als Mädchen für alles: Putzfrau, Fahrerin, Sekretärin, die allerdings ein bißchen langsam schreibt. Ihr Zusammenhänge zu erklären, findet der Mann zu kompliziert. »Zur Entspannung« braucht er Kneipentouren und andere Frauen.

Inzwischen dauert die Ehe drei Jahre, ein Kind ist nicht in Sicht, allmählich werden auch beide zu alt dafür, es gibt sehr viel Streit, der Mann ist durch die dauernde Eifersucht der Frau enerviert. Diese bildet den Anlaß für die Eheberatung. Die Frau ist vor kurzem erschöpft und trotzig in Urlaub gefahren – allein! – und hatte dort eine heftige Affäre.

Dem Ehemann macht das Ganze gar nichts aus, im Gegenteil, er findet es gut, wenn seine Frau »auch ihren Spaß hat«. An die Kinderwunschabsprache, sagt er, kann er sich nicht mehr so recht erinnern. Was die Sexualität angeht, so fragt er seine Frau in der Beratung, ob sie nicht verstehen könnte, daß man Schoko lieber ißt, wenn man sie schnell und mit freundlichem Gesicht bekommt, als wenn man vorher und nachher brav sein und etwas dafür liefern muß (nämlich Kinder). Die Frau ist von der Gleichsetzung ihrer Person mit einer simplen käuflichen Süßigkeit nicht sichtbar verletzt. Sie sagt nur, die Verabredung, das Fremdgehen betreffend, sei ihrer Meinung nach nicht eingehalten worden, denn ihre Voraussetzung dafür sei eine *gute* Beziehung zwischen ihr und ihrem Mann, und die Bedingung erfülle er nicht. Daher sei ihre Eifersucht berechtigt.

Als Eheerwartung gibt sie an, sie wolle ihrem Mann eine gute Hausfrau sein, viel mit ihm reden, »ein paar Kinder haben« und ihm abends Entspannung nach der Arbeit bieten. *Mit* Kindern wäre sie sicher auch weniger eifersüchtig, denn dann hätte sie ja jemand, der sie braucht, mit dem sie Spaß hat und der sie mag. In ihrer bäuerlichen Herkunftsfamilie sei ihre Mutter trotz der vielen Kinder eine glückliche Frau gewesen, auch wenn der Vater öfter mal ins Wirtshaus ging und im übrigen schwer arbeitete.

Sehr auffallend ist, wie wenig bei diesen verheirateten Singles die verschiedenen Segmente dessen, was sie sich für ihr Leben vorstellen, zusammenpassen: Der Mann heiratet, will aber nicht recht Vater werden, sondern eine sohnähnliche Position behalten, nämlich wohlwollend und vielleicht sogar stolz betrachtet werden, wenn er – man ist versucht zu sagen: *wie*, nicht *als* ein richtiger Mann – hart arbeitet, öfter eine Nacht durchtrinkt und eine Menge Frauen »verbraucht«. Die Frau gibt sich mit einer untergeordneten, gleichsam dienenden Funktion zufrieden, hat eine ganz konservative Ehevorstellung und versucht es trotzdem mit außerehelichen Gelegenheitsbeziehungen. Es stellt sich außerdem heraus, daß sie vom Kinderhaben sehr vage Vorstellungen hat: sie könne doch ihre Arbeit weitermachen, das Kind würde im Körbchen im Auto mitfahren oder neben der Schreibmaschine stehen.

Ihr Äußeres zeigt einen entsprechenden Widerspruch: ein klargeschnittenes sanftes Gesicht mit einer provozierenden Frisur, dazu immer enge Jeans und »scharfe« Stiefelchen. Disko im Arbeitstag. Das Zentrum ihres Leben ist ihr Mann, aber diese Sonne kreist um sich selbst und könnte allenfalls etwas Mondartiges brauchen, das ihn sanft widerspiegelt und dessen Umlaufbahn sich mit seiner nie berührt – aber kein lebendiges Wesen mit Ansprüchen an Körper und Seele. Es ist auch für den Berater schwierig zu spüren, wo dieser kleine Disko-Mond wirklich lebendig ist.

Die ödipale Problematik, die Ratlosigkeit und Unentschiedenheit angesichts der Übernahme der Elternrolle liegt auf der Hand: beide vermeiden das »erwachsene« Engagement, wählen auch bei ihren wichtigen Außenbeziehungen (im Eheintervall, bei der Urlaubsliebe) »unmögliche« Partner. Ist die Eifersucht der Frau »berechtigt«? Ist ihr Fehlen beim Mann eine Abwehr, die ihn davor schützt, sich zu sehr bei seiner Frau zu engagieren (und damit seiner Mutter untreu zu werden)? Was kann das Paar, jeder für sich oder beide gemeinsam, mit so verschiedenen Wünschen und Ängsten anfangen? Das Quälende des Entscheidungszwanges ist überdeutlich; was das Paar von der Eheberatung erwartet, ist daher auch Entscheidungs*hilfe*. Daß diese nicht in Form von Ratschlägen gegeben wird, enttäuscht sie zunächst, aber sie reagieren nicht mit Wegbleiben oder heftigen Vorwürfen, sondern kommen weiterhin pünktlich zu den Sitzungen, verhalten sich also gegenüber der Institution Beratung brav und angepaßt wie gegenüber den inneren (und teilweise sogar den äußeren) Eltern.

Beide Partner wären unter andern Umständen anders denkbar. In andern Zeiten hätte sich der Mann vielleicht dem Rat eines Pfarrers gebeugt, hätte Kinder gezeugt, wie es sich gehörte, und außerehelich gesündigt, wie es sich fast auch gehörte. Die Frau wäre dann möglicherweise so glücklich oder unglücklich gewesen wie ihre Mutter. Heute steht ihnen nichts als ihre Freiheit zur Verfügung, aber sie können damit nicht viel Überzeugendes anfangen, weil sie in einem tieferen Sinne keine freien Menschen sind. Unklare Vorstellungen von »Selbstverwirklichung« spuken in ihren Köpfen.

Es sei daran erinnert, daß beide Kirchen das Wort mit spitzen Fingern anfassen. Ein evangelischer Theologe schreibt – und meint das kritisch: »›Emanzipation‹ wird der staunenden Gemeinde gern mit ›Sich-aus-Gottes-Hand-Winden‹ erläutert und ›Selbstverwirklichung‹ wie ein schmutziges Wort behandelt« (Moltmann 1979, S. 761). Von katholischer Seite hören wir ohne kritische Einschränkung: »Wenn die Familie heute vorwiegend unter dem Aspekt der Selbstverwirklichung gesehen wird, muß jeder andere Mensch als Konkurrent erscheinen, der die eigene Freiheit mindert, das Kind ebenso wie der Partner« (Fastenhirtenbrief 1980 des Kardinals Ratzinger, eines Spezialisten für Ehefragen; zitiert nach: Süddeutsche Zeitung, 25. 2. 80). Für den oben skizzierten Fall scheint diese einseitige und negative Bewertung der Freiheit zuzutreffen. Es sieht so aus, als könne man nichts Besseres tun, als den Mann energisch an seine Pflicht gegenüber Familie und Staat (und Kirche) zu erinnern und die Frau in ihren Tendenzen zum mehr oder weniger dienenden Dasein zu unterstützen. Keinem Eheberater können solche Wünsche fremd sein. Dennoch, so hoffe ich, wird es kaum einen geben, der die Worte Ratzingers bejahen kann, ja der nicht seine Arbeit darin zutiefst mißverstanden fühlt.

Selbstverwirklichung bedeutet *nicht,* den andern zwangsläufig als Konkurrenten zu betrachten. Wie flach und undurchdacht ein solcher Gedanke ist, zeigt ein Seitenblick auf außergewöhnliche Lebensläufe wie die vieler Heiliger: War ihre Hingabe an Gott und die Menschen nicht *auch Selbst*verwirklichung? Und gab es etwa nicht gerade im Leben beispielhafter Christen Kampf und Konkurrenz innerhalb der eigenen Familie, weil es ihnen angesichts ihrer Berufung gleich war, wenn sie ihre Angehörigen leiden machten? Freilich stimmt es, daß viele Heutige sich mit diesem Schlagwort einen Freibrief für Rücksichtslosigkeiten zu verschaffen suchen. Aber diese Art von Selbstverwirklichung kann sich niemand wünschen, der mit Paaren und Familien arbeitet, denn sie ist ja eben nicht das Ergebnis mühsamer Erforschung des eigenen Weges, sondern besteht im Grunde nur aus dem Nachahmen häufig wechselnder Vorbilder und Haltungen und hat etwas geradezu Asoziales, wenn man zuspitzen will: etwas Autistisches, also sehr Krankes. Dennoch ist die Beschäftigung mit der eigenen Person und ihren Bedürfnissen unerläßlich für den, der sich in der heutigen Wirrnis von Leitlinien zurechtfinden will. Es ist kaum zu umgehen, daß man dabei gelegentlich andere kränkt, ihnen weh tut, sie verläßt, und daß man selbst Kränkungen hinnehmen muß. Über diese negativen wie auch über die positiven Auswirkungen der Entwicklung eigener Normen und Möglichkeiten entscheidet aber niemand im beziehungsleeren Raum, auch wenn er sich das einbildet. Zwar muß er sich allein zu etwas entschließen, aber ohne die Einwirkung anderer ist das nicht denkbar. »Bezogene Individuation« heißt der Terminus, den Helm Stierlin dafür gefunden hat.

Der Weg aus der Eifersucht, also aus einem ohnehin zerreißenden Gefühl, wird durch den von außen auferlegten Zwang zur innengeleiteten Selbstbestimmung nicht gerade erleichtert. Das Paradox heißt: »Du bist frei, aber du mußt dich entscheiden.« Die logische Unmöglichkeit dieses Satzes (wer frei ist, *muß* nichts; und wer sich entscheiden muß, ist nicht frei) hat bei genauem Hinsehen und Hinspüren etwas Verwirrendes und sehr Beunruhigendes. Wie jede tiefgreifende Unruhe in einem lebendigen Organismus (bei Eifersucht vor allem die Systeme Individuum, Ehe und Familie) enthält dieses Paradox aber die Chance der Kreativität, des Sprunges in eine andere Ordnung und Verfassung. Diese wird, so denke ich, wenn nicht als Freiheit, so doch als Befreiung empfunden.

Zweiter Teil
Zur Tradition des Gefühls Eifersucht

Über die Geschichtlichkeit der Gefühle

Gefühle haben ihre Geschichte. Das gilt in einem mehrfachen Sinn. Jeder, der über sich nachdenkt, kann bei vielen von seinen Empfindungen (nicht bei allen), deren Entstehen, Ansteigen, vielleicht ihr Übermächtigwerden, dann das Absinken ins nicht mehr so Wichtige, schließlich in Bedeutungslosigkeit bis hin zum Vergessen verfolgen. Das kann die »großen« Gefühle betreffen – Liebe, Haß, Neid, Begeisterung, Wut, Trauer –, aber auch die »kleinen«: Ärger, Konkurrenz- oder Freundschaftsgefühle, Sportbegeisterung, negative oder positive affektive Reaktionen gegenüber bestimmten Haltungen in Politik oder Kultur – die Beispielreihe ließe sich noch reichlich verlängern. Immer ist es denkbar, daß der Mensch (das »Subjekt«), der mit den angedeuteten Erfahrungen lebt oder gelebt hat, sagen kann: Damals war mir's furchtbar wichtig, heute berührt es mich nicht mehr. Wann Gefühle »groß« oder »klein« sind, spielt hier zunächst keine Rolle, auch nicht, welche Zeitstrecke die Kurve überspannt. Auch Eifersucht kann »groß« oder »klein« sein, kurz oder lang dauern. Wichtig ist: es gibt einen Anfang und ein Ende.

Andere Gefühle empfinden wir als Konstanten unseres Lebens. Alte Leute können etwa sagen: Ich habe meinen Schwiegervater immer gehaßt, oder: Die Liebe zu meiner Frau hat mein Leben begleitet, oder auch: Der Älteste von meinen drei Söhnen war mir immer der nächste. Man kann sein Leben lang »leidenschaftlich gern« reisen, Musik hören, bergwandern, kegeln, schlafen oder essen. Wobei die Beziehung zu den letztgenannten Grundbedürfnissen wieder eine andere Sache ist. Die Zusammenstellung mit »leidenschaftlich gern« und »mein Leben lang« ist trotzdem denkbar. So können manche Personen auch von sich sagen: Ich war schon immer eifersüchtig – oder andere sagen es von ihnen.

Bei genauerem Hinsehen sind natürlich auch solche lebenslangen Empfindungen Veränderungen unterworfen, sie können sich sogar anderen Personen oder Sachen zuwenden, sie haben Höhen und Tiefen, Krisen und Zeiten von Gleichgültigkeit, auch wenn Anfang und Ende für die subjektive Beurteilung oder für den späteren Betrachter mit den Lebenszeiten des empfindenden Subjekts zusammenfallen. Starrheit von Gefühlen, das zwanghafte Festhaltenmüssen (hinter dem regelmäßig ein Nichtloslassenkönnen oder -dürfen steht), ist, jedenfalls für mich, eine eher verdächtige Erscheinung. Das betrifft nicht nur negative, sondern auch positive Gefühle oder deren demonstratives Vorzeigen. Wer dauernd von seinem Eheglück redet, hat es meist nötig, auch wenn er selbst nicht die Gefahr bemerkt, die er damit abwehrt.

Selbst dem ersten, jedenfalls dem ersten etwas nachdenklicheren Blick, ist also die Geschichtlichkeit der Gefühle, »meiner« Gefühle, zugänglich. Wir können sie uns ohne Schwierigkeiten bewußtmachen. Seit dem Anfang des 20. Jahrhunderts kennen wir aber noch eine andere Gefühlsgeschichte: die des Unbewußten. Freud datierte seine 1899 beendete »Traumdeutung« auf 1900 vor, weil er mit Recht das Gefühl hatte, ein Jahrhundertwerk geschrieben zu haben. Sein stolzes Motto aus Vergils »Aeneis«: »Flectere si nequeo superos Acheronta movebo« – »Wenn ich die Götter nicht beugen kann, werde ich die Unterwelt (den Acheron) bewegen«, beschreibt in zugleich seherischer und präziser Form seine unabsehbare Wirkung: Die Götter – etwa: die Vernunft, die anerkannte Ordnung, die Oberwelt, die geglaubte Wirklichkeit, alles was mächtig, aber auch krankmachend ist –, die »Götter« also kann ich nicht verändern; so gehe ich dorthin, wo bis jetzt niemand, außer in Träumen, gewesen ist, und hole von dorther die Kraft zur Veränderung, im besten Fall auch zur Gesundung.

Die Benennung, Neubewertung und therapeutische Nutzbarmachung dessen, was Freud das Unbewußte nannte, haben unserm Wissen über die individuelle Geschichte der Gefühle eine bis dahin unvorstellbare Tiefendimension hinzugefügt. In das öffentliche Bewußtsein sind davon zwar viele, oft sehr zerfaserte Ableger und Verzweigungen eingedrungen, aber für die allermeisten Menschen, die sich in einer persönlichen Euphorie oder Not befinden, gilt immer noch, daß sie fast nichts von Freuds Entdeckungen wissen und noch viel weniger davon an sich selbst erfahren haben. Das Merkwürdige (und oft auch Fragwürdige) an der Psychoanalyse ist ja ihre Aufgespaltenheit in eine höchst komplizierte und abstrakte Theorie und eine sich mit unendlicher Geduld, Genauigkeit und Konkretheit an den erlebten Tatsachen entlangbewegende Praxis. Ein Laie, der einen Fallbericht liest, versteht oft überhaupt nicht, was gemeint ist, und kann sich daher erst recht nicht vorstellen, daß in einer guten Psychoanalyse tatsächlich kein theoretisches Wort fällt. Aber schweifen wir nicht ab. Von den unbewußten Wurzeln und von der Geschichte der individuellen Gefühle wird in diesem Buch noch ausführlich die Rede sein.

Nun aber: die Tatsache des Gefühls, sein Charakter, sein Vorhandensein überhaupt – das ist doch wohl eine Menschheitskonstante. Liebe und Treue hat es immer gegeben, Neid und Eifersucht spielen schon in den frühesten Geschichten in der Bibel eine Rolle; wenn ich heute verliebt bin, geht es mir genauso wie einer unendlich langen Reihe von Menschen vor mir. So sehen es viele Eheberatungsklienten – und natürlich nicht nur sie; so wünschen sie es sich aber auch, denn damit würde die Berechtigung ihrer heutigen Gefühle durch die Menschheitsgeschichte untermauert. Auch jeder Berater hätte es mit ewigen Gefühlsgesetzen leichter. Doch leider – es gibt sie nicht. Die Liebe – das, was wir heute darunter verstehen,»romantische Liebe« sagen manche Autoren einigermaßen unklar – wurde, überspitzt formuliert, im 11. Jahrhundert in der Provence erfunden. Keineswegs und noch lange nicht war sie, wie wir es heute gern sehen, die Grundlage für die Ehe, noch dazu für jede. Haß und Barmherzigkeit hatten noch im (christlichen!) Mittelalter einen völlig anderen Charakter als heute. Strafen und persönliche Grausamkeit waren von unvorstellbarer Härte (vgl. Elias 1936, Kapitel Über Wandlungen der Angriffslust), ohne daß die Beteiligten der gesellschaftlichen Ächtung verfielen. Der Tod wurde anders erlebt und gesehen als heute, Kinder völlig anders geliebt und erzogen, und selbst ein so grundlegendes »instinktives« Gefühl wie die Mutterliebe (Badinter 1980) ist tiefgreifenden soziologischen und daraus folgend empfindungsmäßigen Veränderungen unterworfen gewesen. Gemeinsame Grundlage aller Gefühle sind sicher einige wenige Grundinstinkte, wie Fortpflanzungs- und Selbsterhaltungstrieb. Das aber meinen die Klienten nicht, wenn sie von der allgemeingültigen und schon immer dagewesenen Form ihrer aktuellen Reaktionen reden; sie meinen keine naturwissenschaftlichen Abstraktionen, sondern kompliziert zusammengesetzte Gefühle – ihre eigenen heutigen.

Die Geschichte der Gefühle – was kann sie uns bringen? Mehr Genauigkeit auf jeden Fall, vielleicht etwas mehr Ruhe, auch die Relativierung unserer allzu absolut gesetzten Leiden, Kränkungen und Verluste. Ein Schlagwort heutiger Psychotherapie heißt »hier und jetzt«. Es ist, soviel ich weiß, von Frederick Perls und seiner Gestalttherapie ausgegangen, und die Formulierung richtet sich gegen die seiner Ansicht nach zu sehr rückwärts, nämlich individualgeschichtlich ausgerichtete »klassische« Psychoanalyse. Mir scheint, jede gute Psychotherapie, selbst eine verhaltenspsychologisch orientierte, muß vom Hier und Jetzt, von der therapeutischen Situation ausgehen, kann aber das Dort und Dann, das »Draußen« nur verändern, wenn sie das Dort und Damals beachtet und durcharbeitet.

Da ich dieser Meinung bin und außerdem Freude daran habe, größere Zusammenhänge als nur die individuellen zu verstehen, das heißt: mich in Traditionen einzuordnen oder mich gegen sie abzusetzen, so möchte ich jetzt überlegen, welche Wurzeln unser heutiges Gefühl Eifersucht mit der Vergangenheit verbinden.

Der eifersüchtige Gott

Unsere Kultur wird als christlich-abendländisch bezeichnet. Zu entscheiden, was daran wirklich christlich ist, kann nicht meine Aufgabe sein. Jedenfalls ist die Heilige Schrift der Christen (und der Juden) eines der Grund- und Gründungsbücher dieser Kultur. Ich kann die Bibel nur lesen als ein Laie. Aber das tut auch jeder Liebende, jeder, der heiraten will, jeder, der eifersüchtig ist (wenn er überhaupt hineinschaut).

Ich sehe also: am Anfang der Religion, die heute unseren Kulturkreis bestimmt, steht ein gewaltiger Eifersüchtiger: Gott. Das Alte Testament zeigt ihn von Anfang an als verletzlich, mit einer Neigung zu Zornausbrüchen, und er kann furchtbar Rache nehmen, wenn, wie es vor der Sintflut heißt, die Menschen »sich von seinem Geist nicht mehr strafen lassen wollen« (1. Mos. 6,3). Die Eifersucht Gottes, biblisch qin^{e}ah, im Neuhebräischen Kinah, immer noch ununterschieden von der Wortbedeutung »Neid«, erklärt sich religionsgeschichtlich aus der Herkunft des alttestamentlichen Gottesglaubens, einer Stammesreligion, die ständig von anderen Möglichkeiten der Beziehung zum Übersinnlichen bedroht war, von der mächtigen ägyptischen Mythologie ebenso wie von vielen kleineren »Götzen«. Es ist faszinierend und bewegend zu sehen, wie sich in der Bibel aus dem Nebel früher Erscheinungen, Träume und Gedanken die Auffassung von dem *einen* Gott formt, der nicht nur der Gott seines kleinen Wüstenvolkes, sondern der ganzen Welt ist. Abgrenzung aber war und blieb wichtig für diese Religion, bis hin zu Jesus, bis hin zu den heutigen Aufspaltungen und Vereinigungsbestrebungen. Die erste klare Gesetzgebung, noch heute als die Zehn Gebote eine der Grundlagen unserer Religion und Moral, war für die Nachkommen Jakob-Israels verbunden mit der mühevollen Ablösung von der ägyptischen Hochkultur und Religion – mit dem Auszug aus Ägypten, der Verweigerung ägyptischer Dienste also, der ersten Sklavenrevolution unseres Kulturkreises. Das Gesetz beginnt mit der Definition Gottes als eines Herrn, der keine anderen Götter neben sich duldet und sich als so eifersüchtig beschreibt, daß er die »Missetat« der Väter an den Kindern bis in die dritte oder vierte Generation verfolgen will. (Daß Luther »eifrig« übersetzt, liegt daran, daß es zu seiner Zeit die Unterscheidung zwischen »eifrig« und »eifersüchtig« noch nicht gab.) Gott will allerdings auch tausendfach barmherzig sein, wenn man ihn liebt und seine Gebote hält.

Eifersucht ist auch bei Gott das, was sie immer ist – eine Dreierbeziehung: Gott, sein Volk und die anderen Götter, das sind die Beteiligten. Auch bei ihnen geht es um Liebe, Besitzansprüche und Verletztheit. Geht es auch um Gerechtigkeit? Es widerspricht unserm modernen Rechtsgefühl vollkommen, daß Kinder für das, was ihre Eltern getan haben, bestraft werden sollen. Nur – es kommt immer noch vor, immer wieder, selbst juristisch, wo zwar niemand für die persönlichen Taten seiner Eltern ins Gefängnis kommt, wo man aber immerhin Schulden erben kann. Vor allem aber richtet sich die Beurteilung der Umwelt oft danach, ob jemand aus einer »guten« oder einer »schlechten« Familie stammt. Viele Familientherapeuten stimmen darin überein, daß das, was Eltern mit ihren Kindern machen, Auswirkungen hat, manchmal verheerende, bis genau in die dritte oder vierte Generation – länger nicht, kürzer aber meistens auch nicht (z. B. Preuß 1971, Boszormenyi-Nagy 1973, Bowen 1960 in: Bateson et al. 1969).

Ist der eifersüchtige, rachsüchtige, der im philosophischen und juristischen Sinne ungerechte Gott also altmodisch? Ja – denn er ist der Inbegriff eines Patriarchen, eines Vaters im klassischen Sinne der männer-, phallus- und besitzorientierten Kultur; deren Gewebe beginnt fadenscheinig zu werden. Und überaus brüchig geworden ist der Glaube an die alttestamentarischen Eigenschaften Gottes. Nein – denn noch sind die Gesetze dieser Kultur überall in Kraft, außen und ganz besonders innen, in dem, was die Psychoanalyse zum Beispiel mit Worten wie Über-Ich, Introjekt, Ich-Ideal bezeichnet. Was Jesus dazu zu sagen hatte, werden wir später sehen. Leider hatte es wenig Auswirkungen auf die Geschichte des Gefühls Eifersucht. Es hat in unserm Zusammenhang wenig Sinn, sich zu überlegen, wie Gott sein *sollte*. Gottvater jedenfalls, nach dessen Bild die Menschen geschaffen sind, und zwar als Mann *und* Frau, der durch 2000 Jahre abendländischer Geschichte als der offenbarte und damit wahre Gott angesehen wurde und noch angesehen wird, der in Verfassungen, Parteibezeichnungen und Schulordnungen vorkommt – dieser Gott ist eifersüchtig.

Folgen wir einem katholischen Theologen bei der Beurteilung dieser religiösen Tatsache (Renaud 1963): der Begriff der Eifersucht Gottes, sagt er, hat den Vorteil, daß sich zwei Gefahren vermeiden lassen: »eine zu große Vertraulichkeit, was das Heilige betrifft, und die zu negative Auffassung eines schrecklichen Rachegottes«. Wir gelangen, wenn wir über die Eifersucht Gottes nachdenken, »ins Innere des persönlichen und lebendigen Gottes und münden ein in die bewundernde Betrachtung der mirabilia Dei« (Vorwort). Eifersucht ein »mirabilium Dei«, etwas, das an Gott zu bestaunen ist – also nicht: wie schrecklich, daß Gott eifersüchtig ist, sondern: wie wunderbar und auch: wie sonderbar. Und: es kommt weniger auf den Begriff Eifersucht (und möglicherweise dessen Vorbildlichkeit) an, als darauf, mit Hilfe des Begriffs Eifersucht zu zeigen, wie Gott ist. Denn, so folgern wir für unser Thema: Eifersucht ist etwas so Bekanntes, jeder kennt sie (auch wenn der fromme Autor meint: »Wir sind weit entfernt von der ehelichen Eifersucht«), und sie ist andererseits etwas so Sonderbares, Fremdes und zu Fürchtendes, daß sie sich wohl zur Charakterisierung des Gottes eignet, der von Theologen vieler Jahrhunderte als der verborgene bezeichnet wird. »Er ist eifersüchtig, weil er liebt« – angenommen wird damit als selbstverständlich, daß jemand, der liebt, auch eifersüchtig ist.

Eifersucht ist in der Bibel schon früh verbunden mit Zorn, bis hin zur Androhung der totalen Vernichtung. Es geht, so Renaud, nicht um Gerechtigkeit, sondern »um ein psychologisches Klima der Intimität zwischen Liebendem und Geliebtem« (S. 56). Wieso allerdings ein Liebender denjenigen so strafen darf, wie Gott das tut, fällt uns Heutigen schwer einzusehen (sage ich, nicht Renaud). »... und das Volk hob an zu huren mit der Moabiter Töchtern, welche luden das Volk zum Opfer ihrer Götter. Und das Volk aß und betete ihre Götter an. Und Israel hängte sich an Baal-Peor. Da ergrimmte des Herrn Zorn über Israel, und er sprach zu Mose: Nimm alle Obersten des Volkes und hänge sie dem Herrn auf an der Sonne, auf daß der grimmige Zorn des Herrn von Israel gewandt werde ...« Mose verlangt daraufhin von den Richtern, also den Religions- und Volksbeauftragten, daß sie jeweils ihre Leute, die sich an den Baal-Peor gehängt hatten, »erwürgen«. Die Plage Gottes, die mit dieser Untreue des Volkes zusammenhängt und der 24 000 Menschen zum Opfer fallen, hört erst auf, als ein Urenkel des Mose-Bruders Aaron einen israelitischen Mann und dessen nicht dem Volk zugehörige Frau, die er entgegen den göttlichen Vorschriften mitgebracht hat, gemeinsam »durch den Bauch« »in ihrer Kammer« ersticht, also wohl beim Geschlechtsverkehr (4. Mos. 25,1–11). Der Aaron-Nachfahre wird von Gott gelobt, weil er durch seine Tat, »seinen Eifer um mich, meinen Grimm von den Kindern Israel gewendet hat, daß ich nicht in meinem Eifer die Kinder Israel vertilge« (V. 11).

Hier tritt die Doppeldeutigkeit des Wortes qin^{e}ah auf, das Luther durchgängig mit Eifer übersetzt. Es kann nach unserm heutigen Sprachgebrauch Eifersucht, Neid und Eifer (also heftiges Bemühen um etwas), aber auch Leidenschaft bedeuten, so etwa im Hohenlied 8,6, wo Luther übersetzt: »Die Liebe ist stark wie der Tod, und der Eifer ist fest wie die Hölle.« Immer aber bleibt dieses Wort, wenn es um die qin^{e}ah Gottes geht, im Alten Testament verbunden mit dem Begriff von Zorn und Gewalt, auch mit Feuer, dem Zeichen seiner Heiligkeit. »Der Herr, dein Gott, ist ein verzehrendes Feuer und ein eifersüchtiger Gott« (5. Mos. 4,24). Die qin^{e}ah ist eine so zentrale Eigenschaft, daß Renaud sie als die eigentliche »Energie von Gottes Heiligkeit« bezeichnet (S. 89). Sie ist »die gewalttätige Reaktion der Heiligkeit der göttlichen Liebe, wie sie sich im Rahmen des Bundes offenbart hat, gegen alles, was diese Beziehung zwischen Jahwe und seinem Volk beeinträchtigen will« (S. 148).

Interessant für uns ist die Richtung dieses Feuerstromes: zunächst richtet er sich ausschließlich gegen das Volk Gottes, wie oben im Beispiel gezeigt, und *nie* gegen die fremden Götter (menschlich ausgedrückt: nur gegen den Partner, nie gegen den Rivalen). In der nachexilischen Zeit verwandelt sich die qin^{e}ah in die rächende Kraft des Erlösergottes, der die Leiden seines Volkes nicht mehr erträgt, wird also in unserm Sinne nur noch Eifer: Gott will Israel aus der Zerstreuung heimführen; und auch wenn das Volk sich nicht an den Bund mit ihm erinnert, so will er es doch tun, weil er »um seinen heiligen Namen eifert« (Hes. 39,25). Seine Erwartung dabei ist, »daß du daran gedenkest und dich schämst und vor Schande nicht deinen Mund auftun dürfest, wenn ich dir vergeben habe, was du getan hast, spricht der Herr Herr« (Hes. 16,63). Der katholische Autor läßt sich auf dieses Nachgeben Gottes, das man psychologisierend Machtausübung durch Güte nennen könnte, gar nicht ein, sondern warnt vor Anthropomorphismen, »denn ich bin Gott und nicht ein Mensch« (Hos. 11,9).

Um Gott verstehbarer zu machen, bedienen sich die Autoren unserer heiligen Bücher menschlicher Eigenschaften. Freud sieht in diesem Vorgang keine Offenbarung, kein Wachsen und Sichverändern des menschlichen Wissens von einem realen Gott, sondern den unbewußten Kunstgriff einer Projektion, durch die der Mensch die »unpersönlichen Kräfte und Schicksale«, denen er ausgeliefert ist und die »ewig fremd« bleiben, sich zurechtgelegt hat als etwas, das von einer Person ausgeht, einem sehr mächtigen Willen, mit dem man besser umgehen kann, als mit dem, was der Aufklärer und Atheist Freud sich als einzigen Hintergrund des Weltgeschehens dachte: Naturgesetze ohne jedes Erbarmen. Wo also Freud im Falle des Todes nichts als materielle Abnutzung sah, die notwendig zum Erlöschen organischen Lebens führen muß, macht sich die Projektion einen göttlichen Willen zurecht, der bestimmt, wann das Ende kommen soll, und der Mensch fühlt sich dadurch »heimisch im Unheimlichen« (Freud 1927, S. 338), er glaubt immerhin Bekanntes wiederzufinden, wo vorher nur hilflose Ausgeliefertheit war.

In Freuds Atheismus steckt für mein Gefühl mehr Religiosität als in vielen gedankenlosen Äußerungen sogenannter Gläubiger (vgl. Preuß 1971). Freuds erfundener Widersacher in einer seiner Hauptschriften zu diesem Thema, »Die Zukunft einer Illusion«, drückt eine so feine und differenzierte Gläubigkeit aus, daß es schwerfällt anzunehmen, jemand, der so etwas schreiben kann, wisse nicht, was religiöses Gefühl sei. Allerdings verlangt der Respekt, daß man Freud nicht einfach für die Religion vereinnahmt. Aber sein Umgang mit ihr ist nie unehrerbietig, wenn auch schonungslos in bezug auf die psychodynamischen Vorgänge, die sich in den Religionen beobachten lassen. Ich habe nie verstanden, wieso sich Christen davon angegriffen fühlen konnten. Es muß mit ihrem Glauben nicht weit her sein, wenn er es nicht verträgt, auf sein psychologisches Funktionieren hin abgeklopft zu werden. Niemand, der sich auf diesem Feld um Ehrlichkeit bemüht, wird Freuds Beobachtung leugnen können, »daß das persönliche Verhältnis zu Gott vom Verhältnis zum leiblichen Vater abhängt, mit ihm schwankt und sich verwandelt« (Freud 1913, S. 177), wobei natürlich *alle* Formen des seelischen Umgangs möglich sind, nicht nur Gleichsetzung, sondern etwa auch: Verkehrung ins Gegenteil, Idealisierung, masochistische Unterwerfung, der Traum, an der Allmacht teilzuhaben. Wer kann daraus schließen, daß Gott objektiv ganz anders ist? Er kann weiterhin nur geglaubt, innerlich erfahren werden, da schließlich weder seine Existenz noch deren Gegenteil naturwissenschaftlich bewiesen werden kann. In diesem Sinne war auch Freuds Atheismus ein »Glaube«, und das ewig fremde, unpersönliche Naturgesetz kann ebenso eine Vaterprojektion sein wie Jahwe.

Die Eigenschaften Gottes also sagen etwas aus über die Gefühle, Sehnsüchte und Gewohnheiten der Menschen, in deren Lebenszeit sie ihm zugeschrieben wurden. Die Schriften, die im Alten und Neuen Testament aus einer zweifellos viel größeren Zahl von gleichzeitig existierenden ausgewählt worden sind, gehören längst versunkenen Gesellschaften an – Mose starb etwa 1200 vor unserer Zeitrechnung. Dennoch sind sie wichtig, auch wenn wir heute ganz anders leben, weil sie noch immer mit dem Anspruch heiliger Autorität umgeben sind, weil sich eine ganze wissenschaftliche Welt mit ihnen befaßt und weil jeder nicht bloß konventionelle Gläubige aufgerufen ist, sich mit ihnen auseinanderzusetzen.

Ohne jeden Zweifel ist die Kultur, die sich in ihnen darstellt, patriarchalisch durch und durch, so weitgehend, daß es nicht einmal eine weibliche Gottheit gibt. Die menschliche Ehefrau wird im letzten Gebot als eines der wichtigen Besitztümer des Mannes genannt, nach denen ein anderer Mann »nicht verlangen« soll – zuerst kommt in der Aufzählung das Haus, dann die Frau, dann Sklaven und Vieh. Die Ehe wird immer als Ehe des Mannes verstanden, die allerdings auch er nicht brechen darf. Auf Ehebruch steht für beide Beteiligte die Todesstrafe (3. Mos. 20,10, 5. Mos. 22,22). Scheidung, auch diese nur als Entschluß des Mannes (5. Mos. 24,1–4), war möglich, wenn die Frau dem Mann »nicht mehr gefiel«, weil »etwas Anstößiges« an ihr entdeckt wurde (die Einheitsübersetzung kann dieses Wort nicht genau erklären, vielleicht, so heißt es in einer Anmerkung, liegt gar keine Einschränkung auf einen bestimmten Scheidungsgrund vor). Gegen ungerechte Beschuldigungen wegen angeblich nur vorgespielter Virginität, auch gegen Vergewaltigungen waren die Frauen durch klare Gesetze geschützt (5. Mos. 22,13–29), jedoch liegen die Kriterien für die Schwere des sexuellen Vergehens darin, wie weitgehend das Besitzrecht eines anderen, natürlich nur eines jüdischen Mannes verletzt war. Die Frauen (und Kinder und Greise) fremder besiegter Völker, deren Männer alle getötet wurden, gehörten selbstverständlich zur Beute wie Gegenstände (5. Mos. 20,14). Eine gesetzliche Ehe mit einer Kriegsgefangenen war, nach Einhaltung bestimmter Übergangs- und Trauerrituale, möglich (5. Mos. 21,10–14). Das betraf aber nur entferntere Städte. In dem Land, das Jahwe seinem Volk als Erbe versprochen hatte, verlangt der große Eifersüchtige, »nichts, was Atem hat« am Leben zu lassen, und zwar mit der Begründung: »damit sie euch nicht lehren, alle Greuel nachzumachen, die sie begingen, wenn sie ihren Göttern dienten, und ihr nicht gegen den Herrn, euern Gott, sündigt« (5. Mos. 20,16–18).

Zu den Gesetzesvorschriften, die Mose vom Herrn am Sinai erhält, gehört eine, die sich direkt auf Eifersucht bezieht (4. Mos. 5,11–31): das Eiferopfer, wie Luther übersetzt, das Eifersuchtsordal laut Einheitsübersetzung (Ordal bedeutet Gottesurteil). Ausdrücklich bezieht es sich auf begründete wie unbegründete Eifersucht und soll der »Ermittlung von Schuld« und damit der Sicherheit des Ehemannes über Untreue oder Nichtuntreue dienen. Die Frau, die – berechtigt oder unberechtigt – in ihrem Mann den unbewiesenen Verdacht hat aufkommen lassen, sie habe mit einem andern geschlafen, wird einem feierlichen, umständlichen Ritual unterworfen: sie wird vor den Altar geführt, ihr Haar gelöst und ein kleines Opfer in ihre Hände gelegt: ein zehntel Efa Gerstenmehl (ein Efa ist ein Hohlmaß von 36,4 l Inhalt). Der Priester hat einen Krug mit heiligem Wasser in der Hand, in das etwas Staub vom Boden der ehelichen Wohnung gestreut ist. In der Fluchformel, die er nun über sie spricht, wird ihr verheißen, daß dies »bittere, fluchbringende Wasser«, falls sie treu geblieben ist, ihre Unschuld erweisen wird; falls sie aber mit einem andern geschlafen hat, wird es ihr bittere Schmerzen bereiten, ihren Bauch anschwellen und ihre Hüften einfallen lassen, offenbar als Zeichen von Krankheit und sexueller Untauglichkeit. Die Frau hat darauf zu sagen: amen, amen. Nach dem Verbrennen der Opfergabe muß sie das Wasser trinken. Verse 27–28 betonen ausdrücklich, daß die angekündigte Wirkung eintreten wird: Wenn die Frau rein geblieben ist, »kann sie weiterhin Kinder haben«. Zeigt sich, daß sie schuldig war, so ist der Mann »von Schuld frei, die Frau aber muß ihre Schuld tragen«.

Ein solches Zauberritual läßt sich natürlich nur religionsgeschichtlich erklären. In der Zeit, als Mose lebte, etwa dreizehn Jahrhunderte vor Christus, glaubte man im Alten Orient an die Wirksamkeit von solchen Fluch- und Segensformeln, auch in Israel. Unterschieden war das auserwählte Volk von seinen Nachbarn durch die fundamentale Sorge um die Reinheit vor dem heiligen und durch seine Heiligkeit furchteinflößenden Gott, dessen qin^{e}ah immer zu fürchten ist. Diese Sorge ist auch die theologische Grundlage der Angst des Mannes, der nicht unrein werden will, weil – vielleicht – seine Frau gesündigt hat. Dennoch: der Phantasie sind Tür und Tor geöffnet: Wie viele Frauen mögen vor Angst nach dem Genuß dieses Wassers ohne Schuld körperliche Symptome entwickelt haben? Wie viele Zynikerinnen waren frei genug, sich davon nicht beeinflussen zu lassen? Aber auch: Wie viele Männer wurden vielleicht wegen eines ad absurdum geführten Verdachtes ausgelacht? Und in verderbten Zeiten, über die in den prophetischen Büchern der Bibel geklagt wird: Wie viele bestechliche Priester mögen echtes Gift in das harmlose Zauberwasser getan haben, wenn ein Mann sich an seiner Frau rächen wollte?

Ein solches Ritual zur Auflösung eines Verdachtes ist einzigartig im mosaischen Gesetz. Denkbar wären ähnliche Anordnungen, sagen wir, zur Aufklärung eines Mordes wie bei den Gottesurteilen im Mittelalter oder auch zur eindeutigen Feststellung einer Vaterschaft. Nichts davon ist überliefert. Offenbar wurde Eifersucht als ein besonders drängendes und quälendes Problem angesehen. Als verächtlich kann sie nicht empfunden worden sein, da sie ja eine der Haupteigenschaften Gottes war. In diese, und in Wechselwirkung damit in die menschliche, konnte man sich hineinfühlen, ja vielleicht mußte ein gläubiger Jude geradezu darüber nachdenken und konnte sich dann in seiner eigenen bestätigt sehen. Wenn es etwa noch im Neuen Testament heißt: »Eifersüchtig sehnt er sich nach dem Geist, den er in uns wohnen ließ« (Jak. 4,5), so liegt die Analogie zur Liebes- oder Eheeifersucht auf der Hand: Auch hier geht es um ein Gefühl, das der Eifersüchtige einmal ausgelöst hat, das er sehr wünscht und das durch das Liebesobjekt, hier das Gottesvolk, in Frage gestellt wird. Ebenfalls wie in einer menschlichen Beziehung zeigt die Bibel auch die Beunruhigung des »Geliebten« durch die Eifersucht des Eifersüchtigen, die zu dem unausweichlichen Zwang führt, die Beziehung als Ganzes neu ordnen zu müssen.

Man kann sich nicht mit der Eifersucht Gottes im Alten Testament befassen, ohne den Bericht des Propheten Hosea anzuschauen, des ersten, der »die Zuwendung Gottes zum Menschen mit dem Wort ›lieben‹ kennzeichnet« (Einheitsübersetzung, S. 1021). Hosea lebte im achten vorchristlichen Jahrhundert in einer Zeit politischer und religiöser Unbeständigkeit. Wie bei allen Propheten bewegt sich der unter seinem

Namen überlieferte Text zwischen Klagen und Drohungen angesichts der Untreue des Volkes und der Erinnerung an Gottes Verheißungen. Hosea hat aber ein ganz besonderes, sehr merkwürdiges Schicksal zu tragen: sein Leben, und zwar ausdrücklich sein eheliches Leben, wird zum Zeichen für Gottes Handeln an seinem Volk. Gott befiehlt ihm, ein Mädchen zu heiraten, das an den Sexualriten des Baalskultes teilgenommen hat (wörtlich »Frau der Hurerei«, Luther übersetzt »Hurenfrau«, die Einheitsbibel »Kultdirne«) – für einen gläubigen, vom mosaischen Gesetz der Reinheit zentral bestimmten Israeliten eine unbeschreibliche Zumutung. Hosea tut, was Gott von ihm verlangt, und zeugt drei Kinder mit dieser Frau, denen er nach Gottes Auftrag diffamierende Namen gibt: ein Mädchen nennt er Lo-Ruhama (Kein Erbarmen), einen Sohn Lo-Ammi (Nicht mein Volk). Es folgt die symbolische Schilderung des Abfalls Israels unter dem Bild einer Frau, die viele Liebhaber hat, sich von ihnen bezahlen läßt, Feste feiert und ihnen Kinder gebiert. Dieser Frau nun – Israel – wird verheißen, daß sie bestraft werden soll: »Ich mache sie der Wüste gleich, wie verdorrtes Land mache ich sie ... Dann rennt sie ihren Liebhabern nach, holt sie aber nicht ein ... Dann wird sie sagen: Ich kehre um zu meinem ersten Mann; denn damals ging es mir besser als jetzt« (Hos. 2,5–9). Die auch in anderen prophetischen Büchern versprochene Belohnung von Reue und Umkehr sieht hier so aus: »Darum will ich selbst sie verlocken. Ich will sie in die Wüste hinausführen und sie umwerben« (2,16), und es folgt unter dem Bild der Ehe die Vision des Neuen Bundes: »An jenem Tag ... wirst du zu mir sagen: Mein Mann!« Und Gott verspricht: »Ich traue mich dir an auf ewig; ich traue mich dir an um den Brautpreis von Gerechtigkeit und Recht, von Liebe und Erbarmen« (2,18–21). Hosea selbst erhält den Auftrag, die menschliche Parallele zu Gottes Handeln darzustellen: »Gehe noch einmal hin und liebe die Frau, die einen Liebhaber hat und Ehebruch treibt, (liebe sie) so, wie der Herr die Söhne Israels liebt!« (3,1–2) Es ist unklar, ob es sich um die schon erwähnte Frau handelt – eher wohl um eine andere, denn Hosea gibt den Brautpreis an, den er für sie gezahlt hat. Um so unerhörter ist es, wenn ein Prophet des heiligen und reinen Herrn damit bereits die zweite unreine Frau hat und zu dieser sagt: »Du bleibst jetzt viele Tage bei mir, ohne als Dirne einem Mann zu gehören. Und so mache ich es auch mit dir.« Luther, dessen klarer und kantiger Sprache man hier wieder einmal nachtrauert, übersetzt: »Halte dich als die Meine eine lange Zeit und hure nicht, und gehöre keinem andern; denn ich will mich auch als den Deinen halten.«

Es ist nun höchst einfach zu fragen: Was tut dieser autoritäre Vater – Gott – da mit seinen angeblich geliebten Kindern? Wie mag die Sexualität zwischen Hosea und den unreinen Frauen ausgesehen haben? Wie fühlten sich die Kinder, deren Namen wie Brandmale auf ihnen lasteten? Aber diese Fragen sind zu einfach, zu psychologisierend. Angesichts der ungeheuren Anstrengung um das Verständnis Gottes, die die Bibel dokumentiert, erscheint mir die Reduktion auf eine Vaterprojektion und die damit verbundene Kritik an den merkwürdigen Schicksalen der Menschen, von denen berichtet wird – wie sie etwa Alice Miller in ihren Büchern versucht hat –, als banal und ohne historisches Verständnis. Ich halte es da lieber mit Freud, der den Vateranteil an der Gottesidee für »sehr gewichtig« hielt (und, das schon, sich ausschließlich mit diesem beschäftigte), aber mit Selbstverständlichkeit von den »anderen Bedeutungen und Ursprüngen Gottes« sprach, »auf welche die Psychoanalyse kein Licht werfen kann« (Freud 1913, S. 179). Wichtig erscheint mir hier, jedenfalls für den, der heute die Bibel in die Hand nimmt, die Überwindung der Kränkung, die der Eifersüchtige erfahren hat, durch Liebe. Selbst für Gott bedeutet das: durch Veränderungen auch im Gekränkten.

Die Macht der Gefühle am Götterhimmel

Der andere Strang der abendländischen Tradition, der nichtreligiöse, der nicht von dem grüblerischen auserwählten Volk am Nordrand Afrikas ausgeht, sondern von der hellen Welt auf des Mittelmeers anderer Seite, enthält gleichwohl viel Religion. Die Götter Griechenlands, im Gegensatz zu denen der Germanen nie totgeschwiegen, wurden durch alle christlichen Jahrhunderte hindurch als kulturelles Erbe geliebt und konserviert. Nur geglaubt wurden sie nicht mehr. Daher wird es selbstverständlich ein Kind anders berühren, wenn es liest, daß der Gott, zu dem es abends betet, eifersüchtig ist, als wenn es den Geschichten von Zeus und Hera zuhört, die in außerordentlich menschlicher Weise um ihre ehelichen Rechte und Pflichten zanken. Und das Kind, wenn es größer wird und nicht verlernt hat, seinem Verstand und seinen Augen zu trauen, wird vielleicht die klassische Behauptung, bei den Griechen habe man es mit edler Einfalt und stiller Größe zu tun, recht unverständlich finden. Habsucht und Eifersucht spielen wie Mord, Rache, Vergewaltigung, Entführung, Raub sowohl von Frauen wie von Knaben eine überwältigende Rolle in der griechischen Sagenwelt.

Woran liegt es, daß viele an diese inhaltliche Seite zunächst nicht denken, daß die reinigende (»kathartische«) Wirkung der Tragödien länger in unserm Gedächtnis und Gefühl haftenbleibt als die vorangegangenen Maßlosigkeiten, die Grausamkeit, das Ausgeliefertsein an ein Schicksal, das den Menschen allenfalls die Größe im Scheitern läßt? Wir assoziieren mit Griechenland und seinen Göttern Vorstellungen wie Licht, Heiterkeit, Maß; uns fällt vielleicht der Spruch Antigones ein:»Nicht mitzuhassen, mitzulieben bin ich da«; aber wir vergessen dabei, daß sie nicht nur eine Liebende war, sondern auch eine Stolze, ein elitäres Kind ihres hochfahrenden Vaters Ödipus, in dessen Familie auch noch *nach* der reinigenden Erkenntnis seines eigenen unbewußten Verbrechens ein Greuel nach dem andern geschah.

Beim Vergleich der jüdischen mit der griechischen Überlieferung steht die Ausrichtung auf das Eine (den Einen) der Vielfalt gegenüber, die strenge Forderung nach Gesetzestreue der Möglichkeit, mit den Göttern zu handeln, der ausschließlichen Bezogenheit auf Jahwe ein sich dauernd verändernder und entwickelnder, für andere Religionen offener Polytheismus, zu dessen Charakteristiken es gehörte, sich von andern Religionen beeinflussen zu lassen. Statt des Verbotes, sich ein Bildnis von

Gott zu machen, statt des einzigen Tempels gibt es eine Vielfalt von Götterbildern und Anbetungsorten. Es geht in der Überlieferung nicht vor allem um die Verherrlichung Gottes. Da die Abgrenzung zwischen Menschen und Göttern überschreitbar ist – Götter und Göttinnen lieben Erdenkinder, Menschen können unter die Götter aufgenommen werden –, fällt auf die menschlichen Gefühle selbst ein göttlicher Glanz. Und es gibt sie nun einmal, die griechische Schönheit, die stein- und versgewordenen Träume von einer edleren, freieren, vollkommeneren Menschheit. Nicht eingeschränkt durch die ehrfürchtige Befangenheit, die der Umgang mit einer heute noch geglaubten Religion mit sich bringt, kann jeder die Projektionen erkennen, mit denen der griechische Götterhimmel bevölkert ist: leichter lebende, mit einer großen Machtfülle ausgestattete Herrschergestalten, die aber einfühlbar sind, nicht fern und »ganz anders« wie der Gott der Israeliten.

Eifersucht spielt nicht wie im Alten Testament eine beherrschende Rolle für die *Geschichte* des Gottesvolkes und damit der Welt, sondern sie ist das bewegende Zentrum einer Fülle von *Geschichten;* durch ihre Vielfalt wird sie für uns weniger bedrohlich, und durch die Aufhebung (Überhöhung, Darstellung, Bändigung durch die Form) in der Kunst wird sie faßbar in einer Symbolgestalt, über die wir nachdenken können, ohne daß sie uns allzu naherückt. Im Bestaunen der gewaltigen göttlichen Eifersuchtslösungen und im schaudernden Miterleben bestrafter menschlicher Hybris konnten die Zeitgenossen – und können auch wir – Macht und Ohnmacht, Recht und Unrecht, Sinn und Unsinn dieses Urgefühls erfahren. Angesichts des Alters, der Tiefe und Schönheit all dieser Geschichten scheinen aufklärerische Versuche, die Eifersucht abzuschaffen, ebenso dumm wie lebens- und kunstfern.

Die Dreiecke, die Bündnisse und deren Sprengungen sind zahllos, und immer drückt Eifersucht nicht nur sich selbst aus, sondern steht für Rechte und Pflichten, Ängste und Wünsche, oft für deren Unvereinbarkeit, und bringt vor allem Bewegung mit sich, tödliche oder auch lebenspendende, am häufigsten beides. Wenn wir vom Freudschen Modell der Eifersucht der Kinder im Dreieck mit den Eltern ausgehen, das bekanntlich auch nach einer griechischen Sage benannt ist, so müssen wir bemerken, daß erstaunlich oft der umgekehrte Neid, nämlich der der Eltern auf die Kinder, in vielen Geschichten auftaucht. Besonders bei den vorolympischen Titanen, die noch keinen Gesetzen unterworfen sind, geht es schrecklich zu:

Uranos, der Himmelsgott, zeugt zwar mit seiner Gattin, der Erde – Gaia –, Kinder, aber er haßt diese von Anfang an und stößt sie in die innere Höhlung der Erde zurück. Dort entsteht ein Gedränge und eine Enge unter den Nachkommen, so daß Gaia unter der Last stöhnt. Mit diesen Kindern, besonders den Söhnen, die offenbar zugleich draußen und drinnen sein können, verschwört sie sich: sie sollen den Vater, der ausdrücklich als der bezeichnet wird, der zuerst feindselig gegen Frau und Kinder war, bestrafen. Einer der Söhne, der große Kronos, dessen Name dem Wort für Zeit, chronos, verwandt ist, entschließt sich zur Tat: als der Vater wieder zur Mutter kommt und sich ganz über die Erde legt, ergreift der Sohn eine riesige Sichel, die die Mutter gemacht hat, und schneidet seinem Vater den Penis ab (Kerényi I, S. 23 f). Noch von den Blutstropfen befruchtet, gebiert Gaia viele Geschöpfe, Giganten, Eschennymphen und die Erinnyen, die schrecklichen Göttinnen der Blutrache. Das abgeschnittene Glied wird von Kronos ins Meer geworfen, Schaum bildet sich, und daraus entsteht Aphrodite. Die Urzeugung hört auf, und Kronos wird der neue Herrscher unter seinen Brüdern.

Er nun vermählt sich mit seiner Schwester Rhea, aber auch er haßt seine Kinder, auch diese verschwinden wieder in einer Höhle, in einem Innern, wo er meint, vor ihnen sicher zu sein: in seinem eigenen Leib, denn er verschlingt sie sofort nach ihrer Geburt. Das Bündnis gegen ihn bildet sich nicht nur zwischen der Mutter und ihrem stärksten Sohn, Zeus, sondern auch noch zwischen Rhea und ihren Eltern, die ja zugleich auch die Eltern des Kronos sind: Gaia und Uranos verhelfen ihr zur heimlichen Geburt des göttlichen Kindes Zeus (auf Kreta) und täuschen Kronos mit einem in Windeln gewickelten Stein, wie in unserm Märchen vom bösen Wolf. Zeus, erwachsen geworden, besiegt seinen Vater Kronos und befreit die von ihm verschlungenen Geschwister. Kronos wird – eine Ankündigung olympischer Milde – gefesselt und auf die Inseln der Seligen entrückt – schönste Illustration für die Formel des Ethnologen Frazer für den Umgang mit Häuptlingen und Königen in primitiven Völkern, von Freud in »Totem und Tabu« zitiert: »Man muß sich vor ihnen hüten und man muß sie behüten« (Freud 1913, S. 53).

In diesen Eifersuchts- und Sexualitätsgeschichten sind alle mit allen nah verwandt, Brüder heiraten Schwestern, Väter beneiden Söhne, aber auch – und besonders bedrohlich –: die Große Mutter geht in verschiedenen Gestalten und unter mehreren Namen, als Rhea vor allem, aber auch Kybele, kleinasiatisch Nana, mit schönen jungen Männern um, die zugleich ihre Kinder und ihre Geliebten sind.

In der Geschichte, die die Eifersucht der Eltern am deutlichsten zeigt, heißt die große Mutter Agdistis, gezeugt aus einem Felsen Agdos, auf den der Same des Zeus fiel. Sie ist ein wildes doppelgeschlechtliches Wesen, grausam und den olympischen Gesetzen nicht untertan. Dionysos, der den Menschen den Wein brachte, berauscht dieses Unwesen, und als es schläft, bindet er ein Seil aus Haar, das er an einem Baum befestigt, um sein Glied. Beim Aufspringen entmannt sich Agdistis selber. Aus den Blutstropfen entsprießt ein schöner Baum, von dessen Frucht eine »Nana« schwanger wird. Ihr Sohn Attis ist so schön, daß Agdistis, nun wohl nur noch weiblich, sich in ihn verliebt, ihn verwöhnt und beschenkt – eine Symbiose, die offenbar Göttern und Menschen unheimlich ist. König Midas will Attis von seiner Vater-Mutter trennen und gibt ihm seine Tochter zur Frau. Auf der Hochzeit aber erscheint Agdistis und treibt die Gäste durch Syrinxtöne in den Wahnsinn. Attis entmannt sich mit dem Ruf: »Dir, Agdistis!« und stirbt damit an seiner Bindung an die Mutter (Kerényi I, S. 72 f).

Man kann verstehen, daß aus solchen Geschichten der Mutterrechts-forscher Bachofen eine langsame Bewegung der Weltgeschichte ablas, und zwar von einem Zustand, in dem Müttern erlaubt ist, Kinder nicht nur von ihren Männern, sondern auch von Vätern, Großvätern und Söhnen zu bekommen, zu einer Ehegesetzmäßigkeit von apollinischer Klarheit, in der Männern und Frauen wohltätig zugeordnete, feste Plätze angewiesen werden und die eindeutige Vaterabstammung die Regel wird. Bachofen versteht daher Ödipus, Mann und Sohn seiner Mutter, als einen großen Leidenden an den alten Gesetzen (vgl. S. 246 f). Daß von all diesen Inzestgeschichten eine große Anziehung ausging (und ausgeht), die die Gefährlichkeit ergänzt und wohl auch erklärt, zeigt etwa die Geschichte vom sprichwörtlich schönen Adonis, der aus einem von einer Tochter mit ihrem Vater herbeigeführten Inzest entstanden ist. Hier ist also die Tochter die Aktive, sie nimmt besitzergreifend den Platz ein, der der Mutter gebührt – hier endlich fänden wir Freuds Theorie von den Wünschen der Kinder, die für das entstehende Unheil verant-wortlich sind, bestätigt:

Die Liebe der Tochter Myrrha zu ihrem Vater wird allerdings bereits als so verwerflich gesehen, daß sie aus einer Verblendung durch zornige Götter erklärt wird, vielleicht aus der Eifersucht Aphrodites, denn Myrrha soll ihre Haare für schöner gehalten haben als die der Göttin. Myrrha schläft zwölf Nächte lang mit ihrem Vater, den sie berauscht macht. Er hält sie für ein »unbekanntes Mädchen«. Als er merkt, wozu er verführt worden ist, verfolgt er sie mit gezücktem Schwert. (Hier würden sich Freudsche Symbolfreunde die Gleichung Penis – Schwert nicht entgehen lassen und könnten sagen: Also doch, auch er!). Die Götter verwandeln sie in einen Baum, die Myrrhe, aus dessen Rinde Adonis geboren wird. Wenn aber Götter und Menschen eine sexuelle Beziehung zwischen Vater und Tochter verabscheuen, warum entsteht dann daraus kein Ungeheuer, sondern ein Wesen von unwiderstehlicher Schönheit? Allerdings ist Adonis auch ein Sinnbild für die Vergänglichkeit und Unerreichbarkeit des Schönen. Denn er wird zwar der jünglingshafte Liebhaber Aphrodites, aber sie muß ihn nach dem Willen des Zeus teilen mit der Unterweltgöttin Persephone. Er muß daher jedes Jahr sterben und wieder auferstehen, und Aphrodite darf ihn lieben, muß ihn aber auch beweinen (Kerényi I, S. 62).

In dieser Geschichte fällt auf, daß der König, Vater einer Tochter, demnach doch wohl verheiratet, ganz selbstverständlich das Recht hat, mit einem »unbekannten Mädchen« zu schlafen. Das Patriarchat erscheint also hier schon in voller Kraft.

Für diese Ordnung der Welt steht in Griechenland vor allem Zeus, der »Vater der Götter und Männer«, wie es bei Homer heißt, aber auch Vater unzähliger anderer Wesen und Gatte vieler Göttinnen und Menschenfrauen, daneben auch Liebhaber von schönen Knaben. Zeus, so scheint es, ist kaum eifersüchtig. Zu seinen Beinamen gehören einige, die ihn als Schützer der Ehe ausweisen, wie Gamelios (Ehegott), Teleios (der Ganzheit Schenkende) und auch Heraios (der Hera, seiner Gattin gehörend) (Kerényi I, S. 93). Um seine Ehe fürchten muß er nicht. Die andern Frauen, die er haben will, bekommt er immer auf die eine oder andere Weise: als Stier bei Europa, als Schwan bei Leda, als goldener Regen bei Danae, in der Gestalt des menschlichen Ehemannes bei Alkmene – und er verläßt sie ohne Schmerzen für sich selbst, um auf den Olymp und damit auch zu Hera zurückzukehren. Die Schmerzen – oft Flucht, Rache, Verfolgung, Unglauben – bleiben den Frauen und deren Zeus-Kindern. Er zürnt zwar oft, Blitz und Donner gehören zu seinen bekanntesten Attributen, aber er zürnt nicht aus Eifersucht, jedenfalls nicht der des üblichen Dreiecks. Er sorgt und donnert um seine Rechte – die Herrschaft, die Ehre und andere Werte, die ihm heilig sind. Im übrigen allerdings ist er nicht nur einer, der Gesetze schützt, er ist ihnen auch unterworfen.

Eifersüchtig dagegen ist Hera, nicht »eine« Gattin des Zeus, sondern *die* Gattin schlechthin. An die alten Muttergöttinnen erinnert, daß sie, seine Schwester von der Mutter Rhea, eher da war als er und ihn schon bei seiner Geburt zum Gatten wählte. Was bei den Menschen ein Ehehindernis gewesen wäre, die gemeinsame Mutter, wird hier zum Vorteil: Hera, so heißt es, sei das einzige weibliche Wesen, das einen völlig ebenbürtigen Mann bekam. Diese Ebenbürtigkeit ermöglicht es ihr, ihre Rechte mit gewaltiger Kraft, aber auch mit der List von Liebe und Lieblichkeit zu verteidigen. Von Kindern der Hera und des Zeus ist viel weniger die Rede als von denen aus seinen vielen anderen Verbindungen. Die Vaterabstammung ist also auch in der Mythologie – wie zweifelsohne zur Zeit der Hochblüte des olympischen Götterkultes auch in der historischen Realität – viel bedeutungsvoller, geschichts- und geschichtenträchtiger als die Muttergeburt.

Hera, so schreibt Kerényi, der ungarische Altphilologe und Mythenforscher, dessen Bücher über die Götter Griechenlands ich zum Lesen und Wiederlesen empfehlen möchte – Hera also war unter allen Göttinnen die, »die beim Gatten nicht Mutterschaft, sondern Erfüllung suchte« (Kerényi I, S. 79). Kinder konnte sie, auch darin noch den alten Muttergöttinnen ähnlich, auch allein gebären – nämlich Hephaistos, der ihr allerdings nicht recht gelang und den sie daraufhin zunächst zornig ins Meer schleuderte –, und den Drachen Typhaon, »den schrecklichen Schlag für die Sterblichen«. Dieser entstand aus einer Rivalität mit Zeus, die wieder Heras Anspruch auf Ebenbürtigkeit zeigt: Sie war zornig darüber, daß Zeus Pallas Athene allein geboren hatte – wenn auch nicht ganz so autonom wie Hera, sondern unter Benutzung der klugen Metis, seiner vielleicht ersten Gemahlin, die er zuerst verführt und dann in seinen Bauch versenkt, wo sie die Schwangerschaft austrägt.

Hera ist die Schützerin der Ehe, ihrer eigenen und der aller Menschen. Ihre Beinamen sind Pais (das Mädchen), Teleia (die Erfüllte) und Chera (die Einsame). Viel drückt sich darin über die Schicksale der Frau in der Ehe aus, jeder Frau, aber auch der Hera, die immer wieder von Zeus geliebt, erfüllt und verlassen wird. Aber auch sie hat – und wie anders ist sie darin als die Menschenfrauen zur Zeit der olympischen Götter – die Macht, ihn zu verlassen und damit in höchste Wut zu versetzen. So sagt ihr Zeus, ganz trotziger Ehemann, bei einer der vielen Streitigkeiten in der »Ilias«, sie könne ruhig gehen, und sei es bis ans Ende der Welt: »Auch wenn du schweifend dorthin gelangst, so kümmert es mich nicht,/wenn du erbittert bist, da nichts Hündischeres ist als du« (Ilias 8, V. 483/4). Er weiß, sie wird immer zurückkommen, wie er zu ihr. Herrlich ist die Schilderung einer Wiederholung der Hochzeit zum Zeichen der Versöhnung bei Homer (Ilias 14), wo Zeus vor dem Beischlaf sagt, er habe noch nie ein solches Verlangen gespürt, und viele Frauen aufzählt, die er geliebt hat, auch Hera selbst – so wie jetzt hat er sie noch nie begehrt. Und sie läßt ihn reden, genießt ihren Sieg und die Liebe auf blumigem Lager – aber das Ganze ist nichts als eine List von ihr, denn sie will, daß er in Schlaf versinkt, damit auf der Erde ihr Wille geschieht.

In Zeit- und Alterslosigkeit aufgehoben, verwirklicht Hera in göttlicher Unangreifbarkeit, wovon viele Eifersüchtige hilflos träumen: sie kann ihre Gegner verzaubern, wie den Knaben Aetos, von dem sie argwöhnt, er sei des Zeus Geliebter. Sie verwandelt ihn in einen Adler. Die von Zeus begehrte Io macht sie zur Kuh, so daß er sie als Stier lieben muß. Hera hat die Macht, ihre Rivalinnen in schlimmste Bedrängnis zu versetzen, wie etwa Alkmene, die Mutter des Herakles, deren Geburtswehen sie unterbricht, oder die schon erwähnte Io, die sie von einer Bremse bis nach Ägypten treiben läßt. Sie kann bei einer Verletzung der

Ehegesetze ein Ungeheuer wie die Sphinx gegen Theben schicken (es erzürnte sie, daß der Knabe Chrysippos dem Laios, später Vater des Ödipus, die Ehefrau ersetzen sollte); sie kann ihre Geheimnisse hart verteidigen: so soll Teiresias, der Seher, den Streit zwischen ihr und Zeus entscheiden, ob Männer oder Frauen mehr von der Liebe hätten. Als er – wahrheitsgemäß – antwortet, die Frauen hätten zehnmal soviel Genuß, »sich in der Seele freuend« (die Männer nur im Leibe?), straft ihn Hera mit Blindheit, weil er dies ausgesprochen hat. Sie kann Stürme wehen lassen, die das Schiff des von ihr gehaßten Zeus-Sohnes Herakles bis an den Rand der Unterwelt schicken. Allerdings rächt sich Zeus in diesem Fall mit einer ungeheuren Strafe: damit sie in ihrer Eifersucht endlich Ruhe gibt, hängt er sie an goldenen Fesseln zwischen Himmel und Erde auf, zwei Ambosse an den Füßen, und keiner der andern Götter kann sie befreien.

Freilich versöhnen sich Zeus und Hera immer wieder, und Herakles, den sie so hart verfolgte, wird schließlich in den Götterhimmel aufgenommen und mit ihrer Tochter Hebe vermählt. Herakles – schon sein Name zeigt die Nähe zu ihr – ist auch nicht nur Heras Feind, sondern ihr Diener und Beschützer. Ja und Nein, Zorn und Versöhnung liegen bei den Göttern nah beieinander, nichts wird ihrer Unsterblichkeit wirklich gefährlich – so sieht man es auch in der ausführlichsten göttlichen Eifersuchtsgeschichte, der zwischen Hephaistos und seiner Gattin Aphrodite, in der alle Erfahrungen und Hoffnungen menschlicher Eifersucht so beispielhaft zusammengefaßt sind, daß ich sie an den Schluß des Buches setzen möchte.

Zentral wichtig war aber den Griechen die Unterscheidung zwischen Göttern und Menschen. Der Niobe, die sich gegenüber der Göttin und Zeus-Geliebten Leto rühmte, zwölf Kinder zu haben, während diese nur Artemis und Apollon geboren hatte, wurden alle Kinder von den Göttern getötet und sie selbst in einen Stein verwandelt, der noch heute weint (Ilias 24, V. 602–12). Ein Menschenpaar, Keyx und Alkyone, die sich aus Überheblichkeit mit Zeus und Hera anredeten, wurden zur Strafe in Vögel verwandelt (Kerényi II, S. 129). Betrachten, bestaunen, verehren durften die Menschen die gewaltigen Gefühle und ihre Lösungen am Götterhimmel – zugänglich waren sie ihnen in dieser Größe und Verklärtheit nicht. Dies gilt wahrscheinlich ganz besonders für die Ebenbürtigkeit der Hera, wenn man sie mit der Rechtlosigkeit der Griechinnen vergleicht, die die großen Gestalten nicht einmal im Theater sehen durften – dort waren nur Männer zugelassen, und auch Frauenrollen wurden von Männern gespielt. Hera kann im übrigen bei all ihrer Göttlichkeit doch immer nur in einer ganz bestimmten umschriebenen Situation siegen, niemals endgültig. Leger ausgedrückt: die nächste kommt bestimmt! Denn Zeus vertritt das väterliche als das höhere Prinzip, er verteilt Nachkommenschaft als göttliches Geschenk und kann daher nicht zu einer einzigen Frau in einem ausschließlich liebenden oder gar dienenden Verhältnis stehen. Hera dagegen vertritt die monogame Ehe beider Gatten und steht damit in unlösbarem Widerspruch zu Zeus (Kerényi I, S. 126). Die Menschenfrauen konnten zu ihr beten – aber schützen kann sie nicht einmal ihre eigene Ehe. Vielleicht hat es unglückliche Griechinnen getröstet, daß wenigstens sie Wut, Wünsche und Ansprüche zeigen konnte.

Bisher habe ich ausschließlich von Göttergeschichten erzählt, die nicht eigentlich tragisch enden können, da die Götter unsterblich und damit letztlich unverletzlich sind. Anders ist das bei den Heroen, den Halbgöttern, Mischlingen aus Göttern und Menschen, deren göttlicher Ursprung sich vor allem darin zeigt, daß sie sowohl in ihren Leiden wie in ihrem Hochmut unsterblich sind. Alle wichtigen Tragödiengestalten haben, in ehrfurchtsvoll nacherzählten Stammbäumen ausgewiesen, Götter unter ihren Vorfahren. Sie sind nicht nur Götterkinder, Licht- und Weisheitsgestalten, sondern in gewissem Sinne Bastarde, Monstren. Die Spannung zwischen Sterblichkeit und Unsterblichkeit führt zu einer »eigentümlichen Steigerung auf der Seite des Menschlichen ... nicht am wenigsten in der Schwere des Schicksals und Leidens«, der zur Tragödie hinführt, »dem Ort immer neuer Erschütterungen durch den alten Stoff« (Kerényi II, S. 19 f). Diese Spannung wird hingehalten, dargestellt, miterlebt – nicht freundlich gelöst, sondern tragisch, tödlich und grausam beendet.

Die Heroen liefern die Erklärung und Begründung menschlicher Geschichte. Schauen wir uns das bekannteste Ereignis der griechischen Mythengeschichte an, den Trojanischen Krieg, dem zweifellos reale Ereignisse – die Zerstörung einer mächtigen Stadt – zugrunde liegen, wenn sie auch nicht nach der Art unserer heutigen Geschichtsschreibung verarbeitet wurden, so ist bekannt, daß es sich um den Krieg der verbündeten Könige der Griechen gegen Troja handelt, und zwar um die Kränkung eines Ehemannes durch die Entführung seiner Frau am Entführer und seinem Volk zu rächen. Ein Krieg aus Eifersucht – weil der Troerprinz Paris dem sanften König Menelaos die schöne Gattin Helena genommen hat –: das geht weit. Beim genaueren Nachlesen finden wir aber, daß gleich mehrere Schichten von Eifersucht und Rivalität sich in diesem strahlenden und grausamen Geschichtenknäuel ineinander verschlingen:

Zuoberst liegt die Sorge der Götter; die Menschen sind zu zahlreich geworden (Homer kann sich nicht genugtun in der Schilderung ihrer ungeheuren Scharen, besonders Ilias 2). Zeus wollte sie schon einmal durch Blitz und Flut ausrotten.

Die griechische Mythologie ist ohnehin durchzogen von der Eifersucht und dem Neid der Götter, die Maß und Bändigung belohnen, Auflehnung und den Griff nach den göttlichen Vorrechten aber streng bestrafen. Die Schicksale des Prometheus und des Tantalus gehören zu den bekanntesten Beispielen, aber auch das der Niobe. Eine weitere Sorge der Götter war die Angst vor einem neuen Weltherrscher. Zeus, selbst ein Vaterbesieger, läßt von einem Kampf mit seinem Bruder Poseidon um die Meergöttin Thetis ab, als er erfährt, ein Sohn von einem der göttlichen Brüder würde die Macht haben, den Wandel in der Weltherrschaft herbeizuführen. Statt dessen verurteilt er Thetis zur Hochzeit mit einem Sterblichen, Peleus. Aus dieser Verbindung geht Achill, der größte Held der Griechen im Trojanischen Krieg, hervor. Zeus selbst zeugt in Schwanengestalt mit Leda Helena, einer der vielen (verschiedenen) Überlieferungen zufolge in der bewußten Absicht, die Folge herbeizuführen, die aus diesen beiden Ereignissen entstand: den Trojanische Krieg, in dem sich die Menschheit fast zu Tode kämpfte, jedenfalls außerordentlich schwächte.

Das Vorspiel sieht noch friedlich aus: Die (wenn auch von Thetis widerwillig erduldete) vollzogene Hochzeit mit Peleus wird gefeiert, und, so heißt es, bei diesem Ereignis geschah es zum letztenmal, daß Unsterbliche und Sterbliche zusammen saßen und aßen. Die Göttin Eris, »Zwietracht«, wirft, nicht eingeladen wie die böse Fee in unserem Märchen, einen goldenen Apfel mit der Aufschrift »Der Schönsten« unter die Gäste. Die drei mächtigsten Göttinnen greifen danach: Hera, Athene und Aphrodite. Zur Entscheidung bestimmt Zeus selbst den Troerprinzen Paris; und dieser spricht, geblendet von Aphrodites Versprechen, ihm die schönste Frau der Welt, Helena, zu geben, der Großen Liebesgöttin den Preis zu.

Damit sind wir beim Anlaß des Krieges, und die Parteinahme der Göttinnen läßt sich denken: Aphrodite hilft den Troern, Hera und Athene stehen den Griechen bei. Dennoch ist der Untergang Trojas, wie in der »Ilias« vielfach bezeugt, von Zeus beschlossen. Als gewaltiges retardierendes Moment tritt der Zorn des Achill dazwischen, dessen Entstehen, Folgen und Überwindung das Thema von Homers Epos ist. Weder der Tod Achills noch der Untergang Trojas kommen in der »Ilias« überhaupt vor, werden aber als selbstverständlich erwartet.

»Singe den Zorn, o Göttin, des Peleiden Achilleus«, übersetzt Johann Heinrich Voß 1793. Dieser Zorn entsteht aus einem Männerstreit um Frauen: Agamemnon, der oberste Heerführer der Griechen, muß seine Kriegsbeute Chryse, Tochter eines Apollon-Priesters, herausgeben, weil der Gott beleidigt ist und das Griechenheer mit einer Krankheit bestraft. Dafür verlangt Agamemnon als Ersatz dessen »Ehrengeschenk« Brisëis, und Achill, obwohl der gewaltigste unter den Kämpfern, muß sich fügen. Von Brisëis heißt es nur, daß sie »widerwillig« (Schadewaldt), »ungern« bei Voß, von Achill weggeht. Gefragt wird sie selbstverständlich nicht.

Achill aber
»setzte sich weinend alsbald, abseits von den Gefährten,
an den Strand der grauen Salzflut und blickte auf das grenzenlose Meer«
und weigert sich zu kämpfen (1, V. 349/50). Geht es ihm um Liebe? Eher um
Ehre; er beklagt sich bei seiner Mutter Thetis wie ein zurückgesetztes Kind, daß
Zeus, da er ihm schon nur ein so kurzes Leben zugestanden hat, ihn nicht
wenigstens etwas ehrt. (Aber mit Ehre und Ansehen hat auch die gewöhnliche
Eifersucht, die, der keine Heroenlösung zur Verfügung steht, immer zu tun.)

Die Troer dringen bis fast an die Schiffe der Griechen – ihre Rückzugsmög-
lichkeit – vor, sehr viele fallen; Achill grollt weiter, um Brisëis »bekümmert«,
heißt es, »traurend« bei Voß, »zerquält er sein Herz« (18, V. 447). Wenn er aber
wieder kämpft, wird es nicht wegen der »schönwangigen« Frau sein, sondern
um den Tod seines Freundes Patroklos zu rächen. Die gleiche Maßlosigkeit, die
seinen Zorn in der auf sich selbst konzentrierten Verweigerung zu einem Unheil
für Götter und Menschen werden läßt, zeigt sich nach dem Umschlag in ihrem
aktiven Gegenstück, dem besinnungslosen Kampf, in dem, wie Homer mehrfach
schreibt, Achill einem Daimon gleicht. Der Stärke der Kränkung entspricht die
der Aggression, und ganz offensichtlich hat beides mit der Bestimmung – auch
der Selbst-Bestimmung – Achills zu tun. Brisëis bleibt nichts als ein Anlaß, und
nur einmal darf sie, nach der Herausgabe an Achill durch Agamemnon, die
Stimme erheben – zur Klage um Patroklos, doch im Grunde »um ihre eigenen
Kümmernisse«: »Wie entsteht mir doch Unheil aus Unheil immer!«, sagt sie –
ihren Mann und drei Brüder hat ihr Achill erschlagen. Zeus erlaubte ihr nicht
einmal, darum zu weinen, sondern versprach ihr die Ehe mit Achill, und jetzt, da
auch er sich zum Tode rüstet, bleibt ihr nichts als die Trauer (19, V. 282–303).

Wieder bietet sich ein psychologisierendes Hineinspinnen in diese Art
der Beziehung zwischen Männern und Frauen an – Heiraten kann in
diesem Zusammenhang nicht die Bedeutung einer persönlichen Verbindung zwischen zwei realen Menschen gehabt haben, wenn eine Frau wie
ein Tier von einem Herrn zum andern geschoben wird. Ich halte mich
lieber an Schadewaldt, der schreibt: »Nachdem die Ilias die Menschen
durch die Beirrung von Zorn und Leidenschaft getrieben und infolge
davon durch Not und Tod hindurchgetrieben hat, endet sie schließlich in
dem menschlichen Bewußtsein der gemeinsamen Ausgesetztheit ...«
Wir haben es hier mit überlebensgroßen Gestalten zu tun, nicht mit
Porträts, soviel psychologische Weisheit sich auch in ihnen zeigen mag.
Diese ist es, die die griechischen Sagen zu einem unerschöpflichen Stoff
des Nachdenkens und Anschauens macht. Kerényi spricht von der »archaischen Massivität und Freiheit« der »an Spontaneität nicht leicht zu
übertreffenden Dokumentation des Menschlichen«, das die griechische
Mythologie als Ganzes ist (Kerényi I, Einleitung, S. 8).

In Träumen und Phantasien gerade im Zusammenhang mit Eifersucht zeigt sich bei heutigen Menschen ein Abglanz dessen, was von den Griechen als Wirklichkeit erzählt wird. Drei Zitate sollen das beweisen:

»Es war, als spielte ich Gott, in der einen Hand hatte ich meine Frau, in der andern hatte ich meine Freundin, und ich hatte über Tod und Leben zu entscheiden«, sagt ein namenloser Amerikaner über seine Affäre (McGinnis 1981). Ein eifersüchtiger Verlobter schreibt: »Wenn ich die Macht besäße, die ganze Welt, uns einbegriffen, zu zertrümmern, um sie von Neuem spielen zu lassen, auf die Gefahr hin, daß sie nicht wieder mich u. Martha (seine Verlobte, H. B.) hervorbringt, ich thäte es unbedenklich.« Das war am 6. August 1882, und der Mann hieß Sigmund Freud (zit. nach Jones 1954, I, S. 143). Und hören wir zum Schluß noch eine junge Ehefrau. Sie schreibt über ihren Mann am 16. Dezember 1862, ein Vierteljahr nach ihrer Hochzeit: »Ich möchte alles, alles verbrennen. Nichts soll mehr an seine Vergangenheit erinnern. Und weil ich aus Eifersucht schrecklich egoistisch geworden bin, täte es mir nicht leid um seine Werke. Könnte ich ihn umbringen und ihn später neu erschaffen als den, der er war, selbst das würde ich mit Freuden tun.« Die Werke, von denen sie spricht, sind die Leo Tolstois.

Was sagt die Zentralgestalt unserer Religion, Jesus von Nazareth, den seine Schüler mit Rabbi – Meister – anredeten und von dem sie glaubten, er sei der in den heiligen Büchern verheißene Erfüller der Weltgeschichte, der Messias – was sagt er zum Thema Eifersucht? Nichts – wie überhaupt wenig zum Thema männlich-weiblicher Liebe und Sexualität. Allgemein befinden wir uns im Neuen Testament, vom Alten kommend, in einer Luft der Freiheit, des Aufatmens und der Freundlichkeit. Aber im Zusammenhang der Ehe ist Jesus strenger, nicht freier als das mosaische Gesetz: Ehescheidung, die den Israeliten selbstverständlich war, nennt er Ehebruch, ebenso wie die Wiederverheiratung Geschiedener (Matth. 5,31–32, Luk. 16,18, Mk. 10,11). Das Scheidungsverbot wird allerdings an zwei Stellen eingeschränkt durch den Fall der »Unzucht« der Frau; Jesus steht hier also in der alten männerzentrierten Tradition. Aber mit ungewöhnlicher Härte verurteilt er den Ehebruch selbst in Gedanken, und zwar ausdrücklich den von Männern: »Wer eine Frau nur lüstern ansieht, hat in seinem Herzen schon Ehebruch mit ihr begangen« (Matth. 5,28). Stehen wir hier nicht einer neuen Art von Gesetz gegenüber, einer noch quälenderen, weil das Gesetz von außen nach innen verlagert wird? Nicht nur hier sieht sich, wer auf den Wortlaut des Neuen Testamentes hören will, gezwungen, sich mit der Jesus eigentümlichen Dialektik auseinanderzusetzen: dem absoluten, scharfkantigen Reinheitsanspruch steht das Vergebungs- und Freiheitsangebot gegenüber. (Ich meine hier den Text als solchen und nicht das, was später Tradition und Kirche daraus gemacht haben, s. unten S. 154 ff). Derselbe Jesus, der den Begriff des »Ehebruchs im Herzen« geprägt hat, verhindert durch einen einzigen Satz die gesetzlich vorgeschriebene Todesstrafe der Steinigung im Falle einer realen Schuld: in der Geschichte von der Ehebrecherin, die im Johannesevangelium aufgezeichnet ist. Hier folgt zur Erinnerung der vollständige Text in der Version der Einheitsübersetzung: »Da brachten die Schriftgelehrten und Pharisäer eine Frau, die beim Ehebruch ertappt worden war. Sie stellten sie in die Mitte und sagten zu ihm: Meister, diese Frau wurde beim Ehebruch auf frischer Tat ertappt. Mose hat uns im Gesetz vorgeschrieben, solche Frauen zu steinigen. Nun, was sagst du? Mit dieser Frage wollten sie ihn auf die Probe stellen, um einen Grund zu haben, ihn zu verklagen. Jesus aber bückte sich und schrieb mit dem Finger auf die Erde. Als sie hartnäckig weiterfragten, richtete er sich auf und sagte zu ihnen: Wer von euch ohne Sünde ist, werfe als erster einen Stein auf sie. Und er bückte sich wieder und schrieb auf die Erde. Als sie seine Antwort gehört hatten, ging einer nach dem andern fort, zuerst die Ältesten. Jesus blieb allein zurück mit der Frau, die noch in der Mitte stand. Er richtete sich auf und sagte zu ihr: Frau, wo sind sie geblieben? Hat dich keiner verurteilt? Sie antwortete: Keiner, Herr. Da sagte Jesus zu ihr: Auch ich verurteile dich nicht. Geh und sündige von jetzt an nicht mehr!« (Joh. 8,3–11)

Wie so häufig in den Evangelien geht es hier den Fragenden weniger um die Sache selbst, als um die Hoffnung, Jesus eine Falle stellen zu können, also einen Grund zur Verurteilung zu haben und damit seine radikale Infragestellung der bestehenden Ordnung unschädlich zu machen. Und wie immer fangen sie sich selbst in der Falle. Die Gebärden, die von Jesus überliefert sind, scheinen deutlich zu zeigen, daß er dem Problem nicht die gleiche Wichtigkeit zumißt wie seine wahrscheinlich aufgeregten Frager: er schreibt mit dem Finger auf die Erde. Nach dem Spruch, der die Frage auf eine ganz andere Ebene rückt als die der (nicht in Frage gestellten!) Gesetzmäßigkeit der Strafe, beugt er sich nieder und fährt mit seiner zur Dramatik der Situation so wenig passenden Beschäftigung fort. Wieder geht es, wie beim Problem des »lüsternen Ansehens«, um den Schuldspruch durch das eigene Gewissen. »Einer nach dem andern«, so heißt es, »die Ältesten zuerst«, gehen sie davon. Jesus bleibt mit der Frau in dieser sicher wichtigsten Stunde ihres Lebens allein. Die Szene könnte nicht eindrucksvoller sein. Der Urteilsspruch, obwohl moralisch bereits gefällt, wird unwirksam gemacht. »So verdamme ich dich auch nicht.« Und es folgt der Aufruf zur Umkehr, bekannt aus dem ganzen Alten Testament, aber von Jesus mit einem ganz neuen Sinn erfüllt: »Sündige von jetzt an nicht mehr!«

Es ist heute wichtig, wie es Romano Guardini tut, darauf hinzuweisen, daß Jesus kein »Revolutionär des Herzens« war, daß er nicht für »das Recht der Leidenschaft gegen erstarrte Ordnung und erheuchelte Sittenstrenge« steht (Guardini 1949, S. 6), daß er sich auch nicht als Sozialreformer verstand. Hingerichtet wurde er nach den Evangelien wegen Lästerung der geltenden Religion (wie später so viele zur Zeit der nach ihm benannten neuen). Die Lästerung bestand darin, daß er quer durch alle bestehenden Ordnungen hindurch seinem eigenen Gesetz, das »nicht von dieser Welt war«, folgte. Ehe, Sexualität, Heiratsvorschriften hielt er offensichtlich für Dinge dieser Welt. Das zeigt sich etwa an folgendem Beispiel: Er wird von Angehörigen der Sadduzäersekte, die die Auferstehung der Toten leugneten, gefragt, wessen Frau im Jenseits eine Jüdin sei, die nacheinander, jeweils nach dem Tod ihres Mannes, dessen sechs Brüder geheiratet habe, also zu Lebzeiten sieben Ehemänner hatte, darin dem mosaischen Gesetz der Schwagerehe gehorsam – eine Frage, deren theoretisch-schematischer Charakter auf der Hand liegt. Jesus nimmt sie in der für ihn charakteristischen Art ernst: »Nur in dieser Welt heiraten die Menschen« (Luk. 20,34). Und er beantwortet auch die Herausforderung wegen der Auferstehung – allerdings auf eine recht schriftgelehrte Art: Gott werde schon von Mose als Gott Abrahams, Isaaks und Jakobs bezeichnet – daraus lasse sich der Schluß ableiten: »Er ist doch kein Gott von Toten, sondern von Lebendigen; denn für ihn sind alle lebendig« (Luk. 20,38).

Ob dies ein echtes Jesuswort ist oder nicht, kann ich nicht entscheiden. Wichtig ist mir, daß denen, die die Dokumente seiner Lehre zuerst aufzeichneten, daran lag, die Kontinuität zur jüdischen Überlieferung zu zeigen. Was wird im Neuen Testament aus dem Begriff der Eifersucht Gottes? Sie kommt nur an einer einzigen Stelle vor, und nicht bei Jesus selbst. Paulus sagt im zweiten Brief an die Korinther (11,2), daß er die junge Gemeinde mit der Eifersucht Gottes liebe, weil er sie »als reine Jungfrau zu Christus« führen will. Das Ehebild des Hosea wirkt hier also fort – es entwickelt sich zur Verbindung zwischen Christus und der Kirche und führt zur Deutung des Hohenliedes als Allegorie dieser Beziehung. Meinen protestantischen Gedanken und Gefühlen ist zwar dieses herrliche, von Farben und Sinnlichkeit glühende Liebesgedicht zugänglich, nicht aber der Sprung in die mystisch-symbolische Übertragung. Jedenfalls: Eifersucht kommt hier nicht vor, und sieht man wirklich Christus als den Bräutigam und die Kirche als die Braut an, so ist dieser Bräutigam nicht eifersüchtig. Das Hohelied besingt einen Zustand höchsten Einklanges, höchster Freude aneinander, eben die Hoch-Zeit einer Liebe, in der Argwohn überhaupt nicht denkbar ist. Soweit ich weiß, spielt in der Symbolik der Kirche als Braut Christi auch, abgesehen vom Hohenlied, Eifersucht nirgends eine Rolle.

Wenn aber auch nicht wörtlich von der Eifersucht Gottes die Rede ist, so versteht Paulus doch die Verlorenheit der Menschen – aller Menschen, nicht nur der Kinder Israels, denn das Evangelium ist ausdrücklich »jedem« zugedacht (Röm. 1,16) – als Folge des Zornes Gottes für die Verweigerung, ihn zu ehren, ihm zu danken und ihn wahrzunehmen, und daher auf ihn bezogen zu leben. Die Grundsünde ist jetzt nicht mehr die Verehrung fremder Götter, sondern »die Anbetung des Geschöpfes, das anstelle des Schöpfers verehrt wird« (Röm. 1,25). Die »entehrenden Leidenschaften«, denen Gott die Menschen preisgibt, sind zuerst sexuelle Abirrungen (Röm. 1,26–27), aber auch Ungerechtigkeit, Habgier, Neid, Mord, Streit, Hochmut. Paulus leitet daraus die Unzuständigkeit des Menschen ab, über andere zu richten (Röm. 2,1–2). Das bedeutet nicht die Außerkraftsetzung der Moral, aber eine völlig andere Bewertung. Ich werde mich hier nicht in die Rechtfertigungslehre verlieren, möchte aber dafür darauf hinweisen, auf eine wie merkwürdige Weise Freud in der Tradition des »Nichtrichtens« steht.

Ich will jedoch nicht die Frage umgehen, wie jemand, der sich an Jesus orientieren möchte, mit Eifersucht umgehen kann. Die wirklich treffende Antwort muß jeder für sich selber finden. Leider kann ich, obwohl ich an einer von beiden Kirchen getragenen Institution arbeitete, auf fast keine überzeugenden Erfahrungen mit gläubigen Klienten zurückgreifen. Unsere Klientel erwartete auch in aller Regel keine christliche Beratung, sondern einfach Beratung überhaupt. Im Gegenteil, manchmal ist es mir vorgekommen, als flögen in den Ehen der Kirchentreuen mehr Steine als in denen der andern; die Einsicht in den eigenen Anteil am gemeinsamen Unglück, in die eigene Schuld nach christlichem Verständnis, wird oft sogar besonders hartnäckig abgewehrt: allgemein sei man selbstverständlich nicht ohne Sünde, aber auf dem einschlägigen Gebiet der Sexualität und Treue sei man es ganz bestimmt, und nur der oder die andere habe das Versprechen, das vor dem Altar gegeben wurde, gebrochen und verraten. Daß jemand aus dem Bergpredigtwort über den Ehebruch durch begehrliche Gedanken den Schluß zieht, dann habe doch wohl jeder schon einmal die Ehe gebrochen, ist mir nicht begegnet (außer bei Freud – man vergleiche dessen Aufsatz über Eifersucht).

Aber vielleicht verfalle ich hier einem ethischen Mißverständnis der christlichen Botschaft, deren Zentrum doch das Angebot von Umkehr und Vergebung bleibt und deren Regeln, jedenfalls wenn man sich an den Wortlaut des Neuen Testaments und nicht an gewisse Kirchenvorschriften hält, weniger das Verhalten als die innere Beziehung zwischen Gott und den Menschen betreffen. »Wir sind der Überzeugung, daß der Mensch gerecht wird durch Glauben, unabhängig von den Werken des Gesetzes«, schreibt Paulus im Römerbrief – Luthers zentraler Erlösungssatz (Röm. 3,28). Und Jesus, gefragt nach dem wichtigsten Gebot, antwortet mit zwei Zitaten aus dem Alten Testament: »Du sollst den Herrn, deinen Gott, lieben mit ganzem Herzen, mit ganzer Seele und mit all deinen Gedanken« und »Du sollst deinen Nächsten lieben wie dich selbst« (Matth. 22,37–39, ähnlich bei Markus und Lukas). Wer das ernst nimmt, ist frei von den einengenden israelischen Vorschriften. Allerdings: es sollen drei »Objekte« geliebt werden: Gott, der Nächste und man selbst; wie das gleichzeitig gehen soll, muß einem genau hinschauenden Ungläubigen wie die Quadratur des Kreises erscheinen. Möglich ist es wohl in einer sich dauernd verändernden und dadurch sehr lebendigen Beziehung zu Gott, zu den andern und vor allem auch zu sich selbst. Vielleicht hilft auch ein Vergleich mit der besten und beglückendsten Form der Mutterliebe: sie wird ja bei der Geburt eines neuen Kindes nicht geteilt oder verschoben, sondern verdoppelt sich, weitet sich aus.

Psychologisch ausgedrückt, wird im Neuen Testament vom Subjekt eine erwachsene, eigenverantwortliche Haltung erwartet gegenüber einer unselbständigen, von Weisungen abhängigen im Alten Testament. Jesu Aussage, daß der Sabbat für den Menschen da sei und nicht der Mensch für den Sabbat, zeigt wie in einem Brennspiegel, daß er das israelitische Gesetz keinesfalls für das letzte Wort Gottes hielt, dessen bedingungslose Befolgung er verlangte. Er gab den Menschen das Gesetz frei für eigenes Nachdenken und selbständige Entscheidung, gegebenenfalls auch zur Übertretung. Undenkbar ist allerdings, daß Jesus dergleichen in einem modernen psychologisierenden Sinn von der Ehe gedacht haben sollte, ebenso unvorstellbar jedoch, daß für ihn die Ehe gut oder wenigstens das kleinere Übel und im übrigen die Sexualität schlecht war. Diese Haltung findet sich bei Paulus, in den Evangelien aber nirgends. Für Jesus gibt es ganz offensichtlich quer durch *alle* Bereiche des sozialen Lebens Güte und Bosheit, Freundlichkeit und Feindschaft, Vergebung und Verdammung, das Annehmen des Menschenbruders als Gottes Kind und die Erstarrung in gesetzestreuem Hochmut. Die Ehe ist damit eine mitmenschliche Situation unter andern, nicht eine mit Ausnahmeregeln. Wenn Jesus sagt, man solle seinem Bruder nicht siebenmal, wie Petrus vorschlägt, sondern siebenundsiebzigmal verzeihen (Matth. 18,22), so gilt das auch für die Ehegatten – und ist wohl genauso utopisch, zeigt aber den Primat von Liebe und Vergebung gegenüber Rechthaberei und Rachsucht ebenso wie den großen Abstand zwischen göttlicher Forderung und menschlichen Möglichkeiten. »Er sah sie an«, heißt es bei Matthäus an einer Stelle, wo es wieder einmal um das Thema der Gerechtigkeit geht, und sagte: »Für Menschen ist das unmöglich, für Gott aber ist alles möglich« (Matth. 19,26).

So rechnet auch Paulus die Liebe unter die Geistesgaben, die der Heilige Geist verleiht – und ich werde jetzt nicht dem Leser die Mühe abnehmen, die Bibel (das mit Abstand verbreitetste Buch der Welt!) aus dem Bücherschrank zu nehmen und im ersten Korintherbrief das herrliche und tröstliche dreizehnte Kapitel nachzulesen, in dem die Liebe, die in der christlichen Gemeinde herrschen soll, beschrieben und besungen wird. Zum Thema Eifersucht hat Luther noch (in Vers 4) das Wort »eifern« gewählt, die Zürcher Bibel »ist nicht eifersüchtig«, die Einheitsübersetzung »ereifert sich nicht« – jedenfalls gehört dies zu den Eigenheiten, die die Liebe eben *nicht* hat. »... Sie ereifert sich nicht, sie prahlt nicht, sie bläht sich nicht auf ...« Und weiter: »... sie läßt sich nicht zum Zorn reizen, trägt das Böse nicht nach«; und positiv ausgedrückt: »Sie erträgt alles, glaubt alles, hofft alles, hält allem stand.« Ausdrücklich allerdings verweist Paulus auf die Vorläufigkeit dessen, was Menschen möglich ist: »Stückwerk ist unser Erkennen«, und: »Jetzt schauen wir in einen Spiegel und sehen nur rätselhafte Umrisse, dann aber schauen wir von Angesicht zu Angesicht.«

Paulus hielt das Weltende für nahe bevorstehend – und hatte dafür weniger objektive Gründe als wir heute. Die Ausrichtung auf diese Nähe des Gottesreiches ist uns trotzdem versagt. Ich kann mir keinen gläubigen Christen vorstellen, der sein moralisches Leben danach einrichtet, daß bald die Atombombe fällt, so sehr er auch davon überzeugt sein mag. Verbreitet ist eher der Luther zugeschriebene Satz, der aber bei ihm nicht zu belegen ist: »Wenn ich wüßte, daß morgen die Welt untergeht, würde ich heute noch ein Apfelbäumchen pflanzen.« Kaum denkbar wäre allerdings, daß man Luther in den Mund legen könnte: »Wenn ich wüßte, daß morgen die Welt untergeht, und ich wäre eifersüchtig auf meine Käthe, so würde ich bei meiner Eifersucht bleiben.«

Ich wollte dieses Kapitel über Jesus und die Eifersucht abschließen mit dem Verweis auf ein Bibelwort, das die eigene Verantwortung betont: »Da siehe du zu!« Ich hatte den Zusammenhang vergessen. Hier ist er: Als Judas sah, daß Jesus wegen seines Verrats zum Tode verurteilt wurde, brachte er die dreißig Silberlinge, die er bekommen hatte, den Hohenpriestern und Ältesten zurück »und sprach: Ich habe übel getan, daß ich unschuldig Blut verraten habe. Sie sprachen: Was geht uns das an? *Da siehe du zu!*« (Einheitsübersetzung: Das ist deine Sache!) Wie die Geschichte weiterging, ist bekannt. Judas erhängte sich (Matth. 27,3–5).

Diese Assoziation soll nun hier stehenbleiben. Denn auch zwischen Jesus und Judas hat sicher Eifersucht eine Rolle gespielt. Die ganze Geschichte des Umgangs der Kirche mit der Eifersucht führt fort, was Paulus an die Korinther schreibt: »Ihr seid immer noch irdisch eingestellt. Oder seid ihr nicht irdisch eingestellt, handelt ihr nicht sehr menschlich, wenn Eifersucht und Streit unter euch herrschen?« (1. Kor. 3,3) Also doch: »Da siehe du zu! Das ist deine Sache!«? Auch ich wäre dankbar für eine bequemere Hilfe, aber in der Bibel finde ich sie nicht.

Die Schwierigkeit, Eifersucht auszudrücken

> Ich könnte kühn behaupten, die Unkenntnis über unser eigenes Seelenleben reiche so weit, daß wir nicht einmal wissen, was wir sprechen, selbst wenn wir es völlig klaren und überlegten Geistes tun.
>
> Richard Sterba, 1930

»Eifersucht ist schlimmer als Zahnschmerzen.« Um den Sinn dieses altfranzösischen Sprichworts ganz zu verstehen, muß man wissen, daß Zahnschmerzen im mittelalterlichen Frankreich ungewöhnlich gefürchtet waren. Wenn man jemand etwas besonders Böses wünschte, wünschte man ihm Zahnschmerzen. Nicht nur für *ebenso* lebensvergällend und unbeherrschbar hielt man Eifersucht, sondern für *noch* schlimmer, was wohl heißt: für noch rätselhafter und quälender. Zähne konnte man immerhin ausreißen, und Zahnweh war wenigstens eindeutig negativ. Dagegen Eifersucht – wollte man sie wirklich nur loswerden? War sie nicht auch Zeichen eines edlen und leidenschaftlichen Gefühlslebens, der vornehmen und feingebildeten Liebe, die im Frankreich des 11. und 12. Jahrhunderts, in der Zeit, in der unser Sprichwort zuerst belegt ist, gleichsam erfunden wurde? (S. unten S. 129 ff) Jedenfalls würde die Undeutlichkeit in der Bewertung des Gefühls Eifersucht, die Ambivalenz, die auch den therapeutischen Umgang mit ihr so schwer macht, die sonderbare Tatsache erklären, daß Eifersucht, obwohl sie in vielen Urgeschichten der Menschheit eine wichtige Rolle spielt, in allen Sprachen schwer und daher erst spät auszudrücken war.

Von Anfang an hat es Schwierigkeiten in der Unterscheidung gegenüber anderen Begriffen gegeben, und zwar in zwei Richtungen: einerseits zwischen Eifersucht und Neid, andererseits zwischen Eifersucht und Eifer. Über das Althebräische habe ich berichtet. Im Neuhebräischen werden noch immer alle drei Bedeutungen durch ein einziges Wort – kinah – wiedergegeben und sind daher nur aus dem Kontext zu erschließen. Auch im Griechischen ist die Bezeichnung für das, was wir heute Eifersucht nennen, laut Wörterbuch »spätgriechisch und poetisch«, nämlich erst bei Plutarch belegt, der schon nach der Zeitwende lebte (48–122). Das Wort heißt *zelotypia* und ist von *zelos,* »Eifer«, nicht klar getrennt. Das klassische Latein hat überhaupt kein eindeutiges Wort für Eifersucht. Es gibt zwar, ebenfalls spät, das aus dem Griechischen übernommene *zelotypia,* aber da die erste Silbe als lang gezählt wurde, paßte das Wort in keinen lateinischen Vers, konnte also in der Liebesdichtung, in Epen und Versdramen nicht verwendet werden. Gebräuchlich waren – etwa in Ovids »Liebeskunst«, in der Eifersucht oft vorkommt – statt dessen *aemulatio,* wörtlich »das Streben, es einem andern gleichzutun«, also Wetteifer, Nacheifern, *invidia,* Neid, vom Wortstamm her dem bösen Blick verwandt *(in-video), rivalitas,* Nebenbuhlerschaft, ursprünglich zwei, die Zugang zum selben Wasser haben *(riva – Ufer).* Ovid benutzt auch *amoris stimulis agitatus,* durch die Stachel der Liebe getrieben, wo wir einfach eifersüchtig setzen würden. So sehr wurden also Liebe und Eifersucht als ineinander verschlungen angesehen. Oder die Eifersucht wurde genau und säuberlich umschrieben: *sollicitus propter alienum amorem,* besorgt wegen fremder Liebe, oder *uxor pellicatus dolore cruciata,* eine Ehefrau, die vom Schmerz wegen des Umgangs mit einem Kebsweibe gemartert wird.

»Zelotypia« wurde aber ins Latein des Mittelalters übernommen und spielte eine wichtige Rolle in der in der zweiten Hälfte des 12. Jahrhunderts entstandenen und in den folgenden Jahrhunderten sehr verbreiteten Liebeslehre des französischen Klerikers Andreas – Andreas Capellanus –, auf die ich später eingehen werde.

Die sprachliche Entwicklung begleitet folgerichtig das Schicksal der Kultur des Abendlandes: Nach der Überschwemmung des römischen Reiches durch die Germanen geht das Lateinische gleichsam in den Untergrund. Es wird einerseits mit den großen Texten tradiert und verändert sich auf der Ebene der hohen Literatur überhaupt nicht mehr. Es wird andererseits die Sprache des sich ausbreitenden Christentums und seiner theologischen Gelehrsamkeit, davon ausgehend auch die der weltlichen Bildung. Auf der Ebene der gesprochenen Sprache entwickelten sich aus dem Vulgärlatein die verschiedenen romanischen Sprachen.

In unserm eigenen heutigen Sprachgebiet wurden verschiedene germanische Dialekte oder Sprachen gesprochen, von denen bis ins 8. Jahrhundert hinein fast gar nichts und danach zunächst – bis nach der Jahrtausendwende – nur geistliche Texte erhalten sind. Die Klöster, in deren Händen die schriftliche Überlieferung ausschließlich lag, sahen die germanische Götter- und Heldenwelt gegenüber der antiken als offenbar so minderwertig an, daß sie den zweifellos vorhandenen Dokumenten die heute unvorstellbaren Mühen des Abschreibens und Aufbewahrens nicht zuteil werden ließen. Für unser Wort »Eifersucht« ergibt sich daraus, daß wir nicht wissen, wie dieses Gefühl, das dennoch in den nordischen Sagen, wie sich aus späteren Niederschriften erschließen läßt, eine wichtige Rolle spielte, bezeichnet wurde. Auch das Wort Eifer ist nicht belegt. Die mittelhochdeutschen Dichter brauchten »nîde, nît«, also die Vorform von Neid.

Die Brüder Grimm, deren Märchensammlung nur einen kleinen Teil ihrer Lebensmühe um die sprachlichen Schätze der alten deutschen Kultur darstellt, haben im Jahre 1838 mit einer Bestandsaufnahme der deut-

121

schen Sprache begonnen, dem »Deutschen Wörterbuch«, dessen erster Band 1854 erschien, der letzte aber erst 1971. Die Artikel »Eifer« und »Eifersucht« erschienen noch zu Lebzeiten der gelehrten Brüder. Zur näheren Begriffsbestimmung stellen sie jeweils die lateinischen Wörter zur Verfügung, da sie bei Wissenschaftlern und Gebildeten die genaue Kenntnis des Lateinischen voraussetzen konnten. Dort lernen wir also: »Eifer« als *fervor, studium* (Hitze, Leidenschaft, eifrige Bemühung) taucht »im 15. Jahrhundert plötzlich auf«. »Entschiedenes Recht erlangt es in der neuhochdeutschen Sprache durch Luther«, also durch seine für die Ausbildung und Festlegung unserer Hochsprache so wichtige Bibelübersetzung. Luther aber unterscheidet Eifer nicht von dem, was wir heute Eifersucht nennen, auch nicht in eindeutigen Zusammenhängen wie dem von 4. Mos. 5,11–31 (vgl. S. 99f). Die früheste Stelle, die im Grimmschen Wörterbuch für ifer (Eifersucht) zitiert ist, stammt von Sebastian Brant (1457–1521), dem deutschen Humanisten und Rechtsgelehrten, der durch populäre moralische Satiren berühmt geworden ist, besonders durch das 1494 mit Holzschnitten von Dürer erschienene »Narren Schyff« – übrigens der größte deutsche Bucherfolg vor Goethes »Werther«:

des ifers zit ist nit die best
er vörcht ein andern gouch im nest.

sinngemäß:

Des Eifers Zeit ist nicht die beste,
er fürcht' ein Kuckucksei im Neste.

Der erste Beleg für »Eifersucht« stammt von Hans Sachs (1494–1576), dem Nürnberger Schuhmacher, Dramatiker und Poeten der Lutherzeit. Aber die mögliche Bedeutung »Eifer« gleich Eifersucht bleibt noch lange bestehen. Das Verb »eifern«, gleich eifersüchtig sein, hat sich im süddeutschen und österreichischen Raum bis heute erhalten. Erst im 18. Jahrhundert trennen sich die Begriffe Eifer und Eifersucht. Daß das Bedürfnis nach Unterscheidung überhaupt entstand, dürfte auf den Einfluß der französischen Literatur zurückzuführen sein, die an psychologischer Differenziertheit der deutschen weit voraus war und in der es ein eigenes Wort für Eifersucht, nämlich »jalousie«, längst gab.

Betrachten wir die Entstehung dieses Wortes, so gleiten wir wieder ein paar Jahrhunderte zurück. Wer den verschlungenen Wegen philologischer Forschung nachgehen will, der lese die gelehrte Untersuchung aus dem Jahre 1937 über die Bezeichnung der Eifersucht in den romanischen Sprachen von Margot Grzywacz, einer deutschen Romanistin, die an der Universität von Schantung lehrte. In unserm Zusammenhang ist es vor allem wichtig, daß das Volk in den Jahrhunderten nach dem Verfall der gelebten Kultur des römischen Imperiums fast alle abstrakten Begriffe aufgab und die Sprache sehr vereinfachte. Unsere Lateinschüler, die sich aufatmend in die heute noch lebenden Sprachen begeben, können ein Lied davon singen. Ein so schwierig auszudrückender Begriff wie Eifersucht, an dessen Bezeichnung die beiden antiken Hochsprachen fast erfolglos gearbeitet hatten, konnte daher nur von oben, von den Gebildeten her in den Sprachschatz eingespeist werden:

Zweifellos liegt den Wörtern für eifersüchtig:

jaloux, jalouse (französisch),

geloso (italienisch),

celoso (spanisch),

ein *zelosus* zugrunde, doch weist M. Grzywacz nach, daß dieses im Vulgärlateinischen noch nicht existierte. Eindeutig gebräuchlich in einer Volkssprache des ehemals römischen Gebietes ist das stammverwandte Wort für »eifersüchtig«, *gelōs* oder *gilōs*, zuerst im Provenzalischen, und zwar in der Kunstlyrik, bei zwei Troubadours, also gebildeten Liebesdichtern und -sängern, mit den schönen Namen Cercamon und Marcabru, die in der ersten Hälfte des 12. Jahrhunderts lebten. Auch im Provenzalischen war *gilōs* demnach kein volkstümliches, sondern ein gebildetes Wort (in Volksliedern wurden die Abkömmlinge von *invidiosus,* neidisch, gebraucht).

Woher stammt also dieses Wort *zelosus,* das im gesprochenen Latein des Römischen Reiches nicht vorkam und das, wenn es existiert hätte, nicht »eifersüchtig«, sondern »eifrig« bedeutet hätte, weil *zelus* nur Eifer heißt? Hier macht die Sprache einen seltsamen, aufschlußreichen Umweg: In der lateinischen Bibelübersetzung, der Vulgata, die bereits im 4. Jahrhundert entstand und bis ins 12. Jahrhundert hinein im französischen Raum der einzig zugängliche Text der heiligen Schriften blieb[*], kommt für die Eifersucht Gottes das Adjektiv *zelotes*, eifersüchtig, mehrmals vor. Bei der Übernahme in die Volkssprache wurde die fremde Endung zu *zelosus* romanisiert. »Es drängt sich die Vermutung auf«, schreibt Margot Grzywacz, »daß ein witziger Kopf (oder mehrere an mehreren Stellen, H. B.) den Gatten, der nicht dulden will, daß andern Männern neben ihm Huldigungen erwiesen werden, mit dem ›eifersüchtigen Jehova‹ identifiziert hat« (S. 33). Das würde auch erklären, warum im Altfranzösischen *jaloux* noch als »eifrig« gebraucht werden konnte, was heute mit *zélé, empressé* oder *fervent* wiedergegeben wird.

Wir finden hier also wieder die Verbindung zwischen Religion und

---

[*] Anfang des 12. Jahrhunderts wurde eine französische Übersetzung hergestellt, eine gedruckte gab es natürlich erst im 15. Jahrhundert.

Eifersucht, zwischen einem weltlichen, allgemein bekannten Gefühl und den höchsten göttlichen Ansprüchen, im weiteren Sinne überhaupt die zwischen Religion und Sexualität. Ins Psychologische übertragen: Auch die Sprachentwicklung reagiert sehr fein auf den starken narzißtischen Anteil der Eifersucht.

Daß solche Behauptungen über die Mühsal der Sprachentwicklung nicht etwa aus der Luft gegriffen sind, sondern daß unangenehme Sachverhalte sich schwer ausdrücken lassen, zeigt ein Blick auf die Verrenkungen, die die Sprache machen mußte, um ein Wort für den betrogenen Ehemann zu schaffen. »Hahnrei« ist eigentlich ein »Hahnreh«, ein Hahn mit Geweih. So bezeichnete man Kapaune, kastrierte Hähne, weil man früher die merkwürdige Angewohnheit hatte, Kapaunen die abgeschnittenen Kampfsporne in den Kamm als Hörner einzusetzen. »Hörner tragen«, »Hörner aufsetzen« ist in vielen Sprachen der Ausdruck, der den betrogenen Ehemann charakterisiert, und hat zweifellos eine herabsetzende, denunzierende, phallische Bedeutung. Die Entwicklung ist also: kastrierter Hahn – impotenter Mann – einer, der sich betrügen läßt – einer, der ohne sein Wissen betrogen wird. Ohne Frage ist es Ausdruck einer männerzentrierten Kultur, daß ein Wort mit einer ähnlich umständlichen, sich windenden Entwicklung für die betrogene Frau nicht gefunden werden mußte. Da konnte man einfach die Sache beim Namen nennen.

Der endlich festgewordene Ausdruck für Eifersucht in den modernen Sprachen enthält noch eine andere tiefe psychologische Einsicht: er wird in allen Sprachen mit einer Präposition gebraucht: *eifersüchtig auf, jaloux de, celoso de, geloso di, jealous of.* Und in allen Sprachen sind auf die Frage: »Auf wen bist du eifersüchtig?« zwei Antworten möglich: auf den Rivalen oder auf die geliebte Person, auf, sagen wir, Hans oder Grete. So daß, wenn der Zusammenhang nicht bekannt ist, unklar bleibt, wen das sprechende Subjekt, sei es männlich oder weiblich, eigentlich liebt und wen es haßt – Hans oder Grete. Es blieb der Psychoanalyse vorbehalten, zu einer Zeit, in der längst jeder zu wissen glaubt, was er sagt, wenn er von Eifersucht spricht, auf die zugrundeliegende Unsicherheit hinzuweisen und diese therapeutisch fruchtbar zu machen. Richard Sterba, Mitglied von Freuds Wiener Psychoanalytiker-Runde und später nach Amerika ausgewandert, bezog sich 1930 auf Freuds Erkenntnisse (1922, s. unten, S. 162 ff) über die homosexuellen Anteile der Eifersucht: Das bisexuelle Erlebnis der Eifersucht, schreibt er, dürfe wohl als ebenso allgemeingültig angesehen werden wie die Bisexualität selbst, »die ja am Beginn der Libidoentwicklung von uns allen steht. Die Bewältigung der homosexuellen Komponente dieser Bisexualität bedeutet für unsere Kulturepoche den normalen Ausgang der psychosexuellen Entwicklung«

(Sterba 1930). Dagegen spielt sie in den pathologischen Formen der Eifersucht eine überwältigende Rolle. Aber ein Rest der allgemeinen Bisexualität ist aufbewahrt in der »so auffälligen Unklarheit eines so gebräuchlichen Ausdrucks«.

Während das Deutsche diese so aufschlußreiche Unklarheit mit andern Sprachen gemeinsam hat, ist sein Ausdruck für den Zustand, das Gefühl, die Leidenschaft Eifersucht deutlicher als anderswo: nicht ein Suffix, eine Endung also, charakterisiert das Wort (die genaue Entsprechung der romanischen Wörter und des von ihnen abhängigen englischen wäre »Eiferei«), sondern die Verbindung von »Eifer« mit einem andern Substantiv: »Sucht«. Die großartige Fähigkeit des Deutschen für Zusammensetzungen läßt allein vom Wortlaut her Rückschlüsse auf die Einordnung des Gefühls zu. »Sucht« kommt nicht, wie viele denken, von »suchen«, sondern ist verwandt mit »siech«, krank also; es ist ein sehr altes gemeingermanisches Wort, das früher ein weitaus größeres Bedeutungsfeld abdeckte als heute. »Sucht« war der allgemein gebrauchte Ausdruck für unser heutiges Wort »Krankheit« (das sehr viel später in Umlauf kam und mit »Krampf« verwandt ist). Das Wort »Sucht« hat, so das Grimmsche Wörterbuch, eine »dämonistische Grundfarbe«, da Krankheiten des Körpers ursprünglich als »etwas gewaltsam von außen Eindringendes, als Eingriff, ja als Erscheinungsform dämonischer Mächte ... aufgefaßt wurden«. Das Wort »erscheint in den frühen Schichten seines Auftretens als Zeichen für eine lebendige Wesenheit«, es wird in Beschwörungs- und Verwünschungsformeln und in verbalen Zusammenstellungen verwendet, die der Sucht Aktivitäten wie einem lebendigen Wesen zuschreiben: die Sucht »erstöszt, erschlagt, schüttelt, besteht, geht an, waltet«. So heißt es in Luthers Tischreden noch – als Fluch: »dasz in (ihn) die sucht erstosze«. Die Bedeutung Sucht = Abhängigkeit, Hörigkeit gegenüber Rauschmitteln existiert laut Grimmschem Wörterbuch erst in »neuester Zeit«, also im 19. Jahrhundert. Die Bedeutung »sittliche, seelische, geistige Krankheit« lief aber als eine schwächere Bedeutungslinie von Anfang an mit. Als allgemeine Bezeichnung für Krankheit ist »Sucht« in der zweiten Hälfte des 18. Jahrhunderts schriftsprachlich veraltet, im 19. Jahrhundert erloschen. Die Bedeutung »(krankhaft übersteigerter) Trieb« sei, so das Wörterbuch, »heute fast allein geltend«.

Die Einführung von »Eifer*sucht*« in der zweiten Hälfte des 16. Jahrhunderts zeigt zunächst einmal, daß der damit bezeichnete Zustand als Krankheit empfunden wurde. Denken wir an den »dämonistischen Einschlag«, so können wir weiter schließen, daß diese Krankheit als ichfern (psychologischer Fachausdruck »nicht ich-synton«) angesehen wurde, jedenfalls in der von außen angelegten Klassifizierung – denn wie heute, so werden auch damals viele Eifersüchtige ihren eigenen Zustand als völlig normal betrachtet haben. Auch hier konnte erst die Psychoanalyse eine therapeutisch wirksame Theorie darüber aufstellen, welche Kräfte die menschliche Seele bewegen, sich in puncto Eifersucht möglicherweise einen Wahn aufzubauen oder ihn wieder zusammenfallen zu lassen. Daß wir heute Eifersucht wegen der Wortgeschichte als »Abhängigkeit« verstehen können, obwohl wir uns dabei etymologisch irren, hat dadurch einen tiefen Sinn bekommen, der sich in andern Sprachen so direkt nicht wiedergeben läßt.

Im Deutschen gibt es, soweit ich sehe, nur eine einzige übertragene Verwendung von Eifersucht: »eifersüchtig über etwas wachen« und verwandte Ausdrücke, die die persönliche Dreiecksbeziehung auf unpersönliche Dinge und Beschäftigungen übertragen. Ähnlich ist es im Englischen. Dagegen sprudelt uns in den romanischen Sprachen eine Fülle von metaphorischen Einfällen entgegen, aus dem militärischen, botanischen, waffentechnischen und Marinebereich, die ich hier nicht alle aufzählen will. Hängt es mit der größeren Leidenschaftlichkeit südlicher Völker zusammen, daß ihnen der Vergleich mit der Eifersucht so leicht einfällt?

Auf eine einzige von den übertragenen Bedeutungen möchte ich kurz eingehen: auf »jalousie«, wie auch wir es als Fremdwort gebrauchen, als Bezeichnung für einen durchbrochenen Fensterladen. Es handelt sich hier um eine Metapher, die als solche nicht mehr empfunden wurde, und die in der Anwendung eines abstrakten Begriffes auf eine konkrete Sache eine eher ungewöhnliche Sprachbewegung dokumentiert (die umgekehrte ist häufiger). Der abstrakte Begriff – Eifersucht – mußte demnach den Sprechenden so geläufig sein, daß er zur Bezeichnung eines ungewohnten Gegenstandes geeignet erschien. (Die Erfindung kommt wahrscheinlich aus dem Orient.) In diesem Sinne ist das Wort *gelosia* in Italien schon vor dem Anfang des 16. Jahrhunderts nachzuweisen, und zwar zuerst 1493, wo es auf eine durchbrochene Tür angewendet wird, die den Altarraum abschirmt, so daß das Volk den heiligen Handlungen zusehen kann, aber den Priester nicht behindert (Grzywacz, S. 121). Der ausdrückliche Sinn der Jalousie bei etwas späteren Erwähnungen ist »sehen ohne gesehen zu werden« – also nicht etwa, wie wir es heute mindestens *auch* auffassen, Licht einzulassen, ohne der prallen Sonnenhitze ausgesetzt zu sein oder eine unerwünschte Aussicht zu haben. Die Einfühlungskraft der Sprache betont hier den voyeuristischen Aspekt von Eifersucht, der ebenfalls erst von der Psychoanalyse verstanden und eingeordnet wurde (s. unten S. 229 ff). Ein Zeitvergleich zeigt wieder den Vorsprung der romanischen Sprachen: Etwa 70 Jahre, bevor ein eindeutiges Wort für Eifersucht im Deutschen überhaupt erstmals nachgewiesen wurde, war im südlichen Europa schon die metaphorische Verwendung möglich.

126

Zum Abschluß dieses Ausfluges in die Philologie noch ein Blick auf das Zitat, das einem am häufigsten begegnet, wenn man sich mit Eifersucht beschäftigt: »Eifersucht ist eine Leidenschaft, die mit Eifer sucht, was Leiden schafft.« Manche halten es für ein Sprichwort, aber dazu ist es zu geistreich. Von vielen Gebildeten wird es dem protestantischen Theologen und preußischen Patrioten Schleiermacher zugeschrieben. Bei ihm scheint es aber weder in Werken noch in Briefen nachzuweisen zu sein. In Büchmanns »Geflügelten Worten« ([33]1981) finde ich folgende Erklärung: Das Zitat stammt aus einer Übersetzung von Cervantes, dem großen Autor des »Don Quijote«. In einem seiner kleinen Stücke *(entremeses)* ruft ein Soldat aus:

¡O zelos, zelos!
¡Quán mejor os llamaron duelos, duelos!

Einigermaßen wörtlich:

O Eifersucht, Eifersucht!
Wieviel besser hießest du Trauer und Schmerz!

Diesen Reim, der auf spanisch nach Art der lustigen Person, des Gracioso, zugleich komisch und geistreich klingt, hat der Übersetzer Hermann Kurz so wiedergegeben:

O Eifersucht, Eifersucht, du Leidenschaft,
die mit Eifer sucht,
was Leiden schafft!

Da die angegebene Veröffentlichung erst von 1917 ist, Schleiermacher aber schon 1834 starb, ist trotzdem möglich, daß dem letzteren dieser Einfall gekommen wäre und danach in sprichwörtlichen Umlauf kam, so daß Kurz eine bereits bestehende Redefigur übernehmen konnte. Doch scheint die Einordnung in den spanischen Umkreis viel plausibler, sowohl was die Eifersucht als auch was den witzigen und gewitzten Umgang mit der Sprache angeht.

Beim Suchen nach dem Grund für die Zuweisung an Schleiermacher ist mir diese in bezug auf den Wortlaut immer unwahrscheinlicher geworden – so geistreich schrieb Schleiermacher nicht, eher ausschweifend, überschwenglich, gefühlvoll. Daß man ihm dieses Bonmot zutraute, ist wohl bezeichnend für die Beurteilung Schleiermachers durch Zeitgenossen und Nachwelt, auch vielleicht für sein Leben: Er war ein großer Frauenfreund, hat sich aber nie in ein Mädchen verliebt, wie er im Briefwechsel mit seiner Braut, der blutjungen Witwe eines Freundes, schreibt (Schleiermacher 1919), sondern immer in verheiratete Frauen. Nachdenken über Eifersucht wird also eine Notwendigkeit für ihn gewesen sein. Wir verdanken ihm nicht nur die »Vertrauten Briefe« zum Liebes-Leitfaden der Romantik, Friedrich Schlegels »Lucinde« (1800), sondern auch den schönen »Katechismus der Vernunft für edle Frauen« (ca. 1797, darüber ausführlicher unten auf S. 148 f und S. 158), der ein vollkommenes Kompendium der um 1800 neuentstehenden Liebesauffassung ist. Er selbst hat eine sehr merkwürdige Eifersuchtslösung versucht: Als seine junge Frau sich bald nach der Eheschließung in seinen Freund und Schüler Alexander von der Marwitz verliebte, war, so schreibt August Varnhagen von Ense, »an eine Mißbilligung nicht zu denken; er schätzte Marwitzen über alles, dieser verehrte ihn«. So versuchte Schleiermacher, durch heimliche Verminderung seiner Nahrung »sich sterben zu lassen, um dem eigenen Jammer zu entkommen und um dem Glück der teuren Frau kein Hindernis zu sein«. Das gelang ihm nicht. Marwitz fiel in den Freiheitskriegen, und die Ehe zwischen Schleiermacher und seiner zwanzig Jahre jüngeren Frau beruhigte sich wieder (Varnhagen 1967, S. 433).

Um genau herauszufinden, was ich selbst wirklich unter Eifersucht verstehe, habe ich dieses Buch geschrieben. Denn wenn ich genau hinsehe, so haben wir zwar heute in allen modernen Sprachen ein Wort dafür – aber ist es eindeutig angebracht? Ist das Gefühl von Wut und Gekränktheit im Falle wirklicher Untreue überhaupt Eifersucht? Oder nur die übertriebene Beschäftigung mit dem angetanen Leid? Oder doch nur das »süchtige« Herumsuchen und Kontrollieren, das gar nicht auf Fakten angewiesen ist? Wann fängt der eigentliche Eifersuchtswahn (noch ein neues Wort!) an – bei der jahrelang mitgetragenen Vermutung, »es kann da was sein«, oder erst beim Ausagieren eines festgesetzten wahnhaften »Wissens«, das zu Aggressionen, vielleicht zu Mord und Selbstmord führt?

Bindung, Freiheit, Ehrgefühl
Traditionen von Liebe und Eifersucht

Liebe in der Ehe?

Einige banale Feststellungen lassen sich treffen: Ohne Sexualität würde die Menschheit aussterben, Liebe hat es immer gegeben, Eifersucht auch, Ehen als geschützte Institutionen schon sehr lange. Aber: Wie hat das ausgesehen, was Liebe genannt wurde, wann wurde sie erwartet, was wurde als Eifersuchtsgrund ernstgenommen, was verlacht? Vor allem: Wie hingen Liebe und Ehe zusammen, die wir heute zusammenzusehen gewohnt sind? Schilderungen von Vernunft- und Geldheiraten in älteren Romanen und Biographien kommen uns sonderbar und fremd vor. Heute erwarten wir Liebe zwar *auch* außerhalb der Ehe, aber *in* ihr darf sie auf keinen Fall fehlen. Daß es einmal umgekehrt war – Liebe konnte *auch* in der Ehe auftreten, galt aber nicht als unverzichtbare Voraussetzung –, ist heute nicht mehr recht einfühlbar.

Sehr merkwürdig ist dabei, daß unsere Vorstellungen von Liebe bei genauem Hinsehen ihre Wurzeln in jahrhundertealtem Nachdenken über außereheliche Beziehungen haben. Damit, so muß man psychologisch folgern, ist uns die Eifersucht von Anfang an als Kuckucksei ins Nest gelegt; denn wer sich selbst leidenschaftlich außerhalb der Ehe bewegt oder fixiert, wie sollte der nicht eine tiefe Neigung zum Mißtrauen gegenüber der Treue in seiner eigenen haben?

Die erste große Blütezeit eigenständiger abendländischer Kultur, das christliche Mittelalter, das von den Idealen des Ritterstandes geprägt wurde, entwickelte, ja erfand geradezu das, was wir heute Liebe nennen. Zum erstenmal seit der Antike entstand ein Regelgebäude, ein »Code«, das heißt eine Sprachregelung, nach der zu leben sich die Leitfiguren bemühten – und in deren Nachfolge die Gebildeten, die Oberschicht, die Vornehmen. Diese Lebens- und Liebesregeln lassen sich noch heute in den Denkmälern ablesen: in der bildenden Kunst, selbst in der Architektur, in der Dichtung und am deutlichsten in der damals entstandenen Theorie.

Denn das gab es: eine Liebestheorie. Der Traktat »Von der Liebe«, den ein königlicher Kaplan Andreas, ein einflußreicher Hofgeistlicher, in der zweiten Hälfte des 12. Jahrhunderts wahrscheinlich unter dem Einfluß der Gräfin Marie de Champagne verfaßte, ist das zentrale Beispiel dafür. (Der lateinische Text ist in zwölf Handschriften erhalten, im 13. Jahrhundert gab es zwei französische Versionen, im 14. Jahrhundert zwei italienische, zwei deutsche im 15. Jahrhundert – eine ungewöhnlich große Verbreitung.) Der Traktat besteht nach scholastischem Vorbild aus drei Büchern: im ersten geht es darum, wie man Liebe gewinnt, im zweiten, wie man sie erhält, und im dritten, für uns höchst unerwartet, um das, was an der Liebe und den Frauen abzulehnen und schändlich ist.

In diesem komplizierten Gewebe von Sentenzen, Definitionen, Modellgesprächen wird unter Liebe ausschließlich außereheliche Liebe verstanden (und der christliche Kaplan spricht mit der größten Selbstverständlichkeit vom »Dienst der Venus«). In einer der Disputationen (S. 141 ff) erklärt ein Mann aus dem höheren Adel einer verheirateten Dame, er müsse sich sehr wundern, wenn in bezug auf das eheliche Verhältnis die Vokabel Liebe angewendet würde, »da es doch eindeutig feststeht, daß zwischen Ehemann und Ehefrau die Liebe keinen Platz beanspruchen kann«. Was nämlich, fragt er, sei Liebe anderes als »das unmäßige Streben (ambitio) nach einer begierig ersehnten heimlichen und versteckten Umarmung«? Davon könne zwischen Eheleuten keine Rede sein. Dafür gäbe es zwischen ihnen Freundschaft, amicitia. Aber noch aus einem andern Grund könne es sich in der Ehe nicht um Liebe handeln: Eine wesentliche Eigenschaft (substantia), ohne die »wahre Liebe nicht sein kann, nämlich die Eifersucht (zelotypia), wird von Eheleuten in jedem Fall verurteilt und muß von ihnen wie eine schädliche Krankheit gemieden werden; Liebenden aber ziemt es immer, sie als Mutter und Ernährerin der Liebe in Ehren zu halten«. Die Dame wehrt sich: Liebe sei doch nichts anderes als das Sehnen nach uneingeschränktem fleischlichem Genuß, und diesen verbiete niemand zwischen Eheleuten – also ...? Worauf der Edelmann antwortet, das sei gut, schön und verehrungswürdig, *wenn* eben nicht Eifersucht die Bedingung der wahren Liebe wäre. Zwei Meinungen stehen gegeneinander: der Mann meint, Eifersucht sei unerläßlich für die Liebe, für die Frau ist sie »nichts anderes als ein häßlicher und widerwärtiger Verdacht gegenüber der Frau«.

Darauf gibt der Mann folgende Definition der Eifersucht: Sie ist »eine echte Leidenschaft (passio) der Seele, in der wir fürchten, die Stärke der Liebe könne bei unserm Geliebten abnehmen; sie ist die zitternde Unruhe um die Ungleichheit der Liebe (inaequalitatis amoris trepidatio) und der ohne häßliche Gedanken entstehende Argwohn gegenüber dem Geliebten«. Drei Aspekte charakterisieren die Eifersucht: »Der echte Eifersüchtige fürchtet stets, daß all seine Hingabe (obsequia) nicht ausreichen könne, seine Liebe zu erhalten; daß er nicht so geliebt werde, wie er selbst liebt; und er grübelt darüber nach (recogitat), welche Schmerzen ihn quälen würden, falls sich sein Geliebter mit einem andern Liebenden verbinden sollte, wenn er auch glaubt, das könne keinesfalls geschehen.« Die psychologische Genauigkeit dieser frühesten abendländischen Definition ist verblüffend, und tiefer als die Worte führt uns noch die Sprache selbst: wie im Falle von »eifersüchtig auf« ist in diesem ganzen Absatz unklar, ob »der Geliebte«, amans, ein Mann oder eine Frau ist, obwohl der Eifersüchtige, zelotypus, eindeutig männlich ist. Weiter könnte »seine Liebe«, die er erhalten möchte (suum conservandum amorem) vom bloßen Wortlaut her ebensogut seine eigene aktive Liebe wie die ihm entgegengebrachte sein – was zweifellos die bewußte Meinung und damit die richtige Übersetzung ist.

Wenn der adlige Herr fortfährt, eine solche Eifersucht könne es in der Ehe nicht geben, da der Ehemann ja dergleichen Ängste unter dem Schutz aller heiligen Rechte nicht zu haben brauche, so erscheint dies Argument heute wenig überzeugend. Wir sehen, etwa 800 Jahre nach Andreas, die eheliche Beziehung weit mehr unter dem Aspekt der Gefühle als unter dem der Rechte. Der disputierende Edelmann erklärt der Dame weiter, die leidenschaftliche Liebe unter Ehegatten sei eine Regelwidrigkeit, die man um so strenger verurteilen müsse, als es sich um den Mißbrauch einer heiligen Sache handele. »Am schlimmsten ist es bei der Gattin, die anderswo erwischt wird. Aber ein leidenschaftlicher Liebhaber (seiner Gattin), so lehrt es das apostolische Gesetz, wird als Ehebrecher mit der eigenen Frau betrachtet.«

Das Streitgespräch endet unentschieden, es wird ein Schiedsrichter angerufen, und dieser ist die in Liebesdingen zuständige »comitissa Campaniae«, die Gräfin der Champagne, wahrscheinlich also Marie, die den beiden am 1. Mai 1164 einen Brief schreibt. Sie bestätigt die Meinung des Mannes, vor allem unter Berufung auf die zweite der 31 Lebensregeln des Kaplans Andreas: »Wer nicht eifersüchtig ist, kann nicht lieben.« Also: da die Gräfin wie der Edelmann der Meinung ist, daß zwischen Eheleuten keine Eifersucht möglich ist, so kann das, was sie verbindet, auch nicht Liebe genannt werden.*

Was als »häßliches Mißtrauen gegenüber der Frau« bezeichnet wird, bleibt demnach wohl Sache des Ehemannes. Die wahre, die edle Eifer-

---

* Dieses kleine Beispiel zeigt, daß die Wirklichkeit in der mittelalterlich-scholastischen Denkweise nicht experimentell-naturwissenschaftlich überprüft, sondern am Maßstab einer bereits vorgegebenen These gemessen wurde: Die These des Andreas wird von der Gräfin als richtig, als eine Art kleines Dogma angesehen. Sie hält die Eheauffassungen des disputierenden Edelmannes und der Dame prüfend daneben und ordnet, von der These ausgehend, die Wirklichkeit diesem Gedankensystem unter. Eine solche Interpretation, für die die These wichtiger ist als das reale Erleben, scheint uns heute fragwürdig, die »Wirklichkeit« im Sinne der modernen Systemtheoretiker »erfunden«. Wer garantiert uns aber, daß unsere heutige Sicht von Liebe, Ehe und Eifersucht die »wahre« und »richtige« ist? (Vgl. unten, S. 290 ff)

sucht ist es nicht. Auf diese Weise löste die mittelalterliche Liebestheorie das Ambivalenzproblem der Eifersucht: In vielen literarischen Werken wird sie als etwas durchaus Abzulehnendes angesehen, in vielen Volksliedern wird der eifersüchtige Ehemann verlacht – und doch möchte jeder, der eifersüchtig ist, seine Leiden und seine Leidenschaft als etwas Berechtigtes und Edles sehen. Man könnte weiter folgern, daß die Eifersucht um so häßlicher ist, je mehr sie mit dem körperlichen Dauer-Besitzrecht zusammenhängt. Denn das Charakteristikum der Liebe, die diesen Namen im mittelalterlichen Sinne verdient, ist ihre Beweglichkeit (Regel IV: Es steht fest, daß die Liebe immer[fort] wächst oder abnimmt), ihre Veränderlichkeit (XVII: Eine neue Liebe schlägt die alte in die Flucht), ihre Flüchtigkeit und Heimlichkeit (XIII: Eine bekanntgewordene Liebe pflegt selten zu dauern). Im ganzen ist das mittelalterliche Regelwerk äußerst elitär, so daß es vom Standpunkt des Soziologen als das Hauptanliegen der höfischen Liebe erscheint, »nicht vulgär« zu sein – eine Sinngebung, die viel zentraler und wichtiger ist als die vieldiskutierte Frage, ob die Troubadoure und Minnesänger nun mit ihrer Dame geschlafen haben oder nicht (Luhmann 1982, S. 50).

In engem Zusammenhang damit steht die Beurteilung der Frau: sie wird zu einer Idealfigur hochstilisiert, die allein über Gewähren oder Nichtgewähren von Gunst zu entscheiden hat und der sich der Mann bedingungslos unterwirft. Sie hat die Macht, ihm zu helfen, sich sittlich zu vervollkommnen, einfacher ausgedrückt: ein besserer Mensch zu werden. Liebe zu ihr ist nichts weniger als unvernünftig, auch wenn sie gelegentlich zu Exzessen führt. Denn was könnte verständlicher sein, als daß man jemanden liebt, der mit ganz offensichtlich hervorragenden Eigenschaften ausgestattet ist? Andere Frauen werden in der hohen mittelalterlichen Literatur nicht geliebt, es sei denn durch Zaubertränke und Hexerei.

Von psychoanalytischer Seite ist der ödipale Aspekt der höfischen Liebe nach Art des Andreas Capellanus überzeugend betont worden: die Bedingung der Eifersucht, die sich nicht gegen den Ehemann, sondern (verschiebend) gegen andere Bewerber um die Gunst der Angebeteten richtet, die überschätzende Idealisierung der Geliebten, das Erlebnis ihrer (sadistisch getönten) Übermacht, der gegenüber nichts als (masochistische) Unterwerfung möglich ist – das alles ist eine geradezu klassische Spiegelung eines infantilen ödipalen Konfliktes, wie ihn Freud etwa in dem Aufsatz »Über einen besonderen Typus der Objektwahl beim Manne« (Freud 1910) beschreibt (Koenigsberg 1967). Dieser Zusammenhang läßt uns auch die Ambivalenz des Kaplans Andreas gegenüber den Frauen verstehen. Sein Drittes Buch ist ein Musterbeispiel mittelalterlich-christlicher Frauenverachtung, das sich nicht allein als taktische Hinzufügung eines sich auf unerlaubte Gebiete wagenden Klerikers erklären läßt, sondern psychologisch nur allzu verständlich ist und organisch in die Drei-Ordnung des Werkes hineingehört. Der erwachsene Ritter, der sich nach des Andreas Regeln richtet, verhält sich ja nach strenger Freudscher Auffassung wie ein Kind, das die Mutter begehrt und den Vater haßt; es kann die Mutter aber auch nicht *nur* lieben, denn schließlich bleibt sie beim Vater und weist den Sohn zurück. In Reaktionsbildung gegen seinen latenten Haß muß er sie mit übermäßig herrlichen Eigenschaften ausstatten, um sie nicht abzuwerten, genauer: um verleugnen zu können, daß sie, wie Freud bemerkt, »das Nämliche« mit dem Vater tut, was die am untersten Rand der Gesellschaft angesiedelten Huren tun. Der abgewehrte Haß, die Herabsetzung der »irrtümlich« Geliebten zeigt sich bei Andreas – und seinen Zeitgenossen – in der Frauenfeindschaft, für die das Dritte Buch von »De amore« ein beredtes Zeugnis ablegt.

Die höfische Liebe also eine Kollektivneurose? Wenn man so will: ja. Aber Neurosen haben immer auch einen aufbegehrenden, positiv ausgedrückt: einen revolutionären und kreativen Aspekt, und die Revolution liegt hier in der Aufwertung der Frau (wenn auch nicht der Sexualität). Gegenüber der patriarchalischen Ordnung der Antike, in der nichts für einen Mann so entehrend war wie Passivität in der Liebe, die als die Grundhaltung der Frauen und der noch nicht erwachsenen Adoleszenten angesehen wurde, die deshalb gleichermaßen ohne Schande von Männern geliebt werden konnten (Veyne 1982), gegenüber der frühchristlichen Reserve, ja Warnung vor der weltlichen Liebe bedeutet die mittelalterliche Idealisierung eine Befreiung: »Für die nächsten zehn Jahrhunderte«, schreibt Koenigsberg mit Recht, »konnten Männer, ohne in Schande zu fallen, sich mit allem Anstand verlieben« (S. 48).

Trotz der Verehrung der Frau blieb aber die Welt männerzentriert, und der ganze Glanz, der die »Herrin« umfließt, hat nur den Zweck, »den Ritter, den Edlen, den Hochsinnigen zu entschlacken, zu veredeln und zu sich emporzuläutern« (Kremers 1973, S. 107). Dennoch, da es ja um Liebe geht, rücken die höchsten Ideale und die Erotik näher zusammen. Die säuberliche Trennung in hohe und niedere Minne läßt sich auf die Dauer nicht durchhalten. Wohl allerdings wird noch sehr lange die sexuelle Betätigung – vor allem zum Zweck der Kinderzeugung und damit der Familienfortführung und -erhaltung – in einer nicht frei gewählten, sondern aus ökonomischen, dynastischen und anderen gefühlsfernen Gründen geschlossenen Ehe als etwas völlig anderes angesehen als leidenschaftliche Affären außerhalb der eigenen vier Wände. Beides besteht nebeneinander, beides ist üblich und normal.

Liebe als ordnungssprengende Raserei

Mit der Betonung der Einmaligkeit und Freiheit des Individuums in der Renaissance werden im Leben und in der Literatur die Frauen aus dem Himmelsglanz der (in Wirklichkeit wahrscheinlich nie existierenden) Minnehöfe heruntergeholt in eine greifbare Lebendigkeit. Unwirklichkeit und Allgemeinheit des Ideals lösen sich auf zugunsten individuellerer Züge, die die sinnlichen, fordernden, ja, die negativen Aspekte nicht mehr ausschließen. Diese Frauen werden dennoch geliebt, auch wenn sie die für Andreas Capellanus wichtigste Liebesbedingung allseitiger Vollkommenheit nicht mehr erfüllen. Die Liebe, weiterhin als *passio*, als Passion im Sinne sowohl von Leiden wie von Leidenschaft gesehen, wird entsprechend maßloser, unruhiger, verrückter; sie ist nicht mehr nur eine Sache des Edlen, den Edles überwältigt, sondern eine alles unterjochende Macht, die in wahllosem Überfall jeden Menschen treffen kann und auch die gesellschaftliche Ordnung nicht mehr respektiert – Sinnbild für die Auflösung der hierarchischen Strukturen des Mittelalters. (Bei Andreas hieß es noch, trotz aller Außerehelichkeit: »Es ziemt sich nicht, jemand zu lieben, den zu heiraten man sich schämen würde.«)

Ein gutes Beispiel für diese Veränderungen ist der »Orlando furioso« des Ludovico Ariosto, 1505–1515 entstanden, 1532 zuerst vollständig veröffentlicht, ein Werk von ungeheurem Einfluß auf die europäische Literatur. Der Held, hier »rasend«, im Versepos von Boiardo, das Ariost fortsetzen wollte und weit überflügelte, »verliebt« (»Orlando innamorato«), ist niemand anders als Roland, die Zentralfigur des altfranzösischen Rolandsliedes (um 1100). Diese feierlich-mächtige Gestalt aus dem Sagenkreis um Karl den Großen gehört in die Welt der ritterlichen Glaubenskriege. Der Roland des »Chanson de Roland« ist ganz ordnungsgemäß verlobt, und bei der Nachricht von seinem Heldentod stirbt seine Braut ihm nach. Daß dieser Roland – unter seinem italienischen Namen Orlando – nichts im Kopf haben soll als Liebe, war für die Zeit Boiardos, der diese Veränderung erfand, wie er auch die Eifersucht in die Liebeslyrik Italiens einführte (Friedrich 1964, S. 283), eine unerhörte Neuheit. »Entweder ›Orlando‹ oder ›verliebt‹« (Kremers 1973, S. 30) – und bei Ariost wird er sogar wahnsinnig, und zwar wegen der Untreue der angebeteten Prinzessin Angelica, die weder verheiratet ist noch besonders gut und edel, sondern einfach attraktiv. Sie verdreht nach Lust und Laune den Männern den Kopf und ist nicht mehr das emporläuternde Medium, das mit dem innersten Sinn der Welt verbunden ist, sondern ganz einfach ein Mädchen, das man haben will. Der Wahnsinn des Orlando – soweit ich weiß, der erste Wahnsinn aus Eifersucht in der europäischen Literatur – bricht aus, als er die Augen nicht mehr davor verschließen kann, daß Angelica ihm den einfachen Fußsoldaten Medoro vorgezogen und sich ihm auch hingegeben hat, auch sie ein Opfer des blindlings schießenden, die Klassenschranken nicht mehr respektierenden Amor. Auf diese Weise bekommt nicht mehr der tapferste Ritter die schönste Frau – die Welt ist aus den Fugen. Orlando ist unfähig, das zu ertragen. Sein Verstand entschwindet auf den Mond, er stürmt als wilde, fast tierische nackte Gestalt durch die Lande und haut alles nieder, was ihm begegnet, fast auch Angelica und Medoro, die er nicht mehr erkennt. Anders als die aus Liebe verrückten Ritter früherer Versepen, ist Orlando nicht einfach durch einen Zauber oder eine Salbe zu heilen. Gegen diesen radikalen Zusammenbruch der Weltordnung braucht es viel stärkere Mittel: Ein Freund fährt im feurigen Wagen des Elias auf den Mond und holt dort mit Hilfe des Evangelisten Johannes den Verstand des Orlando zurück – nur der Himmel selbst kann helfen. Erst dann kann der genesene Paladin der christlichen Sache zum endgültigen Sieg über die Heiden verhelfen und sich in Paris dafür feiern lassen.

Von einem Eifersuchtswahn im engeren klinischen Sinne (also der wahnhaft-paranoiden Beschäftigung mit Rivalen, die entweder nicht vorhanden sind oder vollkommen überwertig verzerrt gesehen werden) kann hier keine Rede sein. Zur eingebildeten oder wirklichen Realität des vorgezogenen Rivalen fehlt jeder direkte Bezug. Die Eifersucht, wenn es denn überhaupt noch eine ist, hat auch nichts Edles mehr, sie ist weder die Ernährerin noch die Erhalterin der Liebe, sondern sie bringt die normalen, die richtigen Kontakte der Menschen so radikal in Unordnung, daß die mordende Tierhaftigkeit als einzig passendes Symbol dafür erscheint. Das Kränkende, Herabsetzende der Eifersucht, das verzweifelte »Ich muß so sein, wie ich nicht will« ist überdimensional in den Vordergrund getreten. Keine verfeinerte, genußreiche Leidenschaft wird mehr erlebt, sondern »der Tapfere, Blüte jedes Turniers,/weint wie ein simpler Stallknecht im Bett« (Boiardo I, II, 22). Daß ein solcher Abstieg des Gefühls unerträglich, wahnsinnserzeugend sein soll, mag ohne historische Einordnung vielleicht unsinnig, hochmütig, menschenverachtend erscheinen. Wer aber mit Eifersucht umgehen will, muß solche psychodemokratischen Denkformeln vermeiden. Absturz – das, was Freud narzißtische Kränkung nannte – ist ein Grundelement jeder Eifersucht. Es kommt darauf an, sie zu verstehen, nicht, sie zu verurteilen.

Eifersucht – volkstümlich

Neben diesen hocharistokratischen Beispielen, in denen sich die ganze Welt in ihrer Fragwürdigkeit und ihrem Glanz spiegelt, gab es natürlich auch volkstümliche Literatur – Verse, Tänze, Flugblätter, Sprichwörter –, in der Eifersucht nichts mit zusammenbrechenden Gesellschaftsstrukturen und kosmischen Bezügen zu tun hat, nicht interpretiert und nicht diffizil verstanden wird, sondern einfach da ist und entweder verlacht oder in Moritaten als Menetekel aufgerichtet wird. So gab es im mittelalterlichen Frankreich die Maitänze, die möglicherweise auf alte Venuskulte zurückgehen und die eine Art Faschingsfreiheit gewährten. Eine »Königin« räumt den Verliebten alle Rechte ein, der eifersüchtige Ehemann wird ausgelacht. (Die Mailieder enthalten einige der frühesten Belege für das Vorkommen des Wortes für Eifersucht im Altfranzösischen.) Auffallend ist, daß überall nur die Rede von eifersüchtigen Männern ist. Wir dürfen daraus schließen, daß die Frauen für das niemals recht zähmbare liebe Leben standen und die Männer für die langweilige Pflicht und Ordnung. Tragisch geht es in solchen volkstümlichen Satiren kaum zu.

Im deutschen und englischen Bereich gab es im ausgehenden Mittelalter eine ganze Traditionslinie des Ehebruchsstoffes in volkstümlichen Balladen, wobei die Sympathie ausschließlich auf seiten der Ehebrecher ist (Roth 1977). Die Norm der Ehe wird nicht in Frage gestellt, aber es tut offenbar wohl, sie zu hintergehen, wobei der Ehebruch bis ins 19. Jahrhundert hinein immer nur der Bruch der Ehe des Mannes ist, vor allem juristisch. Der Mann kann seine eigene Ehe überhaupt nicht brechen. Obwohl die Kirche die Verletzung der heiligen Institution der Ehe offiziell vom Mann wie von der Frau her gleich schwer bewertete, hielt sich die männerbegünstigende Auffassung und Beurteilung unterschwellig bis fast in die Gegenwart. Fast immer trafen Frauen vor Gericht schwerere Strafen als den Mann, und die gesellschaftliche Ächtung war bis in unser Jahrhundert hinein auf jeden Fall für Frauen ungleich härter, ja oft vernichtend (denken wir nur an Fontanes Effi Briest). Daß es im Volk eine Unterströmung von Schadenfreude angesichts des Umgehens von solchen Haltungen und Vorschriften gab, läßt sich denken. Die Lehre, die man aus volkstümlichen Schwänken zu ziehen hat, ist nicht etwa, sich moralischer zu verhalten, sondern das nächste Mal gewitzter zu sein.

Durften Frauen eifersüchtig sein?

Auffallend selten sind in der volkstümlichen, aber auch in der hohen Literatur eifersüchtige Frauen. Es gibt die böse, die herrschsüchtige, auch die geile Frau, aber über die Eifersucht der Frauen brauchte man sich in einer fraglos patriarchalischen Gesellschaft offenbar keine Gedanken zu machen. In Zeiten, in denen Gefühle und Leidenschaften viel mehr, als wir das heute erwarten, unter der Kontrolle und im Dienste von inneren und äußeren Ordnungsprinzipien standen, war in der Tat der Schaden, den eine Frau davontragen konnte, falls sich ihr Verdacht bestätigen sollte, »nur« ein seelischer, während der Mann vor aller Welt als Gehörnter dastehen mußte, wenn die in seiner Ehe geborenen Kinder leiblich nicht die seinen waren. Das Ansehen, das auch bei heutiger Eifersucht eine größere Rolle spielt, als man das in unserer allseits permissiven Gesellschaft vernünftiger-, das heißt hier: unpsychologischerweise erwarten sollte, war der Motor für Verdacht und Angst, für vorbeugende und rächende Grausamkeit der Männer. Es mag bezeichnend sein, daß die gewaltige Gestalt der Medea, die wegen der Verstoßung durch ihren Ehemann Jason und wegen seiner Absicht, Krëusa zu heiraten, ein entsetzliches Blutbad anrichtet und aus Rache ihre eigenen Kinder von Jason tötet, bereits in der Antike exemplarisch die Fremde war, eine Zauberin aus der Ferne, »nicht eine von uns«. Und ebenso bezeichnend ist es wohl, daß sie erst im französischen 17. Jahrhundert, bei Corneille, wiederauftaucht – in einer Zeit also, in der den Frauen in der Realität mehr Freiheit und Verfügungsgewalt über sich selbst zugewachsen war – wenigstens in der normgebenden Oberschicht.

Und Kriemhild und Brünhild? Das um 1200 entstandene Nibelungenlied, von den Romantikern zum Nationalepos der Deutschen, die es damals noch gar nicht gab, hochstilisiert, enthält in der Tat zwei überlebensgroße Frauengestalten, deren Leidenschaft ein ganzes Volk in den Tod treibt. Ist diese Leidenschaft aber Eifersucht? Die Geschichte sei hier kurz rekapituliert:

Der strahlende, durch ein Bad in Drachenblut unverwundbare Siefrit liebt Kriemhilt, darf sie aber nur heiraten, wenn ihr Bruder Gunther, der Burgunderkönig, die schöne und starke Prünhilt bekommt, die sich nur dem vermählen will, der sie im Kampf besiegt. Siefrit, unsichtbar durch eine Tarnkappe, führt Gunther die Hand; es findet eine Doppelhochzeit statt. Aber in der Hochzeitsnacht fesselt Prünhilt Gunther und hängt ihn an einen Nagel. Noch einmal muß Siefrit unsichtbar helfen. Prünhilt glaubt sich besiegt. Siefrit nimmt ihr Ring und Gürtel und zeigt diese Trophäen Kriemhilt, die dadurch von dem Geheimnis weiß. Erst zehn Jahre später, bei dem berühmten Streit der Königinnen um den Vortritt in das Münster zu Worms, offenbart sie es Prünhilt. Diese ist in ihrem Stolz tödlich getroffen. Sie läßt Siefrit an der einzigen verwundbaren Stelle – ein Blatt fiel ihm beim Drachenblutbad zwischen die Schultern – durch ihren Lehnsmann Hagen ermorden.

Kriemhilts Wut und Rachsucht kennt keine Grenzen, spart aber merkwürdigerweise Prünhilt ganz aus. Es geht ihr nur um den Tod Hagens. Sie wird später die Frau des Hunnenkönigs Etzel, und in dessen Land, dreizehn Jahre nach Siefrits Tod, findet nicht nur Hagen, sondern auch das ganze Burgunderheer, aber auch Kriemhilt selbst, die zur »vâlandinne«, zur Teufelin geworden ist, den Tod.

Was spielte sich zwischen diesen beiden Frauen ab? Ging es Prünhilt um Eifersucht? Um gekränkte Ehre sicherlich, auch um das Gefühl: mir als stärkster Frau gebührt eigentlich der stärkste und strahlendste Mann. Aber liebt Prünhilt Siefrit, will sie ihn wirklich »haben«, wie wir heute in diesem Zusammenhang so überaus unpassend sagen würden? Und ist es Eifersucht, was Kriemhilt zur katastrophenauslösenden Preisgabe des Geheimnisses treibt – Eifersucht auf den Vorrang von Prünhilt, Eifersucht auf die Intimität des Kampfes zwischen ihrem Mann und einer andern Frau?

Die Stoffgeschichte des Nibelungenliedes jedenfalls sagt viel über die Entwicklung von Liebe und Eifersucht aus. Sicher sind diese beiden gewaltigen Königinnen nur denkbar als späte Nachfahren einer Kultur, der germanischen, in der Frauen eine mächtigere und damit gefährlichere Stellung innehatten als in der christlichen Zeit, aus der die erhaltenen Fassungen stammen. Das erste Wiederauftauchen des Stoffes an prominenter Stelle, bei Hans Sachs 1557 in dessen »Tragedia vom Hörnen Sewfriedt«, zeigt eine große Veränderung: die Rivalität der Frauen fehlt völlig, es geht nur um die der Männer untereinander und um die Unbändigkeit eines kühnen Königssohnes, der schließlich aus Neid erschlagen wird. Die Moral von der Geschichte ist, daß man seinen Sohn strenger erziehen soll – eine Verkleinerung und Einengung der Königsgeschichte auf Nürnberger Bürgerformat. Die gekränkte Frau als zentrale Figur taucht erst bei Wagner wieder auf, übergöttlich und übermenschlich zugleich, eine Symbolgestalt für eine neue Sicht der Frau, unklar noch und zugleich riesenhaft: Brünnhild ist hier Siegfrieds Frau (und fast auch Erzeugerin), der Betrug an ihr ein zeichenhafter Vorgang für das Verhaftetsein an eine verkommene Welt, die in der »Götterdämmerung« (Uraufführung 1876) untergeht, ohne daß eine bessere schon zu ahnen wäre. Das Recht und die ganze Sympathie Wagners ist auf Brünnhilds Seite. (Seine letzten geschriebenen Worte, über denen ihn der tödliche Herzkrampf anfiel, lauten: »Die Emanzipation des Weibes ... Widersprüche ...«)

Eifersucht aus Ehrsucht

Ein Schritt weiter in der Geschichte unseres Themas in der europäischen Literatur führt uns nach Spanien, in das klassische Land von Stolz und Eifersucht, das in seinem Selbstverständnis immer – bis heute! – darum zu kämpfen hatte, ob es zu Europa gehört oder nicht. Seine Geschichte ist geprägt von der Reconquista, der Wiedereroberung des Landes von den islamischen Arabern, die Anfang des 8. Jahrhunderts bis an die Pyrenäen vorgestoßen waren. Erst 1492, also mehr als 700 Jahre später, war die Macht der Araber mit der Eroberung des Königreiches Granada durch das »katholische Königspaar« Fernando und Isabel endgültig gebrochen – in dem Jahr, das wir uns eingeprägt haben als das der Entdeckung Amerikas, die tatsächlich mit dem andern Ereignis in engstem Zusammenhang steht: die reyes católicos waren entschlossen, die Entdeckungspläne des italienischen Seefahrers Cristoforo Colombo zu unterstützen, aber erst *nach* der Erreichung ihres heiligen Hauptziels. Im April 1492, als die Stadt Granada gefallen war, unterzeichneten sie den Vertrag mit Kolumbus; im Oktober landete er auf der ersten Insel in der Karibik, noch im Glauben, er habe den Seeweg nach Indien entdeckt. Damit wurde die spanische Weltherrschaft begründet, ein Lebensgefühl von Größe, Glück und Stolz breitete sich im Mutterland aus, das zu kulturellen Hochleistungen führte, aber schließlich, etwa zwei bis drei Jahrhunderte später, in Hybris, Borniertheit und Melancholie verging.

Was das mit Eifersucht zu tun hat? Sehr viel! »Stolz wie ein Spanier«, sagen wir, und mit Recht – denn das Problem der Ehre wurde zu einem zentralen Thema in der Literatur des sogenannten Goldenen Zeitalters (etwa Mitte des 16. bis Ende des 17. Jahrhunderts). Der jahrhundertelange Kampf gegen »die andern«, sinnvoll und berechtigt in seinem historischen Kontext, war offenbar nicht zu schaffen ohne die Herausbildung eines besonderen Ehrgefühls, möglicherweise gerade wegen der kulturellen und menschlichen Überlegenheit der Gegner. »Adelsstolz, Eroberstolz, Rasse- und Glaubensstolz« (Pfandl 1924, S. 76) richteten sich ja nicht in erster Linie gegen den Pöbel im eigenen Lager, sondern vor allem gegen das Volk der Mauren, das in vieler Hinsicht sehr alt, sehr edel, sehr verfeinert war, während das eigene in einer seiner wichtigsten Wurzeln von den »Barbaren«, den Westgoten abstammte. Mit dem endgültigen Sieg und unter dem überseeischen Goldregen wird der spanische Stolz seiner sinnvollen Erdung beraubt und führt zu einem Kult der Ehre, die vollkommen nach außen, in das Ansehen bei andern verlagert wird.

> Tugendhaft sein und Verdienste haben –
> das heißt *nicht,* ehrenhaft sein; sondern Anlaß geben,
> daß uns der Nächste mit Ehre behandelt,

heißt es bei Lope de Vega (Los comendadores de Córdoba). An dieser Veräußerlichung, die auch zur Verachtung körperlicher und manueller Arbeit und zur inneren Unfähigkeit der ungeheuer zahlreichen adligen Spanier zu Handwerk und Kaufmannstum führte, ist das spanische Weltreich zugrunde gegangen. Die spanische Literatur aber fand in der Ehre, fast immer verbunden mit Liebe, eine ihrer großen handlungstreibenden Kräfte.

Liebe und Ehre zusammengespannt führen zu Eifersucht. Brüder, Väter, ganz besonders aber Ehemänner sahen ihre Ehre in Gestalt ihrer Schwestern, Töchter und Ehefrauen sozusagen leibhaftig vor sich. Beim geringsten Verdacht ist der Zweikampf mit Dolch oder Degen das einzige, was ein christiano viejo, ein »alter Christ«, also ein reinrassiger, nicht etwa neugetaufter Spanier von sich verlangen muß, wenn er nicht für unehrenhaft gehalten werden will. Gesetz und Kirchengebot stehen dagegen, aber die eigene Ehre, wie sie sich im Ansehen bei den andern spiegelt, rangiert im Wertsystem des Verhaltens eindeutig höher. Zur Reue im Augenblick des Todes, falls der Zweikampf negativ für den Beteiligten ausgeht, ist immer noch Zeit. Es reicht ein Ständchen vor dem Gitter der Begehrten und Bewachten, um wie auf Knopfdruck, unglaublich mechanisch, die eifersüchtige Reaktion auszulösen. Abgesehen von den geistlichen Stücken gibt es sicher kein spanisches Drama der Blütezeit, in dem die Eifersucht nicht mindestens in einer Nebenhandlung als Movens wirksam ist. Daß ein Fehltritt vergeben wird, ist – im allerchristlichsten Spanien! – undenkbar. Es bleibt nur die blutige Rache an der Ehebrecherin und ihrem Geliebten.

Offenbar waren solche Ereignisse auch im wirklichen Leben häufig, was auf eine beträchtliche Freiheit der sexuellen Sitten auch der Frauen schließen läßt. Dabei war Eifersucht sowohl ein edles und daher zu forderndes Gefühl wie auch ein schaudernd zu bestaunendes Monstrum. Nicht einmal der Zusammenhang mit der Liebe erscheint mehr sicher; bei Calderón (El escondido y la tapada, »Der Mann im Versteck und die verhüllte Dame«) heißt es, jemand habe gemeint, Eifersucht könne nur da entstehen, wo auch Liebe sei; sie sei aber viel eher eine Art von Beleidigung, die einem angetan werde,

> und nicht unbedingt braucht sie
> der Liebe Kind zu sein; manchmal
> wird sie erzeugt vom Ehrgefühl.

Die komödienhafte Lösung führt zur Heirat des verliebten Paares, die ernstere – nicht unbedingt als tragisch empfundene – zur Rache und oft zum Ersatz der getöteten Ehefrau durch eine andere. Von unserer Sicht aus wird sie dadurch in unmenschlicher Weise als Besitz, als »Objekt« charakterisiert. Es darf aber nicht vergessen werden, daß die Überzeugung von der Scheinhaftigkeit der Welt den Hintergrund aller barocken Kunst bildet. So sind, wo alles Traum, Spiel und Vergänglichkeit ist, die Versatzstücke untereinander austauschbar. Das erklärt die Unwahrscheinlichkeit vieler Handlungen, das erklärt auch die Austauschbarkeit von Menschen. Ein Beispiel dafür bietet das hochgeschätzte und sehr erfolgreiche Stück »Los comendadores de Córdoba« (Die Komture von Córdoba, 1596) von Lope de Vega. Es geht auf eine wirkliche Begebenheit zurück:

Ein adliger Ratsherr von Córdoba kommt von seiner Reise zurück und findet seine Frau in einem Untreueverhältnis mit seinem Neffen, einem jungen Komtur (comendador). Er tötet daraufhin nicht nur dieses Paar, sondern auch die Nichte seiner Frau, die den Freund des Neffen erhört hat, sowie alle Diener und Mägde und alle Tiere im Haus – Hunde, Katzen, einen Affen und einen Papagei. Am Ende tritt der König von Spanien auf, lobt ausdrücklich diese Handlung und weist die Cordobeser darauf hin, daß sie sich glücklich schätzen können, einen solchen Mann in ihrem Stadtrat zu haben. Das sei eine größere Ehre, als daß in ihren Mauern die römischen Dichter Seneca und Lucan geboren wurden (worauf ganz Spanien nicht wenig stolz war). Der König verlobt den so Geehrten mit einem der vornehmsten Mädchen des Landes. Don Fernando, der Held, kann darauf, mit dem Konsens des befriedigten Publikums, feststellen, daß er alles wiedergewonnen hat, was er verlor.

Wieder muß man sich die Augen reiben und diese Bewertung von Handlungen und Ereignissen historisch einordnen. Unsere heutigen moralischen Gesichtspunkte sind dafür völlig ungeeignet. »Soy quien soy« – »ich bin, der ich bin« –, das ist der Standort, auf den sich der den inneren Gesetzen seiner Zeit gehorchende Spanier in einer Krise besinnt, auf sein soziales So-und-nicht-anders-Sein also, das ganz bestimmte Aufgaben mit sich bringt. Wer die nicht erfüllt, verfällt gleichsam dem Nichtsein, dem sozialen Tod. Don Fernando stürzt durch die Untreue seiner Frau, die bei seinem sozialen Status absolut untolerierbar ist, von einem Zustand höchst angesehenen Seins in den eines Menschen, dem man das Höchste, die Ehre, genommen hat. Er kann nichts anderes tun, als sie eilends wiederzuerobern, besonders da er weiß, daß die wiederhergestellte Ehre noch mehr Stand, noch mehr Dasein in der Welt verleiht als die unverletzte (vgl. Larson 1977). Der Verdacht liegt nahe, daß dieser Art von »Sein« deshalb ein so hoher Wert zugemessen wurde, weil die historische Situation, besonders die sich immer deutlicher abzeichnende Ablösung der Weltmacht Spanien durch England, in hohem Maße die reale Gefahr des »Nichtseins« enthielt.

Festzuhalten ist: Psychologisch gesehen geht es bei dieser Art von Eifersucht viel mehr um Selbstliebe als um Liebe zu andern, wobei die narzißtische Bestätigung nicht aus dem eigenen Innern, sondern ausschließlich von außen geholt wird. Von der Liebe erwartet man, daß sie ganz oder gar nicht einsetzt, und immer ist sie mit Eifersucht oder wenigstens der stets abrufbaren Möglichkeit dazu verbunden. Von heute aus gesehen, sind alle diese Gestalten – mindestens – neurotisch eifersüchtig; nur wurde das, was wir heute für neurotisch halten, damals nicht nur als normal, sondern als etwas angesehen, das man seinem Selbstbild schuldig war.

Das galt nicht nur für die Männer. Das tatkräftige Eingreifen von Frauen, die aus Liebe, verletzter Ehre und Eifersucht ihr Schicksal selbst in die Hand nahmen, ist in der Literatur eine Neuerung, die von Spanien ausgehend in ganz Europa Schule machte. Das Ziel ist immer die Ehe. Entsprechend gab es auch in Spanien kein Regelsystem für außereheliche, allenfalls für voreheliche Liebe. Besonders in der Komödie kommen häufig junge Frauen vor, die sich, umgarnt von glühenden Versprechungen, einem Verehrer hingeben, dann wegen einer andern verlassen werden (schließlich stammt die Figur des Don Juan aus Spanien!) und sich nun mit Leidenschaft, Witz und einem unglaublichen Erfindungsgeist, getrieben von »los celos«, der Eifersucht, den Untreuen zurückerobern – auch eine Reconquista, bei der sie oft noch ihre Rivalinnen, die im allgemeinen nichts von ihnen wissen, aus Schabernack und Spielfreude hereinlegen. Daß diese jungen Mädchen sich zu Männern verkleiden, die witziger, mutiger, ja für andere Mädchen attraktiver sind als die echten Verehrer, ist kein Zufall. Eine für Frauen nicht zugängliche Möglichkeit des Menschlichen wird ihnen, wenigstens auf der Bühne oder zwischen Buchdeckeln, von der Phantasie erschlossen. Die Neuheit und Frische des Erlebens macht sie sozusagen zu den besseren, wenn auch bartlosen Männern.

Erfolg und Häufigkeit der Thematik zeigen, wie anziehend ein solcher Traum war. Wie alle Träume hat jedoch auch dieser mit der Wirklichkeit zu tun, obwohl er sie nicht direkt spiegelt. Er konnte nur vorwegnehmen, umgestalten, verarbeiten, was die historische Realität trotz aller Objekthaftigkeit der Frau schon enthielt, wenn auch nur angedeutet, unterdrückt oder in seltenen Ausnahmesituationen. Die aktive, auch aktiv eifersüchtige Frau mit Rechten und realen Ansprüchen auf Liebe und Treue (oder gar auf eigene Untreue, die nicht blutige Rache fordert, sondern verstanden und verziehen werden kann) gab es in der Realität weder als Postulat noch gar als Norm; in der Phantasie aber war sie geboren.

Eifersucht als Zeichen für die Paradoxie der Liebe

Das nächste Schlaglicht auf die Entwicklung der Vorstellungen von Liebe, Ehe und Untreue führt uns in die Zeit Ludwigs XIV., also in die zweite Hälfte des 17. Jahrhunderts, in der Frankreich, während die Nachbarländer von Um- und Aufbrüchen, Kriegen und Revolutionen geschüttelt wurden, die strahlende Mitte Europas war. Noch viel stärker als in der Renaissance und im barocken Spanien wird in Frankreich die Sexualität in die Liebesproblematik einbezogen, jedoch hier – und das ist völlig neu – in Leben und Literatur die *außereheliche* Sexualität, die der verheirateten Frau, die viel freier war als in Spanien und Italien, aber auch als in den stärker der Moral und der Innerlichkeit verpflichteten protestantischen Ländern. War die Herrin im Mittelalter, wenigstens idealiter, verpflichtet zur sexuellen Versagung, durfte in Spanien allenfalls ein junges Mädchen im Hinblick auf die Ehe sich aus Leidenschaft zur Hingabe verführen lassen, so wurde die Französin der normgebenden Oberschicht, bis zur Eheschließung sorgfältig gehütet, in der Ehe recht eigentlich frei zur Liebe. Ihre Hand hatte sie nicht mehr zu vergeben, wohl aber das, was euphemistisch Herz, »cœur«, genannt wurde; und die Gefahr, sich dabei seelisch um Kopf und Kragen zu bringen, war sehr groß.

Denn eigentlich ging das ganze Regelspiel der Liebeskunst, die es nun wieder gab und die vor allem eine Verführungskunst war, zu Lasten der Frau. Entschloß sie sich zur Liebe, so mußte sie unglücklich werden, weil die Liebe aufhört (und die Ehe bleibt), verzichtete sie auf Liebe, wie die Prinzessin von Cleve im Roman der feinen und höfisch-rituellen Marie de La Fayette, so brachte dieser Verzicht ihr höchstens ein geistliches Glück, das aber verbunden war mit dem Rückzug vom Lebensquell der höfischen Umgebung, auf die alle Werte ausgerichtet waren. Nicht umsonst ließ sich Ludwig XIV. »roi soleil«, Sonnenkönig, nennen. Von der Einsamkeit und Stille des Daseins einer Dame, die allein auf ihren Gütern lebte, können wir uns heute wahrscheinlich kaum eine Vorstellung machen.

Wenn es aber um Liebe ging, um Gewährung und Versagung, ist die Frau ein aktiver Partner im Spiel. »Dabei schätzt der Mann den Widerstand der Frau als Bedingung der Steigerung seiner Bemühung, und ebenso schätzt die Frau die Hartnäckigkeit und Ausdauer der Bemühungen des Mannes, und beide wissen, daß beide dies wissen« (Luhmann 1982, S. 77, Anm. 19). Die Voraussetzung, die die Hingabe der Frau ermöglicht, die Forderung des Mannes rechtfertigt und obendrein noch gesellschaftlich angesehen war (anders als die Verführung unverheirateter Mädchen), ist übermäßige, exzessive, maßlose Liebe: der amour passion, die Leidenschaftsliebe, die zu einem lust- und leidvollen Identitätsverlust führt, zu einem partiellen Verrücktwerden. Darin schließt die neue Liebesauffassung an zwei mittelalterliche Traditionen an: die des mystischen Einswerdens einerseits und die des amor pestis, der Liebe als Krankheit, andererseits. (Die letztere war im »Orlando furioso« besonders deutlich zu beobachten, kommt aber auch immer wieder als Topos im spanischen Drama vor.) Das Verrücktmachende – und darin stimmen Liebesregeln und -erfahrung des 17. Jahrhunderts mit modernen systemorientierten Schizophrenietheorien überein – liegt in der Paradoxierung der Liebe in einer Kultur, die Rationalität und überschaubare Logik auch des Gefühls sowie Maß und Beherrschtheit sehr hoch einschätzte. Da der Zusammenfall von Liebe und Ewigkeit, im Idealfall also die Ehe*, nicht mehr zu erreichen war, wurde die kurze Zeit der Passion zu einem elaborierten Spielfeld nicht mehr eindeutig zielgerichteter (»gesunder«, »normaler«), sondern entgegengesetzter, nämlich paradoxer Mittel: Anziehung und Abstoßung, Hoffnung und Verzweiflung, Respekt und Verachtung. Die Idealität – Schönheit, hohe Geburt, Reichtum –, die früher die Liebe so einleuchtend und selbstverständlich gemacht hatte, spielte daneben nur noch eine unwichtige, wenn auch nicht ganz verschwundene Rolle. (Niklas Luhmann hat in einer schwierigen, aber überaus anregenden Untersuchung, die selbst schon ein Stück Literatur im Sinne von persönlicher Interpretation der Realität ist, die Ausdifferenzierung des »Codes« »Liebe als Passion« nachgezeichnet [Luhmann 1982].)

Wichtig erscheint mir für mein Thema Folgendes: Die exzessive Leidenschaft, etwas an sich Seltenes und Unwahrscheinliches, ein Extremzustand also, wird für die Liebe gefordert, als ob man so etwas überhaupt fordern könnte; hier liegt das Grundparadox. Zugleich kann sie nicht dauern, denn Ehebereitschaft ist nicht mehr zu vergeben. Auch diese Lust will jedoch, wie Nietzsche das viel später formuliert hat, »tiefe, tiefe Ewigkeit«. Aber die Erfüllung enthält schon die Gefahr, fast könnte man sagen, den Anfang des Endes. Die Nähe zu einem verrückt machenden Beziehungsparadox von der Art »Komm mir nah, um mir fernzubleiben« liegt auf der Hand – und auch die ständig lauernde Eifersucht, denn erstens war immer schon ein Dritter in Gestalt des Ehemannes vorhanden, und zweitens konnte jederzeit ein neuer außerehelicher Partner auf den Plan treten. Denn Verbindlichkeiten außer denen, die das Gefühl aus sich selbst erschuf und bewahrte, gab es nicht.

Da aber die außereheliche Liebe nicht mehr verboten, sondern trotz des nie aufgegebenen Widerstandes der Kirche fast so etwas wie eine höfische Pflicht war – die Könige hatten Mätressen, die Königinnen Liebhaber, außereheliche Nachkommen, die »Bastarde«, waren in der Oberschicht anerkannt und oft sehr erfolgreich –, so entsteht ein weiteres Paradox: das von Geheimhaltung und Öffentlichkeit. Dabei verfällt niemals die Liebe als solche der gesellschaftlichen Ächtung, wohl aber ihre unelegante Handhabung, wie sie etwa in Molières Komödien zu beobachten ist. So bekommt Liebe, und im Zusammenhang damit Gefährdung und Verlust von Liebe, also auch Eifersucht, eine eminente Bedeutung für die Selbstachtung in einer höfischen Kultur, in der es

---

* Besonders deutlich ist da wieder das Deutsche: ê und ewe, die Frühformen unseres Wortes Ehe, bedeuten zugleich Ewigkeit, ewiges Gesetz.

zuallererst darauf ankommt, etwas darzustellen – wenn man so will: zu scheinen, nicht so sehr zu sein.

Diese Situation einer kleinen Oberschicht, diese Verfeinerung des Durchschauens und dennoch Mitspielens, dieses Ineinander von kompliziertester Aktivität und melancholischem Vorauswissen ihres unausweichlichen Scheiterns ist nicht denkbar ohne die Wechselwirkung zwischen der gesellschaftlichen Wirklichkeit und dem psychologischen Scharfblick einer Literatur, die hinschaut, vorzeigt und – entlarvt. Der französischen Moralistik (das Wort hat mit »Moral« die gemeinsame lateinische Wurzel mores, Sitten), die keine Normen setzt, sondern Welt und Menschen zeigt, wie sie sind und nicht wie sie sein sollten (vgl. Friedrich, Montaigne [1949], bes. Kap. IV), verdanken wir eine Reihe von klarsichtigen Definitionen der Eifersucht. Die berühmtesten stammen von La Rochefoucauld (1613–1680), einem großen Herrn, verwikkelt in Staats- und Liebesaffären auf höchster Ebene, der in einem Selbstporträt von 1658 als seine erste und wichtigste Eigenschaft angibt, melancholisch zu sein. Er beschreibt diese seine ganz besondere Melancholie als »ziemlich erträglich und ziemlich sanft«, und so hindert sie ihn nicht, bis ans Ende seines Lebens mit äußerster Schärfe und Genauigkeit zu formulieren, was er um sich herum sah – und das heißt bei ihm: durchschaute. Die Zeitgenossen waren entsetzt – aber der Herzog erlebte von 1664 bis 1678 sechs Auflagen seiner »Maximen« bei Lebzeiten.

Unmöglich, daß die Eifersucht, wie zu Zeiten des Kaplans Andreas, ein edles Gefühl sein sollte. Allerdings kommt sie auch bei Edlen, den honnêtes gens, vor, zu denen La Rochefoucauld sich rechnete und von andern gezählt wurde, und darin liegt möglicherweise wieder ein melancholisch machendes Paradox. Die zentrale These La Rochefoucaulds ist: »In der Eifersucht ist mehr Eigenliebe als Liebe (enthalten)« (S. 447, 324). Diese Eigenliebe, der amour-propre, steckt für den Autor hinter allen echten und scheinbaren Tugenden, und er hält ihn durchaus für ein Übel, wenn auch für ein unumgängliches. Ähnlich ist es mit der Eifersucht: Sie wird mit der Liebe geboren – das sahen viele vor ihm, aber nicht dies: »sie stirbt nicht immer mit ihr« (S. 451, 361). Oder dies: »Der Stolz hat, wie die andern Passionen, seine bizarren Seiten: man schämt sich zu gestehen, daß man eifersüchtig ist, und man rechnet es sich zur Ehre, eifersüchtig gewesen und zur Eifersucht fähig zu sein.« Noch in der letzten Ausgabe der »Maximen« zu Lebzeiten des Autors heißt es schneidend (und diesmal sogar mit einem moralischen Unterton): »Die Eifersucht ist das größte aller Übel und dasjenige, das am wenigsten Erbarmen mit denen hat, die es verursachen« (S. 469, 503). Und keine Rettung? Keine! – Außer eine recht schwierige, als Maxime in mehreren Varianten wiederholt: »Das Heilmittel für die Eifersucht ist die Sicherheit dessen, was man fürchtet, denn sie bringt das Ende des Lebens (im Duell, H. B.) oder das Ende der Liebe; das ist ein grausames Heilmittel, aber es ist süßer als Zweifel und Verdacht« (S. 379, 240). Aber erinnern wir uns: Die Eifersucht stirbt nicht immer zugleich mit der Liebe …

Daß die Zeitgenossen sich gegen diese überscharfe Darstellung der Ausweglosigkeit des Leids, das aus der Liebe kommen muß, wehrten, ist nur zu verständlich. Wir Heutigen fragen natürlich, ob es denn wirklich mit Treue und Beständigkeit so ganz und gar aussichtslos stand, und ob die Ehe als Lebensform tatsächlich so unattraktiv war. »Es gibt gute Ehen, aber es gibt keine deliziösen«, antwortet uns La Rochefoucauld (S. 418, 113) – und das, was da als deliziös bezeichnet wird, der Glanz der außerehelichen vergänglichen Liebe, muß für ihn trotz aller Leiden unwiderstehlich gewesen sein.»Verliebt in die Liebe« ist eine Formulierung, die bei ihm öfter vorkommt. Daß eine solche Erfahrung bei Männern wie bei Frauen nur in Verzicht, Resignation und Melancholie enden kann, war wohl seine Erfahrung und Überzeugung.

Als Illustration für das, was Liebe in seiner Zeit und seiner Schicht war und sein konnte, ist nichts so geeignet wie der Roman seiner jungen Freundin Marie de La Fayette,»Die Prinzessin von Cleve« (abgeschlossen 1672, erschienen 1678), dessen Entstehung La Rochefoucauld beratend begleitet hat.

Die Grundhandlung ist schnell erzählt: die jung verheiratete Prinzessin von Cleve wird vom Herzog von Nemours verehrt, er hofft sie zu seiner Mätresse zu machen. Sie widersteht ihm aus Anstand und Moral, obwohl auch sie ihn leidenschaftlich liebt – und er das weiß –, während sie mit ihrem Ehemann nur Zärtlichkeit, Pflicht und Freundschaft verbinden. Der Ehemann stirbt an einer der damals unbesiegbaren Infektionskrankheiten, vielleicht aber in seiner Lebenskraft geschwächt durch die Nachstellungen des Herrn von Nemours. Die Prinzessin zieht sich in eine echte und gefühlte Trauer zurück; trotzdem glaubt Monsieur de Nemours sich ausrechnen zu können, daß sie ihn heiraten wird. Sie weigert sich und bleibt bei ihrer Weigerung, und zwar mit der Begründung, daß sie an die Beständigkeit seiner Liebe im Falle einer Ehe nicht glauben könne und sich die Qualen der Eifersucht und des Verlassenwerdens ersparen will. Sie zieht sich in ein Stift in ein frommes und einsames Leben zurück. Der Herzog kämpft noch eine Weile um sie, glaubt bei der Mitteilung ihrer endgültigen Absage »vor Schmerz umzukommen«, »endlich aber minderte die Zeit den Schmerz und ließ stete Abwesenheit die Leidenschaft erlöschen«.

Diese einfach erscheinende Geschichte ist eingesponnen in ein Netz von Liebesintrigen und Hofmachenschaften. In der Erinnerung bleibt vor allem die psychologisch überaus fein ausgeführte Gestalt der Prinzessin, die in ihrer Zartheit so stark ist und in ihrer Stärke so resigniert. »Tragisch« ist die Sache nicht, nur traurig. Und sehr edel, sehr höfisch, sehr maßvoll trotz großer Passion. »Es gibt eine gewisse Art von Liebe, deren Übermaß Eifersucht verhindert«, heißt es bei La Rochefoucauld (S. 448, 336). Vorausgesetzt ist dabei, daß die Eifersucht eines Tages unvermeidlich kommt, weil eine solche Liebe nicht dauert. Und diesem Nichtdauern will sich die Prinzessin nicht ausliefern.

Dennoch: Liebe in der Ehe

Da die geforderte exzessive Passion so schwer zu leben und so gefährlich war und eigentlich auch nur in der Wechselwirkung mit einer noch in ihrer Leichtfertigkeit strengen Gesellschaft zu denken ist, war der Liebesauffassung der französischen Klassik der Verfall, das Absinken in Libertinage, sexuelle Maßlosigkeit, in Oberflächlichkeit und Zynismus gleichsam eingebaut. Ein gutes Jahrhundert nach der Blütezeit wird die Französische Revolution Europa begeistern, entsetzen, erschüttern – und grundsätzlich verändern, weil sich vieles schon verändert hat.

Ansatzpunkte des Aufbegehrens sind nicht nur wirtschaftliche, sondern vor allem moralische Gesichtspunkte, die auch unser Thema betreffen. Die Maßstäbe der Oberschicht greifen nicht mehr, die Bourgeois, mit denen die Prinzessin von Cleve, die Gräfin La Fayette und der Herzog von La Rochefoucauld keine Berührung hatten, von denen sie nichts wußten und die sie dennoch verachteten, bringen neue Impulse. Zweckfreie Liebe konnten sich die Bürger nicht leisten, und als grundsätzlich unglücklich können und wollen sie sich die Ehe nicht vorstellen. Erfahrungen sprechen dagegen, natürlich auch teilweise die des Adels, besonders des nichthöfischen. »Keine Frau«, schreibt der große Montaigne bereits Ende des 16. Jahrhunderts in seinen »Essais« (III, V), die einmal die Ehe geschmeckt habe, »würde den Platz der Mätresse oder Freundin ihres Mannes einnehmen wollen«. Denn würde man ihn fragen, »wem er lieber eine Beschämung geschehen sähe, seiner Frau oder seiner Mätresse, wessen Unglück ihn mehr betreffen würde, wessen Größe er mehr wünscht«, so gibt es angesichts dieser Fragen »in einer gesunden Ehe« keinen Zweifel (S. 829). Von Eifersucht ist keine Rede, allerdings heißt es auch an derselben Stelle: »Eine gute Ehe … verweigert sich den Umgangsformen der Liebe. Sie sucht die der Freundschaft.« Es geht, so sieht man immer deutlicher, nicht darum, daß es in der Ehe keine Liebe gibt, sondern was man Liebe nennt. Denn derselbe Montaigne berichtet etwa in einem Brief (S. 1347 ff) über den Tod seines 32 jährigen Freundes La Boétie, daß dieser seine Frau »ma semblance«, mein Ebenbild, nennt und ihr zum Abschied sagt, er habe sie »geliebt, liebkost und geschätzt« sosehr er konnte (aymee, cherie, estimee) – also doch, bis in die Wortwahl hinein, Liebe in der Ehe.

Der Hauptunterschied für uns Heutige, die wir beides als Liebe bezeichnen, liegt in der Leidenschaftlichkeit, die immer als vorübergehend empfunden wird (Luhmann 1982, bes. Kap. 6), und besonders in der hochgeschätzten *maßvollen* Sexualität in der Ehe. Außerdem gab es Dinge, über die man nicht sprach, und zu denen gehörte die eheliche Liebe (Ariès et al. 1982, S. 71). Es gab eine lange Tradition der Schamhaftigkeit der anständigen Frau, die etwa die öfter berichteten Vertauschungen in der Hochzeitsnacht erst ermöglichte.[*] Eine Geliebte konnte man niemals verwechseln, ihre Sexualität war individueller.

Die Frage war offenbar nicht, ob es Liebe, Zärtlichkeit, Freundschaft und Treue in der Ehe gab, sondern wie man leidenschaftliche Sexualität und Verliebtheit, also vorausgehende und nicht erst im Laufe der Zeit entstehende gefühlsmäßige Zustimmung damit zusammenbringen konnte. Vorläufer unserer »Liebesehe« – offenbar für viele Jahrhunderte ein nicht recht denkbares Begriffsmonstrum – bildeten sich besonders in England und Amerika aus, wo Liebe als eheliche Pflicht sich verschiebt zu Liebe aus Sympathie zum ehelichen »Lebensgefährten« (companion). Und weiter: die Frau wird im 18. Jahrhundert als Mensch entdeckt, Gefühl und Natur werden Leitbegriffe, Glück für alle wird etwas, das nicht Gott anheimgestellt bleibt und das er den meisten nicht gewährt, sondern das zu *fordern* man beginnt.

Was ist romantische Liebe?

Ich rette mich aus der Gefahr der Verallgemeinerungen mit einem Sprung nach vorn, zu Friedrich Schlegels kleinem Werk »Lucinde«, das im Jahre 1799 erschien (also fast genau ein Jahrhundert vor Freuds »Traumdeutung«), in einer Zeit, in der das »Bürgerliche« schon von der Vorhut zur etablierten Norm avanciert ist, gegen die sich eine neue Avantgarde absetzt.[**] Die »Lucinde« wird immer wieder als Grundlagen-

---

[*] Die erste und berühmteste enthält die biblische Geschichte von Jakob, der die durch sieben Jahre Dienst erworbene, heißbegehrte Rahel nicht von der untergeschobenen Lea unterscheiden kann, dessen Liebe zu Rahel aber so groß ist, daß er noch einmal sieben Jahre um die versprochene Braut dient.
[**] Friedrich Schlegel und seine Freunde schüttelten sich über Schillers gravitätische »Glocke«, die zum Schulbuchmusterstück für die bürgerliche Familie des 19. und 20. Jahrhunderts geworden ist, vor Lachen aus, so daß sie »fast von den

buch zitiert, wenn es um die moderne Form der Ehe geht – ob sie auch gelesen wird, wage ich zu bezweifeln. Es ist ein sonderbares, noch dazu unvollendetes Werkchen, bestehend aus Gesprächen, Reflexionen. Allegorien, Briefen, alles in allem etwa 90 Seiten lang, schwärmerisch, ironisch, redselig, melancholisch, sinnlich (aber nicht obszön). Ein Roman, als den es die moderne Ausgabe bezeichnet, ist es keineswegs, es erzählt keine Geschichte oder Entwicklung, obwohl es eine Reihe von Geschichten enthält. Aber es erregte bei seinem Erscheinen ein für uns unfaßbares Ärgernis. Dem damals 27jährigen Schlegel wurde der Aufenthalt in Göttingen verboten, worauf sein vier Jahre älterer Freund, der Theologe Schleiermacher, ein Jahr später, 1800 also, die »Vertrauten Briefe über Schlegels ›Lucinde‹« erscheinen ließ, in denen er das anstößige Werkchen verteidigte. Auch er wurde von seinen Vorgesetzten gemaßregelt. Schiller nannte in einem Brief an Goethe die »Lucinde« empört den »Gipfel moderner Unform und Unnatur« (zit. nach Kleßmann 1975, S. 184).

Welche Gründe auch immer für den Skandal verantwortlich waren – man kann das im Nachwort von Henriette Beese nachlesen –, daß er überhaupt entstand, zeigt, wie sehr sich die Vorstellungen von Dezenz und Indiskretion in den letzten zwei Jahrhunderten gewandelt haben. Am anstößigsten war offenbar die Schilderung der »schönsten Situation«, in der es, überaus sanft angedeutet, um die sexuelle Umkehrung von männlicher und weiblicher Rolle ging, also wohl um die Oben-Unten-Position, aber auch im übertragenen Sinne um Werben, Fordern, Begehren einerseits und Nachgeben, Gewähren, Geschehenlassen andererseits. Ebenfalls als indezent wurde die Darstellung eines Kindes, der »kleinen Wilhelmine«, angesehen, die unbefangen, auf dem Rücken liegend, ihre Beine in die Luft streckt, so daß das Röckchen zurückrutscht.

Die »Lucinde« wurde als Schlüsselroman gelesen, und die Preisgabe des Privaten, die man darin mit Recht sah, machte alles nur noch schlimmer. Man bedauerte Schlegels Geliebte Dorothea Veit (und bestaunte sie wohl auch gierig), weil ihre intimen Gefühle in aller Öffentlichkeit ausgestellt wurden. Auch ihr selbst war das nicht ganz recht, wenn sie auch loyal zu Schlegel stand. Denn ihm wie ihr ging es um die Darstellung einer neuen Lebens- und Eheauffassung, die unserer heutigen so nah verwandt ist wie keine andere historische. Was wir »normal« finden, war damals der Entwurf einer kleinen Gruppe von Mutigen, die sich bewußt und überzeugt gegen Konvention und Gesetz stellten. Daß sie später konservativer, angepaßter, resignierter wurden, nimmt die allgemeine Entwicklung in der zweiten Hälfte des 19. Jahrhunderts vorweg.

Stühlen gefallen« wären – laut einem Brief von Caroline Schlegel an ihre Tochter vom 21. Oktober 1799.

Schlegels eigenes Leben enthält viele wichtige Leitzeichen seiner Zeit, so die Bedeutung der Freundschaft, die laut Luhmann (1982, S. 105) im 18. Jahrhundert der Liebe fast den Rang ablief, was Intimität betrifft. Schlegel lebte zwei Jahre mit Schleiermacher in gemeinsamer Wohnung in einer Beziehung, die dieser »Ehe« nannte, was sich aber nur auf die Intensität des Austausches bezog und nicht etwa auf die Sexualität. Zeittypisch war auch die Verehrung der Frauen, die nicht einfach erobert oder verführt werden, sondern mit denen gemeinsam der Mann erst recht eigentlich er selbst und »ganz« wird, so wie sie durch ihn. Das Gefühl – auch das ein Charakteristikum des späten 18. und frühen 19. Jahrhunderts – wird richtunggebend für das konkrete Leben: Friedrich Schlegel und sein Bruder August Wilhelm schützten die besonders von Friedrich hochverehrte Caroline Böhmer – große Briefschreiberin und eine der faszinierendsten Frauen der Romantik –, als diese ein uneheliches Kind erwartete, indem Wilhelm sie einfach heiratete.[*] Friedrich verliebte sich in die zehn Jahre ältere Berliner Jüdin Dorothea Veit, wie schon erwähnt, das Urbild der »Lucinde«. Sie ließ sich seinetwegen scheiden. Beide Brüder lebten eine Zeitlang mit den beiden Frauen und einigen anderen Freunden unter einem Dach in Jena in einer »Geisterfamilie« (Hoffmann-Axthelm 1973) und räumten damit der Geselligkeit – auch dies ein Lieblingsbegriff der Romantik – einen Platz in ihrem realen Leben ein. Allerdings war die allzu menschliche Wirklichkeit stärker als die nach den Sternen greifende Theorie: die frühe Vorläuferin unserer Wohngemeinschaften zerfiel bald wieder, vor allem wegen der Eifersucht und Rivalität zwischen Caroline und Dorothea, aber auch, weil sich Caroline in den vierzehn Jahre jüngeren Schelling, ihren späteren Ehemann. verliebte. Die Scheidung vom Freundes-Ehemann Wilhelm war für diesen trotz aller »modernen« Toleranz schmerzlich und wohl auch blamabel.

Wovon handelt nun die berühmte »Lucinde«? Eigentlich nur von der Liebe zwischen Julius und Lucinde, die ohne alles Wenn und Aber, ohne Hinweise auf Sprachregelungen »romantisch« genannt werden kann. Und was ist »romantische Liebe«? In dem Brief, in dem Julius darauf reagiert, daß Lucinde ihm angekündigt hat, sie werde Mutter sein, zitiert er ein »französisches Buch«: »Sie waren einer des andern Universum«, heißt es dort. Julius muß darüber lächeln – und zeigt dem Leser zugleich, daß es Vorläufer der neuen Liebesauffassung schon gab. Aber dort, »in so einer französischen Passion«, ist es »bloß eine Figur der Übertreibung«; bei ihm und Lucinde aber ist es »buchstäblich wahr« geworden. Dort finden sie »das Universum einer im andern, weil sie den Sinn für

---

[*] Caroline konnte allerdings ihr Kind nicht als »Bastard« aufziehen, sondern mußte es in Pflege geben, wo es starb. So bürgerlich waren sie denn doch ...

alles andere verlieren. Nicht so wir. Alles was wir sonst liebten, liebten wir nur noch wärmer. Der Sinn für die Welt ist uns erst recht aufgegangen. Du hast durch mich ... und ich habe durch dich ...« und so weiter. Also: der andere wird als Welt für sich, als einmalig, als ganz und gar unerschöpflich angesehen, was auch einschließt, daß er unendlich veränderbar und entwicklungsfähig ist. Wahrscheinlich ist diese Mannigfaltigkeit in der Einheit, das, was psychoanalytisch mit dem Begriff »Selbst« ausgedrückt werden kann, die wesentlichste Grundlage für die Ehe – und damit Dauerfähigkeit der Liebe, denn Langeweile, Überdruß und Auslaufen lassen sich dadurch umgehen.

Daß es nicht so einfach ist, mit diesen hochherzigen Gedanken auch wirklich zu leben, zeigt das, was später als Liebeserwartung daraus geworden ist: der Anspruch dieses Ideals *erfordert* geradezu die Scheidung, falls der Partner es nicht zu erfüllen vermag. So kam etwa die Vorbildfigur Caroline Böhmer-Schlegel erst in ihrer dritten Ehe, mit Schelling, wirklich zu Ruhe, Glück und Erfüllung. In der »Lucinde« findet sich eine Aufteilung der Frauen in zwei große Klassen: die einen, »die die Sinne achten und ehren, die die Natur, sich selbst und die Männlichkeit«; und die anderen, die »diese wahre innere Unschuld verloren haben und jeden Genuß mit Reue erkaufen, bis zur bitteren Gefühllosigkeit gegen innere Mißbilligung«. (So könnte man übrigens, wenn auch poetischer als üblich, den Zustand nach und vor einer gelungenen Psychoanalyse beschreiben.) Von der »guten« Klasse, den freien, natürlichen, niemals prüden, aber auch nicht schamlosen Frauen, von denen jede »die Liebe schon ganz in sich hat«, aber jede »ganz verschieden und ganz eigen, so eigen und so verschieden wie ihre eigentümliche Art zu sein« – von diesen Frauen müssen die Männer die wahre Liebe lernen, nicht die übliche Beziehung der »Roheit und Gemeinheit« zwischen Mann und Frau – die kennen sie schon –, sondern die, in der alles ist: »Freundschaft, schöner Umgang, Sinnlichkeit und auch Leidenschaft.« Jedoch kann nicht jeder Mann von jeder Frau alles lernen. »Viele würden mich besser verstehen als ich selbst, aber nur Eine ganz, und das bist du«, sagt Julius zu Lucinde.

Eifersucht romantisch

Hier, in der Umgebung des deutschen Idealismus, mit dem Deutschland seit der Reformation zum erstenmal aus seiner Verspätung gegenüber dem übrigen Europa heraustritt, wird also die Frau nach Jahrhunderten wieder einmal enthusiastisch idealisiert, und zwar ganz und gar, mit Haut und Haar, mit Leib und Seele – nicht nur zu ihrem Vorteil, wie sich später zeigen wird. »Laß mich's bekennen, ich liebe nicht Dich allein, ich liebe die Weiblichkeit selbst«, sagt Julius. Und da nun lauert, anmutiger zwar als früher und schnell zu besänftigen, die alte, die ewige, die niemals enthusiastische Eifersucht. In dem Kapitel »Treue und Scherz« beklagt sich Lucinde darüber, daß Julius gestern in einer Gesellschaft zuviel mit Amalie gesprochen und sie selbst »den ganzen Abend unfreundlich vergessen« hat. Es entspinnt sich ein leichtes Lehrgespräch über Eifersucht, in dem der Gefahr von Dreiecken ganz anders begegnet wird als früher. Lucinde möchte beruhigt werden: es sei doch nichts als »klare, reine Freundschaft« mit Amalie; Julius wehrt sich heftig: o nein, eine solche Albernheit dürfe sie ihm nicht zutrauen. »Es wäre ja grob, mit einem reizenden Mädchen so zu reden, als ob sie ein geschlechtsloses Amphibion wäre.« Im Gegenteil: er »liebt« Amalien, sagt er geradezu, aber nicht im Ernst, sondern spielerisch, scherzhaft. »Eigentlich muß man alle Frauen im Scherze lieben.« »Julius! ich glaube, du wirst ganz närrisch«, sagt Lucinde und fährt spitz fort, das sei nun also wieder »weiter nichts, als was die Franzosen Galanterie und kokett nennen«. Sie, die große Lehrmeisterin reiner Sinnlichkeit, gebärdet sich damit im Sinne romantischer Liebe recht unverständig, denn Julius befindet sich an einer Zentralstelle der Kunst- und Lebenstheorie seiner Freundesgruppe und kann auf der Stelle kontern: »Weiter nichts, außer daß ich mirs schön und witzig denke.«

Mit »Witz« ist hier nicht unser engerer Begriff pointierter Komik gemeint; seinen Witz läßt Schlegel einige Seiten vorher allegorisch als schönen jungen mutigen Mann auftreten. (Das Wort hat mehr mit unserm heutigen »Geist« zu tun, mit »gewitzt« oder Zusammensetzungen wie Vorwitz, Aberwitz, auch wohl Wahnwitz.) Ohne diesen Witz ist die Gesellschaft »ein Chaos«, nur durch ihn ist sie in Harmonie zu bringen; »und wenn man nicht scherzt und tändelt mit den Elementen der Leidenschaft, so ballt sie sich in dicken Massen und verfinstert alles«. Die Romantik, schwärmerische Verfechterin des Gefühls, des Verschmelzens und Verfließens, der Sehnsucht und des Träumens, ist eben andererseits auch die Fortsetzerin der Aufklärung – und Julius, was die Eifersucht angeht. geradezu ein Vorläufer Freuds, der in seinem Aufsatz von 1922 die spielerischen Möglichkeiten der gesellschaftlich gestatteten Untreue, des Flirts, als eine gesunde und weise Einrichtung lobt. Freud wäre auch einverstanden gewesen mit Julius' Bedingung und Beschreibung: auch in dieser Angelegenheit »müssen die Menschen wissen, was sie tun und was sie wollen, und das ist selten der Fall. Der feine Scherz verwandelt sich in ihren Händen gleich wieder in groben Ernst.« Und wie sehr könnte Freud – und auch die spätere Psychoanalyse – dem Satz zustimmen, in dem Julius die Eifersucht auf die eifersüchtige Person zurückbezieht: Liebe, sagt Julius – und Liebe wird immer als Einssein im

Zweisein oder umgekehrt begriffen –, Liebe kann so wenig beleidigen wie Wohltaten austeilen, alles ist naturhaft und selbstverständlich. »Also muß es Unsicherheit sein, Mangel an Liebe und Untreue gegen sich selbst. Für mich ist das Glück gewiß und die Liebe eins mit der Treue«, sagt Julius kühn, etwas besserwisserisch – und sehr männlich. Denn so weit ging es mit der männlich-weiblichen Umkehrung nun doch wieder nicht, daß nicht er dozierte und sie zuhörte.

Aber beide zusammen gehen noch weiter; offenbar besteht trotz oder gerade wegen der Einmaligkeit und Größe der alleinen Lebensliebe die Möglichkeit nicht nur zum Scherzen mit fremder Liebe, sondern zu mehrfacher Treue: in dem Abschnitt »Sehnsucht und Ruhe« reden Julius und Lucinde von ihren früheren Lieben:

Lucinde: Du liebst sie noch und wirst sie, ewig mein, auch ewig lieben ... Julius: Ich sehe dich an meine Brust gelehnt mit deines Guido Locken spielen ...

So mild, so großzügig, so freundlich ist noch nie über Eifersucht und Liebesdreiecke gesprochen worden. Am Ende des kleinen Lehrgespräches einigen sich die Liebenden, Lucinde *ein wenig* Eifersucht zu gestatten, da in der Liebe »alles darin sein und eins das andere verstärken und lindern, beleben und erhöhen« soll, ebenso wie Julius »eine kleine Dosis von gebildetem, verfeinertem Zorn« erlaubt wird. Es ist das Klima, in dem der unergründliche Goethe als fast 70 jähriger zu Kanzler von Müller sagen konnte: »Eifersucht ist die Ahndung fremder Wahlverwandtschaft« (1. März 1819).

Daß diese Öffnungen sich wieder schlossen, diese Ideale sich an der Wirklichkeit abschliffen, daß sie übrigens eine Angelegenheit von Eliten waren (»Mit ›romantischer Ironie‹ zu lieben, das ist nicht für Arbeiter und Dienstmädchen gedacht« [Luhmann 1982, S. 175]) und die Utopie des Verschmelzens von Mann und Frau zu Lasten der letzteren ging (»Der Mann liebt das Lieben, die Frau liebt den Mann« [ib., S. 172]), das alles zeigt die Geschichte des 19. Jahrhunderts. Das zeigt aber auch die Lawine von Wirkungen, die Freud auslöste, der in einer Welt, in der das Lieben tatsächlich eine so freie und großzügige Sache gewesen wäre, mit seinen Forschungen überflüssig gewesen wäre.

Dennoch schafft die Erwartung von »Liebe um Liebe«, die offen ist für eine Unendlichkeit von Nuancen und benachbarten Gefühlen, »eine Möglichkeit für alle Talente und Situationen, sie erfordert nicht unbedingt die Schwerarbeit der Passion« (Luhmann 1982, S. 175). Dadurch, daß die Liebe das Selbst nicht einschränkt wie eine Krankheit, sondern es erweitert, ja in der Wechselwirkung mit dem andern erst eigentlich ganz zu sich selbst führt, dadurch, daß eine gemeinsame Sonderwelt geschaffen wird, die sich aus sich selbst heraus immer wieder verändert und also nicht zur Langeweile führt, wird Liebe ehefähig.

Das bleibt von diesem Entwurf, auch wenn uns heute gerade die Zeit nach der Hochromantik bis zum Ende des Ersten Weltkrieges als besonders patriarchalisch und bürgerlich erscheint, auch wenn es noch immer Vernunft- und Geldheiraten, Prüderie und doppelte Moral gab und wenn des Julius Charakteristik zutreffend blieb (und bleibt): »Da liebt der Mann in der Frau nur die Gattung, die Frau im Mann nur den Grad seiner natürlichen Qualitäten und seiner bürgerlichen Existenz, und beide in den Kindern nur ihr Machwerk und ihr Eigentum. Da ist die Treue ein Verdienst und eine Tugend; und da ist auch die Eifersucht an ihrer Stelle. Denn darin fühlen sie ungemein richtig, daß sie stillschweigend glauben, es gäbe ihresgleichen viele, und einer sei als Mensch ungefähr soviel wert wie der andere, und alle zusammen nicht eben sonderlich viel.«

Hilft die Kirche gegen Eifersucht?

Zum Abschluß dieses kulturhistorischen Überblicks möchte ich mich noch kurz mit der Haltung der Kirche befassen. Das Schlegel-Zitat redet von der Gleichwertigkeit, besser: von der gleichen Minderwertigkeit aller Menschen. Einerseits könnte die Kirche das unterschreiben, da die Menschen für sie »allzumal Sünder sind und des Ruhmes mangeln, den sie vor Gott haben sollen«, andererseits hat für sie jede einzelne Menschenseele einen unendlichen Wert, weil Gott zu ihrer Rettung seinen Sohn geopfert hat. Daraus ergibt sich in Sachen Moral eine riesige Spannweite zwischen Menschen- und Sündenverachtung einerseits und Toleranz, Liebe und Vergebung andererseits, innerhalb derer die Kirchen im ganzen und ihre einzelnen Vertreter im besonderen im Laufe der Jahrhunderte die verschiedensten Haltungen eingenommen haben.

Wo es um Verworfenheit und Gerechtigkeit (im Sinne des Angenommenseins durch Gott) ging, entwickelte sich die Sexualität zu einem Zentralthema – im Gegensatz zu dem, was uns von Jesus überliefert ist. Es versteht sich, daß der Punkt, wo die Kirche unter Berufung auf die Bibel ansetzen konnte, die Unauflöslichkeit der Ehe war. Aber diese hat sich erst erstaunlich spät, nämlich im 12. Jahrhundert als Normvorstellung der Kirche durchgesetzt, etwa zur gleichen Zeit wie die Ehelosigkeit der Weltgeistlichen. Überhaupt ist das Eingreifen der Kirche bei der Eheschließung, die lange als eine vertragsähnliche Angelegenheit zwischen Privatleuten angesehen wurde, verhältnismäßig neu. Ariès zeigt (1982, S. 192 f), wie sich in Frankreich die Befugnis des Priesters vom bloßen

Segnen des Bettes im 9. und 10. Jahrhundert über die Eheschließung vor den Kirchentüren noch im 15. und 16. Jahrhundert bis zur Verlegung der gesamten Zeremonie ins Kircheninnere im 17. Jahrhundert ausgeweitet hat. Ähnlich ist die Entwicklung in Deutschland verlaufen (Weber-Kellermann 1976). Parallel zur wachsenden Wichtigkeit, ja Unerläßlichkeit des Geistlichen verfestigte sich die schriftliche Registrierung. Erst 1563 auf dem Konzil von Trient wurde die Vorschrift erlassen, eine Ehe sei nur gültig, wenn sie vor einem Priester in Gegenwart von zwei Zeugen geschlossen wurde. Im Tridentinum wurde die Ehe auch endgültig zum Sakrament erklärt, wofür die Bibel keinen Anhalt bietet. In der kirchlichen Tradition gab es bereits seit Augustinus Ansätze dazu. Luther lehnte bekanntlich diese Auffassung ab. Jedenfalls stand die Kirche zunehmend für Ordnung und öffentliche Kontrolle und war nicht länger einfach eine Instanz, die einen privaten Vorgang segnend begleitete.

Der Gesamtverlauf der Beziehung zu Ehe und Sexualität zeigt ein immer stärker werdendes Bedürfnis der Kirche, diesen gefährlichsten aller Triebbereiche soweit wie möglich unter ihre Macht zu zwingen. An ihm zeigt sich die Gebundenheit des Menschen an die Natur am deutlichsten – die Verfallenheit an die Welt in theologischer Sicht. Die Erinnerung daran, daß schließlich Gott selbst den Menschen als *sein* Ebenbild geschaffen hat, und zwar ausdrücklich als Mann *und* Frau, verblaßt gegenüber der Konkurrenz zwischen Gottesliebe und Menschenliebe. Dabei fällt auf das Bild der Frau der ganze Druck der Ambivalenz: einerseits kann sie in jedem individuellen Leben »Jungfrau, Mutter, Königin«, ja »Göttin« wie Maria sein, andererseits Hexe mit unübersehbaren Möglichkeiten unerlaubter Sexualität (vgl. Droß 1978), wie Eva, die auf die Rolle der Verführerin des Mannes festgelegt wird. Obwohl Männer zu allen Zeiten viel öfter Ehebruch begangen haben als Frauen, wird, wenn man die Linie durchzieht, diesen die Schuld daran gegeben – das Musterbeispiel einer Projektion: der vom eigenen Gewissen verurteilte Anteil der eigenen Sexualität wird dem andern zugeschoben – ich klage an, also bin ich nicht schuldig.

Die Zäune des Mißtrauens gegen die Sexualität auch in der Ehe wurden immer enger gesteckt. Im 19. Jahrhundert schließlich wurde von katholischen Moraltheologen der Geschlechtsverkehr als »an sich schlecht« (in se malum) bezeichnet, ebenso wie etwa die Tötung menschlichen Lebens. Nur durch bestimmte Umstände können diese Handlungen gut werden: der Geschlechtsverkehr innerhalb der Ehe, aber auch da nur in Ausrichtung auf die Zeugung neuen Lebens, die Tötung im Falle eines gerechten Krieges oder als Strafe für einen Verbrecher. »Ein für allemal, d. h. in sich schlecht« (intrinsece malum) blieb die freiwillige Pollution menschlichen Samens, die Empfängnisverhütung und jeder außereheliche Geschlechtsverkehr sowie – das denn doch! – die direkte Tötung unschuldigen Lebens (Gründel 1977, S. 94/95).

Es versteht sich von selbst, daß eine so negative, harte und pessimistische Beurteilung der Sexualität durch die geliebte und gefürchtete Autorität der Kirche viele Menschen in schwere Konflikte brachte, besonders da sich im vorigen Jahrhundert andererseits mit der Ehe immer stärker die Erwartung persönlichen Glücks verband. Eine blutleere protestantische Kirche, die eng mit der sich verfestigenden bürgerlich-patriarchalischen Gesellschaft verbunden war, wies, wenn auch nicht so scharf und klar wie die katholische, in die gleiche Richtung der Unterdrückung der Sexualität oder auch ihrer Gestattung als eines notwendigen Übels unter bestimmten Bedingungen. Diese Tendenzen wirken trotz aller Bemühungen mutiger fortschrittlicher Theologen beider Kirchen bis heute fort. Eifersucht muß in diesem Kontext als ein höchst verständlicher, durch wichtigste Rechtsansprüche geschützter Affekt erscheinen.

In einem katholischen moraltheologischen Lexikon aus dem 19. Jahrhundert (Wetzer/Welte 1886) finde ich zwar die Ablehnung unberechtigter Eifersucht, denn sie sei einer vertrauensvollen Ehe unwürdig und beleidige den Partner; aber wenn Sexualität von der Tradition her so zu fürchten ist, wie soll man sich dann zwischen der guten Sexualität innerhalb der Ehe und der schlechten außerhalb zurechtfinden? Bei bewiesener Untreue, so das Lexikon, sei von Eifersucht eigentlich schon nicht mehr die Rede – auch das eine ahnungslose Äußerung in bezug auf die Psychologie derer, die der Kirche anvertraut sind. Und die Eifersucht Gottes, natürlich, ist etwas ganz anderes.

Jedenfalls hat die Kirche wenig Hilfen gegeben für das, was doch in ihrer Lehre angelegt wäre: für Vergebung, Umkehr, Neuanfang, vor allem aber für die Veränderung *beider* Beteiligter. Die Ablehnung des Leiblichen war bis in unser Jahrhundert hinein in beiden Kirchen so stark, daß die Scheidung im Falle der Untreue, aber in vielen Ländern auch der spontane Mord aus Eifersucht und gekränkter Ehre geduldet, wenn nicht geradezu gestattet waren – freilich wieder nur den Männern. Duelle wie in Fontanes »Effi Briest« (1894/95), wo der Liebhaber von Effis Ehemann getötet wird, obwohl die Affäre Jahre zurückliegt und er selbst seine Ehe inzwischen als heiter und lebenswert, ja eigentlich überhaupt erst gut *geworden* ansieht, mußten zwar heimlich arrangiert werden. Aber es fand sich immer ein Adjutant aus guter Familie, der mitging; der Sieger (und Mörder) kam mehr oder weniger straffrei davon und konnte seiner Tätigkeit, sogar im Staatsdienst, bei Fontane als Jurist, in aller Ruhe weiter nachgehen. Das gemeinsame Kind blieb bei ihm. Man hat sich das alles in einem Milieu vorzustellen, in dem eine feierliche protestantische Trauung selbstverständlich war. Effi, zum Zeitpunkt der

Entdeckung verreist, sieht ihren Mann nie und ihr Kind nur einmal nach einigen Jahren wieder – und auch das dürfte ihr Pastor, mitleidig vielleicht, als unausweichliche Folge ihrer Tat angesehen haben, die sie als Buße auf sich zu nehmen hatte. Mögliche Veränderungen auf eine weniger starre Sexualmoral zu lassen sich höchstens in der offensichtlichen gefühlsmäßigen Parteinahme des Autors für seine Hauptfigur ahnen.

Auf katholischer Seite gibt es ein – einmaliges, soviel ich weiß – Beispiel für eine verzeihende Lösung des alten Eifersuchtskonfliktes, der die Spanier so sehr beschäftigt hat: »Worte Gottes« (1920) von Ramón del Valle-Inclán, einem in Deutschland nicht allzu bekannten Autor (1866 bis 1936). Er gehörte der »Generation von 1898« an, die sich nach dem Jahr benannte, in dem Spanien endgültig die letzte seiner überseeischen Besitzungen, Kuba, verloren hatte, und war bis ins Aussehen, bis in den Adel, die Güte und Verrücktheit hinein ein Ritter von der traurigen Gestalt wie Don Quijote. Sein Stück konnte denn auch nicht anders als tragikomisch gelingen; es spielt auf dem Dorf unter einfachen Leuten. Ein Hidalgo hätte sich, trotz aller Kritik, die Valle-Inclán und seine Freunde an der Rückständigkeit, dem falschen Stolz und der inneren Faulheit ihrer Landsleute übten, auch im 19. Jahrhundert noch nicht leisten dürfen, was ein simpler Küster tut:

Seine Frau hat ihn betrogen mit einem vorbeiziehenden Gaukler, und als dieser sie verläßt, bringt sie das Volk, nackt auf einem Heuwagen, johlend und begeistert vor die Kirche, in der der Ehemann Dienst tut. Die Bauern hoffen, einer spektakulären Bestrafung beiwohnen zu dürfen. Statt dessen nimmt der Küster, vorher stilisiert als ein grotesker, feiger, engstirniger, wenn auch gläubiger Mann, seine Frau bei der Hand und führt sie in die Kirche hinein, in der er sie vor Jahren geheiratet hat. Er verwirrt das Volk, das schon Steine in der Hand hat, durch das Bibelwort – lateinisch gesprochen – vom ersten Stein, den der werfen soll, der ohne Schuld ist. Obwohl die Bauern den Satz nicht verstehen, ergreift sie der »rätselhafte liturgische Zauber« der Worte; alles, was das Christentum an Vergebung und Sanftmut durch Jahrhunderte gepredigt hat – und wie oft nur gepredigt und nicht gelebt! –, wird plötzlich wirksam. Wie in der Bibel gehen sie auseinander und lassen die Steine fallen.

Aus dem protestantischen Lager ist nichts Ähnliches vorzuweisen. Aber es läßt sich ahnen, wie viele Wohnungen es im Hause der evangelischen Kirche einmal gab, wie frei und menschlich ihre Vertreter sein durften, ohne offizieller Ächtung anheimzufallen, wenn man – dies zum hoffnungsvollen Abschluß meines Kapitels – Schleiermachers Leitfaden für »edle Frauen« liest. Er ist zwischen 1796 und 1798 entstanden und den Zehn Geboten nachempfunden. Allerdings, bekannt war er auch nicht gerade.

Er erschien zuerst in den »Fragmenten« der Zeitschrift Athenäum und wurde erst 1870 in der großen Schleiermacher-Biographie Diltheys wieder abgedruckt. Schleiermacher war als Universitätstheologe hoch angesehen und als Pastor der Berliner Dreifaltigkeitskirche geschätzt und beliebt. Sein Einfluß auf die Theologie des 19. und 20. Jahrhunderts war sehr groß, und trotzdem – würde ein heutiger Stadtpfarrer so über Frauen und Liebe schreiben können? Jedenfalls zeigen die Thesen, die sich in diesen Postulaten ausdrücken, wie richtig es ist, daß die »romantische Liebe« als Grundlage unseres heutigen Ehe- und Frauenideals angesehen wird:

»Die zehn Gebote«

1. Du sollst keinen Geliebten haben neben ihm; aber du sollst Freundin sein können, ohne in das Kolorit der Liebe zu spielen und zu kokettieren oder anzubeten.
2. Du sollst dir kein Ideal machen, weder eines Engels im Himmel, noch eines Helden aus einem Gedicht oder Roman, noch eines selbstgeträumten oder phantasierten; sondern du sollst einen Mann lieben, wie er ist. Denn sie, die Natur, deine Herrin, ist eine strenge Gottheit, welche die Schwärmerei der Mädchen heimsucht an den Frauen bis ins dritte und vierte Zeitalter der Gefühle.
3. Du sollst von den Heiligtümern der Liebe auch nicht das kleinste mißbrauchen; denn die wird ihr zartes Gefühl verlieren, die ihre Gunst entweiht und sich hingibt für Geschenke und Gaben, oder um nur in Ruhe und Frieden Mutter zu sein.
4. Merke auf den Sabbat deines Herzens, daß du ihn feierst, und wenn sie dich halten, so mache dich frei oder gehe zugrunde.
5. Ehre die Eigentümlichkeit und die Willkür deiner Kinder, auf daß es ihnen wohlergehe und sie kräftig leben auf Erden.
6. Du sollst nicht absichtlich lebendig machen.
7. Du sollst keine Ehe schließen, die gebrochen werden muß.
8. Du sollst nicht geliebt sein wollen, wo du nicht liebst.
9. Du sollst nicht falsch Zeugnis ablegen für die Männer, du sollst ihre Barbarei nicht beschönigen mit Worten und Werken.
10. Laß dich gelüsten nach der Männer Bildung, Kunst, Weisheit und Ehre.

Wenn man in diesem Text gewisse Hochtöne etwas herunterstimmt, wenn man die Parallele zum Dekalog, die zu einigen Manieriertheiten zwingt, auflöst, damit diesen Text der Sprache unserer Zeit annähert und sich auf das konzentriert, was da über Frauen, Männer und das Gestatten von Freiheiten gesagt wird – sind wir heute, mehr als 200 Jahre später, etwa weitergekommen?

Dritter Teil
Psychologische Theorien

Autoren vor Freud: Gesell und Friedmann

Gefühle haben ihre Geschichte, auch was die Stellungnahme der Wissenschaft angeht. Die Erweiterung der medizinischen Kenntnisse und Theorien im 19. Jahrhundert betraf naturgemäß auch die Psychiatrie. Selbstverständlich galt das Interesse der Ärzte vor allem der krankhaften Eifersucht, also dem Eifersuchtswahn, der zunächst in die Paranoiaforschung einbezogen war. Schon früh galt ein besonderes Augenmerk dem Zusammenhang zwischen Alkoholismus und Eifersucht. (Vgl. für die historischen Auffassungen die entsprechenden Kapitel bei Lagache 1946, Vaukhonen 1969, Germano 1960 und den Aufsatz von Jaspers 1910.) Man hat beim Lesen dieser Untersuchungen den Eindruck großer praktischer Erfahrung, zugleich aber theoretischer Unsicherheit und therapeutischer Hilflosigkeit. Was eigentlich mit den krankhaft Eifersüchtigen geschah, wenn sie, vor allem zum Schutz ihrer Angehörigen und ihrer selbst, in eine psychiatrische Anstalt kamen, bleibt unklar.

Die erste mir bekannte Untersuchung des allgemeinen Phänomens Eifersucht auf Grund eines Fragebogens, den etwa 1000 Personen beantworteten (ohne medizinische Zielsetzung), stammt von dem Amerikaner Arnold L. Gesell und wurde in den Jahren 1905/06 unternommen.

Gefragt wurde nach folgenden Themen:

A. Die Rolle, die Neid und Eifersucht in Ihrem Leben gespielt haben.
B. Neid und Eifersucht, wie Sie sie bei andern beobachten.
C. Eine selbstbeobachtende (introspektive) Beschreibung des Zustandes der Eifersucht, wie Sie ihn jetzt kennen.
D. Eine Beschreibung des »eifersüchtigen« Temperamentes.

Die Antworten, oft lang und ausführlich, wurden vom Autor aufgeschlüsselt und verarbeitet. Seine wichtigsten Resultate sind:

Da schon im Tierreich Eifersucht eng mit den Grundinstinkten der Nahrungsaufnahme, Paarung und Aufzucht der Nachkommenschaft verbunden ist, erscheint sie sehr früh in der Geschichte der Menschheit. Eifersucht ist ein »Selbst-Gefühl« *(self-feeling),* dessen Inhalt nicht nur von instinktiver Rivalität, sondern auch von den Einflüssen der sozialen Umgebung bestimmt wird. Sie entwickelt sich zu komplexen und verfeinerten Formen parallel zur Differenzierung des Bewußtseins des Selbst. Kindliche Eifersucht ist meist offen, aggressiv und instinktgetrieben, während von der Pubertät an häufig Melancholie und Depression mit ihr einhergehen. Eifersucht ist vielleicht die schmerzhafteste von allen menschlichen Emotionen. Zur Therapie der Eifersucht Erwachsener weiß Gesell nichts zu sagen. Die beste Erziehung ist »wahrscheinlich indirekt und vorbeugend« und besteht in der Förderung eines gesunden Persönlichkeitsgefühls.

Die Beschreibung des Gefühls in dieser langen, genauen und sehr lebendig geschriebenen Untersuchung zeigt, wie wenig sich die Menschen in ihren seelischen und sozialen Reaktionen trotz der enormen technischen, wissenschaftlichen und politischen Veränderungen der letzten hundert Jahre gewandelt haben. Einen Ausweg aus der Eifersucht zu zeigen, ist nicht Gesells Interesse. Er will sie nur beschreiben. Freud zitiert er nicht, wie im Jahre 1906 kaum anders zu erwarten.

Die erste deutsche Arbeit über die Psychologie der Eifersucht stammt von dem Psychiater M. Friedmann (1911) – für unsere heutigen Augen ein umständliches, krauses, wenn auch sympathisches Werk, in dem Erwägungen über Leidenschaft, Affekte, Politik, Forschungsergebnisse der Zoologie, Interpretationen der Kulturgeschichte sowie ärztliche und persönliche Erfahrung mühsam und ohne klares Resultat ineinandergewunden werden. Eifersucht im eigentlichen Sinne hält Friedmann nur zwischen gleichrangigen Rivalen für möglich. Wenn »ein Schwarzer in Nordamerika« eine Beziehung zu einer weißen Frau hat, wenn »eine vornehme Dame sich mit ihrem Kutscher geschlechtlich einläßt«, dann kann der Ehemann keine Eifersucht, sondern allenfalls »Rachsucht« oder »Verachtung« oder »bitterböse« Feindschaft empfinden. Der Autor bemerkt, daß man die Person, der die Eifersucht gilt, »sogar noch gernhaben«, aber auch »ihr Todfeind werden kann«. Im Zusammenhang mit der Gleichwertigkeit des Mitbewerbers kommt Friedmann auf etwas, das er die »Verdoppelung des Subjektes« nennt – alles tastende Versuche auf einem Gebiet, das später durch die Psychoanalyse übersichtlich wird. Seine Definition der Eifersucht klingt so:

»Eifersucht ist das Gefühl oder der Affekt, welcher entsteht bei dem Wettbewerbe oder auch nur der Beteiligung eines andern auf einem stark gefühlsbetonten Betätigungsgebiete, und es äußern sich jene als Gefühl peinlicher Erregung verbunden mit dem Impuls zur Verdrängung des Mitbewerbers« (S. 17).

Abgesehen davon, daß ein solcher Satz sich frühestens beim zweiten Lesen erschließt, ist daran nichts falsch. Nur fehlt einiges: etwa die Beziehung zum Partner, zur eigenen Lebensgeschichte oder die Begründung der »Peinlichkeit«.

In der Schlußübersicht über seine Arbeit nennt der Autor zwei Heilmittel gegen diesen »Affekt von solch außerordentlicher Verbreitung und solch starker Gemeingefährlichkeit«: erstens die Verkleinerung der realen Interessengegensätze (Gesetzgebung, soziale Hilfen, Pflege von Berufsgenossenschaften) und zweitens Selbsterkenntnis, die durch eine geeignete Pädagogik gefördert wird. Es ist erfreulich und rührend zu sehen, wie drei Jahre vor dem Ausbruch des Ersten Weltkrieges ein deutscher Psychiatrieprofessor daran erinnert, daß »beim Großziehen des Ehrgeizes und des Gefühls für die nationale Größe auch die Impulse der Eifersucht mit in Aktion treten werden«. Wie sehr das Freudsche Vokabular inzwischen in unser Sprachbewußtsein eingedrungen ist, zeigt sich, wenn von Friedmann als eine der beiden Haupteigenschaften des Affektes »das Obwalten starker Verdrängungsimpulse« genannt wird (die andere Eigenschaft ist die »fortgesetzte Friedlosigkeit sowie die Abschlußunfähigkeit des ganzen Kampfes«): nicht unerlaubte Regungen der eigenen Person sollen verdrängt werden, sondern der Gegner!

»Über einige neurotische Mechanismen bei Eifersucht, Paranoia und Homosexualität«

Ich habe das schwer erreichbare Buch von Friedmann etwas genauer vorgestellt, um deutlich werden zu lassen, eine wie große Klärung und Befreiung Freuds geniale Entdeckung auch auf diesem Gebiet bringen. Friedmanns Arbeit wirft gleichzeitig ein Licht auf die damalige Distanz zwischen offizieller Psychiatrie und Psychoanalyse (die sich bis heute nicht sehr geändert hat): Friedmann hätte Freud im Jahre 1911 längst kennen können, er erwähnt ihn aber mit keinem Wort. Nicht einmal Jaspers tut das, ein Jahr früher.

Für unsere Augen aber schiebt Freud in einem Aufsatz von zehn Seiten mit einer einzigen Bewegung den Nebel beiseite, in dem sich seine Vorgänger und Kollegen nicht zurechtgefunden hatten. Von Eifersucht *allein* handeln sogar nur zweieinhalb Seiten. Der Titel der kleinen Arbeit, die 1921 geschrieben wurde und 1922 zuerst in der »Internationalen Zeitschrift für Psychoanalyse« erschien, deutet die Nachbarschaft an, in der Freud die Eifersucht sieht: Paranoia und Homosexualität. Die letztere ist im Zusammenhang mit Eifersucht, dem klassischen Ausdruck leidenschaftlicher Liebe zum anderen Geschlecht, sicher die verwirrendste Komponente. Aber lassen wir Freud selbst zu Wort kommen.

Die Eifersucht gehört zu den Affektzuständen, die man ähnlich wie die Trauer als normal bezeichnen darf. Wo sie im Charakter und Benehmen eines Menschen zu fehlen scheint, ist der Schluß gerechtfertigt, daß sie einer starken Verdrängung erlegen ist und darum im unbewußten Seelenleben eine um so größere Rolle spielt. Die Fälle von abnorm verstärkter Eifersucht, mit denen die Analyse zu tun bekommt, erweisen sich als dreifach geschichtet. Die drei Schichten oder Stufen der Eifersucht verdienen die Namen der 1. *konkurrierenden* oder normalen, 2. der *projizierten,* 3. der *wahnhaften.*

Über die *normale* Eifersucht ist analytisch wenig zu sagen. Es ist leicht zu sehen, daß sie sich wesentlich zusammensetzt aus der Trauer, dem Schmerz um das verlorengeglaubte Liebesobjekt, und der narzißtischen Kränkung, soweit sich diese vom anderen sondern läßt, ferner aus feindseligen Gefühlen gegen den bevorzugten Rivalen und aus einem mehr oder minder großen Beitrag von Selbstkritik, die das eigene Ich für den Liebesverlust verantwortlich machen will. Diese Eifersucht ist, wenn wir sie auch normal heißen, keineswegs durchaus rationell, das heißt aus aktuellen Beziehungen entsprungen, den wirklichen Verhältnissen proportional und restlos vom bewußten Ich beherrscht, denn sie wurzelt tief im Unbewußten, setzt früheste Regungen der kindlichen Affektivität fort und stammt aus dem Ödipus- oder aus dem Geschwisterkomplex der ersten Sexualperiode. Es ist immerhin bemerkenswert, daß sie von manchen Personen bisexuell erlebt wird, das heißt beim Manne wird außer dem Schmerz um das geliebte Weib und dem Haß gegen den männlichen Rivalen auch Trauer um den unbewußt geliebten Mann und Haß gegen das Weib als Rivalin bei ihm zur Verstärkung wirksam. Ich weiß auch von einem Manne, der sehr arg unter seinen Eifersuchtsanfällen litt und die nach seinen Angaben ärgsten Qualen in der bewußten Versetzung in das ungetreue Weib durchmachte. Die Empfindung der Hilflosigkeit, die er dann verspürte, die Bilder, die er für seinen Zustand fand, als ob er wie Prometheus dem Geierfraß preisgegeben oder gefesselt in ein Schlangennest geworfen worden wäre, bezog er selbst auf den Eindruck mehrerer homosexueller Angriffe, die er als Knabe erlebt hatte.

Die Eifersucht der zweiten Schicht oder die *projizierte* geht beim Manne wie beim Weibe aus der eigenen, im Leben betätigten Untreue oder aus Antrieben zur Untreue hervor, die der Verdrängung verfallen sind. Es ist eine alltägliche Erfahrung, daß die Treue, zumal die in der Ehe geforderte, nur gegen beständige Versuchungen aufrechterhalten werden kann. Wer dieselben in sich verleugnet, verspürt deren Andrängen doch so stark, daß er gerne einen unbewußten Mechanismus zu seiner Erleichterung in Anspruch nimmt. Eine solche Erleichterung, ja einen Freispruch vor seinem Gewissen erreicht er, wenn er die eigenen Antriebe zur Untreue auf die andere Partei, welcher er die Treue schuldig ist, projiziert. Dieses starke Motiv kann sich dann des Wahrnehmungsmaterials bedienen, welches die gleichartigen unbewußten Regungen des anderen Teiles verrät, und könnte sich durch die Überlegung rechtfertigen, daß der Partner oder die Partnerin wahrscheinlich auch nicht viel besser ist als man selbst.*

Die gesellschaftlichen Sitten haben diesem allgemeinen Sachverhalt in kluger Weise Rechnung getragen, indem sie der Gefallsucht der verheirateten Frau und der Eroberungssucht des Ehemannes einen gewissen Spielraum gestatten in der Erwartung, die unabweisbare Neigung zur Untreue dadurch zu drainieren und unschädlich zu machen. Die Konvention setzt fest, daß beide Teile diese kleinen Schrittchen in der Richtung der Untreue einander nicht anzurechnen haben, und erreicht zumeist, daß die am fremden Objekt entzündete Begierde in einer gewissen Rückkehr zur Treue am eigenen Objekt befriedigt wird. Der Eifersüchtige will aber diese konventionelle Toleranz nicht anerkennen, er glaubt nicht, daß es ein Stillhalten oder Umkehren auf dem einmal betretenen Weg gibt, daß der gesellschaftliche »Flirt« auch eine Versicherung gegen wirkliche Untreue sein kann. In der Behandlung eines solchen Eifersüchtigen muß man es vermeiden, ihm das Material, auf das er sich stützt, zu bestreiten, man kann ihn nur zu einer anderen Einschätzung desselben bestimmen wollen.

Die durch solche Projektion entstandene Eifersucht hat zwar fast wahnhaften Charakter, sie widersteht aber nicht der analytischen Arbeit, welche die unbewußten Phantasien der eigenen Untreue aufdeckt. Schlimmer ist es mit der Eifersucht der dritten Schicht, der eigentlich *wahnhaften*. Auch diese geht aus verdrängten Untreuebestrebungen hervor, aber die Objekte dieser Phantasien sind gleichgeschlechtlicher Art. Die wahnhafte Eifersucht entspricht einer vergorenen Homosexualität und behauptet mit Recht ihren Platz unter den klassischen Formen der Paranoia. Als Versuch zur Abwehr einer überstarken homosexuellen Regung wäre sie (beim Manne) durch die Formel zu umschreiben:

Ich liebe ihn ja nicht, *sie* liebt ihn.

In einem Falle von Eifersuchtswahn wird man darauf vorbereitet sein, die Eifersucht aus allen drei Schichten zu finden, niemals die aus der dritten allein.

* [Fußnote von Freud] Vgl. die Strophe im Lied der Desdemona [*Othello,* IV. Akt, 3. Szene; in den damaligen deutschen Ausgaben ist das englische Zitat falsch wiedergegeben]:

> I called my love false love; but what said he then?
> If I court moe women, you'll couch with moe men.
> (Ich nannt' ihn: Du Falscher. Was sagt er dazu?
> Schau ich nach den Mägdlein, nach den Büblein schielst du.)

[Vgl. im vorliegenden Buch S. 179 (H. B.)]

Zunächst: Freud rechnet die Eifersucht – und darin setzt er sie in Parallele zur Trauer – zu den Affektzuständen, »die man als normal bezeichnen darf«. Es entfällt also in der für ihn charakteristischen Weise der Druck des »Du darfst nicht«, »Du sollst nicht« oder »Du mußt«. Die Eifersucht jedes Menschen ist schlichtweg eine Tatsache. (Daß Freud zum Zeitpunkt der Entstehung dieser Arbeit 65 Jahre alt war, daß seit der Veröffentlichung der »Studien über Hysterie«, in denen man den Beginn der analytischen Forschung zu sehen gewohnt ist, 26 Jahre vergangen waren, 25 seit der Entdeckung dessen, was später Ödipuskomplex genannt wurde, sei immerhin erwähnt.) Entsprechend läßt das Fehlen der Eifersucht den Schluß zu, daß sie verdrängt ist und »darum im unbewußten Seelenleben eine um so größere Rolle spielt«. Freud ging dabei selbstverständlich von den sozialen und psychischen Zuständen aus, die er vor sich hatte, sowie auch von seiner eigenen Geschichte und Seelenverfassung. Er selbst war in seiner Verlobungszeit extrem eifersüchtig. Wenn auch bekannt ist, eine wie große Autorität Freud für seine Schüler und Nachfolger darstellte, so ist es doch merkwürdig, daß erst fast 30 Jahre später ein Psychoanalytiker gründlicher über das *Fehlen* von Eifersucht nachgedacht hat (Marcuse 1950).

Daß es das Unbewußte gibt, das durch Verdrängung vom Bewußtsein ferngehalten wird, ist eine von Freuds Grundannahmen. Das Verwurzeltsein seelischer Erscheinungen (und also auch Störungen) in der Kindheit ist eine weitere Entdeckung, die zu verteidigen oder näher auszuführen Freud 1921 keinen Anlaß mehr sah. Es heißt also einfach, daß die Eifersucht »tief im Unbewußten wurzelt«, daß sie »früheste Regungen der kindlichen Affektivität« fortsetzt und »aus dem Ödipus- oder aus dem Geschwisterkomplex der ersten Sexualperiode« stammt. Damit ist der Dreieckscharakter der Eifersucht bezeichnet: Wie das Kind einerseits mit einem Elternteil um die Liebe des andern wett»eifert«, andererseits die Geschwister um die Liebe, Beachtung, Bevorzugung, ja vielleicht die ausschließliche Beziehung zu den Eltern rivalisieren, so geht es, in wiederbelebter Form, dem Erwachsenen in Liebeskonflikten. Vorausgesetzt wird damit: je bessere Erfahrungen ein Kind gemacht hat, je liebevoller ihm seine Eltern geholfen haben, die Konflikte der frühen Jahre zu bestehen, um so sicherer wird es auch mit Eifersucht umgehen können. Ohne Eifersucht jedoch wird es nicht davonkommen.

Damit ist aber nur die »normale« Eifersucht gemeint. Diese setzt sich zusammen aus

1. Schmerz um die verlorengeglaubte geliebte Person (das »Liebesobjekt« in Freuds Sprache);
2. der narzißtischen Kränkung, »soweit sich diese vom andern son-

dern läßt«, also: der Gekränktheit des in einem zentralen Punkt seines Selbstgefühls getroffenen Zurückgesetzten;

3. feindseligen Gefühlen gegen den Rivalen und
4. Selbstkritik, die den Anteil des eigenen Ich am Verlust betrifft.

Was hier fehlt, ist die Aggressivität gegen das »Objekt«, wie Freud die geliebte Person in unpersönlicher Kühle nannte. Das hat wahrscheinlich verschiedene Gründe: zunächst kommt Aggression gegen den oder die Geliebte in der Tat bei der »normalen« Eifersucht nicht regelmäßig vor, die anderen vier Charakteristika dagegen immer. Eventuell wäre noch bei der Selbstkritik ein Fragezeichen angebracht; doch mag es gerade ein Zeichen der Normalität sein, wenn dieses Regulativ vorhanden und daher die Überwindung, Verarbeitung und Einordnung des quälenden Zustandes ohne fremde Hilfe möglich ist. Zweitens ist »Liebe« bei Freud immer ambivalent. In dem, was wir Liebe zu nennen gewohnt sind, ist immer auch Haß enthalten, ja eine der Funktionen der Liebe ist es, den Haß unschädlich zu machen. Liebe allein ist gleichsam eine unrealistische Abstraktion. Und drittens ist es für Freud charakteristisch, daß er vor allem am innerseelischen Konflikt arbeitet, ja daß »Konflikt« überhaupt für ihn nur das Gegeneinander von inneren Forderungen ist – ein wichtiger Ansatzpunkt für spätere Kritik an der Psychoanalyse. In Zusammenhang mit der »normalen« Eifersucht würde die Erwähnung des Hasses gegen die geliebte Person vielleicht zu sehr auf einen äußeren Konflikt eingehen, auf die Beteiligung des andern am eigenen Leiden, die im »Schmerz um den Verlust« bereits genügend erwähnt scheint.

Ein zusätzlicher Punkt, den Freud etwas zögernd und nur als für »manche Personen« geltend vorbringt, ist die bisexuelle Komponente; und erst hier, als eine nicht regelmäßige Erscheinung, tritt (beim Mann) der »Haß gegen das Weib« auf. Freud führte schon früh, unter dem Einfluß des von ihm eine Zeitlang in der Mitte seines Lebens wahrhaft leidenschaftlich, wenn auch nicht sexuell geliebten Freundes Wilhelm Fließ, den Begriff der Bisexualität in die Psychoanalyse sein. Diese Auffassung hat z. T. biologische Grundlagen (überzeugend: die Brustwarzen beim Mann). Für die Eifersucht bedeutet es, daß eben »manche Personen« außer den üblichen Empfindungen auch deren Gegensätze miterleben, also Trauer um den unbewußt geliebten Rivalen und Haß auf den Partner, der ihnen das mögliche Liebesobjekt wegnimmt. Das Verständnis solcher Gefühle ist allerdings nur durch analytische Deutung möglich.

Von der »normalen oder konkurrierenden Eifersucht« unterscheidet Freud einen zweiten Typus, den der »projizierten Eifersucht«. Projektion ist ein für die Psychoanalyse außerordentlich wichtiger Begriff (und ist bei genauem Hinsehen entsprechend kompliziert und vielfältig anwendbar). Für unsern Zusammenhang reicht es, festzuhalten: mit Projektion ist hier gemeint, daß eigene abgelehnte Gefühle, Eigenschaften, Wünsche nach außen verlegt werden, »projiziert« etwa wie auf eine Leinwand. Projiziert wird der eigene Antrieb zur Untreue, und zwar bei Männern wie bei Frauen. Die Projektion kann sich aus in der Realität gelebten anderen Beziehungen nähren, aber auch aus verdrängten Wünschen oder Phantasien. Die Formel, die für Freud so klar ist, daß er sie gar nicht angibt, lautet: Nicht ich bin untreu, sie beziehungsweise er ist es. Die Eifersüchtigen dieser Schicht streiten auch ihre Wünsche nicht vollständig ab, sondern pflegen sich eher der Formel zu bedienen: Es kann sein, daß ich auch untreu sein möchte, aber bei mir ist das etwas anderes.

Jedenfalls, so Freud, ist es leichter, dem andern die Untreue zuzuschieben und sich von ihr verletzt zu fühlen, als sie bei sich selbst einzugestehen und zu verarbeiten. Um das zu können, müßte man sich der Tatsache bewußt werden, daß es für *jeden* Menschen schwierig ist, sein Treueversprechen zu halten (und wir stellen, vielleicht etwas verwundert, die Nähe zwischen dem Atheisten Freud und Jesus fest, der den Ehebruch im Herzen ebenso für eine reale Schuld hielt, wie er die Ehebrecherin vor Strafe bewahrte, weil *niemand* ohne Schuld ist).

Freud geht dann kurz auf die kluge gesellschaftliche Regel ein, gebundenen Männern wie Frauen einen gewissen Spielraum für Flirts zu lassen, wobei meist die »kleinen Schrittchen in der Richtung der Untreue« in den Weg zurück zum Partner münden und die Gelüste, die andere geweckt haben, »in einer gewissen Rückkehr zur Treue am eigenen Objekt« befriedigt werden. Gerade für die projizierenden Eifersüchtigen ist es schwer, sich mit dieser konventionellen Toleranz abzufinden. Da sie im Grunde Angst vor ihren eigenen Impulsen haben, können sie nicht akzeptieren, daß diese Lizenz, dieses »Spiel« auch eine Versicherung gegen reale Untreue sein kann. Sie sehen also in unrealistischer Übertreibung etwas, das tatsächlich da ist – die vielseitigen Beziehungswünsche *aller* Menschen. Diese zweite Schicht nennt Freud »fast wahnhaft«, sie widersteht aber nicht der analytischen Behandlung.

Wesentlich schlechter sieht es dagegen mit der dritten und schlimmsten Art der Eifersucht, der eigentlich wahnhaften, aus. Denn hier ist die Untreueprojektion nicht aus hetero-, sondern aus homosexuellen Wünschen entstanden. Wegen der großen seelischen und sozialen Gefahr, die das Eingeständnis der Homosexualität bedeuten würde, hält Freud den Eifersuchtswahn für analytisch unbehandelbar, wenn er sich auch verstehen und deuten läßt. Das Abwehrschema lautet: »*Ich* liebe ihn ja nicht, *sie* liebt ihn.« (Zur Verdeutlichung: »Ich liebe ja *sie!*«) Bezeichnenderweise benutzt Freud hier als Beispiel nur die männliche Version. Die umgekehrte weibliche ist natürlich ebenso denkbar. Er weist außerdem darauf hin, daß bei Eifersuchtsparanoia immer alle Schichten des Affektes zu finden sein werden, niemals nur die homosexuell projizierende allein.

In der Eheberatung taucht der Eifersuchtswahn, eine schwere psychiatrische Erkrankung, die den Betroffenen im akuten Stadium arbeitsunfähig machen kann und ihn zu einer realen Lebensgefahr für andere und sich selbst werden läßt, selten auf. Doch sind die Grenzen unscharf, und fast möchte ich den Freudschen Schlußsatz umkehren: in jedem Eifersuchtsfall, der überhaupt in der Beratung vorkommt – und viele von diesen gehören zur, wenn auch akut schmerzenden, so doch »normalen« Eifersucht –, sind alle drei Stufen zu beobachten.

Kurzer Blick auf die Freudsche Methode im Zusammenhang mit Eifersucht

Welche Menschen wären nach Freud besonders disponiert für Eifersucht? Solche, die selbst untreu waren oder es gern wären, und solche mit starken, aber verdrängten homosexuellen Impulsen. Beide Typen wehren sich also mit Hilfe der Eifersucht gegen ihr eigenes Ausbrechen aus einer einmal eingegangenen und damit als Wert gesetzten Beziehung. Es ist charakteristisch für Freud, daß er alle anderen Aspekte beiseite läßt. Seine Frage lautete vor allem: Was mache ich mit mir? Andere Fragen, wie: Was mache ich mit den andern? Was machen die andern mit mir? Was machen wir miteinander? sind nicht völlig ausgeklammert, spielen aber eine untergeordnete Rolle. Aus dieser Beschränkung ist Freud oft ein Vorwurf gemacht worden – zu Unrecht, scheint mir. Selbst ein Mensch von so ungeheurer Arbeits- und Denkkraft wie er ist nicht allmächtig. Ohne die Kraft zu dieser Einseitigkeit wären die Grundlagen der Psychoanalyse sicher nicht mit der Klarheit gelegt worden, die erst die Absetzung anderer Positionen und damit auch das Weiterbauen ermöglichte. Es ist trotzdem wichtig, den Mangel der Freudschen Konzeption im Auge zu behalten, besonders als Eheberater.

Ich habe vorher die therapeutische Hilflosigkeit früherer Autoren erwähnt. Eigentlich, so sieht es bei ihnen aus, hilft nur die Vernunft – und wie machtlos die ist, weiß jeder Eifersüchtige –, oder man muß warten, bis die Störung, die Aggression, der Wahnsinn »von selbst« aufhören. Bei Freud ist das anders. Zur Zeit des Eifersuchtsaufsatzes – 1922 – ist die psychoanalytische Behandlung bereits eine erprobte, weitgefächerte und in unzähligen Fällen von Erfolg gekrönte Heilmethode. Zugrunde liegt der komplizierten Theorie eine ganz einfache Einsicht: daß Verstehen heilt. Und hier ist damit durchaus nicht nur gemeint: sich selbst verstehen, sondern auch: verstanden werden (vom Analytiker) und: andere verstehen. Das Unverständliche, das Wirre soll ins Verstehbare, ins Helle, ins Einfache überführt werden – also ein im Wortsinne »aufklärerischer« Vorgang. Der ist freilich ohne eine dauernde Faszination durch das Irrationale nicht denkbar. Freuds Schriften sind durchzogen von einer niemals aufhörenden Lust am Unbewußten, einem dauernden Staunen, ja man könnte sagen, einer Art Verehrung der Tiefenwelt. Vielleicht hängt es damit zusammen, daß moralische Verurteilung in seinem Werk keine Rolle spielt. (Daß er dazu in der persönlichen Realität aber durchaus fähig war, zeigen seine Briefe.)

Das, was Freud gelegentlich seine »Kur« nannte, beruht auf der Beziehung zwischen zwei Menschen, dem Patienten und seinem Arzt, zwischen denen nichts weiter stattfindet, »als daß sie miteinander reden« (Freud 1926, S. 213) – zu Freuds Zeiten allerdings noch täglich eine Stunde, also ein großer Zeitaufwand (dafür waren seine Analysen in aller Regel sehr viel kürzer als die heutigen). »Als Ziel der Behandlung kann hingestellt werden, durch die Aufhebung der Widerstände und Nachprüfung der Verdrängungen des Kranken die weitgehendste Vereinheitlichung und Stärkung seines Ichs herbeizuführen, ihm den psychischen Aufwand für innere Konflikte zu ersparen und ihn so nach Möglichkeit leistungs- und genußfähig zu machen« (Freud 1923). Angewandt auf die Eifersucht würde das also heißen, sich nicht direkt mit dieser, sondern mit der Gesamtstruktur der Person zu beschäftigen und dabei über unkontrollierte Einfälle (die Grundregel der »freien Assoziation«) und Träume, die vom Analytiker mit »gleichschwebender Aufmerksamkeit«, also möglichst unbehindert durch dessen eigenes Unbewußtes, aufgenommen und gedeutet werden, das Verdrängte, etwa die Projektionen, aufzudecken.

»Das psychoanalytische Verfahren unterscheidet sich von allen suggestiven, persuasiven u. dgl. darin, daß es kein seelisches Phänomen beim Patienten durch Autorität unterdrücken will«, es wird also nicht überredet, geraten, erzogen, sondern vor allem zugelassen. Natürlich läßt sich ein Einfluß des Analytikers nicht ganz vermeiden. Dieser wird aber vor allem dazu verwendet, den Kranken in der Heilungsarbeit zu unterstützen, die er selbst leisten muß, indem er die Widerstände gegen die aufdeckende Therapie, also eigentlich gegen die Selbsterkenntnis, überwindet. Bei diesem Arbeitsvorgang spielt die Beziehung zum Arzt eine eminent wichtige Rolle. An ihm werden nach dem Prinzip »Erinnern, Wiederholen, Durcharbeiten« (Freud 1914) die Leiden an den Personen der frühen Kindheit, die der Störung, in unserm Fall der Eifersucht, zugrunde liegen, wiederbelebt und in einem sanften Prozeß einer realitätsgerechteren Verarbeitung zugeführt. »Die Beseitigung der Leidenssymptome wird« folglich »nicht als besonderes Ziel angestrebt, sondern ergibt sich ... gleichsam als Nebengewinn.«

Wie wir gehört haben, sieht Freud die normale Eifersucht nicht als Symptom im klinischen Sinne an. Bei ihren abnormen Formen, die ja oft ohne vernünftigen äußeren Anlaß auftreten, wäre der Betroffene nach Beendigung der Analyse und damit »nach der Ergründung des Phänomens und der dauernden Veränderung seiner Entstehungsbedingungen« eventuell überhaupt nicht mehr eifersüchtig, oder die Eifersucht wäre auf das normale Maß reduziert. Das Ich des Patienten ist durch die »Kur« gestärkt und damit wieder leistungs- und genußfähig, vielleicht genauer: arbeits- und liebesfähig geworden. Der Geheilte wird damit in der Lage sein, die normale Eifersucht, falls sie weiterbesteht oder wieder auftritt, selbst zu bewältigen. Über diese Bewältigung sagt Freud nichts. Aber jeder von uns kennt realitätsgerechte Möglichkeiten, mit Eifersucht fertigzuwerden, die niemand als neurotisch oder abnorm einordnen wird. Solche Lösungen sind etwa: eine Zeitlang die Frustration ertragen; verzeihen; den Partner neu gewinnen. Natürlich auch: sich distanzieren, ja für immer trennen.

»Othello« gilt als das klassische Eifersuchtsdrama der Weltliteratur. Ich werde versuchen, Freuds Kategorien von 1922 darauf anzuwenden und zugleich darauf zu achten, wo sie etwa (noch) nicht ausreichen.

Zum Beispiel: »Othello«

William Shakespeares »Tragödie von Othello, dem Mohren von Venedig«, wurde 1604 uraufgeführt, zwei Jahre nach »Hamlet« und eins vor »König Lear«. Das Stück war sofort ein großer Publikumserfolg. Der Erstdruck erschien 1622. Die Grundfabel ist mit wenigen Worten erzählt:

Othello, einem edlen und hochangesehenen schwarzhäutigen General der Republik Venedig, wird vom Fähnrich Jago suggeriert, seine junge Frau Desdemona betrüge ihn mit dem Leutnant Cassio. Das Motiv Jagos für die Beschuldigung ist Rache: Cassio ist ihm bei der Beförderung vorgezogen worden. Jago arrangiert durch raffinierte Intrigen eine lückenlose Kette von Indizien, die Othellos Eifersucht gerechtfertigt erscheinen lassen. Eine wichtige Rolle spielt dabei ein verlorenes Taschentuch Desdemonas, das erste Geschenk ihres Mannes. Othello erwürgt seine Frau. Als er erfährt, daß sie unschuldig ist, ersticht er sich selbst.[*]

___

[*] Die bekannteste Übersetzung ist die von Wolf Graf Baudissin aus dem Jahre 1843 im Stil der von Schlegel und Tieck begründeten Shakespeare-Übersetzungs-

Die Vorlage Shakespeares und ihre Veränderung

Selbstverständlich ist die eben skizzierte Fabel nur das allergröbste Grundgerüst. Shakespeare hat die Geschichte einer italienischen Novelle entnommen (1566, von Giovanni Battista Giraldo Cinthio), und allein die Veränderung der Vorlage ist in unserem Zusammenhang aufschlußreich: Bereits in der venezianischen Fassung ist der Held ein Mohr, ein »anderer« also, aber das Motiv Jagos, diesen zur Eifersucht anzustacheln, ist verschmähte Liebe: er selbst wird durch Desdemona abgelehnt und nimmt daher an, ein Hauptmann, der aber nicht von Othello bevorzugt worden ist, sei ihr Liebhaber. Es ist also zunächst Jago, der im direktesten und klassisch-ödipalen Sinne eifersüchtig ist: auf ein verheiratetes Paar, dessen Treue er verleugnet, indem er sich wenigstens einen Bruder-Rivalen ausdenkt. Auch in der Vorlage ist Jago ein Schurke: er will nicht nur den Hauptmann töten, sondern da er Desdemona nicht haben kann, soll der Mohr sie auch nicht haben – auch sie soll sterben.

Es ist alles direkter und weniger kompliziert als bei Shakespeare: Der Mohr und Jago erschlagen die Frau gemeinsam, und zwar mit einem sandgefüllten Strumpf – deutlicher läßt sich die phallische Aggression kaum symbolisieren. Der eigentliche Täter ist Jago, aber der Mohr ist dabei und einverstanden. Zur Vertuschung des Mordes wird das Haus zerstört. Anschließend ist der Mohr so bekümmert, daß er sich mit Jago überwirft. Durch Intrigen herbeigeführte Gerichtsverfahren bewirken die Verbannung des Mohren, der von der Familie Desdemonas getötet wird. Schließlich wird auch Jago festgenommen und stirbt unter der Folter. Die Cassio-Figur überlebt, wie bei Shakespeare, einen Angriff auf ihr Leben.

Jago – alter ego Othellos, Beweger und Seelenkenner

Shakespeares Tragödie ist unendlich viel reicher als die Novelle von Cinthio, so reich, daß ich mich auf einige wenige Seelen- und Beziehungsbewegungen beschränken muß.

Allein die Vermehrung und klare Charakterisierung der Personen ermöglicht eine kompliziertere Handlung. Der Liebhaber der Frau des Mohren, bei Cinthio nur Jago, wird gleichsam in drei Figuren aufgespal-

tradition. Sie ist manchmal ungenau. Wo es ging, habe ich sie wegen ihrer Schönheit dennoch benutzt und dabei gelegentlich etwas verändert. Die größte Genauigkeit bietet die Prosaübersetzung von Dieter Hamblock et al. aus dem Jahre 1971, die ich auch gelegentlich zitiere.

ten. Jago selbst liebt sie nicht mehr, sondern haßt sie. Das Bevorzugungsmotiv bei der Beförderung ist Shakespeares eigenste Erfindung. Die zweite Jago-Spaltfigur ist der etwas dümmliche Roderigo, der heftig in Desdemona verliebt ist. Der dritte im Bunde, der bevorzugte Cassio, ist ein Freund von Desdemonas Familie. Othello »liebt ihn«, aber Cassio hat nichts mit seiner Frau im Sinn. Sein ganzes Sinnen und Trachten im Stück geht darum, die durch einen Streit in betrunkenem Zustand verscherzte Gunst Othellos wiederzugewinnen. Eine weitere wichtige Nebenrolle spielt Brabantio, Desdemonas Vater, mit dem Othello befreundet war, dem er aber die Tochter entführt. Desdemona hat eine Spaltfigur in ihrer Zofe und Vertrauten Emilia erhalten, die zugleich Jagos Frau ist.

Zwei Erscheinungen bleiben jedem Leser und Zuschauer überdeutlich in Erinnerung: zunächst die Eifersucht Othellos, die nur durch falsche Indizien erzeugt wird und unaufhaltsam zum Mord an seiner über alles geliebten, ihn über alles liebenden unschuldigen jungen Frau führt – ein induzierter Eifersuchtsrausch, ein Wahn. Wie in der echten Psychose bewertet Othello wirkliche Erscheinungen falsch und ordnet sie zu einem System, das ihm den Mord als einzige und vor allem als gerechte Lösung erscheinen läßt. Nur kommt die Entwicklung nicht aus ihm selbst, sondern er wird in sie hineingedrängt von einer anderen Person, deren Ziel es ist, den Wahn in ihm zu erzeugen – etwas, das in dieser Form in der Realität kaum denkbar ist, auch wenn es bei Psychosen oft darum geht, »den andern verrückt zu machen« (vgl. Searles 1959).

Und dies ist das zweite unvergeßliche Charakteristikum der Tragödie: die Figur Jagos, des Bewegers der Handlung, eines wahren Teufels (*diabolos* heißt Durcheinanderwerfer), bei dem man vergeblich nach sympathischen Zügen sucht. Er definiert sich gleich in seiner ersten Selbstcharakterisierung als eine Persiflage des Gottes, der sagt: »Ich bin, der ich bin« (2. Mos. 3,14). Jago, von Wut und Kränkung getrieben, bekennt sich zu seinem Vorhaben, durch alle möglichen Betrügereien und Verstellungen den Mohren zu Fall zu bringen, weil der ihm die Beförderung versagt hat, und schließt mit den Worten: »I am not what I am« – »Ich bin nicht, was ich bin«.

Jago steht in der barocken Tradition des Theaterschurken. Bei Shakespeare erscheint dieser Typ ziemlich oft, und es ist meist leicht, sich innerlich gegen seine Macht zu wehren. Ein Monstrum wie etwa Edmund im »König Lear« bewegt uns kaum. Jago dagegen fasziniert, trotz aller »Unwahrscheinlichkeit« eines solchen eindeutig bösen Charakters. Was aber dabei fesselt, ist seine Beziehung zu Othello. Beim Nachdenken über die jahrhundertelange Wirkung des Stückes muß ich dem Psychoanalytiker Martin Wangh zustimmen (Wangh 1959): »Die Magie des Stückes liegt in seinem verborgenen Gehalt, der direkt das Unbewußte jedes Zuschauers anspricht.« Diesen verborgenen Gehalt bezeichnet Wangh als die »Tragödie Jagos«, auf die ich weiter unten ausführlich eingehe. Hier möchte ich nur anmerken, daß ich es für übertrieben halte, »Othello« als die Tragödie ausgerechnet Jagos darzustellen. Um eine Figur als tragisch zu empfinden, muß ich, mit ihr leidend, ihren unlösbaren Konflikt nachempfinden können. Das gelingt mir bei Othello. Mit Jago dagegen kann ich nicht leiden, er ist einfach zu niederträchtig.

Aber: man kann sagen, Othello trägt die Tragödie Jagos aus. Die Dramatik des Stückes entsteht daraus, daß Jago einen abgespaltenen düsteren Teil Othellos repräsentiert – wenn man Jungs Sprache anwendet: seinen Schatten. Und gewiß auch den Schatten »jedes Zuschauers«, wie Wangh andeutet. Jago ist aber gleichsam auch das alter ego aller andern Figuren, weil er sie aus ihnen selbst heraus bewegt. Denn er ist, wie Othello sagt, ein Menschenkenner, einer, der »alle Arten menschlichen Handelns mit einem (dafür) gelehrten Geist kennt« (III, 3). Darin kann man ihn als eine Art Negativbild eines Psychoanalytikers verstehen: Einfühlung und Kenntnis fremder Seelen benutzt er manipulativ, um seine eigenen Werte durchzusetzen. Statt einer »Vereinheitlichung und Stärkung des Ichs«, wie es bei Freud heißt, betreibt er dessen Zerstörung. Statt, wie er vorgibt, die »Leistungs- und Genußfähigkeit« Othellos zu fördern, der ihm vertraut und ihn immer wieder als »honest«, ehrlich, bezeichnet, ist Jagos Ziel, diese Leistungs- und Genußfähigkeit zu vernichten. Die Widerstände Othellos werden überrannt. Und dennoch kann Jago am Schluß mit Recht sagen: »Ich sagte ihm, was ich dachte, und sagte nicht mehr, als was er selbst als wahr und passend ansah« – eine Definition, die auf die Deutungsarbeit eines Psychoanalytikers sehr gut paßt. Der »Wunsch« Othellos, Desdemona möge tatsächlich untreu sein, sein innerer, eigener Zwang, sie zu töten, ist besonders in der Mordszene unübersehbar (V, 2).

Othellos Eifersucht: »konkurrierend und normal«

Ich bleibe zunächst bei der Eifersucht Othellos. Sie enthält ganz offensichtlich die erste von Freud festgestellte Schicht, die dieser »konkurrierend und normal« nennt. So ergreifend wie mit Othellos Worten ist kaum je in der Weltliteratur »die Trauer, der Schmerz um das verlorengeglaubte Liebesobjekt« ausgedrückt worden. Er, ein rauher Kriegsherr, fällt in Ohnmacht, als er sich durch Jago von der Untreue Desdemonas überzeugt sieht (IV, 1). Seine rührende Verzweiflung äußert sich in poetischen Worten wie diesen: »O du schwarzes Unkraut, warum bist du so lieblich schön? Du riechst so süß, daß einem die Sinne schmerzen; ich wollte, du wärest nie geboren ...« (IV, 2) Es gibt gewiß keinen zärtliche-ren, liebenderen, verzweifelteren Mord in der Weltliteratur als den an Desdemona (ohne jeden Anklang von perversen Motiven!). Er küßt die Schlafende dreimal unter Tränen, bevor er sie zum Sterben aufweckt. Als er sein Unrecht begriffen hat, fällt er, durchbohrt von seinem eige-nen Schwert, über ihre Leiche mit den Worten:»Ich küßte dich, bevor ich dich tötete; mich selbst tötend, gibt es keinen andern Weg, als daß es in einem Kuß geschieht.«

Die Vereinigung der Liebenden im Tode ist allerdings etwas, das weit über Freuds ödipale Rationalität hinausgeht und sich erst durch spätere Forschungen über Dyade, Verschmelzung und Symbiose psychoanaly-tisch erklären läßt.

»Narzißtische Kränkung«

Überdeutlich ist bei Othello auch die narzißtische Kränkung, die Freud als einen Teil der Eifersucht bezeichnet. Shakespeares genialer Griff, gerade einen Mohren zur Beispielfigur der Eifersucht zu wählen, einen, »der nicht ist wie wir«, der fremd, wenn auch sehr angesehen in einer mächtigen, festgefügten Gesellschaftsordnung steht, gibt zur Unsicher-heit des Selbstgefühls vielerlei Anlaß. Othello, obwohl Feldherr und ein Freund von Desdemonas Vater Brabantio, hat nicht gewagt, um das vornehme Mädchen auf die übliche Weise zu werben, und Brabantios Entsetzen bei der Entdeckung der heimlichen Hochzeit bestätigt, was Othello wußte: er und Desdemona sind ein zu ungleiches Paar, um die normale Anerkennung zu finden. Die Schwarz-Weiß-Dialektik durch-zieht das ganze Stück, und in verschiedenen Szenen kommt unverhüllte rassistische Ablehnung zum Ausdruck. Othello trägt übrigens eindeutig negroide Züge, nicht etwa nur maurische oder nordafrikanische. Er wird gleich am Anfang von Jago als »thicklips«, Dicklippiger, bezeichnet. Bra-bantio schimpft in der großen Szene im ersten Akt, als der ganze Senat von Venedig zum Schiedsrichter angerufen wird, es sei unglaubwürdig, daß seine zarte Tochter, die die reichen Jünglinge des Landes ausschlug, sich ausgerechnet »an die rußige Brust eines solchen Dinges« flüchtete.

Auch Othello selbst staunt darüber: in seiner ruhigen und imponieren-den Selbstdarstellung, die einen so eindrucksvollen Kontrast zu den vor-her von Jago herausgeschleuderten Haßtiraden bildet, erzählt er, wie sich seine Liebe zu dem schönen weißen Mädchen (hell, »fair«, war das Schönheitsideal der Zeit) entwickelt hat. Sie wollte wieder und wieder die Geschichten aus seinem wilden und schweren Leben hören. Ihr Mit-leid erscheint ihm

... in Wahrheit seltsam! Wunderseltsam!
Und rührend war's! Unendlich rührend war's! (I, 3)

In dieser selben Szene zeigt sich übrigens Desdemona als eine entschiedene junge Frau, die unerschrocken und mit allem Anstand ihrer Erziehung vor dem Dogen selbst zu ihrer Entscheidung für ihren Mann steht, gegen ihren verwitweten Vater, dessen ein und alles sie war. Das eifersüchtige Konkurrenzverhalten Brabantios gegenüber Othello – fast wie das eines Liebhabers, der durch einen andern ausgestochen wird – zeigt uns einen Aspekt der Beziehung zwischen Eltern und Kindern, mit dem sich Freud selten beschäftigt hat. Desdemona dagegen führt das Beispiel einer reifen ödipalen Lösung vor: sie betont, daß sie weiterhin die Pflichten gegenüber ihrem Vater anerkennt, aber

... hier steht mein Gatte,
und so viel Pflicht, als meine Mutter Euch
gezeigt, da sie Euch vorzog ihrem Vater,
so viel muß ich auch meinem Gatten widmen,
dem Mohren, meinem Herrn.

Sie ist also durchaus nicht nur ein zartes »Küken« oder »Wichtlein« (Othello nennt sie so: chuck oder wretch) oder das »weiße Schäfchen«, das in Jagos lüsterner Sprache »von einem schwarzen Widder gedeckt wird«, sondern Othello hätte allen Grund, darauf zu vertrauen, daß sie, wie Freud das nennt, »tadellos getreu« ist.

Aber Gefahr und Unwahrscheinlichkeit, von denen der Besitz Desdemonas durch Othello umgeben erscheint, sind so groß, daß Zweifel und Selbstzweifel in jedem Augenblick im Hintergrund lauern. Jago hat deshalb leichtes Spiel, Othello zu überzeugen. Wer seinem Glück selbst ungläubig gegenübersteht, dessen Glaube ist leicht zu erschüttern. Othello hat nicht das Gefühl, ein Recht beanspruchen zu dürfen; ihm ist ein Wunder geschehen. Das im Wortsinne »unwahrscheinlich« Schöne, das ihm zugefallen war, hat seine Schwärze und sein Außenseitertum aufgewertet, in seinen Augen sicher ausgeglichen. Der Verlust bedeutet eine zentrale Kränkung. Wenn Othello Desdemona verliert, verliert er zugleich ein unverzichtbares Stück seiner selbst.

»Feindselige Gefühle, Selbstkritik«

Die »feindseligen Gefühle gegen den bevorzugten Rivalen«, für den Othello Cassio hält, sind zu offensichtlich, als daß ich sie mit Zitaten belegen müßte. Der »mehr oder minder große Beitrag von Selbstkritik, die das eigene Ich für den Liebesverlust verantwortlich machen will«, ergibt sich aus der oben gezeigten Selbstunsicherheit Othellos. Er bezeichnet sich als zu alt, nicht gewandt und gesellig genug, die »jugendlichen Triebe« seien ihm abgestorben – er hätte nicht heiraten sollen. Es ist auch wahrscheinlich, daß er, der selbst noch von Jago als eine »beständige, edle, liebende Natur« beschrieben wird, ein schlechtes Gewissen hat, weil er seinem Freund die Tochter nahm, und daß die Bereitschaft zur Eifersucht, die ja auch einen starken masochistischen Aspekt enthält, einem Strafbedürfnis entspricht.

»Bisexualität«

Die von Freud bemerkte bisexuelle Komponente, die »manche Personen« zeigen, fehlt bei Othello nicht. Cassio, der als sehr anziehend, gebildet und schön geschildert wird, war ihm so lieb, daß er ihn seinem Fähnrich Jago, dem die Beförderung wegen langer Dienste zugestanden hätte, vorzog. Er verliert also Frau und Freund, falls sich Jagos Untreueprojektionen bestätigen.

»Untreueprojektionen«

Soweit Freuds »erste Schicht«. Die zweite, projizierte, die aus eigenen Antrieben zur Untreue entsteht, können wir bei Othello nur vermuten. Auch bei echten Eifersuchtsfällen ist es ja eine Aufgabe für Patient und Analytiker, diese zu entdecken und zu deuten. Bewußt werden sie meist zunächst abgeleugnet.

Ein Mann, erfahren im Kriegshandwerk und nicht mehr jung, dürfte wohl Erfahrungen mit Frauen haben, und als *ein* Motiv für Jagos Rache, von dem er aber selbst sagt, er wisse nur gerüchtweise davon, wird angegeben, daß Othello (sowohl wie Cassio) eine sexuelle Beziehung zu Jagos Frau Emilia gehabt haben soll. Dies Motiv wirkt merkwürdig blaß, eher wie eine weitere einleuchtende Rechtfertigung für Jagos ohnehin bestehenden Haß, die Shakespeare nebenbei noch eingefallen ist. Von Othello wird ein solches Verhältnis nirgends auch nur andeutend bestätigt.

Zarte Untreuephantasien zeigen sich dagegen bei Desdemona. Sie spricht träumerisch über die Attraktion eines venezianischen Verwandten, und zwar in der berühmten, von Todesahnungen umwehten Entkleidungsszene vor dem Zubettgehen (IV, 3). Desdemona ist allein mit Emilia. Sie ist von Othello in aller Öffentlichkeit geschlagen worden, ist abgestürzt aus ihrer heiteren, hellen (»fair«) Liebe und ist ratlos im

Bewußtsein der Krise. Hier, in der Intimität zwischen zwei Frauen, in einer Art von Mutterwärme, wo gesellschaftliche Kontrollen mit der Kleidung abfallen und die Ich-Welt angesichts des nahenden Schlafes ihre Macht verliert, läßt Shakespeare Desdemona das »Weide, grüne Weide«-Lied singen, das eine Zofe ihrer Mutter sang, als sie aus unglücklicher Liebe starb. Der Schatz dieses Mädchens, »erwies sich als verrückt und verließ sie« – also, wie wir Zuschauer wissen, eine genaue Parallele zu Othello. Im Lied heißt es nicht nur:

> Laßt niemand ihn schelten, seinen Hohn heiß ich gut,

sondern auch:

> Ich nannte meinen Liebsten »Falscher«, und was sagte er?
> Werb ich um andere Frauen, schläfst du mit mehr Männern.

Diese letzte Stelle ist die einzige aus »Othello«, die Freud zitiert, und zwar zum Thema der wegen eigener verdrängter Untreuegedanken projizierten Eifersucht. Auf den »edlen Mohren« bezogen, würde das heißen: Othello erinnert sich entweder an Erlebnisse mit anderen Frauen oder hat an sich selbst Triebe gespürt, die nicht ausschließlich auf Desdemona gerichtet sind. »Es ist eine alltägliche Erfahrung, daß Treue, zumal die in der Ehe geforderte, nur gegen beständige Versuchungen aufrechterhalten werden kann«, schreibt Freud (1922, S. 197). Auch beim so rührend verliebten, eben verheirateten Othello? Bei ihm, der nach der Seereise vor Freude sterben möchte, als er auf Zypern seinen kleinen »holden Krieger« wieder in den Armen hält? (Desdemona mochte sich nicht von ihm trennen und als »Friedensmotte« zu Hause bleiben; sie folgte ihm daher auf den Kriegsschauplatz, wo das Drama spielt.) Ja – auch bei ihm.

Die Psychoanalyse nimmt an – immer vorausgesetzt, daß der »Fall« so ernst und gefährlich ist wie der Othellos –, daß Eifersüchtige zwei Eigenschaften haben: erstens ein besonders empfindliches Gewissen (ein strafendes Über-Ich) und damit ein ungewöhnlich großes Bedürfnis nach Gerechtigkeit; und zweitens »eine außerordentliche Aufmerksamkeit für die Äußerungen des Unbewußten« (Freud 1922, S. 198) der geliebten Person und, darunter, auch für die des eigenen. Diese letzteren werden verdrängt wegen der eben genannten Gerechtigkeitsliebe, weil es gar zu schmerzlich wäre, den idealisierten Liebesbund *selbst* als erster zu veruntreuen. »Einen Freispruch vor seinem eigenen Gewissen erreicht er (der Eifersüchtige, H. B.), wenn er die eigenen Antriebe zur Untreue auf die andere Partei, welcher er Treue schuldig ist, projiziert« (a. a. O., S. 198). Damit ist ein Ausgleich geschaffen; es beruhigt die unbewußten

Schuldgefühle, wenn – ebenfalls unbewußt – angenommen werden kann, »daß der Partner oder die Partnerin wahrscheinlich auch nicht viel besser ist als man selbst«. Und an dieser Stelle weist Freud auf Desdemonas Lied hin.

Es ist vielleicht hier noch einmal nötig, darauf hinzuweisen, daß *Angst* aggressiv macht. Weder Desdemona noch Othello sind untreu, sie lieben sich, in »normaler« Sprache ausgedrückt, ohne Einschränkungen und von ganzem Herzen. Das Zulassen und Gestatten der beiderseitigen Sinnlichkeit, die – wie sollte es anders sein – auch nicht blind für fremde Reize ist, und das gleichzeitige Vertrauen in den gefaßten Entschluß zur ehelichen Treue wäre die »vernünftige«, die »gesunde« Lösung. Desdemona lebt sie dem Zuschauer in überzeugender Weise vor. Von ihr kann man sicher sagen, daß sie, die vorher die ihr zugänglichen passenden Partien ausgeschlagen und sich nie verliebt hatte, gerade durch die Liebe zu Othello zu der heiteren Sinnlichkeit erwacht ist, die wir an ihr beobachten können. Selbst von Jago läßt sie sich – ausgerechnet! – in der Euphorie des Angekommenseins nach der langen Seereise loben: »Was würdest du von mir schreiben, wenn du mich loben solltest?« (II, 1) Jago produziert darauf einige geistreiche Verse, die seine ganze verdrehte Sinnlichkeit und seine Unfähigkeit zur Verehrung und Liebe gegenüber Frauen deutlich zeigen.

Othello selbst, schon am Rande des pathologischen Zustandes, versucht es auch noch einmal mit dem Realitätsprinzip: Es ist kein Grund, eifersüchtig zu sein, sagt er, wenn jedermann sieht,

> … mein Weib ist schön, gedeiht, spricht gut,
> sie liebt Gesellschaft, singt, spielt, tanzt mit Reiz –
> wo Tugend ist, macht das noch tugendhafter.

Auch seine eigenen Mängel, so redet er sich zu, brauchen ihn nicht ängstlich zu machen:

> Sie war nicht blind und wählte *mich*.

Aber alle diese Besinnung nützt nichts. Der innere Zwang zur zerstörenden Eifersucht ist stärker.

Warum Eifersucht als Mittel der Rache?

Die Grundfrage des Stückes erklärt dies alles noch nicht: warum ist es gerade Eifersucht, mit der Jago Othello zugrunde richtet? Ein gewöhnlicher Theaterbösewicht könnte eine hinreichend interessante Handlung produzieren, indem er den Feldherrn, von dem er sich ungerecht behandelt fühlt, vergiftet, in Fallen lockt, ja selbst im Gefecht hinterrücks ersticht. Warum bezieht Jago Desdemona in sein Rachebedürfnis ein, wenn, dem Wortlaut nach, Cassio sein Rivale ist?

»Homosexuelle Untreueprojektionen«

Freuds dritte Schicht – die der projizierenden Eifersucht wegen verdrängter homosexueller Impulse – gibt dafür eine schlüssige Erklärung. Es ist wichtig, daran zu erinnern, daß Freud den Leser darauf vorbereitet, »im Falle von Eifersuchtswahn … die Eifersucht aus allen Schichten zu finden, niemals die aus der dritten allein«. Es ist also eine ganze Partitur von Eifersuchtsstimmen, die »Othello« zu einem so atemberaubend fesselnden Drama machen, ein Fugato gleichsam, dessen Hauptthema, wenn wir nur richtig hinsehen, die verdrängte homosexuelle Faszination Jagos durch Othello ist.

Diese These enthält für den Leser oder Zuschauer gewiß eine große Zumutung. Immerhin ist diese Möglichkeit der Interpretation nicht erst mir aufgefallen. 1935 traten in einer Inszenierung Othello und Jago (damals von Laurence Olivier gespielt, der 1964 einen unvergeßlichen Othello gab) als homosexuelles Paar auf (vgl. das Nachwort zur Prosaübersetzung von 1971). Mir erscheint diese direkte Darstellung fragwürdig; es ist unwahrscheinlich, daß Shakespeare an ein *reales* Liebesverhältnis zwischen den beiden gedacht hat. Aber homosexuelle Anklänge sollte jede Aufführung enthalten; denn durch die unterschwellige Anziehung der Männer untereinander, die gleichzeitig von höchster Angst umgeben ist, erhält der wahnhafte Aggressionsausbruch seine innere Wahrscheinlichkeit, ja Notwendigkeit.

Über Shakespeares eigene Homosexualität ist immer wieder geforscht worden, ohne klares biographisches Resultat. Er hat mit 18 Jahren Anne Hathaway geheiratet, aber seine herrlichen Liebessonette von 1598, aus seinem 34. Lebensjahr, sind einem Mr. W. H. gewidmet (Mr. war damals die Abkürzung für Master, einen *jungen* Mann); selbst wenn man alle Konventionen der Sonettkunst dieser Zeit berücksichtigt und damit den echten emotionalen Gehalt relativiert, enthalten die Sonette eindeutig erotische, leidenschaftliche Töne, die von einem älteren Mann an einen schönen Jüngling gerichtet sind. Dieser wird ihm untreu, und zwar mit des Dichters eigener Geliebter, einer »dark lady« von zweifelhaftem Lebenswandel, aber großer sexueller Faszination (auch wenn sie dem »hellen« Schönheitsideal der Zeit nicht entsprach). Also auch hier: bei beiden Männern Liebe *und* Rivalität. Daher erscheint es, auch was den Autor angeht, nicht aus der Luft gegriffen, die sechs Jahre nach den Sonetten entstandene Tragödie auf diesen Aspekt hin zu untersuchen.

Es ist in der Tat, als fielen einem Schuppen von den Augen, wenn man auf Othellos und Jagos unbewußt homosexuelle Äußerungen achtet. Bevor ich einige davon zitiere, scheint mir noch ein Blick auf die Bedeutung der Frauen für beide nötig.

Frauen in der Männerwelt – Symbiose als Gefahr

Für mich liegt die Genialität Shakespeares darin, wie schon gesagt, daß er Jago einen Part der Eifersucht Othellos ausagieren läßt. Parallel dazu zeigen Desdemona und Emilia zwei Seiten des Weiblichen, die eigentlich, bei einer im psychoanalytischen Sinne »reifen« Person, zusammengehören: Emilia steht für den Realitätssinn, für die mütterliche Macht, Kraft und Wärme und läßt sich daher auch sehr gut als »starke Frau« eines Mannes mit homoerotischen Neigungen inszenieren. Selbstbewußt, fast im Sinne einer modernen Feministin, betont sie, daß sie sich frei fühlt, über ihre Sexualität nach eigenem Urteil zu ihrem und sogar zu ihres Mannes Nutzen zu verfügen (IV, 3). Desdemona dagegen repräsentiert die zarte, hingebende, dem Manne als Herrn bedingungslos bis zum Tode unterworfene Liebe. Wer weiß – vielleicht hätte Freud sich etwas Ähnliches in seiner eifersuchtsdurchzogenen Verlobungszeit von seinem Marthchen gewünscht. Desdemonas letzte Worte, als sie nach dem Mord fast wie bei einem Gottesurteil noch einmal redet, sind: »Empfehlt mich meinem gütigen Herrn«, womit nicht etwa Gott, sondern Othello gemeint ist (»lord« ist klein geschrieben). An dieser selben Stelle (V, 2) sagt sie, daß sie einen unschuldigen Tod stirbt, und auf Emilias Frage, wer sie umgebracht hat, sagt sie: »Niemand, ich selbst.« Das ist in einem sehr tiefen Sinne richtig. Denn mehrfach wird betont, daß ohne ihre eigene Initiative Othello es niemals gewagt hätte, um sie zu werben. So war es eigentlich sie selbst, die ihn aus der Männerwelt, in der er bisher lebte, weglockte.

An Höhepunkten seiner Selbstcharakterisierung (I, 3; III, 3; V, 3) beruft er sich, gleichsam sehnsuchtsvoll, auf diese seine frühere, klare und ruhmreiche Identität. Jetzt aber kann Jago sagen: »Die Frau unseres Generals ist nun der General« (II, 1). Es ist für jeden Leser oder Zuschauer offensichtlich, daß im genauesten und zugleich allgemeinsten Sinne Desdemonas Eindringen in Othellos bisheriges Leben ihren Tod verursacht hat. Mit der feinen Einfühlung der Liebenden wünscht sie, so berichtet Othello, gleich am Anfang der Liebesbeziehung, als er sie durch die Erzählungen von seinem rauhen, tapferen Leben gewonnen hat,

> der Himmel habe sie als solchen Mann (wie Othello, H. B.)
> geschaffen, und sie dankte mir und bat mich,
> wenn je ein Freund von mir sie lieben sollte,
> ich mög' ihn die Geschicht' erzählen lehren,
> das würde sie gewinnen (I, 3).

Psychoanalytisch ausgedrückt, ahnt sie, daß nur das Erlebnis narzißtischen Verstandenwerdens und Sich-eins-Fühlens Othello an sie binden kann, ein Aspekt, der auch in der Homosexualität eine große Rolle spielt. Nicht ihr Anderssein, sondern ihr Gleichsein-Wollen überzeugt ihn:

> Auf *den* Wink
> erklärt ich mich.

Vater Brabantio, empört, als er sieht, daß seine Tochter »der halbe Freier« war, muß dennoch nachgeben. Das Paar ist unzertrennlich, und nicht erst durch den heimlich vollzogenen kirchlichen Akt.

Jago nun ist in eklatanter Weise der Repräsentant der Welt, die Othello verläßt. Der militärische Rang, in dem er belassen, um nicht zu sagen, *ver*lassen wurde, der manifeste Grund also seiner Rachewünsche, ist »Fähnrich«. Auf englisch heißt das »ancient«, also auch: der Ältere, der Frühere. Cassio, der Desdemona nicht nur durch Alter und Sympathie, sondern auch durch Bildung, feine Herkunft und »fairness« nahesteht, erhält den Rang des Leutnants, lieutenant, was vom Französischen »lieu-tenant« übernommen ist: jemand, der (für den obersten Feldherrn) einen Ort hält, an seiner Stelle steht, ein Stellvertreter ist. Jago geht es darum, *alle* Stellvertreter in seinem früheren Verhältnis zu Othello aus dem Weg zu schaffen, und zu diesen gehört auch Desdemona.

Wangh zeigt die unterschwellige Homosexualität an der Störung des Beischlafs (der »Urszene«) zwischen Othello und Desdemona durch Jago: in der Hochzeitsnacht in Venedig (I, 1) und wieder in der Nacht nach der Ankunft auf Zypern (II, 3). Schließlich wird die Schlafkammer, auf deren Lagerstatt Desdemona ausdrücklich das Hochzeitsbettuch ausbreiten läßt, zur Richtstätte: Desdemona stirbt auf ihrem Ehebett. Und sie stirbt, so verstehen wir immer klarer, *weil* sie überhaupt mit Othello dieses Bett geteilt hat.

Hier ist der ödipale Neid (der dem Vater die Liebe der Mutter nicht gönnt) nur *eine* mögliche Interpretation. Jago ist zweifellos auch neidisch auf die Liebe Othellos zu Desdemona. Er folgt damit dem von Freud beobachteten Schema:»Ich liebe ihn ja nicht, *sie* liebt ihn«, und fährt, oft wiederholt und unmißverständlich, immer wieder fort:»*Ich* hasse ihn ja (also liebe ich ihn nicht).«

Wie Freud es bei dem von ihm beschriebenen Fall eines Eifersuchtsparanoikers schildert, hat Jago »keine Freundschaft und keine sozialen Interessen gebildet« (Freud 1922, 200). Shakespeare läßt ihn betonen, daß es für ihn nur Egoismus, Verstellung und Geld gibt. Dabei legt das gleich am Anfang gegenüber Jagos tölpischer Spaltfigur Roderigo penetrant wiederholte »put money in thy purse« – »tu Geld in deine Börse« – auch eine oral-sexuelle Deutung nahe. Jago liebt, so läßt sich ganz unpsychoanalytisch sagen, niemanden, weder Mann noch Frau. Er hat Angst vor Liebe – und darunter eine unbezwingbare Sehnsucht danach. Hier liegt wohl auch die einzige Möglichkeit für den Jago-Darsteller, Mitgefühl beim Zuschauer zu erspielen: wenn er diese – zwar schmierige, hündische, unterdrückte, aber dennoch vorhandene – Liebessehnsucht eines bösen und intriganten Menschen zeigt, dessen Machtgier nur beweist, wie entsetzlich einsam er ist.

Erst der Haß ermöglicht Jago die Beschäftigung mit Männern, »als ob«, wie Freud über seinen Patienten schreibt, »erst der Wahn die weitere Entwicklung seiner Beziehungen zum Manne übernommen hätte« (a. a. O.). Aber das betrifft nicht nur Männer; Haß und Verachtung sind auch die Leitmotive und zugleich die schrankenöffnende Möglichkeit des Redens und Denkens zum Thema Sexualität überhaupt.

Denn er spricht kaum über etwas anderes als über Sexualität in ihrer gröbsten Form, und dabei ist seine Frauenfeindschaft und -verachtung überdeutlich. Es ist gewiß kein Zufall, daß die einzigen Toten des Stückes, die von fremder (natürlich männlicher) Hand sterben, die beiden Frauen sind: Emilia, die nach der Entdeckung in einem ungeheuren Ausbruch von Empörung wie eine Feuerglocke Sturm läutet über die »villany«, die Schurkerei ihres Mannes, wird von ihm selbst erstochen, und auch Desdemona stirbt, wie wir ja wissen, von der Hand ihres Ehemannes, die im Grunde Jago führt. Die dritte Person, die stirbt, ist Othello. Die beiden andern, die Jago gern tot gesehen hätte – Cassio und Roderigo –, kommen mit Verwundungen davon. Der Rivale, auf dessen Tod es Jago abgesehen hat, ist nicht Cassio – oder dieser erst in zweiter Linie –, sondern Desdemona, und wie Wangh sehr richtig bemerkt, gibt erst die intrigante Anschwärzung Desdemonas Jago immer wieder Gelegenheit, auf »unverdächtige« Weise seine Liebe zu Othello zu betonen.

Warum wird Othello eifersüchtig bis zum Tode?

Daß Othello seinerseits überhaupt eifersüchtig zu machen ist – während Desdemona glaubt, bei seiner großzügigen und vertrauensvollen Seele sei an dergleichen überhaupt nicht zu denken –, hängt mit der Bedeutung der Frauen in Othellos Leben zusammen. Über Männer weiß er Bescheid, über Frauen nicht. »O Fluch der Ehe, daß wir diese zarten Geschöpfe unser nennen, aber nicht ihre Lüste!« (III, 3), mit anderen Worten: Auf was dürfen wir uns in ihrem »Besitz« überhaupt verlassen, da sie so anders sind als wir?

Und hier geraten wir in Bereiche, die Freud 1922 noch nicht bearbeitet hatte. Es geht nicht nur um die latente Homosexualität, sondern um die ungläubig erlebte Einheit, das Ein-und-alles-Sein mit einem Menschen des andern Geschlechtes, das ebenso wunderbar wie unbewußt beängstigend ist. Beide, Othello wie Desdemona, benutzen öfter Bilder von der Liebe, die die ganze Welt bedeutet und ersetzt und damit auch die Ordnung garantiert (die Jago zerstören will). So sagt Othello, als Jago sein Verführungswerk beginnt: »... aber ich liebe dich (Desdemona, H. B.) wirklich, und wenn ich dich nicht liebe, dann kehrt das Chaos wieder«, oder: »... wenn *sie* falsch ist – oh, dann verspottet sich der Himmel selbst. Ich werde das nicht glauben« (III, 3). Also: Die Welt ist aus den Fugen, wenn nicht stimmt, was Othello bei seinem bedingungslosen Einlassen auf das zarte Geschöpf vorausgesetzt hat: daß sie ihn und nur ihn liebt. Nur dann darf er seiner Vergangenheit bis zu einem gewissen Grade untreu werden. Sonst ist er zur Treue gegenüber der Männersolidarität verpflichtet, sonst ist die »Liebe« Jagos wieder attraktiver, und das heißt in Freuds Sprache etwa: »Ich liebe ja weder Jago noch Cassio – *sie* liebt Cassio und nicht mich. Daher muß ich sie hassen und aus Loyalität gegen alles, was mir teuer war, vor allem aber aus Gerechtigkeit töten.«

Das Gerechtigkeitsmotiv gehört der Sphäre des reifen Menschseins an. Wer »Othello« sieht, verachtet ja im Haupthelden nicht einen Leichtsinnigen oder Egoisten, noch viel weniger einen Rohling, sondern ist gerade von seiner vertrauensvollen Menschlichkeit, seiner Natürlichkeit und Wärme und seiner Poesie noch im Scheitern bewegt. Das Trauerwort Cassios: »He was great of heart«, etwa: »Er hatte ein großangelegtes Herz«, faßt diese Gefühle zusammen. Othello versteht sich auch im Ansehen anderer als jemand, dem Gerechtigkeit über alles wichtig ist –

daher etwa entläßt er sofort den von ihm bevorzugten Cassio wegen einer Rauferei, die man als eine Art Kavaliersdelikt ansehen könnte, von dem begehrten Leutnantsposten. In der Mordszene wird der Zwang zur Gerechtigkeit mehrmals angesprochen und verteidigt, der berühmte Anfang der zweiten Szene des fünften Aktes,

It is the cause, my soul, the cause ...
(Die Sache will's, mein Herz, die Sache ...),

ist nur *ein* Beleg. Wichtiger noch ist Othellos Antwort auf Desdemonas klare und wahre Verteidigung, sie habe Cassio das Tuch nicht geschenkt. Wenn das wahr sei, sagt er, würde zu einem »Mord« werden, was er als »Opfer« versteht (V, 2). Zu diesem Zeitpunkt ist er bereits so von der Opfer- und Gerechtigkeitsidee besessen, also auch von seiner *Pflicht* zur Tötung, daß er nicht mehr zuhören kann. Er hat »den Verstand verloren«.

Denn dieser Mann ist ein Mörder, kein gerechter Rächer, und er *will* es sein, gerade wegen der Größe, ja Maßlosigkeit seines Herzens. »Ich möchte lieber eine Kröte sein und ... in einem Verlies leben, als eine Ecke von einem Ding, das ich liebe, für andere freizugeben« (III, 3). Nun geht es aber nicht um irgendein Ding, das er in seinem Alles-oder-nichts-Stolz nicht teilen will, sondern er fühlt sich da getroffen, »wo er sein Herz aufbewahrt« hat, »wo ich entweder leben muß oder kein Leben ertragen kann«, an der »Quelle, von der mein Strom seinen Verlauf nimmt oder sonst versiegt« (IV, 2).

Diese poetischen Bilder aus dem Gespräch mit Desdemona, die ihn kaum versteht, weil er in seiner Wahnwelt verfangen ist, zeigen nur zu deutlich die Beziehung zur ersten und eigentlichen Lebensquelle, der Mutter. Im Wahn regrediert Othello auf den frühen dyadischen Zustand (vgl. S. 237 ff), in dem die Verfügungsgewalt über das Leben der Person, mit der man symbiotisch verbunden lebt, noch nicht durch die Gesetze der Vaterwelt geregelt ist, sondern Allmacht und Ohnmacht in eins verschmelzen. Er ist wie ein Kind, das aus Wut und Verzweiflung wünscht, die geliebte Person, die nicht tut, was er will, soll »wegsein« – und typischerweise hat er auch nach der Tat die für Eifersüchtige charakteristische Phantasie, es bestünde die Möglichkeit, die zerstörte Welt wiederzuerschaffen: »Wäre sie treu gewesen – wenn der Himmel mir eine solche Welt noch einmal machen würde, aus einem ganzen und vollkommenen Topas – ich würde sie nicht dafür verkauft haben!« (V, 2)

Jagos Intrigen bringen Othello so »außer sich«, daß diese genetisch sehr früh erlebte Macht über Tod und Leben, die normalerweise durch alles, was zur Ich-Welt gehört, gezügelt ist, wieder freigegeben wird.

Aber in diesem Außersichsein erscheinen auch alle späteren Schichten der Eifersucht. Ganz besonders auffallend ist die von Othellos schwarzer Bruderseele Jago geschürte qualvolle Beschäftigung mit dem vorgestellten Beischlaf zwischen Cassio und Desdemona, nach Freud also der Urszene: »Wollt Ihr, der Überwacher, handfest zuschauen, wie sie gedeckt wird?« fragt Jago lüstern (III, 3). Dazu kommt bald die Vorstellung Othellos, daß ganze Scharen über seine Frau hingegangen sind, so wie es von Alkoholikern im Eifersuchtsdelir beschrieben wird (Llopis 1962). Außerdem wird durch die »Sorge« um Desdemonas Treue die Beschäftigung beider mit der Sexualität anderer Männer ermöglicht. Diese gipfelt in der Erzählung Jagos vom Traum Cassios, den er selbst erfunden hat und in dem er zugleich eine homosexuelle Liebesszene darstellt: Er, Jago, habe unlängst mit Cassio ein Lager geteilt. Dieser habe ihn im Traum für Desdemona gehalten und sich über ihn gelegt, als ob er mit ihm schlafen wollte, was mit recht deutlichen Einzelheiten ausgeschmückt wird.

Der Zwang, die »Rivalin« Jagos zu entfernen, indem sie schuldig gemacht wird und deshalb getötet werden darf, ist so groß, daß Othello sogar unbewußt am Verlust des Taschentuches, der ihm später als der letzte und unschlagbare Beweis erscheint, mitwirkt: Desdemona sieht nach der Szene zwischen Othello und Jago am Anfang des dritten Aktes, die man mit Fug und Recht auch als Verführungsszene betrachten kann, daß es ihrem Mann nicht gutgeht. Er klagt über Kopfschmerz, sie will ihn streicheln und ihm die Stirn mit dem Taschentuch betupfen. Unwillig wischt er es weg: »Dein Schnupftuch ist zu klein«, und es fällt zu Boden. Und jetzt ist es Othello selbst, der sagt: »Laß es (liegen); komm mit, ich geh hinein mit dir.«

Einige weitere Stellen belegen die These der unbewußten Homosexualität. Vor allem Jagos düsteres »I am not what I am« erhält eine neue Bedeutung, nämlich: »Ich bin nicht der *Mann,* als der ich erscheine.« Aber auch ein Wortwechsel in der Mordszene zwischen Desdemona und Othello verwandelt sich vom wahnhaften Unsinn in eine Wahrheit, die erst der Wahn an den Tag bringt:

Othello: Denk an deine Sünden.
Desdemona: Das ist die Liebe, die ich für Euch empfinde.
Othello: Und dafür stirbst du.

Eine weitere Äußerung Jagos, von der die Übersetzer anmerken, sie sei in ihrer Unklarheit bezeichnend für Jago und entzöge sich einer definitiven Interpretation, wird unter dem Gesichtspunkt der Homosexualitätsthese verstehbar: Als Othello schon verändert ist, fragt ein besorgter vornehmer Venezianer: »Ist sein Verstand sicher? ist er nicht geistesgestört?«, worauf Jago antwortet: »Er ist, der er ist; ich darf mein Urteil nicht aussprechen, was er sein könnte; wenn er nicht ist, was er sein könnte, wünschte ich, zum Himmel, er wäre es!« Hier springt nicht nur der Gegensatz zu Jagos Selbstdefinition ins Auge, sondern auch seine Ohnmacht gegenüber dem, was Othello ist: ein Mann, der seine Frau liebt – und nicht ein Mann, der Jago liebt. Würde man diesen Satz auf der oberflächlichen Ebene der Beziehung General – Fähnrich deuten, also: »Er ist nicht der General, der mich zum Leutnant macht, was er könnte und ich mir wünschte«, dann wäre kaum plausibel, wieso ein Außenstehender an Othellos klarem Verstand zweifeln könnte.

Katharsis

Der Wahn nimmt also seinen Lauf, die tödliche Lösung wird, wie unbewußt gewünscht, unvermeidbar – aber aus der mörderischen narzißtischen Allmachtsregression kehrt Othello zurück in die soziale Welt der geregelten und gerechten Beziehungen. Hierin unterscheidet er sich von vielen geistesgestörten Verbrechern, die zwar auch einen Akt der Gerechtigkeit zu vollziehen meinen, aber nach dem Mord bei dieser Überzeugung bleiben und nicht zu Reue und Sühne fähig sind (vgl. Lagache 1947). Und hierin liegt auch die erhebende und erschütternde Wirkung des Stückes: wir müssen Othello nicht hassen, sondern dürfen ihn weiter lieben und bewundern.

Im Scheitern beweist er noch einmal seine wahre Größe: »Hier ist das Ende meiner Reise ... Wohin sollte Othello gehen?« Er bittet Cassio um Verzeihung und zieht in wenigen Sätzen die Bilanz seines Lebens:

> Sprecht von mir, wie ich bin – verkleinert nichts,
> noch fügt in Bosheit zu. Dann müßt Ihr melden
> von einem, der nicht klug, doch zu sehr liebte;
> nicht leicht zur Eifersucht bereit, doch weil verführt,
> unendlich raste ...

Und noch einmal kommt er auf den Stolz und Sinn seines Lebens, den Kriegsruhm zurück: So wie er einen Feind der Republik Venedig einst erstach, ersticht er jetzt sich selbst – und setzt sich damit diesem Feind gleich. Zugleich aber wird er wieder ganz er selbst. Denn auch diese Tat geschieht um der Gerechtigkeit willen. Sein Weiterleben wäre eine Beleidigung für Venedig, das hier als Symbol für die gesittete und schützenswerte Gesellschaft menschlich miteinander lebender Menschen steht.

Übrigens kehrt auf seine Weise auch Jago zurück in die Wahrheit: Seine letzten Worte zur Sache sind die einzigen, außer den in Monologen mit sich selbst gewechselten, in denen er nicht lügt. Auf Emilias Frage, ob er Othello gesagt habe, daß Desdemona ihm untreu war, sagt er: »I did«, »Ich tat es«, und bekräftigt noch: »mit Cassio«. Seine letzten Worte aber sind:

> Fragt mich nach nichts mehr; was ihr wißt, das wißt ihr.
> Von jetzt an rede ich nie mehr ein Wort.

Und er wird auch unter der Folter sein Geheimnis nicht preisgeben. Er scheitert radikaler als Othello, weil er, der Kleinliche, Ängstliche und Liebesunfähige, letzten Endes einem Menschen, der nicht nur im Haß, sondern auch in der Liebe groß war, nichts anhaben konnte.

Das Dreieck – Mann, Frau, Kind

> Ihr! Das aber ist die Eröffnung der Eifersucht, daß ich denke:
> Ihr, das Paar, Ihr!
>
> *Max Frisch, »Mein Name sei Gantenbein«*

Niemand, der als Erwachsener eifersüchtig ist, erlebt diese Situation zum erstenmal – dies ist die These der Psychoanalyse. Der Ödipuskomplex, bewundert viel und viel gescholten, bleibt eins ihrer Kernstücke und eine der wichtigsten theoretischen Grundlagen der Therapie. Es ist glücklicherweise nicht die Aufgabe dieser Arbeit, sich mit der Kritik daran auseinanderzusetzen. Einwänden kann ich, wie Freud selbst, nur entgegensetzen:»Es sind gewiß nichts anderes als Konstruktionen, aber wenn Sie die Psychoanalyse (oder die Eheberatung, H. B.) praktisch betreiben, werden Sie finden, daß es notwendige und nutzbringende Konstruktionen sind« (Freud 1917, S. 338).

Die Konstruktion Ödipuskomplex beruht auf Tatsachen, die jeder, der sich traut hinzuschauen, an kleinen Kindern zwischen etwa drei und sechs Jahren beobachten kann. In dieser Zeit entwickeln sie ein lebhaftes Interesse an den eigenen und fremden Genitalien und geraten in einen sich oft dramatisch äußernden Konflikt: Sie wollen den gegengeschlechtlichen Elternteil für sich allein und wünschen deshalb den andern weg, wobei das totale Wegsein sich auch als »Totsein« vorstellen läßt. Die schmerzliche Erfahrung, daß die Eltern zusammengehören und keiner von ihnen für das Kind ganz und allein auf Dauer zu haben ist, führt zum Verzicht auf die unrealistischen Ansprüche und zur Identifikation mit dem gleichgeschlechtlichen Elternteil, also zur Übernahme der »richtigen« Rolle der eigenen Geschlechtsidentität (»Untergang des Ödipuskomplexes«). Dabei wird das Kind im Idealfall getragen von der unerschütterten, durchgehaltenen Liebe *beider* Eltern, die seine Erkundungsversuche, seine Liebe, das, was Freud gern seine »Schlimmheit« nannte, und auch sein Scheitern nicht übelnehmen, aber auch nicht bagatellisieren, sondern ihm helfen, diese in mancher Hinsicht schwere, leidenschaftliche Zeit als eine letztlich gute, notwendige Erfahrung durchzustehen und in sein Unbewußtes aufzunehmen.

Denn dort werden die Resultate dieser Lebensepoche aufbewahrt. »Was als psychisches Ergebnis der inzestuösen Liebesregungen unbewußt vorhanden ist, wird vom Bewußtsein der neuen Phase nicht mehr übernommen, was davon bewußt war, wieder herausgedrängt« (Freud 1919, S. 208). Daher sind Erinnerungen wie die folgende ohne die Hilfe einer Analyse sehr selten; sie stammen aus der Autobiographie von Stendhal.

Meine Mutter, Henriette Gagnon, war eine reizende Frau, und ich war verliebt in meine Mutter ... Als ich sie liebte, mit sechs Jahren vielleicht (1789), hatte ich ganz denselben Charakter wie im Jahre 1828, als ich in Alberte de Rubempré (eine Kokotte, H. B.) rasend verliebt war. Meine Art, auf die Jagd zu gehen, hatte sich im Grunde gar nicht geändert, außer in einem einzigen Punkt. Ich war in dem, was das Körperliche der Liebe angeht, in derselben Lage wie Cäsar, wenn er wieder auf die Welt käme, hinsichtlich des Gebrauches von Kanonen ... sein würde. Ich hätte ihn sehr schnell erlernt, und das hätte nichts an meiner Taktik geändert. Ich wollte meine Mutter mit Küssen bedecken, und es sollten keine Kleider dasein. Sie liebte mich glühend und küßte mich oft. Ich gab ihr die Liebkosungen mit solchem Feuer zurück, daß sie oft genötigt war wegzugehen. Ich verabscheute meinen Vater, wenn sein Kommen unsere Küsse unterbrach. Ich wollte sie ihr immer auf die Brust geben ... Ich war so verbrecherisch wie möglich, ich war toll verliebt in ihre Reize ...« Stendhal verlor seine Mutter mit knapp sieben Jahren. »So habe ich vor fünfundvierzig Jahren verloren, was ich auf der Welt am meisten liebte«, schreibt er, und auch: »Mit meiner Mutter wurde das ganze Glück meiner Kindheit zu Grabe getragen.« Aber: »Da beginnt mein Innenleben« (Stendhal 1890, S. 37 ff).

Der Bericht Stendhals zeigt deutlich, wie komplex die ödipale Beziehungsstruktur ist und daß die »verbrecherischen« Wünsche des Kindes nicht etwa einer asexuellen Madonnen-Mutter zu nahetreten: »Sie liebte mich glühend und küßte mich oft« – vielleicht war ihre Flucht auch eine vor den eigenen Wünschen? Wenn wir Stendhals Schilderungen seines Vaters einigen Realitätsgehalt einräumen und sie nicht nur als von ödipaler Eifersucht geschwärzt ansehen, so war dieser Vater gewiß nicht gerade ein zärtlicher Partner für die »rundliche Frau, von vollkommener Frische, sehr hübsch«, die »oft versäumte, ihren drei Zofen Befehle zu geben«, dafür aber Dante im Urtext las, und von der Stendhal als einzige kleine Szene berichtet, daß sie »eines Abends, als man mich durch irgendeinen Zufall in ihrem Zimmer auf einer Matratze schlafen gelegt hatte, munter und leicht wie eine Hindin über meine Matratze sprang, um schneller in ihr Bett zu kommen«. Was den Vater angeht, so vermutet Edmund Bergler, dessen literarischer Pathographie (Bergler 1935) ich den Hinweis auf Stendhals Mutterbeziehung verdanke, daß der Sohn für ihn nicht nur den manifesten Haß, sondern auch unbewußte Liebe empfand. Nur deshalb, so Bergler, kann er den positiven Ödipuskomplex so ungewöhnlich genau erinnern, weil sich dadurch die homosexuelle Bindung an den Vater um so tiefer verdrängen läßt. Was Freud in bezug auf den Ödipuskomplex mit positiv und negativ meinte, geht aus dem folgenden Zitat hervor: Bei genauem Hinsehen gewinnt man »den Eindruck, daß der einfache Ödipuskomplex überhaupt nicht der häufigste ist, sondern einer Vereinfachung und Schematisierung entspricht, die allerdings oft genug praktisch gerechtfertigt bleibt. Eingehendere Untersuchung deckt zumeist den vollständigen Ödipuskomplex auf, der ein zweifacher ist, ein positiver und ein negativer, abhängig von der ursprünglichen Bisexualität des Kindes, d. h. der Knabe hat nicht nur eine ambivalente Einstellung zum Vater und eine zärtliche Objektwahl für die Mutter, sondern er benimmt sich auch gleichzeitig wie ein Mädchen, er zeigt die zärtliche feminine Einstellung zum Vater und die ihr entsprechende eifersüchtig-feindselige gegen die Mutter« (Freud 1923, S. 261).

Freud drückt hier unter seiner Zentralchiffre der Sexualität das grundlegende Beziehungsproblem der frühen Kindheit aus, mag man das nun ödipal nennen oder nicht: Das Kind erlebt in seiner Familie zum erstenmal ein Beziehungsdreieck, wie es später immer wieder welche erleben wird. In diesem Urdreieck, das in die Zeit größter menschlicher Prägbarkeit fällt, stehen dem Kind eben nicht, wie es gern vereinfacht dargestellt wird, eine geliebte und eine gehaßte Person gegenüber, sondern *zwei* geliebte, die es braucht und nicht verlieren darf. Wie soll es in dieser Situation eigentlich *nicht* in einen Konflikt kommen? Metaphysisch ausgedrückt, führt dieser Loyalitätskonflikt – womit ich einen familientherapeutischen Terminus einführe – zum ersten Erleben der Unausweichlichkeit von Schuld. Wie stark die Schuld*gefühle* sind, ist ein psychologisches Problem, das uns im Zusammenhang mit der Eifersucht noch oft genug beschäftigen wird.

Auf das Stendhal-Zitat bezogen, bedeutet Berglers Beobachtung also nicht etwa, daß der erwachsene Autor sich die Leidenschaft für seine Mutter einfach ausgedacht hat; er hat auch diese erlebt. Aus zwei Gründen kann er sie so besonders lebhaft schildern: erstens, weil sie doch noch zulässiger ist als etwas, das den Vater in die Nähe der Versuchung durch Päderastie und den seine Autobiographie schreibenden Stendhal in die der Homosexualität bringen würde, und zweitens, weil Stendhal die Kanonen, über die Cäsar nicht verfügte, eben die volle genitale Sexualität, zum Zeitpunkt des Schreibens bereits besitzt. Wie jeder Geschichtsschreiber, dessen spätere Erfahrungen seine Darstellung beeinflussen – so erklärt Freud den Zusammenhang zwischen den kindlichen Erlebnissen und denen der erwachsenen Neurotiker –, verändert er daher, was er beschreibt: »Der Haß gegen den Vater, die Todeswünsche gegen ihn sind nicht mehr schüchtern angedeutet, die Zärtlichkeit gegen die Mutter bekennt sich zum Ziel, sie als Weib zu besitzen« (Freud 1917, S. 348).

Wie grauenvoll der im Erwachsenenalter gelebte Inzest das Gefühl von Göttern und Menschen beleidigt, zeigt die Ödipustragödie, wie gefährlich er ist, der enge Zusammenhang zwischen Inzest und Schizophrenie. Daher muß das, was Freud auch die Zertrümmerung oder

Erledigung dieses »verwünschten Wunsches« (Caroline Neubaur, Nachwort zu Chasseguet-Smirgel 1974) genannt hat, so wünschenswert, ja notwendig erscheinen. Die Aufgabe ist jedem von uns dringlich gestellt, nur: »Es ist beachtenswert, wie selten ihre Erledigung in idealer Weise, d. h. psychologisch wie sozial korrekt gelingt« (Freud 1917, S. 349).

Die bisherigen Darstellungen von Eifersüchtigen mögen die Frage aufkommen lassen, was um alles in der Welt deren Probleme mit ihren Eltern zu tun haben. Auch Uwe Johnsons Joe Hinterhand (vgl. oben, S. 70 ff) beschäftigt sich damit und sagt: er habe »als ein Modell zwar anerkennen können, (daß) ein männliches Kind dem Vater die Mutter neide und für die verlorene Person die einer andern Frau einsetze; von mehreren Pflegeeltern behandelt als eine lästige Waise, sei ihm solcher Neid, Verlust und Ersatz unwirklich ...« Unwirklich, wenn man darunter versteht: nicht bewußt, nicht erinnert, ist die ödipale Eifersucht nach der psychoanalytischen Theorie zunächst natürlich (fast) jedem, der darüber nachdenkt, zuallererst Ödipus selbst, aber auch jedem Neurotiker, der sich auf eine Psychoanalyse einläßt, oder jedem Eheberatungsklienten, der eine Krise bewältigen möchte. Unwirklich bedeutet aber nicht unwirksam, und gerade die »lästige Waise« Joe Hinterhand hatte ganz gewiß keine Möglichkeit, die kindliche ödipale Krise »psychologisch wie sozial korrekt« zu überstehen. Wieviel frustrierte Hoffnungen, wieviel Versuchungen, wieviel Haß ohne die Möglichkeit, besprochen und verarbeitet zu werden, mag das herumgestoßene Kind erlebt haben, als es an der Zeit war, die Herausforderung durch das erste Dreieck anzunehmen! Die Unfähigkeit zu reden, sich selbst durch die Erfahrung an anderen zu korrigieren, charakterisiert ja in Johnsons Erzählung noch den Erwachsenen. Daß ein Kind keine oder keine richtigen Eltern hat, bedeutet selbstverständlich nicht, daß es nicht wüßte, daß zu einem Kind Eltern gehören, daß es keine anderen Männer und Frauen sieht oder sich keine Phantasien macht über das, was zwischen ihnen geschieht. Joe Hinterhand gibt sich also hier bornierter und unwissender, als er sein müßte, und der Leser gewinnt eine Ahnung davon, was in Analyse und Beratung »Widerstand« sein kann.

Versuchen wir eine kurze Deutung von Joe Hinterhands Verweigerung: dahinter steht die Angst, den ungerechtfertigten Anspruch auf den Totalbesitz einer geliebten Person aufgeben, sie »teilen« zu müssen, ihr zuzugestehen, daß sie – bleiben wir im ödipalen Beziehungskontext – Vater und Sohn auf verschiedene Weise lieben kann. Nach einer solchen Verarbeitung, die Resignation und Trauer aus Realitätssinn erfordert hätte, wäre ein anderer Ausgang von Hinterhands Drama möglich. Er wäre nicht mehr den Nachfolgegestalten seiner Waisenkind-Phantasien ausgeliefert, sondern er hätte die Realität seiner Frau wahrnehmen können und nicht nur ein Wunschbild von ihr. Er hätte sie, die schließlich mit ihm lebte, weil sie mit ihm leben *wollte,* nicht durch seine bedingungslosen Ansprüche zum Verschweigen und Lügen gezwungen. Der Schmerz über ihre Untreue wäre noch immer ungeheuer gewesen, aber, da er schon einmal im Leben überstanden war, wäre die Kränkung nicht so groß erschienen, daß sie nur durch einen Mord ausgeglichen werden konnte. Dieser ist ja nicht nur eine Bestrafung der untreuen Frau, sondern in verheerender Weise auch des hintergangenen Mannes. Psychoanalytisch gesehen, geht es dabei nicht nur um die Wut auf die Nachfolgerin der Mutter, sondern auch um die Sühne für die Wiederauflage des ödipalen Hasses gegen den Vater.

Warum ist es so schwer, den Ödipuskomplex hinter sich zu lassen? Zunächst ist es wichtig, sich daran zu erinnern, daß Freud von Menschen mit nervösen Störungen ausging (zu denen auch er selbst, der lange sein wichtigstes Forschungsobjekt war, gehörte). Nachdem ihm einmal der Blick für den Punkt aufgegangen war, von dem aus er die Neurosen aus den Angeln heben konnte, suchten er und seine Schüler für das, was von der Umwelt als Ungeheuerlichkeit angesehen wurde, weitere, möglicherweise überzeugendere Belege – und fanden sie, glücklicherweise und ausgerechnet, in den allergeschätztesten Dokumenten der Hochkulturen: in Mythen und Religionen, in der Literatur und auch in den Biographien bedeutender Männer, alle Ausdruck gewiß nicht der Alltäglichkeit, sondern großer Gefühle, großer Gefahren, außergewöhnlicher, wenn auch zeichenhafter, symbolischer Ereignisse.

Daß wir unsere eigenen kleinen Schicksalslinien in die Überhöhung von Tragödien wie die des Ödipus, der Medea oder der Antigone durchziehen können und uns in der Erschütterung über sie kathartisch aufgehoben, verstanden und befreit fühlen können, bedeutet nicht, daß in unser aller Leben die ungelöste Dreiecksbindung ständig als gewaltige Gefühls- und Entwicklungssperre wirksam ist. So ungewöhnlich, so leidenschaftlich, so absolut sind wir meistens nicht, und es gibt natürlich die millionenfach gelebte Auflösung in der »normalen« Heterosexualität. Hier muß man sich, besonders als Eheberater, sicher vor einer berufsbedingten Sehstörung hüten.

Reste des kindlichen Weltbrandes glimmen aber in jedem Unbewußten, und sie können durch die Stürme des Erwachsenenalters gelegentlich zu großen Feuern angefacht werden. Aus meiner eigenen Erfahrung kann ich sagen, daß bei allen Eifersuchtsfällen, mit denen ich gearbeitet habe oder die ich in Teambesprechungen oder Berichten von Kollegen und Praktikanten beobachten konnte, der Rückgriff auf die Elternbeziehung außerordentlich klärend und hilfreich war.

Selbstverständlich gehen nicht aus allen schwierigen Urdreiecken eifersüchtige Menschen hervor, aber alle eifersüchtigen Erwachsenen haben es in ihrer Kindheit und Jugend mit problematischen Eltern (oder Ersatzpersonen) zu tun gehabt, auch wenn sie, was häufig vorkommt, ihre Kindheit als glücklich empfinden, die Eltern als die liebsten Menschen ansehen und sich ihren frühen Kränkungen und Phantasien erst langsam nähern können.

Die Frage, woran sich denn nun die Wirklichkeit des Ödipuskomplexes auf die Eifersüchtigen ablesen läßt, ist nur im Einzelfall und immer durch eine mühselige Arbeit, den »Kampf um die Erinnerung« (A. Mitscherlich), zu beantworten – eine schmerzliche Ernüchterung für Leute, die ihre Qualen gern schnell loswerden möchten. Daß zur Heilung nicht nur Erinnern, das heißt, Bewußtmachen, sondern auch Wiederholen und Durcharbeiten gehört, bevor neue Lösungen möglich sind, ist eine weitere Enttäuschung, durch die sich auch Freud hindurcharbeiten mußte (Freud 1914).

Der überzeugendste Hinweis für die Herkunft aus den frühen Jahren des Kindes ist und bleibt, so scheint mir, erstens die Tatsache, daß Eifersucht sich nur mit den allerwichtigsten Personen beschäftigt, und zweitens die für den Beobachter offensichtliche, wenn auch vom Eifersüchtigen oft zunächst abgewehrte Faszination durch *beide* gegenüberstehende Personen des Dreiecks.

Der geschädigte Dritte

Viele von den Projektionen, die bei jeder Eifersucht eine Rolle spielen, deuten darauf hin, wie schwer es ist, weil ursprünglich verboten, den Sieg über die Nachfolger der Vater- und Muttergestalten zu akzeptieren und damit der alten Rivalität einen andern Ausgang zuzugestehen als in der Kindheit, auch oder gerade, wenn man schon selber im biologischen Sinne Mann oder Frau und damit – potentiell oder real – Vater oder Mutter ist (vgl. Gambaroff 1984). Die erwachsene Rolle ist noch immer so blockiert durch alte Schuldgefühle, daß sie wenigstens mit den Qualen der Eifersucht bezahlt werden muß – oder, wenn keine Eifersucht auftritt, darf die Rolle nicht dauerhaft und lustvoll übernommen werden.

In diesem Zusammenhang gehört der von Freud bereits 1910 beschriebene »Typus der Objektwahl beim Manne« (Freud 1910), der dadurch charakterisiert ist, daß die Männer dieses Typs für ihre Lieben die Bedingung eines »geschädigten Dritten« brauchen: sie verlieben sich nur in Frauen, die schon Ehemänner, Verlobte oder feste Freunde haben, also fest gebunden sind, wie es die Mutter seinerzeit in gänzlich unauflöslicher Weise war.

Ein Genie dieser unmöglichen Liebe war Goethe. Er hatte einen sehr schwierigen, mürrischen Vater, der dem Sohn die Liebe und das Leben nicht gerade leicht machte, und eine heitere, wunderbare Mutter; sie liebte ihren »Hätschelhans« über alle Maßen, gestand ihm auch eine von Freunden gelegentlich kritisch vermerkte Verwöhnung zu – aber als er ging, konnte sie ihn auch gehen lassen. Angesichts des Reichtums, der Lebendigkeit, Festigkeit und Wärme ihrer Briefe kann man sich gut vorstellen, daß es für ihren Sohn schwer sein mußte, eine Frau zu finden, die den Platz, den die »Frau Aja« nach psychoanalytischer Theorie einmal hatte, in seinem Leben einnehmen konnte. Keine von Goethes Frauenbeziehungen hat sich anders abgespielt als in einem mehr oder weniger unbehaglichen Dreieck, das ihm dafür aber auch die Möglichkeit ließ, sich zu entziehen.

Mit der einzigen standesgemäßen Freundin, Lili Schönemann, brachte er es nur bis zu einer Fast-Verlobung. Käthchen Schönkopf und Friederike Brion waren »unter seinem Stand« – die Gesellschaft, ein Elternnachfolger, verbot sie ihm. Die berühmte Charlotte Buff war verlobt und begeisterte – unter ihrem richtigen Vornamen! – im »Werther« eine ganze Generation zu Gefühl, Liebe und Leiden; ob auch zu liebevollem Umgang mit Kindern, der ihre starke Seite war und im Leben auch blieb, weiß ich nicht. Goethe jedenfalls hatte nichts mit der Familienbildung im Sinn – er ging nach Weimar und erlebte seine große Herzens-, aber nicht Leibesbindung an die zweite Charlotte, Frau des ungeliebten Stallmeisters von Stein und Mutter mehrerer Kinder. Von ihr sagte Goethe, sie sei in »abgelebten Zeiten« seine Schwester oder seine Frau gewesen – nicht seine Mutter, und auch nur in abgelebten Zeiten. Daneben soll er gelegentlich eine Geliebte mit dem Freund und Landesvater Karl August geteilt haben.

Die Flucht ohne Abschied, Goethes mehrfach geübte Lösung eines wichtigen Verhältnisses, führte ihn von Weimar nach Italien, dem Land, »wo der Vater gewesen war«, Ziel einer Lebenssehnsucht. Erst danach konnte Frau von Stein – mit Recht – sagen: »Goethe ist sinnlich geworden.« Ganz kurz nach seiner Rückkehr traf er, der Mittvierziger, die blutjunge Christiane Vulpius, mit der ihn allem Anschein nach eine dauerhafte körperliche Liebe verband, mit der er aber wenig mehr teilen konnte als die Sphäre der Sinnlichkeit, des Hauses, des Essens, Lebens und Schlafens– eine junge »große Mutter«, der Frau Aja als seinem »Bettschatz« sehr gewogen war, die er aber kaum vorzeigen konnte, also wieder nicht voll und vor aller Welt besitzen durfte. Mit ihr hatte er fünf Kinder, von denen nur der unglückliche August überlebte. Die Heirat mit Christiane geschah nach zwanzigjähriger Lebensgemeinschaft wegen ihres Mutes gegenüber den napoleonischen Soldaten, die Goethes Haus besetzen wollten – als ob sie damit endlich genügend ihre mütterlichen Schutzschild-Eigenschaften bewiesen hätte und nun erst des Ehestandes würdig geworden wäre. Goethe war danach jedem dankbar, der die Ehe gesellschaftlich anerkannte – er brauchte gleichsam immer noch die offizielle Vergebung für die Tatsache seiner Heirat.

Nach Christianes und Augusts Tod war die Hausfrau am Frauenplan seine Schwiegertochter Ulrike von Pogwisch, die sich mit dem Alten von Anfang an besser verstand als mit ihrem schwierigen Mann. In ihren Armen starb Goethe.

Vorher aber liebte er noch die schöne und begabte Marianne von Willemer, und das erst mit ganzer Leidenschaft, nachdem ihr Gönner und Liebhaber, ein freundlicher und sehr großzügiger Mann, sie geheiratet hatte. Auch von Marianne lief er buchstäblich fort. Der einzige Heiratsantrag, den Goethe je machte – als Siebzigjähriger – galt einem ganz jungen Mädchen, Ulrike von Levetzow. Er wurde abschlägig beschieden; aber Ulrike heiratete nie.

In dieser Welt von Dreiecksbeziehungen und verbotenen, aber dennoch gelebten Bindungen haben die Frauen mehr oder weniger unter Goethe gelitten, alle aber sind in poetischer Form unsterblich geworden. Denn Goethe betrog sie im Grunde alle mit dem, was er von der Mutter hatte, wie er in einem bekannten Gedicht sagt: mit der »Lust zum Fabulieren«, seiner Dichtkunst.[*]

Daß Goethe in diesem langen Leben voll geschädigter Dritter eifersüchtig gewesen wäre, ist nicht bekannt. Vielleicht – nein: sicher rettete ihn der Ausweg in die Kreativität.

In weniger bedeutenden Lebensläufen sieht die Lösung anders aus, das Unglück ist weniger ehrenvoll und die beteiligten Personen weniger edel, und Eifersucht gehört nach Freud als Liebesbedingung dazu – fast als ob diese Personen an ihr eigenes Engagement nur glauben könnten, wenn sie Eifersucht als eine Art Beweis spüren. Weiter gehört zu diesem Typus der Objektwahl, daß eine »anständige« Frau niemals den Reiz ausübt, über den eine sexuell anrüchige verfügt, wobei diese Eigenschaft von Flirtneigung bis zu offensichtlicher Promiskuität variieren kann. Den Ausdruck »Dirnenliebe«, den Freud verwendet, empfinden wir bei den heute als erlaubt geltenden Lebens- und Liebesformen gewiß als reichlich abwertend. Einfühlbar aber bleibt das Phänomen einer nicht auf einmaligen Sieg, sondern auf dauernde Gefährdung durch einen Dritten ausgerichteten Tendenz der Wahl und der damit verbundenen Eifersucht sowie die Mischung aus Faszination und Geringschätzung der begehrten Person. Dadurch wird die nicht befriedigend gelöste Situation der Kindheit immer wieder heraufbeschworen und, weil sie ja verboten war, immer wieder zerstört.

---

[*] 1983 ist in deutscher Sprache der erste Band der wunderbaren psychoanalytischen Goethe-Studie von K. R. Eissler erschienen, die mir vorher unbekannt war (Eissler 1963). Als geliebte und verbotene Frau in Goethes Leben erscheint hier nicht die Mutter, sondern die natürlich ebenfalls unerreichbare Schwester. Ich möchte meine Dreiecksreihe trotzdem stehenlassen, da die auffallende Tendenz zum »geschädigten Dritten« und zu Frauen, die »verboten« sind, ja bestehen bleibt.

Ein Mann ist zehn Jahre verheiratet, ohne seine Frau zu deflorieren. Die Ehe ist zärtlich und gut, aber obwohl beide sich Kinder wünschen, haben sie Angst, den entscheidenden Schritt zu tun. Dann verliebt sich der Mann in ein junges Mädchen, das schon mehrere Freunde gehabt hat und ihn verführt; er zieht aus der Ehewohnung aus; die Frau findet auch einen Freund, mit dem sie endlich schläft. Nach einiger Zeit geht die Beziehung des Mannes zur Jüngeren an wohl überwiegend unbegründeter Eifersucht kaputt. Jetzt kann er auch mit der Ehefrau verkehren, aber die Ehe wird getrübt durch das Mißtrauen des Mannes, das sich in diesem Falle nicht auf Männer, sondern auf Geld bezieht. (Die Gleichung Geld = Vermögen = Potenz ist von der Psychoanalyse vielfach nachgewiesen worden.) Der Kinderwunsch des Paares läßt sich nun nicht mehr verwirklichen. Als es *physisch* möglich wäre, endlich selbst Eltern zu werden und nicht mehr bloß zärtliche Kinder zu bleiben, wird eine *seelische* Sperre aufgebaut. Ödipal gesehen: selbstgemachte Geschwister sind Göttern und Menschen ein Greuel.

Die Ehe wird geschieden, weil Mann und Frau neue Beziehungen haben, jeweils wieder mit kinderlosen Partnern. Die Freundin des Mannes muß ihre neue Liebe zuerst noch vor ihrem Ehemann verstecken, was sie mit großem Geschick tut und was ihr Freund mit einer Mischung aus glücklichem Selbstgefühl und schlechtem Gewissen hinnimmt. Das neue Paar heiratet schließlich. Der Mann weiß, daß seine Frau in ihrer ersten Ehe öfter Seitensprünge gemacht hat. »Solche Frauen«, sagt er, kannte er bis dahin nicht. Seine Mutter und seine erste Frau seien ganz anders gewesen. Er entwickelt eine Borderline-Eifersucht, die seine Frau so sehr quält, daß sie sich, obwohl sie ihn sehr liebt, wieder scheiden läßt.

Dieser Mann konnte nicht glauben und nicht ertragen, daß er der einzige, der endgültige Sieger sein sollte. Das Unbewußte hielt ihn auf der Kinderebene fest, wo dieser Zustand – auch physisch! – unmöglich herzustellen, sein Wunsch nach dem Alleinbesitz der Mutter unerfüllbar war und schwer verurteilt wurde. Vielleicht macht übrigens Zweiflern dieser durchaus heutige Fall verständlich, wie ohnmächtig sexuelle Aufklärung oft ist und wie richtig und genau Freuds pointierter Satz ins Schwarze trifft, wenn er auch noch immer provoziert: »Wer im Liebesleben wirklich frei und damit auch glücklich werden soll, (muß) den Respekt vor dem Weibe überwunden (und) sich mit der Vorstellung des Inzests mit Mutter und Schwester befreundet haben« (Freud 1910, S. 86). Wichtig ist hier natürlich das Wort »Vorstellung« (nicht: »Ausführung«!), weiter das Hinzudenken der Begriffe Kindheit und Übertragung.

Eifersucht als Wunsch

Im Grunde stehen hinter der Eifersucht immer Wünsche, die durch Ängste ausgedrückt, blockiert oder bestraft werden. Eine spezielle Variante hat Robert Seidenberg (Seidenberg 1953) herausgearbeitet. Er folgt Freuds Beobachtung, daß der Mann, mit dem die Geliebte in der Phantasie untreu wird, d. h. derjenige, der die Eifersuchtsqualen verursacht, oft Züge des Eifersüchtigen selbst trägt. Seidenberg ist daher fasziniert von zwei für das Theater bearbeiteten Situationen, in denen Eifersucht auf einen Doppelgänger eine Rolle spielt: zunächst beschäftigt er sich mit der klassischen Amphitryon-Geschichte, die er in der Plauderversion von Giraudoux (und nicht in der konzentriert verschärften und mystisch vertieften Molière-Bearbeitung von Kleist) zitiert: Jupiter kann die tugendhafte, ihren Mann Amphitryon mehr als alles, ja sogar mehr als den höchsten der Götter liebende Alkmene nur besitzen, wenn er die Gestalt ihres Mannes annimmt. Wer ist da auf wen eifersüchtig? Wer hat dazu noch »Grund«? Am ehesten Jupiter, aber auch er bekommt, was er will – *mehr,* nämlich die dauernde Liebe Alkmenes, will er gar nicht.

Eine ähnliche Verwicklung ist dem Ungarn Franz Molnár eingefallen: Ein Ehemann verkleidet sich als Wächter und verführt in dieser Gestalt seine eigene Frau, die aber, wie sich hinterher herausstellt, den Betrug von vornherein durchschaut hat (wie auch Alkmene in der Giraudoux-Komödie – eine modern-frivole Hinzufügung): Wie steht es da mit Treue und Betrug? »Bedaure den Ehemann, aber beglückwünsche mich«, sagt der Held von Molnárs Stück nach getaner Tat zu einem Freund – beide sind aber ein und dieselbe Person.

Wichtig ist dabei – und hier liegt Seidenbergs psychoanalytischer Ansatz – die Gleichsetzung von Betrogenem und Betrüger, die in der Psychopathologie der Neurotiker und Psychotiker natürlich niemals von selbst eine komödienhafte Auflösung erfährt, sondern oft genug eine tragische. Die Fälle, die Seidenberg anführt, weisen alle in dieselbe Richtung; sie setzen in recht sorgloser Weise viel psychoanalytisches Denktraining voraus, sind nur darstellend und diagnostisch beschrieben, und über die Therapie erfahren wir nichts. Zur Darstellung wähle ich den einfachsten Fall und gebe einige Interpretationen dazu:

Ein 22 jähriger Student kommt zum Psychiater wegen einer heftigen Depression mit Weinanfällen, Unruhe und Ängsten, die sich auch in somatischen Symptomen äußern. Er liebt ein junges Mädchen, das er heiraten möchte, ist aber zutiefst gequält durch das Wissen, daß sie schon vorher – wie er selbst auch – andere sexuelle Erfahrungen gemacht hat.

Bis hierher wäre es leicht, sowohl hetero- wie auch homosexuelle Untreueprojektionen zu vermuten. Die Erleichterung, der »ökonomische Vorteil«, wie Freud das nannte, würde dann durch eine entlastende Konstruktion erreicht, die lauten könnte: »Nicht ich möchte untreu sein, sie ist es ja« (heterosexuelle Untreuewünsche des Mannes), oder: »Nicht ich liebe die andern Männer, sie tut es ja« (abgewehrte Homosexualität beim Mann). In beiden Fällen rettet sich der Eifersüchtige durch sein Leiden vor der Verurteilung seiner Wünsche durch sein eigenes Über-Ich: »Wie sollte ich so was wünschen können – ich leide doch so darunter!«

Seidenberg berichtet nun aber, daß diese Erklärungen nicht ausreichten, sondern daß die Therapie eine tiefere Schicht, einen weiteren Mechanismus aufdeckte: Der junge Mann war schon als Kind fasziniert gewesen von Geschichten über »leichte Mädchen«. In seiner gegenwärtigen Situation zwang ihn die Eifersucht, immer mehr und immer Genaueres über sexuelle Einzelheiten herauszubringen. Er fühlte sich zutiefst gequält: er »konnte« das Mädchen nicht heiraten wegen ihrer »Promiskuität«, konnte sich aber auch nicht von ihr trennen, sondern kehrte immer wieder zurück, um »in ihrem Schoß zu weinen«.
Die genauere Exploration der Familiengeschichte ergab außer der Zurückweisung und Ausbeutung durch einen cholerischen Vater und der starken Rivalität mit einem älteren Bruder vor allem die Tatsache, daß die Eltern, obwohl einer strengen Religionsgemeinschaft angehörig, vor ihrer Hochzeit von zu Hause geflohen waren. Der Junge hatte daraus Phantasien entwickelt, daß die Mutter vielleicht vor der Ehe schwanger gewesen sein könnte und damit im Sinne der religiösen Gruppe ein »leichtes Mädchen« war.

Seidenberg schreibt nur kurz, daß die Tagträume über die Promiskuität der Mutter zunächst lustvoll waren; dann aber, als die Vorstellungen von sexueller »Leichtigkeit« sich auf das Muttersubstitut, die Freundin übertrugen und in deren Leben Wirklichkeit wurden, »konnte das Gewissen nicht länger erlauben, daß bei diesen inzestuösen Gedanken Lust empfunden wird. Diese wird ersetzt durch Düsternis und Verzweiflung.« Das geht nun etwas schnell. Fragen wir einmal naiv: wieso Inzest? Das Mädchen ist doch nicht seine Mutter! Aber so einfach ist es eben nicht.
Der Autor folgt hier weiter, ohne es näher zu erklären, dem Freudschen Aufsatz über den »besonderen Typus der Objektwahl beim Manne«. Dort heißt es, daß, nachdem der Knabe die Fiktion von der Asexualität der Eltern (»Andere vielleicht, aber meine Eltern tun so etwas nicht!«) nicht mehr aufrechterhalten kann, nachdem er auch von käuflichen Frauen gehört hat, er sich oft »mit zynischer Korrektheit (sagt), daß der Unterschied zwischen der Mutter und der Hure doch nicht so

groß sei, daß sie im Grunde das nämliche tun« (Freud 1910, S. 73), besonders, so fügen wir hinzu, wenn aus der Biographie der Mutter, wie bei Seidenbergs Student, zweifelhafte Details bekannt werden. Ein ödipal gebundener Heranwachsender kann dann die in der Latenzzeit verdrängten Phantasien des kleinen Kindes wiederbeleben: er läßt in Tagträumen und Onaniephantasien die Mutter beziehungsweise später deren Nachfolgerinnen (»Muttersurrogate«, sagt Freud) als Liebespartnerinnen anderer Männer auftreten. Diese Phantasie ist zunächst lustvoll und angenehm, daher auch die Faszination des Patienten in seiner Kinder- und Jugendzeit durch sexuellen Klatsch.

In der Wahl der Geliebten oder Ehefrau zeigt Freuds Typus – und zeigen Seidenbergs Fälle – die Bindung an die Mutter durch mütterliche Züge und Ähnlichkeiten. Freud vergleicht diese Erscheinung sehr schön mit den Folgen einer schweren Entbindung: »Nach protrahierter Geburt muß der Schädel des Kindes den Ausguß der mütterlichen Beckenenge darstellen« (Freud 1910, S. 71).

Es bildet sich also eine Reihe: *die* Frau (»die Geliebte, die Unersetzliche, die einzige«, die Mutter) gleich *alle* Frauen, gleich meine Freundin: alle tun das gleiche – sie sind nicht nur mit mir zärtlich oder sinnlich, sondern außerdem mit vielen anderen Männern. Die *Faszination* durch die Vorstellung bleibt bestehen (die Geliebte muß genau berichten), aber sie wird statt von Lust von Qualen begleitet. Warum? Die oberflächliche Erklärung: weil der Patient jetzt selbst der Betrogene ist, leuchtet ein, reicht aber nicht aus. Viele Männer würden mit den gleichen Tatsachen ganz anders umgehen. Verständlicher ist: er ist zugleich in der Realität der Betrogene (bei Psychosen sogar oft nur in seinem Wahn) und in der unbewußten Phantasie der Betrüger (hier haben wir die Nähe zu Amphitryon). Daß daraus eine schmerzhafte, ja verrückt machende Spannung entsteht, ist einfühlbar. Gleichzeitig antworten die Qualen der Eifersucht auf Schuldgefühle wegen der Erfüllung des verbotenen Inzestwunsches durch die Geliebte, die unbewußt als die Nachfolgerin der tabuierten Mutter empfunden wird. Seidenberg weist darauf hin, daß die Ängste, die die Eifersucht zu begleiten pflegen, Kastrationsängste sind, also Verkleidungen der Angst vor der zentralen Strafe, die nach orthodoxer Freudscher Auffassung die ödipalen Wünsche bedroht: »Angst, das Zuhause zu verlieren, Angst um den Ruf der Familie, Angst vor Wahnsinn und körperlichem Zusammenbruch.«

Mag man die Angst des kleinen Jungen, den Penis zu verlieren, nun wörtlich nehmen oder nicht – der Inzestwunsch ist noch immer höchst gefährlich und verboten, und es ist auch in einem übertragenen Sinne eine entsetzliche Verstümmelung, wenn jemand sein Leben lang nicht von den Eltern loskommt. Hinter Seidenbergs Fällen steht die Unfähigkeit, zwischen der Mutter und der Geliebten zu unterscheiden. Eine Therapie muß diese Unterscheidung herbeiführen, und damit wird die überwertige Eifersucht verschwinden.

Eifersucht und Schuldgefühl

Die Beziehung zwischen Eifersucht und Schuldgefühlen, von Freud in seinem Aufsatz von 1922 nur angedeutet, wurde von seinen Schülern und Nachfolgern besonders beachtet und weiter erforscht. Ernest Jones, durch alle Schismen hindurch einer der treuesten Anhänger Freuds und später verehrungsvoller Biograph, hielt 1930 an der Sorbonne einen brillanten Vortrag für ein akademisches Laienpublikum mit dem lapidaren Titel »Die Eifersucht«. Er zitiert wie Freud (1917) die klassische Stelle aus Diderots philosophisch-satirischem Dialog »Rameaus Neffe«: »Wenn der kleine Knabe sich selbst überlassen wäre, wenn er seine ganze Naivität behielte und zur geringen Vernunft des Kindes die Leidenschaft eines Dreißigjährigen käme, so würde er seinem Vater den Hals umdrehen und mit seiner Mutter schlafen.« Das innere Hängenbleiben in der ödipalen Klemme, so Jones, erzeugt ein mühsam unterdrücktes, dauernd zu undurchschauten Ausbrüchen neigendes Schuldbewußtsein, das die sogenannte Liebe zu einer höchst fragilen und gefährdeten Angelegenheit macht. Er betont das lauernde Gefühl moralischer Minderwertigkeit bei Menschen, die zur Eifersucht neigen. Um dieses zu vermeiden und statt dessen ihr geringes Selbstbewußtsein zu stützen, brauchen sie das Geliebtwerden. Diese beiden Gedankengänge: die Rolle narzißtischer Bedürftigkeit und die Fragwürdigkeit dessen, was wir Liebe nennen, sind die wesentlichen Erweiterungen, die Jones der Eifersuchtsdiskussion gebracht hat. Wir erinnern uns: »Wer nicht eifert, liebt nicht«, heißt es spätestens seit Augustin, und dagegen haben weder wir noch Jones allzuviel einzuwenden. Wenn sich allerdings das Gewicht in dieser Gleichung verschiebt, wird die Sache schwieriger; heißt es etwa: »Nur wer eifert, liebt« oder gar »Nur wer *sehr* eifert, liebt wirklich«, wie es viele Eifersüchtige gern hören würden, so ist ein Fragezeichen wohl angebracht.

Jones betont den reaktiven Charakter nicht nur der heterosexuellen Liebe im Falle von verdrängter Homosexualität, sondern genitaler Liebe überhaupt. Das Unbewußte, sagt er, verhüllt viel mehr Haß, als man gemeinhin vermuten würde. »Die charakteristische Abwehr dieses Hasses (ist) in der Entwicklung eines Übermaßes an Zuneigung zu sehen, so daß die Summe der Zuneigung größer wird, als sie ohne den Haß geworden wäre.« Durch eine Veränderung der schützenden Umstände (einer Ehe, einer Liebesbeziehung), meist durch das Auftreten eines wirklichen oder eingebildeten Rivalen, wird der Haß um so leichter zutage treten, je nötiger es der »Liebende« hatte zu lieben. Unsere Zeitungen sind voll von Berichten über solche Durchbrüche, deren Hintergründe natürlich unklar bleiben. Zur Illustration wähle ich deshalb ein in Deutschland wenig bekanntes Drama von Calderón. Es behandelt die Geschichte von Herodes und Mariamne, über die auch Hebbel eine Tragödie geschrieben hat; diese erscheint mir allerdings durch die ideologische Überbauung und die krampfhafte Anbindung an weltgeschichtliche Zusammenhänge viel weniger gelungen als das spanische Stück. Es heißt »Das größte Ungeheuer der Welt« (Calderón 1637).

Die Figuren des Eifersuchtsdreiecks sind der jüdische Tetrarch Herodes, Vizekönig des römischen Kaisers Octavian, seine Frau Mariene und der Kaiser selbst. Daß sich der gewöhnliche eifersüchtige Zeitgenosse Calderóns offenbar mit diesen Personen, schaudernd zwar, aber dennoch, identifizieren konnte, zeigt den gewaltigen narzißtischen Anspruch auch der »normalen« Eifersucht. Kaiser und Könige sind ja auch in Träumen und Märchen oft das idealisierte Bild der Eltern, so daß bei der Konkurrenz zwischen Herodes, zwar einem König von Geblüt, der aber zur Herrschaft nur delegiert ist, und dem allmächtigen römischen Kaiser die ödipale Parallele auf der Hand liegt. Was das »grausamste, schrecklichste und stärkste« Ungeheuer der Welt sei, darüber wird gerätselt, denn ein Astrologe hat Mariene prophezeit, durch dieses solle sie, ungerechterweise, umkommen. Gleichzeitig werde der Dolch ihres Gatten das töten, was er auf der Welt am meisten liebt. Was das ist, daran besteht allerdings kein Zweifel: Seine vergötterte Frau ist daher ängstlich und voller Sorgen. Zu ihrer Beruhigung zieht er daher den Dolch aus der Scheide (!) und wirft ihn ins Meer, aber nur, um ihn auf die wunderbarste Weise zurückzubekommen: Er bleibt in der Schulter eines heranschwimmenden schiffbrüchigen Offiziers stecken, der Herodes vom Scheitern seiner ehrgeizigen Pläne erzählt: Seine Flotte, verbündet mit Antonius und Cleopatra, um den Kaiser zu stürzen, ist von einem Sturm zerschlagen worden. Vom Glück ins Unglück – solche sehr schematisch, fast kasperltheaterhaft anmutenden Umschwünge sind im barocken Drama häufig. Herodes ist darüber nur aus einem Grund traurig: nichts wirft ihn nieder, sagt er,

> nur daß ich sehen muß,
> daß ich nicht Manns genug war,
> um Mariene zur Kaiserin der Welt
> zu machen; und hier, so wirst du sagen,
> und so wird's ein jeder, bin ich
> von Sinnen; schaudre nicht,
> denn wo die Liebe uns bei Sinnen läßt,
> ist keine Liebe ... (Akt I)

Also, ihm selbst bewußt, eine übersteigerte, eine wahnsinnige Liebe, aus der er sein ganzes Selbstgefühl bezieht. Und es erscheint dem genaueren Nachdenken als völlig logisch, daß der Dolch, Symbol seiner aggressiven, unberechenbar-berechenbaren Männlichkeit, zu ihm zurückkehrt. Denn an dieser hat sich durch die äußere Niederlage nichts geändert. Vielleicht, so läßt Calderón seinen Helden hellsichtig in einem wunderbaren Zwiegespräch mit seiner Frau sagen, ist

> das größte Ungeheuer dieser Welt,
> das dich so schauerlich bedroht
> ja meine Liebe; denn da ich dich liebe,
> streb ich nach soviel Dingen,
> daß ich fürchte, die Liebe wird
> dir Unglück sein und Ruhmeszeichen mir.

Natürlich aber ist das »größte Ungeheuer der Welt« nicht die Liebe, sondern das uns bekannte mit den grünen Augen – die Eifersucht. Kaum hat Herodes gesehen – wieder ein barocker Handlungsstrudel –, daß Octavian sich in ein Bild von Mariene verliebt hat, so ist er überzeugt, daß er, der Geschlagene, nach seiner Hinrichtung durch den siegreichen Kaiser auch als Liebhaber und Ehemann ersetzt wird. Auf der Stelle spinnt er in seiner Verzweiflung im Gefängnis eine Intrige an, um Mariene ermorden zu lassen:

> Mag ich sterben, doch sterb ich mit dem Wissen,
> daß Mariene, meine Königin,
> mit mir zusammen stirbt ...
> denn keinen Liebenden noch Gatten gibt es
> ...
> der seine Dame nicht viel lieber
> tot sähe als ihm fremd und weggenommen (Akt II).

Wir gehen hier nicht auf die spannenden Vorgänge des dritten Aktes ein, die im Stil der Mantel-und-Degen-Dramen mit äußerster Raffinesse erfunden sind – am Ende wird die völlig unschuldige Mariene, die sich übrigens durchaus königlich und stark bewährt und auch versucht, sich gegen die Besitzansprüche ihres Mannes (ganz anders als Desdemona) zu wehren, durch den Dolch des Herodes irrtümlich im Dunkeln erstochen. Während des ganzen Stückes wird sie von Huldigungen in den herrlichsten Versen umspielt, ist aber in einem viel kruderen Sinne, als Freud das je gemeint hat, »Objekt« und nichts als das. In der großen Schlußszene sagt Herodes obendrein:

> Nicht ich hab sie getötet.
> Wer aber dann?
> Ihr Schicksal –
> denn da sie starb an meiner Eifersucht,
> so fiel sie von der Hand
> des größten Ungeheuers dieser Welt (Akt III).

Wir kehren zu Jones zurück: Was die Liebe der Eifersüchtigen charakterisiert, »ist, genaugenommen, daß es nicht Liebe ist, sondern ein quälender Wunsch, *geliebt zu werden*«. Um ihn zu erfüllen, macht er, wie ein Süchtiger, die unsinnigsten Anstrengungen, denn als Person allein kann er sich nicht für liebenswert halten. Er braucht gleichsam Verstärkung. Nur der Partner, der »geliebte« andere, gibt ihm »Liebe, Achtung und Respekt vor sich selbst«, die das unbewußte Schuldgefühl verringern. Daher »die Unerbittlichkeit des Hasses, der bei ihm durch Verrat erzeugt wird«. Liebt Herodes Mariene? Oder hat vielleicht sein Haß nur darauf gewartet, sie zu töten? Im ödipalen Kontext ist sie als Ehefrau ja die Nachfolgerin der unerreichbaren Mutter; ist es möglich, daß ein schwergestörter Mensch – von Herodes ist uns auch noch der bethlehemitische Kindermord überliefert, mit dem Hebbel die Eifersuchtsgeschichte verbindet – unbewußt nur darauf wartet, sich für die unerträglichen Frustrationen seiner Kindheit, in der sein unsicheres Selbstgefühl wurzelt, als Erwachsener derart grausam an der Mutter-Frau und den Geschwister-Kindern zu rächen? Nicht er war's, sagt Calderóns Herodes noch dazu, sondern »es«, »das Schicksal« – ein früher Hinweis auf die dem Bewußtsein entzogene Macht der Triebe. Denn er hat keinen Beweis für die Untreue seiner Frau, am Ende nicht einmal mehr den bewußten Vorsatz, sie umzubringen und dennoch treibt er unwiderstehlich auf die tödliche Lösung zu. Die phallische Symbolik von Dolch und Turm (von dem er sich ins Meer stürzt), kann in diesem Zusammenhang den Freudianer nur entzücken.

Jones, durch dessen Aufsatz die negative Beurteilung solcher unerwachsenen Personen, ja fast die Empörung über sie nur allzu deutlich durchschimmert und der auch seinem Publikum eine Rüge erteilt wegen der in Frankreich üblichen Toleranz gegenüber Eifersuchtsdelikten, schließt mit dem lapidaren Satz: »Die Eifersucht ist ein Zeichen von Schwäche in der Liebe und nicht von Stärke; sie nimmt ihren Ursprung eher aus der Angst und aus dem unbewußten Schuldgefühl als aus der Liebe.«

Männer und Frauen

Im Zusammenhang mit dem Ödipuskomplex, der so wichtig für die Geschlechtsidentität ist, müßte es möglich sein, die häufig gestellte Frage nach der verschiedenen Art der Eifersucht bei Männern und Frauen zu beantworten. Das erste Dreieck wird ja von männlichen und weiblichen Menschenkindern nicht spiegelbildlich gleich erlebt. Freud – wie auch Jones in dem eben besprochenen Aufsatz – beschäftigte sich zunächst nur mit dem Ödipuskomplex beim Mann. Seine Ansichten über die Weiblichkeit hielt er bis zum Ende seines Lebens für »unvollständig und fragmentarisch« und riet seinen Zuhörern in der Neuen Folge der Vorlesungen, die »eigenen Lebenserfahrungen« zu befragen oder sich »an die Dichter« zu wenden, wenn sie mehr darüber wissen wollten (Freud 1933, S. 145).

Es ist hier nicht der Ort, sich mit den vielen Veränderungen zu beschäftigen, die Freuds Ansichten über den Ödipuskomplex in seiner und in der Theorie seiner Nachfolger durchlaufen haben. Für unseren Zusammenhang scheint mir wichtig, daß er zeit seines Lebens und Denkens an der grundsätzlichen psychischen Bisexualität festhielt, so daß die Entscheidung für die Übernahme einer überwiegend weiblichen oder männlichen Rolle von jedem Individuum als Lebensleistung gefordert und von der Kultur, in der er lebt, in einer für diese »normalen« Weise erwartet wird (vgl. Mitchell 1976, S. 162). Dies vorausgesetzt, sieht die Entwicklung bei Mädchen und Jungen etwa so aus:

Der Ödipuskomplex beim Jungen und beim Mädchen

Für beide Geschlechter ist zunächst die präödipale Mutter, das Verschmelzungsobjekt und die omnipotente Welt- und Lebenspenderin (potentiell auch Leben*entzieherin*) von zentraler Bedeutung, und zwar auch, was die Identifizierung angeht. Im Ödipuskonflikt, in der Phase also, in der allen Kindern die Wichtigkeit ihrer Genitalien deutlich wird, ist die letzte Teilstufe des ersten Abschnitts der nur beim Menschen zweiphasigen Sexualentwicklung erreicht. Der Junge bleibt, indem er mit seiner keimhaften Sexualität »die Frau« für sich haben möchte, auf die Mutter ausgerichtet, beginnt aber in dieser Zeit, sich als »kleiner Mann«, wie Freud öfter schreibt, zu empfinden. Die Beschäftigung mit seinem Penis in Tat und Gedanken (beim Onanieren und in der Phantasie, irgendwie dasselbe zu tun wie der Vater) wird bedroht durch die Möglichkeit, ihn abzuschneiden, wegzunehmen und damit den kleinen Menschen unvollständig zu machen, ihn zu verstümmeln. Daß das tatsächlich möglich ist, schließt er daraus, daß es andere Wesen gibt, die dieses gewichtige »Mehr«, das, wie der kleine Junge schon sehr genau weiß, soviel Lust bringen kann, nicht haben. Diese angsterregenden Beobachtungen werden in ihrer Wirkung verstärkt durch die von Freud als sehr häufig, ja üblich angesehenen Drohungen der Erwachsenen, die Befürchtungen des Kindes wahrzumachen. Hinzu kommt das Schuldgefühl, das notgedrungen entstehen muß, wenn das Kind in seiner so lebenswichtigen Beziehung zu *zwei* Personen, eben Vater *und* Mutter, sich auf *eine* konzentriert, also das Dreieck wieder zur Dyade machen will. Der Junge steht, überspitzt gesagt, vor der Alternative, entweder den Penis oder den Wunsch nach der Mutter aufzugeben. Es siegt das narzißtische Interesse, nämlich der Wunsch, unverstümmelt zu bleiben.

Damit sowohl die unrealistische, einseitige, sexuell besitzergreifende Liebe zur Mutter wie die Feindseligkeit gegen den Vater begraben werden kann, bleibt nichts übrig, als die Forderungen der Eltern zu verinnerlichen. Diese bilden die Grundlage des Über-Ichs, des Gewissens, gleichsam des Aufnahmeorgans für die Forderungen von Kultur und Gesellschaft. Der Junge will nicht mehr den Platz des Vaters einnehmen (»die Mutter heiraten«), sondern er identifiziert sich mit ihm, er will einmal werden wie er. Damit ist der Penis zwar erhalten, aber eine Zeitlang im Wortsinne lahmgelegt; es beginnt die Latenzzeit, in der die sexuellen Interessen bis zur Pubertät weitgehend zurücktreten. Im besten Falle sind mit dem Aufgeben der unerwünschten Wünsche auch die Ängste, die aus dem Schuldgefühl entstehen, erledigt.

Auch das Mädchen erlebt zunächst vor allem die Beziehung zur großen, allmächtigen präödipalen Mutter. Beginnt es seine Geschlechtsidentität zu erforschen, so bemerkt es, daß ihm, wenn es sich mit Bruder, Vater, männlichen Spielkameraden vergleicht, etwas fehlt – nach Freud muß es sich, besonders da es die lustspendende Klitoris phallisch empfindet, als kastriert erleben (und also nicht, wie der Junge, Angst vor der noch nicht vollzogenen Kastration haben). Es muß einen Mangel ausgleichen statt eine Verstümmelung zu fürchten. Die Folge ist der Penisneid, eine schwierige Konstruktion, die schon zu Freuds Lebzeiten in Frage gestellt wurde (von Ernest Jones, Karen Horney, Melanie Klein u. a.). Aber bleiben wir zunächst bei der Annahme, daß tatsächlich das Identitätsgefühl der einen Hälfte der Menschheit auf dem »Anderssein« durch eine Benachteiligung beruht: das kleine Mädchen möchte dann unbedingt auf irgendeine Weise das begehrte »Mehr« haben, es phantasiert daran herum, glaubt vor allem, daß die Mutter, der es böse ist, weil es sie so mangelhaft ausgestattet hat, alle Menschen mit Penis, besonders die Brüder, lieber hat als die Tochter. Es möchte, da ja auch in ihm die Keime der Sexualität sich rühren und auf »den Mann« hin wachsen, den Penis des Vaters und später an dessen Stelle ein Kind vom Vater haben.

Nach den frühen Jahren der fast ausschließlichen Bindung an die Mutter findet also, anders als bei der männlichen Entwicklung, ein Wechsel des Liebesobjektes statt; dafür bleibt aber das Identifikationsbild konstant: Mutter – Mädchen – »kleines Weib«: das ist eine Linie ununterbrochener Kontinuität, und vielleicht läßt sich aus dieser ruhigeren Entwicklungslinie erklären, was so oft zu beobachten ist: daß Mädchen »weiter« sind als gleichaltrige Jungen. Der Narzißmus, der beim

Jungen dazu führt, daß er um seiner Integrität willen die Gesetze der allmächtigen, verbietenden, ihn hart auf die Realität verweisenden Eltern zu den seinen macht, blüht beim Mädchen auf, indem es seinen ganzen Körper angenehm und reizend macht – grob gesagt: kein Penis, »nur« eine Klitoris, aber dafür liebens- und verehrenswürdig sein, wie es der Junge niemals kann (weil er es nicht nötig hat). Es besteht kein Zwang, innerlich einen harten Schnitt zu tun, um den äußeren zu vermeiden. Erst langsam setzt sich die Enttäuschung durch, daß der Vater tatsächlich nicht zu haben ist (und in der Eheberatung hört man viel öfter von frühinzestuösen Beziehungen zwischen kleinen Töchtern und ihren Großvätern, Vätern, Brüdern oder Onkeln als umgekehrt vom sexuellen Mißbrauch kleiner Jungen durch Mütter oder deren Vertreterinnen). Freud sprach deshalb den Frauen berüchtigterweise ein schwächeres Über-Ich zu, einen geringeren Sinn für soziale Verpflichtungen, eine labilere Moral, geringere Sublimierungsfähigkeit. Diese weichere, gleichsam laszivere Entwicklung hat Juliet Mitchell so zusammengefaßt: »Das Ende der präödipalen Mutterliebe zwingt das kleine Mädchen dazu, sich in den Ödipuskomplex zu *flüchten*. Er bietet, genau im Gegensatz zur Erfahrung des Knaben, Zuflucht vor dem Kastrationskomplex, ein Liebesnest, in dem das Mädchen durch das Spiel seiner Reize und feines Umgarnen jene Liebe erobert, die es braucht ... Es besteht ein offensichtlicher Zusammenhang zwischen der Geborgenheit der ödipalen Vaterliebe und dem späteren Glück an Heim und Herd« (Mitchell 1976, S. 145/6). Und so, in einen kultursoziologischen Zusammenhang gesetzt, läßt sich auch der Penisneid als Ausdruck der Benachteiligung in einer Männergesellschaft besser verstehen.

Auf die Veränderungen, die dieses Entwicklungsschema durchlaufen hat, werde ich noch eingehen. Hier ist zunächst zu fragen: Was kann man daraus schließen in bezug auf die verschiedenen Formen der Eifersucht bei Männern und Frauen? Genauer: Worauf richten sich Ängste, Wünsche und Aggressionen?

Ewiger Zweiter

Männer fürchten vor allem die Kastration, Frauen den Liebesverlust. Wie lassen sich diese Chiffren auf Dreierbeziehungen anwenden? Der Mann kann sich als ewiger Zweiter empfinden: zunächst bei der Mutter nach dem Vater. Schafft er es nicht, sich selbst mindestens teilweise unabhängig von der Beziehung zu den Eltern als wertvoll, als eigenständig zu empfinden – und hier ist er sehr auf die verständnis- und liebevolle Hilfe der Eltern angewiesen –, so wird er dringend danach verlangen, spätestens von der Pubertät an endlich bei einer eigenen Partnerin der Erste zu sein, die natürlich möglichst »echt weiblich« sein sollte. Ist sie das aber, so wünscht sie sich ein Kind: und da dieses ja, nach Freud, der Ersatz für den vergötterten Penis ist, Wunsches Ziel und aller Welt Krone, so kann es leicht passieren, daß der Mann sich nur gebraucht fühlt als Zulieferer für die eigentliche Erfüllung der Weiblichkeit seiner Frau, und wieder, angesichts der ungeheuren Wichtigkeit der Kinder, der Zweitbeste ist. Eifersucht auf die Kinder kommt in der Eheberatung sehr häufig vor, und zu ihr zu stehen, ist für die Männer um so schwieriger, je »moderner« die Familie ist, je deutlicher er also weiß oder zu wissen glaubt, daß es für ein Kind lebenswichtig ist, in den frühen Jahren mit seinen Bedürfnissen zentral ernst genommen zu werden. Damit wird den Männern eine ebenfalls »mütterliche« Haltung abverlangt, die sie, selbst wenn sie bewußt von deren Richtigkeit überzeugt sind, in vielen Fällen unbewußt überfordert, ja geradezu vergewaltigt. Eifersucht ist dann eine leicht verfügbare Reaktion, ein Rückgriff auf etwas Bekanntes: wieder eine Mutter, wieder der Zweite, wieder die Aggression gegen diesen abscheulichen, aber zugleich geliebten Ersten.

Die Lösbarkeit dieses Konfliktes hängt von den Schicksalen des individuellen Ödipuskomplexes ab. Allerdings drängt sich hier, wie so oft beim Nachdenken über Eifersucht, die Macht der präödipalen Mutter auf: Hat der Mann ihre Normen verinnerlicht, so wird es ihm leichter fallen, zugunsten der Nachkommen eine Zeitlang auf eigene Befriedigungen zu verzichten. Es darf aber auch nicht vergessen werden, wie weitgehend die Männer oft recht haben mit ihrer Gekränktheit. Viele Frauen ergreifen nur zu gern die Gelegenheit, sich den Herausforderungen einer erwachsenen Beziehung zwischen Mann und Frau zu entziehen. Ödipal gesehen, ist ihnen die Treue zum Vater, für den sie endlich das Phallus-Kind aufziehen dürfen, wichtiger als der Partner, und präödipal erfüllen sie den Auftrag der allmächtigen Mutter, so zu sein wie sie. Wozu ist da der Mann noch gut, nachdem er seine Zeugungsaufgabe erfüllt hat? Wer das übertrieben findet, der möge daran denken, wie oft nach der Geburt der Enkelkinder die Eltern der Frau eine neue Wichtigkeit bekommen – nach meiner Erfahrung viel häufiger als die des Mannes. Die Klagen des Mannes (»Einmischung«, »nie allein«) werden von der Frau abgewehrt, indem sie etwa sagt: Was sollte ich denn ohne meine Eltern tun – ich brauche sie doch – wer sollte sonst auf das Baby aufpassen? Dagegen kann der Mann dann wenig sagen. (Daß das nicht so sein *muß*, daß kleine Kinder auch anders versorgt werden können als mit der Hilfe der Großeltern, zeigen nicht nur die Paare, deren Eltern nicht zur Verfügung stehen, sondern auch die gewiß extremen und unerfreulichen Beispiele von jungen Familien, die jeden Kontakt mit den Großeltern wegen der unerwünschten Beeinflussung ablehnen – man findet eben Wege, das zu verwirklichen, was man für sehr notwendig hält.)

Als Eheberaterin kann ich hinzufügen, daß nicht nur die Klagen über die allzu große innere Bedeutung der Kinder zum Alltag meines Berufslebens gehören, sondern auch die über die sexuelle Unlust der Frauen nach der Geburt des ersten, besonders aber des zweiten Kindes. Worunter die Männer oft sehr leiden, weil sich darin bei genauem Hinsehen tatsächlich nicht nur Zeitmangel und Erschöpfung durch die neuen Aufgaben äußern, sondern die zurückgetretene Wichtigkeit der Beziehung zum Mann. Daß eine solche Zurücksetzung möglicherweise als noch schmerzhafter empfunden wird als die sexuelle Frustration, leuchtet ein, ebenso aber, daß der Mann unbewußt eine Verstümmelung, eine Fragmentierung fürchtet: Nicht er selbst, als ganzer Mensch, wurde offenbar gewollt, akzeptiert, geliebt, sondern seine Zeugungskraft; und nachdem die ihr Werk getan hatte, erlebt er sie nicht nur als überflüssig und unerwünscht für die Person, der er sie gegeben hat, sondern auch noch »abgeschnitten« von ihrer ursprünglichsten Erfahrung, dem Lustgewinn.

Eifersucht auf Kinder beziehungsweise Eltern ist oft relativ unbewußt, sie ist ja auch nicht so »erlaubt« wie die sexuelle. Oft hat man den Eindruck, daß, wenn es endlich so aussieht, als gäbe es Gründe für die Auseinandersetzung mit einem »normalen« Rivalen, alle Kränkungen in die dadurch mögliche »richtige« Eifersucht geradezu hineinexplodieren.

Kastrationsangst

Steht hinter der Eifersucht bei Männern tatsächlich mehr Kastrationsangst als Angst vor Liebesverlust? Die Frage ist schwierig zu beantworten. Tatsächlich scheint sich mir bei Männern öfter als bei Frauen das eifersüchtige Entsetzen *auch* in dem Satz zu äußern: »Wie steh ich jetzt da?!«, und zwar in bezug auf »das Weggenommene« – zunächst die Frau, aber auch: Ansehen, Geld, Zuhause, Kinder. Häufiger als bei Frauen ist nach meiner Erfahrung auch die heftige, brennende, aktive Wut in der männlichen Eifersucht – ähnlich der Reaktion auf den plötzlichen Schmerz einer blutenden Wunde. Allerdings: wenn es sich dabei um ein Penissubstitut handelt, so wächst es den Männern auch schneller wieder nach als das, was die Frauen verlieren.

Selbstverständlich hängt das mit sozialen und kulturellen Gegebenheiten zusammen. Es sieht so aus, als ob eine patriarchalische Gesellschaft alles bereithielte, um die Kränkung an König Phallus möglichst bald wiedergutzumachen. Die junge Generation berechtigt sicher zu Hoffnungen auf Veränderung. Zwar läßt sich noch immer sagen, daß ein verlassener Mann in unserer Gesellschaft eher verachtet, eine Frau eher bemitleidet wird, aber auch, daß bei vielen geselligen Anlässen (Tischordnung!) ein Mann allein leichter ertragen wird als eine Frau allein. Man findet es allenfalls unpassend, aber keineswegs abnorm, wenn ein Mann sich mit einer zwanzig Jahre jüngeren Frau verbindet. Der umgekehrte Fall wirkt dagegen immer noch sehr auffallend, wenn nicht skandalös, und kommt auch viel seltener vor. Die Meinung, ein Mann könne nicht allein leben, eine Frau aber sehr wohl (Haushalt!), bleibt weit verbreitet. Bei Scheidungen werden kleine Kinder überwiegend als der Mutter zugehörig empfunden, wodurch der Mann erlebt, daß man sie ihm einerseits nicht gönnt, andererseits aber auch nicht zumutet, er damit also wiederum freier ist für neue Verbindungen. Bei halbwüchsigen oder erwachsenen Kindern ist das »Mit-dem-Vater-Gehen« häufiger. Die Frauen, älter und dadurch eher am Rande des Partnerspiels, bleiben in einer solchen Situation doppelt allein.

Zusammenfassend läßt sich sagen: Unter dem Aspekt des Kastrationskomplexes haben Männer gewiß eine größere und aggressivere Angst, aber die Frauen haben im Konfliktfall der Eifersucht viel länger und intensiver an der Tatsache ihres Kastriertseins zu leiden. Es fällt mir schwer, im Kontext der Eheberatung diesen psychoanalytischen Symbolbereich anders als unter überwiegend sozialpsychologischen Gesichtspunkten zu betrachten. Ob man also die oben geschilderten Erscheinungen, die uns allen zugänglich sind, als Äußerungen eines phallozentrischen Weltbildes oder »nur« als die einer Männerkultur ansehen will, bleibt eine Frage der Interpretation. Dennoch wirft, wie immer bei der Eifersucht, die Bearbeitung extremer Zustände grelle Schlaglichter zurück auf die Normalität.

Ich beziehe mich hier auf einen Fall von krankhafter Eifersucht, den Gerda Barag (Barag 1949) in einjähriger Analyse heilte. Ihr Patient war ein 33 jähriger Kibbuz-Israeli, zehn Jahre verheiratet, mit einem Sohn von neun Jahren. Der Mann wurde, bei nachlassender Potenz, von heftiger, übertriebener Eifersucht auf seine bis dahin geliebte Frau Noemi ergriffen. Er beschuldigte sie der Untreue mit zwei Kibbuz-Kameraden, mit deren Frauen er selbst vor deren Ehe (aber während seiner eigenen) sexuelle Beziehungen gehabt hatte. Der Patient entwickelte fast psychotische Zustände, fühlte sich verfolgt, schrie nachts um Hilfe, konnte nicht arbeiten und glaubte, ohne seine Frau nicht leben zu können. Der zentrale Traum lautet:

»Ich hatte einen sehr wichtigen Traum, den ich nicht verstehe; es ist ein homosexueller Traum. Ich gehe mit Noemi auf eine Reise. Sie geht in äußerst aufreizender Weise vor mir her. Sie ist sehr merkwürdig angezogen. Sie hat einen Schal um ihren Kopf gewunden und trägt einen eng anliegenden Mantel, dessen Saum nach innen geschlagen ist. Mehrere Kibbuz-Kameraden kommen uns entgegen, und ich erkenne Schmuel und Jochanaan. (Schmuel ist ein ... phantasierter Rivale. Jochanaan hat eine Analyse hinter sich.) Jochanaan geht an Noemi heran, dreht sich zu den Kameraden um und sagt: ›Seht euch die an (wobei er auf ihre Eingebildetheit hinweisen will), ein paar Schritte weiter, und sie wäre unter diese Ruinen geraten und von ihnen getötet worden.‹ Als ich ein paar Schritte weitergehe, sehe ich die Ruinen einer Mauer, die gerade zusammengefallen ist, und habe große Angst. Wir gehen weiter, Noemi noch immer vor mir ... und kommen zu einem Platz, wo viele Jungen sind. Noemi gibt einem von ihnen einen spielerischen Klaps auf den Kopf, und er will hinter ihr herrennen, aber ein anderer hält ihn auf, und sie fangen an zu kämpfen. Inzwischen verschwindet Noemi, und ich wache auf.«

Die Analytikerin sagt scherzend, Noemi käme ihr wie ein wandelnder Phallus vor. Darauf bringt der Patient eine Reihe zustimmender Assoziationen: Er hat immer Angst um seinen Penis gehabt, auch davor, daß er in der Vagina zerstört würde (die zusammenfallende Mauer). Er versteht jetzt, warum Noemis Verlust ihm als ebenso schlimm wie der Tod erschien: Der ganze Kibbuz hätte dann gewußt, daß er impotent sei.

Die Gleichung Penis = Frau, die hier klar wird, führt weit in die Kindheit zurück: Der Patient hatte große Schwierigkeiten, von der bei ihm sehr starken präödipalen Vater- zur ödipalen Mutterliebe überzugehen, phantasierte, daß der Penis des Vaters (er schlief bis zu seinem dreizehnten Jahr im Zimmer der Eltern) im Leib der Mutter in Gefahr sei, beneidete auch den in ihrem Leib entstehenden viereinhalb Jahre jüngeren Bruder. Als Rettung vor der eigenen Aggression identifiziert er sich mit dem kleinen Bruder = Leibesinhalt der Mutter = Penis.[*] Von hier zur homosexuellen Liebe ist es nicht weit, und der Patient hatte in der Tat eine längere Periode, in der er in Beziehungen zu anderen Jungen den aktiven Teil übernahm, d. h. er stand zwischen Vater- und Mutteridentifikation. Seine sehr vielen sexuellen Frauenbeziehungen blieben bis zum Tod der Mutter extravaginal. Erst mit seiner Frau, in die er sich kurz nach dem Tod der Mutter auf den ersten Blick verliebte und die der Mutter so ähnlich war, daß er sich oft versprach und sie »Mama« nannte, konnte er »richtig« verkehren.

Doch waren die Bindungen an den Vater wie an die Mutter zu stark und beängstigend, und als seine Frau, an die er im Grunde inzestuös und nicht persönlich-ehelich gebunden war, wegen ihrer Unbefriedigtheit aggressiv wurde, brach die Eifersucht los, etwa nach der Formel: *Sie* liebt andere Männer, nicht: *ich* habe sehr viele Frauen geliebt, vielleicht *um* sie unbefriedigt zu

---

[*] Die Annahme, daß kleine Kinder den Leibesinhalt der Mutter, zu dem nicht nur die Milch, sondern auch der Penis des Vaters und ungeborene Geschwister gehören, verschlingend und damit oral-aggressiv sich einverleiben wollen, stammt von Melanie Klein (vgl. S. 229 f).

lassen, denn ich liebe Vater und Mutter und die Brüder-Männer mehr als meine Frau. Und: Ich habe Angst um meinen Penis, und für den steht meine Frau, nicht für sich selbst. Lieber leiden, lieber entsetzlich eifersüchtig sein als den Penis riskieren.

Wer an diese Art, die Dinge zu sehen, nicht gewöhnt ist, dem mögen solche Deutungen extrem vorkommen. Sicher lassen sich die unbewußten Kräfte, die hier im Spiel sind, auch anders verstehen – Jung-Schüler hätten etwa von der Unterwerfung unter die große Mutter, der Abtretung der Anima des Patienten an seine Frau oder der Gefangenschaft des Mannes im patriarchalen Uroboros gesprochen (vgl. Neumann 1952), Adlerianer von männlichem Protest, Minderwertigkeitsgefühl und dem Streben nach Überlegenheit (vgl. A. Adler 1972). Alle aber gehen davon aus, daß hier Unbewußtes hemmend, einschränkend und verstümmelnd wirkt, was ja auch nur zu offensichtlich ist, nachdem die *bewußten* Lösungsversuche, die hier nicht alle erwähnt wurden – Heirat, Vatersein, sexuelles Training, Weggeben des Erbes an die Schwestern, Leben und Arbeiten in der sinnvollen Kibbuzgemeinschaft –, so eklatant fehlgeschlagen waren, daß der Patient fast nicht mehr leben konnte.

Zu berichten bleibt, daß die Analyse nur ein Jahr dauerte und daß der Patient, vorher gequält von Suizidgedanken und Todesphantasien gegen seine nächsten Menschen, nach der Therapie seine volle Potenz erlangte, nur seine Frau liebte, zu selbstsicherem Umgang mit seinen Kibbuz-Kollegen fähig wurde und daß, nachdem seine Frau das heißersehnte zweite Kind während seiner Analyse im fünften Monat verloren hatte – wahrscheinlich, wie wir es heute sehen würden, wegen des starken seelischen Druckes, den ihr Mann auf sie ausübte –, zum Zeitpunkt der Katamnese ein gesundes zweites Kind geboren war. Selbstverständlich war auch die Eifersucht verschwunden.

Angst vor Liebesverlust

Nur ganz sein durch Geliebtwerden, lieben vor allem, um zurückgeliebt zu werden – ist es wirklich das, was die Frauen charakterisiert? Ein Mann, eine Frau – oft kommt es mir vor, als sei von dem, was ich gerade gesagt habe, auch das Gegenteil wahr. So viele Rollenveränderungen haben sich vor unseren Augen vollzogen, auch und gerade unter dem Einfluß psychoanalytischer Gedanken – man denke nur an ihre Wichtigkeit für die Protestbewegungen der sechziger Jahre –, daß viele von Freuds Konstruktionen, Funden und Spekulationen auf eine ganz andere Weise als zu ihrer Entstehungszeit anzweifelbar erscheinen. Es ist verständlich, daß ein überzeugter Psychoanalytiker wie der in Janet Malcolms hervorragender journalistischer Arbeit über diesen »unmöglichen Beruf« (Malcolm 1981) »einfach nie aus dem Staunen darüber herauskommt«, daß die »Einsichten der Psychoanalyse nie und nimmer zu Selbstverständlichkeiten werden, die eine Generation der anderen überliefert«. »Wir Psychoanalytiker haben«, so sagt er, »herausgefunden, daß es in der menschlichen Entwicklung eine nie wiederkehrende formbare Periode gibt, von dreieinhalb bis sechs etwa, die Gußform gleichsam alles späteren Erwachsenenverhaltens. Die Liebeserlebnisse des Erwachsenen, seine Berufswahl, seine Liebhabereien, sein Erfolgsstreben – *all das* weist auf den Ödipuskomplex zurück. Aber was wir für erwiesen halten, das stellt der Laie noch immer in Frage.« »Weil es verpönt ist«, antwortet die Interviewerin, und der Analytiker antwortet: »Genau.« Melden wir also immerhin unsere Bedenken an, lassen uns aber vom Verpönten nicht abschrecken.

Denn was uns hauptsächlich Schwierigkeiten macht, ist die Verflochtenheit der Freudschen Leitvorstellungen mit der patriarchalischen Ordnung. Diese ist aber im Alltag der Eheberatung selbstverständlich in ihrer ganzen Gewalt zu verspüren. (Allerdings zeigen sich dort wohl auch, eher als an der groben Oberfläche, die unterirdischen Risse.) Wir leben nun einmal nicht bei den Hopi-Indianern oder bei den glücklichen, eifersuchtsfreien Samoanern, wie sie Margaret Mead beschrieben hat, deren Funde neuerdings obendrein noch in Frage gestellt wurden, sondern wir leben in einer Gesellschaft, in der von Gleichberechtigung auf vielen Gebieten noch nicht die Rede sein kann.

Reale mutterrechtliche Zustände hat es nach neuen Erkenntnissen auf der ganzen Welt nie gegeben. Was davon behauptet oder gedichtet wurde, erweist sich als Abwehr, als Rechtfertigung der patriarchalen Gewalt (Wesel 1980). Es gibt die allmächtige Mutter in der frühesten Kindheit und später in den Träumen und der Phantasie Erwachsener, in der historischen Realität gab es sie nie. Wenn also die vater-, die männerrechtliche Ordnung als einzige seit Tausenden von Jahren bei uns wirksam ist – wie sollen sich die Frauen nicht als »zweites Geschlecht«, wie Simone de Beauvoir das genannt hat, empfinden (Beauvoir 1949)? Es erscheint daher nur allzu einfühlbar, daß Frauen ihren eifersüchtigen Zustand sehr oft als das Gefühl beschreiben, den Boden unter den Füßen verloren zu haben. Ihr Standort in der Welt war dadurch definiert, daß sie sich der Liebe ihres Mannes sicher zu sein glaubten. Mit anderen Worten, sie fragen verzweifelt: Wer bin ich jetzt, nachdem er sich von mir abgewendet hat? – und nicht, wie die Männer: Wie werde ich mit der Kränkung fertig, daß sie, die ich als Teil von mir empfunden habe, sich von mir löst?

Die Angst vor Liebesverlust hängt eng mit den weiblichen Schuldgefühlen zusammen, deren psychoanalytische Ableitung schwierig und umstritten ist. Janine Chasseguet-Smirgel (1964) ist der Meinung, das an der präödipalen Mutter zuerst erlittene Erlebnis eines bösen, versagenden Objektes (der Mutterbrust, die sich entzieht) führe dazu, daß das Mädchen nach einem besseren Ziel für seine Liebe sucht. Das ist, so die Autorin, nicht anders denkbar, als daß, wenigstens für eine vorübergehende, aber sehr prägende Zeit, alles Böse auf die Mutter und alles Gute auf den Vater projiziert wird. Das Mädchen gibt damit die an der Mutter bereits gelernte Ambivalenztoleranz (die Mutter ist gut *und* böse) wieder auf und idealisiert den Vater und das, was er zu bieten hat (Penis-Chiffre). Anders als durch die Illusion eines total guten Vaters wäre der Objektwechsel, die Untreue gegenüber der allmächtigen Mutter, nicht zu rechtfertigen. Wenn trotzdem aggressive Regungen gegen den Vater auftreten, so müssen sie verdrängt und in Selbstvorwürfe umgewandelt werden. Diese spezifisch weiblichen Schuldgefühle treten immer dann wieder auf, wenn später die erwachsene Frau in sich selbst die analsadistische Komponente der Sexualität spürt (die entwicklungsgeschichtlich ja älter ist als die ödipal-genitale). Sie ist der Idealisierung radikal entgegengesetzt – einen *nur* guten Mann muß man ja nicht beherrschen, kontrollieren und von den eigenen Bedürfnissen abhängig machen, der würde alles von selbst tun (womit wir wieder daheim sind: beim Muster der großen guten Mutter).

Diese komplizierte Ableitung bestätigt, was der Augenschein zeigt: Frauen neigen durch Kultur, Erziehung und seelische Entwicklung stärker zu Schuldgefühlen. Sie fragen auch bei Dreiecksbeziehungen, die Eifersucht hervorrufen, eher und intensiver danach, welchen Anteil sie selbst daran haben, daß man ihnen Liebe entzieht. Nur in sehr schweren Fällen wollen sie von der Therapie das haben, was Seidenberg behauptet (Seidenberg 1967, S. 599), nämlich die Bestätigung ihrer Verdächte und die Verstärkung ihrer mißtrauischen Position.

Charakteristisch ist nach meiner Erfahrung ein Fall aus unserer Beratungsarbeit. Eine Frau mit mehreren Kindern wurde durch das – von außen gesehen – sehr oberflächliche und nie zu Intimitäten führende Interesse ihres Mannes an einer anderen Frau völlig aus der Bahn geworfen und wollte der Bodenlosigkeit, in die sie fiel, immer wieder in die bodenlose Ruhe des Todes entkommen. Hauptsächlich »wegen der Kinder« begab sie sich in eine sehr lange Beratung, von der sie heute meint, daß sie ihr das Leben rettete.

Eine lange Therapie ist niemals nur Rettung, sondern auch Bereicherung; aber es darf nicht vergessen werden, welche Anstrengung die Frau mit dieser seelischen Arbeit auf sich nahm. Danach ging sie zusammen mit ihrem sehr angenehmen und gewinnenden Mann in eine therapeutische Gruppe, wo ihr wiederum zugeredet wurde, die Sache doch nicht so schwer zu nehmen. Erst etwa fünfzehn Jahre nach dem »Ausbruch« ihrer eifersüchtigen Verlustangst war sie sich ihrer selbst so sicher geworden, daß sie zu denken wagte und dann auch sagen konnte, »wieso eigentlich niemand einmal daran dächte, daß auch ihr Mann etwas ändern könnte«.

Gewiß ist dies ein extremes Beispiel einer zur Liebe erzogenen Frau, aber die Umkehrung – eine solche Anstrengung bei einem Mann – ist schwer vorstellbar, ähnlich wie es im folgenden Fall kaum eine spiegelbildliche weibliche Entsprechung geben dürfte:

Ein Mann leidet sehr unter einer leidenschaftlichen Affäre seiner Frau, die aber abgeschlossen ist. Sie hat – *noch,* sagt sie – keine besondere Lust, mit ihm zu schlafen, ist aber ehrlich überzeugt, daß sie mit ihrem Liebhaber niemals eine Ehe hätte führen können. Die Vorwürfe des Mannes richten sich nicht nur gegen ihre Untreue, sondern auch gegen andere Tendenzen zu größerer Freiheit (Berufstätigkeit, Sport). Das soll sie ändern, er hat sich's anders vorgestellt, als er sie heiratete. Den Ausgleich für die fehlende sexuelle Intimität holt er sich aus Pornoheften mit krudesten genitalen Darstellungen – Körperteile, keine Personen. Die Frau ist davon abgestoßen, der Mann fühlt sich entsetzlich eingeschränkt, er kann nicht denken und nicht arbeiten vor lauter Gekränktheit. Seine Lösung ist der Ausbruch in eine neue Liebe zu einer jungen Frau, die ihm schon lange gefiel und auf die er wegen seiner Ehe verzichtet hatte. Dort, sagte er, würde er als ganzer Mensch gewollt und verstanden, nicht nur als Geldbringer oder Vater seiner Kinder, der auf Wunsch seine sexuellen Bedürfnisse zurückzustellen hätte.

Auch dieser Mann wollte selbstverständlich geliebt werden, aber der Unterschied zwischen dem aggressiven Anspruch genitaler Bestätigung bei ihm und dem Wunsch der Frau im vorhergehenden Fallbeispiel, für das Geliebtwerden (das gewiß auch für den Partner eine Überforderung darstellt) die größten Anstrengungen auf sich zu nehmen, liegt auf der Hand.

Zum Abschluß dieses Abschnitts über Männer und Frauen zwei statistische Beiträge. Bei einer Untersuchung, die ein Genfer Psychoanalytiker und Gynäkologe machte, wurde folgende Frage gestellt: »Wärest du gezwungen zu wählen, welche der beiden folgenden Situationen würdest du wählen?
a) Dein Partner schläft mit dir und denkt dabei an eine andere Person.
b) Dein Partner schläft mit jemand anders und denkt dabei an dich.«

70 Prozent der Männer wählten Situation a) als weniger angsterregend, fast ebensoviel Frauen Situation b) (Rusconi 1982). Auch hier also bei den Frauen das Bedürfnis, geliebt zu werden, selbst unter den extremsten Umständen die Liebe des Partners nicht zu verlieren, wahrscheinlich außerdem die traditionelle Resignation gegenüber der Tatsache der männlichen Untreue. Dagegen kommt es den Männern, grob gesagt, auf die phallische Bestätigung an, und der Liebesverlust, selbst wenn er in den eigenen Armen stattfindet, wird weniger gefürchtet. Leider ist es mir nicht gelungen, Genaueres über diese Untersuchung zu erfahren, die dadurch mit dieser Frage fast im Bereich eines Gesellschaftsspieles bleibt.

Eine seriösere Befragung (Buunk 1982) von 50 holländischen Paaren, die Erfahrungen mit außerehelichen Beziehungen hatten, ergibt zunächst eine größere Bereitschaft der Frauen zur Eifersucht: 22 Prozent sind »oft eifersüchtig« gegenüber nur 2 Prozent der Männer, wenn auch Eifersucht in einer akuten Dreieckssituation so gut wie unvermeidlich ist: In diesem Fall waren 82 Prozent der Frauen und 86 Prozent der Männer eifersüchtig. Aber der Umgang mit Eifersucht variiert: Frauen versuchen häufiger als Männer die Verarbeitung durch eine kognitive Neubewertung der Beziehung und ziehen sich signifikant häufiger in der kritischen Situation vom Ehemann zurück. »Dieses Ergebnis spiegelt möglicherweise noch die traditionelle Art des Umgangs mit der Untreue des Ehemannes, die man von der Frau erwartete: nicht zuviel Ärger zu machen, keine Eifersucht zu zeigen, eigene Fehler zu suchen, die ihn zu anderen Frauen treiben, und einfach zu warten, bis er sein Fehlverhalten aufgibt.« Es ist bemerkenswert, daß selbst bei dieser bildungsmäßig, beruflich und materiell weit über dem Durchschnitt liegenden Versuchsgruppe, die ohne Zweifel als sehr fortschrittlich in bezug auf sexuelle und kommunikative Gewohnheiten anzusehen ist, der Autor zu dem Schluß kommt, »daß sexuell offene Beziehungen mehr Schwierigkeiten und weniger Vorteile für Frauen als für Männer zu bringen scheinen«. Er betont aber, daß Eifersucht unvermeidlich ist und daß bei neurotischen Personen (die sich selbst als nervös, pessimistisch, angespannt und sorgenvoll sehen) die Gefahr besteht, daß sie sich in sich selbst zurückziehen, Gefühlskonflikte, die mit der Affäre verbunden sind, verleugnen oder für sich allein zu lösen versuchen und daß dadurch die Partner wirklich auseinandergetrieben werden.

Ich füge hinzu, daß, wie auch die Statistik aussehen mag, sich die Unterschiede zwischen »männlich« und »weiblich« verschieben, manchmal aufheben. Noch klarer als früher ist heute zu sehen, wie recht Freud hatte, wenn er – wie übrigens auch Jung und Adler – diese Begriffe eher wie Chiffren für Verhaltensweisen gebrauchte und nicht als Charakterisierung des jeweiligen Geschlechtes.

Aggression gegen wen?

Die Unschärfe des geschlechtsspezifischen Verhaltens betrifft auch und besonders die Richtung der Aggression. Wer wird angegriffen, gehaßt und im Extremfall getötet: der Rivale, der Partner oder der Eifersüchtige selbst?

Die erste mir bekannte Überlegung zur Frage der Eifersuchtsaggression stammt von Edmund Bergler (1939). Für ihn hängt die Wahl der Aggressionsobjekte von der Art der Liebe ab. Seine These ist, daß in der Liebe gleichsam eine Rollenverteilung verschiedener seelischer Instanzen stattfindet: Es sind jeweils Ich und Ich-Ideal beteiligt. Agiert der Liebende die höhere, ideale Vorstellung von sich selbst, so wird seine Liebe aktiv, fürsorglich, gebend, bevormundend, beschützend sein. Sieht er im Geliebten sein Ich-Ideal (»mein besseres Ich, meine bessere Hälfte«), so wird er sich diesem unterordnen, vor allem bewundern, fordern. genießen, also passiv geliebt werden wollen. Obwohl das Liebenwollen schematisch als männlich, das Geliebtwerdenwollen als weiblich bezeichnet werden kann, lassen sich beide Formen quer durch beide Geschlechter finden – in Jürg Willis Sprache handelt es sich um eine progressive und eine regressive Position (Willi 1975, 1978). Die ganze Qual der Eifersucht erklärt sich für Bergler daraus, daß *immer* das eigene Ich beteiligt ist. Der aktiv Liebende wird im Falle der Untreue aggressiv gegen den Rivalen. Er ist nämlich so narzißtisch, daß die geliebte Person (»nur« der Repräsentant des Ichs und nicht des viel höher geschätzten Ich-Ideals) ihm eigentlich nicht so wichtig ist wie der Rivale, in dem er eher seinesgleichen sieht. Der ungetreuen Person wird damit unmißverständlich gezeigt, daß sie »Objekt« ist und die Sache zwischen zwei ungleich wichtigeren handelnden Subjekten ausgetragen wird. Bergler ist der Meinung, daß die homosexuelle Erklärung hier nichts zu suchen hat, mir scheint das Gegenteil der Fall zu sein. Nur der gleichgeschlechtliche Partner ist im Grunde der Beachtung und Aggression wert, der gegengeschlechtliche wird, über seinen Kopf hinweg, eher verachtet und kaltgestellt.

Anders steht es im Falle des Geliebtwerdenwollens: hier ist der Eifersüchtige durch die Untreue in seinem Ich-Ideal getroffen, er äußert seine Enttäuschung, indem er seine Wut und seinen Haß gegen den untreuen Partner richtet. Da dieser die Hauptrolle im Leben des Liebenden gespielt hat, also viel bedeutender ist als er selbst, bleibt der Rivale eher außerhalb des Feldes der Auseinandersetzung. Das trifft besonders auf die eifersüchtigen Trinker zu (Llopis 1962), die ja durch ihre Sucht schon zeigen, wie sehr ihr Ich einer Verstärkung von außen bedarf, und die fast nie den Rivalen angreifen.

Sehen wir uns unter diesem Aspekt die großen literarischen Fälle an: Othello und Posdnyschew, beide sehr »männliche« Männer, töten unter einem unerträglichen Zwang ihre Frauen. Beiden geht etwas wortwörtlich »über alle Maßen« Schönes verloren, Othello plötzlich, Posdnyschew in einem langsamen, sorgfältig vorbereiteten Prozeß angeekelter Enttäuschung. Daß beide vor allem geliebt werden wollen, leuchtet auf den ersten Blick vielleicht nicht ein, daß sie am Ich-Ideal leiden (»so sollte der Mensch sein, so möchte auch ich sein«), ist offensichtlich. Auch eine Eifersuchtsgeschichte in Boccaccios »Decamerone« (Boccaccio 1348) zeigt diesen Mechanismus:

Bernabó beschwört in Paris die einzigartige Treue und Tugend seiner Frau, während alle seine Kaufmannskollegen an die der ihren ebenso wenig glauben wie an ihre eigene. Bernabó wettet mit Ambrogiuolo, dieser würde seine Frau nicht verführen können. Der versucht es, und es gelingt ihm tatsächlich nicht, aber durch eine Reihe von raffinierten Tricks verschafft er sich unmißverständliche Indizienbeweise: Er läßt sich unter dem Vorwand, es handle sich um die zeitweilige Aufbewahrung wertvoller Güter, in einer Kiste in ihr Zimmer tragen, deckt sie nachts auf und sieht unter ihrer linken Brust ein Mal, das von goldblonden Härchen umgeben ist. »Als Bernabó das hörte, war es ihm, als ob ein Messer durch sein Herz gefahren wäre, so groß war sein Schmerz. Und die Blässe, die jäh sein ganzes Gesicht überzog, wäre, auch wenn er kein Wort gesagt hätte, ein offenkundiges Zeichen dafür gewesen, es sei so, wie Ambrogiuolo gesagt hatte.« Bernabó verliert also die Wette und einen Teil seines Vermögens (!) und gibt einem Diener den Auftrag, seine Frau zu ermorden.

Wie die Geschichte dennoch gut ausgeht, weil der Diener Erbarmen hat und die Frau nicht nur tugendhaft, sondern auch klug, energisch und anpassungsfähig ist, interessiert hier nicht, sondern die eindeutige und unbefragte Aggression gegen die vorher idealisierte und dann enttäuschende Frau. Immerhin mag, psychologisch gesehen, in dieser Ehe der Mann »weiblich« und die Frau »männlich« sein – sie macht nämlich obendrein noch, als Mann verkleidet, bei einem Sultan Karriere (nachzulesen im »Decamerone«, zweiter Tag, neunte Geschichte).

Mir scheint eine solche klare Aufteilung der Herkunft der Aggression aus dem Geliebtwerdenwollen oder dem Liebenwollen deshalb problematisch, weil die Aggression der Eifersüchtigen sehr oft nicht nur eine Richtung hat, sondern mehrere. Dennoch paßt die männlich-weibliche Grundannahme (Angst um die phallische Bestätigung – Angst um den Zusammenbruch des Selbstwertgefühls durch Liebesverlust) auch zu Berglers These: im »männlichen« Fall (auch bei phallischen Frauen): Derjenige, der mir den Phallus bedroht, muß selber getötet oder wenigstens kastriert werden; im weiblichen (auch bei »femininen« Männern): Wer mich verläßt, den greife ich an, im Extremfall muß er sterben.

Interessant ist in diesem Zusammenhang die Statistik von Lagache (Lagache 1947, S. 612). Von seinen 50 Fällen haben sich 78 Prozent mit Mord- und Selbstmordgedanken beschäftigt. *Am gefährdetsten sind die Partnerinnen der Männer:* 11 wollen die Frauen und sich selbst umbringen, einer die Frau, den Rivalen und sich selbst, 6 nur die Partnerin, 3 die Partnerin und den Rivalen. Also: In 21 von den 50 Fällen war, wenigstens in der Phantasie, das Leben der Frau bedroht. *Bei den Frauen richtet sich die Aggression stärker gegen die eigene Person:* 10 Frauen denken an Selbstmord, davon 5 an die ausschließliche Vernichtung des eigenen Lebens, die anderen an einen damit verbundenen Mord des Partners (1 Fall), der Rivalin (2) oder beider (2). An Mord der Rivalin und des Partners, ohne sich selbst umbringen zu wollen, denken immerhin 2 Frauen. Da die Statistik von Lagache mehr Männer als Frauen umfaßt (28 gegenüber 22), ist es um so bemerkenswerter, daß *nicht ein einziger Mann an Selbstmord für sich allein dachte.* In fast der Hälfte (10 von 22) aller Frauenfälle und bei weit mehr als der Hälfte derer, die überhaupt an Gewalt dachten (10 von 17), spielen Selbstmordphantasien eine Rolle, dagegen Mordgedanken bei 22 von den 28 Männern. Jeder Mann, der Gewalt in Betracht zog, dachte auch an Mord (22 von 22), allerdings 12 von ihnen in Kombination mit Suizidabsichten. Die größere Fremdaggressivität liegt danach auf der Hand, auch *die größere Aggressivität der Männer überhaupt:* von den 28 Männern dachten nur 6 nicht an Gewalt, bei den 22 Frauen kamen bei 5 solche Gedanken nicht vor, also doch ein etwas geringerer Prozentsatz.

Daß *Frauen häufiger Selbstmord* begehen als Männer, bestätigt die Untersuchung von Heinz Henseler (Henseler 1974). Er teilt seine 50 nicht ausgelesenen Fälle von Selbstmordversuchen (39 Frauen, 21 Männer) entsprechend der psychodynamischen Motivation nach der Herkunft aus ödipalen, analen und oralen Zusammenhängen ein (4 Fälle ließen sich dabei nicht einordnen) und weist als Auslöser der Suizidhandlung eine damit verbundene narzißtische Krise nach. *Die größte Gruppe ist die orale* (20). In dieser spielen interessanterweise überhaupt *keine Dreiecke* eine Rolle, sondern nur die oft von außen gesehen sehr geringfügigen Enttäuschungen an endlich gefundenen, fragilen, überidealisierten Zweierbeziehungen: Zuspätkommen, Kritik an der Haarfrisur u. ä. *Die kleinste Gruppe ist die anale* (8), und sie ist zugleich die, in der *Eifersucht in allen Fällen* eine große Rolle spielt – aber für den Suizidanten die im Machtkampf des Paares erlittene, nicht die aktive. Alle 7 Frauen dieser Gruppe und der einzige (homosexuelle) Mann wollten sich umbringen, weil ihre *eigenen Unabhängigkeitsbestrebungen*

(Trennung, Scheidung, eine neue Beziehung) *an der Eifersucht,* Kontrolle und dem Besitzanspruch *des Partners gescheitert* erschienen. Beziehungsdynamisch läßt sich das verstehen als starker letzter Trumpf im Machtkampf, andererseits vielleicht auch als delegierte Aggression: die Haßkomponente der Liebe führt zwar nicht zu einem Mord an dem sich Entfernenden durch den Kontrollierenden – aus Wut über die drohende Lösung aus dessen Machtbereich –, aber der Suizidant folgt möglicherweise nicht nur dem Gefühl, nicht mehr leben zu *können,* sondern auch dem nicht ausgesprochenen Befehl, nicht mehr leben zu *dürfen.*

Die *ödipale Gruppe ist fast so groß wie die orale* (17, davon 7 Männer und 10 Frauen), und erstaunlicherweise spielt hier die *Unsicherheit in der Geschlechtsrolle eine größere Rolle als Dreiecksbeziehungen:* zwar versuchen 4 Männer und 6 Frauen sich das Leben zu nehmen aus *Enttäuschung über* den Partner wegen dessen *Scheidungsabsicht,* aber dahinter steht vor allem die Verzweiflung darüber, selbst als Mann oder als Frau versagt zu haben. (Der Unterschied zur analen Gruppe, wo es um die *eigenen* verbotenen, nach außen gerichteten Wünsche ging, ist frappant.)

Aus all diesen Zahlen geht hervor, daß Frauen in Eifersuchtskonflikten sowohl durch Mord wie durch Selbstmord weit gefährdeter sind als Männer. Max Marcuse (Marcuse 1949) kommt in seinem Aufsatz sogar zu dem Schluß: »*Immer* ist entscheidendes *Objekt* der eifersüchtigen Aggression die *Frau*«, und er wendet sich ausdrücklich gegen Berglers psychodynamische These.

In meinen 30 Katamnesen ließ sich weder die These bestätigen, daß der, der gegen den Partner aggressiv wird, vor allem geliebt werden will, noch die, daß es dem, der sich mit dem Rivalen anlegt, besonders wichtig ist, selbst der aktiv Liebende zu sein. Auch Marcuses These, die Aggression richte sich immer gegen die Frauen, stimmt für unsere Beratungsfälle nicht.

Selbstverständlich kenne ich meine Klienten nicht so genau und intim wie ein Psychoanalytiker die seinen. Außerdem kann man immer damit rechnen, daß sich Wünsche und Ängste dauernd ändern und daher im Augenblick der akuten Gefährdung die Konstellation so gegeben war, wie sie Bergler beschreibt. Die Antwort auf die Frage nach der Aggression, um die ich meine Klienten gebeten habe, bezieht sich auf den ganzen Fall und nicht auf einen besonders gefährlichen Augenblick (vgl. S. 291). Die Klienten geben ihre eigene Einschätzung wieder. Meine war manchmal anders.

Diese Einschränkungen vorausgesetzt, kann ich sagen, daß die Aggressionsbereiche sehr unscharf voneinander geschieden sind. Viele Klienten gaben an, daß sie auf die *beiden* andern Personen des Dreiecks wütend waren und obendrein noch auf sich selbst. Bei einigen richtete sich die Aggression ganz eindeutig nur auf den Partner (»Die andern Frauen gehen mich gar nichts an!«), bei andern nur auf den Rivalen (»Ein machthungriger Mensch – ihm war jedes Mittel recht. Wäre ich ihm im Dunkeln begegnet, hätte ich nicht gewußt, ob ich für mich garantieren kann.«).

Mir erscheint der homosexuelle Anteil diagnostisch und therapeutisch viel fruchtbarer als die Frage nach dem Lieben- und Geliebtwerdenwollen. Besonders das letzte Zitat läßt ja eine homosexuelle Deutung zu. Für was kann der eifersüchtige Mann in der Dunkelheit nicht garantieren? Bewußt meinte er natürlich, er würde dem Rivalen »eins über die Rübe hauen«. Aber selbst dieser Ausdruck ist ja noch ambivalent bis zur Komik.

Mehr Frauen oder mehr Männer?

In der psychiatrischen Literatur wird wesentlich öfter über männliche als über weibliche Fälle berichtet:

Jaspers (1910) 7 Männer, 1 Frau,

Gausebeck (1928) 4 Männer, 1 Frau,

Todd und Dewhurst (1955) 9 Männer, 1 Frau,

Shepherd (1961) 63 Männer, 16 Frauen,

Vaukhonen (1969) 27 Männer, 18 Frauen.

Dagegen nehmen Jones (1930) und Ruth Mack-Brunswick (1928) noch als selbstverständlich an, daß »Frauen öfter von dieser Affektion befallen werden als Männer« (Jones, S. 154). Das bestätigt auch die sorgfältige, psychodynamisch ausgerichtete Studie von Vaukhonen, gleichzeitig aber – und hier liegt wahrscheinlich der zentrale Unterschied – das eindeutige Überwiegen der schweren psychiatrischen Krankheitsbilder bei Männern. Vaukhonen kommt zu dem Schluß, daß Männer »öfter, ernster und (was das Lebensalter angeht, H. B.) früher« *krankhaft* eifersüchtig werden als Frauen (S. 171), diese dagegen mehr zu neurotischer Eifersucht neigen. Er erklärt sich gegen die Annahme biologischer Faktoren zur ausschließlichen Erklärung dieser Unterschiede; hinzu kommen psychologische und soziokulturelle Determinanten. Mir scheint der Gegensatz zwischen schweren psychotischen Durchbrüchen beim Mann und demgegenüber häufigeren neurotischen, sozusagen alltäglicheren Formen der Eifersucht bei der Frau zu der von Richter (1974) beobachteten unterschiedlichen Art des Umgangs mit dem Leiden bei den beiden Geschlechtern zu passen. Auch hier sieht es so aus, als seien die Frauen mit besseren Antennen für Leiden und Gefahren ausgestattet und litten gleichsam ausdauernder, aber dafür nicht so gefährlich, während die Männer Zusammennehmen, Stärke und ein unflexibleres Selbstbild erwarten, das gerade durch diesen hohen Anspruch anfälliger für radikale Schädigungen ist. Etwas zynisch ausgedrückt: »Frauen klagen, Männer werden krank« (Wirsching/Stierlin 1982, S. 35).

Vom Dreieck zurück zum Zweieck*

Kein Ödipus: Ruth Mack-Brunswick

Freud war der Ansicht, die schwereren Formen von Eifersucht seien psychoanalytisch erklärbar, heilen aber könne man sie nicht (Freud 1922, auch 1917, S. 254 ff). Er hat sich zu diesem Thema später nicht mehr geäußert, kann aber kaum anders als mit großem Wohlwollen die glänzende Arbeit einer jungen Schülerin angesehen haben, die in einer Analyse von nur zweieinhalb Monaten die Eifersuchtsparanoia einer Frau behandelte, die nur wenig älter war als sie selbst und übrigens, da sie »Proletarierin« war, völlig aus dem sonstigen bürgerlichen Patientenkreis der Psychoanalyse herausfiel. Ruth Mack-Brunswick war zum Zeitpunkt dieser Analyse 25 Jahre alt (27 bei der Veröffentlichung), die Patientin 30, und es erscheint, wenn man an die heutigen Ausbildungsbedingungen der psychoanalytischen Institute denkt, fast wie ein Wunder, daß eine so junge Ärztin derart sicher und sachverständig mit dem im Lauf seiner kurzen Geschichte bereits recht kompliziert gewordenen Handwerkszeug der Psychoanalyse umgehen konnte.

Die »kleine, kümmerlich entwickelte, intelligente, nicht ganz reizlose« Patientin wurde Ruth Mack mit der Diagnose Eifersuchtsparanoia in die Sprechstunde überwiesen, weil die Familie sich der Einweisung in die Irrenanstalt widersetzte. Die Vorgeschichte war schrecklich: »eine wüste Eifersuchtsszene, Selbstmorddrohungen, ein ernsthafter Suizidversuch auf der Polizeiwachstube«, drohende Einweisung in die Irrenanstalt; die Symptome vielfältig: völlige Frigidität, Vaginismus, zwei- bis dreiwöchige Blutungen nach jedem Geschlechtsverkehr, die quälende Vorstellung, der Ehemann habe sexuelle Beziehungen zu ihrer Stiefmutter, Gefühle des Ausgelachtwerdens von Fremden auf der Straße,

---

* Ich benutze den Ausdruck »Zweieck«, der für manche Leser befremdlich klingen mag, um deutlich werden zu lassen, daß die Grundfigur der Eifersucht das Dreieck bleibt. Bei Erwachsenen erscheint mir die Regression in die symbiotisch-dyadische Form von Verlustangst und Kontrolle zwischen nur zwei Personen, die ja im allgemeinen Sprachgebrauch auch Eifersucht genannt wird, wie der Sonderfall eines Dreiecks, bei dem der dritte Punkt ausgestrichen wird und daher die beiden Schenkel zusammenfallen. »Dyade« enthält viele positive Aspekte, »Zweieck« klingt für mich bedrohlich und abnorm. Das wollte ich ausdrücken.

periodische Wutanfälle »mit Sausen und Brausen im Kopf«, die Empfindung eines elektrischen Stromes im Kopf. Die Familiengeschichte klingt desolat: fünf Kinder, von denen die Patientin die Jüngste ist; ihre Mutter nach mehrjähriger Krankheit im dritten Lebensjahr der Patientin gestorben. Eine zehn Jahre ältere Schwester – geistig zurückgeblieben, schon vor der Pubertät als Prostituierte lebend, mit 29 Jahren (dem Alter, in dem bei der Patientin die Psychose ausbrach) in einer Irrenanstalt an progressiver Paralyse gestorben – wurde die Beschützerin und engste Bezugsperson der kleinen Schwester.

Ich kann leider auf diese interessante und geradezu spannende Arbeit, die zugleich eine Einführung in die Technik der frühen Psychoanalyse ist, nicht ausführlicher eingehen, sondern nur die Hauptpunkte hervorheben: Zugrunde liegt eine Verführung der damals noch sehr kleinen Patientin (in ihrem ersten Lebensjahr erkrankte die Mutter) durch die große Schwester, die zu einem variationsreichen Sexualleben und einer wirklichen Liebesbeziehung der beiden Mädchen führte. Freud hat öfter auf die Ernsthaftigkeit und die prägende Wirkung solcher frühen Lieben hingewiesen (z. B. 1896, S. 144, 1905, S. 61, 129). Tief eingebrannt in das Unbewußte der Patientin blieb das Gefühl, etwas Verbotenes getan zu haben, denn selbstverständlich wurde, was von dieser »schlimmen Liebe« zutage kam, von der Umwelt mit harten Drohungen und Strafen belegt.

Dahinter entdecken Patientin und Analytikerin in mühseliger Arbeit die abgewiesene Liebe zur Stiefmutter und die Sehnsucht nach der richtigen, der toten Mutter. Ein ungeheurer Haß entsteht in dem kleinen Kind, wenn die geliebte Schwester, die schon früh mit Burschen umging, sich von ihr entfernte: »Ich wollte sie für mich haben!« Parallel dazu haßt die erwachsene Frau ihre Stiefmutter, von der sie das Gefühl hat, sie wolle ihr den Mann wegnehmen, und später in der Übertragung auch die Analytikerin, als diese ihre Eifersucht manipulativ (!) provoziert, indem sie den Mann zu einer Besprechung zu sich bestellt. Die Patientin wird daraufhin nach einigen Tagen von »einer panikartigen Angst ergriffen, die Außenwelt war plötzlich nicht mehr vorhanden, sie wußte nur von einem ungeheuren Brausen und elektrischen Summen im Kopf, und der Gedanke packte sie, daß mir ihr Mann sicher besser gefallen würde als sie selbst. Sie hatte sich in die Hände gebissen und gewußt, daß ihr nichts anderes übrigblieb, als sich umzubringen« (S. 480).

An der Bearbeitung dieser eifersüchtigen Übertragungsliebe läßt sich in nuce zeigen, was sich in einer Analyse abspielt: eben »Erinnern, Wiederholen, Durcharbeiten«. Durch die selbstverständliche, realitätsgerechte Weigerung der Analytikerin, auf das erotische Angebot der Patientin einzugehen, die aber nicht, wie bei den früheren Erfahrungen der jungen Frau, mit Strafe oder Verurteilung verbunden ist, kann sie die Erfahrungen korrigieren. Es heißt nun nicht mehr: Wenn ich liebe, muß es mir schlechtgehen, weil das verboten ist, sondern die Liebe darf dasein; aber sie wird – liebevoll wie bei einer guten Mutter – frustriert und damit langsam zu ihrem »richtigen« Gegenstand, dem Ehemann, umgeleitet.

Nach der Liebe wird auch der Haß erfahrbar: Die Patientin sieht in einer Halluzination zu Hause die tote Schwester, die sie auslacht. »Alle Bitterkeit und verhaltene Wut gipfelte in dem Gedanken: ›Wenn sie nur tot wäre!‹« (S. 494) In der Analyse erinnert sie sich an die obenerwähnte Szene mit den Burschen, wo sie sich nicht nur von der Schwester, sondern auch von der Stiefmutter, deren Liebe sie als Ersatz für die schwesterliche verzweifelt suchte, radikal abgelehnt fühlte. Die Bearbeitung dieser zentralen Erfahrung macht den Abschluß der Analyse möglich.

Zusammenfassend läßt sich sagen, daß die Patientin, da ihre Schwester so früh gestorben war, die Unwirksamkeit ihrer Todeswünsche erst in der Analyse erfahren konnte. Vorher mußte sie in der Wiederauflage ihrer Liebe zur Schwester (mit ihrem Mann) dauernd in einem wortwörtlich verrückt machenden Geflecht von Schuldgefühlen, Haß und Selbstbestrafung gefangen bleiben. Eine Entwicklungshemmung hat sie in dem »allumfassenden Narzißmus des Kindes, das ... überall Liebe und Anerkennung erwartet« (496) festgehalten, weil diese Erwartung einerseits nie erfüllt, andererseits nie – phasengemäß – genügend in ihre Schranken gewiesen wurde.

»Narzißmus« – damit ist ein Schlüsselwort für die Weiterentwicklung der Arbeit am Eifersuchtsproblem gefallen. Ruth Mack-Brunswick beurteilt zwar den Erfolg ihrer Behandlung selbst skeptisch, doch scheint mir, von heute aus gesehen, kein Zweifel am Zusammenhang zwischen Heilung und Behandlung zu bestehen. Während dieser verschwinden die vielen Beschwerden, der Koitus mit dem Ehemann wird nicht nur überhaupt möglich, sondern auch lustvoll, die Beziehung zu Stiefmutter und Schwiegermutter normalisiert sich, und das alles ist immerhin noch anderthalb Jahre nach dem Abschluß der Analyse stabil. Angesichts dieser Erfolge halte ich die alte Medizinerskepsis »post hoc oder propter hoc« (»*nach* der Behandlung, einfach zeitlich oder *wegen* dieser?«) für übertrieben, ebenso die Vermutung, es könnte sich um eine spontane Remission handeln, die auch Shepherd im Zusammenhang mit ähnlichen Fällen äußert (Shepherd 1961, S. 702).

Für Ruth Mack als Freud-Schülerin ist am auffallendsten das *völlige Fehlen des Ödipuskomplexes* trotz eines real vorhandenen Vaters. Sie erklärt das daraus, daß die Patientin, unbewußt aufs tiefste enttäuscht von ihrer ausfallenden Mutter, derartig verwöhnt und überbefriedigt wurde durch die Ersatzliebe der Schwester, daß die Realität des Männlichen, und damit auch die Enttäuschung an der Klitoris in ihrem Leben keinen Platz finden konnte. Erst der Zusammenstoß mit den Anforderungen ihres Mannes macht sie dann »verrückt«, sie projiziert ihre homosexuellen Wünsche auf ihn und wird eben »rasend« eifersüchtig.

Freud selbst hat betont, daß Ruth Mack die erste war, die einen Fall mit präödipaler Fixierung heilen und beschreiben konnte (1933, S. 140). Sie und andere Frauen wie Jeanne Lampl-de Groot oder Helene Deutsch, aber auch Melanie Klein und Karen Horney, von denen Freud sich (wie auch von Jones) in dieser Frage ausdrücklich distanziert, haben, so sagt er selbst, offenbar auf Grund der sich bei ihnen leichter einstellenden Mutterübertragung einen direkteren Zugang zur ersten Mutterbindung als er, dem noch als altem Mann alles auf diesem Gebiet »so schwer analytisch zu erfassen, so altersgrau, schattenhaft, kaum wiederbelebbar« erschien (1931, 519).

Immerhin war er noch als 75 jähriger fähig, seine Ansichten über die weibliche Sexualität neu zu formulieren. Diese hängt eng zusammen mit der präödipalen Mutter. Deren machtvolles Bild und seine Beziehung zur Entwicklung des individuellen Narzißmus sind seitdem immer stärker beachtet worden, ja es sieht so aus, als würde diese Problematik die zentrale Stellung des Ödipuskomplexes in Frage stellen oder wenigstens seine Bewertung verändern (vgl. in diesem Zusammenhang die Veröffentlichungen von Kohut, Kernberg, Grunberger, aber auch die populäreren Bücher von Alice Miller, Christopher Lasch, oder den Aufsatz von Wangh 1983). Für unseren Zusammenhang ist es zunächst ausreichend, die Narzißmusdefinition des »Wörterbuches der Psychoanalyse« zu zitieren (Laplanche-Pontalis 1967):

»In Anlehnung an die Sage von Narcissus: die Liebe, die man dem Bild von sich selbst entgegenbringt.«

Damit war in der Frühzeit der Psychoanalyse vor allem eine Störung, ja ein perverses Verhalten gemeint. (Anfänglich waren die Begriffe Autoerotismus und Narzißmus nicht klar getrennt.) Die heutige Auffassung unterscheidet zwischen einem gesunden Narzißmus, dem realitätsgerechten Selbstwertgefühl, und narzißtischen Störungen, die in einem weitgefächerten Spektrum des Rückzugs auf die eigene Person bestehen, wobei es sich sowohl um deren übertriebene Hochschätzung bei Mißachtung, Gleichgültigkeit und Ausbeutung im Umgang mit anderen Menschen wie um das Gegenstück, die übertriebene Geringschätzung des Selbst (Minderwertigkeitsgefühle, Depressionen) handeln kann. Im Extrem fällt also unser Dreieck zu einem Eineck zusammen, anders ausgedrückt, zu einem auf sich selbst zentrierten Wesen, das im schlimmsten Falle (Autismus, Katatonie) ganz bewegungslos ist, in einem etwas leichteren sich ausschließlich um sich selbst dreht oder nur mit etwas Irrealem, nämlich dem eigenen Spiegelbild, kommuniziert. Diese genetisch sehr frühen und oft sehr schweren Störungen galten lange als nicht heilbar, weil man die unter ihnen Leidenden wegen der grundsätzlichen Fehlentwicklung der Objektbeziehungsfähigkeit für außerstande hielt, eine Übertragung zu entwickeln. Inzwischen hat sich das geändert, es werden nicht nur Borderline- und psychotische Fälle behandelt, sondern es sieht manchmal, jedenfalls angesichts der Veröffentlichungen, so aus, als würde die Psychoanalyse überhaupt nichts anderes mehr bearbeiten als Frühstörungen.

Ich werde auf den Zusammenhang zwischen Narzißmus und Mutterbeziehung und dessen Beziehung zur Eifersucht später noch eingehen (s. S. 239 f) und dabei auch noch einmal auf Ruth Mack zurückkommen. Jedenfalls wurde lange vor der Ausdifferenzierung des narzißtischen Konzepts deutlich, daß es allein mit Ödipus nicht weiterging. Schon Freud hatte 1922 die narzißtische Kränkung als eine der Komponenten der Eifersucht bezeichnet. Nicht nur Ruth Mack, sondern alle anderen, die zum Thema Neues veröffentlichten, gingen in die Entwicklungsgeschichte ihrer Patienten tiefer hinab und weiter zurück. Der Ödipuskomplex wurde damit nicht bedeutungslos, aber von seinen Wurzeln her genauer verstanden.

Einverleiben

Auch der Laie kann das Saugende, Verschlingende der eifersüchtigen Liebe wahrnehmen. So ist es nicht verwunderlich, daß, lange bevor die Narzißmusdiskussion der sechziger Jahre die Theorie der Beziehung zwischen Selbst und Objekten ausbaute, sich das Augenmerk der therapeutischen Arbeit an den Triebspannungen auf die früheste psychosexuelle Entwicklungsphase richtete, die, in der das Kind Lust und Lustversagung hauptsächlich über die Vorgänge der Ernährung, besonders des Saugens, also über den Mund erfährt (orale Phase). Es ist dabei wichtig zu bedenken, daß man etwas nicht essen kann, ohne es zu zerstören. Eine radikalere Verschmelzung als die durch Fressen gibt es nicht, aber auch keine radikalere Zerstörung – also eine sehr große Spannweite grundlegender Ambivalenz (oralsadistische Stufe), die hier – nach Karl Abraham – zum erstenmal in der menschlichen Libidoentwicklung auftritt (Laplanche-Pontalis, S. 362) und die uns ja schon öfter als Grundcharakteristikum der Eifersucht begegnet ist. Daß auf der oralen Stufe die Beziehung zur Mutter, also eine Dyade, eine entscheidende Rolle spielt, liegt auf der Hand.

1932 erschien von der Engländerin Joan Riviere, die eng mit der ausgewanderten Deutschen Melanie Klein zusammenarbeitete, ein Fallbericht, in dem »Eifersucht als Abwehrmechanismus«, nämlich gegen

Verschlingungs- und Beraubungswünsche, dargestellt wird. Interessant an dieser Arbeit ist, daß der Anlaß für die Therapie nicht Eifersucht, sondern »die Erlangung des Orgasmus«, also die Behebung der Frigidität der Patientin war. Eifersucht trat nur vorübergehend, als sogenanntes passageres Symptom auf, so daß gerade deshalb ihre Ursprünge deutlich zu beobachten waren.

Die Patientin, eine junge verheiratete Frau mit Kindern, behauptete, nie eifersüchtig gewesen zu sein. Der Ehemann war die wichtigste Person in ihrem Leben. Als sie während der Analyse bei äußerlich unveränderter Situation wütende Ausfälle gegen ihren Mann und auch heftiges Mißtrauen gegen die Analytikerin entwickelte, dachte diese in der bereits etablierten Tradition zunächst an Untreueprojektionen. Die Patientin flirtete erfolgreich und genußvoll; es wäre also möglich gewesen, daß sie sich weitergehende Untreue wünschte und sie zu ihrer Entlastung ihrem Mann zuschöbe. Diese Wünsche waren aber der Analyse zugänglich, und dennoch verschwand das in dieser Zeit sehr schwere, verfolgungswahnartige Eifersuchtssymptom nicht. Was war es also, das projiziert wurde? Nach Joan Riviere noch elementarere, aggressivere und daher noch stärker abgewehrte Wünsche, »die herrschende Leidenschaft ihres Lebens«, nämlich die, eine andere Person auszuplündern und zu berauben. Auch dafür war ein Dreieck nötig: die Patientin und *zwei* Objekte, wovon nur eines unbedingt eine Person sein mußte. Das andere konnte auch ein Gegenstand sein, aber einer, der der zu beraubenden Person sehr wertvoll und lieb war. War das zweite Objekt eine Person, so mußte sie der ersten »gehören«. Diese »dominierende Phantasie«, die zugleich schlimme Schuldgefühle verursachte, versuchte sich die Patientin als Zentralthema ihres Lebens immer wieder zu erfüllen: so beim Flirten, wo es ihr nicht auf die Männer ankam, weil sie sie mochte, sondern weil sie sie anderen Frauen wegnehmen konnte, so, wenn sie, die sich für teure Kleider nie interessiert hatte, ausgerechnet dann welche haben mußte, als ihr Mann in finanzielle Schwierigkeiten kam, so, wenn sie beim Einkaufen die Preise herunterhandelte oder regelrecht betrog.

Die Herkunft dieser Phantasie leitet Joan Riviere, Melanie Klein folgend, aus der weit vor dem Ödipuskomplex liegenden oralen Zeit ab; die Patientin, bei der sie eine besonders starke angeborene Libido annimmt, wollte als Säugling ihre Mutter aussaugen, verschlingen, sie ihres gesamten Leibesinhaltes, wozu auch der Penis des Vaters und mögliche ungeborene Geschwister gehören, berauben (vgl. Klein 1957). Wurde die diesen archaischen Wünschen nachgebildete unbewußte Phantasie zu stark oder näherte sie sich gar ihrer Verwirklichung, so wurde die Angst vor Strafe so groß, daß die Patientin die Wünsche projizierte, womit sie sich zugleich selber strafte: das konnte nur in der Eifersucht geschehen, da sie ja inzwischen eine erwachsene Frau geworden war. In ihren eifersüchtigen Stimmungen beklagte sie sich folgerichtig darüber, »daß ihr

Mann und seine anderen Frauen sie aller Dinge entblößten, sie verhöhnten, quälten, entehrten, sie seiner Liebe, ihrer eigenen Selbstachtung und ihres Selbstvertrauens beraubten, sie fortwarfen als ein Opfer, das hilflos preisgegeben ist« (S. 182). Nach der Aufdeckung dieses Phantasiekomplexes verschwand die Eifersucht, ebenso die Kehrseite, die Liebeleien (d. h. das unbewußte *aktive* Ausleben dessen, was oben als erlitten beschrieben wird).

Ich will hier weder darauf eingehen, daß eine Analytikerin anderer Provenienz vielleicht bei ihrer Patientin andere Träume befriedigend gefunden hätte und damit zur Heilung hätte helfen können, noch darauf, daß auch der Mann »Gründe zu eifersüchtigem Argwohn« gab (S. 177), noch fragen, ob wir denn glauben können, daß bei einer so schweren Symptomatik die Mutter, wie Joan Riviere behauptet, »besonders liebevoll und freigebig« (S. 184), »immer vorhanden und immer gut war« (S. 185), noch diskutieren, ob wir es für möglich halten, daß ein winziges Kind von unter einem Jahr eine eingeborene Vorstellung vom Leibesinhalt der Mutter haben soll, zu dem auch der Penis des Vaters gehört (vgl. Joffe 1969, Kernberg 1976, z. B. S. 118). Wichtig ist, daß bei dieser schweren Art von Eifersucht der »einfache genitale Ödipuskomplex« nur eine kleine Rolle spielt, daß das Problem »genitalisiert« wurde, um es harmloser erscheinen zu lassen. »»Dreiecksituationen‹, die man doch für den Ausdruck höchster Objektliebe zu halten gewohnt ist, (können) *doch* im Narzißmus verwurzelt sein« (S. 188). (Hervorhebung von mir, H. B.)

Um das besser zu verstehen, müssen wir immer wieder daran denken, daß die erwachsenen Neurotiker wiederbeleben, was in ihrer frühesten Kindheit nicht verarbeitet wurde. Wer einmal, um nur ein harmloses Beispiel zu nennen, den Zusammenbruch eines Erwachsenen gesehen hat, der weiß, wie schrecklich und unangemessen kindliches Verhalten wie hemmungsloses Weinen, Trampeln, Umsichschlagen bei Erwachsenen wirkt. Entsprechend beängstigend wäre eine Frau, die ihre Mutter oder deren Substitute wörtlich fressen, aussaugen und zerstückeln wollte. Daß dann die Wiederauflage der ödipalen Situation, wo immerhin drei bewußte Personen beteiligt sind, die sich als solche und nicht als Personenteile (Penis, Brust, die sog. Partialobjekte) wahrnehmen lassen, akzeptabler ist als das Eingestehen des Einverleibungs- und Beraubungswunsches, ist verständlich. Auch der Ödipuskomplex enthält eine Wahrheit, aber nicht die ganze. Und erst die ganze Wahrheit macht gesund. Was die Umdeutung des Ödipuskomplexes angeht, so erinnern wir uns an die Bedingung des »geschädigten Dritten«, die durch die kleinianische Theorie zweifellos eine vertiefte Erklärung erfährt.

Edmund Bergler:
Sehen wollen und sich zeigen müssen

Immer wieder fällt bei der Eifersucht – wie bei jeder Sucht – der Zusammenfall von Lust und Qual auf. Ein Autor, der in späteren Arbeiten wenig zitiert wird, sagt kurz und chiffrenhaft: »Die masochistische Lust des Eifersüchtigen ist sekundär und entspricht einer Erotisierung einer Über-Ich-Bestrafung« (Bergler 1939). Er weist damit auf eine seelische Verarbeitungsweise hin, die sich besonders an der extremsten Form des Masochismus, den masochistischen Perversionen, zeigen läßt (Eisenbud 1967, Stoller 1975, 1979, Reik 1940): Etwas sehr Verletzendes, nämlich die Bestrafung wegen einer entdeckten Schuld durch den Nachfolger der realen Eltern, das Über-Ich, wird umgewandelt in eine Quelle von Lust – ein Sieg des Eros über den Schmerz. Bei den Perversionen freilich wird die Lust bewußt erlebt, in der Eifersucht nur »unbewußt genossen«. Wenn in den manifesten Perversionen, wie Stoller schreibt, »ein Trauma zum Triumph« wird, wobei das Trauma unbewußt bleibt und durch Analyse aufgedeckt werden muß, so ist es bei der Eifersucht umgekehrt: Das Trauma oder dessen Wiederholung ist bewußt oder wenigstens bewußtseinsnäher, während der Triumph tief im Unbewußten verborgen ist.

Der Masochismus – die selbstquälerische Befriedigung, die wahrzunehmen und erst recht zuzugeben für Eifersüchtige so schwierig ist – zeigt sich vor allem in dem, was Bergler den »visuellen Imperativ« der Eifersüchtigen nennt: Sie »müssen« immer wieder hinschauen, daran denken, sich vorstellen, was zwischen ihrem Partner und dem Rivalen vorgeht. Alle Erklärungen – die orale, die ödipale, auch die soziologische, die beziehungsdynamische – bemühen sich um dieses zentrale Rätsel. Oft ist der masochistische Schauzwang in der Beziehung zum Partner mit dem dazugehörigen sadistischen Zwillingsverhalten verbunden: Damit der Eifersüchtige »sehen« kann, muß der Partner wieder und wieder ausgefragt und dadurch gequält werden (vgl. bes. Balint 1972). In den von der Ehe her behandelten Fällen zeigt sich das sehr häufig und führt, nebenbei, zwangsläufig zur Trennung oder wenigstens zu starker Distanzierung, wenn der Partner sich aus dem sadomasochistischen Spiel zurückzieht, der Eifersüchtige aber damit weitermachen will, weil er keine progressive Entwicklung riskieren kann. Das Wegfallen der Befriedigung wird als äußerst bedrohlich erlebt; so träumt der Mann, über den Ping-Nie Pao berichtet, als seine Frau sich, gekräftigt durch eine beginnende eigene Analyse, der ewigen Ausfragerei verweigert, mehrmals, daß er ermordet wird, und entwickelt eine kurze psychotische Reaktion (Pao 1969, S. 624).

Woher kommt diese Voyeurlust? Sie ist offenbar besonders verboten, scheint erst unter dem Deckmantel der Aggression gegen die geliebte Person gestattet zu werden. Natürlich denkt ein Freudianer wie Bergler in diesem Zusammenhang an ödipale Phantasien: »das verdrängte Zuschauenwollen bei elterlichen Intimitäten mit konsekutiven Schuldgefühlen (wird) wieder mobilisiert« (S. 387). Dabei spielt das Kind – der Eifersüchtige – sowohl die Rolle des vergewaltigenden Vaters wie die der vergewaltigten Mutter. Vielleicht aber auch, so dürfen wir heute hinzufügen, die der übermächtigen Mutter und die des überwältigten Vaters, wobei jedenfalls die quälende Unentrinnbarkeit der elterlichen Verbundenheit, in die das Kind nicht eindringen kann, erlebt wird (vgl. die gefährliche »vereinigte Vater-Mutter-Imago« bei Kernberg 1975, S. 64). Die Schaulust ist jedenfalls bei den besonders Eifersüchtigen zugleich äußerst verführerisch und äußerst verboten.

Von hier aus macht Bergler einen kühnen Sprung: nach Freud sei jedes Voyeurtum und dessen Kehrseite, der Exhibitionismus, zutiefst narzißtisch. Er bezieht sich damit auf Freuds Thesen zu den Gegensatzpaaren Aktiv–Passiv (Freud 1914, S. 222 ff), die in der Liebe allgemein zu beobachten sind. In bezug auf Voyeurtum und Exhibitionismus ist Freud der Meinung, daß das Kind zuerst sich selbst beschaut (wobei Freud natürlich wieder unklar ist, was das zu kurz gekommene Mädchen beschauen kann), dann dazu übergeht, auch andere zu beschauen, und, wenn das verboten wird, sich lieber beschauen *läßt,* um auf diese Weise Freude am eigenen Körper, Dasein und Selbst zurückzugewinnen. Die zugrundeliegende aktive Komponente wird nie ganz aufgegeben, »die ältere aktive Triebrichtung bleibt neben der jüngeren passiven bestehen«, so daß über die schwierigen Wege der Identifikation Hin- und Rückverbindungen zwischen Schaulust, Exhibitionismus und Zeigelust (bei der man wünscht, nicht nur man selbst, sondern auch die geliebte Person oder der gemeinsame Liebesakt möge von andern beschaut werden) nicht nur möglich, sondern die Regel sind. Die exhibitionistische Komponente ist in der Tat bei Eifersüchtigen oft zu beobachten – sie müssen, ist der Damm einmal gebrochen, nicht nur dauernd hinschauen, sondern auch dauernd drüber reden und damit sich selbst in ihrem ganzen Unglück unermüdlich zeigen. Die narzißtische, auf sich selbst ausgerichtete Komponente ist dabei deutlicher als beim Hinstarren. Wir erinnern uns an La Rochefoucaulds Maxime, daß die Eifersucht mehr Eigenliebe als Liebe enthält, und verstehen daher auch die Unattraktivität der Personen, die chronisch mit Eifersucht beschäftigt sind: wer Kontakt mit ihnen sucht, fühlt sich dauernd gekränkt, weil sie sich selbst soviel wichtiger sind als alle andern.

Das Hineinrennen in die Qual des Schauens und Sich-zur-Schau-Stellens ist, wie oben erwähnt, unbewußt lustvoll. Das heißt: Die einfache Erklärung, jemand sei narzißtisch gekränkt, weil die geliebte Person nicht ihn, sondern jemand anders liebt, reicht nicht aus – dann hätte die Eifersucht nämlich nicht den Charakter des Krankhaften, des Nicht-lassen-Könnens, sondern der Gekränkte würde die Kränkung überwinden und sich entweder auf sich selbst zurückziehen oder einem andern Objekt zuwenden. Er bleibt aber an die untreue Person und damit auch an die Über-Ich-Strafe gebunden. Um die Herkunft dieser unbewußten Lust zu erklären, läßt Bergler ein wahres Drama gleichsam innerseelischer Unterpersonen sich abspielen. Der Autor geht aus von der Struktur des Über-Ichs, von der Freud sagt, es habe ein Doppelantlitz (1923, S. 263): »Seine Beziehung zum Ich erschöpft sich nicht in der Mahnung: So (wie der Vater) *sollst* du sein, sondern sie umfaßt auch das Verbot: So (wie der Vater) *darfst du nicht* sein, das heißt nicht alles tun, was er tut« (Hervorhebungen von Freud). Bergler verschärft Freuds Darstellung: Er isoliert den Du-sollst-nicht-Anteil und nennt ihn »Dämon«. Dieser hat als »Quälinstrument« das Ich-Ideal zur Verfügung, mit dessen Hilfe er dem Ich Schuldgefühle verschafft. Im übrigen ist er gegen jede Liebe. Denken wir an die Erfahrungen des Kindes mit seinen realen Eltern, so würde das heißen: Die Liebe bleibt deren Reservat, das Kind kann sehen, wo es bleibt. Liebe als solche erweckt deshalb schon Schuldgefühle – und innerhalb einer so grausamen Konstruktion ist es mehr als verständlich, daß dann wenigstens die Schuldgefühle erotisiert werden.

In seiner Not greift das Ich zu einem Trick: da es unbedingt lieben möchte, projiziert es sein Ich-Ideal auf die geliebte Person und beruhigt damit die Schuldgefühle. In der »Liebe«, die Bergler prompt in Anführungsstriche setzt, fällt dadurch die Aufspaltung zwischen Ich und Ich-Ideal weg, sie sind eins, und für eine Zeit schweigen die Schuldgefühle. Wird nun aber das Objekt untreu, so hat der Dämon wieder Oberwasser: Er »hält dem Ich den Spiegel des Ich-Ideals vor«, und dieses fühlt sich schlecht, weil es ein so unwürdiges Objekt überhaupt gewählt hat. Das aber repräsentiert sein eigenes Ich-Ideal, das bessere Bild seiner selbst, die Hoffnungen, die der Mensch sich über sich selber macht – und selbst diese erweisen sich nun als schlecht, nachdem das sich bewußt erfahrende Ich sowieso schon keine sehr hohe Meinung von sich hat. »An der psychischen Oberfläche« erscheint Depression – kein Wunder. Und in einem verschlingenden Strudel von Schuldgefühlen und wenigstens etwas entlastenden Schuldzuweisungen an den andern, die allesamt immer wieder sexualisiert werden, geht es mit dem Eifersüchtigen abwärts.

Ich habe hier eine leicht ironisierende Sprache gewählt, weil mir die Auffassung vom marionettenhaften Tanz dieser verschiedenen seelischen Instanzen etwas zu weit geht. Man hat den Eindruck, daß Faust froh sein konnte, in seiner Brust nur zwei Seelen und nicht Ich, Es, Über-Ich, Dämon und Quälinstrumente zu beherbergen, denen er, so hört es sich wenigstens bei Bergler an, hilflos ausgeliefert gewesen wäre. Abgesehen davon, daß es glücklicherweise innerhalb der Psychoanalyse Kritik am Determinismus sowie an der anthropomorphen Sprache gibt (Kohut 1977, S. 248 f, Schafer 1976), bleibt mir nur, den möglicherweise verwirrten Leser daran zu erinnern, daß psychoanalytische Aufsätze im allgemeinen über schwere Störungen und nicht über alltäglich vorkommende »normale« Erscheinungen geschrieben wurden. Dennoch sind sie unentbehrlich, und zwar auch für das Verständnis der Normalität, aber ganz besonders für das der Regressionen, die in jedem Leben in Krisenzeiten vorkommen (und oft ohne Hilfe eines Psychotherapeuten überwunden, einfach überlebt werden).

Berglers so kompliziert wie apodiktisch sich windende Argumentation scheint mir aber etwas Wichtiges zu erklären: die gleichsam doppelte Beteiligung der eifersüchtigen Person. »Die tiefste Ursache, weshalb Eifersucht so quälend ist, ist in der Enttäuschung am eigenen Ich-Ideal begründet. Es ist somit immer die eigene Person betroffen. Die Enttäuschung, die der Eifersüchtige am eigenen Ich-Ideal erlebt, ist aber zugleich auch eine am eigenen Narzißmus« (S. 389/90). Fast drei Jahrhunderte früher drückte La Rouchefoucauld das so aus: »Daß die Schmerzen der Scham und der Eifersucht so scharf sind, liegt daran, daß die Eitelkeit nicht dazu dienen kann, sie zu ertragen« (La Rochefoucauld, 1665, Nr. 446). Dreißig Jahre nach Berglers Aufsatz wird Kohut nicht mehr wie dieser vom »infantilen Größenwahn« sprechen, den das Ich-Ideal schützen sollte, sondern von Größenselbst und Selbstobjekten (Kohut 1971), und er wird die Beziehung zwischen dem Erlebnis des Selbst und der Mutter-Kind-Dyade, damit aber auch den Anspruch auf Kontrolle naher Menschen, wie er sich auch in der Eifersucht äußert, unter dem Aspekt von Allmachtsphantasien neu sehen.

Wir halten von Bergler fest, daß, wenigstens im Hauptteil seiner Arbeit, das Dreieck sich verändert in Richtung auf das Zweieck, ja auf das Eineck hin: der Dritte wird merkwürdig diffus, und in der abschließenden Erklärung verschwindet fast noch der Zweite.

Die »Kreutzersonate« als Beispiel

Wieviel man mit dem klassischen Instrumentarium der Psychoanalyse erklären kann, die sich nur für das Individuum und seine innerseelischen Probleme interessiert, sollen einige Blicke auf Tolstois »Kreutzersonate« zeigen (Tolstoi 1891):

Nur zu offensichtlich ist der exhibitionistische Drang der Hauptfigur Posdnyschew. In der Rahmenerzählung mischt er sich so lange provozierend in die Gespräche völlig fremder Menschen ein, bis er endlich sagen kann: »Ich bin Posdnyschew, der Held jener Episode, auf die Sie anspielen, der Episode, die darin bestand, daß er seine Frau ermordete« (S. 96). *Niemand* hatte aber darauf angespielt, nur hatte einer der Mitreisenden im Eisenbahnabteil auf Posdnyschews heftige Angriffe gegen die Institution der Ehe zögernd und peinlich berührt eingeräumt: »Ja, unzweifelhaft gibt es kritische Episoden im ehelichen Leben.« Alle wenden sich darauf verlegen ab, steigen aus, einer zieht sich in den Schlaf zurück. Der übrigbleibende Ich-Erzähler wird dann zum Adressaten der Leidens- und Haßgeschichte des Mörders.

Posdnyschew empfindet sich, sein reales »Ich« vor der Ehe, als grobsinnlich, »liederlich«, darin aber ganz normal in einer Gesellschaft, in der »man sich von den sittlichen Pflichten gegenüber dem Weibe löst, mit dem man körperlich verkehrt« (S. 98), jedenfalls, wenn man nicht mit der Frau verheiratet ist. Posdnyschews Sehnsucht, sein Ich-Ideal ist Reinheit. »Ich wälzte mich im Schmutz des Lasters und sah mich gleichzeitig nach Mädchen um, die in ihrer Reinheit meiner würdig gewesen wären« (S. 104). Endlich findet er eine, schön, aber arm, so daß er sich frei von materiellen Absichten fühlen kann: Er glaubt, daß sie »alles, alles verstand, was ich dachte und fühlte, und daß sie lauter erhabene Dinge dachte und fühlte« (S. 104). – Ich und Ich-Ideal verschmolzen in Harmonie und Gemeinschaft. Im nachhinein aber sagt der Dämon: »In Wirklichkeit war es nichts anderes, als daß die Bluse und die Locken ihr sehr gut zu Gesicht standen«, und mehrere Seiten lang äußert sich Posdnyschew anschließend sarkastisch über die infame Taktik der Mütter, die alles durchschauen und ihre Töchter mit »diesen gemeinen Jerseyblusen, diesen ausgestopften Hintern, diesen nackten Schultern und Armen, fast auch Brüsten« den Männern, deren Unreinheit sie kennen, aber verleugnen, als Köder vorzuwerfen. Auf diese Weise beherrschen die rechtlosen Frauen die Welt: »Ihr wollt, daß wir nur zur Befriedigung eurer Sinnenlust dienen – gut! So werden wir euch durch die Sinnenlust zu Sklaven machen« (S. 111). Der schneidende Masochismus eines enttäuschten Liebenden kann sich nicht schärfer äußern als in dieser Darstellung der Frau, die dennoch sein eigenes Ich-Ideal repräsentiert. Während des Brautstandes findet Posdnyschew nicht nur seine Verlobte, sondern auch sich selbst vollkommen, er will monogam und treu leben – der Dämon ist zum

Schweigen gebracht, das Quälinstrument ihm entwunden, da es keine Spannung zwischen dem Ich und seinem Ideal gibt.

Bereits in den Flitterwochen zerbricht diese Harmonie, der erste Streit öffnet einen Abgrund, die Realität, zuerst nur ungläubig wahrgenommen (»das ist sie gar nicht!«), setzt sich gegen die Idealisierung durch: »Zwei einander völlig fremde Egoisten, die von einander möglichst viel Genuß zu gewinnen suchen«, stehen sich gegenüber (S. 120/1). Posdnyschew ist bei seiner Frau zugleich angezogen und abgestoßen von dem, was er bei sich verabscheut und doch als ausweglos empfindet: ihrer Sinnlichkeit. Folgerichtig im psychoanalytischen Sinn ergibt sich daraus die Eifersucht: »Während meines ganzen Ehelebens habe ich nicht aufgehört, Eifersuchtsqualen zu leiden« (S. 130) – Eifersucht also wahrhaftig nicht aus Liebe, sondern aus mehreren Schichten von Ursachen:

Zuoberst liegt die reale: Er ist besonders eifersüchtig, als die Ärzte seiner Frau das Stillen verbieten. Auch wenn sie nicht schwanger ist, also in Zeiten, in denen er bemerkt, daß »die vorher zurückgedrängte weibliche Koketterie mit besonderer Stärke bei ihr zum Ausdruck kam« (S. 130) und sie psychisch freier sein kann als in der Gebundenheit an ihre Mutterfunktionen, plagt ihn die Eifersucht noch mehr als sonst. Er kennt die Sinnlichkeit seiner Frau und sieht schneidend scharf die Parallelität zwischen »Prostituierten für eine kurze Frist«, die verachtet werden (den Dirnen im Wortsinne) und »Prostituierten für eine längere Frist« (den Ehefrauen), die geachtet werden. Er sieht ihre »Hochsommerschönheit«, als die Ärzte ihr nach sechs Kindern das Gebären verbieten und sie auftaucht aus der Sphäre des Leidens und der Sorge um die Kinder – es ist deshalb nur realistisch, wie sich auch später bestätigt, bei ihr ein Interesse für andere Männer zu erwarten.

Die zweite Ebene der Eifersuchtsursachen ist die der projizierten Untreue: Er, der vorher ein liederliches Leben führte und der seine Partnerin, für die er sich zur Monogamie entschlossen hat, nicht liebt – wie sollte er nicht Untreuewünsche zu verdrängen haben? Indem er sie ihr zuschiebt, entlastet er sich selbst.

Die dritte Ebene wäre nach Freud die der homosexuellen Projektion – das unterdrückte Interesse am Rivalen, das Velikovsky (1937) für die »Kreutzersonate« nachgewiesen hat. In der Tat ist es sehr auffallend, mit welchen weiblichen Attributen der Rivale Truchatschewskij ausgestattet ist und wie »eine eigentümliche verhängnisvolle Kraft« Posdnyschew treibt, »ihn nicht abzuweisen, nicht zu entfernen, sondern im Gegenteil ihn heranzuziehen« (S. 152). Als Erklärung dafür wird unter anderm die (narzißtische) Wertschätzung des eigenen Ansehens (man macht sich lächerlich, wenn man eifersüchtig ist) angeführt; es ist aber wohl ein tiefer Zwang darin, nicht nur der homosexuelle, sondern auch der tief eingewurzelte des »oralen Pessimisten« nach Bergler, der die Ehefrau als Nachfolgerin der Mutter immer wieder ins Unrecht setzen will, um wenigstens aus dem Eintreffen der Voraussage »Ich wußte ja immer, daß du mich nicht liebst« Befriedigung zu ziehen.

Wie stark und bedrohlich der verschlingende Anspruch dieser bösen Symbiose ist, zeigt sich darin, daß beide nah an den Selbstmord kommen (S. 147). Sie können einander nicht loslassen und nicht festhalten, wenigstens nicht liebreich. Bei dem ungeheuren Reichtum der Tolstoischen Erzählung läßt sich Eifersucht auf allen psychosexuellen Entwicklungsstufen nachweisen, nicht nur auf der oralen, sondern auch auf der analen (Machtausübung) und der phallischen (Bestätigung der eigenen Geschlechtlichkeit). Darunter liegt aber sicher die Sehnsucht nach dem Einssein, die nicht erfüllbar, deren Erfüllung nicht einmal wünschbar ist und die doch immer wieder – in den Ausbrüchen sexueller Leidenschaft, die das Ehepaar bis zuletzt hat – gesucht wird. Sexualität aber kann das Paradies, die wahre Liebe nicht ersetzen: Wer ein »Hurer« geworden ist, sagt Posdnyschew gleich am Anfang, wird nie wieder »ein schlichtes, reines, geschwisterliches Verhältnis zum Weib« finden können (S. 102). Im Grunde steht dahinter die verzweifelte Sehnsucht nach einer asexuellen Zweierbeziehung mit gleichzeitiger völliger Bedürfnisbefriedigung – wie die zwischen Mutter und Kind in der allerfrühesten Kindheit. Posdnyschew räsoniert lange über die letztendliche Unnötigkeit von Sexualität – die Welt muß nicht weiterbestehen, sie soll untergehen (durch Enthaltsamkeit!) – das ist seine Utopie (S. 116 ff).

Da das alles aber nicht einzulösen ist, schafft er selbst die Situation mit, die ihm in der Gesellschaft, in der er lebt, Gelegenheit zur Eifersucht, damit zum Haß und zur sanktionierten Aggression gibt: die eines Liebesverhältnisses oder wenigstens einer engeren Beziehung zu einem andern Mann, von der übrigens nie gesagt wird, wie weit sie in körperlicher Hinsicht ging. Vor Gericht wird er freigesprochen (S. 147), und auch ihm selbst dient das, was er bis zur Tat nur von seinen eigenen Phantasien aus deutet, als Rechtfertigung. »Ich sah das Tier, das in beiden saß und ... fragte: ›Darf ich?‹ Und die Antwort lautete: ›Gewiß!‹« (S. 154) Daß Posdnyschews Frau und der Geiger dieses Tier zwar spürten, aber mit ihm im Rahmen der gesellschaftlichen Konventionen auf erlaubte Weise umgingen, daß also kein Ehebruch geschah, dafür gibt es eine Reihe von Anhaltspunkten (S. 161, 166). Immerhin gibt es etwas zwischen den beiden, in das er nicht eindringen kann und das er nicht versteht – so, wie er nach psychoanalytischer Auffassung auch die Urszene nicht verstanden hat –: die Musik. Man lese die unglaubliche Schilderung der Wirkung des ersten Prestos der »Kreutzersonate« nach (S. 163 f): »als fühlte ich etwas, was ich eigentlich gar nicht fühle, als verstünde ich, was ich eigentlich gar nicht verstehe, als könnte ich, was ich nicht kann« (164). Der Geiger und die Klavier spielende Ehefrau erscheinen streng, ernst und verklärt – es ist wie eine Ahnung von einer sinnlichen und dennoch reinen Beziehung, und diese ist für die beiden andern da, aber nicht für Posdnyschew. In bezug auf die Musik scheint es, als habe das erlaubte Zusehen (ich erinnere an die voyeuristische These Berglers) eine befreiende Wirkung. Beide Ehegatten sind mit dem Abend

»höchst zufrieden«, und Posdnyschew meint, daß »vor ihr wie vor mir neue unbekannte Gefühle auftauchten, gleichsam aus der Erinnerung hervorgestiegen« (S. 166).

Aber die Utopie trägt nicht; die nach Tolstois Auffassung zutiefst verdorbene menschliche Natur wendet alles wieder zum Schlechten, das freundliche Zusehen wird erneut zum masochistisch genossenen Voyeurismus, dem Posdnyschew sich süchtig hingibt. Er stellt sich vor, was die beiden tun, zwanghaft, unentrinnbar: »Ich betrachtete diese Bilder und konnte mich nicht von ihnen losreißen« (S. 171), sie werden für ihn zur Wirklichkeit. Die Über-Ich-Strafe ist untrennbar damit verbunden, da die Vorstellungen ja qualvoll sind, aber sie wird, in der Sprache der Psychoanalyse, sexualisiert: »Mit einer Art Begeisterung zerfleischte ich mir das Herz« (S. 171).

Wie sehr die Strafe nicht nur der Frau, sondern auch ihm selbst gilt, zeigt nicht nur der erbarmungswürdige Zustand Posdnyschews während der Erzählung in der Eisenbahn, sondern auch das Durcheinander von Vorstellungen des Mordens und Ermordetwerdens (S. 179, 185), zeigt der grauenvolle Abschied von der mit mitleidloser Genauigkeit geschilderten zerstörten Frau auf dem Totenbett – in Haß und ohne Vergebung. Aber: »Zum ersten Mal«, heißt es, »sah ich in ihr den Menschen« (S. 187), zum erstenmal sieht er ihre und seine eigene Realität ohne projektive Verzeichnung. Er hat durch Schuld, Leiden und Verurteilung Einsicht gewonnen – wie Ödipus. »Ich bin eine Ruine, ein Krüppel! Eins nur habe ich den andern voraus: Ich weiß! ... Erkennen, was wir für Schweine sind, das ist schwer, furchtbar schwer« (S. 133).

Tolstoi entläßt Posdnyschew ohne Versöhnung, aber wissend geworden – fast wie durch eine Psychoanalyse. Das Symptom – die Eifersucht – ist überwunden, das Unglück allerdings bleibt. Freud wollte bekanntlich nicht mehr, allerdings auch nicht weniger, als »hysterisches Elend in gemeines Unglück« verwandeln (1895, S. 312). Gegen das letztere, so sagt er seinen Patienten, »werden Sie sich mit wiedergenesenem Seelenleben besser zur Wehre setzen können«. Ist Posdnyschew genesen? Offenbar nicht. Er hält sich nur mit einer ungeheuren Reaktionsbildung, mit Haß und Abwertung der gesamten Triebwelt aufrecht. Er kann nur sagen: »Hätte ich gewußt, was ich jetzt weiß, so ... hätte ich sie um nichts in der Welt geheiratet ... hätte überhaupt nicht geheiratet« (S. 188). Was er aber nicht sagen kann, ist etwa: Dann hätte ich sie lieben können, hätte Vertrauen zu ihr und mir haben können, hätte Sinnlichkeit – um in Tolstois Beziehungsrahmen zu bleiben – als Gottesgeschenk annehmen können. Die Welt, die sich ihm in der Musik ahnungsweise öffnet, bleibt verschlossen.

Posdnyschew hat übrigens von Freuds großem Lehrmeister Charcot gehört: »Von meiner Frau hätte Charcot bestimmt gesagt, daß sie hysterisch wäre, von mir aber, ... daß ich anomal wäre, und hätte uns beiden vielleicht eine Kur verordnet. Aber es war an uns nichts zu kurieren« (S. 140). Die Lösung Tolstois angesichts dieser grundsätzlichen menschlichen Verlorenheit ist bekannt: es ist die des christlichen Weltverzichts, die so weit geht, daß Posdnyschew sagt:»Die Worte im Evangelium, daß jeder, der ein Weib ansieht, um ihrer zu begehren, mit ihr schon die Ehe gebrochen hat in seinem Herzen, beziehen sich nicht nur auf fremde Frauen, sondern hauptsächlich auf die eigene Frau« (S. 119). Tolstoi, der einen sehr wichtigen Teil seiner selbst in Posdnyschew darstellt, ist im psychoanalytischen Sinne nie gesund geworden, vielleicht aber »erlöst«, aufgehoben in der Vorstellung von einer Welt- und Lebensgeschichte, in der zuletzt alles gut endet. Tolstois Frau allerdings blieb bei diesem Versuch, die eigene Seele und die vieler Anhänger zu retten, auf der Strecke. Davon soll später noch die Rede sein.

Gegen Erlösungshoffnungen hat die Psychoanalyse nichts zu setzen. Sie, die areligiöse, bestätigt aber auf ihre Weise den christlichen Gedanken von der Unentbehrlichkeit und der rettenden Funktion der Liebe: Für sie wäre Posdnyschew nicht unkurierbar, denn ihr Ziel ist ein Wachsen der Liebesfähigkeit (natürlich *auch* der asexuellen) und nicht deren Abschnüren. Allerdings müßte sich Posdnyschew zum Zwecke der Heilung einlassen können auf das Abenteuer einer Beziehung, die »Liebe« nur in Anführungsstrichen genannt werden kann, aber dennoch eine ist – die therapeutische, in der er Zuverlässigkeit, Sorge, Uneigennützigkeit, zentrales Wichtiggenommenwerden eine Zeitlang erfahren könnte. Posdnyschew kann sich offenbar nicht lieben lassen: »Ich mied Frauen, die mich durch zu große Anhänglichkeit oder durch die Geburt eines Kindes hätten binden können« (S. 98). Aber nur, wer einmal geliebt worden ist, kann selber lieben. Nur über diese Erfahrung, so unsere Utopie, läßt sich auch die Schärfe der Eifersucht als Möglichkeit zu einer positiven Veränderung beider Beteiligter nutzen.

Allmacht und Ohnmacht: Mutter und Kind, Du und Ich

Posdynschew und jeder alltägliche Eifersuchtsmörder ist ein schreckliches Beispiel für La Rochefoucaulds Maxime: »Die Eifersucht ist die schlimmste aller Leidenschaften. Sie hat kein Erbarmen mit dem, den sie zu lieben vorgibt.« Je mehr sich Posdnyschews leidenschaftlicher Zustand verschärft, desto eindeutiger geht es ihm nur noch darum, das zu tun, was er selbst will. Von Liebe ist nicht mehr die Rede, schon gar nicht von Mitleid, eigentlich nicht einmal von Interesse für seine Frau und den Geiger, deren Intimitäten er sich doch vorher so glühend, so quälerisch lustvoll vorgestellt hatte. Als er mordet, geht es ihm nur noch um die Befriedigung seiner eigenen Bedürfnisse. Die »Liebe, die man sich selbst entgegenbringt«, also der Narzißmus, empfindet sich hier als so gefährdet, daß Posdnyschew tatsächlich nicht anders kann, als das, was ihn in Frage stellt, im radikalsten Sinn aus der Welt zu schaffen. Woher nimmt er diese Macht?

Es mag immer noch und immer wieder erstaunlich sein, daß die Psychoanalyse auch bei diesen schlimmsten Verletzungen menschlicher Gegenseitigkeit auf die frühe, sogar auf die allerfrüheste Kindheit zurückgreift. Der Mythos vom unschuldigen Kind und von der Mutter-Kind-Beziehung als Musterbeispiel natürlicher, instinktiver Liebe ist unausrottbar – und gerade in dieser Unausrottbarkeit zeigt sich, so denke ich, die Verleugnung, das Nicht-sehen-Wollen von uns allen. In unserer Kultur ist das allerdings eine ziemlich neue Erwerbung. Bevor im 18. Jahrhundert der Glaube an das angeborene Gutsein des Menschen entstand, der in Rousseaus Hoffnung gipfelte, wenn man nur zur Natur zurückkehre, würde alles wieder gut werden und auch gut bleiben, bestimmte das christliche Bild vom grundsätzlich verworfenen Menschen die abendländische Auffassung, und angesichts der heutigen Weltlage scheint es, als habe man damit genauer hingesehen als die hochgemuten Aufklärer. Posdnyschew bzw. sein Autor Tolstoi steht für eine Extremform des christlichen Pessimismus. Die Psychoanalyse, darin durchaus aufklärerisch, hält den Menschen immerhin für einigermaßen erziehbar, auch nacherziehbar; über Bosheit und Aggression weiß sie allerdings mehr zu sagen als alle Theorien vor ihr, auch über die zwischen Mutter und Kind.

Es ist einleuchtend, daß jede Aggression ein narzißtisches, weil selbstverteidigendes Element enthält. Was aber die eifersüchtige Aggression gegen den Partner so schwer verständlich macht, ist die Wendung nicht gegen einen Feind, sondern gegen eine über alle Maßen geliebte Person; diese *Maßlosigkeit* der Liebe wie der Feindseligkeit und des Anspruches auf Kontrolle ist es, die uns erschreckt, und jedes ethische und philosophische System wird sie als inhuman verurteilen. Die Psychoanalyse nennt sie unreif, unerwachsen, »nichtgenital«. Sie sieht in der angemaßten Macht eines (erwachsenen) Menschen über einen anderen Erwachsenen (oder auch, in anderer Weise, über ein Kind) die Folge einer unscharfen Abgrenzung zwischen dem eigenen Selbst und dem, was sie so trocken und unbefriedigend »Objekt« nennt, also der geliebten Person. Deren Rechte, deren Unabhängigkeit und Bewegungsfreiheit werden nicht anerkannt, so als ob man über sie verfügen könnte wie über sich selbst – wobei die Verfügung über dieses Selbst noch obendrein von keiner Realitätswahrnehmung, keiner sozialen Konditionierung, keiner

Rücksicht und Inbezugsetzung zu andern eingeschränkt ist. Allmachtsgefühl und Größenwahn sind die Stichworte zu diesen Erscheinungen.

Zur Erklärung dieser schweren Störung und, davon ausgehend, ihrer Heilung, greift die Theorie gerne auf die frühe Mutter-Kind-Beziehung zurück, und sie versteht unter vielen anderen Erscheinungen auch die pathologische Eifersucht als Wiederauflage eines nicht gelungenen, nicht befriedigend gelebten und gelösten Teils dieser Urbeziehung. Es geht dabei also eigentlich nicht mehr um das klassische Dreieck, sondern nur um zwei Personen.

Die Theorie darüber ist abenteuerlich kompliziert, vielseitig und schwierig. (Eine auch für Laien gut lesbare, aber dennoch fundierte Zusammenfassung findet man bei Henseler 1974 und bei Kutter 1977, S. 116 ff). Hier nur soviel: Im Mutterleib läßt sich aus verschiedenen Gründen für das ungeborene, aber bereits als eigener Organismus existierende Kind ein harmonischer Primärzustand (primärer Narzißmus nach Freud) annehmen, ein Paradies, ein Himmel (ein Jenseits), in dem für alle Bedürfnisse sicher, spannungsfrei und glücklich gesorgt ist. Nach der Geburt beginnt die Auseinandersetzung mit der diesseitigen Welt, wobei unbewußt die Erinnerung an die Vergangenheit und die Sehnsucht nach ihr aufbewahrt bleibt. Das Kind erlebt sich, auch wenn es Erdenluft atmet, zunächst noch nicht als von der Mutter getrennt, und auch viele Mütter empfinden am Anfang noch sehr stark ihr Kind als Teil ihrer selbst – wie sollte es auch anders sein, da doch jede einzelne Zelle, außer der einen, allerdings unverzichtbaren vom Mann, aus dem Körper der Mutter heraus aufgebaut worden ist!

Wie die Trennung vor sich geht, wobei es selbstverständlich sehr auf das Loslassen- *und* Festhaltenkönnen der Mutter, auf ihr Gewähren *und* Versagen gegenüber dem Baby ankommt, das bestimmt entscheidend das Selbstgefühl des werdenden Menschen. Denn in dieser allerfrühesten Lebenszeit lernt es allmählich zwischen sich selbst und der Welt unterscheiden, es »bildet« innere Darstellungen seiner selbst und der in dieser Zeit noch für das physische Überleben unerläßlichen Beziehungspersonen, also meistens der Mutter: Bilder, Imagines, Repräsentanzen in verschiedenen Fachtermini. Da die Mutter als allmächtig, lebengebend und todesgefährlich erlebt wird und zuerst das Kind ihr und sie dem Kind »ein und alles« ist, sind die ersten Vorstellungen sowohl vom Selbst wie vom Objekt idealisiert und gewaltig. Allmählich werden sie getrennt und realitätsgerechter verstanden, aber es besteht immer noch die Möglichkeit, auf Allmachts- und Verschmelzungswünsche zurückzufallen. Je nach den verschiedenen Stufen der psychosexuellen Entwicklung wird dieser Rückgriff (Regression) verschieden aussehen; möglich – in Krisen, als Rettungsversuch – ist er immer. Ohne eine Grundsicherheit in der Beziehung zu sich selbst, die in der allerersten Lebenszeit (wann genau, darüber variieren die Meinungen wie über alle andern Einzelheiten) erworben wird, kann der Mensch kaum leben.

Betrachten wir schematisch den Fall von Ruth Macks Patientin (vgl. S. 224 ff): Ihre Mutter hatte sie offenbar zuviel frustriert (die »Schuld« der Mutter soll uns hier nicht interessieren), sie hatte sie nach dem ersten Lebensjahr wegen einer Krankheit verlassen. Das Kind konnte dadurch weder ein gutes Gefühl von seiner eigenen Macht, seinem eigenen Wert entwickeln, noch ein genügend gutes von der Mutter, die ihre Allmacht nur in der schrecklichsten Weise, nämlich durch Alleinlassen, ausgeübt hatte. In diese Grundunsicherheit fällt die Liebe und Verführung der die Mutter zwar nicht adäquat, aber immerhin als Pflegeperson ersetzenden Schwester. Noch die erwachsene Patientin regrediert auf Allmachtsgefühle, weil sie weder realitätsgerecht befriedigt noch realitätsgerecht frustriert worden ist: Sie will sich umbringen, kann also in ihrer unbewußten Welt Leben nehmen und geben wie ihre Mutter, und ihr Selbstwertgefühl ist durch die Rivalität einer andern Mutter (der Stiefmutter) in unrealistischer Weise so bedroht, daß sie weltzerstörerische Wutanfälle bekommt. »Sie war im wahrsten Sinne des Wortes ein Kind geblieben«, schreibt Ruth Mack (S. 505).

Woher nimmt ein eifersüchtiger Mensch die Kraft oder die Macht zum Anspruch auf die totale Verfügung über die geliebte Person, die im Extremfall bis zum Mord gehen kann? Die Antwort lautet: Aus der Erwartung, Du und Ich sollten immer und tatsächlich (und nicht nur in den kurzen Augenblicken sexueller, erotischer oder geistiger Verschmelzung) eins sein, das Du sollte keine eigenen Ansprüche machen oder nur die, die dem Ich recht sind; macht es andere, so wird die Angst davor außerordentlich bedrohlich, vielleicht so unerträglich, daß die Eifersucht als Abwehrmechanismus (vgl. S. 226 ff) allein nicht mehr ausreicht, sondern daß das Wegschaffen des widerspenstigen Objektes als einzig sicherer Ausweg erscheint. Die Bedrohlichkeit läßt sich besser verstehen, wenn wir uns erinnern, daß Mutter und Säugling von diesem in der Phase der normalen Symbiose als »Zweieinheit innerhalb einer gemeinsamen Grenze« (Mahler 1968) erlebt werden. Regrediert nun ein Erwachsener in einer Krise auf diesen Zustand, so erlebt er sich und die geliebte Person, um ein Bild zu gebrauchen, wie zwei Personen in einer Haut, wobei die äußere ausschließlich den Kontakt zur Umwelt bestimmt. Wie lebensgefährlich, wie zerreißend schmerzhaft selbständiges, sozusagen nichtsynchrones Verhalten der einverleibten Person sein muß, läßt sich unter diesem Bild gut vorstellen, aber ebenso, wie schwer es der letzteren fallen muß, sich ihrerseits aus der Symbiose zu lösen, und wie sehr auch sie gefährdet ist, wenn ihre »Außenhaut«, der einverleibende

Partner, sich von ihr löst oder sie zu Bewegungen zwingt, die ihr nicht angemessen sind.

In solchen symbiotischen Beziehungen sind daher oft beide Partner auf die schlimmste Weise eifersüchtig. Tolstoi, dessen »Kreutzersonate« uns gerade beschäftigt hat, und seine Frau sind ein Beispiel für die Qual, aber auch die Stärke und Unausweichlichkeit einer solchen Beziehung.

In der Zeit der Werbung im Jahre 1862 – Tolstoi war 34 Jahre alt, Sofja Andrejewna 18 – ereignete sich Folgendes:

»Lesen Sie doch das, was ich Ihnen hier aufschreibe.«
»Gut«, stimmte ich zu.
»Aber ich werde nur die Anfangsbuchstaben hinschreiben, Sie sollen die Wörter erraten.«
»Wie denn? Das ist doch unmöglich! Na gut, schreiben Sie.«

Tolstoi nimmt ein Stück Kreide und schreibt auf eine Spiegeltafel.

»I. J. u. I. V. n. G. e. m. n. a. a.m. A. u.m. U. z.G.« schrieb Lew Nikolajewitsch.
»Ihre Jugend und Ihr Verlangen nach Glück erinnern mich nur allzusehr an mein Alter und meine Unfähigkeit zum Glück«, las ich vor.
Mein Herz begann stark zu schlagen, es pochte in meinen Schläfen, mein Gesicht brannte, ich hatte jegliches Gefühl für Zeit und Raum, für alles Irdische verloren; ich glaubte, in dieser Minute alles zu können, alles zu verstehen, alles Unfaßbare zu erfassen.

Sie liest noch einen weiteren Satz.

»Lew Nikolajewitsch war nicht einmal verwundert – als handle es sich um das Selbstverständlichste. Wir waren uns innerlich so nahe, daß um uns herum nichts mehr zu existieren schien« (Tolstaja 1978, S. 23/4).

Wenige Wochen später heirateten sie. Wie Posdnyschew in der »Kreutzersonate«, so gab auch Tolstoi seiner Braut die vorehelichen Tagebücher zu lesen, die die Ausschweifungen seiner Junggesellenzeit enthielten, denn sie sollte alles von ihm wissen. Was er ihr damit antat, bedachte er nicht; es ging ihm ja nicht um Rücksicht, sondern um Einssein. Sofja war zutiefst erschreckt. Was sie las, setzte ihre Eifersucht frei. Eine Zeitlang begegnete sie noch täglich auf dem Familiengut der bisherigen Geliebten ihres Mannes – einer Bäuerin, deren sinnliche Macht Tolstoi u. a. noch in der erst 1911 erschienenen Novelle »Der Teufel« dargestellt hat.

Sofja Andrejewna wurde bald zur unentbehrlichen Mitarbeiterin ihres Mannes, indem sie, oft viele Male, seine Werke abschrieb, damit er an ihnen weiterarbeiten konnte. In der Mitte ihres Lebens schrieb sie fürs Archiv Wort für Wort die erwähnten frühen Tagebücher ab, dauernd gequält von rückwärtsgewendeter Eifersucht. Sie wurde 16mal schwanger und gebar 13 Kinder, das letzte mit 45 Jahren. Beide Ehegatten führten Tagebücher und lasen diese immer wieder gegenseitig. Beide hatten Ausbrüche von Eifersucht bei sehr geringen Anlässen, beide machten öfter Versuche, einander in verzweifelter, kopfloser Weise zu verlassen (z. B. barfuß im Schnee) und waren dann tagelang unempfindlich gegen alle Versuche der Umgebung, sie zur Vernunft zu bringen, nur von dem Gedanken besessen, wegzukommen aus dieser unentrinnbaren Nähe.

Sofja Andrejewna dachte oft an Selbstmord. Tolstoi schrieb ihr einen Abschiedsbrief, als er etwa 70 war, weil er sich wegen ihrer platonischen Beziehung zu einem gemeinsamen Freund umbringen wollte. Er versuchte nicht, diesen Plan auszuführen, aber sie fand den Brief in einem Buch, an dem gearbeitet wurde. Als glücklich verheiratet hätte sich wohl keiner von ihnen bezeichnet, aber daß eine große Liebe sie verband, darin waren sich ihre beiderseitigen Feinde bzw. Parteigänger einig. Tolstoi fühlte sich in seinem sektiererischen Christentum, in seiner Ideologie der Bedürfnislosigkeit und der Brüderlichkeit mit dem Volk mißverstanden – und wurde seiner Weltentsagung immer wieder in der Sinnlichkeit mit der eigenen Frau untreu. Sofja sieht sich in ihren Tagebüchern unvergleichlich öfter ausgebeutet als geliebt, geschweige denn verstanden. Eine Stelle unter vielen: Sie leidet unter seiner Eiseskälte, aber dann »versöhnten wir uns wieder irgendwie … Und auf einmal wurde alles gebraucht: die warme Mütze …, das Obst, die Feigen, mein Körper, meine Abschreibarbeit – dies alles war mehr als unentbehrlich« (2. 11. 1897). Lew Nikolajewitsch war zu diesem Zeitpunkt 69, sie 53.

Die »Kreutzersonate«, Ende der achtziger Jahre geschrieben, wurde erst 1891 veröffentlicht, nachdem Sofja Andrejewna sie persönlich vom Zaren, der sie verboten hatte, losbat. Sie mochte die Novelle nicht, empfand sie als gegen sich gerichtet, fühlte sich durch sie gedemütigt und wußte doch, daß sie »nie mit einer einzigen Geste, einem einzigen untreuen Blick« vor ihrem Mann »schuldig geworden war«. Freilich, sagt sie gleich anschließend, die *Gedanken,* die *mögliche* Liebe für jemand andern seien etwas anderes (12. 2. 1891). Und symbiotisch lebende Ehepartner können eben Gedanken lesen. Daher ist es weniger unglaublich als es scheint, daß Sofja in den späten neunziger Jahren, also etwa zehn Jahre *nach* der Entstehung der »Kreutzersonate«, tatsächlich eine – Freundschaft, Liebe, wie immer man es nennen will, mit dem Komponisten und Pianisten Tanejew hatte, in der die Musik eine eminent wichtige Rolle spielte. Seit dieser Zeit spielte Sofja wieder sehr viel Klavier und ging oft ins Konzert; die Musik blieb in ihrem Leben der einzige Ort der Emanzipation, den sie sich nicht streitig machen ließ. Wer Klavier spielt, kann nicht für seinen berühmten Ehemann abschreiben …

Das Ende der Ehe ist bekannt: Tolstoi lief im Alter von 82 Jahren seiner Frau davon. Darauf warf sich Sofja Andrejewna »verzweifelt in den Teich. Sascha (ihre Tochter) und Bulgakow (der Sekretär Tolstois) haben mich herausgezerrt, leider! Dann habe ich fünf Tage lang keinen einzigen Bissen angerührt ...« Lew Nikolajewitsch überlebte die Flucht nur um zehn Tage. Er starb auf einem Bahnhof, und seine Anhänger und die drei Kinder des Paares, die bei ihm waren, ließen seine Frau erst im allerletzten Augenblick zu ihm. »Man hielt mich mit Gewalt zurück, verriegelte die Türen, zerriß mir das Herz« (9. 9. 1910). Bis zuletzt war Sofja gequält von Haß auf den Anhänger und Freund ihres Mannes, Tschertkow, der später der Herausgeber von Tolstois Werken wurde.

Besonders im letzten Lebensjahr Tolstois wurde mit Belauern, Mißtrauen und Parteienbildung innerhalb der Familie und des Hausstandes um die späten Tagebücher gekämpft, die er dem Freund und nicht der Ehefrau anvertrauen wollte. Sofjas Gedanken, ihr unerträglich kontrollierendes Benehmen, ihr ausschließliches Beschäftigtsein mit der Beziehung ihres Mannes zu ihrem Rivalen wären, würde man den Namen Tschertkow gegen einen weiblichen austauschen, von einer sehr heftigen Liebeseifersucht nicht zu unterscheiden.

Diese beiden Menschen lebten zunehmend in völlig verschiedenen Welten, Tolstoi in seiner Kunst und seiner politisch-religiösen Ideologie, seine Frau mit den Kindern, der Sorge für die materielle Sicherung und Erhaltung der riesigen Familie und mit der Gesellschaft. Beide verachteten immer stärker die Sphäre des andern, beide waren voll von verzweifelten Vorwürfen, vom andern nicht verstanden zu werden. Die Formel lautete etwa: »Der andere will unbedingt mit mir sein, aber womöglich ohne von mir zu wissen«, »ich soll ›da sein‹ oder ›nicht da sein‹, je nach Bedarf«. Dieser letzte Satz stammt nicht von den Tolstois, sondern ist ein Zitat aus dem schönen Aufsatz von Alice Balint, »Liebe zur Mutter und Mutterliebe« (in: Balint 1965), in dem sie das Ineinander von kindlichen Erwartungen aus der Frühzeit und deren neurotische Wiederbelebung bei gestörten Erwachsenen sehr klar beschreibt. Die Mutter wird, wie die Autorin auch am Beispiel primitiver Völker beschreibt, im Bereich der archaischen Liebe als jemand gesehen, der eine selbstverständliche Verfügungsgewalt über das Kind hat, wie auch, später, das neurotische »Kind« sich eine nicht schuldhaft erlebte, gleichsam naturgegebene Macht über das Leben der Mutter anmaßt, was sich besonders deutlich in der Übertragung während der analytischen Arbeitsbeziehung zeigt. Bedürfnisse der anderen Person werden nicht wahrgenommen. Alice Balint zitiert einen Traum, in dem es auch um Eifersucht geht:

Der Patient hat folgenden Traum: Als er seine Wohnung betritt, sieht er in der Mitte des Zimmers einen großen Tubus. Er legt sich darauf wie auf ein Bett. Es wird auch zu einem Bett (oder Diwan), doch bald verwandelt es sich in eine alte Frau, die wollüstig grunzende Laute von sich gibt. Es ekelt ihn und er steigt von ihr herunter, trotzdem sie ihn zurückzuhalten sucht. Den aktuellen Anlaß des Traumes bildet die Beobachtung, wie seine Mutter ihren Enkel verhätschelt und ganz für sich haben will. Er erkennt mit starker Mißbilligung die verdrängte Erotik in ihrem Tun und fühlt zugleich mit Beschämung die eigene Eifersucht. Hinter und neben der Eifersucht ist aber auch Mitleid mit dem kleinen Neffen da, dem dasselbe Los bevorsteht wie ihm. Auch er wird einmal von der Groß-mutter loskommen wollen, und sie wird ihn festhalten, wie sie ihn, den Sohn, festgehalten hatte (Balint 1965, S. 119 f).

Das Loskommen von der Mutter und damit das Erreichen eines einigermaßen gesunden Erwachsenenzustandes ist aber nur – oder jedenfalls am besten – möglich in einer dauernden, aufeinander bezogenen Weiterentwicklung *beider* Partner (»bezogene Individuation« nach Stierlin). Durch Brüche und Stillstände wird der durch unsichtbare, aber unzerreißbare Bande an die Mutter gefesselte Mensch in seinem gesamten Verhältnis zur Realität, besonders auch zur sozialen, gestört.

Im Falle eines Genies wie Tolstoi hat man das Gefühl, es müsse sich dauernd eine fiktive (und in der Fiktion überaus reale!) Realität schaffen, weil es die wirkliche nicht spürt oder erreicht. »Takt, Einsicht, Rücksichtnahme, Dankbarkeit, Zärtlichkeit (im Sinne gehemmter Sinnlichkeit) sind Anzeichen und Folge der Herrschaft des Realitätssinnes in der Gefühlssphäre«, schreibt Alice Balint. Davon kann bei beiden Tolstois sehr oft nicht die Rede sein. Einen überzeugenden Beweis für die Unauflösbarkeit eines sehr frühen Mangels bietet folgendes Zitat des 77jährigen Lew Nikolajewitsch, der seine Mutter im Alter von zwei Jahren verloren hatte:

Den ganzen Tag über ein Gefühl dumpfer Beklemmung. Gegen Abend wandelte sich dieser Zustand der Traurigkeit in zärtliche Rührung, in den Wunsch, getröstet, gestreichelt zu werden. Wie ein Kind möchte ich mich an ein liebendes, mitfühlendes Wesen schmiegen ... Wieder ein Kind werden und mich an meine Mutter schmiegen, so wie ich sie mir vorstelle? Ja, du, Mama, die ich niemals beim Namen nannte, weil ich noch nicht sprechen konnte ... Ja, du, das höchste Ideal der reinen Liebe, das ich mir je vorstellen konnte, der menschlichen, warmen, mütterlichen Liebe. Danach verlangt meine müde Seele. Du, Mama, du, tröste mich, erleichtere mein Herz ... (zit. nach Tolstaja 1878, I, S. 11)

Noch einmal Alice Balint: »Die Liebe zur Mutter ist ursprünglich eine Liebe ohne Realitätssinn, den Vater hingegen lieben und hassen wir – die Ödipuseinstellung mit einbezogen – realitätsgerecht.«

Es dürfte am Ende dieses Abschnittes klargeworden sein, ein wie großer Fortschritt das Erreichen des ödipalen Dreiecks in der Entwicklung des Kindes ist, und daß man die »Genitalisierung« der zweiseitigen Eifersucht zu einer dreiseitigen sehr wohl als Ausdruck einer Sehnsucht ansehen kann. Ein Klient mit Episoden von wahnhafter Eifersucht sagte mir einmal, er könne sich vorstellen, daß er nicht mehr eifersüchtig sein müßte, wenn seine Freundin durch eine Krankheit sexuell unfähig, unbrauchbar und damit bedürfnislos geworden wäre und trotzdem bei ihm bliebe. Dann würde er sehen, daß die sexuelle Befriedigung, die sie von ihm bekam und wünschte – wahrhaftig auch zu seinem eigenen Genuß! –, nicht die Hauptsache sei, er könnte glauben, daß andere Männer ihr unwichtig seien und daß sie ihn nur um seiner selbst willen liebe. Da aber auch dieser Mann sich, wie jeder von uns, nicht ohne seine Geschlechtlichkeit als »er selbst« empfinden konnte, so ist nachzufühlen, daß gegenüber der Vorstellung von einer asexuellen, bedürfnislosen, aber ganz auf den in seiner Phantasie natürlich potent (»mächtig!«) gebliebenen Partner eingestellten Mutter-Frau die Eifersucht trotz aller Qualen noch immer die bessere, erwachsenere und lebendigere Lösung war. Die Männer, die er sich für seine Freundin vorstellte, waren immer älter, überlegener und bedeutender als er selber – Wunschbilder von einem Vater, den er nicht hatte, denn sein eigener Vater war in der Familie der Sanfte gewesen, während die Mutter streng, mächtig und beherrschend war.

Rückblick auf Ödipus

Auch der Ödipusmythos läßt sich als Absage an die hier im Wortsinne präödipale Mutter lesen: als Verurteilung ihrer Macht, Leben zu geben und zu nehmen (durch die Aussetzung des Säuglings) und gleicherweise Mann und Vater für sich zu beanspruchen. In der ältesten Überlieferung der Sage, im elften Gesang der »Odyssee«, ist noch klar von der »ungeheuerlichen Tat« der dort Epikaste genannten Frau die Rede, die »im Unverstand ihres Sinnes ... sich dem eigenen Sohn vermählte«, nachdem er seinen Vater erschlagen hatte (Vers 270 ff, Übersetzung von Wolfgang Schadewaldt; Johann Heinrich Voß übersetzt »mit geblendeter Seele«; »unwissend«, wie Roland Hampe übersetzt, reduziert die Bedeutung auf das reine Nichtwissen, wo es offenbar ein Nicht-wissen-Wollen ist). Selbst bei Sophokles lassen sich noch Spuren einer *bewußten* Tat nachweisen – am auffallendsten: wieso wurde Jokaste, im Zusammenfall mit der Jugend des Ödipus, durch seine verstümmelten Füße an nichts erinnert? (Vgl. in diesem Zusammenhang die etwas flapsige, zwar psychoanalytisch ahnungslose, aber dennoch bedenkenswerte Untersuchung von Christlieb 1979.) Bachofen (1861) liest die Ödipustragödie als »Verurteilung jenes unreinen, hetärisch-tellurischen Muttertums, dem Ödipus alle seine Leiden verdankt« (S. 274). Bei Homer, der noch annimmt, die Götter hätten *sogleich,* also ohne die blutschänderische Zeugung der Kinder, das Unheil erfahren und bestraft, und Ödipus habe nach dem Selbstmord der Königin noch weiter über Theben geherrscht, heißt es, sie ließ ihm »gar viele Schmerzen zurück, soviel nur der Mutter Rachegeister vollenden mögen«. Denn er, Ödipus, so schreibt Bachofen weiter, ist »eine jener großen Gestalten, deren Leiden und Qual zu schönerer menschlicher Gesittung führen, die, selbst noch auf dem alten Zustand der Dinge ruhend und aus ihm hervorgegangen, als letztes großes Opfer derselben, dadurch aber zugleich als Begründer der neuen Zeit dastehen« (S. 273).

Ohne die Auseinandersetzung mit der Mutter, die in der Tragödie deren Selbstmord geradezu verursacht (Erhängen von einem hohen Balken ist in der Antike der klassische Selbstmord bei unmöglicher, nicht erlaubter Liebesleidenschaft), ohne das Übergehen der flehentlichen Einwände Jokastes gegen das Untersuchungsverfahren, freilich auch ohne die Schonungslosigkeit des Sich-selbst-in-Frage-Stellens, kann der Zorn der Götter nicht besänftigt, kann der Zustand der Stadt nicht in seine gesunde Ordnung zurückgeführt werden (die »Plage«, die auf Theben lastete, war der Anlaß für König Ödipus' Nachforschungen). Nach dieser Lesart würde Ödipus nicht vor allem für seine triebverhaftete, unwissentliche Machtergreifung bestraft, sondern er löst sich auf die schmerzlichste Weise aus der liebevoll bindenden Macht der Mutter und übernimmt die volle Verantwortung für sich und die Menschen, die ihm anvertraut sind.

Folgt man Bachofen, der eine reale mutterrechtliche Epoche annahm, so wird durch Ödipus der Übergang von einer ungeregelten, gewalt- und rachegesteuerten Sinnlichkeitskultur, in der es wegen der Allverfügbarkeit und Ungebundenheit der Frauen keine Ehe und daher keine klare Vaterabkunft gab, zu dem »neuen, milden Gesetz, das Apoll verkündet« (S. 275) symbolisiert; Ehe und Familie werden erst jetzt die gesicherten Grundlagen der Gesellschaft. »Das Weib, das in dem früheren Zustand alles Fluches Quelle ist, wird jetzt sich selbst und dem Mann zum Segen. An die Stelle hetärischer Lust … tritt die Aufopferung der Liebe« (S. 275). Ismene und Antigone, die den geblendeten Vater in die Verbannung begleiten, sind zeichenhafte Vertreterinnen dieser neuen weiblichen Funktion.

Das klingt schön, überzeugend und human – und ist es auch. Das Frauenbild, das sich daraus entwickelt, ist freilich das einer partriarchalischen Kultur, und innerhalb dieser hatte in Griechenland die Literatur, besonders das Drama, eine eminent politische Bedeutung. Untersuchungen widerlegen nämlich Bachofens Annahme eines irgendwann vor Zeiten real existierenden Matriarchats (Wesel 1980), weisen allerdings statt dessen, etwa auf Kreta und in Ägypten, frauenfreundlichere gegenüber frauenunterdrückenden Kulturvariationen nach. Das perikleische Athen schränkte die Frauen außerordentlich ein. Sie durften kaum auf die Straße gehen und hatten keinerlei Macht. So muß man viele Mythen von gewalttätigen und schrecklichen Frauen, Amazonen, Zauberinnen und Hexen, muß Medea, Circe, Klytämnestra, die Sphinx und die Amazonen oder auch Jokaste wiederum neu verstehen als Figuren projektiver Abwehr einer Männergesellschaft, die sich selbst durch diese Darstellung rechtfertigt: Die Frauen müssen gezähmt und einer Vaterkultur untergeordnet werden, denn ließe man sie, wie sie wollen, dann wären sie *so!*

Ödipus und kein Ende! Jedenfalls kommen wir mit einseitigen Deutungen nicht weiter. Denn mag man nun die Absage an die Muttermacht bemerken oder nicht, mag man sich dagegen empören, daß Ödipus als das »schuldige Kind« dasteht (Miller 1981) oder, wie Freud, das Stück »unmoralisch« finden, weil es »die sittliche Verantwortung aufhebt, göttliche Mächte als die Anordner des Verbrechens zeigt und die Ohnmacht der sittlichen Regungen des Menschen, die sich gegen das Verbrechen wehren« (Freud 1917, S. 343) – ohne Erschütterung, auch: ohne das Gefühl der Läuterung durch die Begegnung mit Wahrheit und Gerechtigkeit gerade in deren inneren Widersprüchen wird der Zuschauer oder Leser nicht davonkommen. Alle Einwände sind, wie Freud an derselben Stelle schreibt, für die Wirkung des Stückes gleichgültig. Denn: Ödipus hat mit uns zu tun.

Auch in bezug auf die Eifersucht? Ich denke, ja. Von der Eifersucht der Ödipusgestalt ist allerdings nirgends die Rede (wohl von ihrem Jähzorn), man muß sie erschließen. War Ödipus eifersüchtig? Im sophokleischen Stück nicht, in seiner Lebensgeschichte als Stiefkind des Polybos und der Merope wahrscheinlich, in der ursprünglichen Form der Sage, in der die Tat von Vatermord bis Mutterinzest bewußt geschieht, mit Sicherheit. Eifersüchtig im Sinne einer symbiotisch-einverleibenden Besitzergreifung ist aber sicher Jokaste: Sie kämpft mit all ihrer Macht als Königin und Autoritätsperson, sogar unter Verleugnung der Wahrheit göttlicher Orakel, darum, Ödipus für sich, in ihrem Einflußnetz zu behalten; und als ihr das nicht gelingt, als er weiterschreitet zu seiner eigenen Wahrheit und Bewußtheit und sich den Forderungen der Polis öffnet, die damit zum dritten Punkt des Eifersuchtsdreiecks wird, bleibt ihr nichts, als sich umzubringen. Sie verliert, indem sie sich an einem hohen Balken erhängt, im Wortsinne den Boden unter den Füßen. Noch eine Deutungsmöglichkeit: Die große Mutter ist zur zweifachen Ehefrau geworden, sie, die ursprünglich die Thronerbin war, ordnet ihr Leben der Macht der Männer unter. Herrschen in der Unterwerfung – das ist ein riskantes Spiel in der Männerwelt; wer das versucht, setzt sich auch den Gefahren lebensgefährdender Eifersucht aus.

Im nächsten Kapitel soll es um die Mehrpersonentherapie gehen. Mir ist beim Nachdenken über Ödipus als Leitmythos der Psychoanalyse klargeworden, einen wie fruchtbaren Griff Freud getan hat, als er die Tragödie des Sophokles wählte. Es ist sehr wahrscheinlich, daß er, mit der gründlichen klassischen Bildung des 19. Jahrhunderts ausgestattet, Vorgeschichte und Fortsetzung der Sage kannte, auch wenn er sie in seinen Werken nicht erwähnt. Ihn interessierte wirklich nur Ödipus als unerschrockenes Individuum, das die Wahrheit sucht. Aber unbewußt hat Freud vorbereitet, daß wir den Ödipusmythos heute auch zur Grundlage von Familientheorien machen können. Der sophokleische »König Ödipus« ist ja nur ein Ausschnitt aus einem ganzen Geflecht von Geschichten und Traditionen. Eine familiendynamische Deutung der gesamten Sage könnte uns viel über Gesetzmäßigkeit und Freiheit in Familien lehren.

Die ganze Geschichte ist voller Ambivalenzen, voll von Maß und Unmaß, Liebe und Haß, Weisheit und Unwissenheit. Versöhnlich allerdings läßt der neunzigjährige Sophokles in »Ödipus auf Kolonos« den nun wirklich weise und freundlich gewordenen Alten diese Welt verlassen: er wird in einer Art Himmelfahrt ins Totenreich gerufen, ohne eigentlich zu sterben. Niemand darf sich dem Ort nähern, wo er entrückt wurde. Er ist inzwischen als beispielhafter Dulder fast ein Heiliger geworden.

Nach einer andern Tradition wird sein Grab ein Ort der Verehrung. Auf Vasenbildern besuchen junge Frauen und Männer, vielleicht Brautleute, das Grab (Kerényi 1951, II, S. 88). Und hier bietet sich eine Deutung an, mit der wohl auch Freud einverstanden wäre: wo Ödipus begraben liegt, kann sich liebendes junges Leben entfalten. Wer den Ödipuskomplex hinter sich gelassen hat, wird fähig, ein neues bewegliches Dreieck ohne Erstarrung und tödliche Verstrickung zu bilden: Mann, Frau, Kind – und jeder darf für sich und mit den andern dasein, ohne zweideutige Rollen und Verbindungen, in lebendiger gemeinsamer Entwicklung.

Schuldiger Einzelner oder mehrseitige Verstrickung?

Freud und alle individuumszentrierten Psychotherapeuten – Jung, Adler, Perls und auch die Verhaltenstherapeuten – haben sich, obwohl es bei ihnen ausschließlich sowohl im innerseelischen wie im zwischenmenschlichen Bereich um Erscheinungen ging, die ihren Ursprung im Zusammenleben von Menschen in Familien haben, immer nur mit *einem* Menschen befaßt, der als Kranker, Neurotiker, Symptomträger, kurz Patient angesehen wurde. Die zentrale Beziehung der Therapie war eine dyadische, nämlich die zwischen Arzt und Patient, in der die Realität der andern Beziehungen sich abbildete und bearbeitet werden konnte. Es liegt auf der Hand, daß dabei Verzerrungen und Einseitigkeiten nicht ausbleiben konnten. Freud diese Richtung seines Forschens vorzuwerfen, ist ebenso müßig wie es notwendig ist, die psychotherapeutische Zielsetzung zu erweitern. Ebenso selbstverständlich erscheint mir, daß man ohne ein grundlegendes Verständnis der intrapsychischen Vorgänge des einzelnen nicht weiterkommt – daher die ausführliche Beschäftigung mit der Eifersucht des Eifersüchtigen in diesem Buch. Diese muß aber in ein Verhältnis von Gegenseitigkeit zu Verhalten, Geschichte, So-und-nicht-anders-Sein der Personen der Umwelt gesetzt werden.

»System« und »Zirkularität«

Fast alle Bücher über Ehe- und Familientherapie enthalten Auseinandersetzungen oder Rechtfertigungen gegenüber der traditionellen Psychotherapie (vgl. Richter 1963, S. 33 ff, Schatzmann 1973, S. 93 ff, Selvini 1975, S. 133, Stierlin 1971, z. B. S. 104, Wirsching/Stierlin 1982, S. 50 ff, Bauriedl 1980, S. 28 ff, Willi 1975, S. 244 ff, Preuß 1973, S. 61 ff, Hoffman 1981, S. 3 ff). Jeder, der eine eigene Psychoanalyse oder sonst eine zu wichtigen inneren Änderungen führende Therapie hinter sich hat, weiß, daß sich dadurch nicht nur der einzelne, sondern auch seine Umwelt verändert. Hier geht es um den heute so zentral gewordenen Begriff des Systems: Diese Auswirkungen entstehen dadurch, daß *jeder mit jedem* verbunden ist. »Allgemein gesprochen, ist ein System ein Gebilde von wechselseitig voneinander abhängigen Einheiten« (Boszormenyi-Nagy 1973, S. 20). Richtet man seine Aufmerksamkeit auf diese Interdependenz und nicht mehr auf das einzelne Glied in der ringförmig ohne

Anfang und Ende geschlossenen Kette, so wird die gewohnte lineare Kausalität, die für Freud etwas so Selbstverständliches war und der Psychoanalyse den Vorwurf des Verhaftetseins an einen mehr oder weniger unausweichlichen Determinismus eingebracht hat, zumindest fragwürdig.

Das Schlüsselwort dessen, was von Familientherapeuten immer wieder nicht einfach als Erweiterung bisheriger Methoden und Theorien, sondern als ein Paradigmenwechsel, das heißt, als Einführung eines neuen therapeutischen Grundkonzeptes bezeichnet wird, ist die *Zirkularität*. Bleiben wir bei dem Bild der geschlossenen Kette, so ist klar, daß Erschütterungen *eines* Gliedes sich durch das Gesamt fortpflanzen, wobei man sich Verbindung und Beweglichkeit der Kette in verschiedenen Variationen vorstellen kann. Hinzu kommt aber der Unterschied zwischen unbelebten Teilen der Kette im Bild und belebten in der Realität eines Familiensystems. Das klassische Beispiel, so zitiert Lynn Hoffman Gregory Bateson, ist der Unterschied zwischen dem Tritt gegen einen Stein und gegen einen Hund. Die Energie, die der Tritt vermittelt, bewirkt beim Stein eine genau vorhersagbare Wirkung. Der Hund reagiert nicht einfach als Masse aus Fleisch und Knochen, sondern er hat selber Energie, und das Ergebnis ist unvorhersehbar (Hoffman 1981, S. 5). Jeder kann sich ausmalen, was passieren *könnte*. Was passieren *wird*, weiß er nicht. Beziehen wir jetzt noch ein, welche Wirkungen der Tritt gegen den Hund etwa auf einen zuschauenden Fremden, auf die Frau des Besitzers etc. haben kann und welche Rückwirkungen daraus wieder für den Tretenden resultieren, so – können wir gewiß Freud verstehen, der sich in weiser Beschränkung nur mit dem einzelnen befaßte. (Über die Schwierigkeiten der Analytiker mit Mehrpersonentherapien schreibt besonders eindrucksvoll Jürg Willi 1975, S. 244 ff) Die zirkuläre Betrachtungsweise erfordert ein oft sehr mühsames Umdenken.

Ein System mit verdeckter Eifersucht

Nehmen wir ein Beispiel, in dem es zunächst – eben in der traditionellen Sichtweise – um das Symptom des Symptomträgers geht, sagen wir: die Kopfschmerzen einer Familienmutter. Diese lassen sich rein somatisch, z. B. durch Verkrampfungen im Nacken, Durchblutungsstörungen im Gehirn, niedrigen Blutdruck usw. erklären. Jeder praktische Arzt weiß, wie schwer Kopfschmerzen oft zu behandeln sind. Sie »kommen immer wieder«. In einer Formulierung wie dieser würde ein Freudianer schon einen Hinweis auf ein unterdrücktes Triebgeschehen sehen können. Die Verschiebung von unten nach oben, von den Sexualorganen auf den Kopf, ist ein bekannter Abwehrmechanismus; denken wir an Ödipus, der sich, als er alles weiß, die Augen aussticht, noch dazu mit der Gewandnadel der Jokaste, was als Ersatz für eine Selbstkastration gedeutet wird, oder an die Blendung Glosters, der Parallelfigur König Lears, durch dessen Tochter, die ihm damit endgültig die Macht (»Potenz«) nehmen will.

Die Kopfschmerzen der Mutter können also in triebpyschologischer Deutung Ausdruck eines Widerstreits innerhalb der Person sein: Statt an ihrer Sexualität, der Unbefriedigtheit durch den Ehemann, den Wünschen nach andern Männern, schlechtem Gewissen wegen Masturbation zu leiden – oder was immer wir dazuphantasieren wollen –, hat sie eben ein »Konversionssymptom«, die Kopfschmerzen. Ursache und Wirkung liegen innerhalb der Person. Die psychoanalytischen Ableitungen von Kopfschmerzen sind entsprechend vielfältig (vgl. Fenichel 1945, II, S. 89); so erklärt Frieda Fromm-Reichmann etwa Migräne durch unbewußte Feindseligkeit gegen die Intelligenz anderer, »seelische Kastration«, die aus Schuldgefühlen gegen die eigene Person gewendet wird.

Je wichtiger die Mutter-Kind-Beziehung wurde (bei den Objekttheoretikern), desto plausibler wäre die Erklärung: Hätte die Kopfschmerzen-Mutter selbst die vielzitierte »genügend gute Mutter« (Winnicott) gehabt, so hätte sie, phasengerecht befriedigt bzw. frustriert, gelernt, mit den Anforderungen und Geschenken des Lebens, mit Aggression und Toleranz besser umzugehen, sie hätte vielleicht selber eine bessere Mutter sein können und hätte kein psychosomatisches Symptom gebraucht, um ihre Probleme auszudrücken.

In beiden Fällen ist das Denkmodell linear; »schuld« ist im ersten Denkspiel die leidende Person selbst, im zweiten deren Mutter, und die Ursache liegt in der Vergangenheit, spiegelt sich allerdings in der Gegenwart und ließe sich auch in dieser bearbeiten, aber nur durch parallel dazu erworbenes besseres Verstehen der Geschichte.

Nehmen wir jetzt an, die augenblicklich zusammenwohnende Familie besteht aus dem Ehepaar, einem Sohn, einer Tochter im Vorschulalter und einem Aupair-Mädchen. In der Nähe wohnt die eben verwitwete Mutter der Frau, die oft zu Besuch kommt. Und versuchen wir, unsere linearen Denkgewohnheiten abzulegen: »Das Tun des Einen ist das Tun des Anderen« (Stierlin 1971), und die Kopfschmerzen der Mutter sind nicht einfach *ihre* Krankheit, welcher Genese auch immer, sondern an ihr, der schwächsten, wahrscheinlich aufmerksamsten, verantwortungsvollsten (»loyalsten« im Sinne von Boszormenyi-Nagy 1973) Stelle zeigt sich, daß etwas an dem ganzen System nicht in Ordnung ist, daß also nicht nur die Mutter, sondern alle andern damit zu tun haben, sei es, daß sie darunter leiden, davon profitieren, sich davon distanzieren usw. Nehmen wir einmal an, der Vater stehe dem Au-pair-Mädchen mit einer heiteren Sympathie gegenüber – sie ist jung, unbekümmert, energisch, etwas schlampig und hat nie Kopfschmerzen. Macht sich *deshalb* die Mutter welche? Das, sagen die

Familientherapeuten, ist der falsche epistemologische Ansatz.* Abgesehen davon, daß die Frau, wie ihre Mutter vor ihr, vielleicht schon immer unter Kopfschmerzen gelitten hat, so entsteht nicht einfach eine Spirale Flirt → Kopfschmerzen → noch mehr Flirt gerade *wegen* der Kopfschmerzen, sondern: die Kinder schonen die Mutter, wenn sie im Dunkeln liegt, sind lieb zu ihr, toben aber mit Vater und Au-pair-Mädchen während Mutters Ruhezeiten und genießen das sehr. Die Großmutter, weit davon entfernt, zu ihrer Tochter zu halten – denn sie ist »gerecht« und hat ihr Leben lang diese Eigenschaft für eine ihrer besten gehalten –, erinnert sie daran, daß sie selbst ihre Kopfschmerzen gegenüber dem verstorbenen Großvater nie merken ließ – das wäre eine Zumutung gewesen. »Natürlich hat er es mir angesehen, wir waren ja so eng verbunden.« Für den Ehemann jedenfalls bleibt es eine Zumutung, eine ewig schonungsbedürftige Frau zu haben.

Und – natürlich, sagen wir – es ist in der Tat eine. Abendveranstaltungen, Ausflüge, die Wahl der Freunde wird durch diese Kopfschmerzen bestimmt. Vielleicht bildet sich ein Bündnis zwischen der Mutter und ihrem kleinen Sohn – mit ihm kann sie reden »wie mit einem Freund«. Ist der Vater erleichtert oder verbittert, falls er abends, wenn er vom Sport oder einer Geschäftsbesprechung nach Hause kommt, den Sohn im Bett Hand in Hand schlafend neben seiner Frau findet, die wieder einmal die starken Mittel genommen hat, von denen sie dann endlich einschläft? Nehmen wir an, er findet seine Frau noch begehrenswert – daß er sagt, er wolle jetzt endlich einmal wieder mit ihr schlafen, und zwar nicht Hand in Hand wie ein Fünfjähriger, ist aller Wahrscheinlichkeit nach gegen die Regeln. Er knallt wütend die Schlafzimmertür zu, die dreijährige Tochter wacht auf und weint, das Au-pair-Mädchen kommt, aus dem Schlaf geschreckt, in die Küche, der Mann schreit, vielleicht weil beide in ihrer Verstörtheit auch noch reizend und rosig aussehen: »Frauen machen einem nichts wie Ärger ...!« usw., usw.

Es liegt jetzt nahe zu sagen: Das liegt nur daran, daß die Frau Kopfschmerzen hat. Oder daran, daß der Mann nicht beansprucht, was ihm gehört. Oder an der Faulheit der Frau, die meint, bei zwei Kindern ein Au-pair-Mädchen zu brauchen. Oder an den unerträglichen Einmischungen der Großmutter. Oder an den Erbanlagen der Kinder, die übersensibel sind. Oder wieder einmal an den lockeren Auffassungen der Jugend – das Au-pair-Mädchen war nicht »bescheiden«, wie es sich gehört hätte. Oder auch daran, daß die Frau ihre Eifersucht in der im Patriarchat

* Epistemologie ist die Lehre vom Wissen unter dem Aspekt der Prinzipien der Erkenntnisgewinnung. Mara Selvini (1975) weist auf den Ursprung des Wortes aus dem griechischen »epistamai« hin, »sich in eine vorteilhafte Position bringen, um etwas besser beobachten zu können«.

üblichen Weise zu verarbeiten sucht: durch Schweigen und Warten, daß es vorübergehen soll, vielleicht sogar durch Nicht-wahrhaben-Wollen.

Alle diese Hypothesen geben die »Schuld« einem Teil des Systems: Sie nehmen an, wenn dieser eine Teil sich anders verhalten könnte, würde alles gut. Was sie dabei übersehen, ist die Tatsache, daß die andern, auch wenn sie bewußt wünschen, das Symptom möge verschwinden, unbewußt dazu beitragen, es zu erhalten. Wer einen Sündenbock hat, braucht selbst nicht in die Wüste (3. Mos. 16,21–22; vgl. auch Richter 1963, S. 198). Als »Wüste« wird aber die Veränderung, die vom ganzen System verlangt wird, von den einzelnen oft empfunden. Der Vater müßte vielleicht die Abweisung von seiten seiner Frau riskieren – davor hat er solche Angst, daß er lieber unbefriedigt bleibt. Die Frau müßte sich mit dem Mädchen aggressiv auseinandersetzen, und das ist noch schlimmer als Kopfschmerzen. Das ausländische Mädchen müßte Kontakt außerhalb der zur Übergangsheimat gewordenen Familie suchen – wer weiß, welchen Vorurteilen und Schwierigkeiten man sich da aussetzt! Die Großmutter müßte ihre Einsamkeit akzeptieren, ihre Trauer verarbeiten, aus der letzten Lebensepoche für sich allein etwas Neues und Gutes machen.

So greifen die verschiedenen Wünsche, Ängste und Erwartungen ineinander. Ganz wichtig ist dabei, daß *alle* etwas davon haben, auch die kopfwehkranke Eifersüchtige, und daß keiner »das Leben riskiert«, wie Thea Bauriedl das in einer doppeldeutigen Formulierung nennt: Lebendigsein ist nicht ohne Risiko zu haben, aber die Angst vor diesem Risiko ist bei den Familienmitgliedern so groß, als würden sie im Wortsinne ihr Leben riskieren. Da riskieren sie denn lieber eine Art verborgenen Tod.

Ist es nicht doch Vererbung?

Daß ein Zusammenhang zwischen der Krankheit des Patienten und seiner Umgebung besteht, hat man schon immer angenommen. »Du bist so, weil du aus dieser Familie stammst« – diese Feststellung konnte man seit der Bibel, seit den alten Griechen bis in unsere Zeit hinein treffen, allerdings mit verschiedenen Vorzeichen und Rückschlüssen. Je naturwissenschaftlicher die Begründung wurde, desto düsterer und unausweichlicher mußte sie erscheinen. Wenn eine Psychose, etwa ein Eifersuchtswahn, oder das »Wesen« eines Menschen, etwa eine ängstliche, mißtrauische, kleinliche Charakterstruktur, in den Genen verankert war, konnte man sie höchstens erträglicher gestalten, aber nicht grundsätzlich verändern oder gar heilen.

Von den Forschungsergebnissen des 19. Jahrhunderts scheint mir kaum eines ähnlich tief in jedermanns Wissensschatz eingedrungen zu sein wie die auch in den Schulen unentbehrlichen Vererbungslehren Darwins und Mendels. In Deutschland spielt für Verbreitung und Weitergabe bis heute zweifellos die Ideologisierung dieser naturwissenschaftlichen Erkenntnisse durch den Faschismus eine verhängnisvolle Rolle – entlastend für die Umgebung, verdammend für den, bei dem man »wegen der Vererbung« eben nichts machen kann.

Glücklicherweise sieht es für mich so aus, als sei die Wissenschaft von der Stichhaltigkeit des Erbarguments wesentlich weniger überzeugt als die Laien. In einer skrupulösen Untersuchung über 66 psychiatrische Fälle von Eifersucht aus dem Jahre 1961 (Langfeldt 1961; die Fälle stammen aus den vierziger Jahren) heißt es klipp und klar: »Es ist nicht vernünftig, anzunehmen, die Tendenz zu Eifersucht sei erblich bedingt« (S. 64). Eine andere Untersuchung, von 1968 (Vaukhonen), geht auf den Erbfaktor überhaupt nicht mehr ein, betont aber die Häufigkeit von zerbrochenen Ehen und schlechten sozialen Umständen bei der Herkunft der überwiegenden Mehrzahl von Eifersuchtspatienten. Daß konstitutionelle Faktoren eine Rolle spielen, wird öfter angenommen; diese liegen aber nicht einfach in der Vererbung von Eifersucht, sondern etwa in traumatischen Ereignissen der frühen Kindheit, Krankheiten mit irreversiblen Veränderungen, Alkoholismus, Epilepsie, körperlichen Mißbildungen.

Für einen Eheberater ist es müßig, sich mit solchen Problemen zu beschäftigen. Wenn es sich wirklich um Vererbung und Veranlagung handeln sollte – und ich möchte nicht in den Verdacht kommen, die Existenz solcher Erscheinungen einfach als Unsinn abzutun –, so kann man in einer Therapie, besonders in einer mit der ganzen Familie oder auch dem Paar allein, immer noch lernen, anders damit umzugehen. Wie deutlich man die Umwelteinflüsse oft an Fällen ablesen kann, in denen die Autoren auf die Krankheit des einzelnen und deren Erblichkeit hinweisen möchten, mag ein älteres Beispiel zeigen:

Ein zwanzigjähriges Mädchen kam ins Krankenhaus wegen eines Selbstmordversuchs mit Barbituraten, den sie begangen hatte, weil sie – fälschlich – annahm, ihr Liebhaber sei ihr untreu geworden. Drei Jahre vorher war sie wegen eines Verfolgungswahns in psychoanalytischer Behandlung gewesen. Sie hatte geglaubt, sie werde von vier Personen verfolgt (eine davon war ihre Mutter), die sie vergiften wollten. Die Familiengeschichte ergab, daß ihr Vater, ein Alkoholiker, in den letzten zehn Jahren von Wahnvorstellungen wegen der angeblichen Untreue seiner Frau gequält wurde. Er war gelegentlich gewalttätig geworden, und mehrmals hatte seine Frau ihn zu ihrer eigenen Sicherheit in die Garage oder andere Räume des Hauses einschließen müssen. Obwohl der Wahn fixiert und konstant war, wurde er unter Alkoholeinfluß besonders stark. Der Mann beschuldigte seine Frau oft, sich mit ihrem Liebhaber zu treffen, während sie in Wirklichkeit mit ihren beiden Töchtern zum Einkaufen ging. Die Eltern ließen sich schließlich scheiden. Etwa neun Monate bevor die Tochter ins Krankenhaus eingeliefert wurde, starb die Mutter an Brustkrebs. Während der letzten Krankheit seiner Frau war der Mann überaus aufmerksam zu ihr gewesen, und einige Wochen nach ihrem Tod beging er Selbstmord durch Einatmen von Kohlenmonoxyd (Todd und Dewhurst 1955, S. 370).

Die Autoren führen diesen Fall an als ein besonders deutliches Beispiel für die nach ihrer Ansicht sehr häufige konstitutionelle Bedingtheit und die Heredität von Eifersucht in schweren Fällen. Von Veranlagung kann vielleicht in dem Sinne die Rede sein, daß man in dieser Familie eben an der Psyche erkrankt und nicht am Magen-Darm-Trakt, am Blutdruck oder an Kopfschmerzen, wenn Krisensituationen auftreten. Aber viel offensichtlicher sind doch selbst dem oberflächlichen Blick die Einwirkungen aller auf alle. Die Eltern haben den Kindern wahrscheinlich einen pathologisch-symbiotischen Beziehungsstil vorgelebt, wofür auch die Suchterkrankung des Vaters spricht. Sucht steht ja immer für Unselbständigkeit, für Nicht-allein-leben-Können. Die Mutter hat sicher mitgespielt, indem sie sehr lange mit diesem Vater verheiratet blieb, woran offenbar auch die Scheidung nicht viel geändert hat. Nach neueren Untersuchungen über die Ursachen von Krebs wäre es durchaus möglich, daß die seelische Belastung bei ihrer tödlichen Krankheit eine Rolle gespielt hat. Da gerade bei den Frauenkrebsen Vorsorgeuntersuchungen schon sehr lange üblich waren und sehr empfohlen wurden, wäre sogar eine suizidale Tendenz bei der Nichtbeachtung von Warnzeichen möglich. Jedenfalls muß die Verbindung der Eltern noch sehr eng gewesen sein, wenn die Frau trotz der Scheidung die Sorge ihres Mannes um ihre Todeskrankheit zuließ. Sein Selbstmord kurz nach ihrem Tod spricht ebenfalls eine sehr deutliche Sprache. Das junge Mädchen, die »Patientin«, hatte also zum Zeitpunkt ihres eigenen Selbstmordversuches kurz hintereinander beide Eltern auf eine Weise verloren, mit der jeder »normale« Mensch sich nur überaus schwer abfinden kann.[*] Es ist kaum denkbar, daß sie zu den Eltern ein anderes als ein höchst ambivalentes Verhältnis hatte, daß sie also wahrscheinlich gegenüber Vater und Mutter Todeswünsche entwickelte, deren »Erfüllung« ja oft zu schweren Störungen führt. Daß in ihrem Verfolgungswahn vier Menschen sie ver-

---

[*] Die Familientherapeuten sprechen im Fall einer kranken Familie vom »Indexpatienten«, um anzudeuten, daß das System gestört ist und nicht einfach der Patient »krank«.

giften wollten, einer davon ihre Mutter, deutet auf ihr Leiden an ihrer Familie hin, die aus vier Menschen außer ihr selbst bestand. In einer solchen Situation scheint es mir überaus verständlich, daß leiseste, falsch verstandene und falsch interpretierte Anzeichen einer Abwendung des Liebhabers derart bedrohlich werden können, daß der Rückzug in den ewigen Schlaf, in ein konfliktfreies Paradies, als das der Tod ja von Selbstmördern phantasiert wird (Henseler 1974), als die beste Lösung erscheint.

Familiendynamisch gesehen, war die Tochter – von ihrer Schwester hören wir nichts – zur Zeit des Selbstmordversuches die schwächste Stelle des zerrissenen, aber noch wirksamen Systems. Umdeutend könnte man auch sagen: die stärkste, denn ein Selbstmordversuch ist nicht nur ein Ausdruck von Schwäche, sondern auch von handelnder Energie und Sehnsucht. Jedenfalls ist ihre »Krankheit« nicht nur ihre, sondern die der ganzen Familie.

Vom gestörten Kind zu den Problemen der Elternehe

Die entlastende Funktion der »Vererbung«, d. h. die verweigerte innere Beziehung zu den Störungen naher Verwandter, besonders der Kinder, mag für die Entwicklung der Familientherapie von einiger Bedeutung gewesen sein. Die klassischen Beispiele gehen nämlich fast immer von Familien mit Kindern als Indexpatienten aus. Noch heute arbeiten viel häufiger Erziehungs- als Eheberatungsstellen mit *ganzen* Familien. Es ist daher kein Zufall, daß das erste deutsche Buch über Familientherapie, Horst-Eberhard Richters »Eltern, Kind und Neurose« (1963), von der Rolle des Kindes in der Familie handelt. In der Erziehungsberatung geht es übrigens auch sehr häufig um die Eifersucht der Kinder untereinander und auf die Eltern. Darauf möchte ich nicht eingehen, und zwar nicht nur, weil dieses Thema ein eigenes Buch erfordern würde, sondern auch, weil fast immer die Blickrichtung vom Kind, mit dem der Therapeut »etwas machen« soll, damit es »wieder in Ordnung kommt«, wieder »o. k.« ist oder keine Sorgen mehr macht, auf die allgemeine Verflochtenheit, eben die Zirkularität, gewendet wird. Darin spielt die Elternehe eine entscheidende Rolle. Es gibt immer noch sehr wenige Therapeuten, die in der oben geschilderten Familie mit der Kopfwehmutter versuchen würden, durch Familientherapie das Kopfweh zu beseitigen. Dagegen haben natürlich Kopfschmerzen und deren mögliche Ursachen in vielen Psychoanalysen und vielleicht noch mehr Eheberatungen eine Rolle gespielt. Über ähnliche Konstellationen wie die beschriebene könnten allerdings viele Erziehungsberatungsstellen berichten. Nur wäre dann nicht die Mutter die Indexpatientin, sondern ein Kind, gegen dessen Bettnässen, Stottern, Aggressivität oder übergroße Schüchternheit Hilfe gesucht würde. Da dieses Symptom als ein Symbol für den gestörten Zustand der Gesamtfamilie starken Abwehrcharakter hat, erfordert es für die Berater oft eine mühsame Arbeit, das Hauptgewicht auf die Probleme der Elternehe zu verlagern.

Was die Eifersucht der Erwachsenen angeht, so ist mir aus der Literatur kein einziger Fall bekannt, in dem diese als Symptom der *Gesamtfamilie* angeboten oder aufgefaßt wurde. (Falls das ein Informationsmangel ist, möge mich die Unübersichtlichkeit der Veröffentlichungen entschuldigen.) Auch ich selbst habe unter diesem Gesichtspunkt erst in zwei Fällen mit Familien gearbeitet. In beiden war die Mutter wegen eines Eifersuchtswahns medikamentös behandelt und von den Ärzten an unsere Beratungsstelle überwiesen worden. Ich möchte darüber nicht berichten, weil der eine Fall nicht abgeschlossen ist und der andere noch nicht lange genug zurückliegt. Außerdem ist es in der Eheberatung eine ziemlich neue Entwicklung, daß Psychiater sich entschließen, uns Patienten zur Nachbehandlung anzuvertrauen. Es scheint sich erst allmählich unter ihnen herumzusprechen, daß wir Hilfen bieten können, die sie selbst nicht zur Verfügung stellen können – vor allem Zeit (!) –, und auch Erfahrung im Verstehen dessen, was an zwischenmenschlichen Verstrickungen zu Störungen der verschiedenen Grade, also auch bis hin zu Psychosen, beitragen, wenn nicht diese verursachen kann.

Die Möglichkeiten für dieses Verständnis haben »die Systemiker« verändert, vergrößert und erweitert. Viele von ihnen gingen ja von der Schizophrenieforschung aus, auch hier wieder meistens von psychotischen Kindern und Jugendlichen. Vorherige Psychotherapien hatten auf diesem Gebiet, alles in allem, wenig Erfolg gebracht, besonders wegen des ungeheuren Zeitaufwandes, den die psychoanalytische Behandlung von Psychosen erfordert. Sie konnte angesichts des hohen Prozentsatzes von 0,8 Prozent der Bevölkerung bei schizophrenen und sogar etwa 5 Prozent bei depressiven Psychosen (nach Kutter 1977) nicht mehr als den berühmten Tropfen auf den heißen Stein liefern. Eine entscheidende Wende in der Psychiatrie hat (trotz allen Unbehagens bei nichtärztlichen Therapeuten, das ich auch an mir kenne) die Entdeckung von Medikamenten gegen diese Erscheinungen gebracht. In ihrer Auffassung, daß diese Psychopharmaka nur ein Notbehelf seien, wenn auch ein sehr wirksamer und oft unentbehrlicher, der das Symptom, nicht aber die Ursachen behandelt und deshalb oft zu Rückfällen und zu der sogenannten Drehtür-Psychiatrie führt, stehen die Systemiker Seit an Seit mit den Analytikern. Sonst aber machen sie alles anders.

Erstarrung als Grundsymptom

Jedes lebendige System – also etwa eine Familie, ein Paar, aber auch das Subsystem Individuum – hat zwei gegensätzliche, im besten Fall dialektisch wirkende Tendenzen: die zur Homöostase (zum Beharren, zur Wiederholung, zum Gleichbleiben) und die zur Veränderung. Damit ist im Falle der Gesundheit Entwicklung auf Grund der Stabilität einer in sich bewegten Form möglich, die Sprünge und Abweichungen zuläßt, ja auch das Wegfallen von Teilen übersteht – Sterben, Ablösen, Trennung. Ein Wasserfall oder ein Wald sind gute Beispiele dafür. Pathologische Systeme haben aber die Tendenz, die Homöostase überzubetonen und aus einem starr gewordenen Regelkreis nicht mehr herauszufinden. Freuds Wiederholungszwang gehört in diesen Zusammenhang.

Denn Erstarrung ist eigentlich das Grundsymptom, mit dem es alle Psychotherapie zu tun hat. Es passiert zwar durchaus oft sehr viel in Ehen und Familien, die zur Beratung kommen, zuviel – und zuwenig. Was passiert, wiederholt sich jedenfalls immer wieder in sehr ähnlicher Weise. Aus dieser festgefahrenen Art des interpersonellen Geschehens kommen die Klienten nicht mehr allein heraus.

Um hier zu helfen, gingen die Systemtheoretiker nicht von Gefühlen, Trieben, inneren Konflikten, Phantasien und Deutungen aus, sondern von der Kommunikation, der Art sich mitzuteilen, also einem bewußten Akt, um dessen Einordnung in unbewußte Zusammenhänge sie sich nicht kümmerten. »Die Behandlungseinheit ist nicht mehr die Einzelperson, ... sondern das Beziehungsnetz, in das dieses Individuum eingebettet ist«, zitiert Helm Stierlin einen der Pioniere der Systemtherapie, Jay Haley (Stierlin 1975, S. 10). Es geht dabei nicht primär um Verständnis, sondern um Problemlösungen bzw. um das Aufbrechen eingeschliffener Sequenzen, die sich aus falschen Lösungen ergeben.

Auf die allgemeine theoretische Einordnung und die vielen verschiedenen therapeutischen Verfahren für Mehrpersonen-Behandlungen kann ich hier nicht eingehen. Wer mehr darüber erfahren will, muß sich von Buch zu Buch weiterhangeln und sollte sich davor hüten, die Verhärtungen und Einseitigkeiten der einzelnen Schulen absolut zu setzen. Ich selbst beschränke mich auf die Darstellung und Diskussion von hauptsächlich zwei therapeutischen Verfahren, die in unserm Sprachgebiet weit verbreitet sind und oft angewendet werden: Watzlawicks kommunikationstheoretischen Ansatz und Jürg Willis Kollusionskonzept. Beiden gemeinsam ist zunächst einmal das Ernstnehmen eines Paares als Paar und nicht etwa als zwei Einzelwesen, deren Neurosen man möglichst auseinanderdividieren muß, um zu einem guten therapeutischen Ergebnis zu kommen (dies die Voraussetzung von Gertrude und Rubin Blanck, 1968).

Eifersucht als Ergebnis falscher Lösungsversuche

Lösungen versuchen natürlich alle Paare oder Familien, die sich in Therapie oder Beratung begeben – nur kommen sie damit nicht zurecht. Sehr anschaulich schildert Paul Watzlawick (zusammen mit Weakland und Fisch, 1974) in bezug auf Eifersucht den Umgang eines Ehepaares miteinander, wo jeder für sich die angebrachteste Reaktion auf ein unerwünschtes Verhalten des andern anzuwenden glaubt, das Ehesystem aber dadurch in eine quälende Sackgasse getrieben wird:

Die Frau »mag den Eindruck haben, daß der Mann sich ihr nicht genügend eröffnet und sie daher nicht weiß, wie er zu ihr steht, was in seinem Kopf vorgeht, was er tut, wenn er von daheim fort ist usw. Verständlicherweise wird sie versuchen, diese ihr fehlende Information irgendwie zu erhalten, sei es durch Fragen, durch Beobachtung seines Verhaltens, durch gewisse Nachforschungen und dergleichen mehr. Wenn er seinerseits ihr Verhalten für zu aufdringlich hält, wird er dazu neigen, sich noch mehr abzuschließen und ihr Information vorzuenthalten, die an sich harmlos und unbedeutend wäre – ›nur um ihr beizubringen, daß sie nicht alles zu wissen braucht‹. Dieser Lösungsversuch führt aber meist nicht nur nicht zur gewünschten Änderung ihres Verhaltens, sondern verdoppelt ihr Unbehagen und ihr Mißtrauen: ›Wenn er mit mir nicht einmal über diese belanglosen Dinge spricht, dann muß etwas dahinterstecken.‹ Je weniger Information er ihr gibt, desto hartnäckiger wird sie suchen, und je mehr sie sucht, desto weniger wird er ihr geben. Ist es dann so weit, daß der Psychiater beigezogen wird, fällt es diesem meist nicht schwer, ihr Verhalten als pathologische Eifersucht zu diagnostizieren – vorausgesetzt, daß er ihre ›Störung‹ als endogen (als rein intrapsychisch bedingt) betrachtet und daher dem zwischenmenschlichen Kontext der Ehebeziehung keine Aufmerksamkeit schenkt, geschweige denn den von beiden versuchten ›Lösungen‹, die in Tat und Wahrheit das Problem sind« (S. 55 ff).

Watzlawick schreibt, dem Beobachter dränge sich das Bild von zwei Seglern auf, die sich, jeder auf einer Seite, über Bord lehnen, um das Boot im Gleichgewicht zu halten. Man nennt das »Ausreiten«. Je mehr der eine sich hinaushängt, desto mehr Gegengewicht muß der andere geben. Die Meinung Watzlawicks ist, daß das Boot an sich von selbst im Gleichgewicht wäre (und wohl auch vorankäme). »Die Lösung dieser bizarren Lage erfordert ganz offensichtlich, daß wenigstens einer der beiden etwas scheinbar Unvernünftiges tut, nämlich ... *weniger* zu stabilisieren, da dies den Partner sofort zwingt, auch seinerseits *weniger desselben* zu tun, um nicht ins Wasser zu geraten.«

Hat man diesen kommunikativen Regelkreis durchschaut, geht es darum, wie man die beiden, die etwas so Unsinniges und Schädliches tun, weil sie es für sinnvoll halten, dazu bringt, diese falsche Lösung zugunsten einer besseren fallenzulassen. Leider berichtet Watzlawick nicht, wie er mit diesem Fall umgegangen ist. Er erwähnt auch nicht die Lösungsmöglichkeit, die darin bestanden hätte, daß einer von beiden genug hat, sich einfach ins Wasser fallen läßt, untergeht oder an Land schwimmt. Der andere könnte dabei eventuell auch ins Wasser fallen; damit wäre das gemeinsame Boot, in dem sie ja eigentlich sitzen sollten, funktionslos geworden; oder er ist geschickt genug, das ihn gefährdende Schwanken abzufangen, und macht es sich, allein geblieben, in den Überresten der ehelichen Gemeinsamkeit bequem. Oder: Es kommt ein Sturm, der die beiden dazu zwingt, um einer realen Gefahr willen nebeneinander »oben« auf der Bordkante zu sitzen und buchstäblich »an einem Strang zu ziehen«, im Bild an der Schot, mit der sie das Segel halten müssen, was im Falle eines Sturms sehr viel Kraft erfordert. Sonst würden sie das rettende Ufer nicht erreichen. Ein solcher »Sturm« kann, gerade bei Ehepaaren mit Kindern, auch in dem System selbst entstehen: ein Kind könnte zum Symptomträger werden, der die Eltern zwingt, sich von ihrem eigentlichen Problem, hier dem, das mit Eifersucht umschrieben ist, zu distanzieren.

Alle diese bildlich durchgespielten Lösungen sind mir als Veränderungen in einer Ehe, in der ein Partner eifersüchtig ist, vorgekommen. Aber freilich – auch ich wünsche mir die beiden vorzugsweise zurück in ihr Boot.

Dieses Boot – Watzlawick hält es unbesehen für stabil. Es könnte aber auch anders sein: leck, alt, überholt, zu leicht, zu flüchtig gebaut, kurzum ungeeignet für Beförderung und Aufenthalt von Menschen. Ich löse mich von dem bereits überstrapazierten Bild: In dem Beispiel, das Watzlawick als geeignet für eine besondere Form ehelicher Kommunikation hält, läßt er offensichtlich an der Institution der Ehe als solcher gar keine Zweifel aufkommen.

Das genaue Betrachten und Weiterspinnen eines als Symbol eingeführten Bildes ist eine psychoanalytische Betrachtungsweise, die mancher Systemtherapeut für falsch hält. Zufall ist die Wahl deshalb noch lange nicht. Watzlawick im besonderen (Schülein 1976) und der Gesamttendenz der Familientherapie ist daher der Vorwurf des anpassenden Konservativismus gemacht worden (Pohlen-Plänkers 1982). Die Kritiker sind nicht damit einverstanden, daß das Gewordensein, die Geschichte eines Menschen, einer Beziehung oder einer Institution, im besonderen von Ehe und Familie, daß die Frage nach der Durchlässigkeit von hierarchischen Ordnungen und Machtverhältnissen und deren ethische Implikationen viele Systemiker nicht interessiert. Diese sind Pragmatiker, die vor allem – mit Hilfe ihrer theoretischen Einsichten, ihrer Erfahrung und Autorität – helfen und Probleme lösen wollen.

Was das »Ausreiten« angeht, so trifft die Watzlawicksche Kommunikationsbeschreibung natürlich in vielen Fällen zu. Allerdings hört es sich in seinem Beispiel so an, als entstünde Eifersucht *immer* auf diese Weise, und als sei es ganz einfach, damit fertig zu werden, wenn man nur den richtigen Schraubenzieher für die entsprechende Schraube findet. Zunächst einmal erscheint mir das nicht gerade leicht. Nach meiner Erfahrung ist es ziemlich schwierig, den Mann zu »weniger desselben« zu bringen. Gerade ich als Frau käme in Gefahr, von ihm als Bündnispartner seiner eifersüchtigen Eheliebsten angesehen zu werden, wenn ich versuchte, ihn zu motivieren, offener und kommunikativer zu sein. Mit einigem Recht könnte er sagen: »Was ich auch tue, sie wird doch nie zufrieden sein. Da laß ich's lieber ganz.« Einige Partner in einer solchen Kollusion – damit führe ich Willis Begriff ein, der sich allerdings weniger auf die Kommunikation als auf das *unbewußte* Zusammenspiel bezieht – haben diese Erfahrung nämlich gemacht. Würde ich dagegen versuchen, die Frau zu motivieren, ihn freier zu lassen und etwa gezielt etwas allein zu unternehmen, so erlebte mit ziemlicher Wahrscheinlichkeit *sie* mich als Parteigängerin des Mannes, hätte Angst, er würde sich ihr ja dann *gerade* entziehen, und sie könnte vielleicht auf mich als phantasierte Sympathisantin eifersüchtig sein.

Diese hier angedeutete Methode direkten Eingreifens würde allerdings auch Watzlawick kaum anwenden. Er würde nicht einfach zur Frau sagen: »Fragen Sie nicht soviel!« und zum Mann: »Erzählen Sie ihr etwas mehr!« Denkbar wäre, daß er dem Mann empfiehlt, überhaupt nicht mehr mit der Frau zu sprechen, da das Inihndringen ja auch wirklich unerträglich sei, oder der Frau rät, alle Schubladen, Manteltaschen, Koffer und was ihr sonst einfällt zu durchsuchen und ein genaues Protokoll darüber anzufertigen. Die Hoffnung wäre dabei, daß durch Überdruß an dem jetzt empfohlenen (»verschriebenen«) »ausreitenden« Verhalten die »Lösung zweiter Ordnung« frei wird: daß nämlich beide vom Mehr desselben genug haben, daher endlich weniger desselben tun und sehen, daß es sich damit auch leben läßt, ja sogar besser als vorher. Daraus entsteht dann – bestenfalls – ein positiver Kreislauf; Kreativität für neue Kommunikationsformen wird möglich.

Ich werde später noch einige Beispiele bringen, in denen Therapien nach diesem Prinzip erfolgreich waren.

Eifersucht in ehelichen Kollusionen

Jürg Willis Kollusionskonzept berührt sich in gewisser Weise mit Watzlawicks Kommunikationsanalyse. Auch für Willi greifen die beiderseitigen Verhaltensweisen ineinander, auch er stellt schematische Zirkelwirkungen fest; im Falle des »Ausreitens« bei Eifersucht wäre ein solcher Zirkel: »Ich muß so kontrollierend sein, weil du so zurückhaltend und unkommunikativ bist«, worauf der andere, auf eine Formel gebracht, antworten würde: »Ich bin so zurückhaltend und unkommunikativ, weil du so kontrollierend bist.« Übrigens kommt etwas Ähnliches schon 1947 in der großen Eifersuchtsuntersuchung von Lagache vor: In seinem zentralen Fall Anna sagt deren Freund Dimitri: »Ich würde Anna heiraten, wenn sie nicht so eifersüchtig wäre«, während Anna denkt, sagt und zeigt: »Ich bin so eifersüchtig, weil Dimitri sich nicht entschließen kann, mich zu heiraten.« (Lagache hat selbstverständlich, seiner analytischen Ausrichtung entsprechend, nur Anna behandelt, nicht Dimitri und schon gar nicht beide zusammen.)

Der Grund, weshalb ich mit Willis Konzept mehr anfangen kann als mit der nur von der Kommunikation ausgehenden Therapierichtung, liegt unter anderm darin, daß es meiner Meinung nach ehrlicher zeigt, was man alles begriffen und gelernt haben muß, um allenfalls auch einmal eine Verschreibung von der Art zu geben, wie ich sie später noch darstellen will.

Die Anwendung von Willis Kollusionsprinzipien scheint daher auch komplizierter und schwieriger, und Watzlawicks »Anleitung zum Unglücklichsein« (1983) leuchtet wahrscheinlich einem größeren Publikum und auch vielen Eheberatern mehr ein als Willis (dennoch vielgelesene!) Bücher über die Kollusionen bei einer als neurotisch verstandenen Partnerwahl, in der sozusagen Mann und Frau ihr Unglück in einen Topf werfen, um daraus das Beste zu machen. Zwar wirkt auch Willis Sichtweise befreiend und klärend, aber nirgends entsteht, wie bei Watzlawick oft, der verführerische Eindruck: »So einfach ist das!« Um ganz kurz und oberflächlich an den Grundgedanken zu erinnern: Die gegenseitige Ergänzung, die ja in jeder Ehe unerläßlich ist, wird nicht eigentlich produktiv gestaltet, sondern jedem Partner werden Anteile zugewiesen, die der andere nicht zu leben wagt: so »darf« etwa der eine nur pflegen und schützen, der andere nur hilflos, abhängig, kindlich sein; der eine »muß« sich selbst strahlend darstellen und verwirklichen, der andere »darf« ihn dabei nur stützen und bewundern. Versucht einer der beiden, sich aus diesem meist unbewußten Vertrag zu entfernen, zu »progredieren«, also voranzuschreiten, oder zu »regredieren«, sich auf unselbständigere, sozusagen erholsamere Positionen zurückzuziehen, wo von ihm eigentlich das Gegenteil erwartet wird, so kommt es zur Krise.

Willi beschreibt einige typische Kollusionen entlang der Linie der von der Psychoanalyse angenommenen psychosexuellen Entwicklung des Menschen. Aber selbst diese bereits recht vielfältigen Ausformungen des kollusiven Ineinandergreifens erweisen sich angesichts der komplexen Wirklichkeit von Ehen und ähnlichen Beziehungen oft noch als zu schematisch bzw. treten in reiner Form nur selten und vorübergehend auf. So beschreibt Willi in seinem Buch die »Eifersuchts-Untreue-Kollusion« (1975, S. 129 ff) als eine Unterform der *analen* Kollusion (S. 107 ff), in der Liebe als Einander-ganz-Gehören aufgefaßt wird und in der es im wesentlichen um einen ehelichen Machtkampf in einer Herrscher-Untertanen-Kollusion geht. Die Formel lautet beim einen Partner: »Ich bin nur so eifersüchtig, weil du so untreu bist«, und beim andern: »Ich bin nur so untreu, weil du so eifersüchtig bist.« Unter den 30 Fällen meiner Katamnesen ist mir eine solche Kollusion ein einziges Mal vorgekommen, und auch da nur als eine Komponente unter vielen anderen in einer überaus komplizierten Ehe.

Willis therapeutischer Eingriff würde, wie er besonders in seinem zweiten Buch (1978) zeigt, im Verstehen der gegenseitigen Ängste und Wünsche, d. h. der progressiven und regressiven Position im unbewußten Zirkelspiel, liegen, eventuell aber auch in dem, was er »therapeutische Kollusion« nennt (S. 112 ff). Er nimmt *bewußt* die Haltungen ein, die ich oben als gefährlich geschildert habe (S. 263), allerdings nicht bevor eine gute therapeutische Beziehung hergestellt ist und auch nur, *falls* sich im therapeutischen Prozeß besonders durch das Unbehagen des Therapeuten die Notwendigkeit dazu ergibt. Das Durchspielen des Konflikts zwischen diesem und *einem* der Partner, der Ähnlichkeit mit dem des kollusiv verstrickten Paares hat, kann Beispielcharakter haben. Da der Therapeut dank seiner größeren emotionalen Distanz und der besseren Kenntnis seiner eigenen Psyche innerhalb der Gegenübertragung mit seiner eigenen Position klarer umgehen kann, besteht die Hoffnung, daß sowohl der zuschauende wie der kämpfende Partner bei diesem Kampf etwas lernen; und der Therapeut kommt aus einer möglicherweise lähmenden Klemme – vielleicht Ärger, Unverständnis, Einengung, Neid – in seiner Haltung gegenüber den Klienten mit Anstand und Nutzen heraus.

Nach meinen eigenen Erfahrungen sieht es so aus, als sei die Eifersucht-Untreue-Kollusion, jedenfalls soweit sie wenigstens teilweise bewußt ist, Angelegenheit vor allem einer bestimmten sozialen Schicht, in der es überhaupt möglich ist, daß, wie Willi schreibt, der fremdgehende Partner »die Schilderung seiner Untreueerlebnisse … mit missionarischem Eifer an den Partner heranträgt, scheinbar mit der Absicht, ihn zu einer freieren Haltung zu bewegen, effektiv mit der Wirkung, dessen ängstlich-konservative Haltung zu bestärken« (1977, S. 126). So etwas ist in vielen Ehen, in denen Untreue und Eifersucht vorkommt, völlig undenkbar. Dennoch muß man das Agieren von Freiheitswünschen und Trennungsängsten einerseits, von Nähewünschen und Trennungssehnsucht andererseits als etwas ansehen, das sehr vielen, wenn nicht allen Beziehungsvorgängen im Zusammenhang mit Eifersucht zugrunde liegt. Dabei scheint mir Eifersucht noch immer den positiven Aspekt des Interesses am Weiterbestehen der Beziehung zu enthalten. Es gibt ja durchaus Untreue, die keine Eifersucht hervorruft, sondern mit Gleichgültigkeit, ja Befriedigung erlebt wird, vielleicht auch die Möglichkeit öffnet, endlich zur Trennung zu gelangen.

Auch ich würde sagen, daß die anale Ebene – die Herrscher-Untertan-Kollusion laut Willi – *immer* eine Rolle spielt, und zwar um so gefährlicher, je unbewußter sie ist. Da aber in jedem Menschen die Spuren *aller* psychosexuellen Entwicklungsstufen zu finden sind, ist Eifersucht auch auf anderer, genetisch früherer oder späterer Stufe zu finden. Hier, wie so oft im Zusammenhang mit Willis Konzept, scheint mir die Beteiligung des Therapeuten u. a. darin zu liegen, daß er, sicher entsprechend seiner eigenen Geschichte und Situation, *einen* Aspekt besonders klar sieht und empfindet und mit diesem (als Fokus) arbeitet. Für mich ist es oft undeutlich, welche Art von Kollusion gerade stattfindet. In diesem Sinne scheint es mir dann nützlich, sich für *eine* Hypothese, die damit zum Fokus wird, zu entscheiden, natürlich mit der Möglichkeit, sich zu korrigieren.

Man könnte z.B. statt des Schemas »Ich muß so untreu sein, weil du so eifersüchtig bist« auch den *narzißtischen* Aspekt betonen (vgl. Willi 1977, S. 65 ff). Etwas breiter als in einer Kurzformel würde das ungefähr so aussehen: »Du hinderst mich, ich selbst zu sein, deshalb muß ich so böse und rücksichtslos sein und dich betrügen; daß du eifersüchtig bist, kann ich nicht anders beurteilen, als daß es deine eigene Sache ist. *Mit* dir kann ich nicht ich selbst sein, also muß ich es ohne dich versuchen. Wenn du das als ›gegen dich‹ empfindest – dein Pech.« Da der Partner in einer narzißtischen Verbindung den andern als sein Idealselbst unbedingt braucht, wird er immer wieder den ersteren geradezu berennen; er wird sein Bild vom Partner nicht ändern, seine Erwartungen nicht korrigieren wollen – und dadurch dazu beitragen, daß der andere, um auch wieder einmal Watzlawicks Terminologie zu benutzen, »mehr desselben« tut.

Eine *orale* Kollusion – Liebe als Einander-Umsorgen – könnte etwa unter diesen Formeln aus dem Gleichgewicht geraten: »Du mußt mir einfach zugestehen, daß ich mir meinen Freund leiste – ich brauche ihn, und wir haben uns doch immer helfen wollen. Denk nur, wie traurig ich wäre, wenn ich ihn aufgeben müßte – das kannst du mir unmöglich zumuten. Wie kannst du dich eigentlich so eifersüchtig aufführen, wenn du doch weißt, daß diese Beziehung so gut für mich ist! Und obendrein noch abweisend sein, wenn ich mit dir zärtlich sein will – ich liebe dich doch *auch* – also du machst es mir wirklich schwer!« Der andere wird auf der unbewußten Übereinkunft bestehen, die Willi so definiert: »Das einzige, was ›Mutter‹ nicht tun ›dürfte‹, wäre, dem Partner hilfreiche Zuwendung zu versagen. Das einzige, was ›Pflegling‹ nicht tun ›dürfte‹, wäre, keine dankbare Anerkennung mehr auszusprechen« (1977, S. 101). Der eifersüchtige Partner wird also weiter das gegenseitige Umsorgen verlangen, wird darauf hinweisen, was er alles auf sich genommen und geopfert hat, um das warme Ehenest auszupolstern, aus dem der Partner ausgeflogen ist – und wagt eigene Ausflugswünsche nicht wahrzunehmen, muß sie also verleugnen.

Der lebensgeschichtlich letzte Teil der psychosexuellen Entwicklung des Kindes, die ja nach psychoanalytischer Auffassung derart prägenden Einfluß hat, daß sich Spuren davon – Wiederholungen, Fixierungen, Glück und Unglück – unverwechselbar im Erwachsenenleben nachweisen lassen, ist die *phallische* Phase, in der es, ganz global, um die eigene Geschlechtsidentität geht – nicht um Identität als Ganzes, also nicht um das Erleben und Abgrenzen dessen, was heute als »Selbst« bezeichnet wird, sondern um die Erfahrung des eigenen Körpers und der eigenen Person als männlich oder weiblich. Daß es in Verhaltensweisen, die sich auf die phallische Phase zurückführen lassen, häufig Spuren der früheren gibt, auf denen sie ja aufbaut, versteht sich von selbst. Eine eifersüchtige (»ausreitende«) Kollusion auf phallischer Stufe könnte etwa so aussehen: »Wir haben uns doch als Mann und Frau gefunden und bestätigt, und es war zuerst wunderbar. Aber deine merkwürdigen Anwandlungen im Bett, deine Denunziationen in Gesellschaft kann ja kein Mensch ertragen. Ich brauche einfach jemand, bei dem ich ungehemmt als Mann (als Frau) anerkannt und begehrt werde, wo meine Potenz (oder Orgasmusfähigkeit) nicht dauernd gefährdet oder bespöttelt wird. Am besten, auch du suchst dir jemand anders.« Der Beitrag des Eifersüchtigen zum phathologischen Gleichgewicht kann hier darin bestehen, daß er versucht zu beweisen, wie »gut«, d. h. begehrend, verführerisch, hingebend, er als Mann (oder Frau) trotzdem ist – was in der Interaktion dazu führt, daß der Untreue wieder Gelegenheit hat zu sagen: »So eben nicht! Jetzt tust du es sozusagen auf Befehl, da ist es mir nichts mehr wert; und überhaupt hast du mich so lange frustriert, daß ich dich nicht mehr so attraktiv finde wie vorher. Wie ganz anders ist mein neuer Partner (oder meine Freundin)!«

Diese angenommenen Beispiele von Kollusionen, die alle auf Beratungserfahrungen beruhen, decken sich nicht genau mit den Willischen Kategorien (deren größte Gefahr sowieso darin liegt, daß sie trotz der Warnungen des Autors zu schematisch genommen werden können). Ich wollte damit nur zeigen, wieviel mehr kollusive Möglichkeiten es gibt als die, die Watzlawick allzu vereinfachend darstellt. Die Beispiele ließen sich nicht »beliebig« vermehren, aber doch vielfach. Für sicher halte auch ich, daß an der Eifersucht und besonders an deren langer Erhaltung sowohl der Eifersüchtige wie sein Partner mitwirkt, obwohl beide bewußt die Eifersucht loswerden wollen. Die innerseelischen Gründe habe ich in den langen Passagen zu diesem Thema zu klären versucht. Die zwischenmenschlichen sind vielleicht jetzt etwas einsehbarer geworden.

Macht – linear oder zirkulär verstanden?

Das Ineinandergreifen des unglücklich machenden Verhaltens ist oft nur allzu offensichtlich, so sehr, daß man sich im Falle einer wahnhaften Eifersucht etwa fragen muß, wer eigentlich verrückter ist – die Frau, die sich eine nicht existierende Liebesfaszination ihres Mannes für eine ganz bestimmte Frau einbildet, oder der Mann, der Jahre um Jahre sein ganzes Verhalten minutenweise kontrollieren läßt und immer wieder versucht, die Frau liebevoll davon zu überzeugen, daß er ihr treu ist, sich entschuldigt, wenn er doch einmal wütend geworden ist, und vieles mehr.

Zwei alte Beispiele, in denen das Mitspielen der Umgebung deutlich zu spüren ist, enthält die Untersuchung von Gesell aus dem Jahre 1906:

Eine Frau von 23 Jahren ist die Tyrannin ihres Mannes, der nicht wagt, ohne sie auszugehen oder ein Wort über sie zu sagen. Sie entließ alle ihre weiblichen Dienstboten und machte jeden Tag Theater wegen ihrer Eifersucht. Es ist eine echte Verrücktheit. Ihr Körper wird starr, und sie wird von Krämpfen geschüttelt. Vielleicht geht es vorbei, wenn sie Mutter wird.

Eine Frau von 40 ist so eifersüchtig, daß sie ihren Kindern niemals erlaubt, jemand zu umarmen, nicht einmal die Großeltern. Einmal, als ihr Sohn 6 Jahre alt war und von seiner Großmutter ein Bonbon bekommen hatte, gab sie ihm einen derartigen Schlag ins Gesicht, daß er das Bewußtsein verlor (S. 464/5).

Für meine psychoanalytisch auswählenden Augen wäre in diesen beiden Fällen an eine ödipale Problematik zu denken. Sollte eine solche Familie zu mir kommen und sollte sich diese Vermutung auf Grund von Interaktionen, Einfällen, Aussagen bestätigen, so würde ich versuchen, auf Grund des Beobachteten die heutige Situation besser zu verstehen. Das heißt: Ich würde das Hier und Jetzt *aller* Beteiligten auf Grund des Dort und Damals nur *einiger* von ihnen zu verändern versuchen. Ich stehe damit in einer Tradition, die annimmt, daß Verstehen und Verstandenwerden heilt, weil Wege zur Veränderung freigesetzt werden, wenn Unbewußtes bewußt wird. Alle kollusiven Interaktionen, die ich oben geschildert habe, *können* zwar bewußt, werden aber oft auch unbewußt ablaufen.

Es geht mir dabei durchaus auch um Machtausübung zwischen Menschen, gelegentlich auch um Macht in der Ohnmacht, aber doch um eine lineare Kausalität innerhalb der zirkulären. Und es geht mir um die Lokkerung der *pathologischen* Machtausübung, also um einen emanzipatorischen Prozeß, von dem ich mir erhoffe, daß er dem einzelnen – bestenfalls miteinander, aber oft auch durch Ablösung – eine Zunahme an Reife, Erwachsenheit und vielleicht sogar Güte ermöglicht. Alle diese Wörter sind durch vielfältigen Mißbrauch sowohl innerhalb der Psychoanalyse wie auch durch den allgemeinen Psychoboom überhaupt verdächtig geworden. Trotzdem möchte ich hier nicht auf sie verzichten. Was nun die Macht angeht, so setzen die Systemtherapeuten gegen meinen Ansatz die lapidare Aussage: »Diese Überzeugung ist falsch, denn die Macht liegt weder beim einen noch beim andern. Die Macht liegt in den Spielregeln, die sich im pragmatischen Zusammenspiel aller Beteiligten im Laufe der Zeit herausgebildet haben« (Selvini 1975, S. 15).

Es geht also darum, diese Regeln zu verändern, *dann* wird auch das Individuum frei, *dann* werden sich auch die »Machtverhältnisse«, die man in diesem Zusammenhang in Anführungsstriche setzen muß, verändern.

Beispiele systemischer Interventionen

Der Therapeut muß den Mut haben, etwa folgende Interventionen zu machen (und sich damit als jemand zu verstehen, von dem das nicht nur erwartet wird, sondern der es auch von seinem Selbstverständnis her darf, was bei einem Psychoanalytiker undenkbar wäre) (Im et al. 1981, S. 213): wegen der Eifersucht eines Ehemannes den Abbruch einer platonischen Beziehung seiner Frau von ihrem früheren Liebhaber zu verlangen – vorher, so heißt es in dem Fallbericht, war kein fruchtbares Gespräch möglich. Oder das Brechen der Regeln kann so aussehen:

Eine frischgeschiedene Hausmaklerin begann eine Beziehung mit einem 15 Jahre jüngeren Mann, der sehr viel weniger erfolgreich war als sie. Es stellte sich heraus, daß er außerordentlich eifersüchtig auf praktisch alle ihre Geschäftspartner war. Zunächst versuchte sie, zu beteuern, daß sie an niemand anders interessiert sei. Als das nichts nützte, probierte sie es mit Humor. Als sie sah, daß ihr Liebhaber durch diese Versuche des Leichtnehmens gekränkt war, entschloß sie sich, ihn nicht mehr zu informieren, in der Hoffnung, damit seine eifersüchtigen Wutausbrüche verhindern zu können. Aber wenn er ihr Verschweigen entdeckte, bestand die Gefahr, daß er aus Eifersucht gewalttätig wurde (Ib., S. 214).

Hier haben also die bisherigen Lösungsversuche des Paares, ähnlich wie in Watzlawicks Grundbeispiel, zu einer Eskalation des unerwünschten Verhaltens geführt. Die Frau bekommt die Direktive, »weniger desselben« zu tun, indem sie »konsequent und skrupulös ehrlich ist«, ihn also mit Informationen überflutet (flooding, eigentlich ein Begriff aus der Verhaltenstherapie). Sie »erkennt den Wert der Strategie an«, aber gleichzeitig bemerkt sie, daß sie in ihrer Liebe zu wenig engagiert ist, um die Anweisung auszuführen.

Der Unterschied gegenüber einer Therapie, die sich der psychoanalytischen Sichtweise verpflichtet fühlt, ist deutlich: Das Symptom interessiert nicht als Leiden eines Individuums, etwa als innerseelischer Konflikt zwischen Ängsten und Wünschen, zwischen Bleib- und Weglauftendenzen, die auch darauf beruhen, daß das Paar sich bei diesem ungewöhnlichen Altersunterschied und dem ebenso ungewöhnlichen beruflichen Erfolgsvorsprung der Frau gegen die Normen der Gesellschaft stellt, sondern als Problem eines Systems. Ist das System »geknackt«, so ist die Aufgabe des Therapeuten erfüllt. Er versteht sich, wie es in einem andern Aufsatz heißt, »vielleicht am besten als sozialer Ingenieur, der Strukturen, Hierarchien, Werte, Normen, Rollen und Sequenzen umgruppiert« (Teismann 1979, S. 154). In dem eben zitierten. Beispiel wird nicht berichtet, was nach der Weigerung der Frau, die Weisung des Therapeuten auszuführen, aus dem jungen Mann, der als Symptomträger oder Indexpatient in die Beratung kam, geworden ist. Verantwortung für das Wachstum des Individuums wird von diesem Therapeuten nicht übernommen. Der Vorwurf gegen die Psychoanalyse bei einer Diskussion wäre mit Sicherheit, der Psychoanalytiker nähme sich selbst zu wichtig. Der Klient werde schon allein zurechtkommen oder gegebenenfalls später eine weitere Therapie aufsuchen.

Psychoanalytisch ausgedrückt, würde im obigen Beispiel die Frau aufgefordert, die Wünsche des jungen Mannes nach völliger Kontrolle, nach völligem Besitz der Mutterfigur zu befriedigen – aber in der *Realität,* nicht in der Phantasie, wie es auf Grund der psychoanalytischen Grundregel und der Übertragung in einer Psychoanalyse geschehen würde. Auch dort wird ja befördert, freigegeben und zugelassen, was eigentlich beherrscht und überwunden sein soll, wenn aus Es einmal Ich geworden ist. In diesem Sinne ist auch die Psychoanalyse als paradoxe Intervention gedeutet worden (vgl. Watzlawick et al. 1967, S. 229 ff). Die direkte Aufforderung zum triebgewünschten Handeln in der Realität, dem sogenannten Ausagieren, noch dazu mit Hilfe des Objekts, wäre für einen Psychoanalytiker gänzlich undenkbar.

Ebenso fremd wäre ihm die eindeutige moralische Bewertung einer Ehekrise:

Nach der Rückkehr ihres Ehemannes von einer Affäre mit einer anderen Frau konnte seine Frau keine Ruhe geben. Sie war besessen von Gedanken an die andere. Es entstand eine Sequenz, die dazu führte, daß, je mehr die Frau seine Vergangenheit durchwühlte (Telefonrechnungen, Kleidungsstücke, Terminkalender), der Mann um so ärgerlicher wurde, weil er es ernst mit seiner Rückkehr meinte. Aber seine Ungeduld und sein Ärger bestärkten in der Frau das Gefühl, zurückgewiesen und nicht geliebt zu werden.

Der Therapeut etikettierte die Affäre als ein Verbrechen gegen die Ehe, das zu vergeben und durch Vertrauen zu überwinden eine lange Zeit kosten würde. Dem Mann wurde gesagt, er müsse eine Strafe auf sich nehmen, um seiner Frau die Vergebung zu erleichtern. Diese Strafe sollte in rücksichtsloser Offenheit über seine frühere Beziehung bestehen, und zwar wurde der Frau dafür ein ganzer Abend und eine ganze Nacht zugestanden. Während dieser Zeit sollte sie alles fragen, was ihr durch den Kopf ging, und nichts aus irgendwelchen Gründen zensieren.

Diese Hausaufgabe wurde der Frau lange vor Ablauf der gewährten Zeit widerwärtig, und sie hörte damit auf. Die Direktive, so der Kommentar des Therapeuten, diente dazu, die Frau zu bestätigen und ihr Bedürfnis, den Mann zu bestrafen, zu befriedigen. In Wirklichkeit hatte sie ihn mit ihren Launen, ihren Weinanfällen und ihrer Ausforscherei schon vorher bestraft. So wurde etwas, das vorher verdeckt geschah, offengelegt. »Danach war das Paar besser in der Lage, sich den störenden Aspekten seiner Ehe zu stellen, die dazu geführt hatten, daß der Mann seine Affäre begann« (Im et al., S. 214).

Hier nimmt der Therapeut eindeutig Partei für die Ehe und, zunächst wenigstens, gegen die Unabhängigkeitstendenzen des Ehemannes, in denen sich Wünsche nach Freiheit, Selbständigkeit, Entwicklung äußern mochten, auf die er aber, aus welchen Gründen auch immer, durch seine Rückkehr bereits verzichtet hatte. In psychoanalytischer Sprache wurde der Frau das Interesse an der »Urszene«, dem Beischlaf, aber übertragen auch an der Beziehung, den Umgangsformen, der Geschichte der Eltern und in ihrer Nachfolge eines anderen nahen Paares freigegeben, ja verschrieben, nachdem sie dieses Interesse vorher selbst immer wieder in offenbar neurotischer Weise gezeigt hatte. Allein die Erlaubnis scheint hier in kürzester Zeit eine Verkrustung gelöst zu haben, die das Miteinandersprechen und Aufeinanderzugehen erst möglich machte. Bei genauerem Hinsehen ist es nämlich keineswegs so, daß »die Systemiker«

nur an den Schrauben des Systems drehen, es auf eine andere Schiene setzen und sich dann zurückziehen. Reden, Probleme aufarbeiten, Einsicht als Voraussetzung für den Wunsch nach Veränderung kommt in vielen Mischtechniken durchaus vor. In Deutschland bieten das beste Beispiel dafür Helm Stierlin und seine Mitarbeiter, für die auch in ihren Veröffentlichungen immer noch zwischen »Heilung durch Begegnung« und »Heilung durch Systemänderung« viele Zwischenformen möglich sind (Wirsching/Stierlin 1982).

Wie weit Direktiven gehen können, zeigen in dem zitierten Aufsatz (Im et al.) weitere Beispiele: so wird eine Frau, die auf ihres Mannes liebevolle und dankbare Beziehung zu seiner älteren Schwester eifersüchtig ist, angewiesen, einfach so zu tun, als sei sie es nicht mehr. Der Therapeut schließt sich in einer »strategischen Allianz« mit ihr zusammen: sie sei in der Ehe die Flexiblere, alle Veränderung könne daher nur von ihr ausgehen. Die Frau schafft die Verstellung, obwohl sie ihr schwerfällt. Als Folge ihres Verhaltens wird der Mann, wie sich der gesunde Menschenverstand das vorstellt, freundlicher zu ihr. Weshalb die Frau auf eine durchaus plausible Beziehung – die ältere Schwester hatte den Ehemann aufgezogen – so kleinlich reagierte, interessiert nicht. Auch ist keine Rede davon, ob sie vielleicht mit anderen Personen ebenso ängstlich und possessiv umgeht beziehungsweise aus innerseelischen Gründen umgehen »muß«.

In ähnlicher Weise schließt ein Therapeut mit einem Jungverheirateten einen »Teufelspakt«:

Dessen Frau ist ein »lebhafter Gesellschaftsschmetterling«, langweilt sich in der Ehe, bleibt immer öfter von zu Hause weg und verlangt schließlich die Scheidung. Der junge Mann wird angewiesen, seiner Frau die Aufregung, an der es ihr in der Ehe ja offensichtlich fehlt, zu verschaffen: Er soll unzuverlässiger werden, nicht mehr genau und regelmäßig bekanntgeben, wo er ist, Pläne ohne seine Frau machen usw. Der Mann befolgt die Direktive und macht dabei die Erfahrung, daß ihm das neue Leben gut gefällt, daß er allein Freunde finden kann und daß ihm an seinem Arbeitsplatz sogar eine Kollegin Avancen macht. Er kann mit steigendem Selbstbewußtsein sein anklammerndes, besitzergreifendes Benehmen aufgeben; seine Frau beginnt sich Sorgen zu machen, daß sie ihn verlieren könnte, und hat auch keinen Grund mehr, ihn wegen seiner Weinerlichkeit zu verachten.

Ein noch intensiverer Eingriff besteht darin, daß der beargwöhnte Partner – die Autoren berichten von zwei Fällen – selbst den Eifersüchtigen spielt. Je verrückter die Symptomatik, desto wirkungsvoller sind solche Eingriffe.

Im Falle einer wahnhaften Eifersucht, die bis zu physischer Gewalt ging, und auf die der Ehemann, ein Arzt, bereits mit dem Abbrechen vieler sozialer Kontakte geantwortet hatte, wurde die Einschränkung für ihn so belastend, daß er mit dem Gedanken spielte, sich entweder scheiden oder seine Frau in ein psychiatrisches Krankenhaus einliefern zu lassen. Dieser Mann wurde angewiesen, selbst die Rolle des Eifersüchtigen zu übernehmen, und da er über viele Jahre das Benehmen seiner Frau mehr als genug studiert hatte, gelang ihm das hervorragend, und zwar ohne daß die Frau das nur Vorgetäuschte seiner neuen Haltung bemerkte. Er rief gegen seine Gewohnheit oft und zu unerwarteten Zeiten zu Hause an, fragte, was seine Frau gerade machte, kritisierte und beargwöhnte neue Kleider, die sie trug – wem wollte sie damit imponieren? –, und reagierte ärgerlich auf den kleinsten Blick, den sie einem andern Mann gönnte.

»Das Resultat war dramatisch. Die Frau, die sich jetzt von ihres Mannes Aufmerksamkeit und seinem neu erwachten Interesse geschmeichelt fühlte, verlor ihren Ärger und ihre Eifersucht. Sie wurde freundlich und liebevoll ihrem Mann gegenüber und äußerte Gewissensbisse wegen ihres früheren Verhaltens.« Eine Katamnese nach acht Monaten ergab, daß die Frau weiterhin liebevoll und kooperativ war, »aber vorsichtshalber spielte der Mann noch von Zeit zu Zeit die Rolle des Eifersüchtigen« (Im et al., 216).

Natürlich sind acht Monate keine lange Zeit. Und was würde geschehen, wenn die Frau merkte, daß ihr Mann nur gespielt hat und nicht wirklich eifersüchtig war? Je ausgebauter der Wahn ist, desto leichter läßt sich in ihn einbauen, was geschieht: »Der Aufbau eines echten paranoischen Systems ist ein Lebenswerk«, schreibt Balint (1972, S. 41), und dieses ist dem Patienten lieber und wichtiger als (fast) alles andere. In einem mir genau bekannten Fall hätte die Frau, die über feinste symbiotische Antennen für ihren Mann verfügte, das Spiel aller Wahrscheinlichkeit nach durchschaut und es so gedeutet, daß der Mann das Ganze nur veranstaltete, um um so ungestörter mit »dieser Frau« zusammenzusein, »die er nie aufgeben wird«.

In dem oben dargestellten Fall geschah allerdings tiefenpsychologisch etwas anderes: die Zuwendung, die hinter dem Sturm der Anklagen so sehr erhofft und so ungeschickt verlangt wird, ist plötzlich gewährt worden. Die Frau sieht an dem ganzen Aufwand von Kontrolle durch ihren Mann nur den liebevollen Aspekt, den des Gehalten- und Gewolltwerdens, auf den sie so lange, natürlich mitbedingt durch ihr eigenes kollusives Verhalten, verzichten mußte. Dadurch wird der Kampf um die Abstützung des schwachen Selbstgefühls durch Beachtung und Wertschätzung von seiten des Ehemanns, den sie so unzweckmäßig wie hartnäckig geführt hatte, plötzlich überflüssig. Kräfte werden lebendig, die unter der Kruste eines eingefahrenen Sich-gegenseitig-Fertigmachens noch lebendig waren. Auf einer solchen noch vorhandenen Grundlage wäre übrigens nach einiger Zeit sogar das Verzeihen der Täuschung denkbar. Meiner Ansicht nach hat einfach der Therapeut, haben aber auch die Klienten Glück gehabt, daß die Sache klappte. Aber freilich – Glück braucht jeder Therapeut; und je tüchtiger und erfahrener er ist, desto mehr wird er zugeben, wie sehr er es braucht.

Noch weiter als das bewußte Rollenspiel des Partners geht das eindeutige Verstärken und Bestätigen des unerwünschten, wahnhaften Verhaltens des Symptomträgers durch den Therapeuten. Da alle andern sich immer *gegen* die Verrücktheit des Eifersüchtigen stemmen (und es zweifellos noch im tiefsten Wahn in ihm selbst Anteile gibt, die sich mit diesen Personen, die er allerdings seinerseits für nicht normal zu halten behauptet, verbünden möchten), so kann man sich vorstellen, was für eine Erschütterung des Systems es bedeutet, wenn eine so wichtige Person wie der Therapeut plötzlich zur andern, nämlich des Patienten, Partei überwechselt. Freilich tut das auch der psychoanalytische Therapeut, der sich der »Heilung des Selbst« (Kohut) annehmen will und für einen Borderline- oder Psychosepatienten eine Zeitlang durch Empathie, emotionale Bedürfnisbefriedigung und einschränkungsloses Akzeptieren in der Therapie die Rolle der symbiotischen Mutter übernimmt – aber auf ganz andere Weise, nicht durch Ratschläge und Handlungsanweisungen.

Dem Systemtherapeuten war der Rollentausch – also das vorgeschützte eifersüchtige Verhalten des Partners, der für untreu gehalten wird – in dem Fall, um den es hier geht, nicht gelungen. »Die Anstrengung schlug fehl wegen der plumpen Art, in der der Mann die Anweisung befolgte, und führte zur Entdeckung der Täuschung durch die Ehefrau.«

Sie blieb weiter bei ihrer wahnhaften Überzeugung, ihr Mann werde unwiderstehlich von Blondinen angezogen, und ganz besonders von der Blondine, die kürzlich im Haus gegenüber eingezogen war.

Der Therapeut sagt nun in einer gemeinsamen Sitzung dem Ehepaar: »Ich bin Buddhist und glaube daher an Karma und an Wiedergeburt. Ich glaube, daß Ihres Mannes Interesse für Blondinen seinen Ursprung in früheren Leben hat, in denen er blonde Frauen zurückgewiesen und verletzt hat. Um seine früheren Taten wiedergutzumachen, muß er blonden Frauen Liebe entgegenbringen. Das ist der Grund für seinen Blondinenkomplex. Aber Sie können ihm helfen, indem Sie sein Interesse für Blondinen verstärken.« Sie sollte ihn also auf jede blonde Frau, die sie auf der Straße oder im Fernsehen sah, aufmerksam machen. Der Therapeut ließ sie auch in der Therapiestunde ihren Mann mit Hilfe von Zeitschriften auf Blondinen hinweisen. Nach vier Wochen sagte die Frau zum Therapeuten: »Mir ist ganz schlecht von dieser Blondinen-Angelegenheit – das

Ganze interessiert mich nicht mehr. Soll er sie doch sehen, wenn er will. Es ist sowieso sein Problem.«

In weiteren Sitzungen berichtete die Frau von ihrer Einsicht, daß die Eifersucht von ihrem eigenen Unsicherheitsgefühl verursacht war. Sie hatte eine unglückliche Kindheit gehabt und war daran gewöhnt, eigene emotionale Bedürfnisse zu unterdrücken, weil sie fürchtete, weniger geliebt zu werden, wenn sie sie äußerte. Kurz nach ihrer Hochzeit hatte sie entdeckt, daß ihr Mann eine Affäre hatte. Aus Angst, ihn zu verlieren, hatte sie nie mit ihm darüber gesprochen.

Der Therapeut betont, daß durch die – fast möchte man sagen: Umbesetzung im Spiel, in dem die Frau statt der Rolle des Opfers die der Helferin übernahm, die psychologische Einsicht von selbst auf die Symptombeseitigung folgte, d. h. ohne deutenden Eingriff des Therapeuten (Im et. al.).

Ähnliches kenne ich von nachträglicher Beratung psychotischer Patienten, die medikamentös behandelt wurden und das Symptom der wahnhaften oder Borderline-Eifersucht, das sie in psychiatrische Behandlung brachte, nach seinem Verschwinden in seinem Realitätsbezug anders verstehen. »Ich hab mir das nur eingebildet«, heißt es dann. Diese Erfahrungen bestätigen meine Meinung, daß Eifersucht immer nicht nur für sich selbst steht, sondern stets auch etwas anderes überdeckt. Daß alle Menschen Eifersucht kennen, schließt ja nicht aus, daß man immer eifersüchtig ist, *weil* ... – und hier folgt dann der jeweilige individuelle Hintergrund.

Die systembrechende Therapie hat in vielen Fällen einen konfliktaufdeckenden Effekt. Begriffe wie »Sündenbock« und oder »Blitzableiter« (Hoffman, S. 155) spielen eine große Rolle, d. h., damit das Schlimmste und Beschämendste in der Familie – ein Geheimnis, ein sexuelles Versagen, ein Inzest oder auch nur unauflösliche Widersprüche zwischen den Eltern in einer Familie, deren höchstes Gut Anstand und Harmonie ist – nicht zutage tritt, wird ein Beteiligter des Systems krank, psychotisch oder delinquent und zieht damit alle Aufmerksamkeit auf sich, die sich sonst der schwarzen Stelle zuwenden könnte. Interessant ist in diesem Zusammenhang die Stressforschung. Dort kam man zu dem Ergebnis, »daß Ereignisse mit erwartbar positiven Bedeutungen wie ›eheliche Versöhnung‹ auf der Stressskala als mit mehr Stress verbunden eingeordnet sind als einige mit negativen Begriffsinhalten wie ›Schwierigkeiten mit Sex‹« (vgl. Hoffman, S. 168). Hier wird also bestätigt, was die Beratungserfahrung zeigt, daß nämlich die Anstrengung, sich Problemen zu stellen und sie zu lösen – sei es durch Versöhnung oder durch Trennung –, unbewußt als größer empfunden und daher mehr gescheut wird als der Stress, der im dauernden Aushalten der als Symptom vorgebrachten Schwierigkeiten liegt.

Daß der verdeckte Konflikt unter Umständen auch in abgewehrter Eifersucht liegen kann, die durch paradoxes Intervenieren des Therapeuten freigelegt werden kann, zeigt ein Fall von Jackson (Watzlawick I, S. 227):

Ein paranoider Patient äußert den Verdacht, im Behandlungszimmer könne ein Mikrofon verborgen sein. Der Psychiater deutet diesen Verdacht nicht, versucht auch nicht die Realitätsbeziehung des Patienten zurechtzurücken (wie es jeder andere Mensch tun würde, der auf diese Weise verdächtigt würde!), sondern zeigt sich sehr »beunruhigt«, unterbricht die Sitzung und sucht zusammen mit dem Patienten das Zimmer von oben bis unten durch. Dem Patienten wird das »immer peinlicher ... gleichzeitig wurde er immer unsicherer in bezug auf die Stichhaltigkeit des Verdachts. Der Psychiater ließ aber nicht locker ...«.

Und hier liegt sicher ein wichtiges Movens der Therapie. Es ist ein gewaltiger Unterschied, ob man, von der Tradition des (nie ganz erfüllbaren) Ideals der freien Assoziation herkommend, dem Patienten »den Vorrang läßt«, wie eine der Regeln auch der Eheberatung heißt, oder ob man auf das eingeht, was er bringt, ihn dann aber bis ins letzte Extrem treibt, indem man ihn zwingt, trotz des Gefühls der Peinlichkeit den letzten Winkel und die letzte Ritze zu durchsuchen, und dann die Konfrontation von Realität und Phantasie bis aufs letzte auszureizen.

Dadurch aber, so Watzlawicks Bericht über Jacksons Therapie, wird offenbar ein Sprung auf eine andere Ebene möglich. Die Durchsuchung des Zimmers erscheint dem nachträglichen Blick des Lesers jetzt nur noch als symbolisch. Eine scheinbar reale, eigentlich aber erfundene Wirklichkeit steht für eine andere noch realere, die aber dem Patienten in ihrer Realität unbewußt so dringend und gefährlich erscheint, daß er sich nicht mit ihr konfrontieren will. Denn:

»Anschließend begann der Patient plötzlich von seiner Ehe zu sprechen, und es stellte sich heraus, daß er auf diesem Gebiet gute Gründe für sein Mißtrauen hatte.«

Hier könnte man in Analogie zu dem altfranzösischen Sprichwort, daß Eifersucht schlimmer als Zahnschmerzen ist, sagen: »Eingestandene Eifersucht ist schlimmer als paranoides Mißtrauen gegenüber versteckten Mikrofonen.«

Zurück zur »Blondinen-Angelegenheit«: Mir widerstrebt an dem Beispiel der unernste Umgang mit einer Religion. Sicher wäre es auf Grund der Autorität, die der Therapeut für das Paar darstellt und die so groß ist, daß selbst das fehlgeschlagene Rollenspiel des Ehemannes sie nicht erschüttert, möglich gewesen, eine andere Begründung für das Helfen-müssen der Frau zu finden, etwa eine psychologische, eine, die mit seiner ethnischen Herkunft zusammenhängt oder ähnliches. Auch in diesem Falle wäre verschrieben worden, was die Frau abwehrt: ihr eigenes Interesse an blonden Frauen, hinter dem nach Freudscher Auffassung verdrängte Homosexualität steht. Man kann sich ausmalen, wie viele verschiedenartige blonde Frauen die Patientin in den vier Wochen, bevor sie genug davon hatte, betrachtet, bewundert, gehaßt, sich mit ihnen verglichen hat. Zulassen von Verdrängtem führt zu dessen Abnutzung, auch in der Psychoanalyse.

Probleme des Therapeuten

Die Frage, die sich angesichts einer solchen Intervention stellt – für den Therapeuten, den Eheberater, aber auch für den Psychoanalytiker, der offen genug ist, die systemische Sichtweise und deren Ziel der Unterbrechung von Regelkreisen nicht unbesehen abzulehnen –, ist nicht die nach dem Erfolg solcher Methoden, der nicht mehr bestritten werden kann. Auch die Erfolge der Psychoanalyse sind ja vielfach nicht recht nachzuweisen, oft nur subjektiv erlebbar und werden angezweifelt. Ich könnte mir denken, daß auf alle Psychotherapien Jungs Aussage über die Erfolge seiner eigenen Arbeit zutrifft: »Ein Drittel geheilt, ein Drittel weitgehend gebessert und ein Drittel nicht wesentlich beeinflußt!« (Jung 1961, S. 148) Willi bemerkt, »daß die Unterschiede verschiedener therapeutischer Schulrichtungen für das Therapieergebnis weniger bedeutsam sind ... als die Persönlichkeit des Therapeuten« (Willi 1978, S. 366). Die Frage also, die sich stellt, ist die nach der Wahl der Therapieform und ihrer Vereinbarkeit mit dem, was der Therapeut von sich selbst und den Klienten erwartet. Es ist eigentlich die Frage nach seinem Menschenbild.

Angesichts der heutigen verwirrenden und verlockenden Methodenvielfalt muß sich der Therapeut vor allem fragen: Was will ich für den, der bei mir Hilfe sucht, sein? Denn nur, wenn ich mit mir selbst in Übereinstimmung bin, werde ich innerhalb meiner Möglichkeiten am wirksamsten helfen können. Wer an der eigenen Methode allzusehr zweifelt, wird unsicher, undeutlich, unglaubwürdig. *Etwas* Zweifel allerdings scheint mir nicht nur unumgänglich, sondern ist ein Zeichen von Offenheit, die ich fast als eine Anstandspflicht gegenüber anders arbeitenden Kollegen empfinde.

Für den, der von der Psychoanalyse herkommt, ist das erste Gefühl angesichts direktiv-systemischer Interventionen: »So einer möchte ich nicht sein; so technisch, so eingreifend, so manipulativ, so vorherwissend, so unindividuell, so ahistorisch will ich meinen Patienten nicht gegenübertreten. Ich hätte das Gefühl, sie zu vergewaltigen. Ich mag nichts anderes sagen, als was ich denke, ich mag keine Tricks anwenden; ich mag auch meine Patienten nicht zu Tricks bringen.« (Es sei hier immerhin angemerkt, daß diese Reaktion nicht nur die »spontane« ist, sondern zugleich die offizielle »der« Psychoanalyse, also die gleichsam vorgeschriebene und in der eigenen Gruppe gutgeheißene.) Dahinter steht ein Ideal, das Anna Freud in einem Brief an einen vierzehnjährigen Jungen so ausgedrückt hat: »Wenn Du ein wirklicher Psychoanalytiker werden willst, mußt Du eine große Wahrheitsliebe besitzen, sowohl eine wissenschaftliche als auch eine persönliche, und Du mußt diese Anerkennung der Wahrheit höher setzen als jede Unannehmlichkeit, die damit verbunden ist, unangenehmen Tatsachen gegenüberzustehen, ob sie nun der äußeren Welt angehören oder Deiner inneren Person« (zit. nach Mitscherlich-Nielsen 1982, S. 268). Hinzuzusetzen wäre: Diese Wahrheit wird dich frei (oder wenigstens freier) machen.

Wahrheit und Freiheit – wer würde nicht gern zustimmen, daß sich dafür große Anstrengungen lohnen? Nur ist das Schwierige, daß man mit dieser Wahrheit, die immer nur die individuelle, immer nur eine einzigartige persönliche sein kann, nie die allgemeine, die objektive – daß man mit dieser Wahrheit ausgerechnet mit Phantasien umgeht. Der Mensch als biologisch bestimmtes Wesen in der phantasierenden Annäherung an seine eigene einmalige Wahrheit – das scheint mir das Wichtigste an Freuds Entdeckungen zu sein. Damit stellt sich aber die Pilatusfrage: »Was ist Wahrheit?« immer neu und, daraus folgend, auch die andere: »Was ist Freiheit?«

Angesichts der Geschichte der Psychoanalyse, angesichts auch ihres Umgangs mit Wahrheit und Freiheit muß man leider zu dem Schluß kommen, daß sie weder vor Torheit schützt noch vor politischer Korruption noch vor hierarchischen Zwangsstrukturen in den eigenen Reihen. Das dialektisch-emanzipatorische Potential in ihr, das besonders Thea Bauriedl betont (Bauriedl 1984) und das übrigens das Wahrnehmen der eigenen Wünsche hinter der Ablehnung in der oben skizzierten Reaktionsreihe erfordern würde, ist oft nur schwer zu entdecken. Freilich ist die Kritik, die (vgl. besonders Heft 7 der »Psyche« 1984) in aller Öffentlichkeit von prominenten Psychoanalytikern an ihrer eigenen Institution geübt wird, ein überzeugendes Beispiel für das Bemühen um die Tradition von Wahrheit und Freiheit. In welcher beruflichen Gruppe unserer Gesellschaft läßt sich schließlich Ähnliches beobachten? Nicht in der Politik, nicht in der Medizin, nicht im Bereich von Schule und Universität – höchstens gelegentlich in der Kirche. Die Ähnlichkeit von »Kirche« und Psychoanalyse ist von manchen Kritikern hervorgehoben worden. Wenigstens in diesem Punkt ist sie nicht das Schlechteste.

Dennoch ist, so scheint mir, die Gefahr von projektiver Abwehr bei der psychoanalytischen Reaktion nicht zu übersehen (»Ich bin dagegen, also bin ich sicher, daß ich selbst nichts Ähnliches will«). Gegen gelegentliche Allmachtsphantasien und -euphorien ist ganz gewiß kein Psychotherapeut gefeit, also auch kein Psychoanalytiker. Irgendwie steht dahinter doch die Vorstellung, mit tiefenpsychologischer Grundhaltung könnte man bessere Menschen machen. Und natürlich werfen die Psychoanalytiker den Systemikern – gerade Allmachtsphantasien vor. »Hier sitz ich, forme Menschen nach meinem Bilde ...« Wir sollten Freuds bescheidenen Satz nicht vergessen: »Warum sollten die Analysierten durchaus die Besseren sein? Die Analyse macht *einheitlich,* aber nicht an und für sich gut.« (Unterstreichungen von Freud, Brief an James Putnam vom 7. 6. 1915, zit. nach Jones.) Die »Einheitlichkeit« würde man vielleicht heute im wiedergewonnenen »wahren Selbst« sehen. Personen, die eine lange Analyse mit diesem Ziel hinter sich haben, bestätigen oft in eklatanter Weise Freuds Bemerkungen über den fehlenden moralischen Aufschwung. Außerdem können Neurotiker durchaus zu überzeugender, nichtneurotischer, »reifer« Güte fähig sein.

Eine Ehe- und Familienberatung wird, so denke ich, auch in einem Fall, der zur Zufriedenheit des Beraters ausgegangen ist, diese Einheitlichkeit nicht bringen, und Güte und moralische Besserung kann ihr Ziel schon gar nicht sein, wenn auch manchmal positive Kräfte dabei frei werden, die Handlungen ermöglichen, die traditionell zu den »guten« gerechnet werden: Nächstenliebe, Engagement für andere, Gelassenheit, Verzicht auf Vorteile. Dennoch lassen sich moralische Kriterien, d. h. Wertungen des Beraters, nie ausschließen. Sie sind einfach da, weil der Berater kein Computer ist, und auch der Sozialingenieur, als den sich der zitierte Systemtherapeut am liebsten sehen möchte, findet selbstverständlich bestimmte Dinge »gut« und »böse«, abgesehen davon, daß er Verhaltensweisen von sich und andern als imponierend, langweilig, blöd, unerträglich usw. erlebt und entsprechend reagiert. »Man kann nicht nicht kommunizieren«, ist eines der Axiome der Kommunikationstheorie. Das ist eine überzeugende Feststellung. Meiner Ansicht nach hängt die *Art* der Kommunikation allerdings mit der Lebensgeschichte zusammen, und ich habe an Watzlawick et al. überhaupt erst wieder lernen müssen, daß jemand, der sich mit Psychologie befaßt, darüber anderer Meinung sein kann. Bis dahin meinte ich, dergleichen dächten nur Menschen, die vom Unbewußten, von der Kindheitsentwicklung, von Beziehungskonflikten und deren möglichen Auswirkungen nichts wüßten. *Eine* Art der Kommunikation zwischen Klient und Therapeut ist bereits die Therapie*form*.

Freiheit wird zweifellos nicht nur ermöglicht, indem man die Zwänge des Unbewußten der Einsicht zugänglich macht, sondern auch, indem man mittels einer Direktive in die pathologische Erstarrung eines Systems eingreift. In einem systemischen Fallbericht war ein eifersüchtiger Mann daran gewöhnt, daß seine Frau, wenn er Alkohol getrunken hatte, auf Angriffe abwechselnd mit Angst vor Tätlichkeiten und dann wieder mit Wut auf seine falsche Sicht der Realität reagierte. Wenn ein solcher Mann erlebt, daß seine Frau – auf Anweisung des Therapeuten – bei einem neuen Eifersuchtsanfall nicht das immer Wiederholte und damit Erwartete tut – ängstlich oder wütend sein –, sondern im Zimmer hin und her geht und sich die Haare rauft, so wird er selbstverständlich verwirrt sein. Sagt sie dann auf seine Nachfrage – ebenfalls, weil der Therapeut es ihr geraten hat –, sie sei verzweifelt, weil sie Angst habe, ihren Mann zu verlieren, so ist zweifellos ein Interaktionszirkel aufgebrochen, zu dessen wesentlichen Bestandteilen es gehörte, daß der Mann der Meinung war, nur er habe Angst, seine Frau zu verlieren, sie dagegen könne sich seiner sicher sein und schere sich nicht darum, ob sie ihn behielte oder nicht (Teismann 1979). Das Ziel, das damit erreicht ist, nämlich die Relativierung des eigenen Standpunktes durch Einfühlung in den Partner und Beachtung auch seiner Nöte und Sorgen, würde wohl kein Eheberater als etwas ansehen, auf das er in seiner Therapie verzichten kann. Nur würde der traditionell Ausgerichtete es anders zu erreichen versuchen: durch Gespräche, Nachfragen, Nachdenken – keinesfalls durch eine solche Handlungsweise.

Um Farbe zu bekennen: Ich habe noch nie eine systemische Direktive gegeben. In den meisten dargestellten Fällen würde ich bei meiner Methode mit ähnlichen Ergebnissen rechnen; in den schweren – bei wahnhaften oder Borderline-Zuständen – möchte ich ein Fragezeichen setzen, ob die Ergebnisse stabil sind und es keine neuen Anfälle oder Krisen geben wird. Ich bin daher, jedenfalls auf dem Gebiet der Eifersucht, überzeugt, daß viele Wege zum Ziel führen, oder auch, daß alle unsicher sind, und daß man sich an Wahrheit und Freiheit höchstens annähern kann, sie aber nie ganz erreicht.

Daß man, auch als Gesprächspartner mit tiefenpsychologischen Grundsätzen, manipuliert, ist selbstverständlich. Auch die Anwendung von Deutungen hat etwas Direktives, und allein das »Setting«, etwa im Falle einer Eheberatung die Entscheidung (die weitgehend beim Berater liegt), ob er mit einem oder beiden Partnern, vielleicht unter Einbeziehung der Kinder, arbeiten will, wie oft und wie lange er arbeitet – all das enthält bereits eine Wertung, nämlich zugunsten des Systems der Ehe im Falle der Gemeinsamkeit, zugunsten des individuellen Wachstums im Falle der Einzelarbeit. Daß durch unbemerkte Bündnisse des Therapeuten mit einem der Partner im Laufe der Zeit diese Wertung sich verschieben kann, liegt in der Natur der Sache. Tatsächlich kann (aber nicht: muß) geschehen, was Fritz Simon aus dem Heidelberger Kreis um Helm Stierlin schreibt: »daß gerade diejenigen, deren Ziel es ist, das Unbewußte bewußt zu machen, unbewußt machen, was die andern bewußt machen« (Simon 1983, S. 311).

Es gibt in der Bundesrepublik viel weniger kompetente Lehrer – und daher meiner Ansicht nach viel mehr dilettantische Therapieversuche – auf dem Gebiet der Systemtherapie als auf dem der Tiefenpsychologie in ihren verschiedenen Zweigen. Nun scheint es aber im Wesen von als kurz geplanten Therapien zu liegen, daß sie nicht weniger, sondern mehr Wissen und Können vom Therapeuten fordern als lange und geruhsame, in denen einfach durch die längere Dauer mehr Möglichkeiten zur Korrektur durch Versuch und Irrtum gegeben sind. Das trifft für die analytische Fokaltherapie zu (Balint 1972), aber auch für die strategischen Kurztherapien der Systemiker. Wer die Sache mit dem Ei des Kolumbus anwenden will – eine Lösung zweiter Ordnung für die Frage, wie man ein Ei zum Stehen bringen kann, die Kolumbus löste, indem er das Ei einschlug und auf die Spitze stellte –, der muß entweder Kolumbus, nämlich ein Pionier, Entdecker oder eine charismatische Persönlichkeit sein, oder er muß das Beispiel einmal gesehen haben. Für die Übertragung einer solchen Lösung auf andere Probleme braucht man ein enormes Wissen. Aus Büchern, in denen oft nur die gelungenen Beispiele gebracht werden und von den Frustrationen des Therapeuten seltener die Rede ist, läßt sich das schlecht lernen. Selbst wenn ich solches Wissen erwerben *wollte,* wäre das in meiner Situation und Umgebung ziemlich schwierig, jedenfalls was die laut Literatur »klassischen« Formen angeht. Mit Mischformen ist es leichter.

Mein persönlichstes Argument für die Nichtanwendung der direktiven Arbeitsweise liegt aber auf dem Gebiet, das die Psychoanalyse mit den Termini Übertragung und Gegenübertragung bezeichnet. Der Systemtherapeut begibt sich ja in die Rolle des allmächtigen Vaters, der oft ohne Erklärungen auf der Durchführung seiner Anweisungen besteht, allenfalls einmal scherzt, »good sport« ist, etwa um das Honorar der nächsten Sitzung mit dem Klienten wettet (Teismann), aber sich nicht auf eine Infragestellung seines Tuns einläßt. Auch ich mache natürlich bestimmte Voraussetzungen, ohne die ich keinen »Arbeitsvertrag« abschließe. Ein Klient, der nicht nachdenken und nachfühlen, *nur* beschuldigen, *nur* geholfen kriegen will, der oft Termine nicht einhält, der nur seinen Standpunkt bestätigt sehen will, ist für mich nicht akzeptabel. Ich versuche aber, meine Autorität zu relativieren. Ich behalte immer noch – durch meine Stellung, durch den »Hausvorteil«, durch die Notlage des

Klienten – mehr als genug davon, und ich bilde mir auch nicht ein, daß ich völlig darauf verzichten kann. Die Klienten suchen ja die »Erfahrung« des Beraters und brauchen sie auch. Nur besteht die bei mir darin, daß Menschen in den schlimmsten Krisen einen eigenen Ausweg finden – oft in Krisen, in denen ich selbst das Gefühl hätte, sie nicht ertragen zu können! –, und daß ich sie dazu motivieren und dabei stützen möchte und nicht *für* sie den Weg bestimmen, wie es eben der patriarchalische Vater beansprucht, der dann so oft enttäuscht und dessen Herrschaft unsere Welt nicht gerade besser gemacht hat.

Außerdem möchte ich meine Beziehung zum Klienten so gestalten, daß ich an seinem Wachstum teilnehme, daß ich also die Veränderungen, die ja die Systemiker auch ermöglichen wollen, entstehen sehe – falls es mir und meinen Klienten gemeinsam gelingt, überhaupt welche einzuleiten. Das ist durchaus eine Frage des Geschmacks, des Lustprinzips, wenn man so will. Es macht mir einfach mehr Spaß. Mit der ethischen Einordnung bzw. Abqualifizierung möchte ich vorsichtig sein. Nach systemischen Verschreibungen setzen die Therapeuten oft Pausen von mehreren Wochen an, während ich in der Regel mindestens einmal wöchentlich arbeite. Den Vorwurf, ich nähme mich zu wichtig, da ich meine, die Unruhe nicht ertragen zu können, wenn ich so lange nichts von Menschen höre, denen ich durch mein Handeln den Weg zu tiefgreifenden und möglicherweise auch gefährlichen Veränderungen in ihrem Leben öffne, muß ich mir gefallen lassen. Den andern, ich sei zu ernst und wolle mich nicht auf das Spielerische, Einfallsreiche und Kreative der strategischen Interventionen einlassen, kann ich weniger gefügig hinnehmen. »Serious playfulness«, ernsthafte Spielerei oder Scherzhaftigkeit, nennt das ein Vertreter dieser Schule (Teismann) – und in dieser Form Regie zu führen und selber mitzuspielen, ist gewiß etwas für den Therapeuten Angenehmes und für den Klienten bestenfalls Nützliches. Aber auch in meinen Beratungen geht es nicht immer ernsthaft zu; wir lachen oft, und wenn ein Klient anfangen kann, über sich selbst zu lachen, so empfinde ich das als einen beachtlichen Fortschritt und oft als ein Zeichen von Wachstum. Aber ich will auch nicht im geringsten bereits vom Arrangement der Arbeit her in die Gefahr kommen, mir hinterrücks über die Klienten ins Fäustchen zu lachen – nicht, weil ich nicht manchmal das Bedürfnis hätte, das zu tun oder auf andere Weise meinen Klienten eins auszuwischen, sondern weil ich nicht möchte, daß jemand mit mir so umginge.

Im übrigen bin ich mir bewußt, daß ich mich bei allem Nachdenken über meine Arbeit doch immer wieder in der Lage sehe, nicht konsequent sein zu können, sondern »irgendwie« durchkommen zu müssen. Vielleicht allerdings gilt auch: Je genauer ich das sehe, desto weniger fanatisch kann ich sein, desto flexibler bleibe ich und – hoffentlich – desto hilfreicher für die Klienten. Je älter ich werde, desto deutlicher erlebe ich auch eine Paradoxie therapeutischen Handelns, die uns Menschen nun einmal grundsätzlich mitgegeben ist: den ungeheuren, einmaligen Ernst eines Konfliktes, eines Leidens und damit auch der Notwendigkeit, diesen Druck aufzulösen – und zugleich die Leichtgewichtigkeit derselben Erscheinungen gegenüber der Vergänglichkeit und Kürze des Lebens. Ich kann zwar daraus nicht den Schluß ziehen, es sei dann schließlich auch egal, ob ich mit meinen Klienten direktiv oder nichtdirektiv umgehe –, aber das Merkwürdige ist, daß ich mich gerade innerhalb dieser Paradoxie wohl fühle. Ein wenig – nicht ganz! – trifft auf meine und gewiß auf die Arbeit aller Therapeuten der alte Volksspruch zu: »Ich komm, weiß nicht woher – ich geh, weiß nicht wohin – mich wundert's, daß ich fröhlich bin.«

Vierter Teil
Gegenbewegungen

Dreißig Fälle aus unserer Praxis

Die Arbeit an diesem Buch war begleitet nicht nur von laufenden Beratungen, in denen Eifersucht eine Rolle spielte, sondern ich habe auch 30 Katamnesen, Nachgespräche also, aufgenommen und verwertet. Neun Fälle wurden mir von Kollegen unserer Beratungsstelle genannt, einer von der »Arche«, einer Münchener Institution für Selbstmordverhütung, zwanzig habe ich unter meinen eigenen ausgewählt, davon drei aus meiner Privatpraxis.

Was ist ein »Eifersuchtsfall«?

Meine Bedingung war zunächst nur, daß der Abschluß mindestens ein Jahr zurückliegen und, natürlich, daß es um Eifersucht gehen sollte. Bereits hier zeigte sich eine Besonderheit des Themas: In keinem Fall war von den Klienten Eifersucht als vordringliches Krisenproblem angeboten worden, sondern es ging überwiegend, nämlich in 27 von den 30 Fällen, um Dreiecksbeziehungen: ein Partner war »fremdgegangen«, wie es immer noch so merkwürdig heißt. In drei Beratungen, die zu den schwierigsten gehörten, war die Außenliebe »platonisch« geblieben, es hatten also keine sexuellen Kontakte stattgefunden. Bei den 24 Fällen, in denen die außerehelichen Partner nicht nur voneinander angezogen waren, sondern auch zusammen geschlafen hatten, fanden sich zu fast gleichen Teilen kurzfristige Beziehungen (einmal bis ein paarmal), längere (mehrere Monate bis etwa anderthalb Jahre) wie langdauernde (mehrere Jahre).

Ganz besonders leidvoll und dramatisch waren die drei Fälle, in denen weder ein phantasierter noch ein realer Außenpartner im Spiel war, sondern die Eifersucht sich »nur« in Kontrollen, Zwängen und auch in Rivalität zu Personen der engeren Familie zeigte (meist zu Eltern und Kindern).

Man sieht also schon hier etwas vielleicht Unerwartetes: daß zwischen Eifersucht überhaupt, aber auch ihrer Stärke einerseits und der Häufigkeit oder Intensität sexueller Kontakte andererseits keine direkte Proportionalität besteht. Eifersucht ist eben keine »normalerweise« erwartbare Reaktion wie etwa der Blutstropfen, der nach einem Nadelstich aus dem Finger quillt, sondern sie ist das vielfältig determinierte Symptom eines einzelnen mit seiner ganz besonderen Geschichte innerhalb eines oder mehrerer Lebenssysteme – in den bearbeiteten Fällen fast ausschließlich des Systems Familie, das man sich ja nicht anders denken kann als seinerseits eingeordnet in verschiedene beeinflussende Zusammenhänge, wie die bestimmende Kultur und Religion, Staatsformen, Berufsgruppen, Freundeskreise und vieles mehr.

Eine auffallende Lücke zeigt das Material: In keinem einzigen ausgewählten Fall war jemand in die Beratung gekommen, der die Außenposition im Dreieck einnahm. Dabei kommt es zweifellos häufig vor, daß die »dritte Person« verzweifelt ist, weil man der Beziehung zu ihr die Ehe oder eine andere Liebe vorgezogen hat oder sich entschied, daß beides unvereinbar sei. In unseren Beispielen taucht diese Problematik nicht auf. Das mag an der Auswahl der Berater liegen, sicher auch daran, daß man solche Leiden noch immer als »nicht so schlimm« ansieht, als etwas, das man »schon allein schafft«; dagegen wird es als gefährlicher und kränkender, aber auch größerer Anstrengungen wert betrachtet, wenn man damit fertig werden muß, daß jemand in eine Ehe eingebrochen ist. Die Eifersucht in der Ehe erscheint im Wortsinne berechtigter – durch mehr Rechte geschützt und erklärbar.

Mir selbst ist dieses Defizit erst deutlich geworden, als ich alle Katamnesen durchgearbeitet hatte. Dabei hat mich die dritte Person immer besonders interessiert, und ich habe sehr genau auf die Phantasien geachtet, die sich der Gekränkte in der Ehe über sie macht, sowie auf meine eigenen Vorstellungen davon, was der Rivale seinerseits empfindet. An die Realität dieser Person ist in der Tat schwer heranzukommen – außer in der Realität! Bei Freunden und Freundinnen, aus meiner eigenen Jugend, in Dreiecksbeziehungen in meiner persönlichen Umgebung könnte ich sofort eine ganze Menge solcher Konstellationen benennen. Nur sind das keine Beratungsfälle.

Ich erinnerte mich schließlich an einen einzigen Fall, in dem es um das Leiden an der Abweisung ging (das im übrigen am direktesten die ödipale Problematik spiegelt, nämlich die des einzelnen gegenüber einem unzertrennlichen Paar). Da war es aber für den Abschluß des Buches zu spät, und außerdem hatte ich mich schon entschlossen, einen Fall, der wegen seiner besonderen Struktur nicht zu dem katamnestischen Material gehört, in diesem Zusammenhang darzustellen.

Die Lücke erscheint mir bezeichnend dafür zu sein, daß ein allgemeiner Konsens besteht, von dem sich auch Eheberater nicht ausschließen können: Der in der Ehe oder einer andern Dauerbeziehung Gekränkte und daher Eifersüchtige verdient mehr Schutz und Hilfe als der Eindringling oder der, der bei einer Rivalität *vor* der Lebensentscheidung auf der Strecke bleibt.

Als ich diese Entdeckung gemacht hatte, konnte ich ein Gefühl von Unmut und Ungenügen nicht unterdrücken: Wie die Ameisen rennen wir zusammen, wenn jemand einen Notschrei wegen einer gefährdeten Ehe ausstößt. Wenn es aber »nur« um die Liebe geht, auch um die letzten Endes uns allen unentbehrliche Infragestellung unserer vielfach fadenscheinig gewordenen, dafür aber staatlich geschützten Institutionen, da verweigern wir den Leidenden nicht gerade die Hilfeleistung – die würde ja gegeben, wenn sie verlangt würde –, sondern es besteht einfach, ohne daß wir groß darüber nachdenken, keine Offenheit dafür. Dahinter stehen natürlich unsere eigenen Ängste.

Aber das Zulassen von Eifersucht ist an sich schon schwierig genug, was sich, wie ich schon erwähnt habe, daran zeigt, daß das Kriterium »Hier geht es um Eifersucht« nicht von den Klienten, sondern von den Beratern stammt. Wahrscheinlich spiegelt sich in dem Zögern, Eifersucht direkt als Symptom vorzutragen, noch immer oder immer wieder die unausrottbare Peinlichkeit und Ambivalenz des ganzen Komplexes.

Eine Klientin, die eine sehr lange und sehr erfolgreiche Beratung hinter sich hatte, war erstaunt, als die Kollegin, die mit ihr gearbeitet hatte, sie anrief, um sie zu fragen, ob sie zu einem Nachgespräch über Eifersucht bereit wäre. Um Eifersucht, meinte sie, sei es bei ihr im genauen Sinne doch nicht gegangen. Dabei erzählte sie mir dann in der Katamnese, daß sie sehr lange praktisch an nichts anderes gedacht hatte als an dies: warum ihr Mann eine nahe Beziehung zu einer gemeinsamen Bekannten hatte, was diese zu ihr selbst früher gesagt hatte und was die beiden wohl gerade jetzt zusammen täten. »Meine Kinder habe ich in dieser Zeit kaum wahrgenommen, obwohl ich sie gewissenhaft versorgt habe.« War das denn keine Eifersucht? Es stellte sich heraus, daß sich ihr die zugrundeliegende Verlustangst – sie stammte aus einer Flüchtlingsfamilie – als Leitbegriff eingeprägt hatte.

Meine Beispielsammlung enthält keinen Fall von wahnhafter oder Borderline-Eifersucht. Darunter verstehe ich die Eifersucht auf einen eingebildeten Rivalen oder eine innerhalb der Systemübereinkunft »falsche« und damit isolierte, »verrückte« Wertung einer tatsächlich bestehenden Beziehung. Das ist sicher kein Zufall, denn solche Fälle, wenn sie überhaupt behandelt und nicht einfach ertragen werden, landen eher in psychiatrischen Praxen oder gelegentlich bei Psychoanalytikern. Wie ich schon erwähnt habe, nehmen solche Anmeldungen an unserer Beratungsstelle zu, aber niemand von uns konnte einen lange genug abgeschlossenen Fall vorweisen. Ich selbst habe zum Zeitpunkt der Schlußredaktion vier solcher Fälle bis zu einem (vorläufigen?) Abschluß betreut; dieser lag aber jeweils erst einige Monate zurück.

Übrigens bedeutet »Abschluß« bei diesen wie bei den katamnestisch bearbeiteten Fällen nur die mit den Klienten besprochene Übereinkunft, keine regelmäßigen Beratungsgespräche mehr zu führen. Die Formel des Klienten lautet dann etwa: »Wir wollen versuchen, wie wir allein zurechtkommen«, oder: »Einstweilen kommen wir nicht weiter.« »Abschluß« heißt also nicht »Ende einer für den Berater befriedigenden Entwicklung«. Würde ich nur *solche* Fälle verarbeiten, so gäbe das ein sehr geschöntes Bild der Beratungs»erfolge«, und alle Kollegen hätten noch mehr Mühe damit gehabt, sie herauszusuchen. Oder vielleicht auch gar keine, denn die paar Erfolge, auf die man sich gestattet, wirklich »stolz« zu sein, erinnert man sehr genau.

Die Beurteilung der Resultate ist sehr schwierig. Ich habe trotzdem eine grobe Einteilung in »gut–mittel–schlecht« versucht – und in jede Sparte fiel genau ein Drittel der Fälle.

Einige Zahlen

Die 30 Fälle sind für die Praxis einer Beratungsstelle in einer Großstadt sicher bezeichnend – meine drei Privatfälle verändern das Bild nicht wesentlich –, und zwar vor allem durch ihre große Uneinheitlichkeit. Eine Konstante liegt lediglich in der Schichtzugehörigkeit: Alle Klienten stammen aus der Mittelschicht, grob gesagt, mehr aus der oberen als aus der unteren. Relativ homogen ist auch das Alter: die allermeisten begannen ihre Beratung zwischen 30 und 40, einige waren älter, ganz wenige jünger. Und noch eine deutliche Gemeinsamkeit ergab sich: die Häufigkeit des direkten Kontaktes des Eifersüchtigen mit dem Rivalen. Bei 21 Eifersüchtigen kam er (oder sie) aus dem Bekannten- oder Freundeskreis, oder der Kontakt wurde nachträglich gesucht.

Sonst aber war alles sehr inkongruent. Die *Dauer* der Beratung variierte zwischen 3 Wochen und 7 Jahren, die *Häufigkeit* der Sitzungen zwischen 3 und ca. 200. Der *Beginn* lag zum Zeitpunkt der Katamnese zwischen 2 und 17 Jahren zurück, der *Abschluß* zwischen 1 und 10 Jahren, wobei wir uns nur in einem einzigen Fall an die von mir gesetzte Frist von einem Jahr gehalten haben; alle andern Fälle wurden vor mindestens 2 Jahren abgeschlossen. Die *Ehedauer* lag zwischen 3 Monaten und 27 Jahren. In 16 Fällen wurde die Ehe nach der Beratung aufrechterhalten, in 4 weiteren Fällen ein Trennungsvertrag abgeschlossen, 8mal kam es zur Scheidung. Eine Klientin war – und blieb – ledig. Eine Ehe endete anderthalb Jahre nach einer sehr langen Beratung (61 Stunden in fast 3 Jahren) mit dem Selbstmord des Mannes.

Auffallend und über dem Durchschnitt ist die *Kinderzahl:* nur 6 Paare hatten bloß ein Kind, 16 hatten 2 Kinder und 2 Paare 3 Kinder. Das klingt noch »normal«, aber dies nicht mehr: 2 Paare von den 30 hatten 4 Kinder und 2 Paare sogar 5. Einen Zusammenhang zwischen der Art der Eifersucht und der höheren Kinderzahl konnte ich nicht feststellen. Allerdings wird man schließen dürfen, daß die Motivation für eine Eheberatung durch den größeren Ernst der Verpflichtung gegenüber mehreren Kindern eher gegeben ist als bei kinderlosen Paaren.

Der unter der Außenbeziehung *leidende* Teil war in 19 Fällen die Frau, in 11 der Mann. Dieses Ergebnis scheint die häufig geäußerte Annahme zu bestätigen, Frauen seien eifersüchtiger als Männer. Auf jeden Fall zeigt es, daß Frauen aufmerksamer mit ihren Leiden umgehen und daß sie aktiver sind, wenn es darum geht, etwas dagegen zu tun. Das hängt sicher mit der alten Zuständigkeit der Frauen für die Innerlichkeit, »das Seelische«, zusammen, während die Männer sich noch immer als diejenigen verstehen, deren Verantwortlichkeit für die Familie sich »draußen« bewähren muß. In 10 Fällen stellte sich im Lauf der Beratung heraus, daß der Partner, dem die akute Eifersucht galt, seinerseits in anderen Zeiten selbst eifersüchtig gewesen war, teilweise bis zur Gewalttätigkeit.

Die *stärkere Motivation der Frauen* zeigt sich auch darin, daß die Beratung in 12 Fällen überwiegend mit der Frau lief, in 14 überwiegend mit beiden Partnern, in keinem einzigen überwiegend oder allein mit dem Mann. Wir versuchen im allgemeinen, wenigstens einmal beide Partner gemeinsam zu sehen. Einige andere Beratungsstellen handhaben das anders. Es ist oft ziemlich schwierig, den zuerst gekommenen Partner zu motivieren, den andren mitzubringen oder, anders ausgedrückt, ihn zur Beratung zuzulassen. Denn hier liegt meist ein Übertragungsproblem: Der Eifersüchtige will auch den Berater »nicht teilen«, er fürchtet die Konfrontation mit der konkreten Wirklichkeit des andern, gegenüber der er seine eigene Sicht der Dinge vielleicht korrigieren oder gar ganz verändern müßte. Der Berater jedenfalls erlebt selbstverständlich seinen Klienten anders, plastischer sozusagen, wenn er ihn wenigstens einmal im Kontakt mit seinem Partner gesehen hat.

Daß die traditionellere Methode der Einzelberatung sich trotzdem oft als günstiger oder, aus verschiedenen Gründen, als allein durchführbar erweist, steht auf einem andern Blatt. Gerade weil die Phantasien des Klienten bei Eifersucht eine sehr ernst zu nehmende und oft ebenso wichtige Rolle spielen wie die beobachtbare Realität, tut dem Berater der Vergleich zwischen innen und außen in diesen Fällen besonders gut.

Die Fragen

Ich habe den Klienten keinen Fragebogen vorgelegt, sondern mit ihnen Gespräche von meist einer Stunde Dauer geführt. Allen wurden dem Sinn nach (nicht wörtlich) die gleichen Fragen gestellt:

Sie sollten noch einmal kurz den Anlaß zum Aufsuchen der Beratungsstelle schildern. Das war mir besonders bei den fremden Fällen nützlich und brachte in jedem Fall eine Wiedereinführung in das Problem.

Hatte sich die Schwierigkeit verändert oder bestand sie noch in gleicher Weise?

Wie sah der Klient die Auswirkung der Beratung auf sich selbst – besonders im Umgang mit dem Hauptproblem –, auf den Partner und auf andere Personen, besonders die Kinder?

Was war damals am schlimmsten?

Gegen wen richtete sich die Aggression, gegen den Partner, den Rivalen oder den Eifersüchtigen selbst?

Hatte es während der Beratung einen Drehpunkt, gleichsam ein »Klick«-Erlebnis gegeben, das besonders im Gedächtnis haftete (»Jetzt hab ich was begriffen!«)?

Welches war die Rolle des Beraters?

Besonderes Augenmerk habe ich während der Erzählungen und auch durch Nachfragen auf die Beziehung zum Rivalen gerichtet.

Wegbegleitung durch inkongruente Wirklichkeiten – Gedanken zu den Katamnesen

Als ich mit der Arbeit an den Katamnesen anfing, hatte ich überhaupt keine Vorstellung davon, was dabei herauskommen würde, dafür aber eine große Erwartung: daß wenigstens einige von den Klienten frei und sicher genug geworden sein möchten, ihrem Partner mit Gelassenheit wichtige erotisch getönte Beziehungen zuzugestehen. Ich dachte dabei sogar an sexuelle, je nach Alter, Schichtzugehörigkeit und gemeinsamem Ehekonzept. Da spukte also auch in meinem Kopf noch die Utopie von der Abschaffung der Eifersucht herum.

Entsprechend enttäuscht war ich zuerst, als einige Klienten – auch ein Mann! – bei den Nachgesprächen noch ein wenig weinten. So lange nach dem Anlaß, so lange nach Auflösung der Krise, und obwohl sie sagten, die Beratung habe ihnen sehr geholfen! Die Idealerwartung, wenn es denn eine war, erfüllte sich in keinem unserer Fälle, und meine beraterischen Größenphantasien habe ich mir damit von der Realität gründlich aus dem Kopf schlagen lassen müssen. Ich habe, allmählich erst, begriffen, daß der Bereich, über den Eifersucht nicht herrscht, sich zwar ausweiten läßt, daß Liebe sich also sehr wohl bis zu einem gewissen Grad vom Festhalten zum Loslassen entwickeln kann; aber irgendwo gibt es immer eine Enklave, wo es heißt: »Bis hierher und nicht weiter!« Diese Enklaven wechseln von Fall zu Fall und verlangen wohl auch bei sehr großzügigen Paaren von Zeit zu Zeit eine neue Abgrenzung, genauer: eine neue Definition dessen, was von einem Partner, dem bestimmte Freiheiten gewährt werden, im Gegenzug als Loyalität erwartet wird.

Dabei geht es, nebenbei bemerkt, auch um Dinge, die man sich als Berater wegen ihres »altmodischen« und normativen bürgerlichen Beigeschmacks kaum mehr in den Mund zu nehmen traut: um Takt, Höflichkeit und Respekt vor dem andern, vielleicht sogar ganz einfach um gutes Benehmen.

Mir sind vor allem zwei Dinge klargeworden: zunächst einmal, daß jede Beratung nur ein Stück Wegbegleitung darstellt, daß also »Abschluß« niemals Abschluß einer Entwicklung bedeutet, etwa nach dem Schema: »Ich werde von jetzt an nie mehr eifersüchtig sein.« Wenn trotzdem einige Klienten sagen konnten: »Das wird mir nie wieder passieren«, so war damit gemeint, daß sie sich fähig fühlten, nie wieder in einen ähnlichen Abgrund von Leiden und Verlassenheit zu geraten, weil sie früher und genauer merken würden, wo der Partner ihre eigenen unverzichtbaren Grundbedürfnisse gefährden könnte.

Wie wenig man als Berater den weiteren Verlauf des Weges voraussehen kann, bemerkte ich besonders, als ich in einigen Fällen nach einem Jahr zu älteren Katamnesen noch Fragen hatte. Wenn ich diese Klienten anrief, konnte ich regelmäßig feststellen, daß sich Situation und Gefühlslage noch weiter und oft in ganz unerwarteter Weise verändert hatten. In diesen Zusammenhang gehört, daß in genau der Hälfte der Fälle (15) die Klienten weitere Therapie in Anspruch genommen hatten, oft langdauernde Gruppen, dreimal Psychoanalyse, aber auch Wochenend-Selbsterfahrung und ähnliches. Auch der Beratungsprozeß, der in den Katamnesen erfaßt wurde, war oft in Teilstücken mit größeren Unterbrechungen verlaufen. Im Grunde ist eben alle Psychotherapie, selbst noch die längste Psychoanalyse, Krisenintervention. Ohne das Gefühl, in einer Sackgasse zu stecken, ruft man keinen »Fachmann« um Hilfe an.

Ist man wieder auf der Straße, auf der es weitergeht, so ist die Richtung unvorhersehbar.

Die zweite wichtige Erfahrung, die ich bei den Katamnesen machte, war, daß ich so deutlich wie niemals vorher sehen konnte, wie variabel die Interpretation von Wirklichkeit ist. Bei Eifersuchtskonflikten, im Grunde aber überhaupt in der Ehe, kommt es darauf an, die individuellen Wirklichkeiten untereinander abzustimmen. Im Falle einer Beratung kommt noch die Wirklichkeit des Beraters dazu. Bei Katamnesen gibt es also nicht nur eine dreifache Wirklichkeit, sondern auch noch eine dreifache Erinnerung. Von Objektivität kann keine Rede sein.

Man könnte eine Eifersuchtskrise geradezu beschreiben als einen Konflikt zweier Wirklichkeiten, als eine Art Krieg der Sterne: meine Welt gegen deine Welt. Eine Lösung ist dann erreicht, wenn die Wirklichkeiten (wieder) überwiegend zur Deckung gebracht sind und außerhalb der Übereinstimmung gewisse Freiräume für jeweils eigene und dem Partner eventuell unzugängliche Wirklichkeitsbereiche ausgehandelt, erarbeitet, erlaubt, zugelassen worden sind – oder wie immer man das ausdrücken will, was geschieht, wenn Eifersucht als Chance genutzt wird. Daß diese Chance oft darin besteht, zwei krampfhaft deckungsgleich gehaltene Wirklichkeiten, die sich eigentlich längst verändert haben, endlich auch als verändert erfahren zu dürfen, habe ich wieder und wieder erlebt.

Wie sehr freilich die Wirklichkeit im Sinne der modernen Systemtheoretiker wie etwa Bateson, v. Glasersfeld und v. Foerster, aber auch Watzlawick, »erfunden« ist[*], konnte ich besonders deutlich sehen, wenn die inzwischen geschiedenen Partner getrennt zur Katamnese kamen.

Bei einem Paar, von dem ich meinte, es sehr gut zu kennen, lag der Abschluß der Beratung acht Jahre zurück. In meiner Erinnerung war der Mann besonders eifersüchtig. Er sagte in der Katamnese, das habe er eigentlich nicht so empfunden, die wahre Eifersüchtige sei doch seine Frau gewesen. Beim Nachlesen in meinen Protokollen bestätigten sich für mich *beide* Annahmen. Als Grund für den Abschluß sah der Mann die Absicht seiner Frau an, sich endgültig zu trennen, denn sie habe damals schon einen Freund gehabt, der im Hause ohne sein Wissen ein und aus ging. Die Frau ihrerseits sagte im Nachgespräch mit mir, ihr Mann habe damals kein Interesse mehr an der Beratung gehabt, denn er habe »die Anna« kennengelernt, und daher brauchte er weder die Beratung noch seine Frau. Von beiden neuen Partnern hatte ich in der Beratung, die sehr intensiv war und bei der ich nolens volens froh sein mußte, daß die symbiotische Beziehung auseinanderging, weil ich mir keine gemeinsame Entwicklung vorstellen konnte, nichts gehört.

[*] Vgl. Vortragsreihe im Herbst 1984 bei der Siemensstiftung in München.

Ich glaube nicht, daß diese Klienten gelogen haben. Sie hatten einfach verschiedene Wirklichkeiten, und durch die Scheidung, die zwei Jahre nach der Beratung stattfand, war auch eine Abstimmung nicht mehr nötig. Ich habe in meiner statistischen Skala das Resultat dieser Arbeit als »schlecht« eingestuft, obwohl die Klienten das anders empfanden. Der Mann hatte zum Zeitpunkt der Katamnese noch immer Magenbeschwerden, die im letzten Jahr fast eine Operation nötig gemacht hatten. Mein Haupteindruck war, daß das Paar unter Kommunikationsstörungen litt, die eine klare Konfliktverarbeitung verhinderten. Das Weiterbestehen der psychosomatischen Krankheit, die nach allgemeiner Auffassung immer einhergeht mit solchen Störungen, bestätigte mich darin, daß ich damals nicht an den Kern der Sache herangekommen war.

Woran das liegen konnte, wurde mir erst in der Katamnese klar. Die Frau sagte, wahrscheinlich habe das ganze Dilemma darin bestanden, daß ihr Mann »seine Aggression« gegen seine Mutter an ihr abgearbeitet« habe. Hier kam nun ein völlig neues Stück Wirklichkeit hinzu, das in der ganzen Beratung nicht bearbeitet worden war. Wir hatten viel über die Jugend der Frau und ihre Mutterbeziehung geredet, aber nie über die Mutter des Mannes. Wahrscheinlich hatte er sie in seiner Haßliebe immer noch geschont und nicht preisgeben wollen.

Ich kam mir vor, als sähe ich plötzlich, wie bei den Puppen in der Puppe, die letzte innerste Form, den festen Kern, der nicht mehr hohl ist und den alle darüberliegenden Einkleidungen wiederholen.

Ich möchte mit dieser Darstellung nur zeigen, wie zugleich wirklich und unwirklich die vorgetragene Wirklichkeit sein kann, und will nicht etwa behaupten, daß die, die sich mir jetzt »entpuppt« hat, die wahre sei. Die Wirklichkeiten von Mann und Frau und meine eigene in diesem Beratungsprozeß waren nicht »falsch« oder »unwirksam«, sie waren sehr mächtig und sehr real. Nur waren sie »anders«, anders erfunden vielleicht, und es könnte sein, daß erst die letzte »Erfindung« das Muster aufdeckt, durch dessen Veränderung der Mann endlich gesünder werden könnte.

Die Protokolle der Nachgespräche und die Auszüge, die ich nach Tonbändern angefertigt habe, füllen einen großen Ordner. Aus meinem einfachen Anliegen: zu erfahren, was unsere Klienten nun eigentlich mit ihrer Eifersucht anfangen, hat sich also eine Riesenfülle von Material ergeben. Ich fühle mich nicht berechtigt, daraus eine Theorie über Eifersucht in der Beratung abzuleiten. Ich möchte aber versuchen, einige der Gegenbewegungen darzustellen, die gemeinsam von Klienten und Beratern erarbeitet wurden. Der Leser erwartet das sicher und hat ein Recht darauf, auch wenn mir nicht ganz wohl dabei ist, weil Vereinfachung auch immer Vergewaltigung der Realität bedeutet und weil ich verschlungene Vorgänge auseinanderlegen muß, als ließen sie sich einzeln bearbeiten.

Ich möchte jedenfalls mit allem Nachdruck feststellen, daß ich in diesem Kapitel keinesfalls eine Gebrauchsanweisung für den Umgang mit Eifersucht geben will. Die könnte man zwar aus den Ergebnissen der Katamnesen ausfiltern, aber ich würde das erstens für unredlich und zweitens für ganz unwirksam halten. Bezeichnend ist gerade die Vielfalt der Lösungen, nicht die paar Prinzipien, die sich – das allerdings doch – aus der Gesamtheit aller Fälle ablesen lassen. Wer also seinem Partner dieses Buch zeigt und sagt: »Siehst du, so müssen wir's machen!«, oder gar noch: »Wenn du es nicht so machst, wie es da steht, bist du selber schuld!«, der hat mich radikal mißverstanden. *Ich kann und will nicht zeigen, wie es gehen muß oder gehen sollte, sondern nur, wie es gegangen ist.*

Schock, Wut, Schmerz

>»Ich war nicht verwundet – ich selbst war eine einzige Wunde.«
>*Eine Klientin*

Es mag erstaunlich klingen, daß ich etwas, das wie ein Symptom aussieht, schon zu den Reaktionen rechne, die auf die Überwindung der Krise zuführen. Man kann aber sagen: Ohne Schock keine Krise, ohne Krise keine Lösung. Das gehört zu den wenigen Grundlagen, ohne die ich mir eine Eifersuchtsberatung nicht vorstellen kann. Es ist kaum vorstellbar, wie man mit Eifersucht umgehen soll, ohne sich überhaupt darüber klarzuwerden, daß man eifersüchtig ist. Vielleicht hört sich das seltsam an, denn Eifersucht ist doch da, sie hat einen »Grund«, mag er nun in der Außenbeziehung des Partners, in einer »Einbildung« oder in innerer Unsicherheit liegen.

Aber nicht umsonst hat die Sprache so lange gebraucht, bis sie erst einmal ein Wort für das Gefühl fand (vgl. oben S. 120 ff). Ähnliches vollzieht sich im individuellen Schicksal immer wieder. Zuviel Wünsche und Bindungen, Idealvorstellungen und Angst vor Veränderung stehen der Eifersucht entgegen. Sehr oft beklagen sich die Klienten darüber, wie lange sie von dem Ganzen nichts gemerkt haben, wie »alle« schon Bescheid gewußt haben, nur sie selbst nicht; oft sind sie Freunden böse, die den untreuen Partner deckten; einige, die sich gegenseitig Aufrichtigkeit versprochen hatten, sind auch über das Nichteinhalten dieser Versprechung empört. Je tabuierter die eigene Aggressivität ist, desto schwieriger ist es, sich klarzumachen, was eigentlich geschehen ist.

Die unbewußte Angst, das verinnerlichte Verbot von Wut oder gar Toben zu durchbrechen, ist besonders bei Frauen sehr groß. Eine Klientin hatte von ihrer Großmutter und Mutter die Empfehlung mitbekommen, »immer den untersten Weg zu gehen.« Sehr oft stehen Frauen unter dem Gebot ihrer Mütter, sanft, lieb, verständnisvoll und schön »für ihren Mann« zu sein. Ich glaube, daß der Anteil der Angst gerade vor der unvermeidlichen Häßlichkeit, die aggressive Eifersucht mit sich bringt, nicht zu unterschätzen ist. Eine Klientin fand sich in der Krise so total unattraktiv, daß sie sich weigerte, sich in dieser Zeit nackt vor ihrem Mann zu zeigen.

Wie in einem Vergrößerungsglas zeigt sich dieses Problem in der Erinnerung einer Klientin, deren Mutter mahnend zu sagen pflegte: »Mädchen, du hast einen jungen Mann!« Die Klientin war, als sie in die Beratung kam, 27, ihr Mann 30. »Darüber denke ich heute noch oft nach«, sagte sie zehn Jahre später in der Katamnese, »daß meine Mutter nicht daran gedacht hat, daß ich ja schließlich eine junge Frau war …«

Der Einfluß der Mutter war in diesem Fall sehr groß, nicht einmal bewußt, aber sehr stark in der unbewußten Identifikation. Die Klientin lebte eigentlich nicht nur als Mutter ihrer beiden Kinder, sondern auch ihres Mannes, obwohl sie natürlich auch dessen Sexualpartnerin war und sich in dieser Beziehung glücklich gefühlt hatte. Ihre Erwartung war, daß Mann und Frau einander »alles« sein sollten, wie in der frühen dyadischen Mutter-Kind-Beziehung. Ihr Mann war sehr attraktiv und, wenigstens scheinbar, weltläufig und beschützend, im Grunde aber kindlich und leicht beleidigt. Er hielt, wie ein Halbwüchsiger, nach einigen Jahren glücklichen Verschmolzenseins, Verabredungen und Verpflichtungen nicht mehr ein und ging Beziehungen zu andern Frauen ein, von denen er, selbst noch lange nach der Scheidung, immer wieder zu seiner Frau zurückkehrte, um sich bei ihr auszuweinen und sogar seine hinterlassenen Freundinnen trösten zu lassen. Der Schock, den die Frau erlitt, als ihr bewußt wurde, daß sich die Einheit auflöste, war ungeheuer. »Vor seiner ersten Affäre war ich nie eifersüchtig; ich dachte ganz einfach: So was kann uns nicht passieren. Danach hat es mich unablässig beschäftigt.«

Es ist, als sei sie aus dem Stadium der Mutter in der Symbiose mit einem von ihr abhängigen Kind, mit dem »das« tatsächlich nicht passieren kann, plötzlich vorwärtsgeschleudert worden in die Beziehung zu einem gleichaltrigen Mann, der, wenn er will und den Mut dazu hat, seine sexuellen Bedürfnisse auch woanders als bei ihr befriedigen kann. (Ein kleines Kind kann *nicht* weglaufen und seine Milch woanders holen!)

Das Aufwachen war schrecklich: »Ich habe nicht gemeint, daß ich je wieder ein normales Leben führen kann. Ich dachte, es ist alles zu Ende – wenn der Mann die Familie verläßt, und vor allem, wenn er mich verläßt. Ich kam mir weggestellt vor, wie ein Möbelstück mit zwei Kindern. Denn er war damals alles für mich, und ich war eben – das mußte ich begreifen – *nicht* alles für ihn.« Sehr deutlich zeigt sich hier die Abhängigkeit des eigenen Lebens von einem andern. Fast könnte man sagen: Wenn der göttliche Hauch des dyadischen Partners fehlt, wird die Frau zum toten Holz. Solche symbiotischen Ansprüche werden ja mit verteilten oder umkehrbaren Rollen gelebt: hierin empfand sich die Frau nicht wie eine Mutter, sondern wie ein total abhängiges Kind.

Wer einen solchen Einbruch, einen solchen Schock, eine solche Regression erlebt, von der ich hier behaupte, sie sei heilsam, wird vor Angst und Schrecken irgendwie um sich schlagen. Natürlich wird er nicht auf einen Schlag zu erwachsener Aggression, d. h. zu klarer Auseinandersetzung, zu Streiten und Vertragen über die Grundlage beiderseitiger Ansprüche fähig. Die Rollenveränderung, die diese Frau schaffen konnte, war die von der vertrauenden zur kontrollierenden Mutter, und in diesem Bereich spielte sich auch ihre Aggressivität ab: Sie begann, energisch und erfindungsreich, wie sie war, den Mann unablässig zu überwachen und auszuspionieren, was natürlich dazu führte, daß sie weitere Affären entdeckte, wenn nicht gar hervorrief.

Viele Klienten haben die Gefährdung der tragenden Liebe als eine Frage von Tod und Leben empfunden. Immerhin ein Drittel der befragten Klienten hat Suizidversuche gemacht. In einem Fall ist der Selbstmord, anderthalb Jahre nach Beratungsabschluß, nach vorangegangenem Mordversuch an der Ehefrau gelungen.

Noch zwei Beispiele für das Entsetzen beim Bewußtwerden der Gefahr:

»Ich bin mir wie hinausgeschleudert vorgekommen, wie total allein in der Welt. Ich will nicht sagen, ich war tot, aber es war Nacht. Wenn ich damals die Beratung nicht gehabt hätte – ich weiß nicht, ob ich heut noch wär.« In diesem Fall war die Frau ganz sicher, daß ihr Mann mit der Rivalin nicht geschlafen, sondern nur heftig geflirtet hatte. Und in der Katamnese, siebzehn Jahre nach Beratungsbeginn, war die Erinnerung noch so schmerzlich, daß Tränen flossen.

Eine andere Klientin sagte: »Mich überfiel das wie ein Erdrutsch, und ich konnte mir *nichts* erklären. Ich habe immer gedacht, ich hätte alles richtig gemacht, und uns kann so was nicht passieren, weil unsere Beziehung so einmalig ist. Es war so bitter – damals ging durch die Presse das Bild von einem Vietnamesen, der erschossen wird und sein Gewehr verliert. Man sah das Ungläubige von dem Mann: Warum werd ich jetzt erschossen? So hab ich mich gefühlt. Dieses: Warum mir! Warum mir? – Ich tu doch alles!«

Es ist nach diesen Beispielen wohl verständlich, daß Berater eher froh sind, wenn nach dem Schock die Aggression zur Sprache kommt. Damit läßt sich arbeiten. Es erfordert aber gelegentlich viel Geduld, bis sie klar zutage treten darf.

Eine Klientin, die mit auffallender Gelassenheit eine völlig überraschende Scheidung wegen der Wiederbelebung einer Jugendliebe ihres Mannes hingenommen hatte, erinnerte sich während der Gruppenarbeit an ein Erlebnis, das sie bis dahin vergessen hatte: Als sie fünf Jahre alt war, hatten zwei halbwüchsige Nachbarjungen sie gehänselt. Sie war wütend geworden und hatte eine Schere nach ihnen geworfen, die bei einem der beiden so unglücklich in der Nierengegend steckenblieb, daß ein Arzt sie entfernen und die Wunde nähen mußte. Das kleine Mädchen wurde nicht ausgeschimpft, mußte aber mit zum Arzt und bei der Behandlung zuschauen.

Diese Klientin wurde in der Gruppe ein einziges Mal aggressiv: als die Leiterin sie fragte, warum sie eigentlich nie aggressiv sei.

In der Katamnese erzählte sie, nach Abschluß der Gruppe – sie hatte aufgehört, »weil andere es nötiger haben als ich« – habe sie immer noch Schwierigkeiten, wütend zu werden. Nur einmal sei sie völlig durchgedreht: als ihr früherer Mann von der neuen Frau ein Kind bekommen hatte und ihre eigene zehnjährige Tochter daraufhin so gekränkt war, daß sie davon sprach, »sich vor den Zug zu schmeißen«. »Wenn mein Mann nicht 200 km entfernt gewesen wäre, und wenn ich ein Messer gehabt hätte – ich glaub, ich hätte ihn erstochen!« Wenn, wenn ... Aber wenigstens etwas bewußtseinsnäher war die Aggression geworden.

Dieselbe Frau hatte solche Angst vor der in ihr schlummernden Aggression, daß sie ein reichverziertes Gewehr, das ihr Vater ihr vererbt hatte, eigentlich eher ein Dekorationsstück, auf einem Schrank versteckte – »aber so, daß ich nicht einfach mit einem Stuhl rankann, sondern ich muß erst in den Keller gehen und eine Leiter holen. Ich denke, das wird reichen, damit ich zur Besinnung komme.«

Das mag theatralisch klingen – aber eine Inszenierung ist schließlich schon ein bewußter, wenn auch noch ziemlich indirekter Umgang mit einem Thema. Ganz direkt, »unbeherrscht« – ein Reizwort für viele Frauen – kann diese Klientin im Augenblick nur *für* jemand anders, genau: für ihre Tochter werden. Als diese nach der Geburt des unerwarteten Stiefgeschwisters in schwerste Schulschwierigkeiten kam – damit hing die Suiziddrohung zusammen –, beschimpfte die Mutter unter Tränen den zuständigen Lehrer, am Telefon (!). Sicher war die Aggression da noch immer nicht an der Stelle, wo sie eigentlich hingehörte, aber die Klientin erlebte zu ihrem Erstaunen, daß hier zum ersten-, zum allererstenmal in all den Jahren ihr von andern Verständnis und Gefühl entgegengebracht wurde, »so richtig von anderen Menschen« – und eben nicht Befremdung und Verurteilung, wie sie es bei andern Gelegenheiten so sehr gefürchtet hatte, daß sie das Ausprobieren gar nicht erst riskierte.

Bei Frauen laufen Leid und Verletztheit viel öfter über die Kinder als bei Männern – das scheint erlaubt, während die Gefühlstradition ihnen selbst weitgehend das Ertragen, Erdulden und Abwarten empfiehlt. Männer dagegen reagieren direkter. Auch sie sagen allerdings, daß das Schockerlebnis darin bestand, daß ihnen die Basis entzogen wurde.

Ein Mann, der dabei sehr bewegt war, sagte: »Ich habe an eine heile Welt geglaubt. Ich habe geglaubt, ich kann mich auf meine Frau verlassen – und dann der Egoismus, der da durchbricht – daß es auch egal ist, wenn die Kinder darunter leiden!« Hier spielen die Kinder zwar auch eine Rolle, aber er empfand offenbar diese heile Welt als etwas, das sich gegen die Außenwelt wachsam und eventuell kämpferisch abgrenzt: »Wissen Sie, wenn man Rücken an Rücken steht – und dann erfahren muß, daß man eben doch *nicht* steht ...«

Abgesehen davon, daß es schwer ist, sich vorzustellen, was zwischen einem Ehepaar sexuell und emotional vor sich geht, wenn es »Rücken an Rücken steht« – in dieser Weise oder ähnlich hat sich keine einzige Frau ausgedrückt. Auch wenn das Verlassenwerden durch die Männer von den Frauen als besonders unfair nach einem gemeinsamen Aufbau empfunden wurde, was häufig vorkommt, geht es bei der empfundenen Verletzung nicht um den Kampf an sich. Der Mann aus dem Beispiel führte denn auch nach dem Schock, bei dem er, wie mehrere Männer, sehr stark abgenommen hatte und fast arbeitsunfähig wurde, den Kampf allein weiter, und zwar, wie er fand, besser und stärker als vorher. Er fand, er sei beruflich selbständiger und wesentlich härter geworden. »Zugeständnisse menschlicher Art in der Firma habe ich abgeschafft.« Er sagte aber eindeutig und zu meinem Erstaunen, das empfände er nicht als etwas Gutes. Nur – es mußte eben sein. Etwas später im Gespräch konnte er es positiver formulieren: »Ich versuche niemand auszunutzen, aber auch mich nicht ausnutzen zu lassen.«

Jedenfalls haben Männer nach dem Schock eine ganz andere Art als Frauen, mit dem Rivalen umzugehen – kämpferischer, abwertender, direkter konkurrierend. Ich werde darauf noch eingehen. Hier soll nur ein markantes Beispiel für die Art des Schocks stehen:

»Ich bin mir so verblödet vorgekommen wie das größte Rindvieh auf Gottes Erdboden. Ich hab's nicht fassen können, weil ich felsenfest davon überzeugt war: So was macht meine Frau nie! Und in kritischen Situationen, wo Anspielungen gemacht worden sind, bin ich auch hundertprozentig so aufgetreten. Später hab ich mir gedacht: Was muß der innerlich über mich gelacht haben! Andere können ja ruhig lachen, aber *der* ausgerechnet – dem gönn' ich's nicht!«

Eine neue Realität der Beziehung

Nach dem Schock bleibt nichts übrig, als sich mit der neuen Realität auseinanderzusetzen. Gelegentlich zeigen Träume das ganze Grauen: So träumte eine Frau – und sie kannte das Traum»gefühl« von einigen anderen wichtigen Umbruchssituationen in ihrem Leben – sie stecke den Kopf durch die Außenhaut der Weltkugel, ganz allein, »und die Erde war wüst und leer«. Die Unentschiedenheit, ob die neue Geburt weitergehen soll, zeigt sich hier sehr deutlich. Den Kopf zurückzuziehen, wäre das Einleuchtendste gewesen – aber das ging nicht.

Übrigens haben mehrere Klienten vom Kampf um die eigene Wahrnehmung der Realität berichtet. Auf der Verhaltensebene sieht das so aus, daß der Partner den Verdacht wegen einer andern Liebe einfach abstreitet, oft mit der Formulierung: »Du spinnst!« Auf der Beziehungsebene (zu dieser Unterscheidung vgl. Bauriedl 1980, S. 86 ff) heißt das: »Wessen Realität ist stärker, deine oder meine?«, und manchmal: »Muß ich aus Liebe zu dir verrückt werden, weil du mir deine Realität aufzwingen willst?« Eine von unsern Klientinnen hat ihren Selbstmordversuch aus diesem Grund gemacht. Ihr Mann sagte einfach: »Du hast Wahnvorstellungen!«, und allmählich, erzählte die Frau, »bin ich so mit der Realität ins Schleudern gekommen, ich hab so sehr den Boden verloren, daß ich nicht mehr leben wollte«.

Ich möchte an dieser Stelle den Leser durch eine kurze Inhaltsangabe auf eine Novelle des spanischen Schriftstellers Unamuno hinweisen, in der die Linien dieses Kampfes der Wirklichkeiten bis ins Mörderische durchgezogen sind. Miguel de Unamuno (1864–1936) war lange Jahre Rektor der Universität von Salamanca, stolz und invidualistisch »wie ein Spanier«, aber ein unbeugsamer Kritiker der traditionellen spanischen Werte, deren Übertreibung er für den politischen Niedergang des Landes verantwortlich machte. Dazu gehört die Eifersuchtsreaktion, die der spanische Mann noch im 19. und 20. Jahrhundert von sich zu fordern hatte. Wie stark sie im Unbewußten haftet, zeigt die Geschichte von einem, der die Eifersucht leugnen wollte. Die Geschichte heißt »Ein ganzer Mann« (Spanische Erzähler, S. 492 ff).

Der Held, Alejandro Gómez, kommt aus der spanischen »neuen Welt«, aus Kuba, wo er ein riesiges Vermögen erworben hat. Er wird als derb, energisch und plebejisch geschildert. Er heiratet die schöne Julia, weil deren Vater in

Geldschwierigkeiten ist. Sie sieht in ihm zum erstenmal in ihrem Leben, nach unzuverlässigen Jüngelchen, »einen richtigen Mann«, ist sich aber nicht klar: Liebt er mich wirklich oder will er mich nur als ein Stück Besitz mehr? An seiner Zärtlichkeit kann sie es nicht spüren, denn es gibt »keine Intimität zwischen ihnen« (was natürlich nicht heißt, daß sie nicht zusammen schlafen).

Sie kommt auf die Idee, ihn eifersüchtig zu machen, um seine Liebe zu prüfen, obwohl er gesagt hat, er werde nie eifersüchtig sein. Sein Lieblingswort ist »ich«, und sein Selbstbewußtsein ist so groß, daß er behauptet, für *seine* Frau sei es völlig unmöglich, ihn zu betrügen.

Julia läßt sich mit einem verweichlichten Adligen ein, der ihr einredet, ihr Mann liebe sie nicht, weil er ihr z. B. die Freiheit ließe, sich mit ihm, dem Grafen, allein zu treffen. Als von »Hörnern« gemunkelt wird, schlägt Alejandro dem Beleidiger höchst unaristokratisch, aber ganz ruhig, eine Flasche über den Kopf. Ein Duell verweigert er, er sei nicht vornehm und halte nichts von dem ganzen Ehrenkodex.

Seiner Frau reicht dieser derbe Liebesbeweis noch nicht, besonders, weil er selbst ein Verhältnis mit einer Magd hat, es nicht verbirgt und sogar sagt, er brauche den Kontrast, um ihre Schönheit besser zu genießen. »Dies ist mein Äffchen, und du hast deinen Grafen als Kätzchen; sollen wir deswegen eifersüchtig sein?«

Julias Wirklichkeit ist die einer Liebe, über die man redet und die man zeigt. Alejandro nennt das eine Ausgeburt ihres Romanlesens. *Seine* Wirklichkeit ist sein Bild von sich: ein ganzer Mann, selbstbewußt bis zum Letzten, der nicht eifersüchtig ist und nicht von Liebe spricht.

Schließlich schleudert sie ihm das Geständnis hin (das nur *fast* wahr ist): »Er ist mein Geliebter! Das Kätzchen ist mein Geliebter!« Alejandro leugnet das einfach. Sie müsse wahnsinnig sein.

Auf ihr Geschrei, er sei ein Feigling – was ihm vielleicht doch etwas zu weit geht – greift er zu folgendem Mittel: er konfrontiert sie mit dem Grafen und zwei Professoren. Julia steht zu ihrem Geständnis, der Graf aber – Mitglied einer von Unamuno verachteten Kaste – leugnet die Beziehung. Alejandro will Julia daraufhin für wahnsinnig erklären lassen. Die Ärzte fürchten, der Mann werde seine Frau in traditioneller Weise umbringen, wenn sie sagen, was sie sehen und wissen: daß nämlich Julias Sicht der Wirklichkeit stimmt und daß man vielleicht lieber Alejandro für wahnsinnig erklären sollte. Sie stecken Julia also ins Irrenhaus, »um sie vielleicht noch zu retten«. Dort wütet sie zuerst vor sich hin: gegen die Feigheit des Geliebten, gegen die Härte ihres Mannes – und kommt zu dem Schluß: »Ich liebe ihn – blind, sinnlos!«

Um nicht wirklich verrückt zu werden, erklärt sie sich für geheilt: sie habe das Verhältnis zu dem Grafen nur halluziniert. Beim Wiedersehen weigert sich Alejandro konsequent, ihr zu verzeihen – warum denn? Es handelte sich doch nur um Halluzinationen … In dieser Situation fragt Julia ihren Mann, ob er sie liebe. Und ganz kurz öffnet sich in dieser »schrecklichen, einsamen, verschlossenen Seele« ein Abgrund, »den dieser Liebling des Glücks bisher eifersüchtig (!) verschlossen hatte«. Zwei Tränen fließen, und er gesteht ihr leidenschaftlich, daß er »mehr ihr gehört als sie ihm«. Und hier heißt es nun ohne Umschweife: »Sie glaubte, sie müßte wahnsinnig werden ...« Nach diesem Erlebnis bleibt nur noch der Tod: »Jetzt möchte ich sterben, Alejandro ...« Aber die heiße Seele verschließt sich, der Eispanzer des »ganzen Mannes« wird wieder angelegt.

Dies Erlebnis steigert Julias Loyalität ins Unermeßliche. Der Graf wird eingeladen, und in zeremoniösester Form präsentiert das Paar jetzt seine gemeinsame Wirklichkeit: daß Julia sich die Affäre nur eingebildet habe. Auch in einem Tête-à-tête bleibt sie bei dieser Aussage. Sie ist an diesem Tag von wunderbarer Schönheit, spricht aber mit »geisterhafter Stimme, und die Worte entströmten kalt und langsam ihrem Munde; aber man hatte den Eindruck, daß sich dahinter ein verzehrendes Feuer verbarg«. Der Graf, verwirrt, gedemütigt und lächerlich, verläßt das Haus auf Nimmerwiedersehen, aus Angst, selbst verrückt zu werden. Julia ist in die hochfahrende, eisige Welt ihres Gatten eingegangen – sie lacht den Grafen aus und traut ihm nicht einmal zu, verrückt zu werden.

Danach, so heißt es, fällt sie »einer schweren seelischen Krankheit zum Opfer«, in der sie oft deliriert und leidenschaftlich nach Alejandro verlangt. Um den Preis des Lebens setzt sie damit ihre Wirklichkeit durch: der kalte »ganze Mann« liebt sie nun so sehr, daß er ihr seine Liebe immer wieder beteuert und glühend beweist, so sehr, daß er angesichts ihres nahenden Todes »in einen Zustand dauernder kalter Raserei verfällt«, so sehr, daß er sogar den Gekreuzigten bestechen will mit dem, was er am schwersten erworben hat und am schneidendsten verteidigt: »Nimm mein Ich!« Das letzte, was Julia vor ihrem Tode fragt, ist dies: »Wer bist du eigentlich?« Und er antwortet: »Ich? Nichts mehr als dein Mann. Der, zu dem du mich gemacht hast.« Julias Wirklichkeit hat gesiegt. Sie kann selig sterben.

Und wie man es oft von Sterbenden hört, zieht an Alejandro, nicht an Julia, in dieser Situation sein ganzes Leben vorüber, »gleich einer Wolke von Eis«, dieses Leben, »das er vor allen, besonders aber vor sich selbst verborgen gehalten hatte« – eine grauenhafte Kindheit, die wahnsinnige Wut auf die versagenden Schutzbilder der Vaterwelt, das hilflose Schütteln der Kinderfaust vor einem Christusbild ... Er schreibt sein Testament und tötet sich über ihrer Leiche.

Es wäre eine schöne Aufgabe für Systemtherapeuten, sich auszudenken, was sie Julia geraten hätten, wenn sie in die Eheberatung gekommen wäre. Da sich hier in der Verleugnung der Eifersucht die bedingungsloseste Eifersucht ausdrückt, kann man allerdings sagen: »Plus ça change, plus c'est le même chose« – »Je mehr sich's verändert, um so mehr bleibt sich's gleich« – das Grundsymptom, gegen das die Systemiker das Heilmittel zu wissen glauben. Die Psychoanalyse würde den Zusammenhang mit der Kindheit aufdecken (von einer Mutter, genügend gut oder nicht, ist bei Alejandro gar nicht die Rede, aber über Julias Eltern gibt es ein paar entlarvende Passagen), und Jürg Willis Schüler würden sich die Hände reiben über eine narzißtische Kollusion in Reinkultur. Helfen könnten sie alle nicht. Es gibt eben Seelen, die stärker sind als alle Therapie, und manche Schicksale erfüllen sich gerade in ihrer Unheil-barkeit.

Bleiben wir aber bei denen, die, anders als das Paar des melodramati-schen spanischen Gedankenschauspiels, nicht Liebe und Tod gleichset-zen wollen, sondern die mit den Seilen der Verpflichtung und den zarteren Fäden der Liebe sich an die Erde gebunden fühlen. Sie müssen ihre Realität neu einordnen. Eine Klientin sagte:

»Ich war so an den Rand meiner Möglichkeiten gekommen, daß ich die Wahl hatte, entweder unterzugehen – das Leben ist nicht mehr lebenswert – oder mich am eigenen Schopf rauszuziehen.«

Eine andere: »Er hat vor der Tür der Eheberatung noch gesagt, das Verhältnis sei vorbei. Und dann, als wir drinnen waren, hat er gesagt: doch, es besteht noch weiter, und es wird auch wieder zu sexuellen Kontakten kommen. Und dann hat er mir eins nach dem andern zwanzig Jahre Ehe um die Ohren gehauen, alles was ihm nicht gepaßt hat – und ich war vollkommen weg, ich habe *nichts* gewußt: daß er keine Kinder wollte, daß er mindestens das zweite nicht wollte, daß ich ihn damit reingelegt habe und womit er sonst noch unzufrieden war. Ich habe in den zwanzig Jahren nichts, nichts, nichts erfahren. Da war ich blank, *so* blank – und das hat alles gesessen, denn da war natürlich was dran!«

Ein Mann: »Ich hab mich gewehrt und gewehrt und gewehrt, um sie immer wieder in das Gleis reinzuschieben, wo ich sie haben will, und das war absolut verkehrt.«

Ein anderer: »Die Problematik liegt darin, daß man sich in etwas hineinverrennt und sich was Falsches aufbaut. Nach dem Bruch war ich zuerst viel allein, hab mir meine Wohnung eingerichtet und mir neue Ziele gesucht. Ich hab mich sehr stark auf mich konzentriert. Während der ganzen Zeit meiner Ehe erschien es mir ja unerträglich, überhaupt etwas allein zu machen. Irgendwo waren da Fehler, und die möchte ich nicht noch einmal machen.«

Wie eine Zusammenfassung dieser Art von Erfahrungen klingt, was eine Frau sagte: »Ich hab ja merkwürdige Ideen gehabt – wahrscheinlich die landläufigen: Wenn man sich liebt und heiratet, dann bleibt das Gefühl für alle Ewigkeit. Ich hab überhaupt nicht einkalkuliert, daß man sich entwickelt und auch entwickeln darf. Das kam in der Beratung sehr stark raus: Man hat auch ein Recht, sich in einer Ehe zu entwickeln, und man muß den Mut haben, diesen Entwicklungen gelassen ins Auge zu sehen.«

Die einzige Klientin, für die in ihrem Leben und ihrer Ehe das Christentum eine tragende Rolle gespielt hat, die auch in der Beratung deutlich zum Ausdruck kam, sagte:

»Was bisher so gefestigt erschien, darüber macht man sich dann Gedanken. Ich hatte ganz, ganz große Schwierigkeiten mit dem Glauben: Gibt es überhaupt einen Herrgott? Warum muß das jetzt sein, wo man doch alles getan hat? Wie kann er zuschauen, wenn so viele Ehen kaputtgehen, auch gute, wie meine eigene? Ich hab vorher nicht hinschauen wollen, aber als mein Mann ausgezogen war, hab ich mehr gesehen, soviel, daß ich oft gedacht hab: Gibt's denn nur noch Schlechtes? – Und das Böse hat mich manchmal ganz erdrückt.«

Sich selbst neu sehen

> Das Höchste, wozu ein Mensch gelangen kann, ist das Bewußt-
> sein eigener Gesinnungen und Gedanken, das Erkennen seiner
> selbst, welches ihm die Einleitung gibt, auch fremde Gemütsart
> innig zu erkennen.
>
> *Goethe, »Shakespeare und kein Ende«*

In dieser Situation, so sagt man kühl und von außen, gibt es selbstverständlich nur den Weg nach vorn: die neue Wirklichkeit akzeptieren und
sich mit ihr auseinandersetzen. Das hieße aber, von der zitierten Klientin, die am Hals in der Außenhaut der Weltkugel feststeckt, zu verlangen, sie solle gefälligst das nächste Mal träumen, daß sie wenigstens mit
beiden Füßen auf der wüsten und leeren Erde steht und vielleicht sogar
schon anfängt, sie sich untertan zu machen. Etwas anders ausgedrückt
stehen solche Anweisungen in gewissen Aufsätzen gewisser Frauenzeit-
schriften und auch in psychologischen Rezeptbüchern. So einfach ist das
aber im allgemeinen nicht. Dieselbe Klientin träumte etwas später Folgendes:

Sie sieht die fertige und bereits schwimmende Hohlform eines großen Schiffes
in der Morgensonne auf ruhigem, freiem Meer liegen. Sie weiß, es muß aus-
gebaut und eingerichtet werden, und sie will dabei helfen. Sie weiß aber auch:
ein fahrendes Schiff, noch dazu eines, das wie dieses noch kein Ruder hat,
kann man nicht ausbauen und einrichten, es muß dazu vor Anker liegen. Der
Anker nun – ein sehr grausames Bild – geht durch ihren Körper hindurch, ein-
geführt in den Genitalbereich und weiter an Stelle der Wirbelsäule; die Anker-
kette ist an ihrem Hals festgemacht. Es tut merkwürdigerweise nicht weh, und
ihr Kopf ist über Wasser. Das Schiff sieht schön und fröhlich aus, wie eine
Kinderzeichnung. »Ich fühle mich nicht unwohl, aber ich möchte sehr gern in
das Schiff hinein. Nur – wie soll ich das machen?«

Dieser Traum erwies sich als sehr vielschichtig – ich will nur einiges
andeuten: die sexuelle Bindung liegt auf der Hand. Die Liebe zu ihrem
Mann war das Rückgrat des Lebens dieser Frau. Außerdem liebte und,
fast könnte man sagen: bewunderte sie ihre Kinder, weil sie selber keine
fröhliche Kindheit gehabt hatte. Die Kinder loszulassen, bedeutete, sich
von der »einzigen guten Kindheit, die sie erlebt hatte« zu trennen. Ihr
Verantwortungsgefühl war groß und berechtigt: Kinder brauchen einen
sicheren Ankerplatz, an dem sie ihr Lebensschiff fertigbauen können.
Aber nun war da die Eifersucht – ihr Mann mochte eine gemeinsame
Freundin sehr gern, und obwohl die Klientin von seiner grundsätzlichen

Loyalität überzeugt war, tat ihr die Sache sehr weh, sie fühlte sich allein gelassen. Sie sah aber ein, daß ihr Mann diese Freundschaft nicht »gegen sie« aufgebaut hatte, sie empfand sogar, daß sie davon profitierte, wenn er vergnügt und heiter war, weil er sich gut mit der Freundin verstand. »Es ist wirklich alles andere als ein Ehebruch«, sagte sie – nur mußte sie ihrem Mann etwas zugestehen, was sie selbst nicht haben konnte: mehr Freiheit.

Da sie eine besondere Beziehung zu Schiffen und zum Meer hatte, träumte sie öfter davon, so auch einmal im Zusammenhang mit ihrer Eifersucht:

Frauen üben auf kleinen Segelbooten mit Kindern in einem Gewässer, das keinen schiffbaren Zugang zum Meer hat und im Schatten liegt. Draußen auf dem Meer, in heller Sonne und leuchtenden Farben, in Wellen mit schnee-weißem Schaum segeln die Männer auf größeren Booten, aufregend, aber sicher, trotz viel Wind, und bei ihnen sind fröhliche junge Mädchen, vergnügt, mit nassen Haaren und gelben Öljacken.

Die ganze Crux des Eifersuchtskonflikts zeigt sich in diesen beiden Bildern, vor allem in dem ersten: Wie soll man das machen – zugleich Anker und Schiffbauer sein, festhalten und zugleich loslassen, um bauen zu können? Der zuletzt erzählte Traum, übrigens früher geträumt, bietet bewußtseinsnähere Lösungen an, die der Frau aber erst viel später einfielen: Es hätte ein vielfacher Personentausch stattfinden können – die Mädchen könnten vorübergehend die Kinder betreuen, die Frauen sich draußen Wind und Wasser um die Ohren wehen lassen, die Männer könnten Spaß daran finden, den Kindern selbst das Segeln beizubringen und das nicht den Frauen zu überlassen. Und schließlich könnten die Frauen sich auch zutrauen, nicht nur bei den kleinen Übungsbooten, sondern bei den seegängigen Schiffen das Steuer zu übernehmen und entweder junge Mädchen oder auch die Männer als Helfer beanspruchen.

Diese neue Rollenverteilung war zwar zuerst nur eine Phantasie – aber die Erfahrung zeigt, daß die Phantasie der Realität den Weg bahnt.

Die Frau, die diese drei Träume geträumt hat, habe ich lange begleitet. Sie hat es geschafft. Aber das Bild vom Anker, der Schiff sein will (um es auf eine Kurzformel zu bringen), paßt auf fast alle Menschen, Männer wie Frauen, die anfangen, einen neuen Umgang mit ihrer Eifersucht zu versuchen. Allerdings waren die Frauen in den von mir untersuchten Fällen viel leichter bereit als die Männer, mit der Änderung bei sich selbst zu beginnen – abgesehen von der ersten Schocksituation, in der wohl jeder denkt: »Wenn der andere sich anders verhielte, wäre alles wieder gut.«

Die Frage an den Berater lautet fast immer: »Was soll ich tun?« oder »Was sollen wir tun?« oder »Wie kann ich meinen Partner anders beeinflussen?« Mehrere Klienten haben ihre Enttäuschung darüber ausgedrückt, daß der Berater diese Hilfe nicht gab. Der Name »Beratungsstelle« ist da irreführend; ich versuche manchmal, ihn umzudeuten als eine Institution, in der man nicht Rat bekommt, sondern sich untereinander, zu zweit, zu dritt oder mit der ganzen Familie, berät. Viel bringt das auch nicht. »Therapie« wäre eine bessere, wenn auch immer noch diffuse Bezeichnung für unsere Arbeit. Aber es besteht die Übereinkunft, daß wir uns nicht Therapeuten nennen dürfen. Wer das allerdings darf, ist auch nicht ganz klar. Ich hoffe, der Leser erträgt diese berufspolitischen Unschärfen.

Die Frage »Was soll ich tun?« hat sich jedenfalls bei allen Klienten, die weitergekommen sind, verwandelt in eine andere: »Wer bin ich?«

»Ich hab an allem herumgerätselt, bloß nicht an mir selber. Ich bin unzufrieden mit mir. 50 Prozent von meines Mannes Untreue gehen auf meine Kappe. Mein Selbstbewußtsein war vorher auch schon kaputt. Aber ich hab mich mit meiner Situation nicht auseinandergesetzt. Ich wußte nicht mehr, was für mich wirklich interessant war, und hab mich hinter den Kindern versteckt. Er hat soviel gearbeitet, und da hab ich mir eingeredet, ich muß mein Scherflein beitragen, indem ich mich ganz im Haushalt vergrabe. Ich war zuerst wütend – das mit den 50 Prozent Schuld hab ich ziemlich bald begriffen. Ich hatte das Gefühl, die Beraterin spinnt. Ich mußte doch zu meinen kleinen Kindern zurück – und dann so was mit mir zu bearbeiten! Sie hat es vielleicht gar nicht so gesagt, aber ich hab es so empfunden. Ich war ja so kaputt! Aber allmählich hat sie mir geholfen, daß ich gemerkt habe: Ich sitze in einem Gefängnis, in das ich mich selbst eingesperrt habe. Sie hat mir geholfen, Löcher durch die Wand zu schlagen, durch die ich dann selbst durchgestoßen bin.«

Ein junger Mann sagte:

»Ich hab meine Musik aufgegeben. Früher hatte ich eine Band – das war Spitze. Ich habe geglaubt, ich tu's für meine Frau, aber das stimmte überhaupt nicht. Ich wollte bloß aufpassen, ob sie auch tut, was ich will. Hätte ich die Musik aufgegeben, weil ich genug davon hatte, wär's was anderes gewesen. Aber so war es nicht. Ich hätte nicht dauernd mit ihr zusammensitzen und sie anhimmeln müssen, sondern zu ihr sagen: ›Bitte *glaub* mir, jetzt mach mal eine Zeitlang, was *du* willst.‹ Wir haben ja sehr jung geheiratet – und dann gleich die zwei Kinder. ›Ich bin zwar da‹, hätte ich sagen sollen, ›aber scher dich nicht drum.‹ So weit hätten wir kommen müssen, daß einer sagen kann: ›Ich geh jetzt da und da hin, und ich ruf dich *nicht* an.‹ Und der andere hätte sagen müssen: ›Du kannst kommen, wann du willst.‹ Aber ich habe aus anderthalb Stunden Verspätung einen Weltuntergang gemacht. Es war nur meine verdammte Angst vor dem Alleinsein. Und der Wunsch, die Sache in der Hand zu behalten. Dabei bin ich früher auch kein Unschuldslamm gewesen, und jetzt, nach der Trennung, lebe ich schließlich auch nicht wie ein Mönch. Vielleicht lag da die Angst – daß ich wußte, wie es sein kann; was man mit Frauen alles machen kann … Dabei hat sie jetzt nicht einmal einen Freund, das weiß ich genau. Sie wollte nur aus meiner Bevormundung weg. Ich war so verzweifelt nach der Trennung – ich habe die andern Frauen gebraucht, um nicht Alkoholiker zu werden.«

Hier ahnt jemand etwas, das in einem späteren Kapitel noch bearbeitet werden soll und das den systemischen Aspekt der Eifersucht zeigt: das Ineinandergreifen von Loslassen und Wiederkommen. Dazu muß aber der Eifersüchtige den Mut haben, die unangenehmen, besitzergreifenden, festklammernden Seiten an sich selbst wahrzunehmen. Eine Frau:

»Ich wollte es mir zuerst nicht zugestehen, weil ich so etwas an mir nicht gekannt habe. Wenn mir jemand davon erzählt hätte – ich hätte gesagt: Das bin ich nicht!« Später dann: »Ich war mir voll bewußt, daß ich alles andere als liebenswürdig war. Aber ich hatte eine so maßlose Angst, daß ich einfach nicht anders konnte, als meinen Mann dauernd zu kontrollieren.« Und noch ein Schritt weiter: »Ich war sicher oft unglücklich und hab mir's nie zugegeben – die ewigen Schwierigkeiten mit der Mutter meines Mannes, seine Unentschiedenheit – er hat seiner Mutter nie ein ungutes Wort gesagt; gute zwar auch nicht, aber er war immer ganz passiv; und er hat mich nie verteidigt. Und nachts hab ich wach gelegen, und er ist immer ganz schnell eingeschlafen, von mir weggeschlafen. Das hab ich einfach nicht verkraftet. Und dann war er mit andern Frauen so lebendig, so aktiv, wie ich ihn auch in der Zeit vor der Ehe, als er in mich verliebt war, nicht gekannt habe …«

Der entscheidende Satz, der dieser Frau dann auch weitergeholfen hat, ist: »Ich war sicher oft unglücklich und hab mir's nie zugegeben.« Die Eifersucht, die verständlicher, »erlaubter« ist als grundloses »Unglücklichsein« in einer Ehe mit mehreren Kindern und in gesicherten finanziellen Verhältnissen, gerade in der bäuerlichen Umgebung, in der die Klientin lebte, wirkte als Signal. Sie empfand sich als so gefährdet, daß sie Hilfe suchen mußte – und fand etwas, das sie gar nicht gesucht hatte: ein klareres Bild ihrer Geschichte, ihrer Gesamtsituation und damit zunächst einen neuen Umgang mit sich selbst – und erst in zweiter Linie mit ihrem Mann.

»Es war sehr anstrengend, aber hinterher tut es wahnsinnig gut. Ich bin manchmal heulend nach Hause gefahren und hatte das Gefühl, durch das Nachdenken über mich wird alles nur noch schlimmer. Wir haben immer wieder darüber geredet, wie wichtig es mir ist, was die andern von mir denken – und ich hab gemeint, ich bin so unabhängig! Wie ich darauf gekommen bin, versteh ich heute auch nicht mehr. Es hat wohl an meiner äußeren Tüchtigkeit gelegen. Ich habe ja immer funktioniert, ich habe alles geschmissen, Haushalt, Kinder und Beruf dazu. Das hab ich auch heute noch ganz schön drauf ... Es ist möglich, daß ich meinem Mann einfach zu tüchtig war und er sich deshalb andere Frauen gesucht hat. Aber in der ganzen Tüchtigkeit hab ich damals noch im größten Streit gemeint, er hat recht und ich bin das kleine Hascherl. Sie sehen – ein riesiges Durcheinander. Und da tut es gut, sich mit sich selbst auseinanderzusetzen, wirklich auseinanderzusetzen und nicht bloß immer zu sagen: Ich leide. Allmählich ist es dann besser geworden. Heute weiß ich, daß ich selbst auch ziemlich viel Platz – Freiraum, wie man so sagt – brauche, genau das, was ich abgeleugnet habe und was ich meinem Mann deshalb keinesfalls zugestehen konnte.«

Eine andere Klientin, die wie die vom eben zitierten Beispiel in der Katamnese sagte, es ginge ihr so gut wie nie zuvor, sieht heute, daß die Eifersucht ihr geholfen hat, »sich überhaupt erst mal zu finden – dazu hatte ich nämlich vorher nie Zeit«. Ihr Schluß daraus war lapidar – ein Zitat nicht aus der Katamnese, sondern aus den Beratungsprotokollen: »Es geht nicht mehr mit den alten Füßen!«

Wahrscheinlich wird jeder Berater darauf hinarbeiten, durch Zuhören, Fragen, Deuten den Klienten zu dieser Erkenntnis zu bringen. Ob dieser das Angebot annimmt, ist seine Sache. Es würde für Außenstehende vielleicht grausam klingen, wenn sie zuhören könnten, wie im Team berichtet wird, ein Fall sei abgeschlossen worden, weil Berater und Klient sich einig waren, die Sache ginge nicht weiter, und wenn dann der Berater sagt: »Eigentlich war ich ganz froh darüber – der Mann wollte einfach nicht arbeiten.« Hätte er ihm statt dessen die Veränderung nicht ermöglichen müssen? Eigentlich ja. Aber es gibt Grenzen beraterischer Möglichkeiten und Geduld, in Eifersuchtsfällen besonders bei den sadomasochistischen Ehen; in denen die Partner unbewußt viel mehr Befriedigung aus ihrer ewig gespannten Situation ziehen als aus deren Besserung.

Einmal habe ich eine Beratung mit einem Paar abgeschlossen, in dem die Frau ihrem Mann von der Ausbildung her deutlich unterlegen war. Sie war Näherin in einer Fabrik gewesen, jetzt Hausfrau, er war nach einem Fachhochschulstudium während der Ehe (das er selbst finanziert hatte, nicht etwa durch die

Arbeit seiner Frau, wie es öfter vorkommt) Abteilungsleiter in einer großen Versicherungsfirma. Er hatte eine Freundin, gab diese aber während der Beratung auf und wirkte auf mich ernsthaft zur Ehe entschlossen. Er wünschte sich von seiner Frau mehr Entschiedenheit (z. B. sollte sie Auto fahren lernen), etwas weniger äußerliche Vernachlässigung, etwas mehr Mühe beim Hochdeutschsprechen. Das Paar war nach München umgezogen, und die Frau sprach so stark alemannisch, daß ich sie manchmal nicht verstehen konnte. Sie wehrte sich gegen die Selbständigkeit, weil sie befürchtete, er würde dann gerade weggehen – ein Muster, das in Eifersuchtsberatungen häufig vorkommt, und das nur zu durchbrechen ist, wenn der Spaß an der eigenen Betätigung größer wird als das Bedürfnis, es in Anpassung und Wärme warm zu haben. Die Frau, die übrigens vor der Ehe mehr sexuelle Erlebnisse gehabt hatte als der Mann, dessen »erste Frau« sie war, zog aus ihrer Situation und der Beratung den Schluß: »Du läßt mich ja nicht mutig sein!« Immer wieder vereitelte sie seine Versuche, sich ihr anzunähern, durch Rückzüge: »Du magst mich ja doch nicht mehr – was soll's dann!« Als der Mann die Freundin wiedertraf, brach sie zusammen, als er sie aufgab, sagte sie: »Jetzt ist er wieder bei mir, weil die andere ihn nicht will.« Der Mann war schließlich verzweifelt über meine Interventionen: »Es geht immer nur um meine Frau, aber nicht darum, daß sie sich um mich kümmert.«

In der Zeit, in die sich die Frau zurückwünschte, war die Beziehung sehr eng gewesen durch die sexuelle Faszination des Mannes; die Frau hatte vollkommen die Oberhand. Jetzt sagte sie: »Du würdest mich jederzeit gehen lassen«, und er: »Ich kann dich nicht halten.« Die Frau hatte, durchaus überzeugend, öfter gesagt: »Was ich will, das tu ich auch!« Im Grunde glaubte keiner von uns dreien, daß sie gehen würde. Sie ließ mich auflaufen wie den Mann, indem sie etwa sagte: »Die Männer wollen belogen werden, dann geht's gut.« Am Ende der Beratung (dreizehn Stunden, zu denen das Paar bezeichnenderweise immer gemeinsam kam), hatte ich das Gefühl, mich sehr angestrengt und nichts erreicht zu haben. Ich äußerte meine Überzeugung, daß sich in der Ehe nichts ändern würde, wenn die Frau nicht über sich selbst nachdächte, statt immer nur auf die Verletzungen zu starren, die der Mann ihr zugefügt hatte. Sie sagte: »Ich laß mir in der Eheberatung nicht sagen, daß meine Ehe kaputt ist.« Als ich wegen der Katamnese anrief, ließ sie mich zuerst einmal sehr bitten, daß sie kommen möge. Ihren Mann wollte sie auf keinen Fall mitbringen. Wie sich hinterher herausstellte, hatte sie ihn mit der Verabredung »zur Eheberatung« etwas eifersüchtig gemacht. Es paßte ihm nicht, daß sie »was aus ihrer Seele raus« erzählen würde. Dann, in der einen Stunde, die zur Verfügung stand, konnte sie kein Ende finden. Sie war viel hübscher geworden und sprach etwas weniger Dialekt, Auto fahren konnte sie auch. Im Grunde hatte sich aber nichts geändert. Der Mann war zwischendurch einmal ausgezogen; in der Zeit ging es der Frau sehr gut, sie ging mit einer Freundin in Discos und »hatte zu Haus ihre

310

Ruhe«. Er kam wieder zurück und fragte: »Magst du mich noch?« Ihr Kommentar dazu war: »Ich sag nie, ich mag dich nicht, da schneid ich mich irgendwie ins eigene Fleisch.«

Einmal in den sechs Jahren stand auch zur Debatte, ob sie selbst mit den Kindern eine eigene Wohnung nehmen sollte. Als sie merkte, daß ihr Mann das ganz gern gehabt hätte, weil er wieder einmal eine neue Freundin hatte, beschloß sie ein für allemal: »So! Die Freude mach ich dir nicht, und wenn ich zugrunde gehe! Ich zieh niemals aus!«

Manchmal ist es auch wieder ganz gut zwischen den beiden. Der Mann verhält sich offenbar ziemlich ambivalent, zeigt sich seinerseits eifersüchtig, verspricht Dinge, die er dann nicht hält usw. Die Frau sagte – und mir schien, darin faßte sie die ganze Beziehung zusammen: »Es ist komisch – wenn mein Mann mal nett zu mir ist, weil er gerade keine andere hat, dann werd ich wieder frech. Denn wenn einer zu mir herkriecht – das mag ich nicht. Dann kriegt er von mir noch einen Fußtritt drauf. Komisch, gell? Dann sagt er: Wenn ich zu dir nett bin, dann nützt du das aus – und deshalb ist er nicht mehr nett.«

Ihr Fazit war: »Mein Mann hat sich nicht geändert, aber ich bin etwas anders geworden, weil mir mehr Sachen Wurscht sind.« Über die Beratung, die auch sie als gescheitert empfand, sagte sie: »Sie wollten mich ändern, weil mein Mann das so wollte. Und man soll einen Menschen nehmen, wie er ist, und nicht, wie er sein sollte. Das ist ein Sprichwort, aber ich finde, das stimmt.« Meine eigene Stimme auf dem Tonband klingt leicht verzweifelt, als ich antworte: »Aber ich wollte Sie ja gar nicht ändern – ich fand und finde nur, daß Sie zuwenig aus dem machen, was Sie *sind!*«

Und wieder, jetzt beim Niederschreiben, fange ich an nachzudenken, ob ich nicht tatsächlich zu sehr im Bündnis mit dem Mann war, den im übrigen *sie* dauernd ändern wollte und keinesfalls nehmen, wie er war. Aber er selbst war es ja, der gesagt hatte, ich würde mich zuviel um die Entwicklung seiner Frau bemühen ... Und seufzend entferne ich mich aus diesem Gewirr von Doppelbindungen. Wo nichts ist (keine Motivation), hat der Berater sein Recht verloren.

Die Realität des Partners

Das Sprichwort der Klientin, in dem ich mich verfing: »Man soll einen Menschen nehmen, wie er ist, und nicht, wie er sein sollte«, ist fragwürdig, wenn man es absolut setzt, weil aus der scheinbaren Gelassenheit leicht ein neues Postulat von Nichtveränderbarkeit entstehen kann. Als Arbeitsgrundlage für den Beginn der Beratungsarbeit, für die Bestandsaufnahme sozusagen, erscheint es mir nicht schlecht, sowohl was die eifersüchtige Person als auch, was ihren Partner angeht.

Die Wolken, aus denen die Eifersüchtigen fallen, wenn sie ihre Entdeckung machen, haben ja nicht nur Defizite der Beziehung umhüllt, nicht nur die eigene Gestalt umdüstert oder glorifiziert, sondern oft das Bild des Partners vernebelt.

Ein Mann, der in der Modebranche arbeitete, hatte mit Anfang Dreißig eine zehn Jahre jüngere Frau, ein Mannequin, geheiratet. Die Verteilung war eindeutig: Sie war das attraktive junge Ding, das ihn bewunderte, dem er die große Welt zeigte, und er der erfolgreiche, gutaussehende Mann, den sie ihren Eltern getrost heimbringen konnte. Die Bindung der jungen Frau an ihren Vater war unübersehbar, wurde uns allen dreien aber erst in der Beratung klar, denn, wie so oft in solchen Fällen, war das Verhältnis zwischen Vater und Tochter eher gespannt.

Es stellte sich nach der Heirat ziemlich bald heraus, daß sie nicht nur hübsch, sondern auch energisch und intelligent war. Sie entwickelte sich, studierte Architektur, hatte schon ein Jahr nach der Hochzeit einen Freund und danach fast immer jemand anders neben ihrem Mann, der sie weiterhin, sogar noch zunehmend, vergötterte und nichts von den Rivalen wußte.

Es gab damals in der Modebranche eine Rezession, das Geschäft des Mannes ging pleite, er begann zu trinken. Dadurch verschoben sich die Machtverhältnisse in der Ehe vollständig. Eine Zeitlang war sogar das Leben des Mannes gefährdet. Er regredierte sozusagen zum saugenden Kind und wurde dick und unattraktiv. Die Frau hielt zu ihm, aber, wie sie hinterher meinte, ohne den Freund, den sie damals hatte, hätte sie das nicht geschafft.

Der Mann machte eine ziemlich kurze Entziehungskur und blieb seitdem trocken, zur Zeit der Katamnese schon acht Jahre. Etwa zwei Jahre nach der Kur kam das Paar wegen Eheschwierigkeiten in die Beratung. Der Mann war unklar eifersüchtig, die Frau leugnete alles. Wir einigten uns darauf, zu versuchen, die durch die erneute große Veränderung erschütterte Beziehung zu klären: kein

Alkohol, aber noch Berufsschwierigkeiten auf seiten des Mannes, berufliche Erfolge bei der attraktiven Architektin, die dauernd mit Kollegen, Kunden und Handwerkern Kontakte hatte, denen der Mann argwöhnisch gegenüberstand. Er wurde aber von der Frau, wie er sagte, »umschnurrt wie von einem Kätzchen«, sie liebte es, am Kamin zu stricken und vor allem, ihren Eltern die ungetrübte Harmonie der dem Alkohol entrissenen Ehe vorzuführen. Der Mann war nervös, zögernd, auch sexuell verunsichert: »Früher warst du knisternder«, oder: »Du kommst mir vor wie eine Forelle; eben hatte ich dich noch in der Hand, und schon bist du wieder weg ...« Trotzdem wollte er unbedingt an ihre Loyalität glauben. Er war inzwischen 40, sie 30. Der Kinderwunsch, dessen Erfüllung sie endgültig, wie beide meinten, aneinander gebunden hätte, wurde zum Thema.

In dieser Situation kam es, etwa neun Monate nach Beratungsbeginn, zum Geständnis der Frau: Sie hatte einen festen Freund, einen Kollegen, den sie zugleich bewunderte und für einen unmöglichen Ehemann hielt. Verheiratet war er trotzdem. Für meinen Klienten war das »die Stunde Null«. Er mußte anfangen, seine Frau anders wahrzunehmen, sein Bild von ihr zu korrigieren. Merkwürdigerweise wirkte er auf mich stabiler und männlicher als bisher.

Den weiteren Windungen dieser Beratung will ich nicht folgen. Die Frau appellierte jedenfalls weiter stark an das Akzeptiertwerden durch ihren Mann wie durch einen Vater. Er dagegen verweigerte das: »Du willst das Verhältnis behalten und auch noch haben, daß ich dich streichle!« Sie war so sehr in den ödipalen Stricken verfangen, daß sie kurz vor der endgültigen Trennung sagte: »Mein Mann wäre der ideale Mann für meine Mutter.« In ihrer unbewußten Angst vor der Bindung an einen, der ihren Vater endgültig entthronte, schaffte sie sich noch einen weiteren Verehrer an, worauf alle drei Männer aufeinander eifersüchtig wurden und die Frau sich als niedlich-verschusseltes Kind gebärdete: »Wie *konnte* ich nur den Brief aus Würzburg in der Arbeitsmappe liegenlassen, in der die Pläne für unsern gemeinsamen Neubau an meinen Architektenfreund gingen!« Der Würzburger Freund hatte ausgesprochene Ähnlichkeit mit ihrem Ehemann ...

Unter großen Schmerzen für den Ehemann, der nur die Genugtuung hatte, daß jetzt die Eltern der Frau erfuhren, wie sehr ihre Tochter ihnen die vorbildliche Ehefrau nur vorgespielt hatte, ging dieser Schlamassel auseinander. Er sagte: »Ich habe sie rausgeschmissen!« Sie: »Ich bin endlich gegangen!« Ich fragte: »Wohin?«, worauf sie unter Tränen sagte: »Zu mir.«

Der Mann wies die Beratung zurück, die ich ihm weiterhin anbot. Er konnte es nicht ertragen, mit mir zusammen das neue Bild seiner Frau zu erforschen. In einem Brief schrieb er mir, als sei er zu einer neuen Realität erwacht: »Wie kann ein Mensch sich so schnell verändern? Alles, was uns verbunden hat, mit einem maskenhaften, kalten Lächeln über Bord werfen? Ich finde, es ist eine Verleumdung ihres eigenen Ichs. Ist sie der Sklave ihrer Karriere? Für mich ein nicht erklärbares Wesen mit einer ›zweiten Natur‹; ich verstehe die Welt nicht mehr.«

Zur Zeit der Katamnese, zwei Jahre danach, war die Ehe geschieden. Der Mann lebte mit einer Frau zusammen, die »ganz anders« war. Seine Frau, von der er sagte, er könne sie heute noch gut leiden, war für ihn rückblickend ein »dufter Kumpel« gewesen, aber im Grunde kalt. Am schlimmsten fand er bei ihr, daß sie, von der er sich Kontinuität für sein ganzes Leben erhofft hatte, so inkonsequent war: »Der andere Mann war gar nicht so interessant für sie. Sie hat oft sehr negativ über ihn gesprochen, über sein Aussehen, seine Schlamperei – und doch hat sie sich mit ihm eingelassen. Auf der andern Seite wollte sie immer noch die Familie, die Häuslichkeit, wollte nach außen unsere Beziehung als heile Welt präsentieren.« Dieser Mann war froh, sich von »diesem Doppelleben, dieser Undeutlichkeit« distanziert zu haben, als er sie endlich begriffen hatte.

Die Frau kam allein zur Katamnese und gab als Hauptresultat der Beratung an, daß sie jetzt besser wisse, warum sie etwas tue, und daß sich die Konflikte während unserer Arbeit zunächst verschärft hätten, aber dadurch klarer wurden. Vor allem aber sei sie fähig geworden, ihre Eltern zu verlassen (!) und werde jetzt in eine andere Stadt ziehen. Sie habe seit der Trennung von ihrem Mann zwar soviel Unsinn gemacht wie noch nie – weiterhin habe sie gleichzeitig immer zwei Freunde gehabt –, aber sie habe das Gefühl, jetzt endgültig angekommen zu sein. Sie hatte sich für den Würzburger entschieden. Ihre Karriere sei ihr nicht mehr so wichtig. Sie habe darin sehr viel Bestätigung gefunden, aber vor allem ihr innerstes Ziel erreicht: auf gleicher Ebene mit ihrem Vater sprechen zu können (der einen ganz anderen Beruf hatte, aber darin eine sehr hohe Position einnahm).

Hier hat die realistischere Wahrnehmung beider Partner gezeigt, daß die Lebensentwürfe und -geschichten auseinanderführten. Jeder hatte – schlimm zu sagen, aber oft zu beobachten – im Leben des andern eine Funktion gehabt, die erledigt war, überholt, nicht mehr brauchbar. In größerer Entfernung entsteht manchmal Dankbarkeit für solche gemeinsamen Wegstrecken, weil jeder doch weitergekommen ist und vielleicht, trotz aller Leiden, nur mit *diesem* Partner weiterkommen konnte. Mir scheint, daß sich in den alten Verbundenheiten später oft eine besondere Art von Unauflöslichkeit zeigt, natürlich eine andere als die juristische oder kirchliche.

Noch schwerer als die Trennung ist das Weiterleben mit dem neu wahrgenommenen Partner.

»Ich selbst hätte mich anders verhalten. Ich hätte mich in der Lage, in der mein Mann war, gefragt, ob es das wert war, allen so weh zu tun (der Ehefrau, der Freundin, den Kindern). Mir hat sehr weh getan, daß er sich das herausgenommen hat, so als würde er mir zeigen: Ich kann mir das ja leisten, meine Familie wartet auf mich. Ich habe meinen Mann immer freundlich gesehen – und jetzt war er so rücksichtslos! Aber ich hab auch begriffen, daß ich nicht erwarten kann, daß alle so sind wie ich. Es war nicht einfach, dieses Hineinversetzen in meinen Mann. Der Berater hat mir ein Kissen gegeben und hat gesagt: ›Denken Sie mal, das sei Ihr Mann.‹ Und ich hab das Kissen gedrückt und gedrückt – aus lauter Liebe, dachte ich. Aber der Berater hat gesagt: ›Schauen Sie mal das Kissen an‹ – es war ganz zerquetscht – ›Sie erdrücken ja Ihren Mann!‹ Das hat mir gezeigt, man darf nicht das beschönigen, was man selbst denkt.

In der Zeit, wo er mit dem jungen Mädchen zusammen wohnte (zwei Jahre), bin ich so selbständig geworden, daß ich richtig gezögert habe, ob ich wieder mit ihm zusammengehen soll. Aber jetzt weiß ich, es ist vorbei. Und ich mag ihn, wie er ist. Es war vorher so ... so unwach zwischen uns. Jetzt weiß ich: Er ist nicht nur freundlich, sondern kann auch gemein sein. Aber es ist doch *er* – der Mann, in den ich mich damals verliebt habe und mit dem ich alt werden will.«

Eine wichtige Frage scheint mir in diesem Zusammenhang die Bearbeitung des Problems zu sein, warum man den andern eigentlich noch mag, wenn er so schlimm ist, wie er in den Klagen des ersten – und des dauernden – Schreckens dargestellt wird. Erstaunlicherweise sagen viele eifersüchtige Klienten, daß sie auf diese Frage nicht von selbst gekommen wären. Es geht hier in der Beratung im Grunde darum, die Liebe beim Wort zu nehmen und sie nicht immer nur zu beteuern. Das ist ungeheuer anstrengend. Oft wissen die untreuen Partner nicht allzuviel von dieser Anstrengung der Liebe. Wenn nicht die Eifersüchtigen selbst etwas davon hätten, wenn sie nicht dadurch ihrem Partner wieder näherkommen und besser mit ihm leben könnten, so könnte man manchmal verzweifeln über die Ungerechtigkeit der Lastenverteilung in Ehen. Es ist wirklich oft so, daß der, der mehr liebt, mehr trägt.

»Es war in der Zeit meiner zweiten Schwangerschaft so schön bei uns – ich habe meinen Mann geliebt wie nie in meinem Leben. Und ausgerechnet in dieser Zeit hat er mich betrogen. In der Beratung habe ich versucht, mich in ihn einzufühlen, in sein Bedürfnis nach diesem verdammten ›Freiraum‹, und ich habe auch gespürt, in was für einer fürchterlichen Zwickmühle er war. Er wollte mit mir ein freieres Leben führen, reisen und so, und hat dieses späte Kind eigentlich nicht gewollt. Aber nun ist es uns mal passiert. Dann hatte er auch noch eine so schwierige Freundin erwischt, die es fertigbrachte, daß er sich für sie verantwortlich fühlte. Aber das ist alles vorbei, schon Jahre. Ich hätte das schönste Leben, wenn ich das vergessen könnte. Aber ich kann es nicht. Lieb ich ihn überhaupt noch? Ich weiß es nicht. Ich war so stolz auf ihn – unheimlich stolz! Ich bin immer ein Stückchen größer geworden an seiner Seite – ein schöner Mann, ein anständiger Mann, ein zuverlässiger Mann. *Mein* Mann! Das ist nun alles vorbei.

Aber ich glaub sogar, es ist nicht das Schlechteste, daß dieser Glorienschein endlich mal weg ist. Dadurch werde ich jetzt wirklich ein bißchen größer. Und ich glaube, so klein, wie ich mich manchmal sehe, erlebt er mich gar nicht, sondern ganz schön mächtig ...«

Eine andere Frau erzählte:

»Mein Mann war nicht ganz so stark, wie ich ihn mir gewünscht habe, und ich habe ihn gestützt, von allen Seiten, ihm ständig Rückhalt, Wärme und Mut gegeben. Vor lauter Helfenwollen hab ich ihn so überlagert, er war wie mit einem Gespinst überzogen, da *mußte* er sich befreien. Ob es allerdings gerade durch andere Frauen geschehen mußte, frag ich mich natürlich. Aber Gespräche waren erst nachher möglich. Ich habe ihn so verhimmelt – und dann war er so schwach, so arm, so fix und fertig. Und auch so – so schlüpfrig, wo er sonst immer so klar, sauber und anständig war.

Heute seh ich ihn ganz anders: Wir leben sehr gut zusammen, es ist große Sympathie da, aber ich sehe auch seine Fehler, die ich vorher nicht wahrhaben wollte. Er sieht natürlich auch meine, und wir können ganz gelassen darüber sprechen. Aber damals – ich konnte einfach nicht mehr. Er war für mich ein anderer geworden als der, den ich geliebt hatte. Diese Indifferenz von ihm: ›Ich weiß doch heut noch nicht, was ich in Zukunft mache! Jetzt hab ich grad keine Freundin, aber vielleicht mach ich's wieder. Du bist altmodisch, man muß modern sein ...‹ Und diese Glaswand zwischen uns, daß er nie mehr zeigte: Ich mag dich ...«

Diese Klientin hatte einen Traum, der von ihr, wie sie in der Katamnese sagte, als Schlüsselerlebnis empfunden wurde und der mir geradezu stellvertretend für viele Eifersüchtige geträumt erscheint.

Sie sieht ihren Mann auf einer Art Altar wie einen alttestamentarischen König, in einem starren Gewand, »streng und übergeordnet«. Er will eins der Kinder töten. Sie weint und kämpft, aber er ist unnahbar, unmenschlich. Schließlich packt sie ein Stück Fleisch in Papier und schmeißt es ihm als Ersatz für das Kind vor die Füße. Ihr wird schlecht, sie rennt weg.

Als sie mir den Traum erzählte, weinte sie sehr. Eine unendliche Trauer und Verzweiflung schien sich endlich zu lösen.

In der nächsten Stunde berichtete sie von einer Lösung der Spannung zwischen ihr und ihrem Mann. »Das starre Gewand ist weg«, sagte sie und trug ein amüsantes Detail nach: Über dem Weinen in der letzten

Stunde hatte sie vergessen, daß sie in derselben Nacht, nach dem schrecklichen Opfertraum, noch einen zweiten, »ganz heiteren« geträumt hatte: »Sie fährt mit ihrem Mann auf dem Mofa einen Hang hinunter in eine Frühlingslandschaft. Beide sind sehr vergnügt.« Als ich fragte, wer vorne sitzt, lachte sie und sagte: »Ich!« Sie hatte bis dahin große Angst vorm Autofahren gehabt, war aber während einer Geschäftsreise ihres Mannes allein nach Norddeutschland gefahren und hatte mir hinterher stolz berichtet: »Ich kann fliegen!«

Den ersten Traum hatte sie ihrem Mann lieber verschwiegen, den zweiten erzählt. Sein Kommentar war: »Siehst du, mit uns geht es abwärts!« Hier lag offenbar eine Phasenverschiebung bei der Bewältigung des Konfliktes vor. Zur Zeit der Katamnese, drei Jahre später, hatte das Paar ein neues Haus gebaut, einige neue Lebensgewohnheiten entwickelt, und die Frau sagte: »Es geht uns besser als vor der Krise.«

Lösung aus der Symbiose

Betrachtet man die akute Eifersuchtskrise, so scheint mir, daß gleichsam im »Auge« des Orkans, in seinem Zentrum, der Rivale gar nicht da ist. Er geht, allerdings nur für kurze Zeit, aber oft wiederholt, in den Strudeln der Verzweiflung verloren. Das, was so oft von Eifersüchtigen hinterher als Hilfeschrei bezeichnet wird, ist eine Regression in den Wunsch, dem andern die ganze Welt zu sein, weil er einem selbst als das Wichtigste und einzige auf der ganzen Welt erscheint. Nur sehr wenige Klienten haben es als das Schlimmste empfunden, daß »jemand anders da war«; die meisten, Männer wie Frauen, beklagten den Verlust von Vertrauen, den Zerfall der Einheit, sagten, es sei ihnen »eine Welt« zusammengebrochen, oder waren entsetzt, daß sie nicht die »einzigen, die Wichtigsten, sondern überhaupt nicht wichtig« waren.

Diese Klage wird zwar meistens asexuell geführt, hat aber sehr viel mit Sexualität zu tun. Wenn die Eifersucht oft als die schwarze Schwester der Liebe erscheint, so ist die radikale Infragestellung der eigenen Welt durch die Abwendung des Partners das Negativbild der glücklichen Welterfüllung und Verschmelzung in gelungener Sexualität, wo Zweiheit in Einheit verfließt, wo mein Glück auch dein Glück ist. Die Forderung des Eifersüchtigen ist eigentlich: »Du warst glücklich, wenn ich glücklich war – jetzt sollst du auch unglücklich sein, weil ich unglücklich bin. Denn wir sind eins und mit allen Fasern verbunden.« Da der so Gebundene aber gerade das Unglück verursacht, indem eben er die Einheit sprengt, entsteht eine unerträgliche Spannung.

Das hat wieder mit der präödipalen Mutter zu tun. Ich glaube, daß es sehr viele Menschen gibt, die genau spüren, daß die Ablösung von den Eltern, besonders von der Macht der Mutter, erst möglich wird durch das Risiko des totalen Einlassens auf eine andere Person, das sich in gelungener Sexualität ausdrückt. Man kann das frühe Verlangen der jungen Leute von heute nach sexuellen Kontakten vielleicht verstehen als den Versuch, sich aus der liebenden, verständnisvollen, im Freudschen Sinne erotisierten Umgebung der Kleinfamilie mit den gewissenhaften Eltern zu entfernen, die von Hautkontakt bis Ödipuskomplex und Onanieerlaubnis alles, alles richtig machen wollen. Früher, bei strengeren, distanzierteren Eltern, die eine »gute Erziehung« ganz anders verstanden als wir, war das vielleicht nicht so nötig.

Die Versuche der Jungen führen, da sie ja nur Verhaltensanweisungen,

»Leistungsdruck« beantworten, oft zu Enttäuschungen. *Wenn* aber dann das wirkliche »erste Mal« passiert, oft nach vielen vorherigen sexuellen Kontakten, ist es von ungeheurer Wichtigkeit und enthält die Möglichkeit, damit aber auch die Gefahr einer Totalbindung, aus der man sich erst allmählich in eine wieder andere Art des Erwachsenseins hineinentwickeln muß, wenn man sich nicht selbst verstümmeln will.

Wahrscheinlich ist allerdings die »große Liebe«, in der einer für den andern eine Zeitlang alles ist und außerdem noch »die ganze Welt umarmen« möchte, eine gute Voraussetzung, auch mit Eifersucht fertig zu werden. Und natürlich ist, falls die eheliche Sexualität als befriedigend empfunden wird, was oft noch in der schlimmsten Krise der Fall ist, die Prognose besser, als wenn die Klienten sagen müssen: »Bei uns hat es nie richtig geklappt.«

Also Auflösung der Symbiose – eine seelische Knochenarbeit!

»Ich habe mich ihm geöffnet wie sonst niemandem – und jetzt, wo er die andere Frau hat, ist es, als käme jemand anders mit in mich hinein. Ist es nicht verständlich, daß ich schreckliche Angst habe?«

Diese Frau durchschaute aber auch ihr Bedürfnis nach Zwei-Einheit:

»Ich bin viel kontaktfreudiger als mein Mann, ich flirte auch viel mehr als er. Aber ich passe auf, das kann ich Ihnen sagen! Wenn ich mich mit jemand anders ernsthaft einließe, hätte ich Angst vor meiner eigenen Leidenschaft. Wenn mir jemand ein Ziel setzte: ›Mit dir!‹ – das wäre gefährlich, ja fast unwiderstehlich.«

Hier wäre, und das war der Klientin auch klar, die Gefahr der Wiederholung des gleichen Spiels gegeben – und die Eifersucht, *ihre* Eifersucht in diesem Fall, enthielt die Chance der Distanzierung bei Erhaltung von Liebe, Kontinuität und Treue einer bereits langen Ehe, die hinzuwerfen der Klientin letzten Endes sehr unangemessen gewesen wäre.

Eine andere Frau, die ihrem Mann mit einem gemeinsamen Freund untreu geworden war und ihm das Geständnis eines Tages ohne irgendeine äußere Notwendigkeit hingeschleudert hatte, so als wollte sie damit einen Teil der Einheit wenigstens im gemeinsamen Wissen wiederherstellen, sagte:

»Ich habe mich sowohl im Positiven wie im Negativen an meinen Mann geklammert, *sehr,* ganz innig und ganz eng. Wenn er jetzt meint, er bedeutet mir nichts mehr, so ist das einfach nicht wahr. Tatsache ist, daß ich mich mehr auf mich selbst besinne. Ich sehe unsere Beziehung unter einem neuen Aspekt –

etwas gelöster, nicht mehr so voneinander abhängig. Und seither habe ich auch nicht mehr diese furchtbare Angst.« Sie war nämlich ihrerseits auch überaus eifersüchtig gewesen, und zwar, jedenfalls während der Ehe, ohne »Grund«.

Bei diesem Fall wurde mir übrigens besonders deutlich, welchen Sinn ein Geständnis haben kann, das eigentlich im landläufigen Sprachgebrauch »sinnlos« ist: Warum den andern aufregen mit einer Geschichte, die längst überlebt ist, nicht einmal besonders schön war und von der er nichts ahnt und nie etwas erfahren würde? Ich glaube, in einem solchen Fall wollen die »Fremdgeher« einerseits zurück ins legale eheliche Bett (in dem sie allerdings meist schon wieder in Freud und Leid, also eventuell auch im sadomasochistischen Gefüge, warm eingekuschelt liegen). Andererseits zieht es sie damit zurück in die Symbiose – zugleich aber mit der unbewußten Absicht, diese von innen heraus zu sprengen.

Den Druck der Symbiose zeigt diese Äußerung sehr genau:

»Ich war einfach nicht mehr ich. Das hat uns zwar geholfen, jahrzehntelang ein sehr schweres Arbeitsleben durchzustehen. Wir waren einfach eine Einheit, wie die siamesischen Zwillinge. Und das ist trügerisch, das ist trügerisch! Ich habe nämlich alles, was mir sonst wichtig war, für diese Ehe beiseite gelegt. Ich habe mich wirklich selbst entäußert. Dabei habe ich alle meine Batterien aufgebraucht. Ich glaube, daß ich wirklich mehr investiert habe als er, aber er war ja auch dauernd unzufrieden. Nur, wenn er gesagt hat: Mir geht's nicht gut – dann war ich hechelnd da und habe gesagt: Kann ich dir helfen? Vielleicht waren dafür die andern Frauen gut. Denn als er mir da auch noch zeigte, wie elend ihm zumute war, da hatte ich endgültig genug vom Helfen. Das Gefühl der siamesischen Zwillinge hatte er natürlich auch. Das ging so weit, daß er in einem guten Augenblick während der Krise einmal sagte: ›Weißt du, was ich dir am meisten wünsche? *Einmal* eine gute Beziehung zu einem andern Mann!‹ Da war bei mir endgültig Schluß . . .«

Das Ergebnis der Lösung aus dem Gefühl, gleichsam wie Zwillinge in derselben Fruchtblase zu schwimmen, faßte eine Klientin so zusammen: »*Alles* sagen wie früher – das geht nimmer!«

Bearbeitung der Vergangenheit in der Eheberatung

Wenn der Eifersuchtskonflikt so sehr auf die Symbiosewünsche, also das Erlebnis der frühen Mutter zurückführt – ist es da nicht unerläßlich, sich direkt mit der Vergangenheit zu konfrontieren und die infantilen Konflikte wie in der Psychoanalyse »erinnernd, wiederholend, durcharbeitend« zu behandeln? *Eigentlich* soll so etwas in einer Eheberatung nicht vorkommen, jedenfalls nicht im genauen psychoanalytischen Sinn. Da die Thematik sich aber nicht vermeiden läßt und oft nur allzu deutlich von den Klienten vorgetragen wird, trägt das gelegentlich zum Rollenkonflikt eines gewissenhaften Beraters bei. *Eigentlich* soll es nämlich um die aktuellen Konflikte gehen, um die Kommunikation, um Ichstärkung, um allenfalls stützende, aber nicht aufdeckende tiefenpsychologische Arbeit.

Ich selbst habe für mich diese Antwort gefunden: Wie soll ich meinen Klienten helfen, ihre Rollenzäune zu durchbrechen, sich von Traditionen zu emanzipieren und selbst zu entscheiden, was ihnen angemessen ist, wenn ich selbst mich von hierarchischen Vorschriften einengen lasse, die ich, wenn ich meine Verantwortung für das Wohl der Klienten ernst nehme, manchmal gar nicht befolgen *kann?*

Bei mir also *gibt* es in der Beratung die Bearbeitung der Vergangenheit; abgesehen davon, daß mir jeder Mensch plastisch wird, wenn ich etwas über seine Elternbeziehung weiß, so drängen die Klienten oft auch selbst in diese Richtung. Bei den Katamnesen, die ich von Kollegen übernommen habe, war es größtenteils genauso. So hat in 21 Fällen die Bearbeitung der Elternbeziehung eine Rolle gespielt, in 10 Fällen eine wichtige. Von den 30 Klienten haben in der Katamnese (die schließlich unter dem Aspekt von Eifersucht und Dreierbeziehung geführt wurde und nicht als Erfolgskontrolle überhaupt) immerhin sechs als Drehpunkterlebnis der Beratung eine Klärung, Lösung oder Veränderung ihres Elternverhältnisses genannt. Einmal kam auf die Frage nach der Aggression die Antwort: hauptsächlich auf den Vater meiner Frau, einmal: auf das Kind meines Partners; was sicher auch auf unerfüllte Wünsche an die Eltern schließen läßt.

Ich möchte hier nur auf diese Tatsachen hinweisen und nicht weiter darauf eingehen, weil ich bei meinem Eifersuchtsthema bleiben will. Eine Beratung ermöglicht keine sehr tiefe Regression, und auch die Übertragung kann meistens fast nicht bearbeitet, sondern nur erlebt werden. Wie es möglich ist, daß hier einmal dasein darf, was nach orthodoxer Auffassung gar nicht dasein kann, dafür möchte ich eine – sicher anfechtbare – These wagen: Je mehr der Berater sich durch Selbsterfahrung und tiefenpsychologisch-systemische (!) Blickrichtung darauf einläßt, die Elternbeziehung und die Kindheit des Klienten als etwas Wichtiges bei Eifersuchtskonflikten zu betrachten, desto mehr wird sein eigenes Unbewußtes ihn führen, die richtigen Fragen zu stellen, die richtigen nonverbalen Botschaften zu geben und sich in der ja immer vorhandenen Übertragungssituation so zu verhalten, daß er dem Klienten den Zugang zu seinen archaischen Schichten öffnen kann. *Kann,* nicht wird! Ich habe gesehen, daß in glücklichen Fällen wenige Stunden genügen, um zu wichtigen Einsichten und den dadurch möglichen emanzipativen Schritten »draußen« zu führen, und ich wage zu hoffen, daß das keine vorübergehenden Resultate sind, sondern welche, die stabil bleiben. Oder, um es noch vorsichtiger zu formulieren: Die Klienten haben es so empfunden, und ich hatte den Eindruck, sie spielten mir nichts vor.

Ich möchte hier nur ein einziges Beispiel anführen – andere deuten sich in mehreren Falldarstellungen an:

Eine Klientin wurde mit der abgeschlossenen Liebesbeziehung ihres Mannes nicht fertig. Ihre Mutter war sechs Wochen vor Beratungsbeginn gestorben. Manchmal sei es vorbei mit ihrer Unruhe wegen der andern Frau, dann wieder sei sie »wie angeknipst« und müsse sich immerfort mit der Sache beschäftigen. Sie erzählte mir in der Katamnese, drei Jahre nach Beratungsabschluß, daß sie seit etwa einem halben Jahr einen Wiederholungstraum hatte:

»Ich gehe zum Grab meiner Mutter. Ich muß sie unbedingt fragen, was mit der Freundin meines Mannes ist. Sie weiß es ganz bestimmt. Ich gehe hin und mache den Sarg auf. Meine Mutter ist ganz, nicht kaputt oder verwest. Ich will sie in den Arm nehmen und fragen. Da ist sie nichts.«

Ich riet der Klientin zu weiterer Beratung, die eine Kollegin an unserer Stelle übernehmen mußte, weil ich keine Zeit hatte.

Ein Jahr nach der Katamnese rief ich die Klientin an, weil ich noch zwei kleine zusätzliche Fragen hatte. Sie sagte spontan, nachträglich sei für sie das Wichtigste an ihren bisherigen Beratungserfahrungen die Bearbeitung der Mutterbeziehung bei der Kollegin gewesen. »Das habe ich geschafft, der Traum ist auch nicht mehr wiedergekommen.« Sie hatte im letzten Jahr einen jüngeren Mann kennengelernt, der sie verehrte, und hatte die Phantasie gehabt, daraus einen »Gegenschlag« für die Liebe ihres Mannes zu konstruieren. Aber dann hatte sie es gelassen – »so wichtig war das gar nicht mehr«. Über die verflossene Freundin fragt sie ihren Mann auch nicht mehr aus. Seit sie ihn nicht mehr so bedrängt, »romantischer« mit ihr zu sein – »wenn er nicht will, dann soll er's eben lassen!« –, ist er wieder – viel romantischer. Allerdings redet er ihr trotzdem noch ein bißchen zu wenig. Deshalb will das Paar auch noch einmal gemeinsam eine Beratung bei der Kollegin machen.

Hier sieht es so aus, als sei der Konflikt endlich an der richtigen Stelle lokalisiert: an der Beziehung und Kommunikation des Paares, von dem ich trotz oder gerade wegen gelegentlicher Blicke oder gar Klettereien über den Ehezaun (*beider* Partner!) von Anfang an das Gefühl hatte, daß es zusammengehörte.

Die Bedeutung des Rivalen: Phantasie und Realität

>»Ich kannte sie nicht, aber ich haßte *alle* Frauen.
> Ich hätte schreien können: Wer bist du?«

>»Eigentlich war sie ein feiner Kerl.«
> *(Klientenzitate)*

Jetzt endlich der Rivale: welches ist seine Rolle? Zunächst möchte ich wiederholen, daß ich das Wahrnehmen seiner Existenz für einen Schritt zur Bewußtheit und daher für einen Schritt vorwärts halte. Je irrealer der Rivale, desto gefährlicher die Eifersucht. Ist der dritte Eckpunkt im Dreieck lokalisiert, hat er die Konturen einer konkreten Person angenommen, so ist gegenüber den Symbiose- und Verschmelzungswünschen, deren Nähe zur Psychose unverkennbar ist, ein Stück korrigierende Realität hinzugewonnen. Vorausgesetzt ist dabei, was auf alle katamnestisch untersuchten Fälle zutraf, daß der Rivale wirklich eine Beziehung zum Partner hat. Bei Psychosen kann das natürlich anders aussehen. Diese reale Beziehung – »sie hat was mit ihm, er hat was mit ihr« – enthält in der allgemein akzeptierten Wirklichkeit zugleich eine zum Eifersüchtigen, wie verzerrt die auch immer sein mag. Wie gingen unsere eifersüchtigen Klienten nun mit dieser Beziehung um?

Die landläufige Erwartung gewiß auch der Leser ist die der aggressiven Spannung zwischen dem Partner und dem Rivalen. Meine Frage nach der Aggression zeigte aber nur in vierzehn Fällen, also weniger als der Hälfte, ein Übergewicht des Hasses oder der Wut gegen die dritte Person. In dreizehn weiteren war das Hauptziel der Partner; wenn überhaupt kein Rivale da war, ist es ja selbstverständlich, daß Ärger, Enttäuschung und Streit mit dem Partner ausgetragen oder bei ihm abgeladen werden. In *allen* Fällen gibt es immer wieder Substitute, die Aggression trifft also oft nicht da, wo sie »hingehört«, sondern richtet sich gegen Personen, die gerade zur Hand oder »geeigneter«, weil vielleicht schwächer sind als der wirkliche Adressat: Kinder, Eltern, Arbeitskollegen, Untergebene, Haustiere, Verkehrsteilnehmer. Darum geht es aber hier nicht.

Viele Klienten haben bei ihrer Aggression ein Übergewicht gegen *eine* der beiden Personen des neuen Paares angegeben, viele haben aber gesagt, sie seien gleichzeitig auch empört über die andere. Im weiteren Verlauf der Beratung wurden sie öfter auch wütend auf sich selbst. Ich glaube, daß sich gerade in dieser vielseitig gerichteten Aggression ein Stück Gesundheit zeigt. Neurotisch scheint mir die festgelegte Richtung zu sein, die auch in unseren Beratungen oft lange vorkam, sich dann aber lockerte. Neurotisch ist auch überstarke Aggressivität überhaupt. Wenn Berglers These (s. S. 217 ff) stimmt, daß der passiv Liebende, der vor allem *geliebt werden* will, sich hauptsächlich gegen den Partner wendet und der aktiv Liebende, der vor allem *selbst lieben* will, regelmäßig gegen den Rivalen, so läßt sich an der Wandelbarkeit der Aggression zugleich die Veränderbarkeit der Liebesbedürfnisse ablesen – und Beweglichkeit ist nun einmal Leben und Gesundheit.

Die Beschäftigung des Eifersüchtigen mit dem Rivalen, seiner Parallelfigur, führt auf jeden Fall vom Partner weg, abgesehen davon, daß man natürlich, genau wie man zwei Menschen lieben, so auch zwei Menschen zugleich hassen kann. Bleiben wir also beim Rivalen: Besonders solange man ihn nicht kennt oder nichts Genaueres über die Art seiner Beziehung zum Partner weiß, eignet er sich hervorragend zum Phantasieren und Projizieren. (Neurotiker oder gar Psychotiker können selbstverständlich auch in Personen, mit denen sie täglich umgehen und die sie gut kennen, realitätsferne Dinge hineinphantasieren.) Auf jeden Fall hat der Rivale etwas, das der Eifersüchtige, im Moment jedenfalls, nicht hat oder zu haben meint: die Liebe des Partners. Warum? Was hat er gemacht? Worin ist er besser? Je entfernter die Beziehung, desto reichhaltiger können oder müssen die Phantasien sein.

Ein Mann hatte eine kurzfristige Beziehung zu seiner Sekretärin. Seine Frau begegnet dieser nun täglich einmal in dem kleinen Ort, in dem sie wohnt, auf einem ganz bestimmten Weg. Was soll sie tun? Einen andern Weg wählen, natürlich. Geht nicht, der Junge muß vom Kindergarten geholt werden. Einen andern Kindergarten suchen? Geht nicht, im Ort ist nur einer. Umziehen? Geht nicht, das Haus ist gerade fertig geworden. Veranlassen, daß der Mann seine Stellung wechselt und also die Sekretärin nicht mehr sieht? Geht nicht, er kann sich freuen, daß er gerade verbeamtet worden ist. Das gleiche für die Sekretärin versuchen, vielleicht durch Intrigen oder ein Gespräch mit dem Mann? Geht nicht – für die Sekretärin gilt beruflich das gleiche wie für den Mann. Also bleibt: »So tun, als ob mich das nicht kratzt, wegschauen.« »Ich seh auch gar nicht ein, warum ich mein Leben verändern soll, jedenfalls äußerlich – ich bleibe da, wo ich bin.«

Die Klientin hatte das Gespräch mit der Rivalin nicht gesucht, obwohl das leicht möglich gewesen wäre. Sie hatte ihren Mann auch nur konfrontativ gefragt, worauf er die Sache zugegeben hatte und sofort das Verhältnis abbrach. Genaues also wußte die Klientin nicht. Die mißtrauische psychoanalytische Deutung wäre: Sie hatte sich das alles so eingerichtet, *um* jahrelang darüber phantasieren zu können. Ob diese Kausalitätshypothese zutrifft, wage ich nicht zu entscheiden.

Jedenfalls lief die Sache so: Die Klientin litt jahrelang schlimmste Qualen, »es war ein Kampf zweier Frauen«, sagte sie, wobei mir nicht klar war, ob die Rivalin von dem Kampf je etwas gemerkt hat. »Sie war täglich acht Stunden mit meinem Mann zusammen! Also habe ich von den Nebenarbeiten, die er zu Hause macht (er war Behördenarchitekt), möglichst viel an mich gerissen und einiges aus der Behörde dazu. Auf vier Stunden habe ich es auch gebracht.« Wie war die Rivalin? »Schwarz, toll gebaut, jung – sie hat schon mehrmals was mit verheirateten Männern gehabt, ganz anders als ich.« Ganz nebenbei bemerkte sie, daß es vielleicht eine Rache ihres Mannes für einen »Wortflirt« ihrerseits mit einem jungen Apotheker des Ortes war, den das Paar auch gelegentlich privat traf. Wieder wäre eine mögliche psychoanalytische Deutung: Sie hatte solche Schuldgefühle, daß sie sich selbst durch die Qualen der Eifersucht bestrafen mußte. Jedenfalls erzählte sie, daß sie den Mann nach ihrer Entdeckung »dauernd verdächtigen mußte« – »das war für uns beide schlimm«. Sie hatte die für Eifersüchtige typischen »Antennen«:

»In unserer Ferienwohnung am Gardasee hab ich mich einfach nicht mehr wohl gefühlt. Ich hab ihn dann gefragt – und tatsächlich hat es da stattgefunden, in *unserer* Wohnung, die wir uns so liebevoll eingerichtet hatten. Seitdem kann ich fast nicht mehr hinfahren, ich habe da das, was ich meinen Verfolgungswahn nenne. Ich versuche die Vorstellungen, was da vorgegangen ist, zu unterdrücken – aber das ist das gleiche, verstehen Sie? Ich bin andauernd damit beschäftigt. Und bei jeder Gelegenheit schreie ich meinen Mann an, daß es nicht mehr feierlich ist.«

Hier befinden wir uns zweifellos im Bereich der ödipalen Phantasien. Ich möchte damit nicht behaupten, daß die Eifersucht »eigentlich« dem Vater gilt, die Neugier der Mutter, der Vorstellungszwang der Urszene; es liegt mir also fern, die akute Krise zu entwerten, indem ich sage: Das alles gilt nicht, es ist nur der Ausdruck der Sehnsucht, die Frau des Vaters zu sein, und die Strafe für das schlechte Gewissen, sich an die Stelle der Mutter zu wünschen. Dennoch scheint eine Verankerung in frühen Problemen vorzuliegen, die die heutige Verarbeitung so »unsinnig« schwer macht.

Ein Fall wie dieser gehört, was die Lösbarkeit der Beziehung zum Rivalen angeht, zu den schlimmeren in unserer Beratungsstelle, und zwar, so scheint mir, wegen der Vermeidung der direkten Auseinandersetzung und der Unfähigkeit, das Grübeln zu lassen. Diese Klientin sagte auch auf die Frage, was am schlimmsten gewesen sei: »Ich selbst. Meine Unfähigkeit.«

Sehr viele andere nehmen die Sache direkter in die Hand. Sie rufen den Rivalen an, treffen sich mit ihm allein, auch zu dritt oder zu viert, und erreichen damit gewiß oft sehr unerquickliche Szenen – aber sie gewinnen der Phantasie doch ein Stück Realität ab (und die Phantasie und Energie, die sie in ihre Wut hineingepulvert haben, wird frei für andere Dinge).

Eine Klientin sagte in der Katamnese: »Meine Beraterin hat mich gleich am Anfang gefragt, ob ich die Freundin meines Mannes sehen möchte. Ich habe nein gesagt. Heute muß ich mir sagen: Es wäre besser gewesen. Dann wäre dieses Mystische abgefallen. Dann hätte ich vielleicht sagen müssen: Das ist eigentlich ein lieber netter Kerl, ich kann verstehen, daß meinem Mann das passiert ist. Aber so war ich eigentlich immer auf der Suche: *Wer ist diese Frau?* Ich konnte überhaupt keine Frau mehr sehen, ich hätte denen allen den Hals umdrehen können.« Diese Frau empfand aus vielfachen Gründen, wenn es um Beziehungen zu Frauen ging, Angst und Sehnsucht zugleich. In Freudscher Sprache: Sie sehnte und fürchtete sich vor Homosexualität und deren Umformungen, zu gleicher Zeit aber vor Sexualität überhaupt. Die Sehnsucht zeigte sich in der »Suche«, die Angst und Abwehr in »Haß«. Die Bearbeitung in der Übertragung, besonders mit einer weiblichen Beraterin, hätte hier sicher Erleichterung gebracht, wurde aber von der Klientin abgelehnt.

»Damit das Mystische abfällt« – dieser Satz könnte als Leitmotiv über allen Konfrontationen mit dem Rivalen stehen; man könnte auch sagen: damit der andere kein Gott oder Gespenst mit unklarer Macht bleibt, sondern damit wir sehen und erleben, daß wir beide Menschen sind. Es geht dabei immer wieder auch um die Frage der eigenen Realität, über die ich oben geschrieben habe. Ein Fall für viele:

Eine junge Frau hatte lange gespürt, »da ist was mit der Tochter der Nachbarn«. Der Mann hatte es ein Jahr lang abgestritten. Schließlich rief sie in der Beratungsstelle an, sie habe das Gefühl, verrückt zu werden. Sie bekam einen Termin innerhalb weniger Tage. Inzwischen hatte sie aber, vielleicht bestärkt durch den Rückhalt, daß ihr jetzt geholfen werden würde, schon ein Komplott mit ihrer Freundin geschmiedet: sie ging zu einem wöchentlichen Gymnastikkurs und ließ die Freundin dann eher klingeln, als sie gewöhnlich wiederkam. Der Mann rief durch die Tür, er sei schon zu Bett und wolle deshalb nicht aufmachen. Darauf öffnete die Ehefrau mit ihrem Schlüssel. Sie mußte die ganze Wohnung durchsuchen. Schließlich entdeckte sie das Mädchen im Dunkeln bei den schlafenden Kindern. Nun wollte sie mit ihrem Mann allein sprechen, aber dieser bestand darauf, daß das Mädchen dabeisein sollte. Die Ehefrau holte die Freundin, die im selben Haus wohnte: »Wenn die zu zweit waren, wollte ich auch zu zweit sein.« Daß das Gespräch, das jetzt folgte, nicht erfreulich war, kann man sich denken. Aber die Gefahr des »Verrücktwerdens« war gebannt.

Das noch sehr junge Mädchen fühlte sich als Siegerin und äußerte sich offenbar ziemlich provozierend. Die Ehefrau, zehn Jahre älter, hatte plötzlich ihren Standort wiedergefunden. Sie ließ sich nicht aufbringen, bestand auch darauf, daß die Eltern des Mädchens informiert würden. Nach der Szene war der Mann noch eine Zeitlang in der gemeinsamen Wohnung, und als die Frau sah, »wie schlimm das ist«, bestand sie darauf, daß er auszog. Er blieb anderthalb Jahre weg, bei dauernden Kontakten zur Familie. Er war offenbar in einer Zwickmühle, denn er wollte schon vorher einmal zurückkommen, aber seine Freundin machte einen Selbstmordversuch, so daß er meinte, die Verantwortung für die Rückkehr noch nicht übernehmen zu können. Die Frau war während der Trennung so selbständig geworden, daß sie zögerte, ob sie wieder mit ihm zusammengehen sollte.

Wie fand sie die Freundin? »Die Sache ist vorbei – aber die Größe habe ich nicht, daß ich sie in Ordnung finde. Vielleicht erwarte ich von andern Menschen zuviel, weil ich von mir auch viel verlange. Ich war wütend auf das Mädchen – die Kinder waren noch so klein! –, wieso hat sie soviel darangesetzt, ihnen den Vater zu nehmen? Ich hab mir gedacht: Ich bin erwachsen, ich komm drüber weg; aber die Kinder? Sie war eben zu jung, sie hat wohl nicht übersehen, was sie da ins Rollen gebracht hat.«

Der klarere Realitätsbezug, der überlegenere Umgang mit der Rivalin gegenüber den beiden vorherigen Beispielen, in denen nur phantasiert wurde, ist hier wohl deutlich geworden.

Es liegt nahe, nach der verschiedenen Bewältigung bei Männern und Frauen zu fragen; der Unterschied scheint mir, jedenfalls was unsere Beispiele angeht, beträchtlich zu sein. Die Frauen sehen die Rivalin mehr als eine Person, die ihnen den Mann wegnehmen will. Sie leiden deutlicher, sind aber im ganzen mehr dazu geneigt, nachzudenken, zu vergleichen und die Parallelität zwischen sich selbst und der »andern« zu sehen, ja sie sind, ganz entgegen der Annahme von der größeren Emotionalität der Frauen, eher zu objektiven Urteilen bereit. Für die Männer in unseren Beispielen war der Rivale vor allem jemand, dem sie überlegen sein wollten, den sie abwerten mußten. Das phallisch-aggressive Element stand also sehr im Vordergrund. Vier von den elf Männern ließen sich genau beschreiben, was vorgefallen war. Sicher spielt bei solchen Ausfragereien, die ja keineswegs in allen Fällen vorkommen, immer der sadomasochistische Kitzel eine Rolle, eine gewisse wütende und meist wohl unbewußt genossene Erregung also. Die Konsequenz aber, die sie daraus zogen, war, daß sie sich entweder »besser« fanden als den andern oder ihre Forschungen dafür benutzten, ihn »runterzumachen«.

Ein wütender Mann verlangte von seiner Frau die schriftliche Schilderung der Affäre mit allen Details – aber nicht nur, weil er selbst alles wissen wollte, sondern weil er die Absicht hatte, das Schriftstück der Frau des Freundes und andern Nachbarn zu zeigen, »damit die Pinkel nicht auf mich herabsehen können«. Er ließ das Vorhaben später fallen, erzählte aber in der Katamnese mit Befriedigung, daß er den Rivalen später noch einmal »gepackt« und beschimpft habe. Die berufliche, finanzielle, menschliche Unterlegenheit des Rivalen wurde in allen Fällen, in denen die Eifersucht eines Mannes das Beratungsanliegen war, betont. Nach der Versöhnung mit der Partnerin lag den Männern daran, ihre eigene sexuelle Überlegenheit bestätigt zu sehen.

Einige bezeichnende Äußerungen:

»Für mich ist das ein minderwertiges Subjekt, das hinter allen Frauen her ist.«

»Ein alter grauhaariger Mann – hat nichts, ist nichts, und gesessen hat er auch schon mal. Wahrscheinlich ein Charmeur – auf die ist sie schon immer reingefallen ...«

»Der Typ da – nachdem er mir in einem Frage-und-Antwort-Spielchen in alle Fallen hineingetappt ist und ich ihn mehr oder weniger aufs Kreuz gelegt hatte – da war der für mich erledigt, und ich habe mich wieder überlegen gefühlt.«

»Es hat mich gekränkt, daß das so ein Fußballertyp war – völlig unter Wert. Und feige ist er auch noch. Er hat gesagt, wenn ich in die Wohnung komme, springt er vom Balkon. Natürlich war's nur der erste Stock ...«

Ein Mann wehrte sich sogar, als seine ihrerseits eifersüchtige Frau ihm eine Rache-Liebschaft gestand, mit folgender Bemerkung: »Was – mit dem? Da muß ich mich ja schämen!«, was für die Frau natürlich überaus entwertend war. Dieser Mann stach seiner Frau aber noch Jahre nach der Trennung die Autoreifen kaputt, als er von einer neuen Liebe erfuhr.

Ein besonders amüsantes Beispiel, das nebenbei einen gekonnten Umgang mit dem so häufigen und oft besonders problematischen Betriebsfest-Flirt zeigt, ist dieses:

Ein Mann ging mit seinen Kollegen auf Einladung des Chefs zum Oktoberfest, wie es in Bayern üblich ist. Der Chef war ein großer Frauenverehrer, die Frau meines Klienten besonders hübsch. »Er sagte, er ließe es sich nicht nehmen, eine so reizende Tischnachbarin bis vor die Haustür zu fahren, wenn er schon nicht weiter mitkommen dürfe«, erzählte mein Klient grimmig. Er brachte das

Ehepaar »in seinem Riesenschlitten« nach Haus, stieg mit aus, umarmte die Frau und drückte ihr »einen ziemlichen Kuß« auf, wie der Klient sagte. »Ich sah einen Augenblick rot. Dann kam mir die rettende Idee: Ich habe ihn auch umarmt und ihm auch einen draufgeschmatzt. Er war zuerst verblüfft, aber dann mußten wir alle drei lachen. Ich hab mich hinterher hervorragend gefühlt. Mein Chef ist nämlich ein ganzes Stück kleiner und dünner als ich, und als ich ihn so in den Armen hatte, habe ich – na ja – ein bißchen fester zugedrückt. Ich hoffe, es hat ihm etwas weh getan. Aber sagen konnte er natürlich nichts – wie hätte er denn dann vor meiner Frau dagestanden! Wir beide haben noch öfter darüber gelacht. Leider hat es niemand anders gesehen.«

Ein wichtiger Aspekt bei der Betrachtung des Rivalen ist die Kränkung durch dessen Anderssein. In fünfzehn von den katamnestisch besprochenen Fällen ging es um dieses Problem. Die Vorwürfe an den Partner beziehen sich, wie ich schon gezeigt habe, oft auf das, was man alles für ihn getan, auf was man verzichtet, was man geopfert hat: »Und das ist nun die Quittung!« Es entsteht dadurch eine Aufteilung zunächst innerhalb der Dauerbeziehung: Einer nimmt sich heraus, was der andere nicht tut, darf oder will. Diese drei Verben bedeuten eine Steigerung der Bewußtheit. »Ich tu es nicht« ist die einfache Feststellung einer Tatsache. »Ich darf es nicht« konstatiert die (angebliche) Einbindung in den bestehenden, wenn auch oft unbewußten Kontrakt des Paares und enthält meistens den Vorwurf an den Partner, er sei der Verbietende. »Ich will es nicht« sieht genauer die »eigenen Anteile«. Diese Formulierung steht klarer zum eigenen Entschluß, dessen Hintergründe verschieden sein können. Es sind vor allem Verinnerlichungen von Vorschriften, Normen, Traditionen, aber auch, daraus entstehend, Ängste, die einen daran hindern, diese zu durchbrechen. Diese Ängste, an sich Ergebnis eines inneren Konfliktes, werden durch Umleitung in die Sphäre bewußter Entscheidungen neutralisiert.

Wieso tut, darf oder will der andere dann das Verbotene? Ebenfalls aus Rollenvorschriften, kultureller Programmierung oder familiärer Überlieferung. Eine jedem Deutschen geläufige Aufteilung ist die vom Mann, der »hinaus ins feindliche Leben« muß, und der züchtigen Hausfrau, die »drinnen waltet«. Dazu braucht es weiter keinen Kommentar. Ein jeder von beiden mag sich über seine Rolle ärgern. Wollte er die des andern übernehmen, so erschiene es ihm dennoch als Skandal. Nachzulesen sind die psychologischen Konzepte zu diesem Thema besonders bei Thea Bauriedl und Jürg Willi.

Eine weitere Aufteilung entsteht zwischen dem eifersüchtigen Partner und dem Rivalen. Das Muster: »Was der Rivale bietet, könnte sie oder er doch auch bei mir haben!« kam seltener vor, als ich erwartet hatte – am ehesten noch bei eifersüchtigen Männern im Zusammenhang mit Sexualität. Viel häufiger war, ausgesprochen oder nicht, die Einschätzung des Rivalen als einer Person, die entweder ganz anders ist als man selbst oder sich ganz andere Sachen herausnimmt. An ihn wird der Maßstab der eigenen Werte angelegt, die, unbefragt, vom Eifersüchtigen als die gemeinsamen Werte des Paares angesehen werden – und dieser Maßstab ist unpassend, wenn er nicht sogar zerbricht.

»Das sind falsche Weiber, die springen einem Mann drauf. Auf eine Art tun's die Männer, auf die andere Art tun sie's. Für mich ist das was Schmutziges, wenn ein Mensch so lebt. Ich bin kein solcher Mensch.« Der Mann dieser Klientin hatte nicht, wie man aus der Bemerkung vielleicht schließen kann, Beziehungen zu Bardamen oder Straßenmädchen, sondern hatte im Laufe einer 25jährigen Ehe zwei längere, ziemlich ernsthafte Verhältnisse gehabt. In der Katamnese berichtete die Klientin allerdings auch und wie nebenbei von einer Liebesgeschichte, von der ihr Mann um Gottes willen nichts erfahren durfte – und ihre Mutter erst recht nicht –, in der sie, sehr wohl neben der Ehe und sehr wohl voller Sinnlichkeit, während einer Geschäftsreise des Mannes ein großes, wenn auch kurzes Glück gefunden hatte.

Dieses »Er ist, was ich nicht bin« trifft selbstverständlich oft tatsächlich zu: etwa bei großen Altersunterschieden, im Falle von Verbindungen mit viel jüngeren Partnern, die sich mit Gleichaltrigen zusammentun, oder – in unserer Gesellschaft sehr häufig – im Falle des »Durchdrehens« von Männern in der Lebensmitte-Krise, in der die Frau, mit der man Familie und Aufbau geschafft hat, verlassen wird zugunsten einer jüngeren, freieren, emanzipierten. Die Realität des Andersseins stimmt auch bei körperlichen und geistigen Mängeln, Behinderungen, Bildungsunterschieden, Depressionen. Nur – es kann immer auch umgekehrt sein. Behinderte können bezaubernd sein, ältere Männer verführerischer als jüngere, häßliche Frauen attraktiver als schöne; Depressive üben auf manche Personen den Reiz aus, daß sie den Partner »brauchen« – und außerdem, das ist meine ganz persönliche Erfahrung, ist die gelegentliche Fröhlichkeit der Depressiven, falls sie nicht total in ihrer Depression versinken, die schönste und ansteckendste, die es gibt.

Also: alles geht auch andersherum. »Es liegt an eines Menschen Schmerz – an eines Menschen Wunde nicht« – und der häufigste Schmerz der Eifersüchtigen ist nun einmal: »Es ist alles nur so gekommen, weil deine neue Liebe etwas hat, das ich nicht habe.«

Hier ist nun wieder eine große Seelenarbeit fällig: es geht darum, das eigene Anderssein zu betrachten, zu verstehen, zu »analysieren«. Danach kann man entweder sagen: daran ist wirklich nichts zu ändern, oder: Ich will versuchen, das »andere«, das ich nicht habe, in mir zu entwickeln (also: die »abgespaltenen Anteile« zu integrieren, oder auch:

die delegierten Eigenschaften und Verhaltensweisen selbst zu leben, statt sie andern zu überlassen, wenn man die Sprache der Familientherapeuten, etwa Helm Stierlins, benutzen will).

Eine geradezu kurios zu lesende, in Wirklichkeit aber mit vielen Schmerzen verbundene Auflösung einer solchen Abspaltung habe ich einmal »im Leben« mit angesehen. Ein Ehepaar, schon in den mittleren Jahren, betonte gegenüber Fremden immer wieder, der Entschluß zur Kinderlosigkeit, gemeinsam gefaßt, sei von ihnen nie bereut worden. Sie demonstrierten ihr Eheglück vielleicht etwas zu sehr, aber ich glaube, sie waren wirklich glücklich, führten ein sehr lebendiges Leben mit vielen kulturellen Aktivitäten und vielen Freunden, waren beliebt und entbehrten nichts.

Eines Tages, wirklich aus heiterem Himmel, zum fassungslosen Staunen aller Freunde und zum schrecklichen Schmerz der Frau verließ sie der Mann von einer Stunde auf die andere und lebt seitdem ebenso glücklich wie vorher mit ihr mit einer andern, die drei Kinder hat. Mit diesen Kindern geht er überaus gut und väterlich um.

Seine Ehefrau heiratete nach einigen Jahren einen Mann, der sogar fünf Kinder hat.

Es ist kaum denkbar, daß bei einer so auffallenden Verschiebung der Partnerwahl nicht auch noch andere Gründe mitgespielt haben, über die ich nichts weiß. Aber ein so radikales Aufgeben eines ganz betonten einseitigen Lebenskonzeptes zugunsten eines andern, vorher nicht gelebten, habe ich sonst selten gesehen. Es zeigt gewiß ein unbewußtes Bedürfnis nach »Komplettierung«. Erlebt wurde es natürlich nicht als Entschluß, sondern als Verliebtheit, als neue Liebe zu einem »ganz andern« Partner.

Wenn ich hier von Vervollständigung rede, so steht dahinter das anspruchsvolle Konzept, daß Eifersucht *auch* ein Alarmzeichen für eine menschliche Einschränkung, wenn nicht Verstümmelung, sein kann, die sich, jedenfalls bis zu einem gewissen Grade, ausgleichen läßt. In unsern Beratungsfällen haben mir die Lösungen am besten gefallen, in denen der Eifersüchtige, formelhaft ausgedrückt, nicht (oder nicht nur) sagte: »Du darfst das nicht, weil ich anders bin als deine neue Liebe«, sondern sich entschließen konnte zu sagen: »Ich will dazu stehen, daß ich *auch* haben möchte, was sie hat – ob mit oder ohne dich.«

Wie berechtigt allerdings der Aufschrei manchmal ist, zeigt folgendes Beispiel:

Ein Mann hatte seine Frau an einen andern verloren, litt sehr darunter und war auch sehr eifersüchtig. Er verliebte sich im Krankenhaus, wo er mit einem komplizierten Beinbruch lag, also in einem Zustand, wo »es nicht mehr weiterging«, in eine blutjunge Krankenschwester – zwanzig Jahre jünger als er, einfacherer Herkunft, freundlich, hübsch und schlicht.

Sie wurde von ihm schwanger – eine Katastrophe aus vielen Gründen. Er war der einzige Geschiedene in einer sehr großen konservativen Familie; und jetzt auch noch ein uneheliches Kind, und dann von einem Mädchen »unter Stand«! Das Mädchen wollte nicht abtreiben und lebte eine Zeitlang sehr ärmlich mit dem Kind allein. Schließlich heiratete er sie, nicht zuletzt unter dem Druck seiner Familie, die denn doch auf »Anstand« drängte. In der Zeit, als sie schon verheiratet waren, aber noch getrennt lebten, kam die junge Frau ein paarmal in seine Wohnung und fand ihn in tiefschürfenden Gesprächen mit früheren Freundinnen, bei Kerzenlicht, Musik und Räucherstäbchen – »so romantisch, wie er mit mir nie war«. Außer Gesprächen war nichts, aber die junge Frau war rasend eifersüchtig. Diese Frauen repräsentierten alles, was sie nicht war: sie hatten Zeit, keine kleinen Kinder und konnten gebildete Gespräche führen.

Ändern konnte die junge Ehefrau daran wahrhaftig nichts, und sich selbst zu ändern, war ihr in ihrer bedrängten Lage auch nicht möglich. Dem Mann tat es – natürlich! – gut, daß er in dieser Ehe der Überlegene und nicht wieder der Ausgebeutete war.

Zur Zeit der Katamnese hatte sich die Situation geändert: neun Jahre nach Beginn der Beratung hatte die Frau ein zweites Kind, das auch schon aus dem Gröbsten heraus war. Sie genoß es, freie Vormittage zu haben, weil beide Kinder dann nicht im Haus waren, und konnte auch ihrem Mann Unternehmungen gestatten, bei denen sie früher phantasiert hatte, er würde sich mit »Nutten« treffen: Tischtennis, Volksmusik, Fotografieren. Ihre Eifersucht, sagt sie, sei ein Zeichen der Angst gewesen, ihn zu verlieren. »Eifersucht ist ein Zeichen dafür, daß man unsicher ist und der andere turmhoch überlegen.« Allerdings sei sie im Innersten sicher gewesen, daß der Mann sie und das Kind gebraucht habe, und heute sei sie es noch mehr. Sie sah reizend aus, immer noch sehr jung, und der zwanzig Jahre ältere Mann, meinte sie, »tanze ein bißchen um sie herum, eher mehr als sie um ihn«.

Die Überwindung von Eifersucht ergibt sich eben manchmal auch aus Geduld, aus Dableiben und Durchhalten, ohne das keine Ehe auskommt.

Was die Einbeziehung oder Eroberung der abgespaltenen Anteile betrifft, so geht es dabei natürlich um Befreiung, nicht nur von Elternvorschriften und Rollenzwängen, sondern auch von Ich-Idealen, die nun einmal von Zeit zu Zeit geändert werden müssen. Es geht also um Emanzipation im weitesten Sinne, und die erfordert Mut, denn sie »macht Angst«, wie Marina Gambaroff so hervorragend gezeigt hat (Gambaroff 1984).

»Homosexualität«?

Wissen Sie, Liebe, warum unser Verhältnis so groß und so vollkommen geworden ist? Indes will ich es Ihnen sagen. Sie sind ein *unendlich produzierendes,* ich bin ein *unendlich empfangendes* Wesen; Sie sind ein großer *Mann;* ich bin das erste aller Weiber, die je gelebt haben.

Friedrich v. Gentz an Rahel Levin 1803

Von allen Freudschen Behauptungen zum Thema Eifersucht ist die der abgewehrten Homosexualität zweifellos die provozierendste. Freud sieht sie nur in den schweren Fällen, und wenn man dieses Kriterium anlegt, so öffnet sich damit tatsächlich *eine* Schneise durch das Dickicht der Wirklichkeit, in dem man sich sonst nicht zurechtfindet. Freilich muß man sich auf die Grundannahme einigen, daß wir alle grundsätzlich bisexuell angelegt sind, daß die bei uns »normale« Lösung aber die heterosexuelle ist. Ich glaube, daß man nicht einfach sagen kann: Je größer die unbewußte Homosexualität, desto heftiger, bis hin zur Psychose, ist die Eifersucht, sondern, klarer: Je größer die Angst vor den inneren Spuren der früheren Bisexualität, desto stärker, länger, quälender ist die Eifersucht. Dabei ist es unerläßlich, die andere Seite dieser Art von Angst – Sehnsucht, Wünsche, Begierde – mitzusehen.

Kommt dergleichen in unseren Beratungsfällen vor? Ich habe bei der Diskussion von Freuds Aufsatz (s. S. 161 ff) schon behauptet, daß ich meine, nicht nur bei den schlimmsten Zuständen (den homosexuell projizierenden, die sich zur Eifersuchtparanoia entwickeln) müsse man vorbereitet sein, alle drei von Freud gefundenen Anteile der Eifersucht anzutreffen, sondern auch bei den einfacheren Fällen, allerdings in verschieden starker Verteilung. Diese drei Anteile sind: die einfache Rivalität, die heterosexuellen Untreuewünsche und die bei Psychosen vorherrschende, natürlich unbewußte homosexuelle Untreueprojektion. Spuren homosexueller Wünsche und Ängste, denke ich, enthält jede Eifersucht, wie auch jede Liebe.

Wir haben ja allmählich gelernt, das psychoanalytische Ziel der dauerhaften Erwachsenheit als eine nicht einmal wünschenswerte Utopie anzusehen und die regressive Rückkehr in die Formen der Sexualität, die Freud polymorph-pervers[*] nannte, nicht nur gelegentlich zuzulassen,

---

[*] [Die Übersetzung von »polymorph-pervers« wäre »vielformig-abseitig«. Die Anwendung dieses Begriffes auf die keimhafte Sexualität des Säuglings entbehrt einerseits nicht der Komik, zeigt aber auch, mit welcher Hartnäckigkeit Freud um den Preis der Ablehnung fast aller »natürlich empfindenden« Menschen bei der Mühsal und Genauigkeit seines Denkens und Arbeitens blieb.]

sondern sie bei beiderseitigem Einverständnis der Partner als gleichberechtigte Formen neben der genitalen Sexualität anzusehen. In der Straffreiheit von Homosexualität unter Erwachsenen hat diese Einsicht sogar ihren juristischen Ausdruck gefunden.

Mir hat das Wahrnehmen der Sexual- und Beziehungsangst der eifersüchtigen Klienten in der Beratung therapeutisch sehr geholfen, wobei ich allerdings in den katamnestisch bearbeiteten Fällen die Angst vor *Homo*sexualität nur als eine Seite, nicht eigentlich als abgelöste Sonderform der Angst vor Sexualität überhaupt verstehen konnte. Es mag für den Leser etwas mystisch klingen – aber ein Berater fragt anders, ihm fallen andere Bilder ein, er macht sicher sogar andere Bewegungen, je nachdem, welche Zusammenhänge er im Kopf hat und welchen Umgang er mit seiner eigenen Angst findet.

Über direkte homosexuelle Kontakte hört man in Beratungsstellen selten etwas. Selbstverständlich würden Homosexuelle, die mit Eifersuchts- oder anderen Beziehungskonflikten kämen, von uns ebenso angenommen, angehört und beraten wie andere Menschen, und niemand würde versuchen, ihnen ihre Homosexualität »auszureden«, jedenfalls nicht ein gewissenhafter Berater, der sich nach einem Vorgespräch entschlossen hätte, den Fall zu übernehmen – ein Verfahren, das wir bei *allen* Fällen anwenden. »Ausgeredet« wird überhaupt niemandem etwas, aber das Aussprechen von Konflikten kann natürlich dazu führen, daß man einen Wunsch, einen Teilaspekt, eine Tendenz seiner Sexualität zurückstellt. Ein solcher Konflikt liegt ja bei Eifersucht in jedem Fall vor.

Ich selber habe ein einziges Mal eine Frau in Beratung gehabt, die in eine leidenschaftliche Liebesbeziehung zu einer andern Frau verwickelt war. Vorher kannte ich dergleichen nur aus der Literatur, aus der Frauenbewegung und aus dem »Leben«. Diese Frau spielte mit dem Gedanken, zusammen mit ihrer Freundin und ihren eigenen zwei Kindern einen neuen Haushalt aufzubauen. Begreiflicherweise war der Ehemann, den sie vorher sehr geliebt hatte und der sich um Verständnis bemühte, überaus beunruhigt. Hier war das Dreieck also einmal anders strukturiert als gewöhnlich.

Die Frau brach wütend die Beratung ab, weil sie mich als Bundesgenossin des Mannes empfand, in Sachen lesbischer Liebe für ahnungslos hielt und sich selber »nur« als interessanten Fall für mich ansah. Interessant war der Fall selbstverständlich, aber das sind sehr viele Fälle; schlimm wär's, wenn das anders wäre. Ich konnte zwar den Mann verstehen und fand ihn sehr sympathisch, habe aber auch selten eine Klientin so gemocht wie diese – meine eigene homosexuelle Komponente! Vielleicht hatten wir beide Angst vor der Übertragungsbeziehung.

Als ich etwa sieben Jahre später mit etwas klopfendem Herzen den Mann wegen der Katamnese anrief – ich hatte damit gerechnet, daß das Paar getrennt sei –, sagte er, sie seien wieder zusammengekommen, und es ginge ihnen sehr gut. Nach Rücksprache mit seiner Frau wollte diese allerdings »an das Ganze nicht mehr erinnert werden«, und der Mann war beruflich sehr beschäftigt; er hatte erst Zeit – möglichst nur telefonisch, sagte er – nach Abschluß der Frist, die ich mir für die Katamnese gesetzt hatte. So bleibt mir hier nur die Hoffnung, daß die großzügige »Erlaubnis« der Homosexualität – der Mann hatte die lesbische Beziehung lange Zeit, wenn auch unter großen Leiden, mit angesehen, ohne ein Ultimatum zu stellen – ein neues Aufeinanderzugehen des Paares ermöglicht hat.

Etwas Ähnliches wie dieses Zulassen, nur in weniger deutlicher und explosiver Form, ist vielleicht in vielen Eifersuchtsfällen ein Teil der Lösung, die zur Beruhigung und Überwindung führt. Aber wo ist denn nun die Homosexualität in den üblichen Fällen, wird vielleicht immer noch der Leser fragen – die Leute wollen doch schließlich ihren Partner wiederhaben!

Das Auffallendste, wenn dieser Aspekt eine wichtige Rolle spielt, ist die übergroße Beschäftigung des Eifersüchtigen mit dem Rivalen. Man hat den Eindruck, er sei für ihn viel wichtiger, als für den Partner – denn der hat in den meisten Fällen seine Sexualität mit der dritten Person ausgelebt! Die Entdeckung einer Außenbeziehung läßt manchmal geradezu den Pfropfen knallen, der bis dahin das Interesse an gleichgeschlechtlichen Personen verstopft hat.

In einem Fall von Borderline-Eifersucht, den ich nicht in die Katamnesen aufnehmen konnte, weil er zwar abgeschlossen ist, aber noch nicht lange genug zurückliegt, habe ich den Klienten gebeten, die Züge seines Rivalen auszumalen. Ich war sicher – und der Klient wußte das –, daß dieser Rivale nicht in der »normalen« Wirklichkeit existierte, sondern nur in der des Klienten, in der er aber einen eminent wichtigen Platz einnahm. Er schilderte dessen Eigenschaften – älter, überlegen, beruflich erfolgreich –, kam von da auf seinen von ihm sehr verehrten (und etwas gehaßten) Chef, auf seine übermächtige, liebevolle Mutter – und immer wieder auf die Wünsche nach Zärtlichkeit, bei der er der Empfangende sein durfte.

Von da aus ging er weiter zur Unzufriedenheit mit seiner überaus liebevollen Freundin, mit der er sich sexuell sehr gut verstand, bei der er aber – eine durchaus verständliche Reaktion – nicht mehr die gleiche Leidenschaft spürte wie am Anfang ihrer Beziehung. Das Paar war nicht mehr ganz jung und lebte etwa drei Jahre zusammen. Bei beiden war es die »große Liebe«, beide hatten sich aus mittelmäßigen, nicht schlechten Ehen gelöst.

Das alles kam in vielen Stunden immer wieder, und auch das schlechte

Gewissen, das der Mann hatte, weil er einem andern Mann die Ehefrau weggenommen hatte. Eines Tages trat der Klient in mein Zimmer und sagte statt der Begrüßung: »Defregger!« Ich war verblüfft, natürlich. Es stellte sich heraus, daß ihm zum erstenmal die Reproduktion eines Genre-Bildes in der Manier von Defregger aufgefallen war, an der er schon mindestens zwanzigmal vorbeigegangen war. Sie hängt aus mir unbekannten Gründen an einer Tür in unserer Beratungsstelle und stellt – etwas kitschig – ein junges Bauernliebespaar dar. Der Bursche hat offenbar das Mädchen überrascht, will es küssen, und in dieser Situation – das Mädchen schon im Arm des Burschen anmutig zurückgebeugt, erschreckt und nachgiebig zugleich, der Bursche frisch und aggressiv – sind sie dargestellt.

Ich ergriff nun meinerseits die Gelegenheit, zupackend wie der junge Bauernbursch und vielleicht ebenso aufgeregt wie er, den Mann scherzhaft zu fragen, ob er vielleicht gern genommen werden würde wie das junge Mädchen. Diese Anregung stieß keineswegs auf die Ablehnung, die ich gefürchtet hatte, sondern wir konnten darüber reden, dann das Ganze wieder fallenlassen – denn zerreden wollte ich es keinesfalls! – und es später ab und zu wieder aufnehmen.

Im Laufe der Beratung wurden Unruhe und Borderline-Erscheinungen weniger, statt dessen konnten klarer die »Menschlichkeiten« zur Sprache kommen, die sich in der als so strahlend, überirdisch und einmalig erlebten Beziehung entwickelt hatten. Übrigens war die Frau am Anfang viel aktiver gewesen als der Mann. Aus Eifersucht wurde Trauer über das Vergehen der großen Verliebtheit, der Gedanke durfte auftauchen, daß auch *ohne* Rivalen vielleicht an eine Trennung des Paares zu denken wäre, weil bestimmte Lebenskonzepte nicht so genau zusammenpaßten, wie die beiden sich das vorgestellt hatten. Es ist möglich – und ich hoffe es – daß gerade dieses Zulassen der »normalen« Möglichkeit des Auseinandergehens, die schließlich jede Beziehung enthält, die reale Trennung verhindert hat.

Ich glaube, daß es bei solchen Vorgängen in der Beratung nicht nötig, wahrscheinlich sogar schädlich ist, den theoretischen Zusammenhang zu formulieren. Vielleicht muß man nicht einmal das Wort Homosexualität gebrauchen, obwohl das Benennen der Ängste, das »Verbalisieren«, eines der Hauptmittel der Beratung bleibt.

Es kommt vielmehr darauf an, einen neuen Umgang mit ungewohnten, beängstigenden Gefühlen zu finden. Dieser Mann war keineswegs homosexuell, aber er hatte Angst davor, ohne es zu wissen. (Ich halte es für wahrscheinlich, daß bei der unter Homosexuellen besonders häufigen und quälenden Eifersucht die Bedrohung durch Heterosexualität, mit der sie ja überhaupt leben müssen, eine ähnliche Rolle spielt.) Dadurch, daß ich ihm ein mutiges Anschauen seiner eigenen »femininen«

Wünsche ermöglichen konnte – und es mir selbst zutraute –, verloren diese das Unheimliche, das sie für ihn hatten.*

Wie in allen als negativ empfundenen Aspekten der Eifersucht, so liegt auch in diesem die Chance einer positiven Umformung, eines Um-Erlebens sozusagen. Wenn ich Freuds Einteilung folge (s. oben S. 161 ff): wer Angst und Trauer um das »verlorengeglaubte Liebesobjekt« empfindet, kann versuchen, aus der Trauer etwas zu machen. Mir fällt dazu immer das Bild vom Untergehen im Wasser ein. Nicht nur, daß es einen in jedem Fall nach oben trägt, wenn man nicht unsinnig um sich schlägt, sondern wenn man ganz unten, am Grunde, angekommen ist, kann man sich abstoßen und kommt sogar noch schneller wieder hoch.

Wer »narzißtisch gekränkt« ist, dem wird nichts anderes übrigbleiben, als sich auf sich selbst zu besinnen, seine eigenen Werte etwas mehr zum Glänzen zu bringen und die Bestätigung, die der Partner ihm versagt, vielleicht bei jemand anders zu holen, auch etwa die melancholischen Wonnen des einsamen Umgangs mit sich selbst wiederzuentdecken.

Wer »eigene Untreue projiziert«, kann es – natürlich – mit realer Untreue versuchen. Viele tun das, nachdem es heute soviel leichter geworden ist als früher, dergleichen zu realisieren, allerdings mit wechselnden Erfolgen. Trotzlieben, »Gegenschläge« bringen oft nichts. Die Eifersüchtigen können aber auch gerade aus ihrem unglücklichen Zustand heraus keine direkt sexuellen, sondern nur andersgeartete Kontakte zum andern Geschlecht finden: Sie »weinen sich aus«. Sie erzählen Frauen bzw. Männern, manchmal wildfremden, die Geschichte ihrer Liebe und Enttäuschung. Dabei befriedigen sie auch den exhibitionistischen Anteil der Eifersucht (vgl. Bergler), den Alejandro in der Geschichte von Unamuno so mühsam und »männlich« unterdrücken wollte.

Und schließlich enthält auch die Angst vor Homosexualität die Chance einer Erweiterung der inneren und äußeren Realität: Kontakte mit dem eigenen Geschlecht als »Gegengift«. Besonders Frauen sind ja, oft zum Ärger ihrer Männer, große Freundinnen. Viele von unsern Klientinnen haben Trost und Halt bei andern Frauen gefunden, aber auch einfach »lustvolle« Unternehmungen mit ihnen begonnen, bei denen der Tenor war: dabei können wir die Männer nicht brauchen. Es handelt sich

---

* Als ich mir beim Schreiben dieses Abschnittes das Bild, das an einer dunklen Stelle hängt, noch einmal genauer ansah (es ist übrigens von Waldmüller), entdeckte ich darauf eine dritte Gestalt: Im Dunkel hinter einer geöffneten Tür lauert kupplerisch und vielleicht lüstern eine alte Mutter-Hexen-Frau. Leider habe ich mir in der Beratung die Bearbeitung der Rolle dieser Frau entgehen lassen. Und wieder einmal habe ich mir vorgenommen, in Zukunft *noch* genauer zu sein ...

oft um ganz einfache Sachen: Ausflüge, Gespräche über Kinder, Gymnastikkurse, Nähabende; seltener: Konzerte, Kino, Ausstellungen; bei Jüngeren: Discobesuche, wo die in das Frauenbündnis eindringende Heterosexualität allerdings schon wieder bedrohlich wird. Eifersüchtige Männer suchen weniger die Gelegenheit, sich mit andern Männern auszusprechen, wie es überhaupt viel seltener den »besten Freund« als die »beste Freundin« gibt. Aber sie bewegen sich ja sowieso tagsüber im Beruf überwiegend in der Männerwelt, und bei unsern Fällen war *ein* Bereich besonders lustbesetzt: der Sport, und zwar »harter Sport«: Bergsteigen, rasantes Skifahren, schweres Geräteturnen, hochqualifiziertes Tischtennis, wo die Abteilungen für Männer und Frauen sowieso getrennt sind, ein paarmal Fliegen – alles Beschäftigungen, für die die »Weiber« viel zu schwach sind, wo nach geschaffter körperlicher Anstrengung eine befriedigte Männerkumpanei möglich ist.

Ich höre noch immer den Einwand, das sei doch nichts Sexuelles. Das stimmt – und stimmt auch wieder nicht. Ich habe mehrmals Sexualität Freuds Zentralchiffre genannt. Es würde vielleicht manchem besser gefallen, dafür »Beziehung« oder »Interesse« zu setzen. Freud meinte *immer* zugleich interessierte Beziehung, wenn er Sexualität sagte. Aber was ihn an der Beziehung interessierte, war nicht ihr kultureller Aspekt, nicht der finanzielle, nicht der soziologische usw., sondern eben der sexuelle. »J'appelle un chat un chat«, sagte er, »ich nenne einen Kater einen Kater«, ein französisches Sprichwort für: Die Sache beim Namen nennen, kein Blatt vor den Mund nehmen. Es ist nur *ein* Name, aber der ist klar. Es kann mir niemand vormachen, daß nicht Männer oder Frauen, die zusammen duschen, ihre Körper vergleichen. Ich komme weiter, wenn ich darin Abkömmlinge von Sexualität sehe, als wenn ich von Schönheit, Fitness, Alter usw. rede. »Aber Männer, die unter sich sind, reden doch besonders viel und besonders derb über Frauen!« Ja schon – aber warum? Einerseits aus Sehnsucht, natürlich; aber vielleicht auch, um sich zu beweisen, wie heterosexuell sie sind? Denn das weiß man auch: daß es in Kasernen, männlichen Internaten und Gefängnissen besonders viel homosexuelle Kontakte gibt.

Zum Schluß noch eine Bemerkung zu der Frage: Wenn also bei Eifersucht das (sexuelle) Interesse für den Rivalen eine so große Rolle spielt – wie steht es dann bei den direkten Kontakten? Noch einmal ist zunächst die große Häufigkeit derselben zu erwähnen: 24 der 30 Eifersüchtigen kannten ihren Rivalen persönlich (wobei zu bedenken ist, daß es in drei Fällen von den 30 keinen Rivalen gab!). In sieben Fällen zeigte der Betroffene Empörung (hinter der immer ein Teil Kränkung und Trauer lag), daß es »ausgerechnet« ein Freund oder eine Freundin war.

»Ich habe sie bewundert, sie hat mir so viele gute Ratschläge gegeben. Wir kannten sie gut, weil sie und ihr Mann den Schrebergarten neben userm hatten. Allerdings wurde sie in der Kolonie schon immer ›das verrückte Huhn‹ genannt. Sie redet viel und will überall dominieren. Bloß ich hab nichts gemerkt! Ich hatte Vertrauen zu ihr. Aufgewacht aus meinem Traum von der Freundschaft bin ich erst, als ich alles wußte und mit ihr darüber geredet habe, was sie sich dabei denkt, Ehen kaputtzumachen – ihre eigene und meine. Da ist sie auch noch wütend geworden! Ich bin gegangen und hab die Tür hinter mir zugeknallt. Aus der Traum! Ich hab danach erst gesehen, wie wenig weiblich und wie materialistisch sie ist. Eine Jüngere und Hübschere, so denke ich, hätte ich meinem Mann leichter verzeihen können ...«

Klingt das nicht wie eine kaputtgegangene Liebesaffäre? Ein Mann sagte während der Beratung geradezu:

»Wir waren so eng miteinander – er gehörte zur Familie, und wir haben ihn alle geliebt. Als dann meine Frau was mit ihm anfing, hat sie ihn damit uns andern weggenommen. Wir und die Kinder und er – wir waren sechs. Er hat eine Lücke hinterlassen. Wir sind eben nur noch fünf – wenn überhaupt. Was aus unserer Ehe wird, weiß ich noch nicht. Meine Frau ist so oft weg, und besonders die beiden Buben trauern ihm nach, weil er so wunderbar mit ihnen spielen konnte, viel besser als ich. Und mich sehen Sie ja – zehn Kilo habe ich abgenommen. Beide herzugeben – meine Frau *und* meinen besten Freund –, das ist einfach zuviel!«

Abgesehen von solchen klaren Beispielen, die die psychoanalytische These belegen, daß es sich bei der Eifersucht in ihrer Urform um *zwei* geliebte Personen handelt, die die dritte »verraten«, indem sie sich einander und nicht ihr zuwenden, haben dreizehn Personen, also etwa die Hälfte, mindestens ein Gespräch mit dem Rivalen geführt, in dem die Rivalität direkt angesprochen wurde. Natürlich war die Reaktion oft sehr heftig, es gab Streit, Tränen, »Hickhack«. Letzten Endes ist aber die Beurteilung, besonders der Frauen, aus dem Abstand heraus gar nicht so haßerfüllt, wie man sich das vielleicht vorstellen würde.

Zu einer Klientin hatte ihr Mann öfter gesagt: »Wenn du sie sehen würdest – die gefällt dir auch!« Die Frau sagte in der Katamnese wörtlich: »Er hat geschwärmt und geredet. Ich war ganz verrückt danach. Das muß eine tolle Frau sein! dachte ich mir. Das war einfach drin in mir, noch während ich in der Beratung war. Dann hat sie mal angerufen und wollte mich treffen, aber da hab ich gesagt: ›Nein – das mach ich nicht.‹ Da hat sie gesagt: ›Was wollen Sie eigentlich noch von dem Mann?‹, – so brutal, als ob ich gar nicht die Frau wäre.«

Zwischen diesen beiden Frauen gab es jahrelang indirekte Kontakte, sie verbündeten sich sogar gegen die Nachfolgerin. Später ist die Klientin doch einmal zu ihr gegangen: »Ich wollte sie dann doch mal kennenlernen. Da habe ich mich schöngemacht, einen schönen Pulli und einen neuen Rock angezogen, die Haare nett gemacht und mich etwas geschminkt. Später hab ich gehört, daß sie hinterher auf *mich* eifersüchtig gewesen ist! Ich fand sie – nicht besonders, etwas ordinär. Jetzt denk ich mir aber: So ohne war sie gar nicht. Vielleicht, wenn ich sie öfter sehen würde, gefiele sie mir auch. Und ihr Gang, von dem mein Mann gesagt hat, der wäre so aufreizend: nachher hab ich gedacht: Jetzt hab ich gar nicht auf den Gang geachtet!«

Ich möchte hier noch einmal an den Doppelsinn von »eifersüchtig auf ...« erinnern (s. S. 124 f).

Die positive Lösung der ödipalen Krise läßt sich nicht nur als Verzicht auf den gegengeschlechtlichen Elternteil und Identifikation mit dem gleichgeschlechtlichen verstehen, sondern auch als eine neue Beziehungsdefinition: Wir mögen (wir: Vater und Sohn) dieselbe Person (die Mutter) – weshalb sollen wir uns eigentlich um sie streiten und sie nicht beide »genießen«, allerdings in der Form, die in unserer Kultur nun einmal die anerkannte ist und mit der wir daher am besten leben können? Die in der vergessenen Kinderzeit erlebte Haßliebe, also Ambivalenz, läßt natürlich die spätere Aufspaltung in Haß und Liebe zu bzw. in deren verschiedene Abkömmlinge – Ablehnung und Interesse, Abwertung und Idealisierung, oder auch, was wohl am »gesündesten« ist, eine Mischung von beidem.

Für die Dreiecksbeziehung von Erwachsenen bedeutet das: eine bestehende oder gewesene Außenliebe muß nicht unbedingt zur Distanzierung führen, im Gegenteil – es gibt Freundschaften, unter Männern wahrscheinlich wieder weniger als unter Frauen, die aus früheren Rivalitäten entstanden sind, wo der (oder die) früher Geliebte fast ausgebootet wurde. Und wenn man bedenkt, daß manchmal – nicht immer! – aus früheren Lieben die engsten, zärtlichsten, zuverlässigsten Freundschaften zwischen Männern und Frauen werden – sollte man die seinem Partner nicht gönnen, wenn man noch dazu selbst was davon hat? Die leise weise Sentenz (Loriots!), die soviel Wahrheit enthält: »Männer und Frauen passen nun mal nicht zusammen!« wäre damit aufs schönste und graziöseste ad absurdum geführt.

Diese Möglichkeit – man wird es an dieser Formulierung merken – erscheint *mir* als die beste, humanste und sympathischste Lösung des Eifersuchtskonfliktes. Ich möchte das aber bewußt persönlich formulieren, um keinesfalls ein Lernziel daraus zu machen. In meinem eigenen Leben und in meiner persönlichen Umgebung ist diese Lösung in einigen

Fällen gelungen, in andern überhaupt nicht. Häufig kommt sie vor bei jungen Leuten, wo es sich bei der Eifersucht noch um eine handelte, die auf *rivalry* und nicht auf *trespassing* reagierte (vgl. S. 49). Die Voraussetzung ist selbstverständlich Offenheit an den zwei andern Eckpunkten des Dreiecks, wenn also Angst, Verletztheit und Possessivität an einer der drei Stellen nicht zu überwinden sind, weder durch Nachdenken, neue Erlebnisse oder »die Zeit«, so bleibt es bei einer engen Verbindung zwischen zweien oder einer Trennung aller drei. Das gilt natürlich auch, wenn es sich bei der Liebe, die die Eifersucht ausgelöst hat, bei wenigstens einem der Beteiligten um eine flüchtige Angelegenheit gehandelt hat und hinterher gar kein Interesse mehr an der geliebten oder beflirteten Person besteht. Solche unwichtigen Beziehungen können trotzdem zu großen Konflikten führen, denn die Größe der Eifersucht hat ja oft nichts zu tun mit der Intensität der kränkenden Beziehung.

Unter meinen 30 Katamnesen habe ich diese meine Utopie in einem einzigen Fall annähernd verwirklicht gefunden. Bei diesem Paar hatte ich während der ganzen Zeit der Beratung den Eindruck, daß es trotz teilweise sehr großer Schwierigkeiten besonders innig miteinander verbunden war. Es war eine Beratung, die viel Fingerspitzengefühl bei der Gratwanderung zwischen Aussprechen und Ungesagtlassen erforderte. Die Frau hatte sehr deutlich gesehen, daß die Freundin ihres Mannes, eine Arbeitskollegin, mit ihm so offen und fröhlich reden konnte, wie sie selber es nicht und mit niemandem fertigbrachte. Ihre eigenen Vorzüge – sie war sehr reizvoll und sehr eigenartig in ihrer Scheu und Intensität – konnte sie daneben nicht sehen, und so etwas ist auch in der Beratung schwer zu vermitteln. In der Katamnese sagte sie:

»Mein Mann und ich haben eine sehr spannungsreiche Beziehung, weil wir beide die Spannung auch mögen. Das ist also nicht unbedingt negativ für uns. Und zu dieser Freundin hatte er immer ein *ganz* harmonisches Verhältnis. Das ist es, was mich eifersüchtig macht und auch etwas traurig, weil uns das nie gelingt.

Er hat nichts mit ihr gehabt, aber am Anfang hatte ich Angst, daß daraus etwas entstehen könnte. Wir sehen uns ziemlich oft, zu viert, denn sie ist inzwischen auch verheiratet. Die beiden himmeln und strahlen sich an, mein Mann ist da ganz unbefangen, und er hat mir auch nie etwas verheimlicht. Ich brauchte nichts ›rauszukriegen‹ – das wäre mir auch zu blöd gewesen, ich hätte nie spioniert, das ist – also es klingt ein bißchen hochtrabend ... aber es ist unter meiner Würde. Ich finde, jeder soll seine eigenen Kontakte haben. Ich treffe mich ja auch allein mit Leuten, allerdings kaum mit Männern.

Daß man sich in der Ehe verliebt – dagegen würde ich nichts haben, nicht grundsätzlich. Ich finde es eigentlich normal. Mir könnte das auch passieren, nur würde ich anders damit umgehen als mein Mann. Aber daß er mit dieser Kollegin etwas kann, das mit mir nicht läuft – diesen einfachen harmonischen Umgangston finden –, *das* ärgert mich!

Ich hab die Freundin auch gern, wirklich, sie hat ihre netten Seiten. Ich gönne ihm auch, daß sie ihn mag – sie mag ihn wirklich sehr, und er sie auch. Warum soll ihn nicht jemand mögen – ich mag ihn ja auch! Aber am Anfang hat es regelmäßig Krach gegeben, nachdem wir zusammen waren. Er hat damals viel mehr Zeit mit ihr verbracht als mit mir. Die beiden sind Lehrer an derselben Schule, und ich arbeitete ganztags als Ärztin und war abends erschöpft.

Es ist noch nicht lange her, daß ich begriffen habe, daß ich *sehr* mißtrauisch bin, auch gegenüber denen, die ich sehr gut kenne und gernhabe. Das ist wohl auch eine schmerzliche Erfahrung für die andern. Darin sind mein Mann und ich sehr verschieden – er hat zu allen Vertrauen, selbst noch zu seinen Feinden. Das finde ich nicht mehr gut, aber daß er die Fähigkeit hat, so eine schöne Offenheit um sich zu schaffen, war einer der Gründe, warum ich mich damals in ihn verliebt habe. Er hat im übrigen zu allen Frauen ein sehr warmes Verhältnis, nicht nur zu mir. Ich habe das von Anfang an gewußt und gedacht: Mal sehn, was daraus wird – es kann auch schiefgehn. Daß es nicht schiefgeht, glaube ich erst seit kurzem. Irgendwie … da habe ich auch das Gefühl, keinen Grund mehr zur Eifersucht zu haben.

Er sagt übrigens, zwischen uns sei es doch auch manchmal so wie zwischen ihm und dieser Freundin. Wenn wir uns einig sind, meint er. Vielleicht merk ich das nicht so – gute Dinge schluckt man manchmal, und dann sind sie weg …«

Diese Eheleute gingen so vorsichtig und nachdenklich, aber auch mit einer so sonderbaren Art von Bewegung und Berührung miteinander um, daß ich ein Unterwasser-Gefühl bekam – ein Leben, in dem man sich mit Schwingungen verständigt, nicht mit Worten, gedämpft, verlangsamt und mit einer fremdartigen Grazie. Hier war also eine (wiederum vorsichtige) positive Dreierbeziehung möglich aus Achtung vor der beiderseitigen Gemeinsamkeit *und* Verschiedenheit.

Loslassen und Wiederkommen

»Laß ihn (oder sie) doch – er (oder sie) kommt schon wieder!« Diesen weisen Rat bekommen Eifersüchtige oft – von Schwiegermüttern, von Emanzipierten, von Söhnen und Töchtern. Auch vom Berater? Wohl kaum, obwohl er genauer als andere sieht, daß im Grunde erst das Loslassen das Wiederkommen ermöglicht. Für mich ist hier die Stelle, wo ich den Systemdruck am stärksten spüre. Hier wünsche ich mir am meisten, ich könnte meine Klienten einer paradoxen Intervention anvertrauen. Denn was jeder sieht, sehe ich auch: daß in den meisten Fällen Eifersucht die Liebe des Dauerpartners, seine Lust, mit dem andern zusammenzubleiben, nicht verstärkt, sondern vermindert. Das Loslassen läßt sich aber nicht nur durch den Kick einer Verschreibung erreichen, sondern auch durch die Arbeit an der Beziehung, an der Liebe zu sich selbst und damit zum andern, wenn man so will. Wenn das »Du bist mein Leben – was soll ich ohne dich!« einmal aufgelöst ist, wenn die Einengung gelockert und weniger bedrohlich geworden ist, so tritt tatsächlich das ein, was die Besserwisser, die der Eifersüchtige am Anfang so unwillig abschüttelt, voraussagen. In einem Fall lief die Sache sogar »telepathisch«:

Der Berater hatte mit der Frau erarbeitet, wie wenig Freiheit ihr Mann hatte. Die Klientin empfand es übrigens in diesem Fall als sehr angenehm, daß da ein Mann saß, der ihr zuhörte. »Sie haben doch einfach andere Gefühle als wir«, sagte sie. Ihr Mann war einige Monate lang ausgezogen, nicht *zu* einer Freundin, aber *wegen* dieser – er war »völlig vernarrt in sie«. Schließlich kam die Klientin so weit, daß sie sagte: »Einer muß der Verlierer sein.« »Ich hatte das Gefühl, es ist Schluß. Das wär's also gewesen. Und ich will es nun so annehmen.« Am Nachmittag um fünf, berichtete sie sehr genau, hatte sie das gedacht, und in der Nacht rief der Mann aus Südtirol an, wo er mit der Freundin in Urlaub war, um zu sagen, daß er wiederkäme. »Und sofort hatte ich wieder Hoffnung.«
Manchmal bewähren sich ganz einfache Worte in der Beratung, an denen der Klient herumdenken kann. In diesem Fall hatte der Berater das Stichwort »Pendeln« gefunden, und die Klientin arbeitete daran, ob sie das eigentlich mitmachen wollte, dies Pendeln zwischen Frau und Freundin. Es ging noch eine Zeitlang weiter, aber schließlich kam der Mann zurück.

In diesem Fall war die Symbiose sehr eng gewesen, fast tödlich. Die Frau hatte einen Selbstmordversuch gemacht, bei dem der Mann dazugekommen war und sie hatte zwingen wollen, die Tabletten auszuspucken. Sie tat das nicht, worauf der Mann sie anschrie: »Dann tu's eben!«, noch dazu mit einem derben Fluch. Selbstmorde sind ja immer unter anderm Machtkämpfe. Der Mann muß sich also ungeheuer erpreßt, ja *zer*preßt gefühlt haben, wenn er in einer solchen Situation derartig um sich schlug. Welches Entsetzen, welche Enttäuschung die Frau erlebte, ist leicht einzufühlen, besonders da sie ihre Ehe in einfachen Worten so beschrieb: »So wie wir früher waren – da hat es einfach nichts gegeben, was einer dem andern nicht erzählen konnte.«

Ihre Distanzierung von ihm bedeutete aber nicht einfach Loslassen, sondern Etwas-für-sich-selbst-Tun. Es ist kaum denkbar, daß eine innere Veränderung nicht auch äußere nach sich zieht. Sie gestattet sich jetzt mehr als früher – Freizeit, neue Kleider, überhaupt das genußvolle Gefühl: Das genehmige ich mir! Sie hat auch mehr Verantwortung übernommen, verwaltet etwa das gemeinsame Geld. Er dagegen geht eigentlich abends nicht weniger weg als früher – mehrmals in der Woche. Aber sie kann es ihm zugestehen, während sie es früher unerträglich fand, schimpfte – und er trotzdem ging. Sie rechnet es ihm hoch an, sagt sie, daß er ihr »hilft«: Sie kann ihm glauben, daß keine Frauen im Spiel sind, »weil er es ihr zeigt«, d. h. es ihr verständlich macht, darüber erzählt und sie auch manchmal mitnimmt.

Ihr Fazit ist:

»Wenn mir so was noch mal passiert, dann reagiere ich nicht mehr so. Das habe ich mir in der Gruppe erarbeitet. Ich habe erlebt, daß es wirklich weitergeht, wenn ich ohne meinen Mann bin, daß ich *selber* was machen kann. Früher war das – zack, wie wenn man den Teppich unter meinen Füßen wegzog. Jetzt bin ich so selbständig, daß ich mein Leben in die Hand nehme und es nicht mehr wegschmeiße.« Nachdenklich fügte sie hinzu: »Es hat viel Gutes gebracht. Daß man so was erfahren muß, damit man ein anderer Mensch wird! Daß einem vorher niemand einen andern Weg zeigen kann, damit man aufwacht!« Und lachend sagte sie: »Sogar äußerlich habe ich was davon gehabt – ich bin nämlich viel dünner geworden!«

In einer wesentlich komplizierteren Ehe, wo die Außenbeziehung schon viele Jahre dauerte und bestimmte Rechte eingeschliffen waren – gemeinsamer Urlaub des Mannes mit der Freundin, manchmal Wochenenden, allerdings bei eindeutiger Bevorzugung von Frau und Kindern –, sagte die Frau:

»Es läuft nur schlecht, wenn es *mir* schlechtgeht, wenn ich mich dagegen auflehne, oder wenn ich mit mir selbst psychisch nicht im reinen bin. Wenn ich aber gelöst bin und dem Ganzen gelassen gegenüberstehe, dann haben wir keine Probleme. Und im Grunde weiß ich, je gelassener ich bin, desto weniger Chancen hat die Freundin. Nur – das kann ich eben nicht immer, und seine Trennung von ihr verlangen mag ich auch nicht; wer weiß, was dann daraus entsteht ...«

Diese Frau war nicht in die Beratung gekommen, um die Trennung zu erreichen, sondern nur, um ohne Trennung mit der Tatsache der Außenbeziehung besser auszukommen. Es kam ihr vor, als hätte die Freundin eigentlich ein schreckliches Leben – allein, depressiv, ewig wartend, ohne Freunde, mit einem nicht allzu befriedigenden Beruf. Sie selbst hatte weiterhin eine teilweise leidenschaftliche sexuelle Beziehung zu ihrem Mann. Er hatte vor kurzem gesagt: »Wenn das Ganze noch einmal anfinge – du kannst sicher sein, ich würde sie sofort mit nach Hause bringen. Wenn sie mit uns beiden, also auch mit dir und unserm Kreis befreundet wäre, hätte sie viel mehr davon als von der Sache mit mir allein.« Nur – ausgerechnet in diesem Fall hatten sich die beiden Frauen nie gesehen und gesprochen, sondern kannten sich nur indirekt über gemeinsame Freunde ... Sonst hätte mir hier, in einem kulturell ziemlich freien Milieu, meine utopische Lösung vom letzten Abschnitt vorgeschwebt.

Ich meine mit Loslassen natürlich nicht: mehr gestatten, als man erträgt. Aber vielleicht doch: ausprobieren, ob man nicht etwas mehr erträgt als bisher. Den Doppelaspekt des Zulassens der Freiheit des Partners und des Bis-hierher-und-nicht-Weiter, weil man es selbst nicht mehr aushält, habe ich selten so eindrucksvoll erlebt wie im folgenden Fall:

Ein Mann hatte sein Leben lang sehr viel gearbeitet. Er war Leiter der sehr großen deutschen Filiale einer japanischen Firma. Mit etwa 40 Jahren – im klassischen Alter der Midlife-crisis – hatte er einmal eine Affäre gehabt, zum Entsetzen seiner Frau. Er beklagte sich über Einengung. Sie schluckte das, und seitdem hatten sie bestimmte Regelungen für ihn gefunden, die der Frau nicht gerade leichtgefallen waren, wie freie Wochenenden, Urlaub allein und ähnliches. Das ging einige Jahre gut, ohne andere Frauen. Dann kam wieder eine – vorübergehende – Liebschaft. Jetzt ging es um Grundsätzliches: Der Mann sagte, er habe nicht gerade vor, später noch einmal so etwas zu tun, aber versprechen könne er es nicht. Die Ehe war sehr eng und liebevoll gewesen und war es auch zwischendurch immer wieder; daher machte die Frau den Anspruch, sie wolle alles von ihm wissen. Erzählte er aber alles, dann ertrug sie es nicht. In diesem Zustand kamen sie in die Beratung.

Hier ging es um die beiderseitige Belastung durch den Pakt der Gemeinsamkeit. Die Frau rang sich durch, einer langen und teuren Reise zuzustimmen, für ihn allein. Er war immer nur zu hastigen und anstrengenden Geschäftsbesuchen nach Japan gekommen und wünschte sich schon lange, das Land einmal geruhsam und genauer kennenzulernen.

Das bedeutete für die Frau, daß sie, auch aus finanziellen Gründen, den Jahresurlaub allein zu Hause verbringen mußte. In dieser Zeit habe ich sie mehrmals gesehen, und sie sah aus, als litte sie unter einer schweren Krankheit.

In der Katamnese, drei Jahre später, sagte sie: »Es war furchtbar– ich war noch so abhängig von ihm, ich dachte, vielleicht kommt er nicht wieder. Ich konnte das damals überhaupt nicht abschätzen.«

Geholfen haben ihr in dieser Zeit die Beratung, gute Freunde und besonders ein alter Lehrer, der ihren Mann – wie ich übrigens auch – als jemand einschätzte, »der wiederkommt«. *Keine* Hilfe waren die beiden halbwüchsigen Kinder, denn sie war sich klar darüber, daß sie diese, die zwar Bescheid wußten, aber sich gegen Bündnisse wehrten, nicht belasten durfte, weil sie selbst mit dem Flüggewerden beschäftigt waren. »Ich hatte in der Zeit *drei,* die mit den Flügeln schlugen.«

Er kam also wieder, erschöpft von der Reise, und ging dann gleich wieder in seinen Betrieb. Das Verhältnis änderte sich kaum. Die Frau war außerdem beunruhigt durch einen Briefwechsel mit einer amerikanischen Studentin, die er in Japan kennengelernt hatte, und grübelte in der typischen Weise der Eifersüchtigen daran herum. Eines Tages war sie sich klar darüber: »Ich will nicht mehr der Kachelofen sein, an dem sich jeder wärmt und bei dem sich keiner Gedanken macht, womit er geheizt wird.«

Sie hatte die Fäden zu ihrem Beruf als Rundfunkredakteurin nie aufgegeben. Jetzt fing sie einen Halbtagsjob an, mit großer Freude und Intensität. Außerdem ging sie zu einem Rechtsanwalt und ließ sich beraten. Das Resultat war Klarheit: »Ich weiß, was auf mich zukommt. Finanziell kann ich es schaffen, wenn ich arbeite. Jetzt habe ich keine Angst mehr.«

Als der Mann hörte, daß sie jetzt »Nägel mit Köpfen« machte, war er empört. Aber – seitdem besserte sich die Beziehung.

Die Frau schloß die Beratung ab. Ein halbes Jahr später schrieb sie mir:

»Wir gehen jetzt vorsichtiger miteinander um, das Zusammensein ist nicht mehr so selbstverständlich und vielleicht dadurch intensiviert. Ich bin sehr glücklich darüber, aber ich werde mich wahrscheinlich nie mehr in absoluter Sicherheit wiegen. Gute Tage sind reicher als vorher. Ich lasse meinen Mann auch mehr auf mich zukommen, und er kommt. Alles ist gelöster, entspannter.«

Ich glaube nicht, daß man in diesem Fall einfach sagen kann: Der Mann hatte Angst, seinen Kachelofen zu verlieren, die finanzielle Frage hat ihn geängstigt, er war empört, daß seine Frau ihn wirklich im Stich lassen wollte, usw. Selbstverständlich spielte das alles mit. Zwischen diesen beiden bestand eine ehrliche große Zusammengehörigkeit, und der Mann hatte immer betont, daß er seine Frau liebe. Zu der Wut über den angedrohten Verlust – die ihm den Ernst der Situation sicher erst klar ins Bewußtsein rief – kam, ohne daß er es zunächst merkte, wahrscheinlich auch das erleichterte Staunen: Der Kachelofen kann gehen! Und: *Ich* werde nicht mehr in ihm verheizt. Erst dadurch wurden ihm eigene Veränderungen ermöglicht, ohne die die Ehe tatsächlich verloren gewesen wäre.

Denn so ist das nun mal bei Symbiosen: sie sind der Versuch eines innersystemischen Perpetuum mobile – und das geht so lange gut, bis sich einer daraus löst. Natürlich müssen bei einer gelungenen Lösung *beide* ihre Mobilität ändern, wobei sie keine andern Menschen werden. Wer könnte im Ernst daran zweifeln, daß diese Frau ihr Leben lang ihre Kachelofeneigenschaften behält, wenn auch weniger dominierend? Und wer hätte nicht gern einen Kachelofen, der sogar gehen kann?

Neues Leben, neue Liebe

> Man vergißt zu leicht, daß man selbst ein Stück jener wirken-
> den Kräfte (der Natur) ist und versuchen darf, nach dem Aus-
> maß der persönlichen Kraft ein Stückchen des notwendigen
> Ablaufs der Welt abzuändern, der Welt, in welcher das Kleine
> doch nicht minder wunderbar und bedeutsam ist als das Große.
>
> *Sigmund Freud,*
> *»Eine Kindheitserinnerung des Leonardo da Vinci«*

Es ist jetzt soviel von seelischen Vorgängen, von Teilaspekten, von Anstrengungen die Rede gewesen – sicher ist mancher Leser ungeduldig
geworden und fragt sich: Was haben sie denn nun ganz konkret gemacht,
eure Eifersüchtigen? Was ist aus ihnen geworden, im ganz normalen
bürgerlichen Sinn? Und eine andere Frage mag sich stellen: Was ist mit
den Partnern, die haben sich doch oft wirklich mies, rücksichtslos, egoistisch verhalten – dürfen die das etwa weiterhin?

Ich möchte die letzte Frage zuerst beantworten: es ist die nach der
moralischen Bewertung. Sowohl in meiner persönlichen Einleitung wie
im Kapitel über die Mehrpersonentherapie bin ich schon darauf eingegangen, möchte aber hier noch einmal ganz deutlich sagen: Ich kann
nicht a priori eine durchgehaltene Ehe für gut und eine gebrochene für
moralisch schlecht halten. Ich weiß sehr wohl, daß diese Form des Zusammenlebens von Mann und Frau immer noch und immer wieder funktioniert und daß sie für viele Paare die Möglichkeit bietet, sich zu entwickeln, glücklich zu sein und sich und dem andern treu zu bleiben, auch
im sexuellen Sinn. Dies gilt trotz aller berechtigten Angriffe auf die
mörderischen Eigenschaften der Kleinfamilie, die ein Eheberater so gut
kennt wie nicht viele andere Menschen.

Ich sehe aber auch, welche Einengung, ja welche Grausamkeit die
Forderung lebenslanger Ausschließlichkeit enthalten kann, und es ist
sicher oft deutlich zu spüren gewesen, wie sehr ich einen Ehebruch und
die darauf antwortende Eifersucht als Chance sehe, klarer, humaner und
fairer leben zu lernen.

Meine eigene moralische Parteinahme ist selbstverständlich da, aber
sie fällt nicht immer zugunsten der Eifersüchtigen aus. Ich finde zwar
den ausbrechenden Partner manchmal kalt, gemein und egoistisch, aber
den Eifersüchtigen sicher ebensooft. Nur: Es ist nicht meine Aufgabe,
Richter zu sein, und diese Kriterien verflüchtigen sich in erstaunlicher
Weise, wenn man mit beiden redet, ihre Geschichte und Motive kennen-
lernt und ihre beiderseitigen Leiden sieht und versteht.

Was nun die Veränderung des Partners während oder am Ende der

Beratung angeht: der Übergangscharakter der Erscheinung Eifersucht innerhalb eines Systems zeigt sich hier besonders deutlich. Wenn der Eifersüchtige sich verändert, *kann* der andere gar nicht mehr so sein, wie er vorher war. Das bedeutet natürlich in vielen Fällen, leider oder glücklicherweise, daß das Paar sich trennt. In 13 von unseren 30 Beispielen kam es zur Trennung oder Scheidung.

In den andern Fällen blieb die Gemeinschaft bestehen, und das bedeutete, daß auch die *Veränderungen* nicht nur einen einzelnen, sondern die Gemeinschaft betrafen: oft waren es scheinbar einfache Dinge, wie daß der Mann mehr und überzeugter im Haushalt half, daß die Frau sich mehr für ihn und seinen Beruf interessierte, daß mehr gemeinsame Unternehmungen gemacht wurden, daß man unpraktische Zeiteinteilungen aufgab. Fast immer änderte sich die sexuelle Beziehung oder deren Stellenwert.

Hier komme ich wieder in den mir unangenehmen Bereich der Rezepte und verlasse ihn deshalb sofort wieder. Wenn man etwa auch sagen kann: es ist sicher für viele Ehen günstig, wenn der Mann sich nach der Rückkehr aus dem Büro eine halbe Stunde zurückziehen kann, so gibt es doch wieder andere, in denen eine solche Regelung gar nicht passend wäre. Die Klienten kommen meistens selbst auf praktische Auswege, manchmal gelingt »wie durch ein Wunder« plötzlich etwas, das lange geplant war, versucht wurde, aber nie klappen wollte.

Die andere Frage: was haben die Eifersüchtigen gemacht? möchte ich ähnlich summarisch beantworten. Sie haben, sowohl im Fall der Trennung wie des Zusammenbleibens, nicht so weitergemacht wie bisher, außer in den drei Fällen, in denen es in meinem Sinne noch zu *keiner* Lösung gekommen ist, obwohl bei einem eine Trennung stattgefunden hat. In diesen drei Beispielen haben die Männer weiterhin ihre Freundinnen. Die Frauen können einigermaßen damit leben, aber es ist noch immer der gleiche Schwebezustand in der Beziehung, die Eifersucht flammt hier und da auf, dann wieder ist sie weniger stark – und der Schritt vorwärts, der in allen Dreieckszuständen, die als schmerzlich empfunden werden, von wenigstens einer der beteiligten Personen gewagt werden muß, war nicht nötig, nicht möglich oder einfach so schmerzlich, daß die Dauerspannung dann immer noch als die bessere Lösungsmöglichkeit erschien.

Die andern – ja, was haben sie getan? Frauen sind berufstätig geworden, Männer haben sich mehr Gedanken über ihre Frauen gemacht, es wurden Häuser gebaut, Wohnungen gewechselt, Hobbies neu gewonnen oder wiederbelebt, das Verhältnis zu den Kindern geändert. Eine Reihe von Klienten hat bessere Erfahrungen mit neuen Partnern gemacht. Fast alle Eifersüchtigen haben ihren eigenen »Freiraum« erweitert, nachdem sie gesehen hatten, daß sie gerade daran gescheitert waren, daß sie dem Partner den seinen so schlecht zugestehen konnten.

Und von Liebe wird hier gar nicht geredet? Aber eigentlich geht es mir doch immer auch um Liebe! Nur gehen Eheberater im allgemeinen mit diesem schönsten Leitstern ihrer Arbeit vorsichtig um. Dieses Wort ist so gefährlich wie mächtig, und man kann damit soviel Unklarheit verbreiten wie mit keinem sonst.

Und Gerechtigkeit? Die allerdings kann man höchstens von Rechtsanwälten und Richtern verlangen, man kann sich über sie mit seinem Partner streiten – aber es sieht sehr schwierig damit aus, wenn man sie vom Leben verlangt. Liebe ist oft »ungerecht«, weil sie mehr als Gerechtigkeit ist. Und auch weniger. Die Frage: warum muß diese Frau oder dieser Mann soviel tragen, wo er oder sie sich doch soviel Mühe gegeben und, auch das, so sehr geliebt haben – die kann ich auch nicht beantworten; es sei denn, die Mühe trüge ihren Lohn in sich selbst. Aber hier kommen wir auf das Gebiet von Religion und Philosophie – und also breche ich ab.

Lachen und Weinen

> Selbst ein paar aufgeweckte ältere Damen kamen angefahren
> und verbreiteten sogleich den guten und freien oder den freien
> guten Ton, der in gewissen Tagen nur noch in der Gewalt der
> alten Frauen steht, die andere Tage gesehen haben und für sich
> selbst nicht mehr fürchten noch hoffen. Es wurde nichts gesagt,
> was der einzelne nicht hören durfte, und doch auch nichts ver-
> schwiegen, was irgend mit wohlwollender Heiterkeit anzubrin-
> gen war.
>
> *Gottfried Keller, »Der grüne Heinrich«*

Dies ist eine merkwürdige Geschichte. Mir ist, als ich sie aufschrieb, wieder eingefallen, daß ich einmal gelesen hatte, der amerikanische Schriftsteller Henry James habe das Erzählen geliebt, weil es »die geseg- nete Fähigkeit zum Staunen« ins Spiel bringe (Trilling 1972, S. 127). Zugleich ist dies der einzige Fall in meinem Buch, den ich zur Eifersucht der dritten Person anführen kann.

Einmal kam eine Frau zu mir, 55 Jahre alt, die, ich muß es sagen, mir nicht besonders jugendlich vorkam. Dennoch fing sie das Gespräch mit dem Satz an: »Ich glaube, ich habe Liebeskummer.« Dabei lachte sie ein bißchen, ein reizendes, fast mädchenhaftes Lachen. »Was Klassisches«, sagte sie. Ich dachte automatisch, ihr Mann habe sich eine jüngere Freundin genommen. Sie hatte gehört, daß ich mich für Eifersucht inter- essierte, und als sie auch noch sagte: »Es hat mit Eifersucht zu tun ...« war ich ziemlich sicher. Aber es war etwas ganz anderes.

Sie meinte übrigens, sie habe es schon fast geschafft, ich sollte nur zuhören. Sie könne mit kaum jemandem darüber reden, und »die Sache kriegt eine andere Form, wenn man sie erzählt«, das würde ihr guttun. »Es ist nämlich ein bißchen lächerlich ...« sagte sie.

Ich finde eigentlich, daß es lächerliche Gefühle nicht gibt, und sagte ihr das auch – nur die Beurteilung ... »Na gut«, sagte sie und lächelte, jetzt ein bißchen unter Tränen, »dann werden wir sehen, was Sie hinterher sagen.«

Sie hatte vor zwei Jahren einen Jugendfreund wiedergetroffen, von dem sie sich vor 35 Jahren getrennt hatte. Er hatte später eine sehr viel jüngere Frau geheiratet, auf den Hochzeitsbildern ein entzückendes zartes Mädchen, sagte sie, und diese Ehe dauerte auch schon fast 25 Jahre. Und nun ...

Ich dachte, vielleicht sei ihre eigene Ehe nicht besonders glücklich. Dann sind Jugendfreunde gefährlich. Aber sie sagte – und in den wenigen Stunden, die ich sie gesehen habe, hat mich das auch vollständig überzeugt –, sie habe ihre große Liebe geheiratet und würde ihren Mann auch heute noch jederzeit wieder heiraten.

Aber was war dann dabei, den Jugendfreund zu treffen? Auffallend war für mich das lange Intervall. Sie hatten sich über zwanzig Jahre nicht gesehen.

»Seine Frau ist, wie er damals schon sagte, ›sehr empfindlich‹ und hat verlangt, mit dem Beginn der Ehe solle die beiderseitige Vergangenheit begraben sein. Nur – sie hatte natürlich keine, sie war damals achtzehn und sehr behütet aufgewachsen. Er ist fünfzehn Jahre älter, und er *hat* eine Vergangenheit, darunter mich. Ich sollte also für ihn begraben sein! Mir ist es rätselhaft, wie man einem solchen Ansinnen zustimmen kann. Es muß doch auch die Eheleute trennen, wenn man sich nichts von früher erzählen kann!«

Sie wurde ganz aufgeregt, und ihre Mundwinkel zuckten ein bißchen. Ich konnte nur etwas hilflos beisteuern: Andere Ehen, andere Sitten – aber war er vielleicht irgendwie froh, sie loszusein? Weshalb hatte sie sich denn von ihm getrennt?

»Ach – ich habe ihn sehr geliebt. Er war meine erste wirkliche Liebe. Nach 1945, zwischen Schutträumen und Kohlenklauen, hatten wir zwei sehr glückliche Semester zusammen. Er hatte den Krieg als blutjunger Offizier überstanden und studierte Geschichte, weil er rauskriegen wollte, was da eigentlich abgelaufen war, sagte er. Ich habe von ihm zwei Dinge gelernt: Liebe und Politik. Das mit der Liebe – Sie wissen schon, wie das damals war. Geschlafen haben wir nicht zusammen, auch nicht annähernd. Sie wissen schon, was ich meine – es fällt mir immer noch ein bißchen schwer, darüber zu reden. Aber was wir taten – küssen, uns unter Laternen umarmen, eingehakt durch Marburg gehen –, das war ›erlaubt‹ und nicht mit den schrecklichen Drohungen belegt, die meine Mutter immer ausgestoßen hatte. Es war im Grunde glühend sinnlich. Ich glaube, meine gute sexuelle Beziehung zu meinem Mann verdanke ich dieser Zeit.«

Also war sie doch einmal mit ihm verheiratet gewesen?

»Eben nicht!« sagte sie und lachte wieder ein bißchen. »Es war eigentlich ganz schrecklich.« Beide hatten die Universität gewechselt; sie trafen sich nur noch ab und zu. »Ich schrieb sehr viele Briefe und wartete täglich auf seine, aber die kamen ganz spärlich; er war in sein Studium versunken und arbeitete damals schon politisch. Ich glaube, er hatte auch manchmal Beziehungen zu weniger strengen Mädchen und schämte sich deswegen ein bißchen. Ich war zwei Jahre lang unglücklich, hatte Höhenflüge in den Universitätsbibliotheken – und dann lernte ich meinen Mann kennen.«

Mit ihrem Mann war in ganz kurzer Zeit alles frei, klar und gut, es war einfach »der richtige Anfang«. Sie schrieb dem Freund, der sich ihr merkwürdigerweise immer noch »verlobt« fühlte, einen langen Brief. Umgehend kam eine kurze Karte, auf der er sagte, dann würden sie sich wohl nicht wiedersehen. Kämpfen könne und wolle er nicht. Was ich als Beraterin zu einer solchen Reaktion meine?

Doch wohl, daß die Vorstellungen beider, wie man miteinander umgeht, wenn man sich liebt, sehr verschieden waren. Was nicht heißt, daß man sich nicht trotzdem lieben kann ...

Die Klientin brach unverhofft in Tränen aus.

»Im Grunde«, sagte sie, als sie wieder sprechen konnte, »hab ich ihn nämlich mein ganzes Leben lang weitergeliebt, und er mich auch. Aber trotzdem denke ich eigentlich jeden Tag, wie schön es ist, daß ich meinen Mann gefunden habe. Es ist Unsinn, wenn die Leute sagen, man kann nur einen Menschen zur Zeit lieben.«

Ja – das denke ich auch. Hat sie aber einmal daran gedacht, sich von ihrem Mann zu trennen?

»Es mag ja komisch klingen, und vielleicht gehört das für Sie in Ihrer Eheberatung dazu – aber ich habe niemals, auch nicht im Traum, daran gedacht, daß es die Möglichkeit einer Scheidung von meinem Mann überhaupt gäbe.

Ich habe auch in den berühmten zwanzig Jahren kaum an meinen Jugendfreund gedacht. Ich habe mein Studium nicht abgeschlossen und vier Kinder gekriegt. Er hat sich nicht ganz an das Verbot seiner Frau gehalten und mir ab und zu geschrieben. Das war immer sehr anrührend – er hat auch zwei Kinder –, aber ich habe es bald wieder vergessen. Erst später habe ich erfahren, daß die Familie einige Jahre eine halbe Autobahnstunde von uns entfernt lebte. Er ›durfte‹ mich nicht besuchen, wollte es wohl auch nicht. Gedacht hat er an mich anscheinend öfter als ich an ihn – kein Wunder bei dem Verbot!

Und ich hätte mich so sehr für seine Frau interessiert. Man weiß ja so was nie im voraus – aber es hätte doch eine Freundschaft zu viert werden können.«

Der Leser wird sich inzwischen vorstellen können, daß hier die Klientin meiner Sympathie sicher sein konnte. Sie hatte ein paar Vorstöße in Richtung der »utopischen Lösung« gemacht, war aber nur auf Abwehr gestoßen. Der weitere Verlauf der Geschichte hat mich darin bestätigt, daß Verbote keine Lösung für Eifersucht sind, sondern verhängnisvolle Verstrickungen sogar erst hervorrufen. Das »Verhängnis« war losgebrochen, als die Klientin

»einmal, als ich unverhofft auf einer Rednerliste seinen Namen sah – er ist in die Politik gegangen und arbeitet vor allem für die Entwicklungshilfe –, mir von den Veranstaltern sagen ließ, in welchem Hotel er wohnte und ihm ein Kärtchen schrieb, daß ich ihn gern treffen würde. Ich *konnte* mir einfach nicht vorstellen, daß das alte Problem noch bestand. Nach so langer Zeit!

Ich muß vielleicht noch sagen, daß ich in meiner eigenen Ehe, neben dem großen Glück, auch viel gelitten habe. Wir waren schon ziemlich altmodisch, wir beide. Ich war mit den Kindern beschäftigt, arbeitete manchmal etwas journalistisch – und mein Mann war in seinem Beruf an der Universität auch sehr eingespannt, aber viel freier für Kontakte, für Reisen, auch für Geselligkeiten. Ich war oft, wenn ich abends überhaupt Zeit hatte, sehr müde. Er flirtete gern, hatte auch ein paar ernstere Beziehungen zu andern Frauen. Ich hatte große Freude an den Kindern, aber wissen Sie – etwas Anerkennung von außen braucht man schon auch, und in der Folge der 68er Jahre gab es die Tendenz, das alles ›bürgerlich‹ zu finden, man redete von antiautoritärer Erziehung, und mit der konnte ich mich nicht anfreunden. Mein Mann auch nicht, aber gelebt habe vorwiegend *ich* mit den Kindern. Manche von unsern Freunden haben damals gedacht: Na ja – ein Hausmütterchen, und ›tolle‹ Kinder hat sie – aber der Mann lebt eben anders. Und die tollen Kinder stören ja auch bei den Veranstaltungen der Erwachsenen.

Die andern Frauen – ich habe allmählich gelernt, ihn darin nicht einzuschränken, weil er das in der entscheidenden Dimension selbst tat. Und unsere eigene Beziehung war *nie* stumm oder tot.

Vielleicht ist das etwas, das man hinnehmen muß, wenn Menschen überhaupt sinnlich sind. Ich hab's ja selbst erlebt – nur hatte ich nicht soviel Gelegenheit dafür wie mein Mann. Man kann sich doch nicht – irgendwie zweiteilen: Wie soll man zärtlich miteinander leben und dabei nicht bemerken, daß andere Menschen *auch* anziehend sind?«

Aber die Frau des Freundes? Es kommt wohl darauf an, wie man mit diesen Wahrnehmungen umgeht ...

»Ja – er antwortete also hocherfreut, und wir trafen uns. Und nun wird's wieder komisch. Er war dick geworden, und sein schwarzer Haarschopf, den ich immer so geliebt hatte, war schlohweiß. Ein hochaktiver politischer Funktionär, ein Herr mit wichtigen Aufgaben, durchaus bürgerlich – und ich war ja auch schon das, was man etwas sonderbar eine ›ältere Dame‹ nennt. Und diese beiden – also, mich hat es völlig über den Haufen geworfen, und ihn auch; die ganze Faszination, die ganze alte Verbundenheit, alles war wieder da. Wir erzählten und erzählten und konnten kein Ende finden. Ich war überglücklich und hatte das Gefühl, unverhofft einen großen Zuwachs an Leben geschenkt bekommen zu haben.

Ich habe es sofort meinem Mann erzählt. Er sagte: ›Du siehst aus wie ein junges Mädchen ...‹ – weiter nichts. Ich freute mich auf weitere Kontakte und schrieb dem Freund auch gleich einen Brief nach Hause. Und nun – schrieb er mir wieder, seine Frau habe den Brief gesehen, wieder sehr ›empfindlich‹ reagiert und ihn an sein altes Versprechen wegen der Vergangenheit erinnert. Diesmal sagte er klipp und klar, er wolle sie schonen, und ich sollte an sein Büro in Bonn schreiben.

Ich habe das getan ohne zu zögern. Ich bin daran gewöhnt, mit den Köpfen anderer Leute zu denken; seit die Kinder größer sind, habe ich mich beim Umweltschutz engagiert und bin im Gemeinderat. Ich kümmere mich um verschiedene alte Leute. Aber da hab ich nicht einen Augenblick an seine Frau gedacht. Ich hatte das Gefühl, für seine Ehe und deren Zumutbarkeiten ist er selbst verantwortlich, und unsere alte Liebe ist unsere Sache. Ich hatte dieser Frau soviel Chancen gegeben, und wenn sie dann immer noch ... Finden Sie das falsch?«

Bevor ich antworten konnte, fuhr sie fort:

»Es ist mir auch egal, ob Sie denken, es war falsch. Ich hab's getan, und ich war fast stolz darauf. Mein Gott – eine Frau um die 40, und ich war Mitte 50 – ich fand diese Eifersucht unverständlich und lächerlich. Heute ist eine so wunderbare Zeit für Frauen dieses Alters – und ich wollte ja nichts weiter als ab und zu einen Brief, vielleicht zweimal im Jahr ein Treffen, und unzensierte Gedanken hin und her. Ich bin doch niemand, der Ehen zerstört: Wie gut es mir mit meinem Mann trotz allem geht, das konnte sie zwar nicht wissen; aber sie hätte es sich ja von Anfang an ansehen können.

Er schrieb auch manchmal, wieder seltener als ich, wie damals, aber es war sehr schön. Dann haben wir uns einmal einen ganzen Tag in München herumgetrieben. Er hat ja nie Zeit. Es war nur ein Tag.«

Wie war es denn gewesen? Doch wohl nicht gerade, als ob sie dasselbe mit einer Freundin gemacht hätte?

»Nein – da haben Sie einen wichtigen Punkt erwischt, sagte sie und lachte wieder. »Es war – also es war ein vollkommen leidenschaftlicher Tag. Daß mir so etwas noch einmal passieren würde, hätte ich nicht gedacht.«

Hatten sie auch ... ich fand mich taktlos und sprach nicht zu Ende.

»Nein, nein – ich weiß nicht – wir sind doch schon so alt und ich ... na ja, darüber möchte ich nicht reden. Aber eins habe ich dabei gesehen: wie unwichtig der direkte sexuelle Kontakt sein kann. So in ein Hotel gehen, ein paar Stunden, ohne Gepäck – ich hätte nicht gewußt, wie man das macht. Ich hätte mich geniert wie ein junges Mädchen vor 35 Jahren. Wieder zum Lachen, nicht?«

Ich war eher gerührt. Aber freilich, die Sternenferne, die das Paar sowohl von der andern Frau wie vom Mann meiner Klientin getrennt hatte, an diesem Tag, an dem für sie beide auf der ganzen Welt nur die Tatsache zählte, daß sie sich wiedergefunden hatten – die empfand ich auch.

»Er fuhr dann wieder weg. Wir wußten beide, daß niemals so etwas wie ein Verhältnis für uns in Frage kam. Er machte Reisen in seine Entwicklungsländer, schrieb mir Karten und manchmal Briefe, und ich antwortete nach Bonn. Seine Frau arbeitet teilweise mit ihm zusammen, übrigens ist sie auch aktiv an einer Stelle für Gleichberechtigung beteiligt. Von daher machte ich mir einige Hoffnung, daß er sie vielleicht überzeugen könnte, daß sie sich auf ihn verlassen konnte und auf mich auch. Aber er hat gar nichts gesagt. Wissen Sie, wenn wir noch in derselben Stadt gewohnt hätten – aber so ... Ich glaube, ich war's ihm einfach nicht wert.«

Und hier flossen ein paar Tränen. Ich fragte, ob es möglich sei, daß er seine Frau wirklich schonen wollte. Er war ja offenbar soviel weg, verreist, bei Besprechungen, beim Aktenlesen ...

»Ja, natürlich, natürlich. Aber hören Sie weiter: Eines Tages schrieb er mir einen Brief, er müsse den Kontakt mit mir abbrechen. Seine Frau hatte beim Ordnen seiner Post einen Brief von mir gefunden, ihn geöffnet, gelesen und ihn ihm tränenüberströmt gezeigt. Sie fand ihn zu vertraulich. Ich weiß nicht mehr, was drinstand, aber jedenfalls am Schluß etwas wie: ich umarme Dich – oder so. Und der ganze Ton war wie der zwischen zwei Leuten, die sich sehr nahestehen und sehr viel voneinander wissen. So ist es nun mal zwischen uns.

Und nun passierte mir etwas, das ich nie erwartet hätte: Abgesehen davon, daß ich es unglaublich finde, wenn jemand fremde Briefe öffnet (aber sie hatte vielleicht keine Möglichkeit, mit ihm zu reden, er sagt ja nichts) – ich ›flippte völlig aus‹, wie meine Kinder sagen würden. Ich war so sehr getroffen, ich hatte ein so abgrundtiefes Gefühl von Verlust, daß ich mir überhaupt nicht mehr zu helfen wußte. Es fiel mir auch ein Traum ein, den ich am Anfang des Wiederfindens geträumt hatte:

Ich bin in einer Gartenveranda. Über den Weg im Garten kommt der Jugendfreund mir entgegen. Ich freue mich sehr. Er schlägt von außen die Scheibe der Verglasung ein, Luft strömt herein, es ist irgendwie schön. Aber die Splitter legen sich wie ein Schuppenpanzer um meinen Körper. Ich kann mich nicht mehr bewegen, weil es sehr weh tun würde.

Da saß ich nun in meinem Panzer aus Scherben, erstarrt, unbeweglich vor Schmerz, und konnte zu allem Überfluß mit der Unangemessenheit der Reaktion nichts anfangen. Ich war hin- und hergerissen zwischen dem Gefühl: Es geschieht dir recht, denn du hast wissentlich etwas getan, was der andern Frau weh tun mußte, und dem andern: Ich habe mich so angestrengt für meinen Mann, weil ich begriffen habe, daß ich nur dann mit ihm glücklich sein kann, wenn ich ihn freier lasse, als mir zuerst lieb war – könnte ich nicht *einmal,* ein einziges Mal in der Liebe zu diesem zweitwichtigsten Mann meines Lebens ein bißchen Freude und Selbstbestätigung einfach geschenkt bekommen, ohne daß ich mir das immer erarbeiten muß? Im Beruf, beim Alleinsein, beim Loslassen der Kinder – überall habe ich mich angestrengt und allerdings dann auch viel dafür bekommen. Aber gibt es diese Art von Gerechtigkeit nicht – einmal die Sterntaler, sozusagen, die man nur aufsammeln muß?«

Ich dachte, daß es eben »Gerechtigkeit« allenfalls *innerhalb* von Systemen gibt und nicht systemübergreifend, wollte aber etwas so Kaltes und Theoretisches nicht sagen. Wir schwiegen eine Weile. Dann sagte sie:

»Ich sehe auch das Lächerliche an der Geschichte. Finden Sie mich nicht ganz schön weinerlich? Aber das war nun wunderbar: mein Mann fand das gar nicht. Ich habe mit ihm darüber gesprochen, und er hat zugehört – und das war doch wirklich eine Zumutung. Einmal hat er ganz leise gesagt: ›Was dieser Idiot sich entgehen läßt!‹, und das hat mir ungeheuer gutgetan.

Inzwischen lief unser normales Leben weiter, und das ist nun mal gut, lebendig und zärtlich. Ich habe nicht mehr geredet, als ich unbedingt mußte. Aber er war in dieser Zeit besonders liebevoll zu mir. Eines Tages, mitten im Winter, hat er gesagt, er habe eine Überraschung für mich. Wir haben beide alle Termine abgesagt, ganz kurzfristig, was wir sonst nie tun, und dann ist er mit mir zum Chiemsee gefahren, bei strahlendem Wetter, Sonne und Schnee. Die Fraueninsel ist ein Ort, der in unserer Verlobungszeit eine Rolle gespielt hat. Es war kein Fährverkehr, aber er hat einen Mann überredet, das kleine Schiff ganz allein für uns in Betrieb zu setzen. Und dann sind wir da herumgegangen, er hatte den Arm um meine Schultern gelegt ... Und daneben hatte ich nicht das Gefühl, nicht an meinen Freund denken zu dürfen. Mein Mann war – es war wie die Aufhebung der Unterschiede zwischen Mann und Vater, er war beides für mich, und er hat mich einfach ›gelassen‹. Ich hatte einen Stiefvater, der für solche Sachen niemals Verständnis gehabt hätte.

Mein Mann war nicht eifersüchtig, aber er hat Scharlach gekriegt. Eine Kinderkrankheit! Gott sei Dank ist es ja heute nicht mehr gefährlich, weil es auf Penicillin anspricht; aber als er ein Kind war, ist ein Bruder von ihm daran gestorben.«

Die Klientin hatte sich beruhigt; eigentlich, sagte sie, hatte sie, wie von allen Leiden, eine Menge davon gehabt.

»Als ich es hinter mir hatte, war ich fröhlicher und aktiver als vorher. ›Gehabte Schmerzen hab ich gern‹ ... Ich habe vor allen Dingen gesehen, wie sehr es sich gelohnt hat, daß ich mich um Großzügigkeit für meinen Mann bemüht habe.«

War sie denn nun eifersüchtig gewesen?

»Ich weiß nicht – ich hatte ein Gefühl von Empörung, daß diese junge Frau soviel Macht über jemand hatte, der irgendwie mir gehört und auch immer gehören wird. Da kann sie machen, was sie will, ich weiß es genau. Ich denke mir manchmal, welche unterschwellige Wut und Aggression auf seine Frau dieses unmenschliche Verbot in ihm angerichtet haben wird. Aber vielleicht merkt er das gar nicht.« Sie lachte wieder: »Zwei Königskinder, die nicht zueinander kommen können, mit 55 Jahren!«

Und wie sieht sie ihn heute?

»Es ist das gleiche wie früher – ich glaube, er hat sich nie für mich anstrengen wollen. Aber ich glaube, er strengt sich auch für seine Frau nicht an. Irgendwie auch nicht für sich selbst. Er hat alles abgeschnitten, abgesäbelt wie ein wütendes Kind, das Blumenköpfe abhaut – nur, damit er wieder arbeiten kann. Finden Sie nicht auch: das ist häufig so: Frauen lieben, und Männer sind beschäftigt? Ich glaube, das war es, was ich nicht wollte. Ich habe bei meinem Mann gesehen, daß das geht: Liebe und Arbeit verbinden.«

Und was denkt sie denn von ihrer – ja, ist es ihre Rivalin?

»Da werden Sie wieder lachen ... Bei meinen täglichen Arbeiten, beim Kochen und so, wo man doch immer soviel Zeit hat, nebenbei an etwas anderes zu denken, hab ich oft an sie gedacht, daß sie jetzt vielleicht gerade dasselbe tut. Verrückt, nicht? Ich glaube, sie liebt ihn sehr. Sie muß ganz bestimmt viel von ihm hergeben, er ist eben dauernd so ›beschäftigt‹. Übrigens liebt er sie auch, das habe ich gemerkt – auf diese zugleich zerstreute und gesetzestreue Weise. Und wenn ich gedacht habe, sie müßte können, was ich selbst mir so mühsam erarbeitet habe – jemandem etwas gönnen, das man selbst nicht haben kann, das ihm aber irgendwie zusteht –, dann war das wohl unangemessen.«

Diese ungewöhnliche Geschichte ist mir lange nachgegangen. Etwas unwillig habe ich gedacht: Was will diese Frau eigentlich? Sie ist glücklich mit ihrem Mann, sie hat Kinder, die gut geraten sind, Freunde, einen Beruf, ein Engagement, in dem sie sich sinnvoll aufgehoben fühlt – was will sie noch? Kann sie sich nicht zufriedengeben?
Und langsam wurde mir klar: Sie will alles! Und zugleich spürte ich:

Sie hat recht damit! Um es paradox auszudrücken: Nur weil sie sich nicht zufriedengegeben hat, kann sie mit ihrem Leben zufrieden sein. Liebe will immer alles. Nur wer das von sich selbst weiß und doch begreifen mußte, daß »alles« eben nicht zu haben ist, kann auch verzichten – nicht nur aus Vernunft, sondern auch aus Liebe.

Und die andere Frau? Sie will auch alles. Wahrscheinlich weiß sie es nicht, sondern denkt: Ich will ja nur das eine einzige, daß mein Mann seine Vergangenheit vergangen sein läßt und sich nicht mit dieser Frau trifft. *Sonst* kann er alles haben … (Allerdings sicher auch keine weiteren Frauen.)

Und hier liegt nun wieder das Grundproblem der Eifersucht: zwei, die alles wollen – das geht nicht. »Du sollst deinen Nächsten lieben wie dich selbst« – das geht auch nicht. Denn das bleibt eine Paradoxie. Aber für den Umgang mit andern Menschen, mit den »Nächsten«, ist es gerade in seiner Paradoxie die produktivste Anweisung, die ich kenne.

Als ich fünf Jahre nach diesen Gesprächen die Klientin anrief, die gerade ihren sechzigsten Geburtstag gefeiert hatte, sagte sie: nein, zu einem weiteren Gespräch habe sie keine Lust. Wenn ich die Sache für wichtig hielte, könnte ich sie ja selbst formulieren. Ihr habe das »Festschreiben« damals sehr geholfen, und später sei sie noch auf einen Brief der Frau Rat Goethe an Bettine Brentano gestoßen, der das ausdrückt, was sie da in aller Bescheidenheit empfunden hatte.

Ich habe es nachgeschlagen, hier ist es: Die junge Bettine Brentano hatte eine Freundin, Caroline von Günderrode, durch Selbstmord verloren. Goethes Mutter riet ihr daraufhin: »Mein Sohn hat gesagt: was einem drückt, das muß man verarbeiten, und wenn er ein Leid gehabt hat, da hat er ein Gedicht daraus gemacht … So soll man große und seltene Begebenheiten begraben in einem schönen Sarg der Erinnerung, vor den jeder hintreten kann und dessen Andenken feiern« (Arnim 1835).

Mir gefiel an dieser sonderbaren Frau wieder der Mut, mit dem sie zu ihren Gefühlen stand. Das »Gedicht«, in dem der berühmte Sohn der Frau Rat sein Leid untergebracht hatte, war nämlich nichts weniger gewesen als der »Werther«. Aber immerhin, als sie Bettine den Rat gab, war auch diese nicht die große romantische Autorin, als die sie heute wieder in Mode gekommen ist, sondern einfach ein unglückliches junges Mädchen.

Ich habe der Klientin gezeigt, was ich für sie aufgeschrieben habe; sie hat einiges verändert, wieder etwas gelacht und gesagt: »Na ja – das ist *eine* Wahrheit. Aber es *ist* eine, und es kann so gehen. Und nun wollen Sie sicher wissen, wie es weitergegangen ist? Das sage ich Ihnen aber nicht …«

Ausklang
Die Lösung der Götter

Die Lösung der Götter

Daß Lachen – Humor – eine Lösung für Eifersucht sein kann, freilich nicht vor, sondern immer erst nach dem Erleben der Schmerzen, kam im letzten Beispiel andeutend zum Vorschein. Lachen setzt einen gewissen Grad von Freiheit voraus, der für viele Eifersüchtige eine Überforderung ist. Aber in einigen Katamnesen konnten die Paare miteinander etwas witzeln, sich gegenseitig »hochnehmen« oder den andern scherzhaft davor warnen, sich allzu sicher zu fühlen – für süße Rache sei es nie zu spät.

Lachen, wenn auch nicht das gemeinsame Gelächter des Ehepaares, spielt eine wichtige Rolle in der Geschichte, mit der ich schließen möchte. Sie ist in der Odyssee aufgezeichnet und faßt noch einmal in der überhöhten Menschlichkeit der olympischen Götterfamilie vieles zusammen, worum es mir in diesem Buch gegangen ist. Im Gegensatz zu den vielen ernsten und tragischen Beispielen aus der Literatur, die ich gebracht habe, ist die Episode, die dem Odysseus während seines Aufenthaltes bei den Phäaken zur festlichen Erheiterung erzählt, besser: vorgesungen wird, eine Art Satyrspiel. Ich muß sie hier zusammenfassen, obwohl ich sie gern ganz abdrucken würde, kann aber jedem nur raten, sie selbst zu lesen (Odyssee 8, V. 266–366).

Die Liebesgöttin Aphrodite betrügt ihren Ehemann Hephaistos, den Gott des Feuers, mit seinem Bruder, dem Kriegsgott Ares. »Er schenkte ihr viel«, heißt es, und der Ehebruch findet im ehelichen Haus und Bett statt. Die Sonne aber bringt es an den Tag: Helios, der Sonnengott, sagt es Hephaistos. Dieser, »als er die kränkende Kunde vernommen«, geht in seine Schmiede und »brütet Böses im Sinne«. Er, der Verkrüppelte, aber überaus Geschickte, schmiedet unsichtbare Fesseln, »unzerbrechlich, unlöslich«, und umspinnt damit sein eigenes Bett. Dann entfernt er sich zum Schein.

Ares, »nicht blind ... lag auf der Lauer«. Er läuft zu Aphrodite, der immer Bereiten, setzt nebenbei Hephaistos ein bißchen herab – er sei bei den barbarisch redenden Sintiern in Lemnos, wo es ihm ja, wie bekannt, so besonders gut gefalle – und zieht die Geliebte ins Bett.

»Aber da fielen ringsum sie die künstlichen Fesseln des klugen Hephaistos«, und sie sind in der Stellung, in der sie sich gerade befinden, regungslos festgehalten. Den Künstlern späterer Zeiten war das ein willkommener Anlaß, einen göttlichen Beischlaf darzustellen.

Hephaistos kehrt natürlich, von Helios benachrichtigt, schnell zurück und hat nun klaren Anlaß für seinen »grimmigen Zorn«. Er brüllte gewaltig und ruft sämtliche anderen Götter herbei:

»Kommt und seht hier Dinge zum Lachen und nicht zu ertragen« und erzählt dann noch einmal, was ja nicht zu übersehen ist: daß sein Bruder ihn mit seiner Frau betrügt, während er selbst »als Krüppel zur Welt kam; schuld ist daran aber kein anderer als die Eltern, die beiden«, Zeus und Hera also, die ihn besser nicht gezeugt hätten. Nun aber, da die Sache einmal geschehen ist, will er die beiden gefesselt liegenlassen, bis er von Zeus, der auch Aphrodites Vater ist, alle Brautgeschenke zurückbekommen hat, die er »für dies hundsäugige Mädchen« bezahlt hat.

Die Götter kommen also in des Hephaistos Haus, während die Göttinnen aus Scham nicht mitgehen. Angesichts des lebenden Bildes, das ihnen geliefert wird, geschieht etwas Unerwartetes: die Götter brechen in »unauslöschliches Gelächter aus«. Dann beginnen sie zu reden und zu verhandeln. Zunächst heißt es befriedigt:

»Böses gedeiht doch nie; der Langsame hascht den Geschwinden.« Dann wird spekuliert: wie würde man sich selbst in dieser Lage fühlen? Hermes, von Apollon gefragt, sagt, von ihm aus könnten noch dreimal soviel Fesseln ihn halten und alle Göttinnen und Götter zuschauen –

»dennoch ruhte ich gern bei Aphrodite, der goldenen.« Noch einmal lachen die Götter.

Nur Poseidon, der Meergott und »Erderschütterer«, lacht nicht mit, sondern bietet sich als Bürgen für Ares an. Hephaistos gibt sich nicht gleich zufrieden und nützt die Gelegenheit, seinen Rivalen noch einmal herunterzumachen:

»Bei einem Nichtsnutz nützt auch nichts die geleistete Bürgschaft« – und sollte Ares wirklich entkommen und nicht zahlen, so sei es doch höchst unpassend, statt seiner einen anderen unschuldigen Gott zu binden. Poseidon verspricht aber – und korrigiert damit die begrenztere Auffassung des Hephaistos von der Bürgschaft –, er werde die Buße selbst zahlen, falls Ares sie schuldig bleibe. Nun, findet Hephaistos, wäre es unfair (»unrecht«), den Vorschlag abzulehnen. Er löst die Fesseln.

Sofort springen die beiden Sünder auf und enteilen nach weit entfernten Richtungen: Ares nach Thrakien, die »lächelnde Aphrodite« aber nach Kypros, ihrer Insel Zypern, wo sie, die Schaumgeborene, einst zum erstenmal Land berührte. Dort wird sie von ihren anmutigen Begleiterinnen, den Chariten (in römischer Sprache den Grazien), mit dem unsterblichen Öl gesalbt, an dessen Duft man die Götter erkennt; und erneut in »reizende Kleider gehüllt«, ist sie »ein Wunder zu schauen«.

Zum Abschluß also noch einmal ein Dreieck, gebildet aus der Familie des »leichtsinnigen, lustgierigen Göttergelichters«, wie es viel später bösartig bei Wagner über ganz andere Götter heißt, die allerdings ohne die Ahnherrschaft der griechischen nicht zu denken sind (Alberich in »Siegfried« II,1). Edel, göttlich im Sinne einer höheren Moral, führt sich hier keiner auf, und edel mit Eifersucht umzugehen, ist eben auch überaus schwierig. Aber zeichenhaft für Eifersucht in einer patriarchalischen Gesellschaft ist alles, was geschieht.

Zunächst wird die Tatsache des Ehebruches nur als Kränkung des Ehemannes empfunden. Er ist das handelnde Subjekt, das sich wehrt. Über die Gefühle der beiden Ehebrecher erfahren wir nichts, außer daß es sie dringlich zueinander zieht und daß Ares Aphrodite mit Geschenken gewonnen, also fast gekauft hat. Von ihr, der großen Liebesgöttin, wird vorausgesetzt, daß sie immer bereit ist und unvergleichliche Liebeswonnen zu vergeben hat. Nach dem Prinzip, daß gleich und gleich sich gern gesellt, paßt Ares viel besser zu ihr als ihr Gatte Hephaistos. Aber er braucht sie nötiger als der schöne Ares, denn Mißgestaltete (Behinderte, Impotente, Alte, Alkoholiker), das haben schon die frühesten Eifersuchtsforscher gesehen, sind besonders ängstlich und empfindlich gegenüber der Kränkung durch Untreue, weil sie zur Aufwertung ihrer Unzulänglichkeit dringender als andere der Liebe und Bestätigung durch den Partner sowie des Ansehens bedürfen, das eine feste zuverlässige Bindung an einen schönen Menschen verleiht.

Da Hephaistos ein Gott ist, kann er sich alle Befriedigungen verschaffen, von denen andere Eifersüchtige im Wortsinne nur träumen können, die sie unbewußt ersehnen und sich über seelische Umwege zu verschaffen suchen. Zunächst ist überwältigend die voyeuristische Komponente. Was Freud die Urszene nannte, wird durch die unsichtbaren Fesseln festgehalten, so daß es nicht nur der Gekränkte betrachten darf, sondern die Zuschauer obendrein betrachten *müssen*. Hephaistos kann sich nicht nur nicht »satt sehen«, wobei sicher auch eine Befriedigung oraler Gier angenommen werden kann, sondern er ergreift zugleich die Gelegenheit, seine realen Eltern Zeus und Hera zu beschuldigen, daß sie ihn so verkrüppelt gezeugt haben.

Die ödipale Klemme ist bei einem verkrüppelten Kind des Göttervaters, der die ewig junge und ewig schöne Herrin des Olymps besitzt, besonders einleuchtend, zumal ja bei den Göttern keine Altersunterschiede gedacht werden müssen. Hephaistos hat aber außerdem zu Hera eine ganz besondere (prädipale) Beziehung: bei Homer gilt er zwar als Sohn beider Eltern, aber es gibt auch Berichte, nach denen Hera ihn allein erzeugte, vielleicht aus ihrem Schenkel. Jedenfalls ist mit seiner Geburt ein düsteres Schicksal verbunden. Er ist, wenn er überhaupt von Zeus und Hera stammt, sozusagen unehelich geboren, nämlich in den 300 Jahren, in denen das göttliche Geschwisterpaar ohne Wissen der Eltern nur heimlich zusammenkam (Kerényi I, S. 124). Und er ist eine

Mißgeburt: seine Füße sind nach hinten gerichtet, geeignet nur zu einer rollenden Bewegung des ganzen Körpers. Hera war bei seiner Geburt so empört über seine Häßlichkeit, daß sie ihn vom Himmel auf die Erde schleuderte.

Hephaistos ist also ein dyadisch Geschädigter, das ungeliebte Kind einer durch seine Häßlichkeit narzißtisch gekränkten Mutter. Wenn einer nicht schön ist, kann er diesen Mangel auf verschiedene Weise ausgleichen. Hephaistos tut es dreifach: er *kann* etwas – neun Jahre wird er zum kunstvollen Schmied ausgebildet und wird später deshalb von allen Göttern hoch geschätzt. So wird er der »mit den Armen Gewandte«, wenn er schon nicht richtig laufen kann. Zweitens ist er *klug und listig,* wie immer wieder beifällig betont wird, auch in unserer Geschichte: Der Lahme hat Ares hereingelegt, der »doch der schnellste der Götter ist, die den Olymp bewohnen«. Und drittens bringt er seine Umgebung zum *Lachen.*

Mitleid haben die Unsterblichen nicht mit ihm, obwohl er heftig daran appelliert. Sein exhibitionistisches Bedürfnis in der Eifersuchtsszene aber ist gewaltig. Er redet elf rollende Verse lang über seine Kränkung. Was er aber schließlich verlangt, ist nicht Mitleid, sondern Gerechtigkeit: den Brautpreis will er zurück – Geld also, wenn er schon keine Liebe haben kann. Er muß wohl in dieser Hinsicht als sehr resigniert gedacht werden, denn er hat Aphrodite auch nicht durch Liebe erworben, sondern eingehandelt – und zwar um den Preis der Mutter.

Dies ist eine weitere Geschichte, die seine Verletztheit durch die erste Frau seines Lebens, eben Hera, spiegelt, und zugleich seine Fähigkeit, sich wenigstens Macht zu verschaffen, die ihm Dankbarkeit einbringt, da ihm die ersehnte Zuneigung um seiner selbst willen, »weil du es bist«, versagt bleibt:

Als die Götter den Olymp bezogen, schmiedete Hephaistos die Throne für das hohe Paar. Hera setzte sich glücklich auf ihren, fand sich aber nicht nur gefesselt, sondern auch noch in die Luft gehoben; der Sohn hatte sich diesen Streich ausgedacht, weil er ihr immer noch böse war. Er selbst war zum Göttersitz noch nicht zugelassen und weigerte sich auch zu kommen. Die Bitte, seiner zwischen Himmel und Erde schwebenden Mutter zu helfen, beantwortete er mit Trotz: er habe keine Mutter.

Verschiedene Versuche, ihn nun auf den Olymp zu ziehen, scheitern. Der schlecht Weggekommene nutzt auch hier seine Macht genußvoll aus und besiegt sogar seinen Bruder Ares, der kämpfend versucht, die Loslösung der Mutter zu erzwingen.

Die Rettung erfolgt über die Oralität: Dionysos gibt Hephaistos Wein zu trinken, dessen Wirkung der Feuergott noch nicht kennt, lädt ihn auf einen

Maulesel und führt ihn, Karikatur eines Triumphzuges, auf den Olymp. Wieder lachen die Götter über Hephaistos. Aber in aller Trunkenheit bleibt er klar genug, um einen Preis für die Befreiung der Mutter auszuhandeln. Er verlangt die Ehe mit Aphrodite, der Schönsten von allen, und den Göttern bleibt nichts übrig, als zuzustimmen, wenn ihre Mutter und Königin nicht ewig gefesselt in der Luft hängen soll. Nach andern Quellen ist die verlangte Gattin Pallas Athene, mit der Hephaistos auch eine Hochzeit hielt oder jedenfalls versuchte, was bei der notorisch Jungfräulichen natürlich schwierig war (Kerényi I, S. 98).

Hephaistos jedenfalls hat kein Glück in der Liebe. Woher auch, können wir modernen Leser von Winnicott, Kohut und Alice Miller sagen, wenn er sie nicht bei einer »genügend guten Mutter« gelernt hat! Die Gleichung Frau = Mutter liegt, was die unsichtbaren Fesseln angeht, auf der Hand. Wie die Beteiligung des Eifersüchtigen selbst am Treubruch aussieht, können wir hinzuphantasieren. Hephaistos ist schwerlich als zarter Liebhaber zu denken, sondern als empfindlich, fordernd und gierig. Daß dagegen selbst eine Aphrodite nicht anlieben kann, ließe sich vorstellen.

Schließlich ist sein Rachebedürfnis befriedigt: Seine beiden Beleidiger sind lächerlich gemacht, vor dem Himmel und vor der Welt. Das Sühnegeld ist ihm versprochen. Ob er es bekommt, interessiert Homer dann nicht mehr. Hephaistos löst die Fesseln.

Was wird nun aus den Ehebrechern? Ares entspringt nach Thrakien; nicht so wichtig – »ein Mann tut, was er muß«, heißt es in vielen Sprichwörtern vieler Völker, und was er da »muß«, das darf er letzten Endes. Für Aphrodite ist mehr rituelle Entsühnung nötig. Sie muß erst gewaschen und wieder rein und schön gemacht werden. Auf Zypern wird sie ähnlich behandelt wie bei ihrer ersten Erdberührung. Sie erlebt gleichsam eine zweite Geburt. »Bekleidet, bekränzt und geschmückt« (Kerényi I, S. 58) ist sie, die nackt aus dem Meer kam und nackt wohl auch mit Ares unter den Fesseln lag, den Göttern, die ja auch die Schützer von Gesetz und Sitte sind, erst wieder ernstlich zumutbar. Was sie dann tut, erfahren wir nicht. Die Liebesgeschichten der Aphrodite sind ohne Zahl und Ende.

Und auch Hephaistos ist unsterblich – seine Geschichte ist nicht die eines Menschen, der nur ein Leben hat und sich daher immer wieder, ganz anders als die »seligen Götter«, einmalig und unwiderruflich entscheiden muß.

Aus der Verbindung von Ares und Aphrodite wurde die schöne Harmonia geboren, deren Gatte Kadmos ist. Dieses Paar ist das älteste in der Ahnenreihe des Ödipus. Weitere Kinder des Ares und der Aphrodite sind »Phobos« und »Deimos«, »Furcht« und »Schrecken«, aber auch »Eros« und »Anteros«, »Liebe« und »Gegenliebe«.

Was kann ein Heutiger von diesen alten Geschichten haben? Belustigung wie die Götter; Nachdenklichkeit und Staunen wie die vielen, die sie vor ihm gelesen und gehört haben; vielleicht Selbsterkenntnis, weil er sich an einer Stelle des göttlichen Dreiecks wiederfindet. Vor allem aber zeigt uns die Lösung der Götter, daß *wir* keine Götter sind. Wir haben weniger Macht und weniger Freiheit, und genau das ist die Bedingung für Menschlichkeit.

Benutzte Literatur

Bei fremdsprachiger Literatur zitiere ich, wenn deutsche Übersetzungen vorliegen, nach der deutschen Ausgabe. Die Übersetzer sind angegeben. Die andern im Text zitierten Stellen aus Werken ausländischer Autoren habe ich selbst übersetzt.

Adler, Alfred: The Individual Psychology of Alfred Adler. A Systemic Presentation in Selections of this Writings. New York o. J. Deutsch: Alfred Adlers Individualpsychologie. Hg. von Heinz L. Ansbacher und Rowina R. Ansbacher. Übersetzung von Gerd Janßen. München 1972

Andreae Capellani Regii francorum De Amore libri tres. Kopenhagen 1892. Danach 2. Aufl. München 1972. *Die einzige deutsche Übersetzung von H. M. Elster, Dresden 1924, ist unbrauchbar.*

Ariès, Philippe; Béjin, André; Foucault, Michel: Sexualités occidentales. Paris 1982. Deutsch: Die Metamorphosen des Begehrens und die Masken der Sinnlichkeit. Übersetzung von Michael Bischoff. Frankfurt 1984

Arnim, Bettina von: Goethes Briefwechsel mit einem Kinde. Seinem Denkmal. Berlin 1835. Neu herausgegeben von Gustav Konrad. Frechen 1960

Bachofen, Johann Jakob: Das Mutterrecht (1861). Auswahl von Hans-Jürgen Heinrichs. Frankfurt [3]1980

Badinter, Elisabeth: L'amour en plus. Paris 1980. Deutsch: Die Mutterliebe. Geschichte eines Gefühls vom 17. Jahrhundert bis heute. Übersetzung von Friedrich Griese. München 1981

Balint, Alice: Liebe zur Mutter und Mutterliebe. In: Internationale Zeitschrift für Psychoanalyse 24, 1939, 33–48. Auch in: Balint, Michael: Die Urformen der Liebe und die Technik der Psychoanalyse, dt. Stuttgart 1981

Balint, Michael: Primary Love and Psycho-analytic Technique. London 1963. Deutsch: Die Urformen der Liebe und die Technik der Psychoanalyse. Übersetzung von Käte Hügel und Martha Spengler. Stuttgart 1965.

Balint, Michael, et al.: Focal Psychotherapy. London 1972. Deutsch: Fokaltherapie. Übersetzung von Käte Hügel. Frankfurt 1973

Barag, Gerda: A Case of Pathological Jealousy. In: Psychoanalytic Quarterly 18, 1949, 1–18

Barthes, Roland: Fragments d'un discours amoureux. Paris 1977. Deutsch: Fragmente einer Sprache der Liebe. Übersetzung von Heinz-Horst Henschen. Frankfurt 1984. *Mein Motto steht auf Seite 76.*

Bateson, Jackson; Haley, Lynn, et al.: Schizophrenie und Familie. Beiträge zu einer neuen Theorie. Übersetzung von Hans-Werner Saß. Frankfurt 1969

Bauriedl, Thea: Beziehungsanalyse. Das dialektisch-emanzipatorische Prinzip der Psychoanalyse und seine Konsequenzen für die psychoanalytische Familientherapie. Frankfurt 1980

Bauriedl, Thea: Geht das revolutionäre Potential der Psychoanalyse verloren? Zur politischen Bedeutung der Psychoanalyse und zum politischen Engagement der Psychoanalytiker. In: Psyche 1984, 489–515

Beauvoir, Simone de: Le deuxième sexe. Paris 1949. Deutsch: Das andere Geschlecht. Sitte und Sexus der Frau. Übersetzung von Eva Rechel-Mertens und Fritz Montfort. Hamburg 1951

Bergler, Edmund: Talleyrand, Napoleon, Stendhal, Grabbe. Wien 1935 (darin: Stendhal. Ein Beitrag zur Psychologie des narzißtischen Voyeurs)

Bergler, Edmund: Beiträge zur Psychologie der Eifersucht. In: Zeitschrift für Psychoanalyse und Imago 24, 1939, 384–397

Bibel, Die, Einheitsübersetzung. Freiburg, Basel, Wien 1980. *Ich zitiere die mosaischen Texte nach evangelischer Zählung: 1. bis 5. Moses. Die katholischen Bezeichnungen sind: 1. Mos. = Genesis, 2. Mos. = Exodus, 3. Mos. = Leviticus, 4. Mos. = Numeri, 5. Mos. = Deuteronomium*

Blanck, Gertrude, und Rubin Blanck: Marriage and Personal Development. New York 1968. Deutsch: Ehe und seelische Entwicklung. Übersetzung von O. und D. Goldschmidt. Stuttgart 1978

Blanck, Gertrude, und Rubin Blanck: Ego-Psychology: Theory and Practice. New York 1974. Deutsch: Angewandte Ich-Psychologie. Übersetzung von Hilde Weller. Stuttgart ²1981

Boccaccio, Giovanni di: Decamerone. 1348. Zweiter Tag, neunte Geschichte. Zitiert nach Insel-Taschenbuch 7/8, ⁷1981, S. 199 ff

Bode, Wilhelm (Hg.): Goethe in vertraulichen Briefen seiner Zeitgenossen. 3 Bde. München 1982. (Werther-Reaktionen in Band 1)

Boszormenyi-Nagy, Ivan, und Geraldine M. Spark: Invisible Loyalties. New York 1973. Deutsch: Unsichtbare Bindungen. Übersetzung von Susanne A. Gangloff. Stuttgart 1981

Bowen, Murray: A Family Concept of Schizophrenia. Deutsch: Die Familie als Bezugsrahmen für die Schizophrenieforschung. Übersetzung von Hans-Werner Saß. In: Bateson et al.: Schizophrenie und Familie; qu. v.

Buunk, Bram: Strategies of Jealousy: Styles of Coping with Extramarital Involvement of the Spouse. In: Family Relations 31, 1982, 13–17

Calderón de la Barca, Pedro: El mayor monstruo del mundo. 1637. Zitiert nach der Ausgabe der Obras Completas, Bd. I, von Luis Astrana Marín. Madrid 1951

Chasseguet-Smirgel, Janine (Hg.): Les chemins de l'Anti-Œdipe. Toulouse 1974. Deutsch: Wege des Anti-Ödipus. Übersetzung von Karin Kersten und Caroline Neubaur. Frankfurt, Berlin, Wien 1978. *Nachwort von Caroline Neubaur*

Christlieb, Wolfgang: Der entzauberte Ödipus. Ursprünge und Wandlungen eines Mythos. München 1979

Clanton, Gordon, und Lynn G. Smith (Hg.): Jealousy. Englewood Cliffs 1977

Davis, Kingsley: »Jealousy and Sexual Property«. In: Social Forces 14, 1936, 195–405

Droß, Annemarie: Die erste Walpurgisnacht. Hexenverfolgung in Deutschland. Frankfurt 1978. Zitiert nach Rowohlt-Taschenbuch 7427, Reinbek 1981

Duden, Barbara: Das schöne Eigentum. In: Kursbuch 47, März 1977, 125–140

Eisenbud, Ruth-Jean: Masochism Revisited. In: Psychoanalytic Review 54, 1967, 6 (562)–26 (582)

Eissler, Kurt R.: Goethe. A Psychoanalytic Study. 1775–1786. Detroit 1963. Deutsch: Goethe. Eine psychoanalytische Studie. 1775–1786. Band 1. Übersetzung von Peter Fischer. Frankfurt 1983

Elias, Norbert: Über den Prozeß der Zivilisation. Soziogenetische und psychogenetische Untersuchungen. 2 Bde. London (?) 1936; Bern ²1969. Text- und seitenidentisch mit dieser Ausgabe: Suhrkamp Taschenbuch Wissenschaft 158 und 159, Frankfurt 1976

Erikson, Erik H.: Young Man Luther. A Study in Psychoanalysis and History. New York 1958. Deutsch: Der junge Mann Luther. Eine psychoanalytische und historische Stu-

die. Übersetzung von Johanna Schiche. München 1964. Suhrkamp Taschenbuch Wissenschaft 117. Frankfurt 1975

Fenichel, Otto: Beitrag zur Psychologie der Eifersucht. In: Imago 21, 1935, 143–157

Fenichel, Otto: The Psychoanalytic Theory of Neurosis. New York 1945. Deutsch: Neurosenlehre. Übersetzung von Klaus Laermann. Olten ³1982

Freud, Sigmund: Studien über Hysterie (1895), Ges. Werke 1

Freud, Sigmund: Zur Ätiologie der Hysterie (1896). Ges. Werke 1

Freud, Sigmund: Drei Abhandlungen zur Sexualtheorie (1905). Ges. Werke 5

Freud, Sigmund: Der Witz und seine Beziehung zum Unbewußten (1905). Ges. Werke 5

Freud, Sigmund: Beiträge zur Psychologie des Liebeslebens (1910). Ges. Werke 8

Freud, Sigmund: Totem und Tabu (1913). Ges. Werke 9

Freud, Sigmund: Erinnern, Wiederholen, Durcharbeiten (1914). Ges. Werke 10

Freud, Sigmund: Zur Geschichte der psychoanalytischen Bewegung (1914). Ges. Werke 10

Freud, Sigmund: Triebe und Triebschicksale (1915). Ges. Werke 10

Freud, Sigmund: Vorlesungen zur Einführung in die Psychoanalyse (1917). Ges. Werke 11

Freud, Sigmund: Ein Kind wird geschlagen (1919). Ges. Werke 13

Freud, Sigmund: Über einige neurotische Mechanismen bei Eifersucht, Paranoia und Homosexualität (1922). Ges. Werke 13

Freud, Sigmund: Artikel »Psychoanalyse« und »Libidotheorie« aus dem Handwörterbuch der Sexualwissenschaft, hg. von Max Marcuse (1923). Ges. Werke 13

Freud, Sigmund: Das Ich und das Es (1923). Ges. Werke 13

Freud, Sigmund: Zur Frage der Laienanalyse (1926). Ges. Werke 14

Freud, Sigmund: Die Zukunft einer Illusion (1927). Ges. Werke 14

Freud, Sigmund: Über die weibliche Sexualität (1931). Ges. Werke 14

Freud, Sigmund: Neue Folge der Vorlesungen zur Einführung in die Psychoanalyse (1933). Ges. Werke 15

Friedmann, M.: Über die Psychologie der Eifersucht. Grenzfragen des Nerven- und Seelenlebens, Heft 82, 112 S., Wiesbaden 1911

Friedrich, Hugo: Epochen der italienischen Lyrik. Frankfurt 1964

Friedrich, Hugo: Montaigne. Bern 1949

Gambaroff, Marina, siehe Moeller-Gambaroff, Marina

Gausebeck, Hermann: Über Eifersuchtswahn. In: Archiv für Psychiatrie und Nervenkrankheiten 84, 1928, 414–489

Germano, Guiseppe: Rilievi clinici e psicopatogenetici sul delirio di gelosia nella populazione degli ospedali psichiatrici di Firenze. In: Rassegna die Studi Psichiatrici 49, 1960, 1–44

Gesell, Arnold L.: Jealousy. In: The American Journal of Psychology, XVII, Oct. 1906, 437–496

Golden, Jules S., Reuben S. Silver und Nathan Mandel: The wives of 50 »normal« American men. In: Archives of General Psychiatry 9, 1963, 614–618

Gorki, Maxim: Erinnerungen an Tolstoi. Übersetzung von Fega Frisch. Zürich 1945 *(keine Angaben zum Original)*

Grimm, Jacob, und Wilhelm Grimm: Deutsches Wörterbuch. 1854–1971. *(Die Kleinschreibung des Originals habe ich bei den Zitaten durch die moderne Orthographie ersetzt.)*

Grunberger, Bela: Le narcissisme. Essais de psychanalyse. Paris 1971. Deutsch: Vom Narzißmus zum Objekt. Übersetzung von Peter Canzler. Frankfurt 1976

Gründel, Johannes: Die eindimensionale Wertung der menschlichen Sexualität. In: Menschliche Sexualität und kirchliche Sexualmoral, hg. von Franz Böckle. Schriften der Katholischen Akademie in Bayern, Band 77, 74–105

Grzywacz, Margot: »Eifersucht« in den romanischen Sprachen. In: Arbeiten zur Romanischen Philologie Nr. 42, Bochum 1937

Guardini, Romano: Der Herr. Würzburg 1949

Hartmann, Heinz: Die Grundlagen der Psychoanalyse. 1927. Stuttgart ²1972

Hartmann, Heinz: Ich-Psychologie und Anpassungsproblem. In: Internationale Zeitschrift für Psychoanalyse und Imago XXIV, 1939, 62–135. Als Buch zuerst Stuttgart 1960

Hartmann, Heinz: Psychoanalysis and Moral Values. New York 1960. Deutsch: Psychoanalyse und moralische Werte. Übersetzung von Marianne v. Eckardt-Jaffé. Stuttgart 1973

Hemminger, Hansjörg: Kindheit als Schicksal? Die Frage nach den Langzeitfolgen frühkindlicher seelischer Verletzungen. Reinbek 1982

Henseler, Heinz: Narzißtische Krisen. Zur Psychodynamik des Selbstmords. rororo studium 58. Reinbek 1974

Hoffman, Lynn: Foundations of Family Therapy. New York 1981. Deutsch: Grundlagen der Familientherapie. Übersetzung von Brigitte Eckert. Hamburg 1982

Hoffmann-Axthelm, Dieter: »Geisterfamilie«. Studien zur Gesellickeit der Frühromantik. Frankfurt 1973

Homer: Ilias. Übersetzung von Wolfgang Schadewaldt. Zitiert nach Insel Taschenbuch 135, Frankfurt 1975

Homer: Odyssee. Übersetzung von Roland Hampe. Stuttgart 1979

Im, Won-Gi, Stefanie R. Wilner, Miranda Breit: Jealousy: Interventions in Couples Therapy. In: Family Process 22, 1983, 211–218

Jaspers, Karl: Eifersuchtswahn. In: Gesammelte Schriften zur Psychopathologie. Berlin, Göttingen, Heidelberg 1963, 85–142 (zuerst in: Zeitschrift für die gesamte Neurologie und Psychologie, 1910)

Joffe, Walter G.: A Critical Review of the Status of the Envy Concept. In: International Journal of Psychoanalysis 50, 1969, 533–545

Johnson, Uwe: Skizze eines Verunglückten. Frankfurt 1982

Jones, Ernest: The Life and Work of Sigmund Freud, New York 1954. Deutsch: Das Leben und Werk von Sigmund Freud. 3 Bde. Übersetzung von Katherine Jones. Bern, Stuttgart 1960/62

Jones, Ernest: Die Eifersucht. In: Die Psychoanalytische Bewegung II, 1930, 154–167

Jung, Carl Gustav: Erinnerungen, Träume, Gedanken, aufgezeichnet von Aniela Jaffé, New York 1961. Zitiert nach der 11. Aufl. Olten und Freiburg 1981

Kerényi, Karl: Die Mythologie der Griechen, 2 Bde., München 1951. Zitiert nach dtv-Taschenbuch 1345/6, München [5]1981

Kernberg, Otto F.: Object Relations Theory and Clinical Psychoanalysis. New York 1976. Deutsch: Objektbeziehungen und die Praxis der Psychoanalyse. Übersetzung von Helga Steinmetz-Schünemann. Stuttgart 1981

Klein, Melanie: Envy and Gratitude. London 1957. Deutsch: Neid und Dankbarkeit, verkürzte Fassung des englischen Buches in Psyche 11, auch in: Das Seelenleben des Kleinkindes. Übersetzung von Marlisbeth von Niederhöffer. Stuttgart [2]1983, 225–242

Kleßmann, Eckart: Caroline. Das Leben der Caroline Michaelis-Böhmer-Schlegel-Schelling 1763–1809. München 1975

Koenigsberg, Richard R.: Culture and Unconscious Fantasy: Observations on Courtly Love. In: Psycho-

analytic Review 54, 1967, 36–50

Kohut, Heinz: The Analysis of the Self. New York 1971. Deutsch: Narzißmus. Übersetzung von Lutz Rosenkötter. Frankfurt 1973

Kohut, Heinz: The Restoration of the Self. New York 1977. Deutsch: Die Heilung des Selbst. Übersetzung von Elke vom Scheidt. Frankfurt 1979

Körner, Heinz (Hg.): Eifersucht. Ein Lesebuch für Erwachsene, Fellbach 1979

Kremers, Dieter: Der »Rasende Roland« des Ludovico Ariosto. Heidelberg 1973

Kutter, Peter: Psychiatrie. Eine Einführung. Kindler Taschenbuch Geist und Psyche Nr. 2188. München 1977

La Fayette, Marie Madeleine Comtesse de: La princesse de Clèves. Paris 1678 (anonym). Deutsch: Die Prinzessin von Cleve. Übersetzung von Hans Broemser, Ullstein Taschenbuch 30 111. Frankfurt, Berlin, Wien 1980

Lagache, Daniel: La jalousie amoureuse. Psychologie descriptive et psychanalyse. Paris 1947; [2]1981 als Taschenbuch, nach dem ich zitiere

Lagache, Daniel: Homosexuality and Jealousy. In: International Journal of Psychoanalysis 31, 1950, 24–31

Langfeldt, Gabriel: The Erotic Jealousy Syndrome. In: Acta Psychiatrica et Neurologica Scandinavica, Suppl. 151, Vol. 36, 1961

Laplanche, Jean; Pontalis, Jean-Baptiste: Vocabulaire de la psychoanalyse. Paris 1967. Deutsch: Das Vokabular der Psycho-

analyse. Übersetzung von Emma Moersch. Frankfurt 1972

La Rochefoucauld: Œuvres complètes, Bibliothèque de la Pléïade, Paris 1964

Larson, Donald R.: The Honor Plays of Lope de Vega. Cambridge/Mass. and London 1977

Lasch, Christopher: The Culture of Narcissism. New York 1979. Deutsch: Das Zeitalter des Narzißmus. Übersetzung von Gerhardt Burmundt. München 1980

Lehmann, Hans-Thies: Filme lesen. In: Merkur 411, Sept. 1982, 931–984 (über »Die Frau des Fliegers« von Eric Rohmer)

Levine, Maurice: Notes on the Psychopathology of Suspicions of Marital Infidelity. In: The Journal of Medicine 19, 1938, 184–188

Lexikon für Theologie und Kirche, begründet von Michael Buchberger. Freiburg [2]1959

Llopis, Bartolomé: Die Eifersuchtsideen der Trinker. In: Fortschritte der Neurologie 30, 1962, 543–564

Lorez, Gudula (Hg.): Das andere Gefühl. Eifersucht. Berlin 1983

Luhmann, Niklas: Liebe als Passion. Zur Codierung von Intimität. Frankfurt 1982

McGinnis, Thomas C.: More Than Just a Friend. Englewood Cliffs 1981

Mack-Brunswick, Ruth: Die Analyse eines Eifersuchtswahnes. In: Internationale Zeitschrift für Psychoanalyse 14, 1928, 458–507

Mahler, Margaret S.: On Human Symbiosis and the Vicissitudes of Individuation.

Vol. I: Infantile Psychosis, 1968. Internat. Universities Press. Deutsch: Symbiose und Individuation, Bd. 1: Psychosen im frühen Kindesalter. Übersetzung von Hilde Weller. Stuttgart 1983

Malcolm, Janet: Psychoanalysis: The Impossible Profession. New York 1980, 1981. Deutsch: Fragen an einen Psychoanalytiker. Übersetzung von Günther Mecke. Stuttgart 1983

Marcuse, Max: Zur Psychologie der Eifersucht und der Psychopathologie ihres Fehlens. In: Psyche 3, 1950, 759–777

Miller, Alice: Das Drama des begabten Kindes und die Suche nach dem wahren Selbst. Frankfurt 1979

Miller, Alice: Du sollst nicht merken. Variationen über das Paradiesthema. Frankfurt 1981

Mitchell, Juliet: Psychoanalysis and Feminism. Freud, Reich, Laing and Women. New York 1976. Deutsch: Psychoanalyse und Feminismus. Freud, Reich, Laing und die Frauenbewegung. Übersetzung von Brigitte Stein und Holger Fließbach. Frankfurt 1976

Mitscherlich, Alexander: Auf dem Weg zur vaterlosen Gesellschaft. Ideen zur Sozialpsychologie. München 1963

Mitscherlich-Nielsen, Margarete: Zur Identität der weiblichen und männlichen Psychoanalytiker. In: Psyche 3, 1982, 267–276

Moeller-Gambaroff, Marina: Emanzipation macht Angst. In: Kursbuch 47, März 1977, 1–25. Utopie der Treue. In: Kursbuch, Mai 1978, 24–36. Beide

Aufsätze in: Marina Gambaroff: Utopie der Treue. Reinbek 1984

Montaigne, Michel Eyquem de: Œuvres complètes. Bibliothèque de la Pléïade, Paris 1962

Moltmann, Jürgen: Theologie heute: In: Stichworte zur geistigen Situation der Zeit, II, 754–780, hg. von Jürgen Habermas, Frankfurt 1979

Neumann, Erich: Zur Psychologie des Weiblichen (jedoch Vorwort des Autors von 1952), Kindler Taschenbuch Geist und Psyche 2051. München o. J.

Pao, Ping-Nie: Pathological Jealousy. In: Psychoanalytic Quarterly 38, 1969, 616–638

Pfandl, Ludwig: Spanische Kultur und Sitte des spanischen 16. und 17. Jahrhunderts. München 1924

Pohlen, Manfred, und Tomas Plänkers: Familientherapie. Von der Psychoanalyse zur psychosozialen Aktion. In: Psyche 36/5, 1982, 416–452; Antwort von Helm Stierlin in Psyche 37/1, 1983, 73–75 und Glosse von Wolfram Lüders in Psyche 37/5, 1983, 462–469

Portmann, Heinrich: Der zerbrochene Ring. Aus dem Tagebuch eines Ehegerichts. Kevelaer 1952

Preuß, Hans G.: Illusion und Wirklichkeit. An den Grenzen von Religion und Psychoanalyse. Stuttgart 1971

Preuß, Hans G.: Ehepaartherapie. Beitrag zu einer psychoanalytischen Paartherapie in der Gruppe. München 1973

Rank, Otto: Das Inzestmotiv in Dichtung und Sage. Leipzig, Wien 1926

Reik, Theodor: Aus Leiden Freuden. London 1940. Zusätze in der amerikanischen Ausgabe New York 1941: Masochism in Modern Man. Zitiert nach der deutschen Ausgabe von 1977, Hamburg: Aus Leiden, Freuden. Masochismus und Gesellschaft, die der von 1941 folgt

Renaud, Bernard: Je suis un dieu jaloux. Paris 1963

Richter, Horst-Eberhard: Eltern, Kind und Neurose. Psychoanalyse der kindlichen Rolle. Stuttgart 1963. Rowohlt-Taschenbuch 9168. Reinbek 1969

Richter, Horst-Eberhard: Lernziel Solidarität. Reinbek 1974

Riviere, Joan: Jealousy as a mechanism of defence. In: International Journal of Psychoanalysis XIII, 1932. Deutsch von Paula Heimann: Eifersucht als Abwehrmechanismus. Internationale Zeitschrift für Psychoanalyse 22, 1936, 177–187, zusammen mit Nachtrag von Joan Riviere von 1935, 188–197

Roth, Klaus: Ehebruchschwänke in Liedform. München 1977

Rusconi, Maria: E tu, che specie di amante sei? In: Espresso vom 25. 7. 1982

Schafer, Roy: A New Language for Psychoanalysis. New Haven, London 1976. Auswahl daraus deutsch: Eine neue Sprache für die Psychoanalyse. Übersetzung von Wolfgang Krege. Stuttgart 1982

Schatzman, Morton: Soul Murder. London 1973. Deutsch: Die Angst vor dem Vater. Langzeitwirkungen einer Erziehungsmethode. Eine Analyse am Fall Schreber. Übersetzung von Niels Thomas Lindquist. Reinbek 1974. Rowohlt-Taschenbuch 7114. Reinbek 1978

Schlegel, Caroline: Briefe. 2 Bde, hg. von G. Waitz. Leipzig 1871

Schlegel, Friedrich: Lucinde (1799), Friedrich Schleiermacher: Vertraute Briefe über Schlegels »Lucinde« (1800). Ullstein-Taschenbuch 30106. Frankfurt, Berlin, Wien 1980

Schleiermacher, Friedrich Ernst Daniel: Friedrich Schleiermachers Briefwechsel mit seiner Braut. Hg. von Heinrich Meichsner, Gotha 1919

Schleiffer, Roland: Familienhistorische Anmerkungen zur Familientherapie. In: Familiendynamik 1, 1982, 19–30

Schmideberg, Melitta: Some Aspects of Jealousy and Feeling Hurt. In: The Psychoanalytic Review 1953, Vol. XL, 1–16

Schülein, Johann August: Psychotechnik als Politik. Zur Kritik der Pragmatischen Kommunikationstheorie von Watzlawick et al. Frankfurt 1976

Searles, H. F.: The Effort to Drive the Other Person Crazy... In: British Journal of Medical Psychology, Vol. 32, 1959. Deutsch: Das Bestreben, den andern verrückt zu machen ... In: Bateson, Jackson, Laing et al.: Schizophrenie und Familie. Übersetzung von Hans-Werner Saß. Frankfurt 1969

Searles, Harold F.: Concerning Therapeutic Symbiosis. 1972. Deutsch: Über die therapeutische Symbiose. Übersetzer nicht angegeben. In: Dynamische Psychiatrie 6, 1973, 373–390

Seidenberg, Robert: Jealousy: The Wish. Psychoanalytic Review 40, 1953, 345–353

Seidenberg, Robert: Fidelity and Jealousy. In: The Psychoanalytic Review 54, 1967, 583–608

Selvini Palazzoli, Mara; Boscolo, L.; Cecchin, G.; Prata, G.: Paradosso e contraparadosso. Mailand 1975. Deutsch: Paradoxon und Gegenparadoxon. Übersetzung von Georgine Steininger. Stuttgart 1977

Shakespeare, William: The Tragedy of Othello, the Moore of Venice. Erstdruck 1622. Prosaübersetzung von Dieter Hamblock u. a., (Stuttgart 1976). In Versen von Wolf Heinrich Graf Baudissin von 1843 (hg. von Dietrich Klose, Stuttgart 1971)

Shepherd, Michael: Morbid Jealousy: Some Clinical and Social Aspects of a Psychiatric Symptom. In: Journal of Mental Science, Vol. 107, 1961, 687–753

Simon, Fritz B.: Linearität und Puritanismus. Das Selbstverständnis des Therapeuten und die Verwirrung des Kausalitätsbegriffs. In: Familiendynamik 1983, 309–311

Spanische Erzähler, hg. von Albert Theile und Werner Peiser. Zürich 1979

Stekel, Wilhelm: Die moderne Ehe. Basel, Leipzig, Wien 1931

Stendhal (Henri Beyle): Vie de Henri Brulard. Paris 1890. (Das Buch wurde 1835 geschrieben, 1890 zuerst veröffentlicht und erst 1913 originalgetreu ediert.) Deutsch: Leben des Henri Brulard. Übersetzung von Alfred Schirmer. München 1921–1924;

zitiert nach Diogenes Taschenbuch 20973, Zürich 1981

Stendhal (Henri Beyle): De l'amour. 1822. Deutsch: Über die Liebe. Übersetzung von Franz Hessel. Diogenes Taschenbuch 20967. Zürich 1981

Sterba, Richard: Eifersüchtig auf ...? In: Die Psychoanalytische Bewegung II, 1930, 167–170

Stierlin, Helm: Das Tun des Einen ist das Tun des Anderen. Eine Dynamik menschlicher Beziehungen. Frankfurt 1971. Zitiert nach Suhrkamp Taschenbuch 313

Stierlin, Helm: Von der Psychoanalyse zur Familientherapie. Theorie/Klinik. Stuttgart 1975

Stierlin, Helm: Delegation und Familie. Beiträge zum Heidelberger familiendynamischen Konzept. Frankfurt 1978

Stoller, Robert J.: Perversion: The Erotic Form of Hatred. New York 1975. Deutsch: Perversion. Die erotische Form von Haß. Übersetzung von Maria Poelchau. Reinbek 1979

Stoller, Robert J.: Sexual Exitement: Dynamics of Erotic Life. New York, Toronto 1979

Storfer, A. J.: »Die Analyse eines Eifersuchtswahnes« (Buchbesprechung). In: Die psychoanalytische Bewegung II, 2, 1930, 170–177

Strean, Herbert S.: The Extramarital Affair. New York, London 1980

Teismann, Mark W.: Jealousy: Systematic Problemsolving Therapy with Couples. In: Family Process 1979, 151–160

Todd, John; Dewhurst, Kenneth: The Othello Syndrome. In: Journal of Nervous and Mental Diseases, 1955, 122, 367–374

Tolstaja, Sofija Andrejewna: Duevinki v douch tomach. Moskau 1978. Deutsch: Tagebücher 1862–1910, 2 Bde. Übersetzung von Johanna Renate Smirnov-Döring und Rosemarie Tietze. Königstein im Taunus 1982

Tolstoi, Lew Nikolajewitsch: Krejcerova Sonata. Moskau 1891. Deutsch: Die Kreutzersonate. Übersetzung von Arthur Luther und Rudolf Kassner. Zitiert nach Insel-Taschenbuch 18, Frankfurt 1973

Trilling, Lionel: Sincerity and Authenticity. New York 1972. Deutsch: Das Ende der Aufrichtigkeit. Übersetzung von Henning Ritter. München 1980

Unamuno Miguel de: Ein ganzer Mann. Übersetzung von Otto Büeck (Titel des spanischen Originals nicht angegeben). In: Spanische Erzähler; qu. v.

Valle-Inclán, Ramón Maria del: Divinas Palabras, Madrid 1920. Übersetzung von Hildegard Baumgart. In: Spectaculum 21, Frankfurt 1974

Varnhagen, Rahel: Briefwechsel mit August Varnhagen von Ense. Hg. von Friedhelm Kemp. München 1967

Vaukhonen, Kauko: On the Pathogenesis of Morbid Jealousy. In: Acta Psychiatrica Scandinavica, Suppl. 202. Kopenhagen 1968

Vega Carpio, Lope Félix de: Eifersucht bis in den Tod. Übersetzung von Karl Eduard von Bülow (Titel des spanischen Originals nicht angegeben). In: Spanische Erzähler; qu. v.

Velikovsky, Immanuel: Tolstoy's Kreutzer Sonata and Unconcious Homosexuality. In: Psychoanalytic Review 21, 1937, 18–35

Veyne, Paul: Homosexualität im alten Rom. In: Ariès, Béjin, Foucault et al.: Sexualités occidentales. Paris 1982. Deutsch: Die Masken des Begehrens und die Metamorphosen der Sinnlichkeit. Übersetzung von M. Bischoff. Frankfurt 1984

Vilar, Esther: Der dressierte Mann. München 1971

Wangh, Martin: Othello: The Tragedy of Jago. In: Psychoanalytic Quarterly 19, 1950, 202–212

Wangh, Martin: Narzißmus in unserer Zeit. In: Psyche 37/1, 1983, 16–40

Watzlawick, Paul; Beavin, Janet H.; Jackson, Don D.: Pragmatics of Human Communication. A Study of Interactional Patterns, Pathologies and Paradoxes. New York 1967. Deutsch: Menschliche Kommunikation. Formen, Störungen, Paradoxien. Bern, Stuttgart, Wien [4]1974

Watzlawick, Paul; Weakland, John H.; Fisch, Richard: Change. Principles of Problem Formation and Problem Resolution. New York 1974. Deutsch: Lösungen. Zur Theorie und Praxis menschlichen Wandels. Bern 1974

Watzlawick, Paul: Anleitung zum Unglücklichsein. München 1983

Weber-Kellermann, Ingeborg: Die Familie. Geschichte, Geschichten und Bilder. Frankfurt 1976

Wendt, C. F.: Die »Eifersuchtsparanoia« in psychotherapeutischem Aspekt. In: Archiv für Psychiatrie und Nervenkrankheiten 186, 1951, 496–515

Wesel, Uwe: Der Mythos vom Matriarchat. Über Bachofens Mutterrecht und die Stellung von Frauen in frühen Gesellschaften. Suhrkamp Taschenbuch Wissenschaft 333. Frankfurt [2]1981

Wetzer und Weltes Kirchenlexikon. Freiburg [2]1886

Willi, Jürg: Die Zweierbeziehung. Reinbek 1975

Willi, Jürg: Therapie der Zweierbeziehung. Reinbek 1978

Wirsching, Michael; Stierlin, Helm: Krankheit und Familie. Konzepte, Forschungsergebnisse, Therapie. Stuttgart 1982

Wolf, Hanna: Neuer Wein – alte Schläuche. Das Identitätsproblem des Christentums im Lichte der Tiefenpsychologie. Stuttgart 1981

Wydler, Walter: Treue und Untreue in der Ehe. Zürich, Frankfurt 1957

Register

Kursiv gesetzte Seitenzahlen bei Personennamen bedeuten, daß sich dort lediglich Literaturbelege finden.

Aufsätze und Bücher
aus dem Umkreis des Eifersuchtsthemas nach 1985

Baumgart, Hildegard: Die Bedeutung der »anderen« für die Ehefrau. In: Dritte im Bund: die Geliebte. Hg. von Elisabeth Flitner, Renate Valtin. Reinbek 1987

Baumgart, Hildegard: Eifersucht – Dreiecksgeschichten. In: Familiendynamik 1988/2

Buchholz, Michael B.: Dreiecksgeschichten: eine klinische Theorie psychoanalytischer Familientherapie. Göttingen 1993

Jaeggi, Eva, Hollstein, Walter: Wenn Ehen älter werden: Liebe, Krise, Neubeginn, München 1985

Jellouschek, Hans: Die Rolle der Geliebten in der Dreiecksbeziehung, Zürich 2004

Jellouschek, Hans: Paartherapie, Stuttgart 2005

Kernberg, Otto F.: Liebesbeziehungen, Normalität und Pathologie. Stuttgart 1998

Kutter, Peter: Liebe, Haß, Neid, Eifersucht: eine Psychoanalyse der Leidenschaften. Göttingen/ Zürich 1994

Retzer, Arnold: Systemische Paartherapie: Konzepte, Methode, Praxis. Stuttgart 2004

Welter-Enderlin, Rosemarie: Deine Liebe ist nicht meine Liebe: Partnerprobleme und Lösungsmodelle in systemischer Sicht. Freiburg 1999

Welter-Enderlin, Rosemarie: Paare – Leidenschaft und lange Weile: Frauen und Männer in Zeiten des Übergangs. München 1992

Willi, Jürg, Limacher, Bernhard (Hg.): Wenn die Liebe schwindet: Möglichkeiten und Grenzen der Paartherapie. Stuttgart 2005

Willi, Jürg: Psychologie der Liebe: persönliche Entwicklung durch Partnerbeziehungen. Stuttgart 2002